全国优秀工程勘察奖获奖项目专辑

第一辑（2004—2010年度）

中国勘察设计协会　主编

中国建筑工业出版社

图书在版编目（CIP）数据

全国优秀工程勘察奖获奖项目专辑　第一辑（2004—2010年度）/中国勘察设计协会主编．—北京：中国建筑工业出版社，2016.1

ISBN 978-7-112-18914-4

Ⅰ．①全…　Ⅱ．①中…　Ⅲ．①工程地质勘察-文集
Ⅳ．①P642-53

中国版本图书馆CIP数据核字（2015）第316398号

本书是中国勘察设计协会委托工程勘察与岩土分会主编的《全国优秀工程勘察奖获奖项目专辑》第一辑。内容为获得2004—2010年度全国优秀工程勘察设计金奖、银奖的项目共计33项；其中工程勘察19项，岩土设计治理10项，工程测量4项。该书将突破以往优秀论文集，既图文并茂，更包含了大量重要的实用信息和项目特色提要，丰富了实用价值。本专辑每类项目从项目摘要、工程概况、场地岩土工程条件、主要内容、技术难点、工程效益与效果与创新、获奖单位情况、专利与独有技术等多个方面对获奖工程的关键内容进行介绍。

本书供勘察设计单位、开发建设单位、政府相关部门、高校师生及图书馆藏。

责任编辑：王　梅　赵梦梅
责任设计：李志立
责任校对：张　颖　刘　钰

全国优秀工程勘察奖获奖项目专辑
第一辑（2004—2010年度）
中国勘察设计协会　主编
*
中国建筑工业出版社出版、发行（北京西郊百万庄）
各地新华书店、建筑书店经销
霸州市顺浩图文科技发展有限公司制版
北京建筑工业印刷厂印刷
*
开本：787×1092毫米　1/16　印张：29½　字数：733千字
2016年7月第一版　2016年7月第一次印刷
定价：**86.00**元
ISBN 978-7-112-18914-4
（28178）

全国优秀工程勘察奖获奖项目专辑

前　言

由住房和城乡建设部主办、中国勘察设计协会协办的全国优秀工程勘察设计项目评选、中国勘察设计协会主办的全国工程勘察设计行业优秀勘察设计奖评选以及各省、自治区、直辖市与勘察设计同业协会优秀勘察设计奖评选，是促进工程建设行业技术进步十分重要和有效的平台，获得了全行业的高度认同，在促进工程建设行业技术进步、服务创新和凝聚行业优秀人才等方面，发挥着巨大的作用。

创新驱动是国家的发展战略之一。住房和城乡建设部在 2014 年颁发的“关于推进建筑业发展和改革的若干意见”中进一步强调行业协会要在促进行业技术进步方面提高服务能力。因此，中国勘察设计协会决定组织编纂《全国优秀工程勘察奖获奖项目专辑》（简称“国优专辑”），我们的目的是通过获奖项目介绍，使工程勘察设计行业以及建设工程领域里更多的企业、单位和广大从业人员能够从中学习到好的经验，促进工程勘察设计行业的创优工作。

我国的“工程勘察行业”起源于 20 世纪五十年代学习苏联而建立的一套与城乡规划、工程设计相对独立和并列的工作体系。新中国建立至今 66 年来，以传统的工程勘察、水文地质和工程测量专业服务为基础的工程勘察行业在国民经济的发展中发挥了不可或缺的重大支撑作用，做出了卓越的贡献。从与国际行业发展相接轨的角度，我国传统的“工程勘察行业”在国际上是“岩土工程技术服务行业”。岩土工程技术服务，是指包括岩土工程勘察、岩土工程检测监测与试验、与岩土及周围环境相关的专项设计分析和相关各类专业技术服务（及其总成）在内的智力咨询服务。我国的工程勘察行业在过去 30 年里取得了令人瞩目的发展，其最主要的特征是在原建设部、中国勘察设计协会的大力推动下，推行“岩土工程体制”，使得工程勘察这一传统行业通过“一业为主、两头延伸”完成了一次业务领域的拓展，为社会提供的岩土工程技术服务日益丰富，远远超过了原始的工程勘察工作，从最初的工程地质、水文地质勘测试验成果资料和工程测量图纸的提供者，发展成为在城乡建设规划和各类建设工程提供规划决策、建设选址、项目可研、工程设计与地下工程施工、地基基础与地下工程检测监测，以及城市交通基础设施和建筑工程项目运营期的安全监测等内容更加广泛和多样化的专业科技支撑与服务的行业，使工程勘察行业的智力服务价值得以充分的展示和发挥，为社会经济的发展创造了十分丰富的价值，做出重要的新贡献。中国持续的经济发展使得我们已经成为岩土工程的大国，在业务发展上，我们与国际同行的差距减小，一大批建设项目和研究成果的科技水平达到国际领先水平。

中国勘察设计协会组织编纂出版的这本《国优专辑》，是从 2004 年度到 2010 年度住房和城乡建设部主办的全国优秀工程勘察设计评选中获得金奖和银奖项目中遴选的 33 个项目。为聚焦重点，中国勘察设计协会工程勘察与岩土分会技术发展与评优工作部组织工程勘察行业有关专家研究确定专辑材料的内容要求，并对各个项目撰写了“项目特色提要”。我们期待业界能够通过这本《国优专辑》有所收获，并进一步推动行业的创新工作，使工程勘察设计行业在建设工程过程中能够不断提供更高质量、更高水平服务，为社会的科学发展作出勘察设计行业的新贡献。

中国勘察设计协会第五届理事会理事长　王素卿

王素卿

2015 年 11 月

目　录

工程勘察

岩土工程设计与治理

工 程 测 量

工程勘察

杭州萧山国际机场岩土工程勘察实录

浙江省工程勘察院　　史平扬　蒋建良

【项目摘要】

杭州萧山国际机场，为浙江省最大的4E级干线国际机场，它建于杭州湾南岸钱塘江河口冲海积平原。浅部为可液化的饱和粉土（砂），下伏高压缩性的海相软土，地下水位高，水文地质、工程地质条件复杂。勘察单位浙江省工程勘察院，从项目的立项到竣工全过程参与其中的岩土工作，勘探手段多样化、技术新、针对性强，勘察报告结论正确、建议合理。

该工程于2000年12月28日正式通航，至今运行情况良好。杭州萧山国际机场岩土工程勘察成果先后荣获2002年度浙江省建设工程钱江杯（优秀勘察设计）一等奖、2003年度建设部部级城乡建设优秀勘察设计一等奖、2004年全国第九届优秀工程勘察项目金质奖。

1. 工程概况

1.1 工程简介

杭州萧山国际机场，位于钱塘江南岸杭州主城区以东，距杭州市中心约27km，距萧山区中心约15km（见图1-1），属4E级干线国际机场。勘察工作范围主要为飞行区工程，是机场建设的主体工程，包括长度为3600m、宽45m的跑道，与跑道等长的滑行道，21万m^2的站坪、停机坪等项目。项目总投资约26亿元。

图1-1　杭州萧山国际机场位置图

该工程由浙江省工程勘察院于 1997 年 8 月完成勘察。作为主体工程的飞行区，于 1998 年开始动工兴建，至 2000 年完成，整个机场工程于 2000 年 12 月 20 日通过国家有关部门组织的验收，并于 2000 年 12 月 28 日正式通航，至今运行情况良好（见图 1-2）。

图 1-2　杭州萧山国际机场外景

1.2　勘察的目的任务

勘察工程的主要目的：为机场场道工程和地基处理工程的初步设计和施工图设计，提供详细的工程地质及必要的水文地质资料、设计参数，并做出场地的适宜性、稳定性评价和建议。

1.3　勘探孔布置及孔深确定

勘察工作布置根据有关规范和《杭州萧山国际机场场道地基工程地质详细勘察要求》，结合场地地质条件执行。

（1）勘探孔布置原则

主跑道：在中心线及两侧各 40m 按 4000m 长度布置三条勘探线，孔距 100m；

滑行道：在中心线按 4000m 长度布置一条勘探线，孔距 100m；

联络道：共有 9 条，在中心线布置一条勘探点，孔距 100m；

站坪、停机坪：按 100m×100m 的方格网布置勘探点。

（2）孔深确定原则

根据设计要求和场地地层分布特征，孔深分三种类型，分别为控制孔、深孔、浅孔。控制孔设计孔深 50m，要求进入卵石层 1m（在工可阶段已有部分控制基岩和巨厚卵石层的深孔）；深孔设计孔深 23m，要求进入淤泥质黏土 1m；浅孔设计孔深 10m。

1.4　工作时间及完成工作量

勘察外业工作于 1996 年 7 月 28 日至 8 月 21 日进行。完成主要工作量：钻探 1892.6m/124 孔，静探 1285.1m/58 孔，小螺纹钻 5000.0m/1250 孔，原状土 903 个，标贯 686 段，静载荷试验 52 点，现场 CBR 试验 39 点，抽水试验 6 组，土壤电阻率测深点 307 个。

2. 场地岩土工程条件

2.1　地形地貌

场地地处杭州湾南岸，属钱塘江河口冲海积平原。表部主要由全新统中上组粉土组成，地势平坦，由于受长期人类活动的影响，原始微地貌形态受到改造，众多道路、人工河流和河岸带状土堆，形成了网格状布局。此外，场地河网密集，池塘众多。

2.2 区域地质构造和稳定性

场地大地构造隶属于扬子准地台钱塘台褶带的余杭、嘉兴台陷，浙西北大复向斜翼部，其基底大体构成一个复式向斜。隐伏断裂构造为主，由于受东西向构造的控制，往东延伸时都有向东偏转现象，发育少量北西向和东西向断裂。北东向及北西向断裂构成了本区域构造的基本格局。

第三纪末至第四纪中更新世早期（Q_2^1），场地以间歇性缓慢上升运动为主。自第四纪中更新世晚期（Q_2^2）开始，沉积了约 80～100m 左右的松散堆积物，新构造运动不明显，以大面积整体沉降为主，且强度较弱。

场地构造活动微弱，地震震级小、强度弱、频度低，区域稳定性较好，地震动峰值加速度为 0.05g，抗震设防烈度为 6 度。

2.3 地层

根据钻探揭露地层的成因时代、埋藏分布特征、岩性特征、物理力学性质，结合静力触探贯入曲线，将测区内地层划分为 5 个工程地质层，15 个工程地质亚层及 3 个透境体，见表 2-1。各地基土层主要物理力学性质指标见表 2-2。

工程地质层岩性及分布特征一览表 **表 2-1**

成因时代	层号	土层名称	岩性描述	层顶标高(m)	层厚(m)
aQ	1a	人工填土	黄灰—灰色，松散—稍密，以粉土为主，不均一	4.80～5.48	0.60～1.60
	1b	暗塘填土	黄杂灰色—灰色，以粉土为主，局部为塘泥，不均一	4.55～5.69	0.40～3.50
al-mQ_4^3	2a	砂质粉土	灰黄、黄灰色为主，稍密，很湿—湿，一般无层理，黏粒含量一般较高	2.26～5.77	0.50～3.50
	2 夹	砂质粉土	灰色，稍密，很湿，无层理，黏粒含量较高	2.00～4.55	0.40～1.85
	2b	砂质粉土	灰色，稍密为主，局部中密，湿—很湿，层理不清晰	1.70～4.30	0.40～1.85
	2c	砂质粉土	灰色—绿灰色，稍密—中密，湿—很湿，多具微层理构造，质较均一	−0.40～3.20	0.90～5.90
	2d	砂质粉土	灰色—绿灰色，稍密，很湿，黏粒含量较高，略具层理，局部为松散状混黏性土粉砂	−3.50～1.20	0.70～3.90
al-mQ_4^2	3a	粉砂	黄绿色—灰绿色，中密，饱和，具水平层理	−6.30～0.22	1.40～10.40
	3 夹$_1$	砂质粉土	灰绿色，稍—中密，湿—很湿，不均一	−6.45～−4.00	0.90～2.25
	3b	粉砂	黄绿，灰绿色，中密，饱和，水平层理，土质较均一	−10.00～−0.38	0.70～7.80
	3c	粉砂与粉质黏土互层	灰色，松散—稍密，不均一，粉砂单层厚 2～20mm，粉质黏土单层厚 5～10mm，软塑状	−14.60～−4.90	1.60～8.00
	3 夹$_2$	黏性土夹粉砂	灰色，松散，饱和，不均一，薄层状构造，单层厚一般 5～20mm，粉质黏土呈软塑状	−15.00～−11.00	1.00～5.20
	3d	粉砂	灰色，中密，饱和，层理不清晰，含少量黏性土	−18.35～−10.90	1.35～6.40
mQ_4^1	4a	淤泥质粉质黏土	灰色，流塑，饱和，质较纯，具薄层理、鳞片状双重构造，局部常为淤泥质黏土	−21.00～−8.10	4.40～23.00
	4b	淤泥质粉质黏土	灰色，流塑，饱和，多呈细鳞片状，质均一，局部含粉砂团块及贝壳碎片	−35.1～−25.10	4.60～19.90
	4c	粉质黏土	褐灰色，软塑，厚层状，土质较均一，含少量半炭化植物碎屑及泥质结核	−44.25～−32.50	2.10～27.45
al-lQ_3^1	5a	粉、细砂	灰—灰绿色，稍密—中密，成分杂，不均一，一般由粉土、粉细砂组成，含少量黏性土	−51.20～−41.15	<4.15
	5b	圆砾（卵石）	灰杂色，中—密实，分选差，不均一，砾径一般 2～3cm，大者>5cm，成分以中风化为主，含量一般 60～80%	−49.95～−43.70	>0.50

各地基土层主要物理力学性质指标表　　表 2-2

层号	岩土名称	物理性质指标							力学性质指标				原位测试		
		含水量	重度		孔隙比	液限	塑性指数	液性指数	压缩		固结快剪		静探试验		标贯原始击数
			天然	干燥					压缩系数	压缩模量	内聚力	内摩擦角	锥尖阻力	侧壁阻力	
		w	γ	γ_d	e	W_L	I_P	I_L	a	E_s	c	φ	q_c	q_s	N
		%	kN/m³	kN/m³		%	%		MPa⁻¹	MPa	kPa	°	MPa	kPa	击
1b	暗塘填土	37.5	18.3	13.5	1.010	33.6	7.6	1.68	0.44	4.5	8	22.3	0.79	17.3	3.8
2a	砂质粉土	32.5	18.7	14.1	0.921	32.8	7.0	0.93	0.20	9.1	11	27.9	1.87	25.9	5.5
2夹	砂质粉土	38.9	18.1	13.0	1.087	33.0	6.1	1.93	0.37	5.6	12	26.1	1.03	18.8	
2b	砂质粉土	29.9	19.2	14.8	0.828	31.8	5.8	0.72	0.16	11.4	11	30.2	3.10	38.8	8.8
2c	砂质粉土	26.8	19.5	15.4	0.758	29.0	5.4	0.59	0.14	12.7	10	31.4	6.15	80.2	14
2d	砂质粉土	35.3	19.2	14.2	0.908	26.9	6.4	2.06	0.21	9.1	8	28.0	3.6	45.5	4.3
3a	粉砂	25.3	19.6	15.6	0.723				0.12	14.3	7	31.3	8.0	96.5	19
3夹1	砂质粉土	30.9	19.4	15.1	0.845	27.4	2.8	1.23	0.23	8.0	10	27.9			5
3b	粉砂	24.3	19.6	15.8	0.714				0.11	15.0	6	32.8	12.5	113.0	24
3c	粉砂与粉质黏土互层	30.4	18.6	14.2	0.907	28.5	9.2	1.52	0.29	6.5	18	24.8	3.6	54.6	9.7
3夹2	黏性土夹粉砂	32.5	18.8	14.2	0.917	30.4	11.8	1.27	0.38	5.0	27	21.4	1.5	46.8	6
3d	粉砂	25.6	19.3	15.4	0.759				0.11	16.0	9	34.0	10.3	83.3	
4a	淤泥质粉质黏土	42.1	17.6	12.4	1.213	38.9	16.5	1.20	0.67	3.3	21	12.7	0.96	14.3	
4b	淤泥质粉质黏土	33.4	17.6	13.2	1.068	33.1	13.5	1.03	0.52	4.0	25	16.9	1.80	13.0	
4c	粉质黏土	27.4	19.2	15.5	0.802	26.5	11.8	0.74	0.35	6.0	40	23.4	1.95	17.3	
5a	粉、细砂	24.8	19.6	16.3	0.773				0.22	8.1	10	30.7	8.17	61.2	

2.4 地下水

场地水文地质条件较简单，根据含水介质的岩性及埋藏条件，可划分为松散岩类孔隙潜水和孔隙承压水两类。其中赋存于上部粉土、粉砂层的孔隙潜水与工程基础的处理关系密切，埋藏在深部圆砾（卵石）层的孔隙承压水对本工程影响小。

孔隙潜水含水层由全新统中上组（al-mQ_4^{2+3}）粉土、粉砂组成，厚 13.40～28.50m 左右；其渗透性一般在水平方向大于在垂直方向，渗透系数为 10^{-4}～10^{-5}cm/s 数量级，水量较小，一般小于 50m^{3}d，水质微咸；场地孔隙潜水水位埋深浅，0.0～1.9m，水位动态变化大，变化幅度在 2～3m，主要受季节和大气降水控制。场地地下水主要接受大气降水及农田灌溉水补给，与河塘互为补给关系，蒸发是其主要排泄途径。

2.5 不良地质作用

场地的不良地质作用主要有：浅部饱和粉土（砂）层的地震砂土液化；表部大量分布

的暗塘、暗浜地基。

3. 岩土工程问题及评价

3.1 机场工程的勘察特点

本工程勘察工作范围主要为飞行区工程，是机场建设的主体工程，重点是飞行跑道、滑行道和联络道的地基处理。根据场地属钱塘江河口冲海积平原，浅部主要由全新统冲海积粉土（砂）、中部为巨厚层全新统海积软土、下部为上更新统冲积圆砾（卵石）层的工程地质特点，勘察需要研究和解决的问题是地基的地震抗液化处理、地基稳定性分析（重点查明暗塘、暗浜等不良地质作用）、地基沉降变形和地下水对地基处理的影响因素，提供详细的工程地质及必要的水文地质资料、设计参数，并为设计和施工提供建议和依据。为此，根据设计院提出的具体要求和机场有关勘察规范，开展针对性的勘察工作和研究评价。

3.2 场地地震效应勘察

（1）场地类别及场地土类型

15m以浅土层平均剪切波速 V_s 为169～186m/s，按《建筑抗震设计规范》GBJ 11—89，场地土类型属中软场地土，场地类别属Ⅲ类，属对建筑抗震不利地段。

据本次波速实测值，估算场地卓越周期，$T_{15}=0.355s$，$T_{30}=0.658s$，$T_{50}=0.955s$。

（2）饱和粉（砂）土地震液化评价

场地20m以浅为饱和粉（砂）性土，根据GBJ 11—89规范，在抗震设防烈度为6度时，一般可不考虑饱和砂土的液化判别，但对液化沉陷敏感的乙类建筑（国家重点抗震城市的生命线工程）可按7度考虑。根据机场建设的要求，按抗震设防烈度7度考虑。采用标准贯入试验判别法，分近震和远震进行。判别表明，液化深度主要为5m以浅，个别深达8～10m。进一步按液化指数将场区液化等级分区，分近震、远震绘制成液化等级分区图，为场道地基的抗液化处理提供依据。

在近震条件下，轻微液化区和中等液化区占69.5%；远震时轻微液化区、中等液化区和严重液化区占80.3%。针对不同的液化分区，进行相应的抗液化处理，确定抗液化处理深度。

3.3 场地的沉降变形分析

3.3.1 沉降量估算

（1）计算条件

在主跑道两端及中间各选一个点，明塘分布区选一个点，进行沉降量估算。

堆载按2m计40kPa，飞机附加荷载取20kPa。明塘回填碎石，荷载按40kPa计，因此，非明塘区总附加荷载为60kPa。明塘区的总附加荷载为100kPa，压缩模量取实际应力范围值。基础宽度 $b=60m$。计算深度至卵石层顶面。计算深层变形时不考虑飞机附加荷载，明塘回填荷载按1/2计。

（2）计算方法

按国家标准《建筑地基基础设计规范》分层总和法和考虑应力历史计算方法分别计算，估算结果见表3-1。

沉降估算结果表　　表 3-1

计算方法	计算点位置	4a 层顶板埋深(m)	计算深度(m)	浅层变形(cm)	深层变形(cm)	总变形量(cm)
分层总和法	跑道西端 PK1	13.30	49.10	5.5	27.0	32.5
	跑道东端 PK34	17.50	53.80	7.2	27.8	35.0
	跑道中间 PJ17	21.20	51.50	8.7	27.9	35.9
	PJ8 孔边明塘区	21.30	52.80	14.6	33.4	48.0
	PJ8 孔处	21.30	52.80	19.0	21.1	32.1
应力历史法	站坪 ZK1	19.15	51.30	4.6	23.5	28.1

注：浅层变形是指场地浅部 2、3 层粉土、砂土的变形量，深部变形是指场地下部 4 层淤泥质土及黏性土的变形量。

估算结果表明，采用应力历史法估算的变形量比分层总和法减小 15%左右。

3.3.2 地基变形特征

根据场区地基土及机械荷载特点，可将地基变形分为场地浅部 2、3 层粉土砂的浅层变形和场地下深部 4 层淤泥质土及黏性土的深层变形两部分，二者各具变形特征。

(1) 浅层变形特征

① 变形量较小：上述估算结果表明，浅部变形量一般在 4.6～19.0cm，占总变形量的 20%～30%，在明塘区，变形量相对较大，为 19.0cm 左右。从地基土特征分析，其变形量基本为主固结沉降，次固结沉降可不予考虑。

② 变形延续时间短：由于浅部粉（砂）土渗透性好，压缩性低，固结系数较大，因此，地基的固结沉降可在较短时间内完成。

③ 受明塘、暗塘影响，变形时差异较大：由于场区内河网、水塘密布，并分布众多的暗塘、暗滨，造成表部地基土性及受荷极不均匀，使得其变形量差异较大，据上述估算结果，明塘区的浅层变形量比非明塘区要增加近 70%。

(2) 深层变形特征

① 变形量较大：深层变形量在明塘区达 33.4cm，非明塘区一般为 21.1～27.9cm，占总变形量的 70%～80%。因其土性属软土，变形量除主固结沉降外，次固结沉降也将占有一定的比例。

② 变形延续时间长：由于深部软土层厚度大，渗透性差，排水距离长，压缩性高，地基的固结沉降将经历较长时期后才能完成。据估算，其固结度要达到 95%需历时近 17 年，推测堆载后 2 年的固结度为 38%，固结沉降量为 8.4cm，4 年的固结度为 56%，固结沉降量为 12.3cm，10 年的固结度为 83%，固结沉降量为 18.3cm。其沉降特点是：缓慢而均匀，沉降固结时间长。

③ 变形量较均匀：由于深部软土层厚度变化较小，使其变形量较为均匀，估算其变形差一般在 4cm 左右，明塘区在 10cm 左右。

因此，对机场的地基处理，认为：对浅部土层，可以结合抗液化要求进行地基处理，由于深层软土考虑到处理效果及难度、费用等因素，对深层软土不做处理是可行的，但必须加强沉降监测。

3.4 场地地基土特征分析及评价

3.4.1 场地环境地质条件

（1）历史上，杭州湾南岸一直处于淤积状态，海岸线区18世纪以来，已迁移到赭山附近，对机场建设和使用影响较小。但钱塘江最高水位远远超过场区地面，因此，钱塘江围堤的稳定性，抗洪能力仍是保证机场安全性的前提。

（2）场地地形平坦，水网众多，地貌形态单一，暗塘、暗浜等不良地质作用发育。

（3）场地第四系厚度为90余米，基底为下白垩统紫红色砂岩，影响机场建设的主要工程地质问题是软弱地基和地震液化。

（4）区内水文地质条件较简单。

3.4.2 软弱地基特征分析

本场地软弱地基可分为河滨地基、暗塘地基和一般软弱地基。

（1）河滨地基

场区河塘密布，池塘部分与河渠相通，部分为封闭。较大规模池塘有180多个。一般长度为20～60m，水深约1～2m。底部大多为淤泥，厚度0.3～0.5m，局部深厚1.0m，之下为正常沉积的粉土层。河渠纵横交错，一般宽度15～20m，深约1.0～1.5m。淤泥层厚0.3～0.5m，之下为正常沉积的粉土。

（2）暗塘地基

暗塘散布于全区，主要有两种类型，一类是全部掩埋，另一类是与现有明塘相连。暗塘大小不等。大者5000m^{2}以上，小者100m^{2}左右，暗塘大部分由粉性土回填所成，混有机质，局部揭露有塘泥，厚10～30cm左右。揭示暗塘深度在1.0～3.8m，一般深度在2.0～2.5m。暗塘总数为67个。

（3）一般软弱地基

一般软弱地基包括浅部粉土软土和深部软土两部分。

① 浅部粉土具以下工程地质特征：

a. 全场广泛分布，一般层厚7m左右，5m以下性质略好；

b. 岩性以砂质粉土为主，颗粒组成以粗粉粒（0.074～0.01mm）为主，其含量一般大于85％，2a、2b层天然含水量大于30％，e=0.817～0.921，2夹层的孔隙比大于1.0，标贯击数在3～13击，大多属稍密—松散状态。静探指标q_c=1.6～3.8MPa，2夹层q_c=0.6～1.6MPa；

c. 具承载能力不够、变形大的特点；

d. 抗液化能力差。

② 深部软土具以下工程地质特征：

a. 全区广泛分布，顶板埋深18～25m，包括4a、4b、4c三层，其总厚度约30m；

b. 为全新统下组海相软土，岩性上部为淤泥质黏土、淤泥质粉质黏土，下部为灰色黏土和粉质黏土，底部近可塑状态；

c. 强度低，压缩性高；

d. 在机场大面积堆载下，将产生附加沉降量，估算4层的沉降量为21.1～33.4cm。

3.5 机场建设所引起的主要岩土问题分析及预测

（1）高填：大面积回填土将引起较大的附加沉降，特别是对深层软土。预估大面积回填所引起的沉降量在27.5～42.8cm。其中，深部软土约占70%～80%。

（2）深挖：场地浅部为粉土，在动水压力作用下极易产生流砂，尤其是在地下水位较高时。据临界水力坡度公式计算，区内产生流砂的临界水力坡度为0.85～0.95。因此，场区不宜大面积深挖，当挖深在地下水位以下时，宜采用井点降水或护坡措施。

（3）河道改变：区内无较大的河流，需要改道的河流有白果树直湾和生产湾，由于其流程短，且与其他河渠相通，在机场西侧修建新河及场内设置合理的排水措施后，不会对机场产生不利影响。

（4）地面沉降：大面积填土所引起的沉降是不可避免的，而因抽汲地下水所引起的地面沉降，目前尚不存在。由于场地承压水水质较差且周围无大的开采源，今后预计出现的可能性也较少。尽管如此，今后仍需控制一定范围内大量开采深层地下水。

3.6 地基处理

（1）地基处理方法

根据机场跑道及飞行区对地基土的要求和前述场区工程地质条件分析，地基处理主要针对场区5 m以浅部地层，以消除地震的液化影响，减小浅部地基土变形和提高地基土强度，对深部软土层则不做处理。

适合场区地基处理方法主要有降水强夯法（Hw）、填石强夯法（Ho）和挤密碎石桩法（Hs）。在机场勘察前期工作中，专门划出三块30m×60m面积的试验段场地进行三种方法的对比试验，我院参与了全过程的试验工作，取得大量实测试验数据。

根据试验段所取得的参数分析，三种处理方法均有效地解决了场地工程地质条件差、强度低、易变形和地震液化问题，从处理效果看，Hw最好，Hs次之，Ho稍差。而三种处理方法则以填石强夯法（Ho）最为经济。

（2）地基处理建议

① 一般软弱地基处理

场区主要分布区，其地层结构为：2a、2b、2c、3a层，处理的主要层位是2a、2b层，次要处理层是2c、3a层，地基处理要求是全面改善2a、2b土的性质，使之消除液化，在强度和变形上满足机场建设需要，处理的有效深度要求超过5m，影响深度大于7.0m。

经试验段地基处理试验：降水强夯、结构填石强夯及碎石桩从技术上都能达到处理要求，通过对地基处理前后土的物理力学指标、标贯试验、静探试验等资料分析，加固前后，指标明显增加，三种方案有效加固深度均大于5.0 m，影响深度超过7m，处理后的各项指标均达到设计要求。

从三种地基处理的施工工艺和经济分析表明：强夯造价最低，而降水强夯和碎石桩则造价较高。

因此，在三种方案均满足设计要求的前提下，施工程序简单，造价低的结构填石强夯是大面积施工时优先考虑的方案。建议选用分层填石的2000kN·m夯击能或3000kN·m夯击能的一次填石强夯处理。

场区在近震条件下，将会产生轻微—中等液化，对于中等液化区，从施工方便、统一等因素考虑，建议采用结构填石强夯，为加强处理效果，可考虑采用分层强夯或采用一次填石，可选用较大的夯击能处理，如4000kN·m夯击能。

② 河浜地基处理

据测量，场区水体面积约 42 万 m^2，预计填方量在 85 万 m^3 左右，可采用常规方法处理：

首先：结合场区排水设计，对进入机场的河流改道，并隔绝水力联系。第二：疏干河塘水体。第三：清淤、回填、压实，为避免新的土质不均，回填土应采用原土，回填性质应基本与 2a 层一致。第四：在前述处理基础上，可按一般软弱地基方法进行处理，处理方法采用结构填石强夯法。

③ 暗塘地基处理

暗塘散布于全区各地，其形态大小各异，暗塘回填土以粉土为主，局部分布有厚 0.3～0.5m 的塘泥，回填土颗粒级配以粗粉粒为主，粒度成分：0.074～0.01mm 占 85.3%，0.005～0.01mm 占 5.2%，<0.005mm 占 9.5%。

从颗粒成分及渗透性指标，回填土与 2a 层粉土物质组成类似，唯其物理力学性质更差。故对暗塘必须进行换土回填和强夯处理。

4. 工程总结与启示

4.1 勘察工作特点

（1）从立项到竣工全过程地参与，充分发挥了勘察单位的技术优势

本工程勘察的最大特色是我院从机场项目的立项到竣工全过程参与其中，充分发挥了勘察单位的技术优势。从机场工程立项阶段的岩土工程咨询，到可行性研究阶段的场地选址和对主要拟选场址的勘察，直至承担详细勘察、提交详勘报告，通过各阶段及多次技术论证会议，对本工程的技术要求、特点及对场地地质条件有了充分了解和逐步深化，使勘察方案布置、建筑适宜性评价、地基处理方案等具有较强的针对性。

（2）在勘察阶段同时进行地基处理试验，获取宝贵的地基处理设计参数

我院与设计单位共同完成了地基处理试验方案的制定及地基处理试验的主要检测工作，对不同试验段分工前、工间、工后、填后四个阶段多手段多方法地进行地基处理效果检测；试验取得的数据在详勘工作和提交的报告中得到充分的体现，数据依据充分。

（3）勘探手段多样化、技术新、针对性强

根据有关规范和设计要求，针对机场飞行区工程特性，结合测区水文地质、工程地质和环境地质条件，布置合理的勘察工作量：采用钻探取土样测试、静力触探、工程地质测绘与调查、探井、小螺纹钻和多种原位测试相结合的勘探手段。现场原位测试包括：标准贯入试验、静探试验、载荷试验、现场 CBR 试验、地基反应模量和回弹模量试验、抽水试验、波速试验、电测深等；室内试验包括：常规试验、三轴试验、高压试验、渗透试验、击实试验、CBR 试验、水质分析、有机质分析等。

取样：对软土采用活塞式薄壁取土器，对粉土和粉砂采用内置环刀式原状取砂器，并将实验室搬至施工现场，确保取得高质量的原状土样及避免土样扰动。

抽水试验：为确保提供场地粉土、粉砂层渗透系数的准确性，进行了民井和钻孔主孔带一个观测孔的稳定流分层抽水试验。

针对场区存在不良地质作用之一的大量暗浜、暗塘，采用了加密的小螺纹钻，并结合当地调查访问，详细查明了 67 个大小不一、形态各异的暗浜暗塘，并提供了暗浜暗塘分

布平面图和特征表。

4.2 技术创新

在勘察及试验工作中，对当时的试验仪器设备进行改造和自行开发，主要有：

（1）现场CBR试验：在上虞勘测土工仪器厂生产的CBR-1型承载比试验仪器基础上改制，将原适用室内试验的仪器应用野外原位试验的使用条件。

（2）动态孔隙水压力检测：强夯时，孔隙水压力在锤落地1～2秒达到峰值，当时国内生产厂家孔隙水压力检测仪器大多为静态的、或记录精度达不到本工程要求。我院对生产厂家江苏某厂家ZXY型频率巡检仪及武汉某厂家DYK-51型电脑全自动孔隙压力记录仪进行改装，增加内存处理芯片，使检测记录速率达到30次/分以上，满足了试验监测的精度要求。

（3）沉降标和基岩标：自行设计建造了二座深分别为22m和36m的软土层沉降观测标及三座深100～110m的基岩标。为减少软土层扰动及使标底与土层紧密接触并能随土层变化灵敏，同时又保护标底，在标底结构设计上采用了“爪式保护套标底”的特殊装置。

4.3 提供的岩土参数依据充分、结论正确、建议合理

勘察工作应用了多种的新方法、新技术，对取得的大量室内试验和原位测试指标及参数进行论证和对比分析，使提供的岩土参数依据充分、准确。通过对土性的研究和多种方法的变形验算，提出了“地基处理主要仅对场区5m以浅部地层进行强夯处理，对深部软土层则不做处理”的合理化建议，并建议采用了“强夯法”地基处理，建议方案均被建设单位和设计采纳。经基础施工验证，地质资料与实际情况十分吻合，勘察成果结论正确、建议合理，具有较高的理论水平和较强的实用性。

5. 工程实施与效果

5.1 勘察工作要点

杭州萧山国际机场位于全新世中、晚期（距今约7500年以来）钱塘江河口冲海积平原，地形平坦，河网密布。第四纪沉积物厚90余米，其地层特点是上部为可液化的饱和粉土、粉砂层，且暗塘、暗浜分布众多，下部为巨厚的高压缩性海相软土，工程地质条件复杂。由于机场的特殊性，对地基变形、不均匀沉降要求非常高，勘察研究的重点是场地地基土的强度和沉降变形。

（1）勘察结论

浅部粉土为以饱和液化土为主的软弱地基，工程地质性质较差，不能满足机场地基要求，必须进行地基处理；而深部软土由于其厚度变化较小，变形量较为均匀，考虑到处理效果及难度、费用等因素，对深层软土不做处理是可行的，但必须加强沉降监测。

（2）勘察建议

根据场地工程地质条件及降水强夯法、填石强夯法和挤密碎石桩法三种试验取得的参数，对机场地基处理方案建议如下：

① 一般软弱地基：采用结构填石强夯法处理。以分层填石的2000kN·m或一次性填石3000kN·m强夯法作为首选方案。

② 河滨地基：首先排除水体，清淤回填压实，回填土应采用原土，性质与2a层基本

一致，第二步，按一般地基采用填石强夯法处理。

③ 暗塘地基：采用井点降水，对暗塘进行换土，采用填石强夯法处理。

④ 可结合液化分区图，进一步优化强夯施工参数。如中等液化区，可采用较大夯击能，而对不液化区，可减少夯击能，或减少夯击遍数。

⑤ 鉴于浅部土体对地下水极为敏感，各种试验表明，其与含水量关系较大，在表层积水时，土体易扰动、液化。因此，施工时必须做好场地地面排水工作。

5.2 社会与经济效益

优秀的勘察成果为设计和施工提供了可靠的依据，勘察报告的地基处理方案建议被设计和建设单位采纳，并在实际施工中应用。

根据勘察报告建议对浅部可液化土层采用了“强夯法”地基处理，对深层软土不做处理，仅飞行区的地基处理费用较原设计碎石桩及其他方案节省了4000多万元，经济效益十分显著。飞行区工程于1998年初开始动工兴建，至2000年12月28日正式通航。根据飞行区沉降监测，沉降量均匀、符合规范要求，运行至今道面最大沉降量14～15cm，情况良好。

杭州萧山国际机场的建设，为在河口冲海积平原可液化饱和粉（砂）土的地基处理积累了成功的经验，并在机场二期工程和其他类似项目的地基处理中得到进一步的推广应用，经济和社会效益显著，为浙江和杭州的交通和经济发展做出了重大的贡献。

杭州萧山国际机场建成通航以来，运输生产迅猛增长，航线网络日趋规模。2012年旅客吞吐量达到1911万人次，共有48家中外航空公司开通航线190余条，每周进出港航班3200多个。已成为中国重要的干线机场、国际定期航班机场、对外开放的一类航空口岸和国际航班备降机场，是浙江省第一空中门户。为浙江建设“民航强省”、促进全省经济转型升级提供强有力的支撑。

6. 获奖单位简介

浙江省工程勘察院成立于1958年，是浙江省规模最大的综合性工程勘察单位，隶属于国土资源部。拥有工程勘察综合类甲级，监理甲级，地质灾害危险性评估甲级，地质灾害勘查、施工和设计甲级，工程物探甲级，工程咨询甲级，测绘甲级等多项甲级资质。已建立起岩土工程勘察、设计、治理、监测、监理和测绘、工程测量及水文地质、环境地质等完整的技术服务体系。是浙江省第一家通过ISO 9000质量体系认证的勘察企业，已通过职业健康安全管理体系认证、环境管理体系认证、计量认证等。

我院现有各类工程技术人员386人，其中：浙江省勘察设计大师1人，宁波市优秀勘察设计师2人，教授级高级工程师15人，高级工程师123人，工程师192人，各类执业资格的51人，有5位勘察专家被评为有突出贡献的科技工作者，享有国务院特殊津贴。拥有各类工程机械设备400多台（套），并配有桩基无损检测、大吨位静压桩载荷试验、波速试验、旁压试验、扁铲侧胀、电测十字板剪切等多种原位测试设备，具有完整的野外勘探、基础施工、原位测试、土工试验、装备修配、地形测量、制图印刷和计算机处理系统。

我院始终把“科技进步、技术创新”作为企业生存和发展的一项根本性战略措施，倡导“求实守信、优质高速、敢打硬仗、当好先行”的企业精神。恪守“质量第一，用户至上”的原则，积极推进全面质量管理，不断开发引进新技术新方法，有力地促进了技术的进步和发展。建院以来共有160多项成果获得国家、省（部）级科技成果奖和优秀勘察奖，硕果累累。其中：杭州萧山国际机场、宁波北仑港矿石中转码头、上海贝岭股份有限公司厂房岩土工程勘察分别荣获国家优秀勘察金、银、铜奖；地质力学在找水中的应用获全国科学大会奖；《浙江省海岸带综合调查》获浙江省科技进步一等奖；宁波栎社机场、沪杭高速公路彭埠-翁梅段、杭州市府大楼、舟山大陆连岛工程、上三线盘龙岭隧道群、春晓气田群开发建设项目陆上终端场址、杭州-宁波天然气输气管道工程钱塘江穿越、舟山大陆连岛工程、杭州·西湖文化广场、杭州庆春路过江隧道等30多项成果，荣获部一等奖、浙江省钱江杯（优秀勘察设计）一等奖。

我院在注重质量提高、技术进步的同时，十分注重精神文明的建设，重合同，守信用。连续多年被浙江省委、省政府授予“文明单位”称号。1992年2月，被国家四部委联合授予“全国地质勘察功勋单位”称号，同年11月，被建设部授予“全国工程勘察先进单位”和“全国工程建设管理先进单位”称号。1995年经浙江省统计局、计经委考评为浙江省勘察设计行业综合实力“十强企业”，2007年被中国勘察设计协会评定为“全国工程勘察与岩土行业诚信单位”。

五十七年的专注，五十七年的持之以恒，在几代人的努力下，成就了浙勘院温敛敦厚的品格，精益求精的品质，创新务实的发展理念。我们愿与社会各界携手并进，共创新的辉煌。

【项目特色提要】 本项目场地属钱塘江河口冲海积平原。场地上部地层为可液化的饱和粉土、粉砂层，下部为巨厚的高压缩性海相软土，工程地质条件复杂。项目的主要特点在于基于比较丰富的原位测试，对地基变形特性进行分析和处理地基设计，并开展相关用监测。现场勘探采用活塞式薄壁取土器、内置环刀式原状取砂器，确保原状土样质量；现场原位测试除常规试验还重点采用了CBR试验、地基反应模量和回弹模量试验、抽水试验、电测深等手段。通过对场地浅层和深层变形系统分析，经试验提出了采用不同能量强夯法处理场区不同区域5 m以内地层，以消除地震液化、减小浅部地基土变形，提高地基土强度，对深部软土层则不做处理。在强夯时，采用动态孔隙水压力计进行孔隙水监测检测，并自主设计、制作和安设软土层沉降观测标与100～110m的基岩标，开展工后变形监测。本项目成果为在河口冲海积平原区的机场建设工程积累了成功经验，取得了显著的经济和社会效益。

胶州至新沂新建铁路工程跨沂沭断裂带工程地质选线勘察

铁道第三勘察设计院集团有限公司　李　翔　许再良　陈则连

【项目摘要】

胶州至新沂铁路北起山东胶州，南至江苏新沂，全长306.6km。该线有180km的线路位于我国东部最大的发震活动断裂带郯庐断裂带的中段一沂沭断裂带中，工程地质条件复杂，活动断裂是控制线路方案的关键技术问题。在跨沂沭断裂带地质选线勘察中，应用多片种遥感解译、地质调绘、综合物探、钻探等综合勘察技术，查明断裂带的区域构造格局及区域地震活动特征。其次对区域地壳稳定性采用层次分析法、模糊数学综合评判法，将沂沭活动断裂带划分为不同稳定级别的五个区域，从而进行地质选线，使线路位于相对稳定的区域。该项目地质选线勘察于1998年至2001年进行，2001年10月胶新线开工建设，2003年12月开通试运营，2006年度获得国家勘察金质奖。

1. 工程概况

1.1　铁路地理位置及其修建的重要意义

胶州至新沂铁路是东北至长江三角洲地区陆海通道的重要组成部分，陆海通道北起哈尔滨，经哈大铁路、烟（台）大（连）铁路轮渡、蓝烟铁路、新建胶新铁路、（新）沂淮（阴）铁路、新建淮阴长兴铁路，南止浙江省长兴，该通道全长约2200km。该通道与滨绥、滨洲、长白、长图、沈山、胶济、新日、陇海、京沪及浙赣等铁路干线相接，是纵贯黑龙江、吉林、辽宁、山东、江苏、浙江6省，联结东北、环渤海、长江三角洲三大经济区域的又一条南北铁路运输通道。构成东北至山东及长江三角洲地区最便捷的铁路通道（见地理位置图）。经由该通道东北哈大铁路沿线及以东地区至山东和长江三角洲地区的铁路运输距离较经山海关绕行可缩短400～1000km。陆海通道的建设不仅可优化铁路网的布局，同时对扩大所经地区沿海港口吸引范围及疏港能力，完善综合运输体系，增强对内地经济的辐射和带动作用。

胶州至新沂铁路的修建可促进山东省实现铁路规划三纵三横的铁路网，从根本上改善鲁东南及沿海地区的交通条件和投资环境，使沿线丰富的建材、矿产和农副产品资源转变为经济优势，促进经济腾飞，社会发展。沿线地区与东北和长江三角洲地区经济互补性强，因此铁路建设有较好的经济效益和社会效益。

1.2　重点工程及线路主要技术标准

沿线新建车站15个，桥梁特大桥20座21535延长米，大中桥167座14474延长米，隧道2座1559延长米。

铁路等级：国家Ⅰ级、单线；限制坡度6‰；最小曲线半径一般1200m，困难地段800m；牵引种类：内燃，预留电力化条件；机车类型：DF4；牵引质量：3500t；到发线有效长：850m，预留 1050m；闭塞方式：半自动。

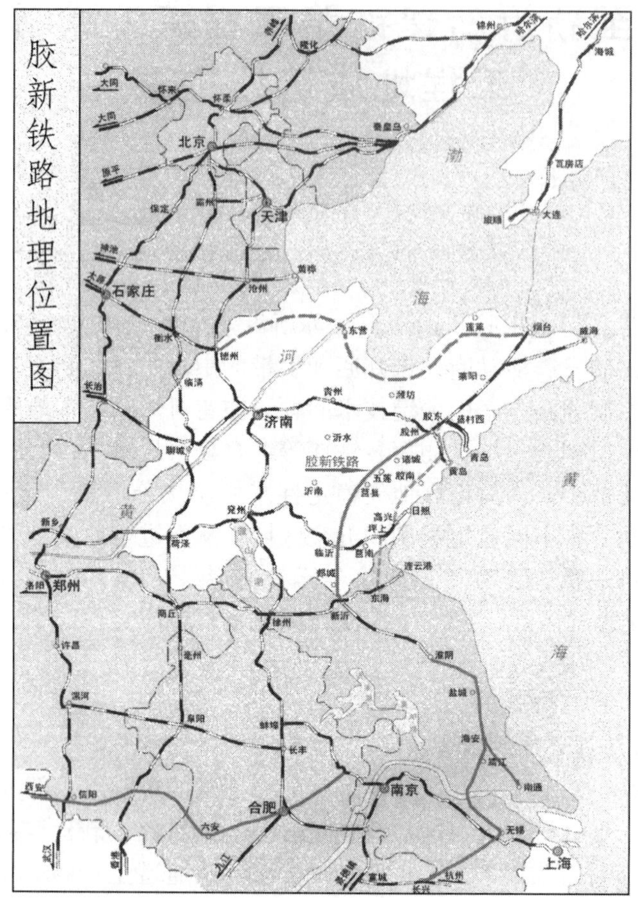

图 1-1　胶新铁路地理位置图

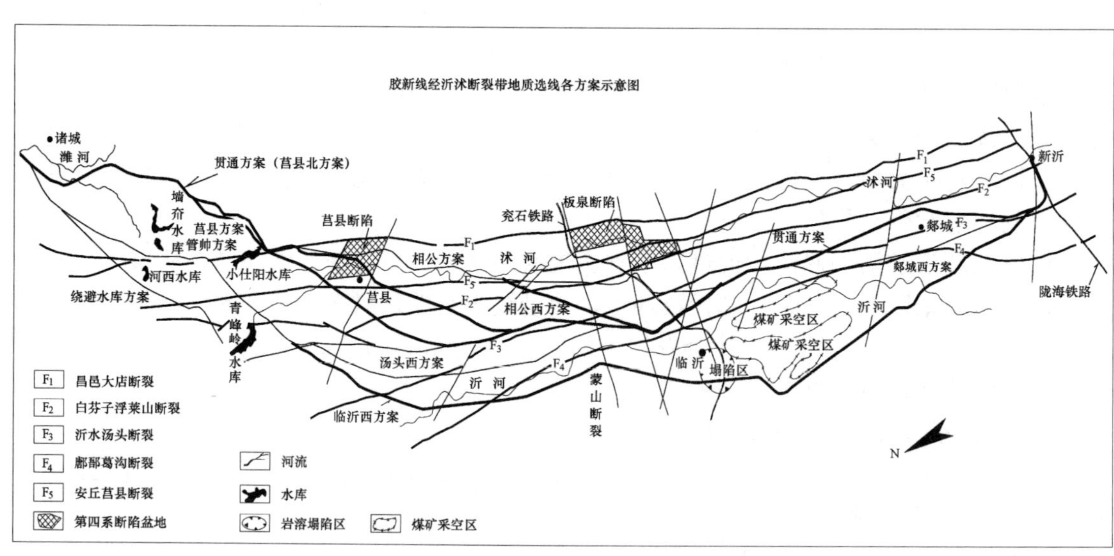

图 1-2　胶新铁路经沂沭断裂带地质选线各方案示意图

1.3 勘察经过及完成工作量

1998年初，国务院批准了《国家计委关于审批东北至长江三角洲地区陆海铁路通道项目建议书的请示》，随即开展了胶新线诸城至新沂段初测前地质加深工作；1999年完成初测勘察，并推荐以莒县北方案为贯通方案（见线路方案示意图）；2000年完成定测勘察，详细查明了断裂带特征及沿线特殊岩土、不良地质的分布及各类工程的地质条件。

胶新线勘察过程中完成1∶10万美国陆地卫星TM片判释9130km^2、1∶3.5万航片判释6000km^2、1∶5万工程地质测绘6100km^2、沿线重点地质调查折合线路长度1500km、钻探2500孔28000m、静力触探30孔180m、简易勘探750孔1200m、综合物探400km、物探测井40处。对沿线土样、岩石、水样进行了取样化验分析，为判定断层最新活动年限，取断层泥10组进行C14、热释光试验，另外取重点工程土样20组进行静三轴、动三轴试验以进行地质灾害评价。

2. 场地岩土工程条件

2.1 地形地貌

测区属鲁中南剥蚀丘陵及苏北平原区，临沂北除胶州、诸城及莒县局部地段受河流影响为冲洪积平原外，其余大部地段为低山及剥蚀丘陵区，地面高程一般80～200m，最高达350m；南部地区为沂、沭河冲洪积平原，地形平坦开阔，地势向东南缓倾，地面高程30～80m。

2.2 气象特征

胶新线属南温带亚湿润季风气候区，四季分明。年平均气温12～15℃，年平均降水量605.4～892.8mm；年平均蒸发量1384.8～1735.9mm；大风多集中在三四月份，累年最大风速26.0m/s，年平均风速1.78～3.3m/s；大雾天气多发生在冬季16～22天/年平均，最大积雪深度25cm。土壤最大冻结深度0.40m。

2.3 地层岩性

北部地区以剥蚀丘陵及丘陵缓坡为主，基岩裸露，岩性主要以白垩系砂岩、泥岩、砾岩及安山岩为主，中部地垒（F2、F3之间）为太古代和元古代侵入岩和变质岩，岩性主要为混合片麻岩、花岗岩及闪长岩等，燕山期侵入岩分布也较广，岩性主要是安山玢岩及闪长玢岩；东西地堑沉积厚度较大的中生界白垩系，岩性主要以砂岩、泥岩、砾岩及安山岩为主。丘间盆地及南部冲洪积平原为新生界第四系松散堆积层，主要岩性为黏土、砂黏土等黏性土和粉、细、中、砾砂和卵石土、圆砾土等非黏性土，厚度由北向南逐渐加大。

2.4 地质构造

胶新线在大地构造位置上属华北地台之鲁东地盾和鲁西台背斜两个二级构造单元，属胶莱坳陷、胶南隆起、沂沭断裂带三个三级构造单元。

胶莱坳陷形成期为中生代，新生代以来表现为缓慢抬升，中生代地层构造变动不强烈，地层较平缓，主要遭受风化剥蚀，形成如今的低山丘陵地形。胶南隆起长期处于隆起状态，中生代燕山运动期以岩浆活动为主，新生代以来以整体上升为特点。

沂沭断裂带是该区域一条深大断裂带，它由5条深大断裂组成，这些深大断裂形成时代较早，是多期活动断裂。

2.5 水文地质条件

沿线地表水系较发育，河流沟谷较多。地下水的分布、埋深、径流和排泄条件受所在的地貌单元以及开采利用程度的控制。地下水类型主要有两种：第四系孔隙潜水及基岩裂隙水。地下水对混凝土不具侵蚀性。

2.6　主要地质问题及技术难点

（1）查明区域的构造格局及各断裂带的空间分布特征；

（2）对沂沭断裂带的几条主干断裂的活动进行分析研究；

（3）对区域地震活动特征进行分析研究；

（4）查明区域内存在的断陷盆地、岩溶、采空区、地震液化等不良地质分布情况及特殊岩土性质；

（5）在对活动断裂、地震等控制性因素进行相关性分析基础上，对区域地壳稳定性综合评价；

（6）根据规范地质选线原则进行地质选线。

3. 岩土工程问题及评价

控制胶新铁路路方案的关键技术问题是活动断裂带，为查明断裂带的区域构造格局及区域地震活动特征，在地质选线勘察中应用多片种遥感解译、地质调绘、综合物探、钻探等综合勘察技术，其次对区域地壳稳定性进行分区研究，采用层次分析法、模糊数学综合评判方法建立二级模糊数学综合评价模型，将沂沭活动断裂带按其稳定性划分为五个区域，从而进行地质选线。勘察涉及范围包括山东省临沂市及其辖区的沂水、沂南、莒南、临沭、苍山、郯城，山东日照地区的诸城、莒县、五莲以及江苏省北部的新沂市。

3.1　断裂带遥感解译

3.1.1　片种的选择

（1）航天遥感图像：选用了1∶10万美国陆地卫星TM图像沂水、郯城两幅，时相分别为1987年4月21日和1989年4月26日，主要用于宏观构造格架分析，为区域稳定性评价提供依据。

（2）全色黑白航空像片：收集了山东省测绘局测区航片共226张，像幅为23×23，比例尺1∶3.5万，该片种是工程地质判释和大面积调绘用的基本片，用于进行转绘编制1∶5万工程地质图。

（3）其他参考片种及其他区域资料：

在卫片解译过程中参考了1∶50万MSS卫星图像和1∶50万苏鲁皖地区航磁资料及1∶20万区域地质图；航片判释调绘过程中参考了部分1∶5万区域地质图等资料。

3.1.2　TM图像处理

TM图像处理工作是在PCI系统上进行的，包括数字镶嵌、假彩色合成、滤波加强及对云雾及其阴影的技术处理。

（1）波段选择：假彩色合成波段选择理想的情况是相关系数最小，方差最大，信息的重叠量小，信息量丰富。本次工作选定4，7，1三个波段，对隐伏断裂尤其是充水隐伏断裂有较好的解译效果。

（2）卷积滤波增强：线性构造在图像上表现为灰阶的突变，从数学角度上可用微分或差分运算来反映这种信号的变化率，在图像处理系统中，通常用一个卷积核对图像做卷积运算来实现。工作中着重进行了锐化滤波（Sharp），边缘探测滤波（Edge）及北西向

(NW)、南北向(SN)的方向滤波处理。从不同侧面增强了不同方向的线性影像，为断裂构造解译提供了较丰富的信息。

(3) 云雾及阴影的改善：郯城幅图像受云雾及其阴影的影响，图像的质量不好。在成图过程中，充分利用现有微机技术，经局部拉伸直方图均衡化综合处理，取得较好效果。图像质量有较大改观，特别是对云雾的阴影消除取得了较满意的结果。

3.1.3 遥感图像判释

总的判释原则是：①先宏观后微观；②从已知到未知；③先易后难；④区分重点；⑤多种资料相互验证。

(1) 先判释 TM 图像：在判释过程中首先从 1∶50 万 MSS 图像和 1∶50 万苏鲁皖地区航磁资料下手，初步建立地质体及构造的判译标志，然后结合 1∶20 万区域地质资料及本线可行性研究报告，在 1∶10 万的 TM 图像上进行地层岩性及构造判释。

(2) 后判释航空像片：现场航片判释调绘与卫片解译几乎同步进行，而且现场航片判释与调绘交错展开。室内卫片解译完成后马上到现场结合航片对调绘内容进行指导、补充、修改，以使航空与航天两个不同层次遥感图像之间的信息互相印证和融合。

3.1.4 调查核对、勘探验证与成图

在遥感判释的基础上，进行了大面积现场地质调绘、核对刺点，对测区隐伏的主要构造线位置及对线路方案有控制作用的重大工点地段布置了综合物探及钻探。

3.2 断裂带综合物探地质勘察

针对该地区复杂的地形、地质条件，选择多种物探方法，总结出一套适合于该地区条件下的综合物探工作模式，合理布设物探断面，查明对线路方案有控制作用的重大工点主要隐伏断裂带的位置、破碎带宽度、产状和基岩埋深、岩性分布等情况，为优化线路方案提供依据。

3.2.1 物探方法的选择

基于测区的地球物理前提条件，结合各种物探方法的特点，物探工作选择了 8 种物探方法，既有常规方法，又有新技术新方法，各种方法合理组合，以有利于排除或减少物探资料的多解性，使其在使用条件上互相弥补，提高识别能力和扩大适用范围。本次工作选用的仪器设备及物探方法如表 3-1：

仪器设备及物探方法 **表 3-1**

序号	方法	仪器型号及产地	备注
1	地震折射波法	ES-2401 型、R24 型地震仪(美)	锤击震源炸药震源
2	地震纵波反射	ES-2401 型、R24 型地震仪(美)	炸药震源
3	高密度地震法	ES-2401 型、R24 型地震仪(美)	锤击震源
4	电测深法	WDJD 数字自动激电仪(中) DDC-2B 型自动补偿电法仪(中) DZD-2 型多功能电法仪(中)	
5	高分辨率电测深	DDC-2B 型自动补偿电法仪(中) DZD-2 型多功能电法仪(中)	
6	电剖面法(联剖和对称四极)	DDC-2B 型自动补偿电法仪(中) DZD-2 型多功能电法仪(中)	
7	可控源音频大地电磁法	GDP-16 多功能电法仪系统(美国 Zonge 公司)	
8	磁法	CSC-3 型悬丝式磁力仪(中)	

针对测区范围大，地质和地层物性参数变化都较复杂的情况，结合各种物探方法的特点，制定了不同条件下综合物探方法的选择原则如下（见物探工作区域图）：

（1）基岩埋深浅、地形平坦地区，采用以电测深、电剖面为主，地震折射为辅。

（2）基岩埋深数十米至上百米地区，以可控源音频大地电磁法为主，以地震纵波反射为辅。

（3）断裂带规模小，基岩埋深浅，电性差异不明显的，开展高密度地震。

（4）断裂带两盘岩性不同，采用磁法勘探，辅以电测深，电剖面。

（5）活动性断裂，开展地震纵波反射工作，通过对断裂带异常的分析及对地层错断状况的分析。

（6）基岩电阻率与上覆地层的电阻率差异小的，利用基岩与上覆地层地震波速度的差异，开展地震折射波法，来确定基岩面的埋深。

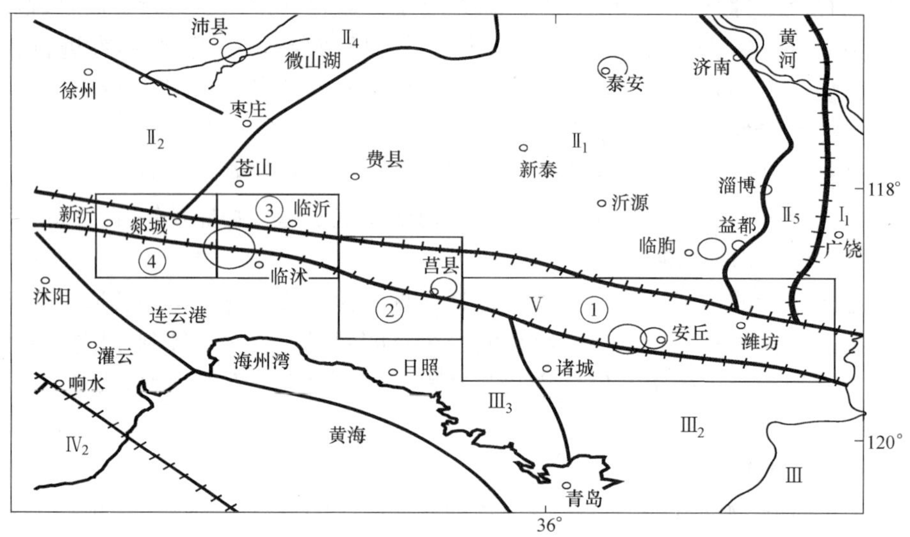

图 3-1　物探工作区域图

① 莒县以北，基岩埋深浅，地形平坦，选择常规电测深、电剖面法。

② 莒县盆地，基岩埋深较大，电性差异明显，以常规电法、电剖面为主，以地震纵波反射为辅。

③ 临沂地区，基岩埋深浅，电性差异不明显的，开展高密度地震，分析弹性波的动力学特征，根据振幅，相位，同相轴的变化来确定断裂带的存在；对断裂带两盘岩性不同，其中一盘为沉积岩，一盘为火成岩的勘探方法，采用磁法勘探，辅以电测深，电剖面开展综合物探。在电性差异小的情况下，利用地震波速度的差异，开展地震折射波法，来确定断裂带的位置和埋深。

④ 郯城以南，基岩埋深达到数十米至上百米，选择可控源音频大地电磁法为主，其余常规物探方法为辅的综合物探。

3.2.2　应用效果及结论

此次综合物探的试验研究工作取得了满意的效果，确定了针对不同地质、地形、地球物理条件的 6 种综合物探工作模式，和其他勘探手段相结合，查明对线路方案有控制作用的主要断裂方面，发挥了重要作用，特别是新发现了对铁路选线具有重大控制作用的“莒县新断陷”，并确定了其范围。

3.3 区域地壳稳定性分析评价

3.3.1 主要工作内容及方法

区域地壳稳定性评价从系统工程分析的角度，把模糊数学的评判方法应用到区域稳定性评价中。评价的重点研究如下五方面内容：

（1）区域构造特征和构造变形演化；

（2）地壳结构及深部构造特征；

（3）新构造运动和现代构造应力场；

（4）断裂活动性研究；

（5）地震活动性研究。

胶新线区域地壳稳定性评价因素层次分析模型如图 3-2：

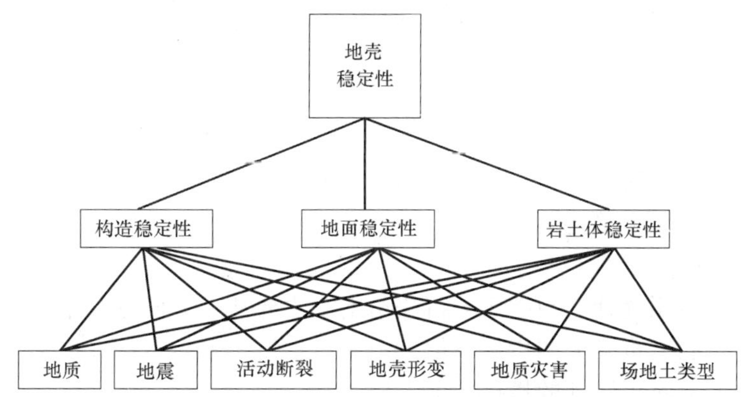

图 3-2 地壳稳定性评价因素层次分析模型

3.3.2 评价成果

依照上述工作方法，主要评价过程如下

（1）评价要素的选取

选取影响地壳稳定性的六种因素：地质、地震、活动断裂、现代地壳形变、地质灾害和场地岩土类型。根据所掌握的资料和野外调查结果，并结合测区的具体特点共选用 15 个单因素指标（见图 3-3）。

（2）评价方案与评价指标分级

区域地壳稳定性等级划分采用五级方案：稳定，基本稳定，较稳定，欠稳定和不稳定。构成评价集

$$V=\{v1, v2, v3, v4, v5\}$$

评价过程中首先对各单因素进行一级评判，然后对所有因素进行二级综合评判。

（3）地壳稳定性评判指标的确定

在影响地壳稳定性的诸多因素中，主要包括两类因素：一类是成因属性因素，另一类是具有工程时空概念的因素。

（4）价单元划分

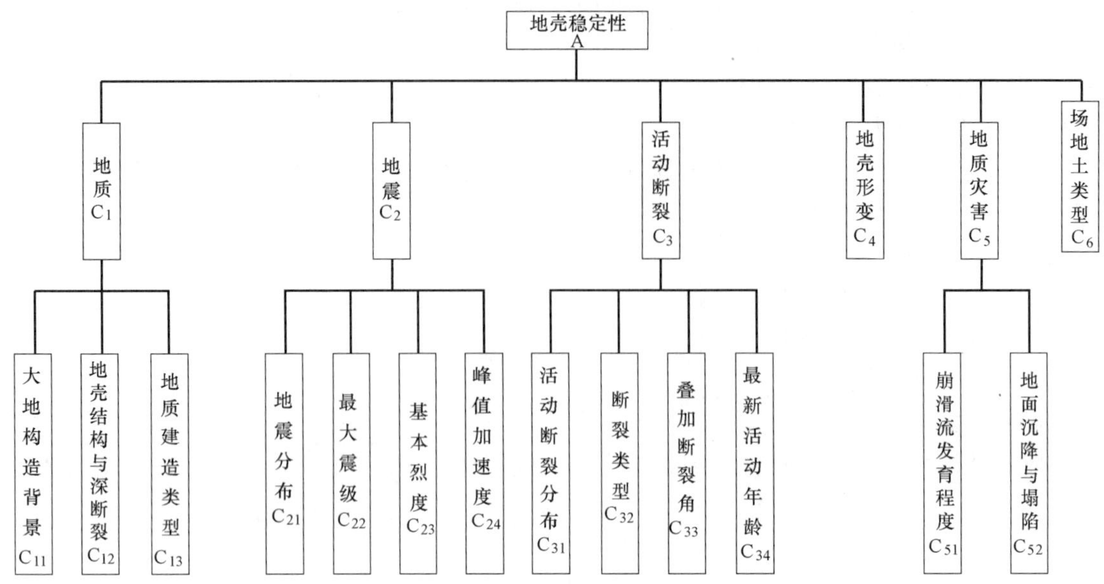

图 3-3 影响地壳稳定的要素选取

网格剖分采用方形网格，其边长沿经纬度线确定为 1.825m，相当 5.0km。胶新铁路沿线地区共划分出 184 个单元格。

（5）权重值的确定

一级权重分别采用统计法和层次分析法给出。主要从三方面进行单因素指标的比较：

敏感性：对单因素贡献大的指标权值大；

相关性：原始的具控制性的指标权值大；

可靠性：资料可靠性大的权值大。

二级权重采用上述层次分析结果。

权重集如下：

A=(a1，a2，a3，a4，a5，a6)=(0.13，0.26，0.37，0.04，0.09，0.11)

A1=(a11，a12，a13)=(0.25，0.40，0.35)

A2=(a21，a22，a23，a24)=(0.20，0.20，0.25，0.35)

A3=(a31，a32，a33，a34)=(0.15，0.20，0.30，0.35)

A5=(a51，a52)=(0.35，0.55)

（6）隶属度的确定

能够定量化的影响因素，量化给出等级绝对阈限值。不能定量化的离散型因素指标按经验给出隶属度。

隶属度函数通式可表示为：

$$\mu(x)=\exp[-(x-u)^2/\delta^2] \tag{3-1}$$

每个因素指标对应四个稳定级别，存在三个阈限值 X_1，X_2，X_3，同时也确定 X_0、X_4 两个指标取值边界。

当 $x=Xk$（$k=1$，2，3），指标值 x 正位于分级界限上，按模糊数学综合评判规则，其对于两种级别的隶属度应相同，即

$\mu_1(X_1)=\mu_2(X_1)=0.5$

$\mu_2(X_2)=\mu_3(X_2)=0.5$

$\mu_3(X_3)=\mu_4(X_3)=0.5$

当 $x=uj$（$j=1$，…，4），有 μ（uj）=1。根据正态函数特点，此时指标值 $x=uj$ 处于两个等级阀限值 Xk-1 与 Xk 中间位置，即 $ujk=(Xk-1+Xk)/2$。

将 $\begin{cases} u_{jk}=(X_{k-1}+X_k)/2 \\ \mu(X_k)=0.5 \end{cases}$ 代入式（1）中，解得 $\delta_{jk}=(X_k-X_{k-1})/1.665$。

对应（1）式，建立如下方程组

$$\begin{cases} u_{jk}=(X_{k-1}+X_k)/2 \\ \delta_{jk}=(X_k-X_{k-1})/1.665 \end{cases}$$

根据区域稳定性分级定量指标综合表，得如下隶属度公式常数表（见表 3-2）。

定量化因素指标隶属度计算常数 **表 3-2**

单因素指标	最大震级		地震动峰值加速度		叠加断裂角				地壳垂直形变速率梯度	
代号	C_{22}		C_{24}		C_{33}		C_{33}		C_4	
计算常数	δ	u	δ	u	δ	u	δ	u	δ	U
稳定	3.003	2.50	0.03	0.025	6.01	5	6.01	85	0.018	0.015
基本稳定	0.300	5.25	0.06	0.100	3.00	12.5	3.00	77.5	0.012	0.04
较稳定	0.300	5.75	0.09	0.225	6.01	20	6.01	70	0.012	0.06
欠稳定	0.601	6.50	0.06	0.350	6.01	30	6.01	60	0.012	0.08
不稳定	0.901	7.75	0.06	0.450	6.01	40	6.01	50	0.012	0.10

（7）模糊数学综合评判

根据模糊数学综合评价方法确定每个网格内部的稳定性等级。研究程度低或数据不足的区域可采用类比法确定评价标量值或直接外推给出稳定性等级。

将每个网格的评价数据输入计算机进行计算，得到所有网格的地壳稳定等级结果，按照这些结果初步圈定各等级分区，然后参照单因素分布图对分区边界进行适当调整，最终完成《区域地壳稳定性等级分区图》（见图 3-4）。

3.4 工程地质选线

结合综合勘察成果及地壳稳定性等级分区结果，确定如下地质选线原则：

（1）线路方案尽可能选在地壳相对稳定区；

（2）线路方案尽可能避开主干断裂及其影响带；

（3）线路方案尽可能避开活动断裂及其交汇部位和新断陷盆地；

（4）线路应避开开重大不良地质地段。

根据以上选线原则，线路基本避开了活动断裂带，难以避开时在断裂带或异常带较窄处以简易工程大角度通过，不在断裂带内设置大中桥、高桥、隧道、高填深挖等难以修复的大型建筑物，并经经济比较，最终选择出线路所经地区地壳稳定性程度较高、受各种不利因素影响小、工程地质条件好、经济合理的贯通方案。

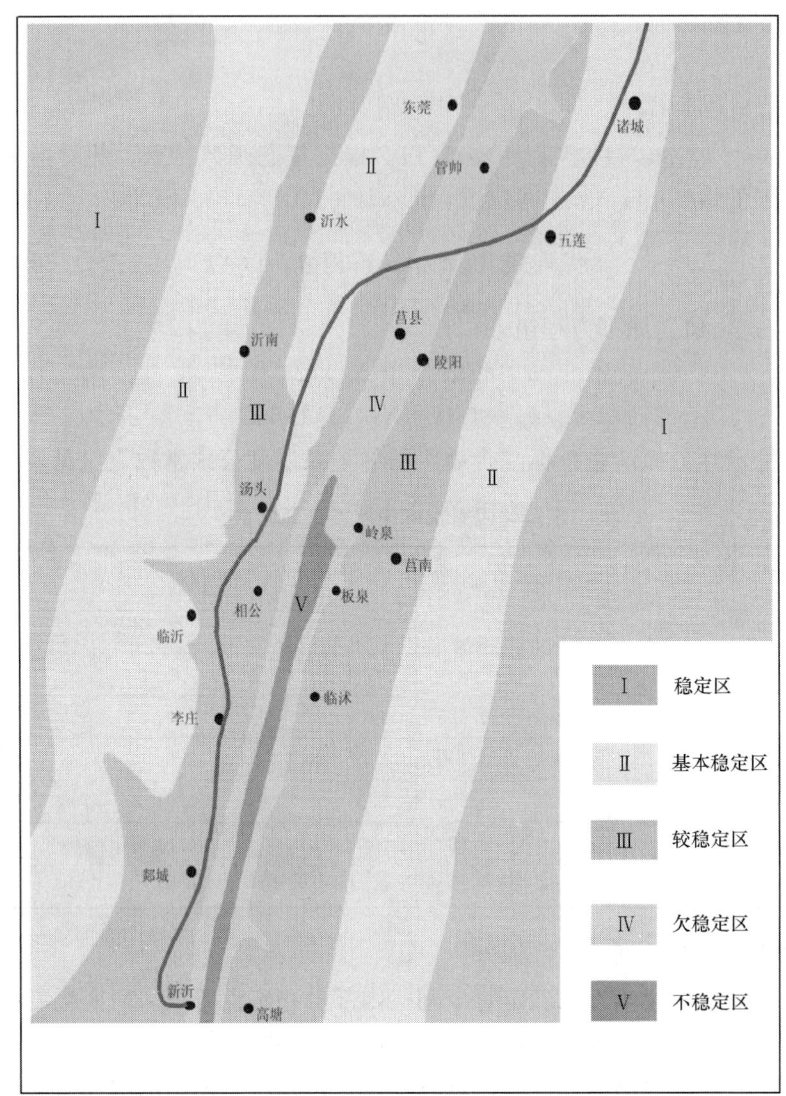

图 3-4　胶新铁路诸城新沂段艺术断裂带趋于稳定性分区图

4. 工程总结与启示

胶新铁路 180km 长线路经过我国东部最大的发震活动断裂带—郯庐断裂带的中段沂沭断裂带，是世界上经过活动断裂带内的线路最长的工程项目，地震发生频繁、地质条件复杂，长期以来属于公认的重大工程建设的禁地。其地质勘察技术难点和特点体现在以下几方面：

（1）综合勘察技术应用，注重适用性和经济合理性

在遥感判释方面选用多层次的遥感图像、多层次多角度进行解译并取得良好的解译效果。航天遥感 TM 卫片图像以判释隐伏断裂为主要目的，波段选择合理；在路内首次采用了高分辨率的激光数码成像技术；尤其是对隐伏区的主要断裂，取得了较好的判释效果，在航天遥感图像更加实用化方面迈进了一步。

综合地球物理勘探对 6 个区域的不同地质条件，选用了 8 种物探方法，多种方法选择

组合模式经济合理，在探察 58 处隐伏断层、土石界面和 2 个新断陷及重晶石采空区方面发挥了显著作用。其中在路内首次应用可控源音频大地电磁法、高分辨率电测深法和高密度地震法三种新技术方法，在探测覆盖层深厚的隐伏断层和土石界面方面，效果良好。

把地质工作和铁路选线结合紧密，同时进行了 1/10 万、1/5 万和 1/1 万三个比例尺层次的线路方案筛选。归纳出九条线路方案，进行地质条件和造价估算等方面的比选，提出了结论意见。整个线路方案的提出、取舍、修改、优化，均与地质加深工作相互渗透、密切配合，把区域地质工作和区域选线工作融为一体，在综合地质选线方面取得共识。

（2）地质选线勘察中狠抓断裂构造及其活动性判定重点，解决工程技术难题

对 5 条主干断裂、9 条重要断裂和 25 条次级断裂进行勘察；特别是对第四纪有活动表现的 F1、F3、F4、F5 四条主干断层进行重点勘察。

根据对沂沭断裂带的综合勘察和已有成果的分析研究表明，沂沭断裂带的几条主干断裂的活动具有东西分带、南北分段的特征，即西地堑中 F3、F4 两条断裂的最新活动表现在第四纪早期；东地堑中 F1、F5 断裂特别是 F5 断裂第四纪晚期仍在活动，断裂的活动强度北部弱南部强烈。

通过分析历史及现代地震资料并与地质构造密切结合，作为判定构造稳定性和分区的主要依据之一。通过对断裂带附近地段 48 次 4.75 级以上地震和七十年代以来小震的空间与时间分布特征的分析，掌握了沂沭断裂带地震活动“东西分带”和“周期性平静与活跃”的特征。

F5 断裂是研究区内的主要发震断裂，特别是活动断裂的交汇部位是孕育强震的良好场所。根据 1668 年郯城 8.5 级地震和全新世以来三次古地震事件分析，强震复发间隔为 3500 年左右，未来百年将是地震相对平静时期。

本次勘察新发现和查明了对铁路工程有重大影响的全新世以来仍有明显活动、对判定断裂活动性有重要价值和对铁路选线有重大控制作用的新断陷——莒县断陷盆地，胶新线通过地质选线避开新断陷，确保了胶新铁路运营的安全。

（3）采用系统工程与模糊数学综合评判方法对沂沭断裂带进行综合分析研究

应用系统工程与模糊数学综合评判方法以及专家系统的研究，从区域构造特征和构造变形演化、地壳结构及深部构造特征、新构造运动和现代构造应力场、断裂活动性研究、地震活动性研究等 5 个方面揭示了断裂带的差异性，划分成为铁路选线服务的 5 个不同级别的稳定区域，在提出地质选线原则，确定技术可行的线路方案的同时，对国内地质界一直探索的技术难题获得突破性进展，确保了工程的稳定和运营的安全。

总之，在胶新线地质选线中准确地把握地质选线勘察的新形势、新特点，把活动断裂带地质勘察选线的工作思路和方法、地质综合勘察的工作流程和模式、区域地壳稳定性分区研究方法，层次分析法和模糊数学综合评判方法进行总结和推广应用，对后期复杂地质条件地区的地质选线勘察有着重要借鉴意义和参考价值。

5. 工程实施与效果

（1）通过各阶段的地质勘察工作，技术上取得良好效果：

查清了区域的构造格局，查明了沿线断裂带的位置性质、活动性及对铁路工程的影响，查明了不良地质及特殊岩土的分布情况，对测区进行了稳定性分区和综合评价，并提

出了地质选线原则，为最终确定胶新线的线路方案提供了科学可靠的依据。更重要的是在沂沭断裂带内选出了工程地质条件较好，较安全稳定的线路方案，重大工程均避开了活动断裂带，线路以简单工程大角度跨越断裂带，保证了施工的顺利和运营的安全。查明了采空区的性质、膨胀岩土及软土等不良地质和特殊岩土特征及各类工程的工程地质和水文地质条件，提供了设计所需各项参数，并提出了合理的工程措施建议。

由于上述地质工作，缩短了线路长度，节省了工程造价，更重要的是铁路工程处于较好的工程地质环境中，经济效益和社会效益显著。通过施工验证，各类工程的工程措施建议合理、基础稳固、隧道围岩类别划分准确，施工进展顺利，未出现过因地质条件不良而造成线位改移等问题，特别是由于综合勘察手段取得的地质资料准确，使全线工程提前一年贯通，受到了建设单位及施工单位的好评。该段线路于 2003 年 12 月开通试运营以来，至今未出现过任何地质病害，各类工程状态良好，使用正常，通过施工和运营检验，充分说明胶新线沂沭断裂带的工程地质选线勘察是成功的。

整个勘察期间未发生人身和机具伤亡事故，做到了安全生产。

（2）正确处理铁路选线与地方经济发展的关系

在设计方案合理的前提下，将工程投资效益与沿线地方经济发展紧密结合。铁路选线尽量考虑线路靠近城镇和主要经济点，结合地方建设项目的建设及规划，在满足技术标准条件下使两者协调统一；在车站设置方面，充分考虑与地方规划的结合，适当靠近居民点，方便旅客乘降，更好地带动地方经济的发展。

在对经沂蒙山革命老区的西方案和沿海的东方案两大方案的比较中，通过地质勘察工作，使线路走向深入地方经济发展腹地，途经五莲、沂水、沂南县，更有利于促进老区经济发展，同时与既有胶黄、兖石、陇海线干扰小，经济效益更好的西方案。

胶新铁路于 2003 年 12 月建成通车，2004 年即开通 16 对货运列车，货运量达 3271 万吨。在经受了三年运营和严冬、春融及罕见特大降雨的考验，路基、桥涵、隧道、轨道、三电、给排水、房建等工程稳定，设备运行状况良好，未出现任何影响行车的质量问题，取得了显著的经济效益、社会效益与环境效益。胶新线整体设计处于国内领先国际先进水平，在深大断裂带分布区工程地质选线更是达到国际先进水平，填补国际上这一技术领域的空白；其全新的设计理念、敢于创新的精神为当前的铁路跨越式发展做出了表率。铁道部于 2005 年 6 月 20 日召开全路现场会，学习和推广“胶新经验”。

6. 获奖单位简介

铁道第三勘察设计院集团有限公司，成立于 1953 年，是以铁路、城市轨道交通、公路等行业勘察设计为主营业务的国有大型工程设计咨询公司，在高速铁路、城市轨道交通、重载铁路、综合交通枢纽、磁悬浮等领域拥有领先的设计技术和科研成果，勘察设计了中国第一条高速铁路——京津城际铁路、第一个现代化综合交通枢纽——北京南站、第一座动车维修基地——北京动车段、第一条重载铁路——大秦铁路。先后获国家和省部级科技进步奖 132 项；国家和省部级优质工程、优秀勘察设计、咨询奖 327 项；拥有专利 75 项，2011 年在中国勘察设计企业排名第 26 位，中国 ENR 工程设计企业排名第 5 位。

铁三院现有国家勘察设计大师 5 名，天津市勘察大师 2 名，省部级以上专家 90 名，教授级高级工程师100名，各类专业技术人员3000多人。自建院以来，我院承担了多个国家重点工程项目，取得了辉煌的业绩：累计完成铁路勘测设计约6万km，其中通车里程越3万公里，超过了全国铁路通车里程的三分之一。

铁三院技术力量雄厚，专业齐全，综合实力在全国勘察设计百强中位居前列，是国家认定的高新技术企业。拥有国家地方联合轨道交通勘察设计工程实验室，工程实验室已承担铁道部课题3个，院内课题5个，均为实验室研究方向内的重大、综合性课题。2012年牵头承担的国家863课题“高速铁路减振降噪关键技术”正在开展，2011年参加了中南大学主持的“重载铁路桥梁和路基检测与强化技术”。博士后研究成果获天津市科技进步奖3项，先后在国家核心期刊上发表学术论文60篇，并有15篇被EI工和Istp收录，研究成果和论文数量处于全路同行业科研工作站中领先地位。并申报专利5项，软件著作权1项。“机载激光雷达技术在轨道交通勘察设计中的应用研究”课题，迅速把科研成果转化为生产力，解决了我院目前生产急需。该项目紧抓新技术工程化应用这一主线，采取了边引进、边消化、边开发、边投产转化的工作思路，以确保在最短的时间，最大限度的发挥先进技术和研发成果的转化效应。自2009年6月引进的机载激光雷达在张唐线试生产以来，分别在沈丹线、大西线、京沈线、长昆线、晋中南等重点项目勘测中，累计完成雷达扫描1200余公里，极大的提高了工作效率，保证了工期。

铁三院博士后科研工作站是2002年10月经国家人事部［人发2002第97号］批准设立的，依托铁三院建设运行。先后与清华大学、北京交通大学、西南交通大学、天津大学、国防科技大学等高校博士后流动站签订了联合培养博士后研究人员的协议。建站以来，集团公司先后引进博士后12名，出站7名，在站5名。课题选题瞄准高速铁路、重载铁路等行业重大需求，依托国家重点铁路建设项目，兼顾工程急需、前瞻性应用研究和前沿性基础研究，突出科研成果的工程化应用。

7. 专利与独有技术

（1）勘察中在路内首次应用可控源音频大地电磁法、高分辨率电测深法和高密度地震法三种新技术方法，在探测覆盖层深厚的隐伏断层和土石界面方面，效果良好，对今后广泛有效应用这三种方法有重要推动和示范作用。

（2）遥感工作中，TM图像数字镶嵌、假彩色合成、滤波加强及对云雾及其阴影的技术处理等工作是在PCI系统上进行的，卫片成图采用了最新最先进的激光数码冲印技术，使图像分辨率由常规50～200ppi提高到4000ppi，效果较为理想。

（3）以大地构造分区为基础，以断裂最新活动时限和地震活动为主要因素，选取影响地壳稳定性的六种因素为评价要素，应用根据模糊数学理论通过计算机确定每个网格内部的稳定性等级，最终完成了为铁路选线服务的《区域地壳稳定性等级分区图》。应用模糊数学理论进行铁路工程区域稳定性分区为路内首创，达到同期国际先进水平。

【项目特色提要】胶州至新沂铁路全长306.6km，其中180km的线路位于郯庐断裂带的中段——沂沭断裂带中。该断裂是该区域的一条深大断裂带，由5条深大断裂组成，形成时代较早，并且是多期活动断裂，工程地质条件复杂。本项目岩土工程勘察的关键技术成果是通过综合勘察技术方法，对几条主干断裂的活动及区域地壳稳定性分区进行了深入的研究，为设计决策奠定了坚实的基础。在选线勘察中，应用多片种遥感解译、地质调绘、综合物探、钻探等综合勘察技术，查明断裂带的区域构造格局及活动特征；在此基础上，通过层次分析法、模糊数学综合评判方法建立二级模糊数学综合评价模型，将沂沭活动断裂带划分为稳定级别不同的5个区域、进行地质选线，不仅保证了线路位于相对稳定的工程地质环境区域，而且缩短了线路长度，显著节省了工程造价，经济效益和社会效益显著。本项目的勘察工作方法对复杂地质条件地区的地质选线勘察具有良好的借鉴意义和参考价值。

国家大剧院岩土工程勘察、水文地质勘察、场地渗流场及建筑设防水位分析与基础设计分析

北京市勘察设计研究院有限公司　彭有宝　周宏磊　孙保卫　陈爱新

【项目摘要】

国家大剧院工程基础埋深及开挖面积很大，地质条件非常复杂，工程实施过程中面临许多非常复杂和具挑战性的岩土工程问题。该项目充分发挥综合勘察优势和雄厚技术实力，着重解决了如下复杂岩土工程问题：通过精细勘察，客观地揭露出厚层卵石地层中不均匀分布的黏性土层分布及多层地下水赋存状态，尤其是比较准确地量测到了埋深超过60m含水层的高承压压力水头数值；通过地基基础协同作用分析论证，得到的地基沉降预测数值与实际沉降观测结果具有很好的符合性，为优化地基基础方案设计提供了可靠依据；在采用隔渗墙结构措施后，通过采用饱和一非饱和渗流问题的有限单元二维数值方法对渗流场进行了数值分析，合理地确定了等效抗浮设计水位。综合分析评价方法的运用，体现了岩土工程技术水平的发展和提高。

1. 前言

国家大剧院工程为一多功能特大型公共建筑，由椭圆穹形结构的主体建筑及南北两侧的地下票务大厅、地下停车库、设备房及通道所组成。受国家大剧院工程业主委员会委托，北京市勘察设计研究院有限公司承担了该项目岩土工程勘察、水文地质勘察、设防水位分析、采用隔渗墙后场地渗流场分析、地基与基础协同作用分析及沉降观测等工作。我公司依托丰富的勘察经验、独有的多专业的科研成果，通过全面深入细致的分析论证工作，科学、合理、卓越地解决了复杂的岩土工程问题，产生了巨大的社会和经济效益。该项目在2006年国家优秀勘察设计奖评比中获得金奖。

2. 工程概况

国家大剧院工程位于北京市西城区，西长安街南侧、人民大会堂西路西侧。国家大剧院工程为一多功能特大型公共建筑，项目总占地面积11.893万m^2，总建筑面积约15万m^2，总投资额268838万元。该工程由椭圆穹形结构的主体建筑（202区）及南北两侧的配套辅助建筑（201区）、（203区）和环绕中心建筑的水池组成（参见“图2-1”）。

国家大剧院主体建筑由外部围护结构和内部歌剧院、音乐厅、戏剧场和公共大厅及配套用房组成。外部围护结构为钢结构壳体，呈半椭球形，其东西长轴212.20m、南北短轴143.64m、高46.68m。椭球型外壳结构由设置在地面下的钢筋混凝土环梁结构支撑，环梁结构的外围为纯地下环形通道（消防通道、设备结构层）。环梁结构内部的歌剧院、戏剧院、音乐厅及配套用房采用钢筋混凝土（RC）框架剪力墙结构，部分主要梁柱拟采用钢一混凝土组合结构体系，舞台口及局部大跨度构件采用预应力钢筋混凝土组合结构体

系。202 区基础设计埋深（基础底部）大部分在±0.00 标高以下 28m，局部在歌剧院台仓部分约 34m。

202 区主体建筑外环绕人工湖，湖面面积达 35500m^2，承载人工湖的水池结构下基础埋深约在±0.00 以下 2.50m 左右，水池结构以下为北侧的 201 区和南侧的 203 区的纯地下结构，水池的环梁及肋梁基础分别坐落于 201 区和 203 区的结构之上，201 区还设有 80m 长的水下长廊。由于复杂的功能要求，造成结构体系的复杂特征，基础埋深最深在±0.00 以下 28.50m。（参见图 2-1）

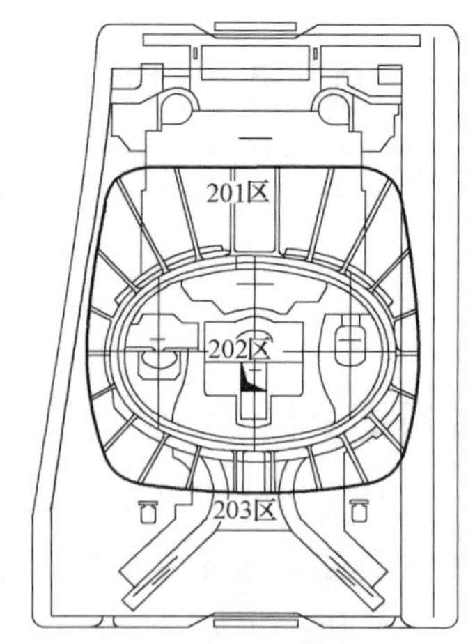

图 2-1 国家大剧院总平面示意图

该项目规模宏大，工期紧张，体型和结构条件均十分复杂，基础埋深及荷载变化大，且目前国内尚无类似工程勘察设计经验。该项目勘察工作经过周密的方案策划，严格的方案实施，采用综合勘察测试手段，经过详尽的资料整理、深入的计算分析，及时提交了高质量的中英文岩土工程勘察报告和不同专项咨询分析报告，全面满足了中外设计方和施工方的技术要求。

3. 场地岩土工程条件

3.1 区域新构造运动

北京地区新构造运动以断块差异升降和断裂活动为主要特征，北北东—北东向断裂占主导地位，其次为北西—北西西向断裂。新构造运动具有继承性、新生性和间歇性特征。根据区域地震地质资料，国家大剧院工程建设场地 10km 范围内无全新世活动断裂通过。

3.2 地形地貌

工程场地处于永定河冲洪积扇中部，地层以黏性土、粉土与砂、卵石交互层为主并存在多个沉积旋回。历史上曾有 2 条湮废的古河道贯穿场区，其为晚更新世—全新世天然形成的“三海大河”和公元 13 世纪开挖的元大都南护城河。

场地大部分区域地形基本平坦，一般地面标高在 46.00m 左右。勘察所完成的大部分钻孔孔口处的地面标高在 44.90～46.74m 之间。

3.3 地层土质概述及地层空间分布

根据现场勘探、原位测试及室内土工试验成果，按地层沉积年代、成因类型将最大勘探深度 92m 范围内土层划分为人工堆积层、新近沉积层、第四纪沉积层和第三纪沉积岩 4 大类，按地层岩性、物理力学数据指标及工程特性进一步划分为 12 个大层。各土层的岩性及主要力学性质指标参见表 3-1。

3.4 水文地质条件

在场地钻孔中实测到的各类型地下水的水位情况参见表 3-2。

场区历年（1955 年以来）的地下水位标高为 41～42m 左右；近 3～5 年的最高地下水位标高为 43. 30m 左右（包括上层滞水）。

通过现场抽水试验、提水试验等定量分析方法得到的主要含水层的渗透系数参见表 3-3。

地层岩性及主要力学性质指标 **表 3-1**

地层类别	地层序号	亚层序号	岩　性	压缩模量 E_S(MPa)	标准贯入 N [重型动力触探 $N_{63.5}$]	分层地基承载力标准值 f_{ka}(kPa)	层顶标高(m)
人工堆积层	1	①	房渣土、碎石填土				44.90～46.74(局部40.18)
		①$_1$	黏质粉土、粉质黏土填土	6.7(4.1～10.2)			
新近沉积层	2	②	黏质粉土、砂质粉土	14.2(8.3～19.8)	12	140	35.71～40.50
		②$_1$	含有机质黏土、重粉质黏土	3.7(2.2～4.5)	6	90	
		②$_2$	粉砂、细砂	28.0～30.0	25	170	
第四纪沉积层	3	③	卵石、圆砾	70.0～80.0	[38]	320	33.60～35.74
		③$_1$	中砂、细砂	35.0～40.0	47	280	
	4	④	粉质黏土、重粉质黏土	17.2(13.2～22.6)	14	220	26.82～30.49
		④$_1$	黏质粉土、砂质粉土	30.3(21.3～42.1)	23	240	
		④$_2$	黏土、重粉质黏土	18.8(14.4～25.5)	14	210	
		④$_3$	细砂、粉砂	33.0～38.0	25	240	
	5	⑤	卵石、圆砾	90.0～120.0	[40]	350	22.10～26.23
		⑤$_1$	细砂、中砂	39.1～43.4	60	300	
		⑤$_2$	粉质黏土、重粉质黏土	17.1(11.7～21.8)	16	200	
		⑤$_3$	黏质粉土、砂质粉土	28.5(23.8～34.2)		260	
	6	⑥	粉质黏土、黏质粉土	22.4(17.1～29.1)	33	240	6.41～9.31
		⑥$_1$	砂质粉土、黏质粉土	41.1(27.7～53.7)		280	
		⑥$_2$	重粉质黏土、黏土	22.8(18.0～27.8)		220	
		⑥$_3$	粉砂、细砂	63.6(61.5～65.8)		300	
	7	⑦	卵石	120.0～140.0	[76]	400	0.71～3.01
		⑦$_1$	细砂、粉砂	54.1	72	350	
		⑦$_2$	黏质粉土、砂质粉土	32.2(27.7～39.6)		250	
		⑦$_3$	粉质黏土、重粉质黏土	21.2(18.2～25.4)		230	
	8	⑧	重粉质黏土、黏土	21.2(16.6～26.5)		220	−10.75～−7.19
		⑧$_1$	粉质黏土、黏质粉土	22.1(15.8～29.3)		250	
		⑧$_2$	细砂	55.0～65.0	71	320	
	9	⑨	卵石	130.0～150.0	[90]	450	−13.20～−11.02
	10	⑩	黏土、重粉质黏土	22.4(19.3～25.7)		240	−22.72～−22.09
		⑩$_1$	黏质粉土	62.8(52.2～80.6)		280	
		⑩$_2$	粉质黏土、黏质粉土	32.3(22.4～43.5)		260	
	11	⑪	卵石	140.0～160.0	[78]	500	−27.09～−26.59
第三纪	12	⑫	黏土岩	120.0		450	−32.92～−30.69
		⑫$_1$	砾岩	150.0	[75]	500	
		⑫$_2$	砂岩	180.0	[100]	500	

地下水类型、埋深及含水层主要特征一览表 **表 3-2**

水层序号	地下水类型	静止水位		含水层主要特征
		埋深(m)	标高(m)	
1	上层滞水	2.20～6.60	38.91～43.27	分布在场区自然地面以下10m深度范围内的人工堆积层中，水位变化大，含水层厚度不均
2	层间潜水	14.70～16.50	29.71～31.10	分布在标高33.60～35.74m以下的第四纪卵石、圆砾③层及中砂、细砂③$_1$层

续表

水层序号	地下水类型	静止水位		含水层主要特征
		埋深(m)	标高(m)	
3	承压水（测压水头）	16.20～19.30	26.59～29.10	分布在标高22.10～26.23m以下的第四纪卵石、圆砾⑤层，细砂、中砂$⑤_1$层中，深层承压水（钻探未测出）含水层为标高0.71～3.01m以下分布的第四纪卵石⑦层及细砂、粉砂$⑦_1$层

主要土层渗透系数　　表3-3

	承压水含水层	层间潜水含水层	上层滞水含水层
渗透系数K(m/d)	235	115.5	8.32

根据专项设防水位及渗流场分析论证结果，建议基础的等效抗浮设计水位标高为38.0m。

4. 岩土工程问题及评价

4.1 地基方案及相关技术建议

4.1.1 技术路线及工作方法

在本工程的勘察工作当中，为了科学合理客观地确定地基方案，提出了综合运用土力学和水文地质学原理＋数值计算的定性研究与定量计算相结合的技术路线（见图4-1）。

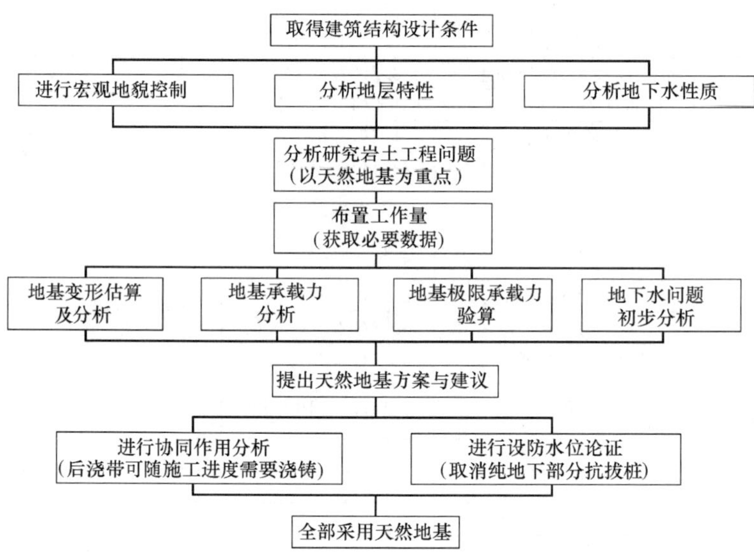

图4-1　技术路线框图

4.1.2 建筑工程特点和地基岩土工程条件

该项目结构条件特殊，多种不同的结构体系并存且内部设施较复杂；荷载分布不均，基底平均荷载可能并不高，但为满足内部空间要求，可能存在较高的集中荷载或线荷载，不同基础结构的变形协调要求很高；由于本工程主要以大跨度、较空旷的建筑结构为主，基底平均荷载较低的基础结构处于具有强透水性的砂卵石含水层中，因此应有效解决基础抗浮问题和基础结构防水问题。

中心主体建筑（202 区）基底附近均主要分布着工程性质较好的以卵石、圆砾为主的第 5 大层土。虽然根据对本工程基底平均荷载的初步粗略估算，上述各土层的地基承载力可满足基础设计需求，但由于卵石、圆砾⑤层中所分布的黏性土、粉土及砂类层（$⑤_2$、$⑤_3$、$⑤_1$层）岩性、厚度分布的不均匀性和工程性质的明显差异性，在均布荷载和局部集中荷载作用下的差异变形会对基础设计，特别是差异沉降控制产生重要影响。

4.1.3 天然地基方案

（1）采用规范规定的承载力计算公式对主控地层（直接持力层及相对弱下卧层）进行了验算分析，得出地基极限承载力可满足设计要求的基本结论。

（2）采用规范方法和基于长期沉降观测资料反演分析得到的沉降估算方法一“修正规范法”和“分段综合法”，对沉降问题进行了深入的计算分析，进一步明确差异沉降是本工程天然地基方案设计须重点考虑和解决的问题。

经地基方案深入分析论证，建议 202 区全部采用天然地基方案。针对目前的基础设计埋深条件，与基础砌置标高相对应的直接持力层土质及建议采用的地基承载力标准值参见表 4-1。

地基直接持力层土质和承载力标准值　　表 4-1

基础设计埋深	基础砌置标高	直接持力层土质	地基承载力标准值 f_{ka}
A 区 （埋深 28.50m）	16.25m	第四纪卵石、圆砾⑤层，粉质黏土、重粉质黏土$⑤_2$层，黏质粉土、砂质粉土$⑤_3$层及细砂、中砂$⑤_1$层	1）当通过地基差异变形计算分析确认，基础的差异变形能够有效地控制在设计允许范围之内时，对基底处直接出露以及基底附近的粉质黏土、重粉质黏土$⑤_2$层，黏质粉土、砂质粉土$⑤_3$层可以不进行换填处理，此时的地基承载力标准值 f_{ka}综合考虑为 240kPa。 2）当根据地基差异变形的计算分析结果，需要将基底附近分布的粉质黏土、重粉质黏土$⑤_2$层，黏质粉土、砂质粉土$⑤_3$层予以挖除换填处理以消除差异变形的不利影响时，挖除换填的深度及平面范围可根据设计对地基沉降的验算结果，并结合基槽检验情况综合确定；建议采用级配砂石分层碾压回填至基底设计标高，压实系数 λ_c 应不低于 0.96，在此条件下的地基承载力标准值 f_{ka} 可初步按 240kPa 考虑
B 区 （埋深 30.10m）	14.65m	第四纪卵石、圆砾⑤层	350kPa
C 区 （埋深 34.00m）	10.75m	第四纪卵石、圆砾⑤层，下卧黏性土、粉土第 6 大层	260kPa （综合考虑）

建议 201 区及 203 区主要采用天然地基方案，局部人工换填地基。

因现有规范规定的沉降计算方法无法对工程沉降、特别是差异沉降进行较可靠的估算，建议在基础结构方案确定以后再采用“地基与基础协同作用分析（SFIA）”方法，结合基础刚度、地基土层非线性应力应变特性及施工进程的影响，对国家大剧院工程的总沉降和差异沉降进行深入的计算分析。

4.1.4 对施工提出了较全面的相关技术建议

（1）对地下水水量、降水周期、以及降水对周边道路环境的影响进行了较为充分的预测估计，提出了采用隔水与降水（降压）联合措施的降水方案和与之相关的技术建议；同时地下水专项技术咨询还为降水方案进行了量化分析，使得降水方案更加科学可行，基础工程得以顺利施工。

（2）在综合考虑场区工程地质和水文地质条件前提下，提出了宜采用具有支护和挡水双重作用的支护形式的建议。

（3）对基槽检验与工程施工监测等提出了合理化建议。

4.2 水文地质勘察

为查明各层地下水的赋存状态、径流规律及相互间的联系，在场地内布设了 3 组共计 11 个水文地质勘探孔并设置为地下水监测井，分别监测不同深度和层位的地下水位及孔隙水压力分布状况。获取了大量、连续、稳定、准确可靠的现场监测数据，查清了工程场区 4 层地下水的赋存状态、含水层分布规律、地下水位情况、地下水动态以及相互间的水力联系。

结合建筑物基础设计埋深，分析影响本工程基础施工的主要含水层为第 1 承压水含水层、层间潜水含水层和上层滞水含水层，综合考虑工程试验条件，针对不同含水层选用不同试验手段分别确定含水层参数，分别进行了现场抽水试验、提水试验以及室内颗分试验，确定了各含水层的渗透性质，提供了准确的水文地质参数一渗透系数、储水系数、影响半径、给水度。抽水试验目标层位为第 1 承压水含水层，设置 1 眼抽水井和 3 眼观测

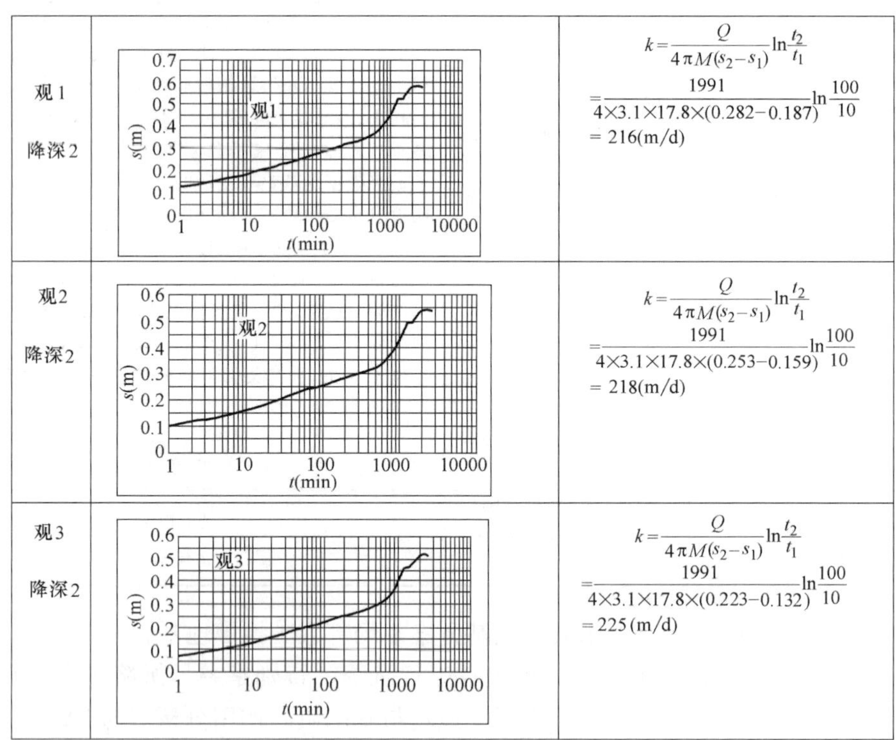

图 4-2 利用直线法计算的渗透系数结果

孔，利用不同流量的潜水泵进行了 3 次水位下降抽水试验和 3 次水位恢复试验，分别应用直线法和配线法进行计算。直线法计算的渗透系数结果见图 4-2，利用配线法计算的渗透

系数的曲线图见图 4-3。

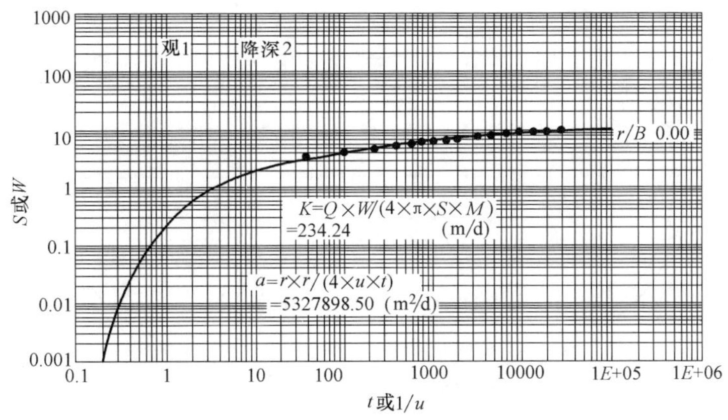

图 4-3 观 1 降深 2 配线法计算渗透系数曲线图

4.3 地基沉降性状的协同作用分析和监测

4.3.1 协同作用沉降计算方法

本工程采用了非线性地基与基础共同作用分析方法（简称 SFIA —Subsoil & Foundation Interaction Analysis）来进行沉降分析。土的本构关系采用“BGI 压剪模型”，模型原理是将土单元体的受力分解为受压和受剪两个部分，有关参数可以方便地用压缩试验和三轴试验求得，利用该模型开发了协同计算数值分析程序“SFIA”，在地基与基础变形协调条件下，计算地基沉降和基础内力的详细分布情况。

4.3.2 沉降分析结果

为考虑深基坑挖土卸荷的影响，分两个阶段分析计算：

（1）卸荷阶段：模拟基坑开挖，计算大面积挖土卸荷情况下的应力变化，将原生土重中扣除这种应力变化算得的剩余应力作为下一阶段确定非线性模量的初始应力。

（2）加荷阶段：由于拟建建筑物基坑埋置较深，其基底平均荷载小于挖土卸荷的土重，地基土的变形处于回弹再压缩阶段。计算时，取总荷载作为计算荷载，地基土层采用短期模量计算沉降。

最终的计算结果详见图 4-4。建筑物平均、最大沉降量及差异沉降量情况见表 4-2 计算成果汇总表。

计算成果汇总表 **表 4-2**

基底平均荷载(kPa)	平均沉降量(cm)	最大沉降量(cm)	相邻节点间最大差异沉降量(cm)
289.10	2.15	3.62	0.63(0.60‰)

计算结果表明：建筑物虽然荷载分布不均，节点集中荷载相差较大。但由于整个基础埋置较深，基础的整体刚度较好，加之地基主要持力层为坚硬的卵石、圆砾⑤层，因此，建筑物的沉降趋势非常平缓，其平均沉降量和最大沉降量均比较小。此外，建筑物相邻节点之间的差异沉降也均满足规范要求。因此，基底处直接出露以及基底附近的粉质黏土、重粉质黏土⑤$_2$层，黏质粉土、砂质粉土⑤$_3$层可以不进行换填处理。

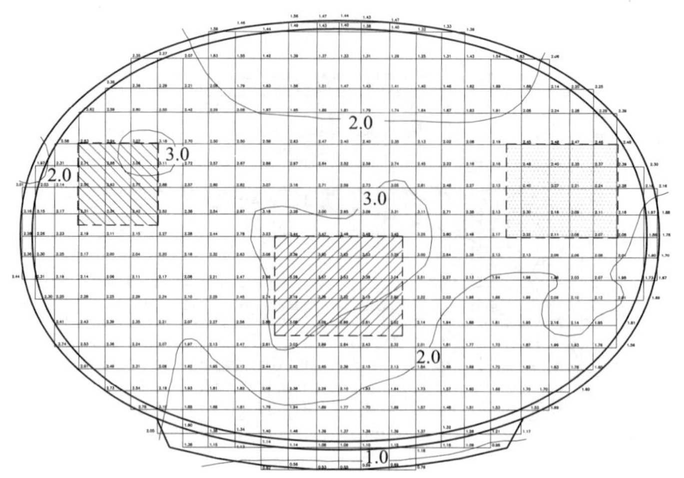

图 4-4　202 区计算沉降图　（单位 cm）

4.3.3　监测与验证

（1）沉降观测

为了检验沉降预测分析的可靠性和向工程施工提供有益的指导性信息，对施工和使用期建筑物的变形进行了监测。自基础底板浇筑完后，在 202 区范围内共埋设了 90 个沉降观测点，对不同施工期进行了沉降观测。

（2）沉降观测验证

实测沉降结果见图 4-5。通过对沉降预测与实测沉降分析比较，沉降预测分析结果与实测沉降非常接近（见表 4-3 和图 4-4、图 4-5），反映了前面沉降分析是成功的。

202 区计算沉降与实测沉降比较一览表　　**表 4-3**

计算平均沉降(cm)	实测平均沉降(cm)	计算最大沉降(cm)	实测最大沉降(cm)
2.15	2.12	3.62	3.39

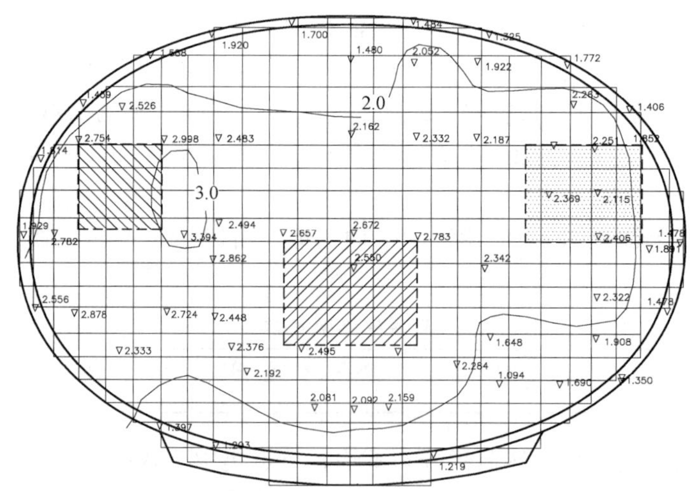

图 4-5　202 区实测沉降图（装修时）　（单位 cm）

4.4　建筑设防水位分析论证

设防水位取值不仅对地下车库抗浮设计、工程造价及安全性具有重大影响，而且已经成为基础方案决策的重要条件，但国家和地方规范都没有明确的设防水位取值方法。因此，受业主、设计单位委托对本工程抗浮水位进行专项技术咨询分析工作。

4.4.1 技术分析路线

根据区域地质资料、工程地质和水文地质勘察结果以及地下水监测结果，建立场区物理模型。通过研究多层地下水动态关系和影响因素分析，预测最高地下水位，并采用有限元数值方法计算水压力，预测分析程序见图 4-6。

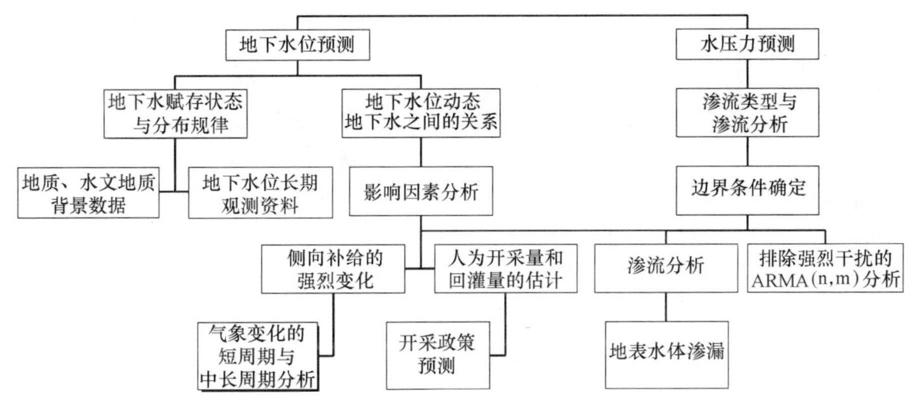

图 4-6 地下水预测程序图

4.4.2 分析计算结果

按照上述地下水预测系统，根据大量细致的计算分析，提出本工程“202 区”的“等效抗浮设计水位”建议值为 39. 00m。比历史最高水位和近 3～5 年水位降低了 3.3m。

4.5 结构措施对场地渗流场及建筑设防水位影响评价

虽然建议的设计设防水位较传统方法降低达 3.3m，但经结构设计反复核算，如果不能将设计水位再降 1m，仍需采用压重或抗浮桩。不仅涉及大量投资，工期亦难以满足要求。

针对这个突出矛盾，提出采用隔水墙的措施方案，经过了大量细致的研究工作。针对工程的特定条件，采用了地下水动力学及饱和一非饱和渗流问题的有限单元法。

通过计算和分析，可以得出（图 4-7 和图 4-8）：

（1）嵌入弱透水层中的结构墙间距对本工程基底处的水压力无明显影响；

（2）201 区和消防通道结构墙插入弱透水地层中深度对地基渗流场无明显影响，虽然如此，考虑到地层分布的变化，为确保封闭要求，建议嵌入深度以不小于 1m 左右为宜；

（3）在基底处抽水所产生的渗流场表明，弱透水地层中的水力坡降很大，易造成与层间潜水砂卵石层接触面附近的粉土、粉细砂地层产生流土现象；

（4）在采用一定结构措施后，基底的水头标高一般可降至 37.50m 左右，或稍小一些，但考虑到计算模型的近似性，特别是二维分析与实际情况的差异，结果不见得是偏安全的，因此建议在采取本文中涉及的结构措施后，等效的建筑抗浮设计水位标高从原分析的标高 39.00m 降到 38.00m，可以满足设计要求；

（5）由于弱透水地层顶板标高差异较大，并且不同结构措施对施工质量要求不同，因此，封隔措施，包括结构墙、不透水材料回填等，在设计、施工时应严格满足对层间潜水含水层的封隔要求，否则，由于渗流场的改变，将对安全性造成不良影响。

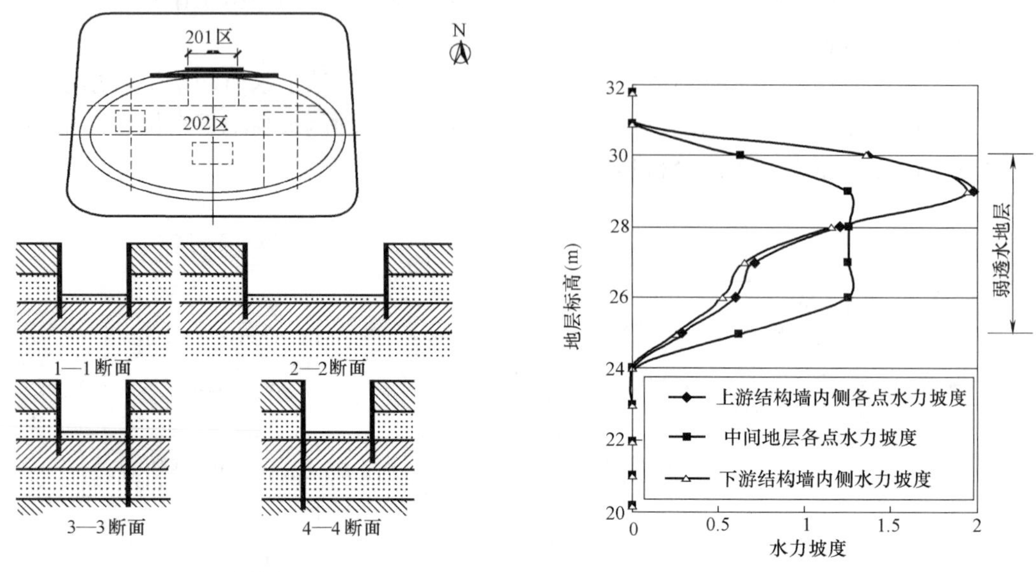

图 4-7 计算断面图

图 4-8 结构墙内侧及基底垂向各点水力坡度

该项创新是在建筑基础中第一次采用隔水墙措施，有效地降低了基底水头压力，结论得到专家论证会的一致肯定，采用该结论设计，改变了基础设计方案，取消了抗拔桩，为业主节省大量的投资并缩短了工程周期。

5. 工程总结与启示

5.1 本工程岩土工程的特点和难点

（1）工程场地位于首都核心地区，东侧距人大会堂西侧路仅 10 余米，北临地铁 1 号线，基坑开挖和地下水控制的任何闪失将造成不可估量的影响。

（2）场地岩土条件复杂，有多个软硬差别较大的循环沉积层组构成，砂卵石层中的黏性土夹层分布不规律；力学分析和地下水控制中涉及 4 层性质不同的地下水，基础即位于承压水含水层中，其下第 2 层承压水的承压水头超过 20m。必须进行精细的现场勘察工作，查清整个场地的工程水文地质条件，包括土层分布的细微差异和水压力的空间分布特征，才能为力学分析与渗流分析提供可靠的边界条件，为地基基础的分析与设计奠定可信的基础。

（3）基坑的深度和面积在现代工程中应属少见。面临超大规模的深基坑开挖和支护带来的地基变形和地下水控制课题，提出隔水与降水相结合的科学方案。方案设计中最具挑战性的是如何控制高承压水作用下基础下黏性土地层的抗突涌失稳、分层水文地质参数的提供与施工降水影响分析、在超补偿条件下的基坑变形控制。

（4）基础埋深 28m（标高 28.50m）、面积达 2.55 万 m^2 的整体基础设置于承压水含水层中，相当于一条大船承受巨大浮力作用，如何确定抗浮水位？在结构运营期间如何保证抗浮稳定性？

（5）虽然总体看，基础下平均荷载不大，但基础面积巨大、刚度相对较弱、荷载分布极不均匀，存在较高的集中荷载和线荷载，持力层刚度很大的砂卵石中分布有厚度不等的黏性土。在这样的条件下，是否有可能采用天然地基方案？是否能有效控制不均匀沉降？

（6）本工程的难题集中在如何从总体上解决以上问题，能够安全采用天然地基方案，避免采用压重或抗拔桩，以取得最大的经济和社会效益。

5.2 岩土工程技术服务的创新点

针对本工程地基基础工程设计施工的复杂性和特殊性，在岩土工程勘察以及专项技术论证分析中应用了多方面的岩土工程量化分析方法，开展了关键性岩土工程和基础工程问题的分析，提出有效的预防或解决建议，为设计和施工单位采纳，主要包括：

（1）通过精细勘察和现场试验，包括采用为查明主要岩层的成因年代而进行的土样的热释光试验等先进方法，得到详细的地层分布规律和可靠的工程参数。在水文检测中，采取有创新的封闭方法，分层检测水压力。其中，在北京地区第一次观测到埋深大于 60m 含水层的高承压压力水头，不仅对地下水控制设计具有重大意义，也对北京市区地下水分布规律和形成机制研究起到很大作用。

（2）以国家大剧院工地为依托，结合工程基坑开挖施工的岩土剖面、岩土工程勘察资料，对古河道、沉积环境、沉积相和新近沉积土进行了多学科的综合性的研究。完整地揭示了沉积韵律和沉积旋回特征，建立了晚更新世以来沉积地层与沉积模式，并且全面地论述了晚更新世与全新世的环境演化。

（3）在沉降控制分析与协同作用分析中的创新点有：①超补偿条件下（基础附加压力可能为负值）的沉降数值分析方法；②超补偿条件下深层土的力学特性及变化规律；③大面积基础底盘、基础埋深差异较大所带来的分析难点的克服。

（4）在设计抗浮水位确定方面的创新点有：①对地下水动力学、饱和一非饱和渗流分析中，在非线性参数的研究和应用方面取得符合实际的进展；②采用先进的、有创新性的数值分析方法；③提出了应用于整个工程的等效抗浮设计水位、基底水压力分布、地下水外墙承载力验算的水压力分布图形，均被设计采用。利用以上技术，与传统方法相比较，将（等效）抗浮水位降低了 4.3m。

（5）首次在建筑基础工程中采用隔水墙技术（cut-off wall），用 2D 数值分析，研究了这种技术的有效性、尺度效应和嵌入弱透水层深度的影响，提出优化方案，采用后在原来经过渗流分析已经降低的抗浮设防水位基础上（从传统方法的 43.3m 降到 39.00m），又将抗浮水位降低 1m（38.00m）。结果避免了原拟采用的其他所有的抗浮措施，大大节约了工期和投资。受到业主、设计方和论证专家的高度评价。

综上所述，本工程的整个过程，是岩土工程理念及先进科学评价方法比较完整和系统性的一次集中体现。不仅体现了岩土工程的工作方法和分析力度，而且通过持续性技术创新，解决了设计和施工中的问题，表明岩土工程咨询可以在工程设计和施工中起到重大作用，这已得到了业内各方面认可，可以取得非常可观的经济和社会效益。

6. 工程效益与效果

（1）本工程建筑体形和结构条件复杂，荷载分布不均，对基础变形控制要求十分严格。工程场区分布对设计和施工有直接影响、赋存条件复杂的 4 层地下水。场区紧邻长安街和人大会堂，基坑开挖范围很大，一般开挖深度 28m，最大埋深达 32.5m，在北京地区乃至全国都属于十分罕见的环境条件复杂的超大、超深基坑之一。根据在北京地区的丰富经验，在认真分析已有资料基础上，精心策划勘察方案，缜密实施技术方案，严格控制过程质量，克服现场施工的不利因素，密切配合建设单位和设计院的工作，高效、优质地完成了勘察和相关的技术服务工作，及时提供了中、英文版的技术成果报告，为设计和施工工作顺利开展提供了客观准确翔实的地质条件和相关技术建议。

（2）工程内部结构体系十分复杂、荷载分布很不均匀，各部分建筑基础连成整体且不设永久性沉降缝。通过对不同埋深部位地基持力层的工程性质及分布特征、基础之间相互影响、基础沉降机理和特点进行深入分析，提出了控制本工程差异沉降的技术建议和要求。不但最终取消了局部的桩基和复合地基方案，而且为筏形基础的优化设计提供了充足和可靠的依据。

（3）在对地下水条件准确调查和深入分析后，就施工降水对环境安全影响问题进行了充分分析和预测，明确提出采用隔水与降水（减压降水）的综合地下水控制措施，提出了支护和挡水双重作用的支护形式，基坑边坡支护与降水工程一体化进行的要求，这些结论和建议均被采纳，不但确保了基础工程的安全施工和工期，同时还节约了可观的大面积施工降水费用。

（4）首次在建筑基础工程中采用隔水墙技术，用2D数值分析，研究了这种技术的有效性、尺度效应和嵌入弱透水层深度的影响，在采取本文中涉及的结构措施后，等效的建筑抗浮设计水位标高从原分析的标高39.00m降到38.00m，满足了设计要求，避免了原拟采用的其他所有抗浮措施，大大缩短了工期，节约工程投资。

（5）采用创新性的岩土工程与基础工程分析评价技术和方法，在确保工程安全的前提下，合理、可靠地解决本工程设计、施工面临的一系列复杂的基础工程问题，包括通过对场地渗流场及建筑设防水位分析，取消了抗拔桩方案、优化了抗浮结构设计和地下水控制方案，节省投资在2000万元以上；通过地基基础协同作用分析论证，设计取消了原拟采用的桩基础和地基处理方案，全部采用天然地基方案，节省投资上千万元。

（6）国家大剧院的岩土工程勘察、水文地质勘察与试验、基坑开挖、支护及施工期地下水控制工程咨询、沉降控制分析、设计抗浮水位的咨询、地下水控制的结构措施的分析与设计咨询以及沉降观测等方面的一系列工作，充分发挥了岩土工程技术在超大规模项目中的综合性和系统性的作用，很多方面还具有突出的创新性，得到业主、国内结构设计方和国外专家的高度评价，反映了我国近年来岩土工程水平的提高。

（7）为确保了国家大剧院的工程质量，提高该工程建设和运营的经济效益和社会效益做出了卓越贡献，2002年5月，国家大剧院工程业主委员会颁发了“领先科技出精品，细心勘察铸名牌”的奖牌，以表达对服务质量和技术工作的水平及全面性的表扬和肯定。

7. 获奖单位简介

北京市勘察设计研究院有限公司为经北京市科学技术委员会、北京市财政局、北京市国家税务局和北京市地方税务局联合认定的国家高新技术企业。其前身为北京市勘察设计研亢院，始建于1955年，为北京市属自收自支事业单位。2007年10月，北勘公司在北京市委、市政府和市国资委的推动与指导下，以“维护人才、谋求发展”为目的，通过分立式体制改革，主业整转平移而成立。北勘公司实力雄厚，具有国家工程勘察类综合甲级、工程咨询甲级、工程测绘甲级、地质灾害治理工程勘察甲级、地质灾害治理工程评估甲级、地质灾害治理工程设计甲级、地质灾害治理工程施工甲级、地基与基础工程专业承包壹级、建设工程安全性评价乙级、地质勘查乙级、建设项目水资源论证乙级、建设项目环境评价乙级等资质。北勘公司专业齐全，主要从事岩土工程勘察、地基基础设计咨询、水文地质勘察评价、测绘与工程测量、工程检测监测、岩土工程设计施工、地质灾害防治、地能工程设计施工、污染场地评价治理、环境修复与可再生能源工程、地震安全评价等相关专业生产与科学研究工作。北勘公司技术先进，拥有各类技术人员 450 余名，具有高级专业技术职称以上人员 70 余名，形成了一支由中国工程勘察设计大师和一批享受政府特贴专家、青年学科带头人为代表的专业人才队伍。在过去的近六十年中，北勘公司为历次首都城市总体规划提供了专业技术支撑，在工程应用、岩土环境、抗震防震和地下水等方面持续进行了大量专题研究，积极参加了城市交通突发地质灾害的应急抢险工作，主编、参编了十多部国家、行业和北京市地方技术标准，承担了北京市浅层地下水动态监测网维护等工作，累计为北京及外埠的 4 万多项工业与民用建筑、市政基础设施、公路和轨道交通工程、环境地质灾害防治工程提供了优质技术服务，为首都北京的总体规划和工程建设、设计、施工和推动行业科技进步做出了积极贡献。北勘公司获得国家与省部级科技进步奖、全国优秀工程勘察设计金银铜和省部级优秀工程勘察设计奖总计 400 多项次，在技术研究、科技发展和工程质量水平方面获得了国内业界和国际同行的高度评价：荣获中央精神文明建设委员会颁发的全国创建文明行业先进单位、首都精神文明单位标兵和首都有突出贡献先进集体等一批荣誉称号。企业使命：为人类奠定安全、经济、高质量生活的坚实基础，规避工程建设与投资人的风险，促进工程建设与岩土环境的协调和可持续发展。

执业理念：为顾客规避风险，创造价值。

【项目特色提要】 国家大剧院工程为一多功能特大型公共建筑，基础埋深一般为 28m，局部达 34m。本项目位于首都核心区，建筑基坑的深度和面积巨大，建筑地基由多个软硬差别较大的沉积层组构成，基础工程影响深度范围内涉及 4 层性质不同的地下水。其岩土工程的难点包括：大面积超补偿基础条件下建筑的远期抗浮问题设计决策，高承压水环境下深大基坑开挖施工过程中的地下水控制，同意大底板上多个建筑区域基底荷载差异显著条件下天然地基方案的可行性等。本项目创新性突出，通过精细的工程地质勘察、水文地质和专业分析，查明了厚层卵石层中不均匀分布的黏性土层及多层地下水的赋存状态与动态变化规律；在采用饱和—非饱和渗流问题的有限单元二维数值方法对渗流场进行数值分析的基础上，创造性地利用隔渗墙结构措施等技术降低孔隙水压力，并结合区域工程水文地质条件研究，对建设场区地下水动态特性进行深入细致的研究，显著降低了抗浮设计水位，节省了大量过程费用，并为施工期的地下水风险控制和合理的抗浮设计奠定了科学基础，受到中外设计单位的高度评价。与此同时，通过地基基础协同作用分析，优化了地基基础设计方案，确保了天然地基方案的正确实施。本项目勘察成果是岩土工程综合技术服务价值的典型体现，经济与社会效益显著，为类似工程建设提供了可资借鉴的宝贵经验。

北京银泰中心工程勘察

北京市勘察设计研究院有限公司　谢 宾　李胜勇　李 立　王军辉

【项目摘要】

北京银泰中心建筑体形和结构条件复杂，荷载分布不均，工程建设场区工程地质与水文地质条件以及环境条件极其复杂。该项目采用综合勘探、测试、试验方法，准确查明场地地层空间分布条件、提供全面的岩土设计参数。在勘察工程中运用 Modflow 二维数值方法分析研究施工降水对邻近建筑和周边环境的影响做出了量化分析和预测，明确提出采用隔水与降水（减压降水）的综合地下水控制措施建议，为施工提供了科学的依据。同时对建筑部位地基持力层的工程性质和分布特征，基础之间相互影响问题，基础沉降机理和特点进行了深入分析，提出控制本工程差异沉降的技术建议和要求，为基础的优化设计提供了充足和可靠的依据。北京银泰中心 2004 年 5 月开工建设，2008 年 3 月竣工。《北京银泰中心岩土工程勘察》获 2008 年全国优秀工程勘察奖金奖。

1. 工程概况

1.1 工程简介

北京银泰中心位于北京市朝阳区建国门外大街南侧，国贸桥的西南侧，东邻东三环路，南侧紧邻建外 SOHO，西为中环世贸中心，是长安街沿线标志性建筑之一（图 1-1 和图 1-2）。

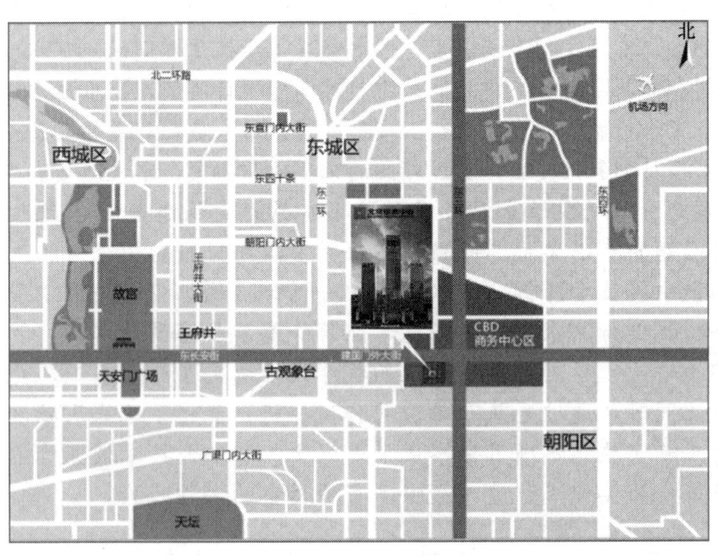

图 1-1　北京银泰中心地理位置示意图

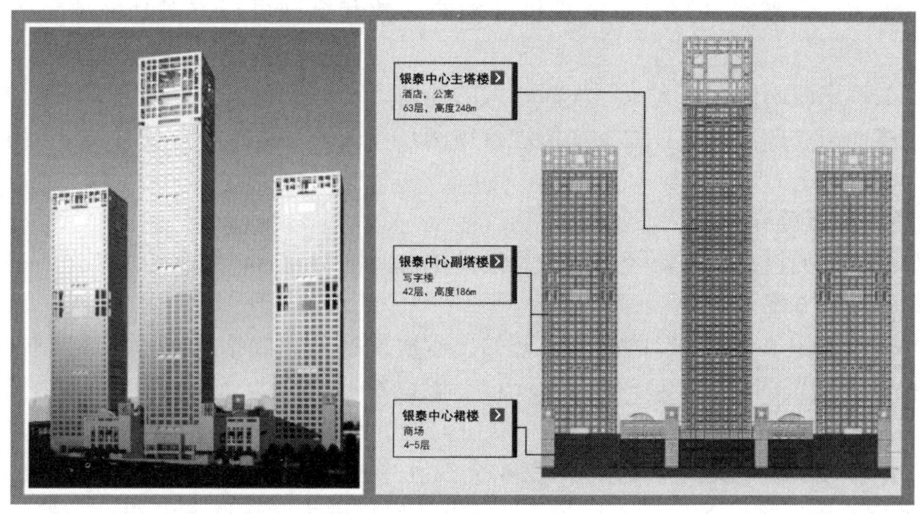

图 1-2　北京银泰中心效果图

本工程由 3 栋超高层塔楼及周边的裙房、纯地下车库组成，总占地范围约 254m×129m。北侧主塔楼（A）地上 63 层，高度 248m；主塔楼东南、西南两侧分立有 2 栋地上 42 层、高度 186m 的办公塔楼（B、C）；3 栋塔楼的周边是 4～5 层的裙楼。在塔楼、裙房的外围设有地下室 4 层。本工程的各建筑部分均置于同一筏形基础底板上，基础埋置深度约 22m。本工程各部分建筑、结构设计条件详见表 1-1。

拟建建筑物设计条件一览表　　表 1-1

建筑部分	高度（m）	地上层数/地下层数	结构形式	基础埋深（±0 以下）	可能采用的基础形式	总重量标准值（kN）	估算基底平均压力标准值（kN/m²）
主塔楼	248	63F/4F	框筒结构	约 22m	桩筏或桩箱	1800000	约 820
办公塔楼	186	42F/4F	筒中筒结构		筏形基础或桩筏	1444700	约 790
裙房	24	4～5F/4F	框架结构		独立基础或筏基	—	—
纯地下室	—	0F/4F	框架结构		独立基础或筏基	—	—

注：设计室内地坪标高（±0.00）为 39.00m。

1.2　工程特点及对应的勘察工作难点

（1）建筑规模大，主体建筑集中荷载高，地基压缩层深度大，对勘察和技术评价的进度和深度提出严格的要求。

（2）场地周边环境复杂。本工程地处北京 CBD 核心繁华区域，北侧紧邻地铁 1 号线国贸车站，并设计有通道与建筑地下结构相联通，超深基坑的开挖支护和多层地下水控制应充分考虑周边环境的安全，要求勘察工作对此进行针对性的深入分析和评价。

（3）地基影响深度内粗细颗粒土纵向交互沉积、横向厚度和岩性不均匀；场区分布有 4 层性质不同的地下水，承压水中承压水头超过 20m。只有在全面深入的岩土工程和水文地质勘察基础上，才能确保地基基础的设计和施工质量。

（4）建筑结构类型多样、荷载差异悬殊，可能涉及多种不同的地基基础方案及其相互间协调问题，尤其是超高层部分拟采用超长桩深基础方案，在北京地区当时尚无相关勘察设计施工等成熟经验，勘察是否能提供准确的参数和合理可行方案是该项目的关键性问题。

（5）工程东西两侧存在大范围埋深较大的纯地下结构，而该场地历史最高水位地势低处接近自然地面，如何对设计地下水位进行预测，合理确定基地浮力对工程安全有重要的影响。

1.3 勘察工作量简介

针对本工程的设计条件，经与业主及设计单位共同协商后，结合相关规范、规程确定了本工程的勘察方案。

现场勘察工作于 2002 年 4 月 26 日开始。本次勘察共完成钻孔 47 个（控制性勘探孔 18 个，钻孔深度范围在 40.00～112.00m；一般勘探孔 29 个，钻孔深度范围在 33.10～80.60m）；取原状土样 622 件，扰动样 130 份，地下水试样 8 份；现场进行标准贯入试验 314 次，重型动力触探试验 12.40m，在 4 个钻孔中进行单孔法地层剪切波速测试工作。此后进行了室内土、水分析试验工作，共完成常规物理力学试验 622 组、天然快剪试验 59 组、固结快剪试验 4 组、颗分试验 131 组、固结不排水试验（CU）37 组、不固结不排水试验（UU）14 组、回弹再压缩试验 30 组、高压固结试验 21 组、地下水水质分析试验 8 份。

2. 场地岩土工程条件

2.1 区域地质条件

北京市区位于华北大平原的西北缘，西、北及东北面三面环山，东、南及东南面为广阔的平原区，称之为北京平原。第四纪以来由于受新构造运动的影响，山区不断抬升，平原强烈下降，接受了巨厚的第四纪河流沉积物。第四纪沉积地层厚度由西向东逐渐增大。第四纪地层自西部山麓向东部平原的岩相逐渐变化。在西部的各大河流冲洪积扇顶部位，以厚层砂土和卵、砾石地层为主；向东于城区大部分范围内，地层过渡为黏性土、粉土与砂土、卵砾石土互层；再向东北，在东郊及北郊地区，则是以厚层黏性土、粉土为主。

2.2 地层土质及岩性特征概述

本工程拟建场区在地貌单元上位于永定河冲洪积扇中下部，自然地面标高约在 38m，基岩埋深在 160m 左右。地面以下至基岩顶板之间的沉积土层以黏性土、粉土与砂土、碎石土交互沉积层为主。

根据目前掌握的现场钻探、原位测试及室内土工试验成果，按地层沉积年代、成因类型，将勘察最大深度 112.00m 范围内的地层划分为人工堆积层及第四纪沉积层两大类，并按地层岩性及其物理力学性质指标进一步划分为 17 个大层。各土层的基本岩性特征参见表 2-1，空间分布情况见图 2-1。

2.3 地基土物理力学性质

各地基土层的物理力学性质分层统计结果见表 2-2。

2.4 场地的水文地质条件

根据“北京市区浅层地下水长期观测网”的历史记录，拟建工程场区 1959 年最高地下水位标高为 37.50m 左右（在地势低洼处曾接近自然地面），近 3～5 年最高地下水位标高为 35.00m 左右（不包括可能在局部存在的上层滞水）。

地层岩性特征一览表 表 2-1

成因类别	地层序号	岩　性	各大层层顶标高(m)	颜　色	湿　度	稠　度	压缩性
人工堆积层	①	黏质粉土填土、粉质黏土填土	37.27～39.28	黄褐	湿	可塑—硬塑	/
	①1	碎石填土		杂	稍湿	/	/
	①2	房渣土		杂	湿	/	/
第四纪沉积层	②	砂质粉土	33.18～37.59	褐黄	湿	/	低—中低
	②1	粉质黏土、黏质粉土		褐黄	湿	硬塑—可塑	中低—中
	②2	重粉质黏土、黏土		褐黄	湿—饱和	可塑	中高—中
	②3	粉砂		褐黄	湿	/	低
	③	粉质黏土、黏质粉土	30.77～33.18	褐黄(暗)—灰黄—黄灰	湿—饱和	可塑—硬塑	中低—中
	③1	砂质粉土、黏质粉土		褐黄—灰黄	湿—饱和	/	低
	③2	粉砂、细砂		褐黄(暗)	湿—饱和	/	低
	④	圆砾、卵石	25.28～26.97	杂	饱和—湿	/	低
	④1	中砂、细砂		褐黄	饱和—湿	/	低
	④2	砂质粉土		褐黄	湿—饱和	/	低
	⑤	黏质粉土、粉质黏土	18.27～20.81	褐黄	湿—饱和	可塑—硬塑	低—中低
	⑤1	黏土、重粉质黏土		褐黄	湿—饱和	可塑—硬塑	低—中低
	⑤2	砂质粉土、黏质粉土		褐黄	饱和—湿	/	低
	⑤3	粉砂		褐黄	饱和	/	低
	⑥	卵石、圆砾	11.77～14.77	杂	饱和	/	低
	⑥1	中砂、细砂		褐黄	饱和	/	低
	⑦	黏土、重粉质黏土	1.99～6.02	褐黄	湿—饱和	可塑—硬塑	低
	⑦1	黏质粉土、粉质黏土		褐黄	湿—饱和	可塑—硬塑	低
	⑦2	黏质粉土、砂质粉土		褐黄	饱和—湿	/	低
	⑧	卵石、圆砾	−1.14～1.45	杂	饱和	/	低
	⑧1	细砂、中砂		褐黄	饱和	/	低
	⑨	黏土、重粉质黏土	−6.14～−2.81	灰	湿—饱和	可塑—硬塑	低—中低
	⑨1	粉质黏土、黏质粉土		灰—黄灰	湿—饱和	可塑—硬塑	低
	⑨2	粉质黏土、黏质粉土		褐黄—褐黄(暗)	湿—饱和	可塑—硬塑	低
	⑨3	黏土、重粉质黏土		褐黄	湿—饱和	可塑	低—中低
	⑩	卵石、圆砾	−11.54～−8.94	杂	饱和	/	低
	⑩1	细砂、粉砂		褐黄	饱和	/	低
	⑩2	黏质粉土		褐黄	饱和—湿	硬塑—可塑	低
	⑩3	砾砂、粗砂		褐黄	饱和	/	低
	⑩4	黏质粉土、粉质黏土		褐黄	湿—饱和	可塑—硬塑	低

续表

成因类别	地层序号	岩　性	各大层层顶标高（m）	颜　色	湿　度	稠　度	压缩性
第四纪沉积层	⑪	粉质黏土、黏质粉土	−17.88～−15.28	褐黄	湿—饱和	可塑—硬塑	低
	⑪$_1$	砂质粉土、黏质粉土		褐黄（局部灰）	饱和—湿	/	低
	⑪$_2$	黏土、重粉质黏土		褐黄	湿—饱和	可塑—硬塑	低
	⑫	中砂、细砂	−28.79～−26.67	褐黄	饱和	/	低
	⑫$_1$	粉砂、砂质粉土		褐黄	饱和	/	低
	⑫$_2$	粉质黏土、黏质粉土		褐黄	湿—饱和	可塑—硬塑	低
	⑫$_3$	砂质粉土		褐黄	饱和	/	低
	⑫$_4$	圆砾		杂	饱和	/	低
	⑬	卵石	−37.79～−35.87	杂	饱和	/	低
	⑬$_1$	中砂、细砂		褐黄	饱和	/	低
	⑬$_2$	粉质黏土、黏质粉土		褐黄	湿—饱和	可塑—硬塑	低
	⑬$_3$	砂质粉土		褐黄	饱和	/	低
	⑬$_4$	圆砾混黏性土		杂	饱和	/	低
	⑭	粉质黏土、黏质粉土	−45.79～−42.94	褐黄	湿—饱和	可塑—硬塑	低
	⑭$_1$	黏土、重粉质黏土		褐黄	湿—饱和	可塑—硬塑	低
	⑮	细砂、中砂	−50.79～−48.03	褐黄	饱和	/	低
	⑮$_1$	圆砾		杂	饱和	/	低
	⑮$_2$	砂质粉土		褐黄	饱和	/	低
	⑯	粉质黏土	−57.43	褐黄	湿—饱和	可塑—硬塑	低
	⑯$_1$	黏土、重粉质黏土		褐黄	湿—饱和	可塑	低
	⑯$_2$	砂质粉土、黏质粉土		褐黄	饱和—湿	/	低
	⑰	中砂、细砂	−67.03	褐黄	饱和	/	低
	⑰$_1$	卵石、圆砾		杂	饱和	/	低
	⑰$_2$	重粉质黏土、粉质黏土		褐黄	湿—饱和	可塑	低

现场勘察期间，于勘察钻孔内查明拟建场地勘探深度范围内赋存有 4 层地下水。第 1 层地下水为台地潜水，静止水位埋深 7.10～9.90m；第 2 层地下水为层间潜水，静止水位埋深 12.00～14.10m；第 3 层地下水为承压水，静止水位埋深 13.10～14.90m；第 4 层地下水为承压水，静止水位埋深 15.60～17.80m。

工程场区第 1 层地下水主要接受大气降水入渗补给，以蒸发、地下径流为主要的排泄方式，水位动态变化规律一般在 6 月～9 月份水位较高，年变幅一般为 2～3m；第 2 层地下水（层间潜水）的天然动态类型属渗入—径流型，一般水位在 11 月～来年 2 月较高，变幅 1m 左右；场区承压水的天然动态类型属于渗入—径流型，其水位变化情况与层间潜水类似，而变幅较层间潜水大，第 1 层承压水（即第 3 层地下水）水位年变幅一般为 3～5m。

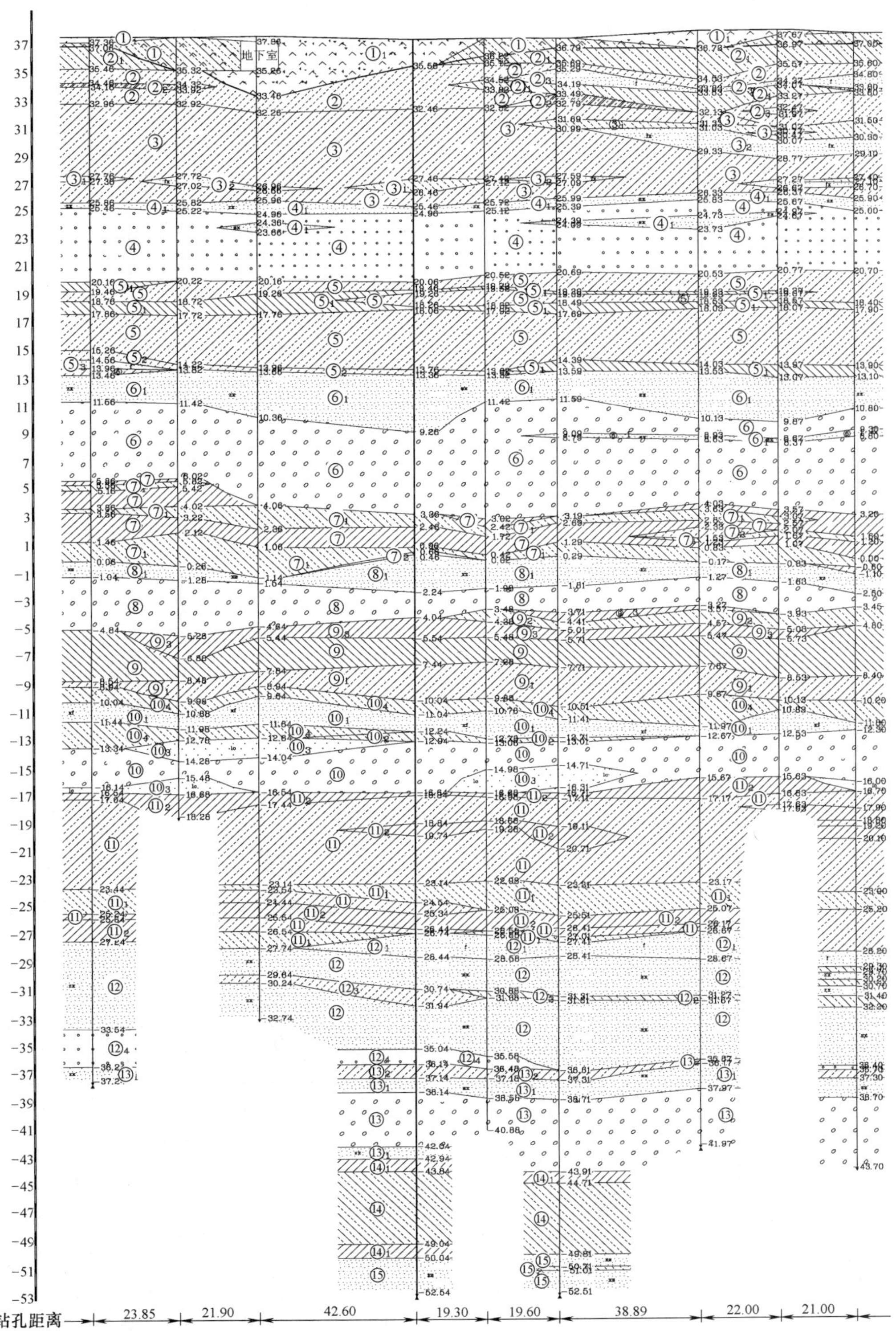

图 2-1　场区地层剖面示意图

主要地层土物理力学性质指标表 表 2-2

地层名称	含水量	天然密度	饱和度	孔隙比	塑限	塑限指数	液限指数	压缩模量 E_S(MPa)						天然快剪		标准惯入	重型动探	剪切波速	三轴压缩试验					
														内聚力	内摩擦角				UU		CU			
	w (%)	ρ (g/cm³)	S_r	e	w_p (%)	I_p	I_L	P_z～P_z+100	P_z～P_z+200	P_z～P_z+300	P_z～P_z+400	P_z～P_z+600	P_z～P_z+800	c (kPa)	φ (°)	$N_{63.5}$	$N_{63.5}$	v_S (m/s)	c_u (kPa)	φ_u (°)	c_{cu} (kPa)	φ_{cu} (°)	c' (kPa)	φ' (°)
②砂质粉土	20.7～6.6	2.05～1.73	0.96～0.30	0.71～0.51	24.4～17.3	6.7～4.3	0.19～−3.68	23.1～11.0	27.7～15.0					30～20	36.5～31.0	28～10		243～191						
	14.0	1.90	0.62	0.61	20.3	5.6	−1.24	17.1	20.6					23	33.2	18								
②₁粉质黏土—黏质粉土	22.5～14.9	2.08～1.98	0.92～0.74	0.65～0.53	18.4～15.4	12.5～9.1	0.25～−0.22	14.3～7.7	16.3～9.3					42～41	32.0～12.5	12～8		208～174						
	18.0	2.02	0.84	0.58	17.0	10.6	0.08	11.8	13.4							9								
③ 粉质黏土—黏质粉土	22.3～17.2	2.09～1.96	0.97～0.85	0.67～0.53	18.9～13.6	12.0～8.0	0.56～0.20	15.0～7.5	16.6～8.5					60～40	17.0～8.0	9		260～223	130.2～33.8	2.1～0.0				
	20.0	2.03	0.90	0.60	16.4	10.1	0.39	11.2	12.5					50	13.6	11～6			83.1	0.7				
③₁砂质粉土—黏质粉土	22.6～11.0	2.21～1.97	0.97～0.78	0.54～0.36	22.2～12.7	7.3～5.9	0.06～−1.30	45.5～21.5	51.1～23.5					20	28.0	24～14		260～241						
	15.6	2.12	0.89	0.43	17.4	6.7	0.29	30.8	35.4					(经验值)		20								
④ 圆砾—卵石								75.0～65.0						0	36.0		43～18	476～330						
								(经验估算值)						(经验值)			31							
④₁中砂—细砂								45.0～35.0						0	34.0	83～45		382～330						
								(经验统计值)						(经验值)		65								
⑤ 黏质粉土—粉质黏土	25.0～17.0	2.09～1.95	0.98～0.88	0.70～0.52	19.5～13.8	12.3～7.4	0.72～0.17	24.8～11.5	25.7～12.5	25.9～11.3	26.8～12.0	28.8～13.0	30.0～14.0	52～30	33.0～19.5	17～10		310～273	101.2～62.8	2.6～0.3	91.0～39.0	30.4～16.2	31.0～15.5	34.0～30.6
	21.3	2.02	0.93	0.62	16.9	9.8	0.44	17.4	18.2	16.6	17.3	18.5	19.7	36	24.8	14			83.7	1.4	68.4	21.5	21.6	31.4
⑤₁黏土—重粉质黏土	32.5～22.3	2.01～1.87	0.98～0.85	0.83～0.66	29.4～16.6	23.0～14.3	0.48～0.11	24.9～12.3	22.7～12.4	26.0～14.0	26.3～14.9	30.9～16.3	31.9～17.3	70～49	23.5～11.0	18～15		299～273			136.5～113.0	16.4～13.6	85.0～58.0	25.5～24.6
	26.8	1.94	0.93	0.75	22.2	17.9	0.26	16.1	16.7	18.9	19.4	21.7	22.4	56	18.7	16								

续表

地层名称	含水量	天然密度	饱和度	孔隙比	塑限	塑限指数	液限指数	压缩模量 E_S(MPa)						天然快剪		标准惯入	重型动探	剪切波速	三轴压缩试验					
														内聚力	内摩擦角				UU		CU			
	w (%)	ρ (g/cm^3)	S_r	e	w_p (%)	I_p	I_L	P_z~P_z+100	P_z~P_z+200	P_z~P_z+300	P_z~P_z+400	P_z~P_z+600	P_z~P_z+800	c (kFa)	φ (°)	$N_{63.5}$	$N_{63.5}$	v_S (m/s)	c_u (kPa)	φ_u (°)	c_{cu} (kPa)	φ_{cu} (°)	c' (kPa)	φ' (°)
⑤₂砂质粉土—黏质粉土	24.7~16.5	2.11~1.94	0.98~0.87	0.70~0.63	23.1~17.3	9.4~5.0	0.51~−0.11	49.6~22.5	47.6~23.7	50.1~31.7	51.8~32.6	54.6~32.5	56.2~33.5	40~40	40.0~31.0	24~23								
	21.9	2.01	0.93	0.67	20.9	6.7	0.14	33.8	35.0	37.8	39.7	41.5	43.4			23		284						
⑥ 卵石—圆砾								120.0~110.0						0	38.0		60~20	518~470						
								（经验估算值）						（经验值）			37							
⑥₁中砂—细砂								55.0~45.0						0	34.0	90~52								
								（经验统计值）						（经验值）		68		318						
⑦ 黏土—重粉质黏土	35.3~29.3	1.92~1.82	0.98~0.92	1.03~0.85	28.7~20.0	25.8~16.0	0.56~0.19	23.6~15.4	22.9~15.7	23.9~16.3	23.7~16.1	29.8~15.7	29.9~15.8	70~40	24.0~17.0			295~275			80.5~57.0	14.9~11.5	67.0~41.0	23.9~20.1
	32.1	1.87	0.94	0.93	24.2	20.5	0.38	18.6	18.9	19.4	19.7	20.9	21.4								70.0	13.1	54.5	21.2
⑦₁黏质粉土—粉质黏土	27.2~18.6	2.08~1.92	0.98~0.86	0.75~0.55	22.8~14.8	12.9~7.3	0.65~0.20	34.7~16.5	36.3~16.8	38.7~17.5	38.8~18.7	44.9~19.5	48.3~20.1											
	22.8	2.00	0.93	0.65	18.7	9.7	0.42	23.9	24.7	25.6	26.6	28.4	29.8	28	36.0			295~275			51.5	15.8	38.5	26.6
⑦₂ 黏质粉土—砂质粉土	24.9~17.3	2.15~1.96	0.99~0.90	0.60~0.47	22.2~15.4	9.9~5.7	0.44~−0.04	68.1~34.6	64.0~34.6	71.4~36.1	72.1~36.5	76.6~36.7	79.9~30.9	33~27	36.5~32.0									
	20.0	2.07	0.96	0.52	18.8	7.4	0.16	49.1	49.3	52.1	53.3	55.8	56.6	30	34.2			295~275						
⑧ 卵石—圆砾								135.0						0	40.0		60~26							
								（经验估算值）						（经验值）			41	524						
⑧₁细砂—中砂								65.0~55.0						0	34.0	107~59								
								（经验统计值）						（经验值）		88		524						

续表

地层名称	含水量	天然密度	饱和度	孔隙比	塑限	塑限指数	液限指数	压缩模量 E_S(MPa)						天然快剪		标准惯入	重型动探	剪切波速	三轴压缩试验					
														内聚力	内摩擦角				UU		CU			
	w (%)	ρ (g/cm^3)	S_r	e	w_p (%)	I_p	I_L	P_z~P_z+100	P_z~P_z+200	P_z~P_z+300	P_z~P_z+400	P_z~P_z+600	P_z~P_z+800	c (kPa)	φ (°)	$N_{63.5}$	$N_{63.5}$	v_S (m/s)	c_u (kPa)	φ_u (°)	c_{cu} (kPa)	φ_{cu} (°)	c' (kPa)	φ' (°)
⑨ 黏土—重粉质黏土	37.2~28.9	1.93~1.80	1.00~0.91	1.06~0.82	29.4~21.0	25.5~17.1	0.52~0.23	19.4~11.2	19.2~12.7	19.9~13.1	20.4~13.8	21.9~13.1	22.3~13.8	65~30	22.0~14.0						130.0~80.5	11.2~9.4	114.5~69.0	19.6~16.2
	33.5	1.86	0.95	0.96	25.4	21.0	0.39	15.2	15.9	16.3	16.9	17.7	17.7	49	18.1			323						
⑨$_1$粉质黏土—黏质粉土	21.1~16.9	2.13~1.98	0.93~0.84	0.66~0.52	17.2~13.8	12.2~9.9	0.49~0.15	30.8~17.8	31.8~19.4	33.0~21.0	33.1~22.1	44.9~19.9	36.5~22.0								98.0~32.5	18.3~17.2	33.5~25.0	28.7~25.8
	18.9	2.05	0.89	0.57	15.3	10.8	0.33	24.7	25.5	26.5	27.4	28.9	30.1	52	30.0			361						
⑨$_2$粉质黏土—黏质粉土	28.3~17.6	2.07~1.94	0.97~0.89	0.79~0.63	24.9~17.1	13.3~7.3	0.53~−0.07	30.7~18.2	31.7~19.5	32.6~20.6	34.8~21.7	36.4~22.5	33.3~23.7											
	23.7	1.99	0.94	0.70	19.7	11.3	0.34	24.3	25.6	26.4	27.6	28.6	27.9					297						
⑨$_3$黏土—重粉质黏土	36.6~29.3	1.93~1.82	0.98~0.92	1.03~0.83	27.9~18.6	22.7~15.0	0.69~0.26	23.0~13.5	24.1~14.0	24.6~14.6	24.7~15.5	27.0~16.0	28.1~17.2	69~60	26.5~23.0			297						
	32.3	1.88	0.95	0.93	24.0	19.6	0.43	18.6	18.9	19.3	19.8	20.1	22.2											
⑩ 卵石—圆砾								150.0~14.0						0	40.0		75~43	568~525						
								(经验估算值)						(经验值)			60							
⑩$_1$细砂—粉砂								75.0~70.0						0	34.0	79~47								
								(经验统计值)						(经验值)		64		406						
⑩$_2$ 黏质粉土	19.6~16.2	2.13~2.07	1.00~0.89	0.54~0.48	18.5~15.0	9.0~8.1	0.35~−0.11	33.6~27.0	33.3~27.8	34.1~29.7	34.8~31.6	35.7~33.1												
	17.8	2.10	0.93	0.52	16.8	8.5	0.12	30.7	30.4	31.6	32.8	34.0						406						
⑩$_3$砾砂—粗砂								100.0						0	36.0	150~115								
								(经验统计值)						(经验值)		135								

续表

地层名称	含水量	天然密度	饱和度	孔隙比	塑限	塑限指数	液限指数	压缩模量 E_S(MPa)						天然快剪		标准惯入	重型动探	剪切波速	三轴压缩试验					
														内聚力	内摩擦角				UU		CU			
	w (%)	ρ (g/cm^3)	S_r	e	w_p (%)	I_p	I_L	P_z~P_z+100	P_z~P_z+200	P_z~P_z+300	P_z~P_z+400	P_z~P_z+600	P_z~P_z+800	c (kPa)	φ (°)	$N_{63.5}$	$N_{63.5}$	v_S (m/s)	c_u (kPa)	φ_u (°)	c_{cu} (kPa)	φ_{cu} (°)	c' (kPa)	φ' (°)
⑩$_4$黏质粉土—粉质黏土	24.4~16.8	2.08~1.97	0.94~0.82	0.70~0.53	20.0~14.5	12.7~7.8	0.54~0.06	34.0~18.8	34.9~19.8	34.2~19.5	35.7~20.6	42.5~17.2	45.7~17.8	26	32.5			361						
	19.7	2.03	0.89	0.59	16.8	9.9	0.29	25.9	26.1	26.8	27.8	29.3	30.9											
⑪粉质黏土—黏质粉土	26.4~19.0	2.06~1.93	0.96~0.88	0.74~0.56	20.9~15.4	12.9~8.4	0.58~0.22	33.5~18.6	33.7~18.9	33.8~19.1	35.0~20.2	42.7~18.3		50~30	21.0~16.0	61~59		419~393			141.0~94.5	12.7~9.3	94.5~66.0	20.8~17.0
	22.5	2.00	0.92	0.65	18.1	11.1	0.39	24.7	25.1	25.5	26.4	27.7									115.3	10.9	80.2	19.2
⑪$_1$砂质粉土—黏质粉土	23.0~17.8	2.07~1.96	0.94~0.83	0.68~0.53	22.6~18.1	7.4~5.2	0.23~−0.31	61.7~43.6	64.6~45.1	67.6~47.0	72.3~46.9	95.9~41.9				90~75								
	20.3	2.00	0.89	0.62	20.3	6.1	−0.01	53.7	55.0	55.9	57.6	60.5				81		460						
⑪$_2$黏土—重粉质黏土	35.9~24.5	1.98~1.83	0.99~0.89	1.02~0.81	30.7~18.2	24.4~15.6	0.49~0.16	26.7~15.2	27.5~16.1	27.1~16.3	27.0~17.1	32.1~15.5		0	35.0									
	31.1	1.88	0.94	0.94	24.9	19.8	0.32	20.6	21.5	21.5	22.2	23.1	31.9	（经验值）										
⑫ 中砂—细砂								90.0~80.0						0	32.0	150~88		538~514						
								（经验统计值）						（经验值）		118								
⑫$_1$粉砂—砂质粉土																107~54								
	25.4	1.88	0.86	0.79	25.4	4.9	0.00	40.7	43.0	43.2	45.3					88		514						
⑫$_2$粉质黏土—黏质粉土	27.5~23.7	1.98~1.89	0.93~0.90	0.83~0.69	19.2~18.1	12.7~12.4	0.67~0.44									113~90								
								18.9	19.9	20.4	20.7	21.7												
⑫$_3$砂质粉土	21.2~19.0	2.03~2.03	0.93~0.88	0.61~0.58	21.0~19.8	6.8~6.6	0.03~−0.12	48.0~39.8	48.2~42.3	49.6~43.8	51.9~46.0	54.8~47.1												
																135								

续表

地层名称	含水量	天然密度	饱和度	孔隙比	塑限	塑限指数	液限指数	压缩模量 E_S(MPa)						天然快剪		标准惯入	重型动探	剪切波速	三轴压缩试验					
														内聚力	内摩擦角				UU		CU			
	w (%)	ρ (g/cm^3)	S_r	e	w_p (%)	I_p	I_L	P_z～P_z+100	P_z～P_z+200	P_z～P_z+300	P_z～P_z+400	P_z～P_z+600	P_z～P_z+800	c (kPa)	φ (°)	$N_{63.5}$	$N_{63.5}$	v_S (m/s)	c_u (kPa)	φ_u (°)	c_{cu} (kPa)	φ_{cu} (°)	c' (kPa)	φ' (°)
⑬卵石								175.0～165.0						0	42.0		100～50							
								(经验估算值)						(经验值)			82	665						
⑬$_1$中砂—细砂								100.0～80.0								150～96								
								(经验统计值)								121		574						
⑬$_2$粉质黏土—黏质粉土	31.2～21.9	2.01～1.77	0.93～0.80	0.73～0.63	27.5～17.1	13.6～8.1	0.49～0.23	33.5～21.0	34.0～21.6	33.4～21.4	34.6～21.4													
	25.7	1.91	0.89	0.70	21.7	11.1	0.37	25.0	25.3	25.2	25.7													
⑭粉质黏土—黏质粉土	24.9～16.2	2.10～1.94	0.96～0.82	0.74～0.56	20.2～13.7	13.9～9.1	0.44～0.09	41.4～23.0	41.9～24.5	42.1～24.9	43.4～24.9							476～425						
	20.9	2.01	0.90	0.66	17.5	11.2	0.31	30.0	31.5	31.5	32.7	27.3	29.2											
⑭$_1$黏土—重粉质黏土	36.6～22.7	2.02～1.80	0.98～0.88	0.86～0.65	27.3～16.6	27.2～14.8	0.52～0.20	23.9～16.0	24.9～20.9	27.7～21.3	27.8～23.4													
	28.4	1.92	0.94	0.75	21.4	18.9	0.38	19.9	22.4	23.6	24.9							425						
⑮细砂—中砂								120.0～100.0								150～104		582～555						
								(经验统计值)								127								
⑯粉质黏土	25.6～18.9	2.09～2.00	1.00～0.95	0.70～0.54	19.4～16.0	13.8～11.8	0.57～0.09	41.3～29.4	42.3～34.8	43.8～37.6	43.7～39.3							487～444						
	21.8	2.05	0.97	0.61	17.7	12.7	0.32	36.1	39.2	40.5	41.3													

续表

地层名称	含水量	天然密度	饱和度	孔隙比	塑限	塑限指数	液限指数	压缩模量 E_S(MPa)						天然快剪		标准惯入	重型动探	剪切波速	三轴压缩试验					
														内聚力	内摩擦角				UU		CU			
	w (%)	ρ (g/cm^3)	S_r	e	w_p (%)	I_p	I_L	P_z～P_z+100	P_z～P_z+200	P_z～P_z+300	P_z～P_z+400	P_z～P_z+600	P_z～P_z+800	c (kPa)	φ (°)	$N_{63.5}$	$N_{63.5}$	v_S (m/s)	c_u (kPa)	φ_u (°)	c_{cu} (kPa)	φ_{cu} (°)	c' (kPa)	φ' (°)
⑯$_1$ 黏土—重粉质黏土	36.9～25.0	2.00～1.87	1.00～0.95	1.00～0.70	21.7～18.5	25.3～19.9	0.63～0.33	27.4～22.2	29.1～25.5	29.2～25.8	28.7～26.6							487～444			153.5	9.6	114.5	17.4
	30.3	1.92	0.97	0.85	19.7	21.8	0.48	25.1	27.0	27.0	27.3													
⑰ 中砂—细砂								100.0								150～123		610～564						
								(经验值)																
⑰$_1$卵石—圆砾								200.0										666～610						
								(经验值)									50							
⑰$_2$ 重粉质黏土—粉质黏土								30.0																
	26.0	1.99	0.98	0.72	20.9	14.6	0.35	(经验值)										466						

注：

最大值～最小值
平均值

据8组水样水质分析试验报告判定：场区内各层地下水对混凝土结构均无腐蚀性，但在干湿交替作用条件下对钢筋混凝土结构中的钢筋均有弱腐蚀性；场区内各层地下水对钢结构均有弱腐蚀性。

3. 岩土工程问题及评价

3.1 场地地震效应

拟建场区的抗震设防烈度为8度，设计基本地震加速度值为0.20g，设计地震分组为第一组。在地下水位接近自然地面的不利条件下，场区地基土不会产生地震液化。

根据土层剪切波速测试成果计算得出，场区地面以下20m深度范围内的土层等效剪切波速 v_{se}＝251～267m/s；场区的覆盖层厚度为160m左右；因此判定拟建场区建筑的场地类别为Ⅱ类。

通过对2个地脉动测试点的测试数据进行富氏谱分析计算后得出：本场地在大地微振条件下的卓越频率为2.60Hz，相应的卓越周期为0.38s。

3.2 地基基础方案

3.2.1 主要地基基础工程问题的分析

本工程主塔楼A的基底平均压力标准值约为820kN/m^2，两栋办公塔楼（B、C）的基底平均压力标准值约为790kN/m^2，塔楼周边为裙房及纯地下室。各建筑部分的基础埋深均在设计±0标高以下约22m，因而裙房及纯地下室处于超补偿状态。工程各建筑部分期望采用同一整体基础底板，因此在同一基底标高平面上的基底荷载分布极不均匀。所以在确定地基方案时面临的最关键的问题是有效控制超高层塔楼的总沉降、内部的差异沉降、倾斜，以及各建筑部分（塔楼、裙房和纯地下室）之间的差异沉降。

勘察结果显示，本工程基底处分布的直接持力层为第四纪黏质粉土、粉质黏土⑤层和黏土、重粉质黏土$⑤_1$层。该组黏性土层压缩模量相对较高，在基底以下的厚度在3m左右；其下为厚度约10m左右且分布稳定、具有较高承载能力的砂卵石层。这种地层组合条件下的地基持力层是本工程裙房和纯地下室采用天然地基方案的良好持力层。

本工程超高层塔楼的基底压力扩散影响范围之内分布有相对软弱的第5、7、9、11大层黏性土、粉土层土。同时，由于塔楼外围裙房、纯地下室部分的基底平均建筑荷载低于原位土体重力，塔楼地基因侧限条件被削弱，其承载力难以得到充分发挥。验算分析结果表明，在考虑各部分实际基础侧限条件时，高层塔楼的地基承载力及软弱下卧层承载力不能满足设计要求。若本工程全部采用天然地基方案，由此带来的基础差异沉降问题也难以得到解决。

3.2.2 地基方案的建议

针对本工程的设计条件，考虑不同部位基础的实际边界条件，对地基直接持力层、下卧土层的极限承载力和变形控制的承载力进行反复验算，得出裙房部分按变形控制确定天然地基承载力、超高层塔楼采用深基础方案的基本结论。

本工程超高层塔楼拟采用的桩基础方案虽然安全、可行，但一味加大桩径、加大桩长，在经济上会造成浪费。因此，在充分搜集调查北京地区成熟、可靠的基础桩设计施工经验基础上，建议适宜的桩端持力层和相应的桩侧摩阻力、桩端端承力。为确保在安全前提下，尽量通过发挥桩侧和桩端土层的承载力性能减少有效桩长，在统计分析北京地区大量后压浆桩静载荷试验资料、评估不同桩长方案的单桩承载力后，按照基础变形、协调控制的原则，提出了桩基方案的建议和技术参数。桩基方案建议均为设计单位采纳，在采取后压浆措施以后，单桩承载力得到较大幅度提高，超高层塔楼的桩基础沉降量和沉降差完全控制在设计要求的范围内。

由于本工程主塔与裙房荷载差异极为悬殊，因此差异沉降是影响本工程基础和建筑设计的重要问题。为使设计单位了解和掌握本工程各建筑部分沉降性状的差异和幅值，采用规范方法和基于长期沉降观测资料反演分析得到的沉降估算方法，对本工程天然地基和桩基础沉降问题进行了深入的计算分析。通过计算分析进一步明确建筑不同部位、不同基础形式下的差异沉降控制是本工程地基方案设计须重点考虑和解决的问题。并在对地基土的强度与变形分析基础上，针对各建筑物的具体结构特点、荷载情况进行了不同地基方案的论证计算、比选、优化分析，提出了具有很强针对性的相关技术建议。

（1）主塔楼（A）及办公塔楼（B、C）采用水下钻孔灌注桩方案。根据场区地层分布情况，建议两种桩端持力层方案供比选：a）桩端持力层为标高为－28.70～－26.60m以下分布的以第四纪中砂、细砂⑫层为主的第12大层土，该组地层的厚度8～10m左右，但局部分布的黏性土、粉土夹层（$⑫_2$、$⑫_3$），对桩端承载力的发挥会产生一定影响，应在桩基设计、施工中予以充分考虑。该方案的桩长在46m左右，具体长度取决于地层分布条件。b）选取第四纪卵石⑬层和中砂、细砂$⑬_1$层作为桩端持力层，桩端标高建议在－38.50～－37.10m以下。层间同样有黏性土和粉土夹层，需要在设计、施工中予以注意。该方案的桩长在55m左右。

（2）裙房、纯地下部分采用天然地基方案。裙房、纯地下室部分基础砌置标高为17.00m，相应的地基持力层土质为第四纪黏质粉土、粉质黏土⑤层及黏土、重粉质黏土$⑤_1$层，地基承载力标准值可在220～240kPa范围值内，根据基础沉降分析结果和差异沉降控制需要选定设计用地基承载力（拟加大沉降时用较高值，拟减小沉降时用较低值）。

3.3 基坑开挖与支护问题

本工程基槽开挖深达22m，开槽范围较大，且在基坑邻近部位存在地铁和其他重要设施，在深基坑支护体系设计时，应充分考虑超深基坑开挖深度及支护影响深度范围内地层、地下水分布的复杂性，还须考虑周边相邻地铁、既有建筑、道路、地下设施等诸多因素的影响（图3-1）。针对上述情况，本工程对深基坑施工提出了全面的技术方案建议。

（1）在对地下水位的准确量测和地下水条件深入分析基础上，对地下水水量、降水周期、以及对周边道路环境的影响进行了较为充分的估计，明确提出了采取降水与隔水（降压）相结合的地下水综合控制方案，并分别针对场区内分布的各层地下水特点提出地下水控制的技术建议，同时地下水专项技术咨询还对降水方案进行了量化的分析，使降水方案更加科学可行。

（2）在综合考虑场区工程地质和水文地质条件的前提下，提出基坑边坡支护与降水工程一体化设计和实施，采用具有支护和挡水双重作用的支护形式建议，被施工采纳。

（3）对施工过程中须重点监测的部位、时间等提出指导性的建议，强调对周围环境及地面沉降、邻近建筑物沉降、倾斜等监测，特别明确了对场区北侧地铁线路及距基坑仅1m地铁附属设施的动态监测，以确保施工安全顺利。

图 3-1 银泰深基坑现场施工图

3.4 抗浮设计水位

3.4.1 设计水位分析的技术路线

本工程的低层裙房及纯地下建筑部分的面积较大、竖向荷载较小、基础埋置较深，若按传统静水压力计算方法（取历史最高水位进行抗浮设计水位），必须采取抗拔桩解决抗浮问题。同时现行的技术标准和措施中没有明确规定应当如何确定建筑抗浮设计水位，安全、合理地确定本工程抗浮设防水位具有较大的技术难度。受建设单位及设计部门委托对该工程抗浮水位的取值进行专项技术咨询分析工作。

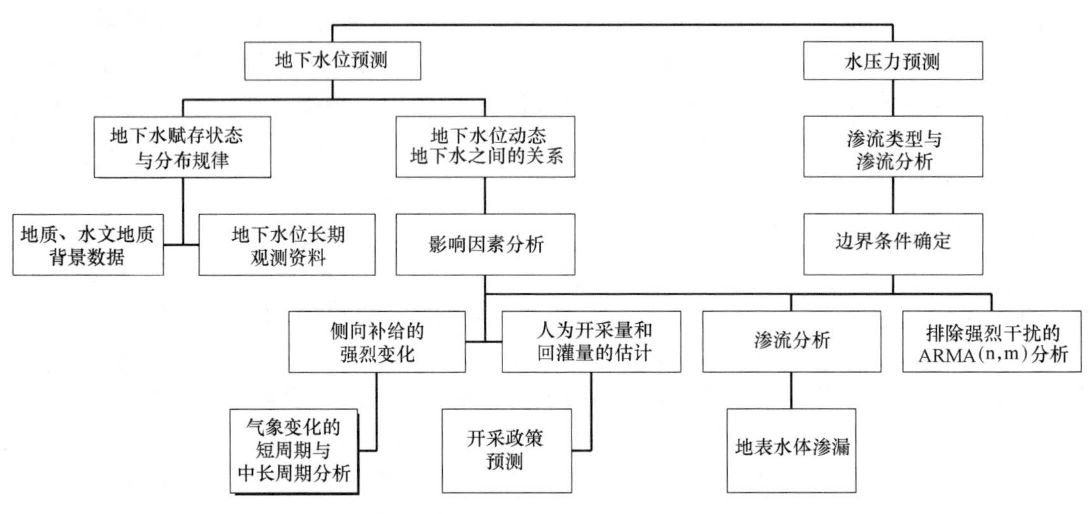

图 3-2 地下水预测分析框图

在本工程抗浮技术分析中，考虑多层地下水赋存和永久性地下结构的特征，综合运用土力学和水文地质学的相结合的方法，根据区域地下水背景、场区地层结构、地下水长期监测数据建立工程区物理模型，通过对多层地下水动态分析、最高地下水位预测和水压力预测的耦合，确定出抗浮设防水位的基本值（图 3-2）。本工程中，地下水、基础处于“地下水赋存体系”当中，既考虑到多层地下水动态特征，也考虑到永久性地下结构与地下水、地层结构的相互作用。

3.4.2 设计水位的确定

工程基础埋深范围赋存多层具有水力联系的地下水，各含水层之间有非饱和带。将水压力按静水状态确定，对基底的水压力估计过高。因此在本工程中，通过研究多层地下水动态关系和影响因素分析，根据区域水文地质条件和工程场区附近地下水位实际监测值，建立场区地下水分析的有限元二维不稳定流数值模型，通过渗流计算，确定"地下室外墙水压力分布曲线"（图 3-3），提出基底最大水压力及外墙水压力分布的建议。该工程的建筑防渗最高水位按标高 37.50m 考虑；基础抗浮设计水位可按标高 33.50m 考虑，该标高较 1959 年最高水位降低了 4.00m。该设防水位技术分析工作解决了该工程主体建筑部分外围的纯地下车库及低层部分的抗浮稳定性问题。

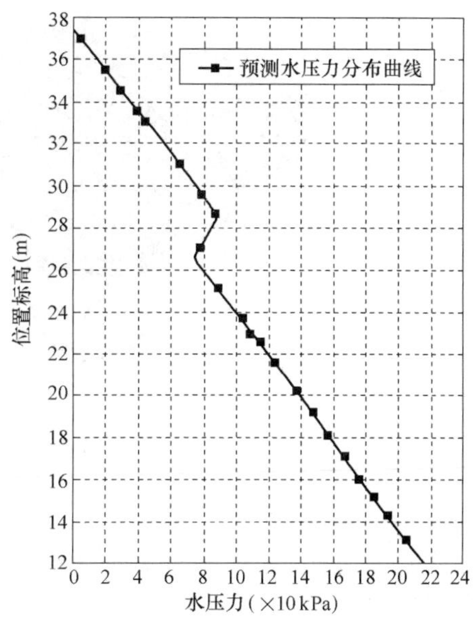

图 3-3 地下室外墙水压力分布曲线

3.5 施工降水对周围环境的影响

本工程的基础埋置较深，基础施工涉及台地潜水、层间水和承压水，施工过程中需要控制地下水来满足施工和周边环境安全的要求；同时工程场区北端距 1 号线地铁仅 40m，施工降水对邻近建筑物及 1 号线地铁的影响非常敏感。因此查明场区的水文地质条件和准确确定各含水层的水文地质参数，直接关系到地下水控制方案实施的成败以及邻近建筑物及 1 号线地铁的安全运行。

在深入研究本工程设计特点和施工降水对周围环境可能产生影响的基础上，充分利用岩土工程勘察资料以及区域水文地质资料，提出地下水水位分层监测孔、野外水文地质试验、室内分析以及数值模拟相结合的工作方案。

（1）地下水水位监测

在场区布设了 3 组共 17 个水文地质勘察孔（兼作水位长期监测孔），结合场区已有勘察成果及水文地质勘察资料，查明拟建工程场区所在区域的地质、水文地质背景条件（图 3-4），分析工程场区地下水的补给、迳流、排泄条件、地下水位动态变化及其各种影响因素；分析并阐明工程场区的水文地质条件，包括地下水埋藏分布状况、地下水位埋深（或标高）及地下水类型、地下水流向、水力坡度等。

（2）野外水文地质试验

为确定对工程设计、施工有影响含水层的水文地质参数，针对层间水、第 1 承压水含水层分别进行了 1 组多降深的抽水试验。根据现场抽水试验数据，结合场区附近的地铁工程条件及降水资料，计算相关含水层的渗透系数（或导水系数）、导压系数、储水系数（层间潜水为给水度）、影响半径等。

（3）基于 Modflow 的数值模拟分析

本工程超深基坑的施工降水将造成场区及其周边地下水位（或水头）的下降，引起一定范围内孔隙水压力场和有效应力场的重新分布，受降水影响土层的有效应力增大，将导

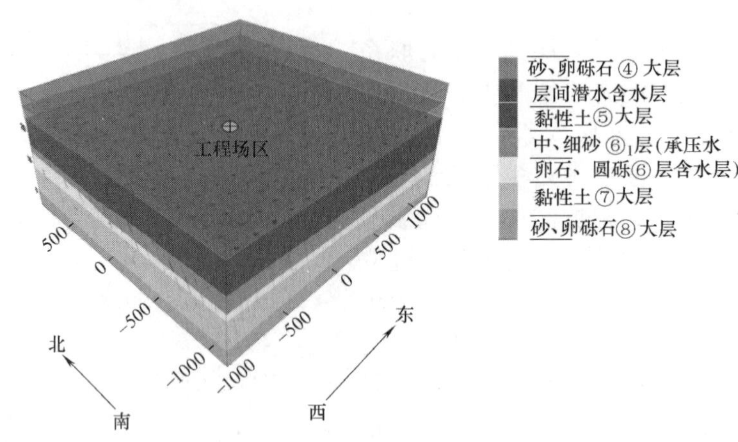

图 3-4 场区周围地层三维分布图

致地基土层压缩或沉降。这势必会对场区北部紧邻的大北窑地铁车站、地铁线路结构等重要建（构）筑物造成一定的影响。本次工作结合抽水试验资料，运用 Modflow 有限差数值法对其进行了评价和预测，结果如图 3-5～图 3-7 所示。

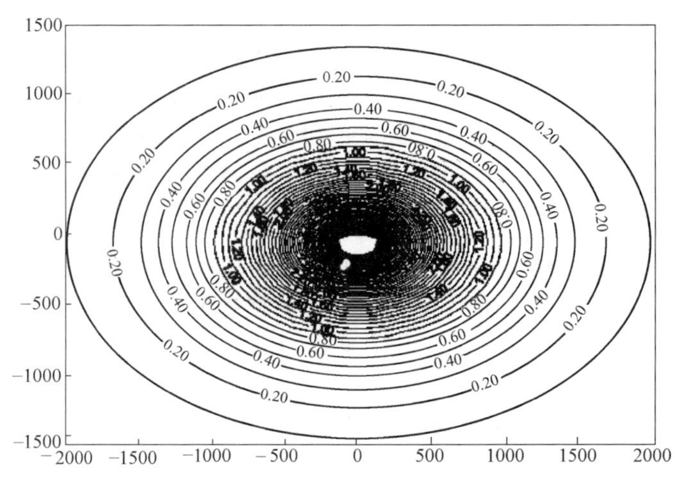

图 3-5 基坑降水（降低承压水）引起的场区周围地下水位降深等值线

模拟结果显示，由本工程施工降水对 1 号线地铁影响的最大沉降量可达 27mm 左右，这一分析成果作为结构工程师对结构影响分析的计算依据。

4. 工程总结与启示

本工程建筑体形和结构条件复杂，荷载分布不均，对基础变形控制及不同地基方案间的协调要求十分严格。工程场区分布对设计和施工有直接影响且分布复杂的 4 层地下水。场区紧邻长安街和一线地铁国贸车站与本工程结构相连通，基坑开挖范围很大，一般开挖深度 22m，在北京地区也属于较为少见的环境条件复杂的深、大基坑。根据在北京地区的丰富经验，在认真分析已有资料基础上，精心策划勘察方案，缜密实施技术方案，严格控

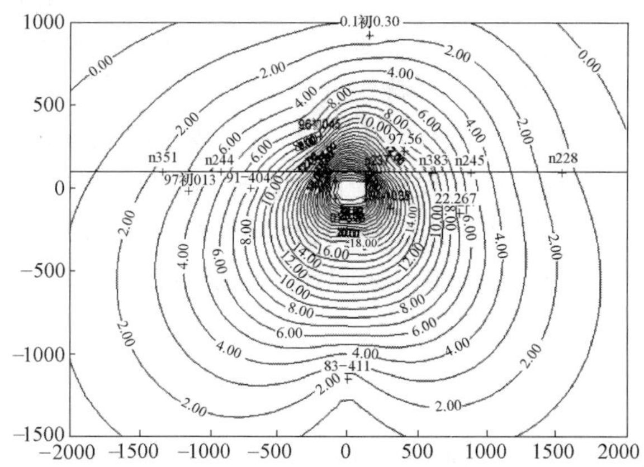

图 3-6　场区基坑降水（全部疏干层间潜水）引起的场区周围地基沉降量等值线图（单位：mm）

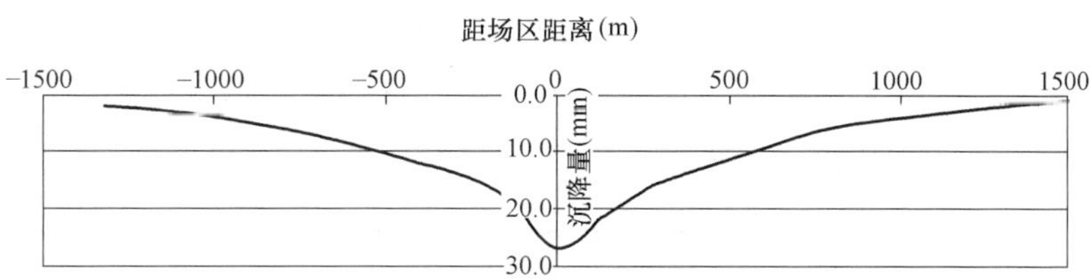

图 3-7　基坑降水影响场区北部一线地铁地基沉降分布图

制过程质量，克服现场施工的不利因素，密切配合建设单位和设计院的工作，高效、优质地完成了勘察和相关的技术服务工作。该项目技术上的难点和创新之处主要表现在以下几个方面：

（1）工程内部结构体系复杂多样、荷载分布极不均匀，各部分建筑基础连成整体且不同结构、不同基础地基形式间须相互协调。通过对建筑部位地基持力层的工程性质和分布特征，基础之间相互影响问题，基础沉降机理和特点进行了深入分析，提出控制本工程差异沉降的技术建议和要求。根据地基基础差异沉降分析结果所提出的结论和建议，不但为基础的优化设计提供了充足和可靠的依据，而且对施工进程具前瞻性意义。

（2）在对地下水条件准确调查和深入分析后，就施工降水对环境安全影响问题进行了充分分析和预测，明确提出采用隔水与降水（减压降水）的综合地下水控制措施建议，包括提出了支护和挡水双重作用的支护形式，基坑边坡支护与降水工程一体化进行的要求，这些结论和建议均被采纳，不但确保了基础工程的安全施工和工期，同时还节约了可观的大面积施工降水费用，更重要的是大大降低了项目施工对周边道路、地铁等建构筑物以及周边环境产生的不利影响。

（3）通过对场区水文工程地质条件的深入分析，采用可靠、先进的现场测试方法和技术分析手段，从设计、施工可实施的角度提出了针对性的设防水位报告，为优化抗浮设计方案提供技术支持。体现了综合的技术能力和高质量的服务水平。缩短了本工程重大复杂工程问题论证决策的周期，取得了一定工程效益。

（4）首次在勘察工程中运用 Modflow 二维数值方法分析研究施工降水对邻近建筑和

周边环境的影响做出了量化分析和预测，设计施工采纳了勘察提出的建议对重点部位实时监测、采取必要的预处理措施，有效地规避了施工中可能存在的风险，确保了施工安全、节约了工期，同时还杜绝了大量的预备费用发生。

(5) 在基槽施工检验过程中，积极配合施工进程数十次到现场配合进行槽底土质/桩侧及桩端土质的检验。勘察报告中所反映的地层划分与空间分布同勘察报告完全相符。最大限度节省了桩基施工和基槽处理时间。对局部问题提出了合理可行的基槽处理技术建议，确保了基础施工的顺利进行。施工过程中的准确的沉降观测数据，为施工后浇带的提前浇筑提供了决策依据。

5. 工程实施与效果

基坑开挖后配合施工进程多次到现场对报告所建议的持力层土质进行了检验，并积极协助施工单位解决成桩过程中出现的施工问题，结果表明报告中所反映的地层划分与空间分布及工程性质同勘察报告完全相符。

本工程沉降观测结果表明：各建筑物施工过程中各阶段及其投入使用后的沉降观测值均较小，尤其是超高层主塔（248m 高）部分装修荷载全部上齐后的平均沉降仅为 3cm 左右，严格满足了设计和规范要求，事实充分说明勘察报告对地层条件的把握十分准确，提供的地基方案是安全可靠和经济合理的。观测结果参见图 5-1 和图 5-2。

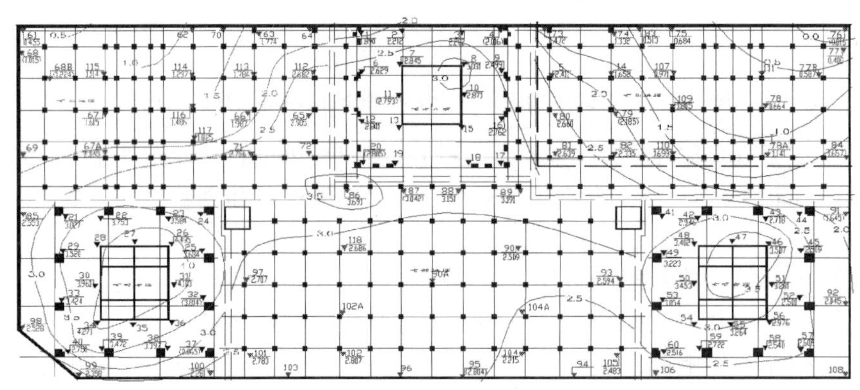

图 5-1 北京银泰中心实测沉降图

本工程勘察工作历时近一年半时间（未包括后续验槽等后期服务工作时间），期间为满足不同时期设计对勘察的要求多次进场钻探，及时有效地提供了各不同阶段的技术成果报告。整个过程中，由于勘察报告资料详细、全面，岩土工程分析深入，后期的技术服务及时到位可靠地解决本工程设计、施工面临的一系列复杂的基础工程问题，有效地保证了工程的质量与安全，为业主节省了工期，节约了施工成本，并为本项工程获得结构长城杯金奖和中国建筑钢结构金奖奠定了良好的基础。整个工作质量得到业主、国内设计单位、国外设计公司和施工承包方的高度赞誉。

6. 获奖单位简介

北京市勘察设计研究院有限公司为经北京市科学技术委员会、北京市财政局、北京市国家税务局和北京市地方税务局联合认定的国家高新技术企业。其前身为北京市勘察设计

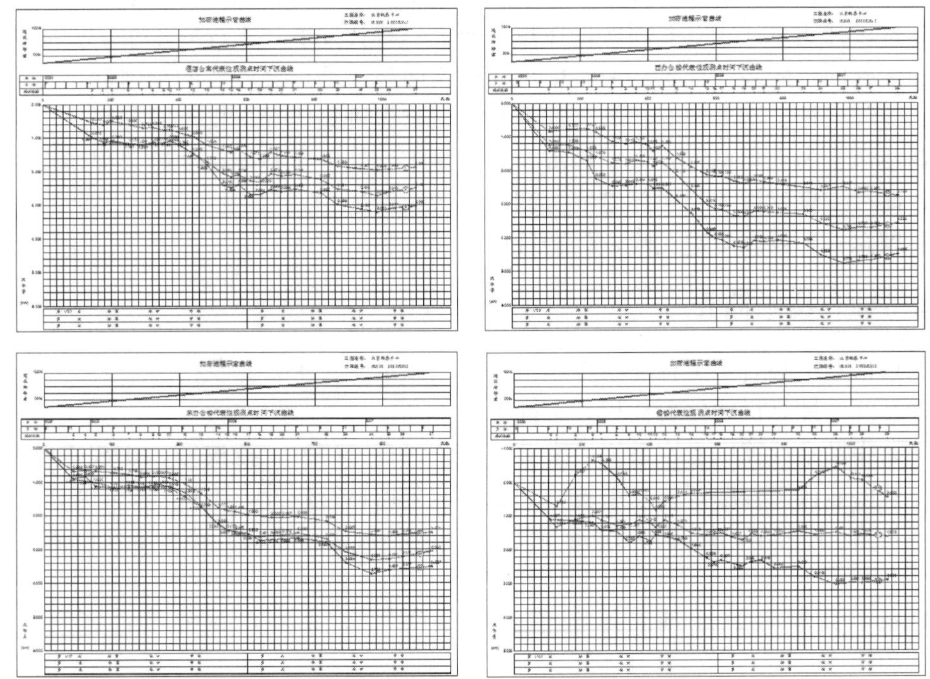

图 5-2 代表性观测点时间下沉曲线

研究院，始建于 1955 年，为北京市属自收自支事业单位。2007 年 10 月，北勘公司在北京市委、市政府和市国资委的推动与指导下，以“维护人才、谋求发展”为目的，通过分立式体制改革，主业整转平移而成立。

北勘公司实力雄厚，具有国家工程勘察类综合甲级、工程咨询甲级、工程测绘甲级、地质灾害治理工程勘察甲级、地质灾害治理工程评估甲级、地质灾害治理工程设计甲级、地质灾害治理工程施工甲级、地基与基础工程专业承包壹级、建设工程安全性评价乙级、地质勘查乙级、建设项目水资源论证乙级、建设项目环境评价乙级等资质。

北勘公司专业齐全，主要从事岩土工程勘察、地基基础设计咨询、水文地质勘察评价、测绘与工程测量、工程检测监测、岩土工程设计施工、地质灾害防治、地能工程设计施工、污染场地评价治理、环境修复与可再生能源工程、地震安全评价等相关专业生产与科学研究工作。

北勘公司技术先进，拥有各类技术人员 450 余名，具有高级专业技术职称以上人员 70 余名，形成了一支由中国工程勘察设计大师和一批享受政府特贴专家、青年学科带头人为代表的专业人才队伍。

在过去的近六十年中，北勘公司为历次首都城市总体规划提供了专业技术支撑，在工程应用、岩土环境、抗震防震和地下水等方面持续进行了大量专题研究，积极参加了城市交通突发地质灾害的应急抢险工作，主编、参编了十多部国家、行业和北京市地方技术标准，承担了北京市浅层地下水动态监测网维护等工作，累计为北京及外埠的 4 万多项工业与民用建筑、市政基础设施、公路和轨道交通工程、环境地质灾害防治工程提供了优质技术服务，为首都北京的总体规划和工程建设、设计、施工和推动行业科技进步做出了积极贡献。北勘公司获得国家与省部级科技进步奖、全国优秀工程勘察设计金银铜和省部级优秀工程勘察设计奖总计400多项次，在技术研究、科技发展和工程质量水平方面获得了国内业界和国际同行的高度评价；荣获中央精神文明建设委员会颁发的全国创建文明行业先进单位、首都精神文明单位标兵和首都有突出贡献先进集体等一批荣誉称号。

企业使命：为人类奠定安全、经济、高质量生活的坚实基础，规避工程建设与投资人的风险，促进工程建设与岩土环境的协调和可持续发展。

执业理念：为顾客规避风险，创造价值。

7. 专利与独有技术简介

在北京银泰中心岩土工程勘察工作中，采用以下新技术，并获得中华人民共和国国家版权局颁发的《计算机软件著作权登记证书》：

(1) 工程勘察计算机专家系统，来源：本公司自行研发，授权号2009SRBJ8041；

(2) 城市建设工程勘察信息系统，来源：本公司自行研发，授权号2010SRBJ2561；

(3) 桩基工程差异沉降分析软件V1.0，来源：本公司自行研发，授权号2010SRBJ2562；

(4) 城市高层建筑地基与基础信息系统V1.0，来源：本公司自行研发，授权号2010SR028066；

(5) 城市浅层地下水信息管理系统V1.0来源：本公司自行研发，授权号2010SR028065。

【项目特色提要】 本项目工程勘察工作针对大底盘多塔建筑物综合体的结构特性、荷载分布显著不均和紧邻地铁线等特点与要求，紧密结合拟建场区的岩土工程条件、地下水分布特征，有针对性地采用多种勘察方法、测试手段和试验方法，并结合工程开展专项科学研究，有效地解决了潜在的岩土工程问题和难题，主要包括：在对地基土的强度与变形分析基础上，进行不同地基方案的论证、比选和优化分析，提出针对性较强的相关技术建议；建过研究多层地下水之间的动态关系和影响因素，根据区域水文地质条件和工程场区附近地下水位实际监测值，建立场区地下水分析的有限元二维不稳定流数值模型，开展施工降水对周围环境的影响研究与监测，通过深入分析解决了主体建筑外围纯地下车库及低层部分的抗浮设计标准等关键问题。

工程检测、监测成果验证了勘察成果的正确性和岩土工程分析评价的准确性、可靠性、安全性和经济合理性。本项目对提高我国岩土工程勘察技术水平和勘察质量具有很好的启迪和示范作用。

上海浦东国际机场二期飞行区岩土工程勘察、监测、检测

上海岩土工程勘察设计研究院有限公司　顾国荣　陈桂英　金宗川

【项目摘要】

上海浦东国际机场二期飞行区包括跑道、滑行区和停机坪等，自 1998 年吹填造地至 2005 年 2 月建成试飞成功，5 月验收投入使用，历时 8 年。从事该项目岩土工程勘察、现场监测、地基加固方法建议与加固效果检测的一体化工作，通过准确查明场地地层组合特征，并对海量监测与检测数据进行深入分析，结合“浦东国际机场二期场道堆载预压试验研究”，揭示了软土地区大面积堆土的变形规律，提出了适宜有效的地基处理方法并被设计采纳，取得了良好的社会效益和显著的经济效益，获建设方高度赞扬。该项目曾荣获 2005 年度上海市勘察设计优秀工程一等奖、2008 年度全国优秀工程勘察设计行业奖一等奖和 2008 年度全国优秀勘察设计奖金质奖。

1. 工程概况

1.1　工程简介

上海浦东国际机场二期飞行区（第二跑道）位于一期工程的东部，濒临东海海滨，近似呈南北向，和一期飞行区平行，大部分区域系近期围海促淤形成。该工程被上海市政府列为“三港建设”和“十五”期间重点建设项目，由机场（建设）集团公司投资建设，中国民航机场规划设计研究总院负责设计，包括一条长 3800m、宽 60m 的平行跑道及 2 条平行滑行道、4 条快速出口滑行道、6 条垂直联络道及 2 条长 1662m 的东西向联络滑行道，按照满足 A380 等 4F 类飞行的使用要求进行设计，拟采用水泥混凝土道面，工后沉降控制在 30cm，差异沉降≤1.5‰（目标年限 10 年无大修）（图 1-1 和图 1-2）。

本工程规模大，地质条件复杂，浅部为大面积吹填土，古河道区域软土层厚度大，设计对机场跑道工后沉降尤其是不均匀沉降控制严格。

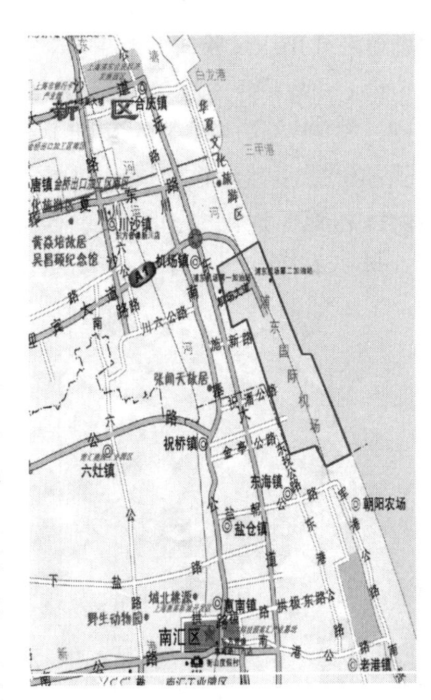

图 1-1　浦东国际机场地理位置示意图

1.2　完成主要工作及解决的主要技术问题

（1）1999 年 12 月～2000 年 3 月：对二期飞行区进行岩土工程初步勘察。采用综合勘探手段揭示场地土层分布特征，初步查明古河道的分布状况，为堆载预压设计提供工程地

质资料和岩土设计参数，并为堆载预压效果评价提供土性初始对比数据。

（2）2000 年 8 月～2003 年 5 月：对整个堆载预压区域进行监测工作。通过试验研究解决监测仪器埋设深度大、精度高、时间长的难题。监测过程中对监测仪器采取有效保护措施，确保成活率和数据采集的连续、可靠；对大面积堆载条件下土体的变形特征进行初步分析，为评价堆载预压效果和卸载提供依据。

图 1-2　二期飞行区建成后照片

（3）2002 年 12 月～2003 年 3 月：在堆载预压区内选择代表性区域作为地基处理试验区，进行不同施工参数情况下的加固效果检测，通过多手段对加固效果进行分析评价，为大面积浅层处理方法的选择提供试验数据和依据。

（4）2003 年：对场地 5m 标高以上的堆载体卸载作为填土的可行性进行分析。通过土源调查和现场采集土试样进行室内颗粒分析、有机质含量试验及土水腐蚀性分析等，提出堆载体卸载作为填土的可行性结论意见，为大面积卸载和填方提供依据。

（5）2000～2003 年：我公司联合同济大学结合拟建场地的堆载预压进行“浦东国际机场二期场道堆载预压试验研究”工作，揭示了大面积堆载作用下土体变形特性和沉降规律。

（6）2003 年 3 月～2003 年 4 月：对二期飞行区进行详勘工作。在充分利用前期初勘、监测、检测及科研成果的基础上，采用恰当的勘察手段，进一步查明土性分布规律，获取堆载预压后土性参数，同时对堆载预压前后的土性进行对比，评价堆载预压效果，为施工图设计和施工提供完整岩土工程参数。

每项工作的时间节点见图 1-3。

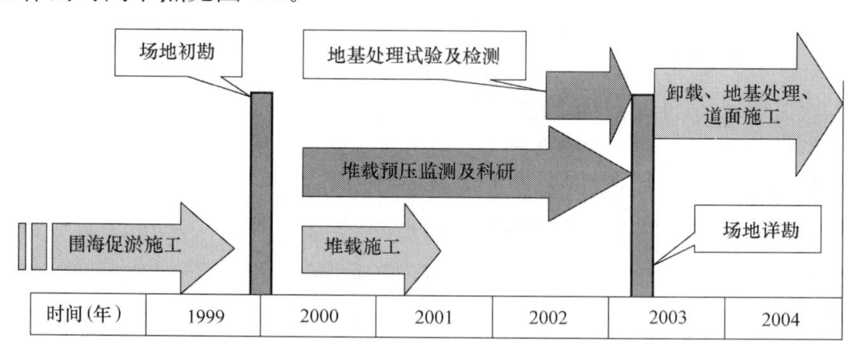

图 1-3　工程时间节点图

2　场地岩土工程条件

2.1　地形地貌

拟建场区位于上海浦东国际机场一期工程的东部，濒临东海，为潮坪相地貌类型。场地北东部主要为新近围涂筑塘形成的滩地，地面标高一般在 3.03～4.01m 之间；中部主要为河、沟、塘分布；南西部主要为耕地，除河埂地势较高以外，其余地势较为平坦，地面标高一般在 3.35～7.19m 之间。按原始地形特征进行的地质分区见图 2-1。

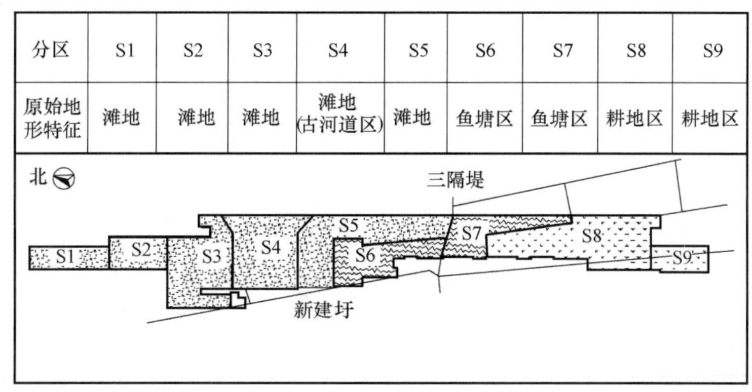

分区	S1	S2	S3	S4	S5	S6	S7	S8	S9
原始地形特征	滩地	滩地	滩地	滩地(古河道区)	滩地	鱼塘区	鱼塘区	耕地区	耕地区

图 2-1　场地地质分区图

2000 年 9 月在场地内进行吹砂补土堆载预压工作，吹填后场地标高约 7m。

2.2　地基土的构成与特征

上海地区为深厚的软土层地基，覆盖层厚度在浦东国际机场区域内约 280m。本场地深度 67.20m 范围内的地基土主要由黏性土、粉性土和粉细砂组成，属全新世 Q4 至晚更新世 Q3 时期以来的滨海、河口、浅海相沉积层，可划分为 6 个主要层次，其中第①、②、③、⑤、⑦层又可分为若干亚层或次亚层。

拟建场区有两条古河道分布：一条位于场地北面，据勘察揭示古河道最深约 65m，宽度 500～800m，呈现往入海口方向逐渐变宽的喇叭口趋势。另一条位于场地南面，古河道最深达 48m，宽度大于 600m。

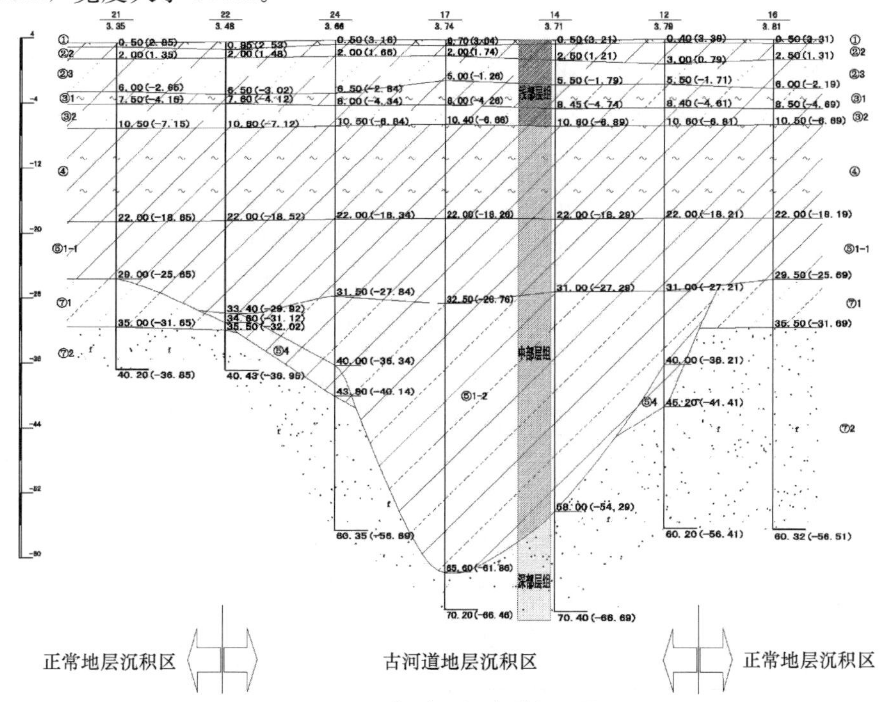

图 2-2　典型工程地质剖面图

按土性的宏观特性将拟建场地的地基土层分成四个层组：表部层组、浅部层组、中部层组和深部层组。

各土层分布及层组的组成详见典型工程地质剖面图 2-2；古河道三维拟合见图 2-3；场地地基土的详细地层特性见表 2-1；各层土的主要物理力学性指标统计值详见表 2-2。

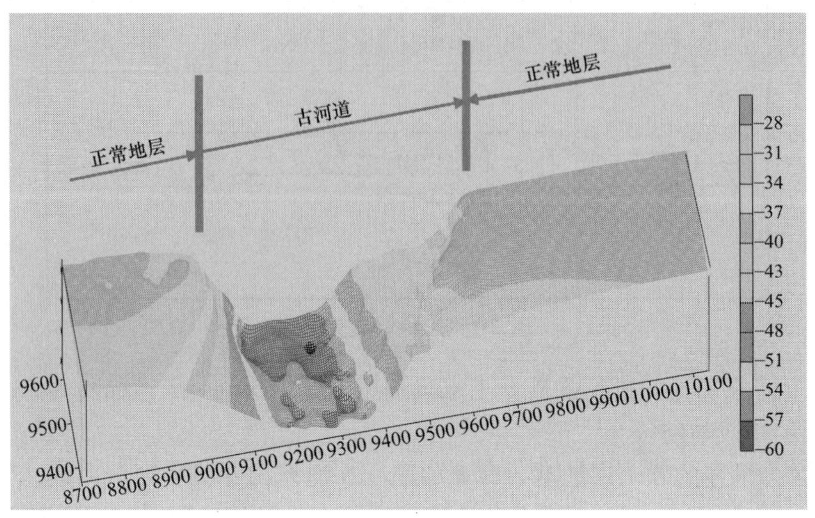

图 2-3　古河道三维拟合图

地层特性表　　　表 2-1

地质年代	层组	层序	土层名称	颜色	厚度（一般）(m)	层底标高（一般）(m)	状态	密实度	压缩性	层组描述
Q_4^3	表部层组	①$_{0-1}$	吹填土	灰	0.20～3.80	7.20～1.26		松散		由于吹填砂源的不同其土质成分不同，主要由砂质粉土、粉质黏土等组成，土性不均。（土层深度约2m）
	浅部层组	①$_{0-2}$	吹填土（细砂）	灰 灰黄	0.80～5.00	4.70～0.71		松散 稍密	中等	以粉性土为主，受海进海退影响，土层土性变化较大。其中②$_1$层在场地南部耕地区域分布，土层较薄。（土层深度约2～13m）
		②$_1$	粉质黏土	褐黄 灰黄	0.40～1.50	3.50～1.53	可塑 软塑		中等 高等	
		②$_2$	黏质粉土夹粉质黏土	灰黄灰	0.40～3.10	2.40～−0.37		松散	中等 高等	
		②$_3$	砂质粉土	灰	2.30～5.30	−1.47～−4.07		松散 稍密	中等	
Q_4^2		③$_1$	淤泥质粉质黏土	灰	0.50～3.70	−3.41～−6.11	软塑 流塑		高等	
		③$_2$	砂质粉土	灰	0.50～3.60	−5.70～−8.10		松散 稍密	中等	

续表

地质年代	层组	层序	土层名称	颜色	厚度（一般）(m)	层底标高（一般）(m)	状态	密实度	压缩性	层组描述
Q_4^2	中部层组	④	淤泥质黏土	灰	9.90～12.90	−16.72～−19.09	流塑		高等	以饱和黏性土为主。其中第⑤$_{1-2}$层在古河道区域分布，第⑤$_4$层土层较薄，仅在古河道边缘及场地局部区域分布。（土层深度：正常区域13～33m；古河道区域13～65m）
Q_4^1		⑤$_{1-1}$	黏土	灰	6.30～10.70	−25.09～−27.96	流塑 软塑		高等 中等	
		⑤$_{1-2}$	粉质黏土	灰褐灰	3.00～29.30	−29.17～−57.26	软塑 可塑		中等	
		⑤$_4$	粉质黏土夹黏质粉土	灰绿 灰黄	0.50～10.30	−26.39～−48.62	可塑 硬塑		中等	
Q_3^2	深部层组	⑦$_1$	砂质粉土	灰黄 草黄	2.00～5.00	−30.14～−31.13		中密	中等	具有良好的工程特性。第⑦层在正常区域的层位分布较稳定，在古河道区域受古河道的切割，第⑦层其层面起伏较大。（土层深度：正常区域33m以下；古河道区域40～65m以下）
		⑦$_2$	粉细砂	草黄 灰	未钻穿	未钻穿		密实	中等 低等	

3. 岩土工程问题及评价

3.1 地基土的工程特性分析

表部层组：第①$_{0-1}$层为新近吹填土，在卸载时将被挖除，通过土源调查和现场采集土试样进行室内颗粒分析、有机质含量试验及土水腐蚀性分析等，可作为其他无特殊要求区域的填土使用，但对局部含水量大且黏粒含量重的堆载体需经晾晒等处理，对表层植物根茎需加以清除。

浅部层组：为新近吹填和全新世第四纪新近沉积物，结构松散，土质不均匀，不能直接作为二期飞行区场道的天然地基持力层，需经适当的地基处理。浅部层组以粉性土为主，粉性土平均总厚度占浅部层组厚度的约78%（包括第①$_{0-2}$层），具有较高的水平向和垂直向的渗透系数，地基处理时设置必要的排水通道，在外加荷载作用下有利于土体的排水固结，从而使浅部层组地基土强度得到大幅度提高，达到浅层加固的目的。

中部层组：以饱和黏性土为主，第④层、第⑤$_{1-1}$层土质软弱，具有高含水量、大孔隙比和高等压缩性等特性，第⑤$_{1-2}$层在古河道区域分布，第⑤$_4$层土层较薄，仅在古河道边缘及场地局部区域分布，当浅部地基层组作为机场二期场道天然地基持力层时，该层组是软弱下卧层，是产生压缩沉降的主要层组。同时由于渗透系数低，不利于土体排水固结，需要设置竖向排水通道，通过堆载预压或施加其他外力，使土体逐渐排水固结。

深部层组：以砂性土为主，密实度为中密—密实，具有中等—低等压缩性，具有良好的工程特性。

3.2 地基土的强度及变形特征

（1）地基反应模量试验结果表明，天然地基土层地基反应模量的平均值为6.12MN/

地基土物理力学性质参数统计表

表 2-2

土层编号	土层名称	含水量 ω(%)	重度 γ_0 (kN/m³)	孔隙比 e_0	塑性指数 I_p	直剪固快(峰值)		压缩系数 $a_{0.1\text{-}0.2}$ (MPa⁻¹)	压缩模量 $E_{s0.1-0.2}$ (MPa)	高压固结 OCR	十字板剪切强度 c_u (kPa)	标贯击数 N (击)	静力触探试验		
						内聚力 c(kPa)	内摩擦角 ϕ(°)						锥尖阻力 q_c(MPa)	侧壁摩阻力 F_{sk}(Pa)	超孔隙水压力 u_k(Pa)
①0-2	吹填土(细砂)	27.2	19.0	0.76		0	34.0	0.11	16.35			5.4	1.84	12.1	3.9
②1	粉质黏土	34.0 (37.0)	18.2 (17.9)	0.97 (1.05)	16.4	18	18.0	0.48	4.18			3.2 (2.8)	0.68 (0.67)	13.1 (13.0)	−39.6 (10)
②2	黏质粉土夹粉质黏土	34.5 (35.5)	18.1 (18.0)	0.98 (1.01)		14	18.5	0.32 (0.40)	6.24 (5.31)			3.5 (2.0)	0.70 (0.43)	12.0 (6.0)	−16.2 (11)
②3	砂质粉土	30.1 (31.3)	18.6 (18.4)	0.85 (0.89)		5	30.5	0.16 (0.18)	11.85 (11.16)			7.7 (6.9)	2.06 (1.89)	28.2 (20.0)	−47.7 (8)
③1	淤泥质粉质黏土	39.3 (39.7)	17.6 (17.6)	1.12 (1.12)	14.5	12	19.0	0.56 (0.63)	3.79 (3.62)		39.5 (22.0)	1.6 (1.6)	0.55 (0.52)	10.1 (8.0)	0.9 (62)
③2	砂质粉土	29.5 (30.9)	18.6 (18.3)	0.84 (0.91)		2	32.0	0.15 (0.16)	13.08 (11.94)			9.8 (7.0)	2.25 (2.20)	31.3 (24.0)	8.9 (25)
④	淤泥质黏土	50.1 (52.0)	16.7 (16.6)	1.43 (1.47)	21.1	14	11.5	1.13 (1.15)	2.27 (2.20)	1.05	33.1 (25.8)	1.5 (1.3)	0.56 (0.55)	9.1 (8.0)	435.5 (279)
⑤1-1	黏土	37.8 (38.8)	17.7 (17.6)	1.09 (1.09)	17.9	16	15.5	0.54 (0.58)	3.86 (3.840	1.15	38.7 (39.0)	3.9 (3.0)	0.88 (0.87)	11.8 (11.0)	642.0 (512)
⑤1-2	粉质黏土	34.8 (37.8)	17.9 (17.7)	1.06 (1.10)	15.9	17	19.5	0.41 (0.50)	4.83 (4.41)	1.20		7.1 (6.6)	1.33 (1.33)	25.1 (18.0)	926.1 (682)
⑤4	粉质黏土夹黏质粉土	24.4	19.5	0.71	13.1	44	18.0	0.24	7.27			15.7	1.88	42.3	784.2
⑦1	砂质粉土	29.6	18.8	0.82		2	31.5	0.14	13.81			25.3	5.45	84.3	−33.7
⑦2	粉细砂	26.7	19.2	0.74		0	32.5	0.11	16.39			>50	11.68	140.7	−332.1

注：括弧内的数据为堆载预压前初勘报告数值，其余为堆载预压后详勘时数值。

m^3，属低强度型土基。

（2）室内高压固结试验结果表明，第④层淤泥质黏土，属于正常固结土，第⑤$_{1-1}$、⑤$_{1-2}$层属于正常固结～轻微超固结地基土，第⑤$_4$层属超固结土。

3.3 堆载预压加固效果分析

3.3.1 堆载预压施工概况

由于拟建场地主要位于围海造地形成的滩地内，标高低（约3～4m），与二期飞行区的初步设计存在1～2m的高差，且有大量的沟、浜、河塘分布，因此需要大量的土方回填。同时考虑拟建场地中部土层属高压缩性饱和软土，需要通过地基处理来改善地基土的性质，消除其主固结沉降，改善浅层土的不均匀性，减少工后沉降。为此拟建场地于1999年9月启动了“上海浦东国际机场驱鸟造地吹砂补土（结合进行场地堆载预压）工程”。

堆载预压设计采用超载20%～30%的预压方案，堆载时间预定3～5年，不设置竖向排水系统。堆载控制标高在场地正常区域为7.1m，古河道区域为7.5m。堆载体吹填基本分二次完成：一次吹填标高至5～5.5m，吹填材料采用长江口的粉细砂，将来作为场道地基的填土；二次吹填标高至7.1～7.5m，吹填材料选择上以不影响预压期间的排水为原则，其成分不做严格限制。吹砂施工于2000年9月开始，2001年7月基本完成，至详勘时堆载预压历时约30个月。

3.3.2 土的物理力学性质参数比较

（1）对比预压前后的地基土的主要物理特性，预压后各地基土层（第②$_{1-1}$～⑤$_{1-1}$层）的含水量、孔隙比和压缩性都比预压前小，说明堆载预压使影响深度范围的地基土性质在一定程度上得到改善。

（2）对比堆载预压前后的静力触探试验结果，其锥尖阻力在浅部土层比预压前均有所提高，说明浅部层组的土性得到一定改善，而在中部层组地基土性的改善不明显，侧摩阻力在各土层比预压前均有所提高。

（3）比较堆载预压前后的标准贯入击数，堆载预压影响深度范围内的地基土层标准贯入击数均有所提高，但浅部粉性土的提高幅度更大。如图3-1所示柱形图。

（4）对比堆载预压前后十字板剪切试验成果，堆载预压使第③1、④层的十字板不排

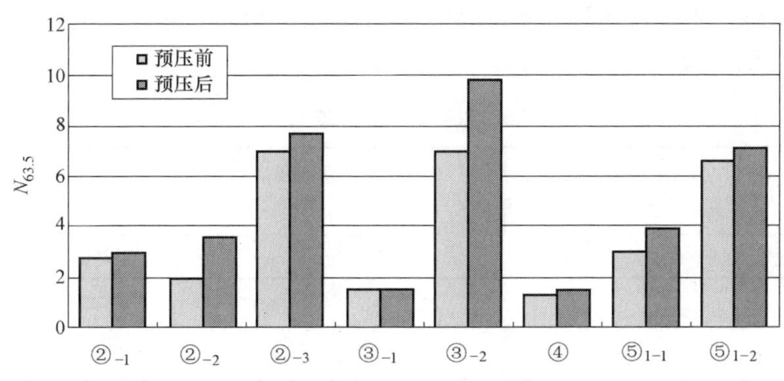

图3-1　堆载预压前后标贯击数对比柱形图

水抗剪强度c_u值均有提高，其中以第③1层的强度提高最大，约提高80%。如图3-2所

示的柱形图。

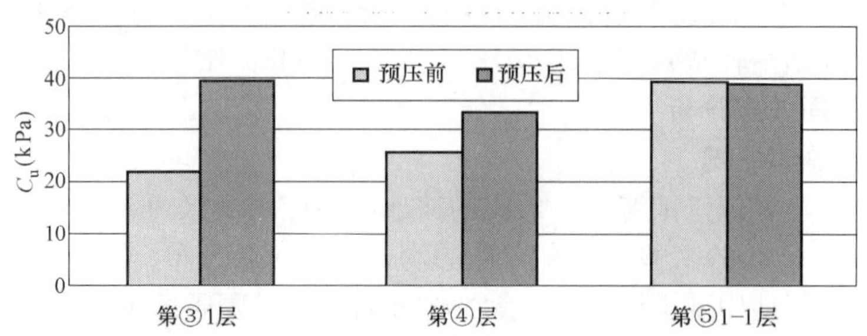

图 3-2 堆载预压前后十字板剪切强度对比柱形图

3.4 地基沉降计算分析及预测

（1）针对大面积堆载的特点和软土地基的沉降特性，采用计算机软件对固结试验曲线进行 $e \sim p$ 曲线拟合建立回归方程，按规范采用分层总和法计算天然地基在附加应力作用下的中心点最终沉降量，在预估总沉降量时考虑了荷载大小、土性特征、排水条件及其他边界条件影响而给出了不同的修正系数。不同附加应力下各土层的沉降估算平均值见图 3-3。从图中可见，在荷载作用下，沉降发生的主要土层为软弱的第④、⑤层，约占整个沉降量的 60%～72%。因此应注重对中部层组的地基处理，以控制总沉降量。

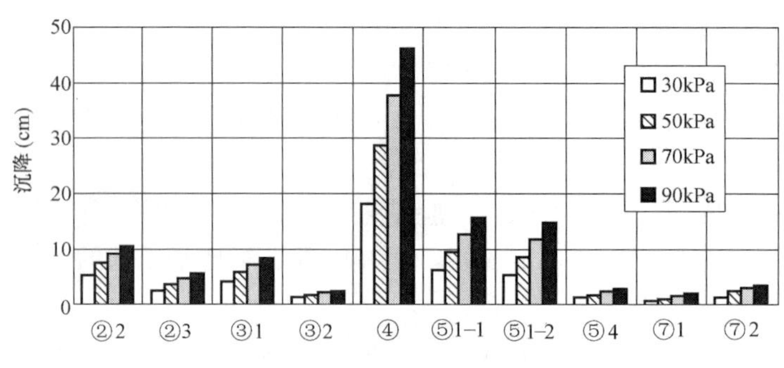

图 3-3 沉降估算柱状图

（2）根据拟建构筑物的荷载组合情况，其荷载主要为道面结构荷载与造地补土的荷载之和，约为 50kPa。根据堆载预压监测成果，对荷载 50kPa 下的各层组计算沉降量与堆载预压下实际发生的沉降量进行了对比，见表 3-1。

沉降量分析比较 表 3-1

层组名称	荷载 50kPa 下的各层组计算沉降量(cm)		堆载预压期间发生的沉降量(cm)		完成沉降量的百分比	
	正常区域	古河道	正常区域	古河道	正常区域	古河道
浅部层组	18.3	18.3	10.5	17.7	57%	96.7%
中部层组	37.9	52.1	9.5	15.65	25%	30%

注：堆载预压分层沉降量截至 2002 年 12 月。上表未考虑卸载回弹的影响。

从表中分析，堆载预压法地基处理对拟建场地影响深度范围内的土层性质有一定的改善，在一定程度上减小了拟建场地的不均匀沉降和总沉降量。堆载预压对浅部层组地基土性质的改善较为明显，固结沉降量较大。堆载预压对中部层组地基土性质有改善，但预期沉降量在短期内无有效的排水措施难以达到。

（3）根据“浦东国际机场二期场地堆载预压试验研究成果”，采用广义高木俊杰公式，选择代表性的古河道、正常区域断面土层参数，在考虑与不考虑地下水影响的两种情况下，根据实测值与计算值的相互验证，结合场地在堆载过程及其最终沉降计算值，预测了各种计算条件下不同区域的各测点的后期沉降量，其沉降量计算与实测历时曲线见图 3-4。

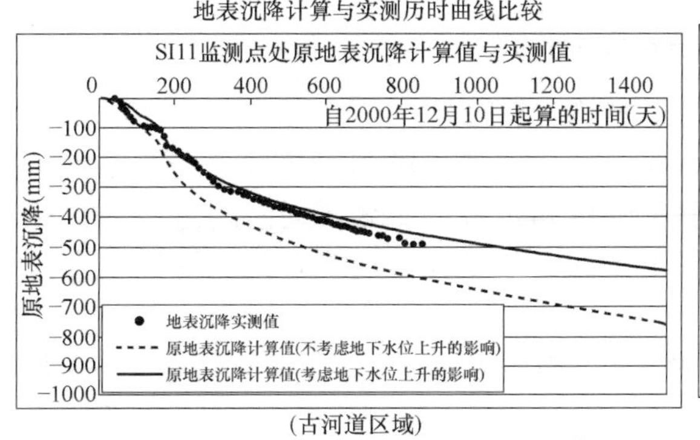

（古河道区域）

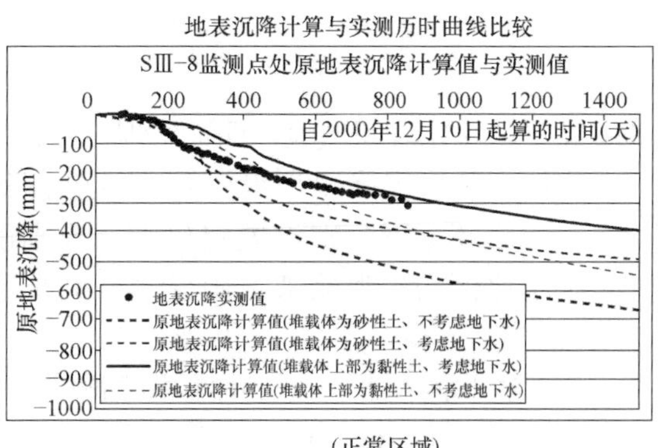

（正常区域）

图 3-4 地表沉降计算与实测历时曲线

分析沉降预测曲线，在考虑堆载地下水位上升影响时预测值和实测值更为接近，对正常区域不但要考虑堆载地下水位上升影响，还要考虑堆载体黏粒含量大时渗透性的影响。

假定在 2003 年 5 月卸载，预测工后 10 年内在约 45kPa 荷载作用下仍有约 30.0cm 的工后沉降发生，沉降差小于 1.5‰。

4. 堆载预压监测内容及成果分析

为了指导堆载预压施工，掌握地基土在堆载施工过程、预压荷载期间和卸载条件下地基变形、土体位移和变化规律，评价堆载预压效果和进行科学研究等提供基础数据，受上海浦东国际机场建设开发公司的委托，拟进行 4 年的长期观测，同时联合上海同济大学进行大面积堆载作用下的试验研究。

4.1 监测点的布置与埋设

本次监测的内容包括：地表沉降、分层沉降、孔隙水压力、土体水平位移、地下水位、土压力等。监测点主要根据场地工程地质条件进行布置：地表沉降观测和地下水位观测点均匀分布于整个场地和断面上，其他监测点主要分布于断面Ⅰ、Ⅱ、Ⅲ上，其中Ⅰ、Ⅱ断面位于古河道区域，Ⅲ断面位于正常区域，共设置 636 个地表沉降点、183 个分层沉降点，114 个孔隙水压力、4 个土体水平位移和 20 个地下潜水位观测。监测点平面布置见图 4-1。

在监测仪器埋设阶段，针对监测项目多，仪器埋设深度大（最深约 65m）、监测周期长（约 4 年）和监测数据要求精度高的特点，通过实践创新和试验研究，探索埋设仪器的新方法、新思路，实践中解决诸多技术难题。

孔隙水压力计埋设时为保证仪器的透水性、垂直度和精确定位，在地面“预制吊笼”，实践证明非常有效；在解决黏土球深孔（最深约 65m）投放中途软化问题时，进行了多条

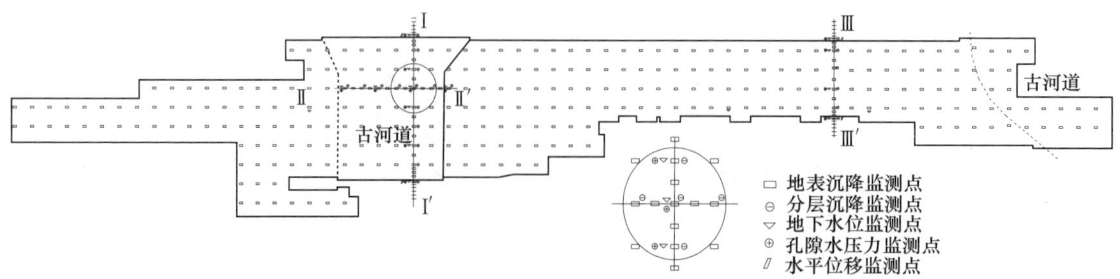

图 4-1　监测点的布置

件下黏土球软化时间试验，保证了埋设成活率和精确定位问题。

为解决分层沉降仪埋设深度大（最深约 65m）定位难的难题，通过现场和室内试验，采用磁环上下分别设置定位卡，分别解决限位和定位的难题，同时通过室内试验配置一定比例的水泥浆液，确保磁环和周围土体的有效链接，使磁环的沉降和土层沉降实现同步。

为解决监测仪器在吹砂施工中常被破坏的难题，探索了一整套监测仪器的设计、保护和量测的新方法，既保证了仪器的成活率和耐久性，又保证了量测数据的连续和可靠（图 4-2～图 4-5）。

图 4-2　分层沉降仪

图 4-3　地表沉降标

图 4-4　孔隙水压力计

图 4-5　水位管

4.2 监测数据采集

在监测数据采集阶段，设置沉降观测控制网并定期检验，通过自主创新实现部分监测数据自动采集。针对本工程数据量大，精度要求高的特点，采用计算机自编软件进行数据适时处理，并自动生成各种监测数据和曲线，提高了工作效率，在近 3 年的时间里始终保持监测数据的连续性、准确性和可靠性。

4.3 监测成果分析

（1）分层沉降、超孔压和地基土侧向变形的观测结果揭示在大面积堆载作用下古河道区的最大影响深度约为 40～45m，如此大的影响深度表明古河道区大面积堆载预压沉降计算的地基沉降压缩层的厚度要超出常规很多。而正常地层区的影响深度约为 30m，大面积堆载的影响深度仅到超固结土层（第⑥、⑦层）为止。因此在沉降计算时影响深度的合理确定至关重要（图 4-6～图 4-9）。

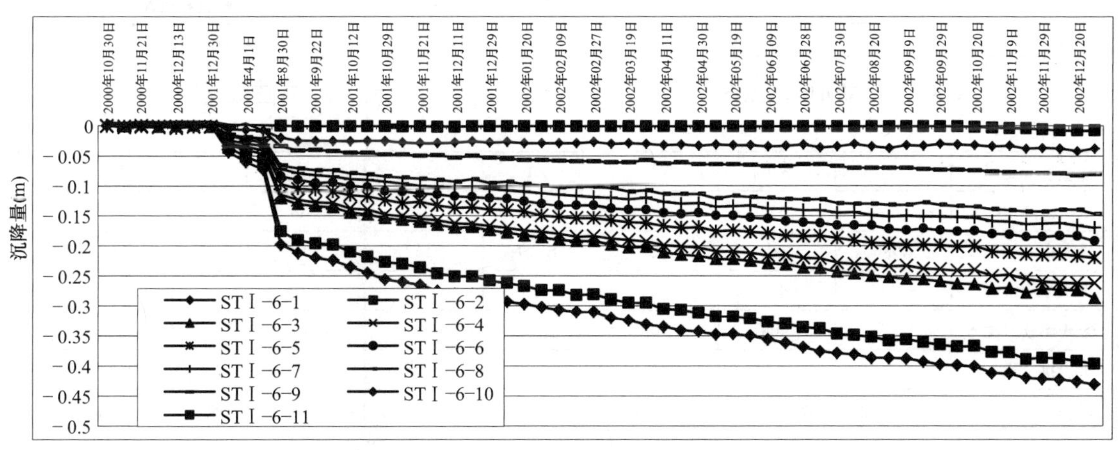

图 4-6　Ⅰ断面的分层沉降曲线

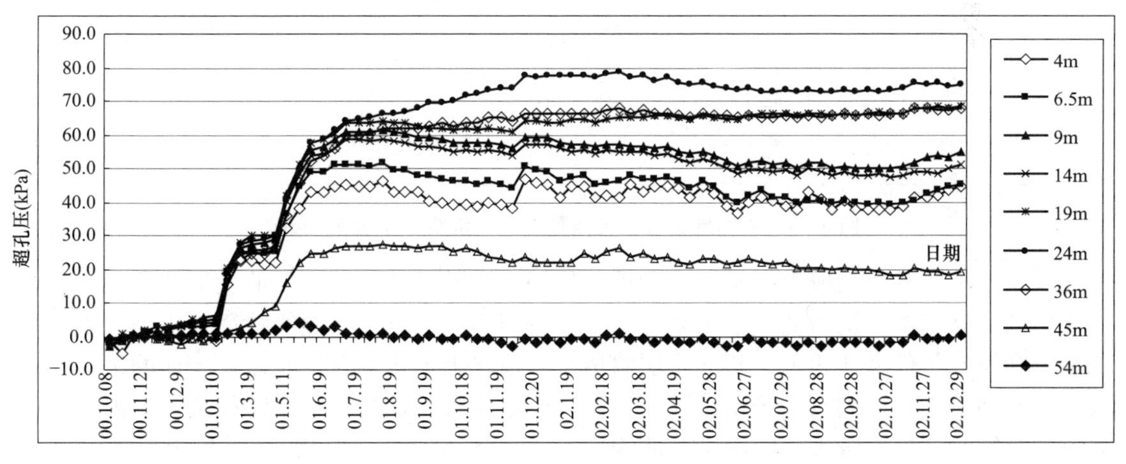

图 4-7　Ⅰ断面的孔压历时曲线

（2）地表沉降累计统计结果表明，古河道区域的总沉降量大于正常区域的沉降量，这与古河道的超载量大且压缩土层厚度大有关（图 4-10）。

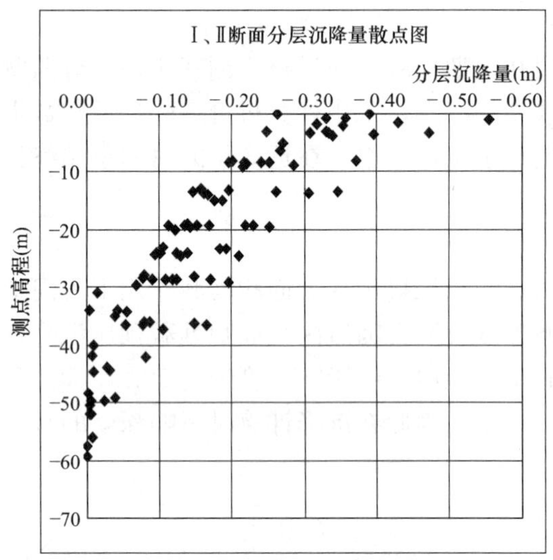

图 4-8　分层沉降散点图

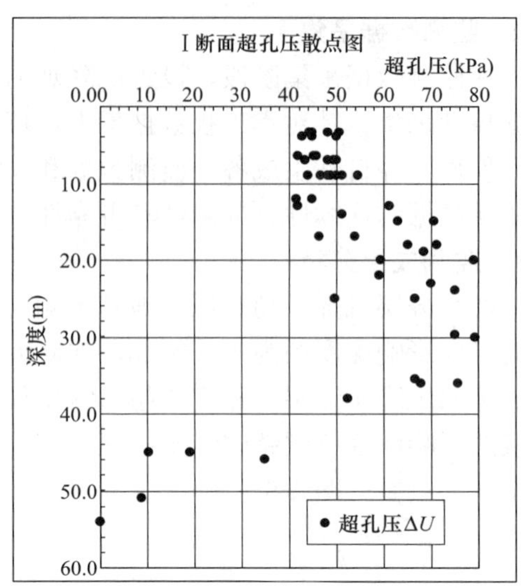

图 4-9　孔压散点图

堆载分区号	S1	S2	S3	S4	S5	S6	S7	S8
最大沉降点	−660	−632	−580	−673	−552	−688	−720	−541
最大沉降编号	S086	S097	S187	S219	S347	S417	S599	S635
上次平均沉降	−475	−401	−349	−405	−327	−329	−252	−308
本次平均沉降	−553	−464	−409	−486	−383	−388	−325	−373
阶段沉降量	−78	−63	−60	−81	−56	−59	−73	−65
说明	北端狭长区一	北端狭长区二	滩 涂 区	古河道区	滩 涂 区	原鱼塘区	原菜地区	南端狭长区

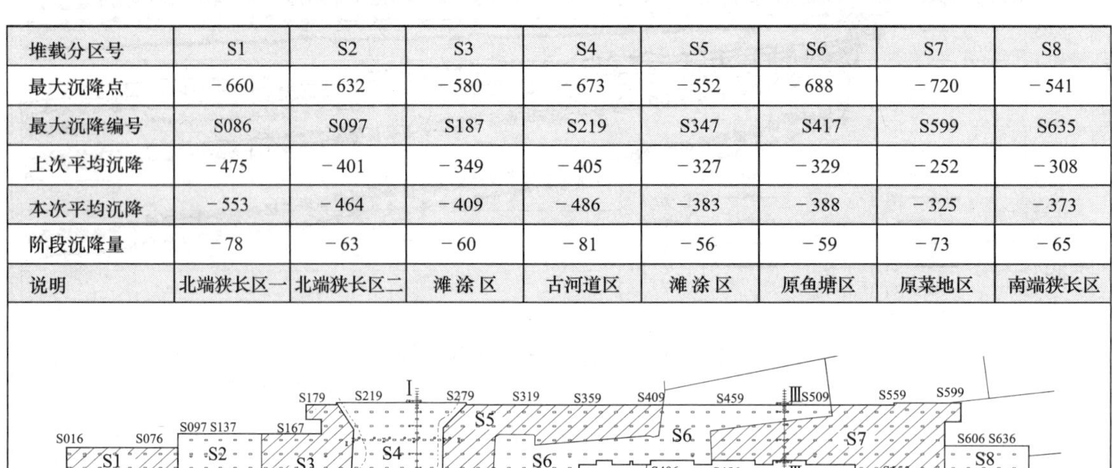

图 4-10　不同地质分区沉降量汇总（沉降量单位为 mm）

（3）地表沉降监测成果揭示大面积堆载作用下地基呈“马鞍形”的变形特征，这和土力学中的柔性基础、均布荷载下的地基的变形特征不相吻合。从曲线特征分析，软土地基的变形和排水条件密切相关，相同土层渗透系数情况下，排水路径越短，土体的沉降量越大。Ⅰ断面上边缘监测点的排水路径短，位于中心位置的监测点排水路径最长，因此各监测点的沉降量呈现边缘大，中间小，曲线形状呈“马鞍形”的形状。“马鞍形”的地基土变形特征是本工程大面积堆载作用下场地排水路径长、基础柔性、土体排水条件不畅情况下的特有特征。假定堆载时间足够长，或土体的排水条件足够通畅的条件下，地基土的变形有一个由“马鞍形”到“抛物线形”的变化过程。

（4）地表沉降量与时间的关系曲线呈“缓变形”变化，无明显的加载初期陡降段和固结趋于稳定的水平段。从曲线特性特征分析，加载初期由于吹砂施工是采用慢速堆载，且伴随大量水进入砂体，实际堆积的荷载较小，土体变形不明显。但相比较而言，在吹砂刚完成的一段时间内（2001 年 2～12 月）地表沉降相对较陡，沉降速率约为 0.7～1.0mm/d。而 2001 年 12 月以后的预压维持期内地表沉降曲线较为平缓，沉降速率逐渐减小，（2002 年 1～12 月沉降速率约为 0.4～0.5mm/d，至 2003 年 4 月沉降速率约为 0.3～0.4mm/d）。“缓变形”地表沉降曲线和慢速加载、地基土属排水不畅的饱和黏性土的特征相吻合。

（5）如图 4-11 分层沉降监测成果反映，土层组成、土层性质与沉降的分配关系上有如下特征：

① 浅部层组（深度 0～10m）的压缩量较大，约占整个压缩量的 50%，中部层组正常区域的压缩量相对较小，约占整个压缩量的 45%，深部层组的压缩量很小。随时间增长，浅部层组的压缩量减小并变缓，中部层组随时间增长孔隙水压力的消散，其压缩量逐渐增加，但由于中部层组的排水条件差，故其排水固结速度极其缓慢。

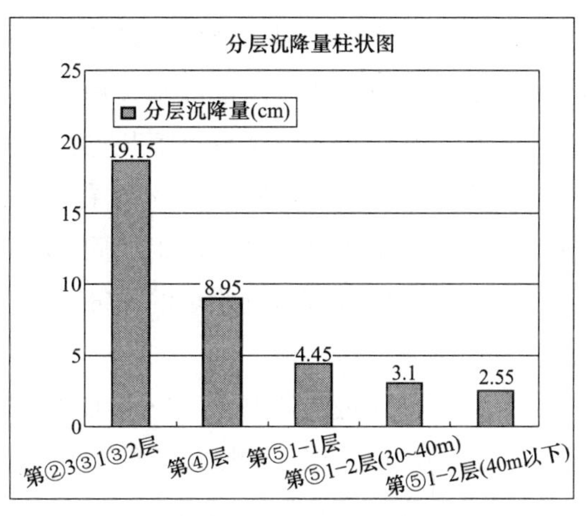

图 4-11　分层沉降量柱状图

② 堆载预压地基的压缩变形量以第④层及以上土层的压缩变形为主，约占总沉降量的 70%～75%。

（6）土体侧向位移成果反映，土体深部水平位移主要发生在土性较差的第④、⑤层饱和软黏性土，最大水平位移点发生在土体最软弱的第④层淤泥质黏性土中，且位于排水好的一侧。在古河道区域土体深部最大水平位移量较大，约为 10.9～13.8cm，在正常区域土体深部最大水平位移量较小，约 3.9～4.0cm（图 4-12）。

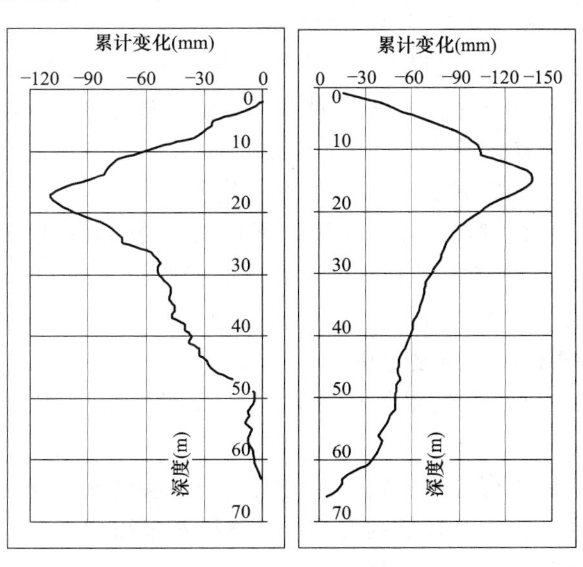

图 4-12　Ⅰ断面的侧向位移曲线（古河道）

5. 地基处理检测内容及成果分析

5.1 地基处理考虑的主要问题

根据监测成果，堆载预压施工至 2002 年 12 月历时 27 个月，在拟建场地已产生约 32～55cm 的沉降，按照结构荷载下地基土层的沉降量估算，已完成估算总沉降量的 40% 左右，在一定程度上消除地基土层浅部土层的沉降量，减小了深部土层沉降和工后沉降，同时减小了古河道区域和正常区域的差异沉降。

由于工程建设的需要，预定的堆载预压时间缩短，预计的堆载预压效果难以在短时间内完全达到，需进行进一步的地基处理。

进一步地基处理主要考虑以下几点：

（1）占整个地层总沉降量 70%左右的中部层组沉降量到目前仅完成 30%左右，需采取进一步的处理措施消除中部层组的固结沉降。

（2）需进一步改善新近吹填的松散的第①$_{0-2}$层细砂及持力层下的第②$_{2}$ 层软弱夹层的土性。

（3）需消除新近吹填的第①$_{0-2}$层细砂和第②$_{3}$ 层砂质粉土的液化。

（4）目前场地表层土的刚度不能满足飞行区的场道设计要求。

（5）进一步减小古河道区域和正常区域由于地基土分布与土性差异而产生的不均匀沉降。

5.2 地基处理试验区分布

2002 年 12 月在堆载预压场地的最北端设置 7 个地基处理试验区，通过不同设计参数的地基处理施工和检测，获得加固效果参数以指导大面积地基处理施工。按地基处理方法的不同试验方案分为 3 个强夯试验区、2 个冲击碾压试验区和 2 个“排水＋冲击碾压”试验区（图 5-1）。

5.3 浅层地基处理试验区检测内容及控制标准

为了对施工过程进行监控和加固效果进行分析，在试验区施工前采集了基础对比数据；在施工过程中设置了卸载土体回弹监测、孔隙水压力监测、地表沉降检测；在施工过程中和施工完成后进行多次的检测，检测内容包括标准贯入试验、静力触探试验、地基回弹模量、地基反应模量、CBR 测试和室内土工试验等。

试验区初步检测指标控制：地基反应模量 $K_0 \geqslant 40\text{MN/m}^3$；现场 CBR≥6；静力触探（碾压面以下 6m 范围内）比贯入阻力当量值不小于 2MPa；标准贯入（碾压面以下 6m 范围内）标贯击数当量值不小于 6 击。

5.4 地基处理加固效果检测成果及分析

根据现场试验施工和处理效果的检测，对各方案进行了综合比较，结果见表 5-1 所示。

对不同地基处理方法进行分析比较，认为大面积浅层地基处理，宜采用技术可靠、工艺简单、施工难度小和造价相对较低的方案，最终推荐采用“高真空排水＋强夯＋冲击碾压”地基处理方法，实际应用效果良好。

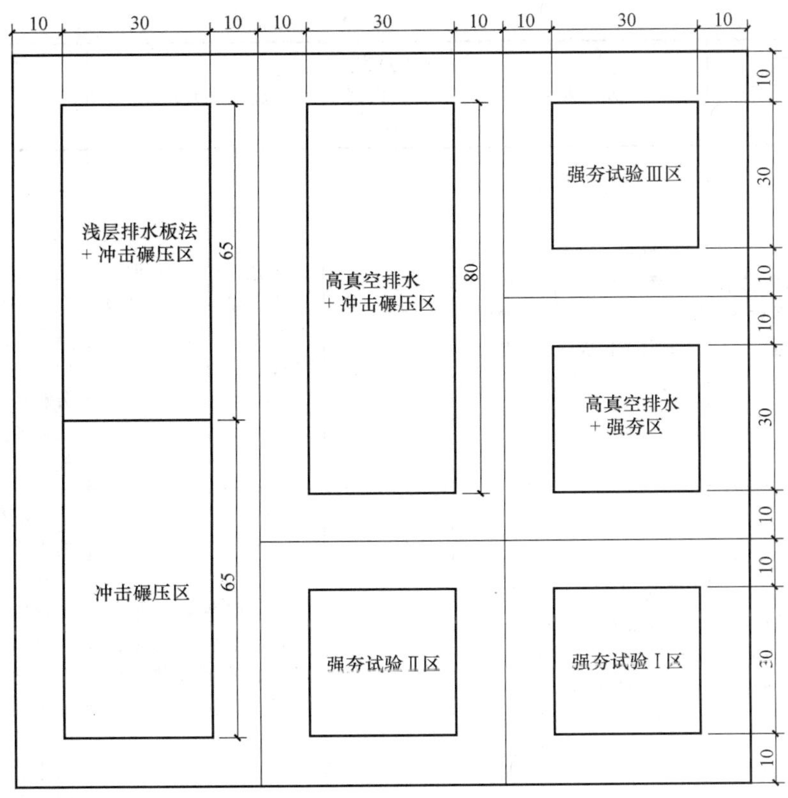

图 5-1 试验区分布图

地基处理方法的技术与适应性特点比较 表 5-1

地基处理方案	工艺特点	处理效果	施工过程中的总沉降(cm)	施工难易程度	综合评述
强夯Ⅰ	强夯→垫层→碾压	标贯 N=12.2击 静探 p_s=3.60MPa 反应模量 K=38.82MN/m^3 现场CBR=6.71MPa 有效影响深度:6m	30.2	在土层较软时,机械行走困难,需要较厚的垫层,夯击时在较少击数情况下即易达到较深的夯坑深度,工艺简单	地基反应模量较低,在软弱土层较厚时施工比较困难
强夯Ⅱ	垫层(80cm)→强夯→碾压	标贯 N=11.2击 静探 p_s=4.24MPa 反应模量 K=46.50MN/m^3 现场CBR=8.19MPa 有效影响深度:6m	35.7	需分两次铺设垫层。工艺比较简单	需要铺设的垫层材料,适应于一般软弱条件下的地基处理,但对含淤泥较多的情况,可能存在施工困难和效果不佳的风险
强夯Ⅲ	垫层(1.3m)→强夯→碾压	标贯 N=9.7击 静探 p_s=5.58MPa 反应模量 K=45.50MN/m^3 现场CBR=7.35MPa 有效影响深度:6m	45.1	需分两次铺设垫层。工艺比较简单	需要铺设的垫层材料,适应于含淤泥较多的情况,处理深度较大、强度大,尤其是表层处理厚度较大。但造价较高、表面处理较差

续表

地基处理方案	工艺特点	处理效果	施工过程中的总沉降（cm）	施工难易程度	综合评述
“高真空排水＋强夯”	高真空排水→强夯→碾压	标贯 N＝13.1 击 静探 p_s＝3.85MPa 反应模量 K＝61.32MN/m^3 现场 CBR＝8.83MPa 有效影响深度：6～7m	55.7	工艺程序较多，但经高真空排水后，重型设备可在不铺设垫层的情况下作业	适应能力强，加固后的土质比较均匀，对于较软弱区域地基土强度变化比较明显；施工中消除的沉降量较多，处理深度较大，强度较高；所需垫层材料少；可充分利用现有土方，减少土方外运。但造价相对较高
“浅层塑料排水板＋冲击碾压”	插塑料排水板→冲击碾压→碾压	标贯 N＝13.1 击 静探 p_s＝4.99MPa 反应模量 K＝56.93MN/m^3 现场 CBR＝8.68MPa 有效影响深度：3m	17.8	工艺程序较多，但经塑料板排水后，重型设备可在不铺设垫层的情况下作业	适应能力强，加固后的土质比较均匀，对于较软弱区域地基土强度变化比较明显；所需垫层材料少，表层处理后垫层材料的级配状况较好，强度较高且均匀，造价相对较低。但施工中消除的沉降量较少，处理深度相对较浅
“高真空排水＋冲击碾压”	高真空排水→冲击碾压→碾压	标贯 N＝12.1 击 静探 p_s＝3.81MPa 反应模量 K＝45.90MN/m^3 现场 CBR＝8.38MPa 有效影响深度：3m	25.6	工艺程序较多，但经高真空排水后，重型设备可在不铺设垫层的情况下作业	适应能力强，加固后的土质比较均匀，对于较软弱区域地基土强度变化比较明显；所需垫层材料少，表层处理后垫层材料的级配状况较好，强度较高且均匀，造价较低。但处理深度较浅
冲击碾压	盲沟→冲击碾压→碾压	标贯 N＝8.4 击 静探 p_s＝3.90MPa 反应模量 K＝47.80MN/m^3 现场 CBR＝8.53MPa 有效影响深度：3m	23.6	需要在最佳含水量的情况下作业	单独使用时，适应能力较差，无法满足高含水率条件下的施工

注：影响深度以施工期间的孔隙水压力检测数据为依据。

6. 技术难点与创新

（1）针对场地地层分布特点及拟建跑道地基处理的要求，进行竖向地层“层组”和平面“地质分区”的合理划分；并对场地古河道的不良地质现象，采用软件技术进行三维拟合，实现地质体的三维直观表现，便于复杂岩土工程问题的宏观分析与解决，得到专家、设计和施工的一致认可。

（2）根据堆载前后、强夯前后不同阶段的特殊要求，对土性参数采集采用“一点多方法”，即在同一点采用多种原位测试方法对土性进行综合判断；“一点多阶段”，即对同一点在不同时间进行测试对比分析，实现对土性参数变化的“立体跟踪”，为科学合理确定地基处理方法提供了重要的基础资料。

(3) 充分考虑大面积堆载特点与软土地基沉降的规律，对土层的 $e \sim p$ 曲线拟合并建立回归方程，采用规范方法及课题研究推荐方法预估不同地质分区的总沉降量、沉降与时间的关系等，并根据类似工程经验建议沉降经验系数，后期的监测数据和估算结果基本一致。充分展现了公式计算、经验判断、实测验证的科学工作方法。

(4) 本工程监测仪器埋设具有埋设深度大、精度要求高、保护难度大等难题，通过科学试验、创新实践等方法使埋设仪器的定位准确、成活率高、数据连续可靠，为工程设计和专家评审等提供了宝贵资料。

(5) 工程监测成果和岩土工程的分析评价相结合，突破传统监测只是数据和曲线的成果模式。通过探索，对大面积堆载特有边界条件下反映特有的岩土工程问题如“马鞍形”沉降曲线、超孔压消散规律、沉降规律等进行了科学、合理的分析，丰富了岩土工程的内容，同时为规范的修订提供了丰富的成果资料。

(6) 通过编制软件对大量的监测数据进行自动采集、自动处理，绘制监测图形、曲线，大大提高工程监测的工作效率。

7. 获奖单位简介

上海岩土工程勘察设计研究院有限公司（简称上勘院），创建于 1958 年，原名上海勘察院，2003 年底实现整体改制后更名。上勘院是一家国内知名的综合性岩土工程咨询公司，拥有雄厚的技术力量、一流的专家队伍、精良的仪器设备和丰富的工程经验。通过联系紧密的知识网络和资质平台为客户提供高质量的专业技术服务，在业界具有很高知名度。

公司提供的服务涉及岩土工程设计、工程咨询、工程勘察、工程测量、工程监测、工程检测、工程物探、建筑设计、市政设计、工程监理、房屋质量检测、地震安全性评价、地质灾害评估等，并覆盖建设工程管理咨询、工程项目管理和运行管理等领域。公司通过国家计量认证和质量、环境、职业健康管理体系认证。

公司现有职工 500 多名，专业技术人员比例超过 90%，公司拥有国家勘察大师 4 名，教授级高级工程师 16 名，高级工程师近百名，各类注册工程师 70 多名。

公司设有设计咨询公司、岩土技术公司、工程测绘公司、工程检测公司、工程监测公司、房屋检测公司、大师工作室、研究中心、信息中心等生产、研究部门，在外地设有天津、浙江、苏州、重庆等分公司，并投资设立了上海城凯建筑设计有限公司、上海三凯建设管理咨询有限公司、上海长凯岩土工程有限公司、上海顺凯信息技术有限公司、上海泉凯投资管理有限公司以及上海舰凯钻探有限公司。

经过 50 余年的辛勤磨砺，公司共计完成各类工程勘察、设计项目 13000 余项，其中 160 多项工程获得国家、建设部以及上海市嘉奖，其中获国家级金、银、铜奖 18 项；负责主编、参编了 30 余部技术规范、规程，先后荣获“全国五一劳动奖状”、“全国住房城乡建设系统先进集体”、“上海市文明单位”、“上海市质量标兵企业”、“上海市重大工程立功竞赛优秀公司”、“上海市创新型企业”、“上海市优秀高新企业”等荣誉。

为适应科学发展观和创建和谐社会的国家战略目标，公司提出了以“规避风险、节约资源、共创和谐”为核心的“绿色岩土”创意理念，努力实践“为基本建设和城市管理提供优质技术保证，为人类社会和利益相关方共同节约资源，为工程建设和投资人安全规避风险，为企业员工成就事业创造幸福生活”的社会承诺，为上海及全国的城市建设和运行管理做出积极的贡献。

上海长凯岩土工程有限公司是其下属子公司，获上海市高新技术企业认证，具有地基与基础工程专业承包壹级资质。公司主要从事公路、桥梁、港口、机场、高层建筑等基础±0.000以下的地基基础处理和工程降水，在深基坑围护、设计、施工、深基坑降水，水文地质、地基处理技术、岩土工程咨询等方面积累了丰富的经验，尤其在深基坑降水方面形成了一整套完备的技术标准体系和ISO 9001—2000质量管理体系，在地下水控制、深基坑降水方面在业界具有良好的声誉，多项成果获上海市科学技术进步奖。

【项目特色提要】 本项目工程勘察针对拟建场地的岩土工程条件、地下水分布特征和拟建工程对象的特性，选择不同的勘察方法、测试手段和试验方法，有效地查明了场区地层和古河道的分布状况，为堆载预压设计和效果评价提供了可靠的岩土设计参数和土性初始对比数据。并结合工程开展科学研究，通过对堆载预压加固效果分析、地基沉降计算分析及预测和对检测、监测成果的分析，有效地解决了潜在的岩土工程问题和难题。

该工程的实施过程和检测、监测成果验证了勘察成果的正确性和岩土工程分析评价的准确性、可靠性、安全性和经济合理性。本项目对提高我国岩土工程勘察技术水平和勘察质量具有很好的启迪和示范作用。

国家体育场工程勘察

北京市勘察设计研究院有限公司　朱辉云　周宏磊　唐建华　李根义

【项目摘要】

国家体育场结构体系极为复杂，建筑荷载分布差异悬殊，工程建设场区工程地质与水文地质条件复杂。该项目采用综合勘探、测试、试验方法，准确查明场地地层空间分布条件、提供全面的岩土设计参数，采用先进的地下水监测技术，在北京地区首次查明约 60m 深度范围内的地下水分层动态监测，创新性的建立“区域—场地—地基”及“地基勘察—岩土分析—基础变形分析预测—设计方案优化—施工检验土层—监控量测跟踪”的系统、科学的综合技术体系及分析路线，围绕“基础方案与变形控制”核心，采用“三维＋二维”地层空间模型技术、“桩基＋承台＋筏形基础＋扩展基础＋桩周土＋地基土”共同作用条件下的变形分析技术，成功解决极高竖向及水平荷载、悬殊荷载平面分布、不同类型基础型式、不均匀地基土条件下整体地基基础沉降预测和基础方案优化决策的挑战性地基基础工程课题。国家体育场 2003 年 12 月 24 日开工建设，2008 年 6 月 28 日落成。《国家体育场岩土工程勘察、水文地质勘察及基础设计分析咨询》获 2010 年全国优秀工程勘察奖金奖。

1. 工程概况

1.1　工程简介

国家体育场的形态如同孕育生命的“鸟巢”（图 1-1），寄托着人类对未来的希望。作为 2008 年第 29 届奥林匹克运动会的主体育场，中国人在“鸟巢”实现了伟大的奥运梦，

图 1-1　国家体育场效果图

用振奋人心的方式完美地解答了百年前的奥运“三问”。现已成为北京市民广泛参与体育活动及享受体育娱乐的大型专业场所，并成为具有地标性的体育建筑和奥运遗产。

国家体育场位于北京奥林匹克公园中心区南部（图 1-2），工程总占地面积 21 公顷，建筑面积 258000m^2。场内观众座席约为 91000 个，其中临时座席约 11000 个。

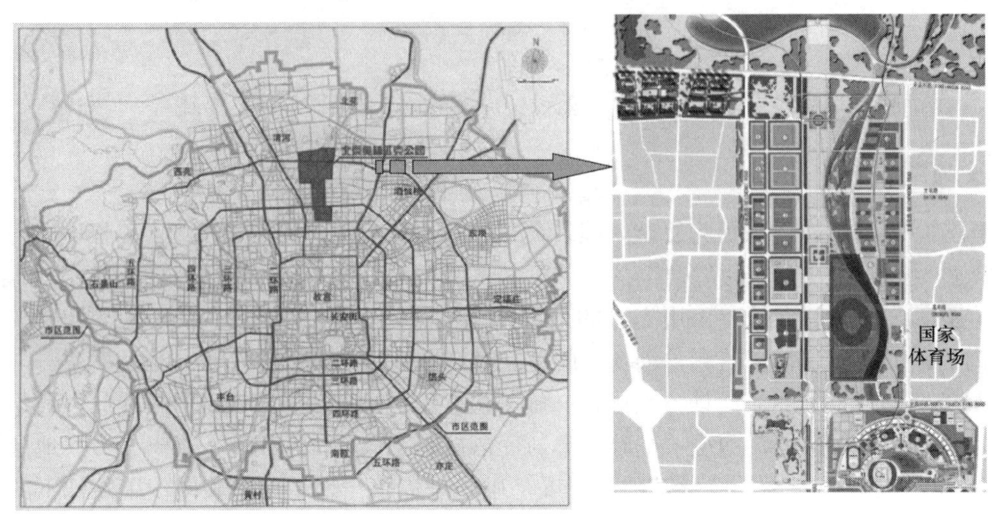

图 1-2 国家体育场地理位置示意图

国家体育场南北向总长度 417m，东西向总宽度 339m，建筑总高度约 67m。国家体育场整体呈三维碗状几何结构，主体结构由带有可开合屋盖的巨型钢桁架结构体系、外壁“鸟巢”型次结构体系、内部看台的钢筋混凝土框架—剪力墙结构体系组成。主体结构及其外围平台均设有地下 2 层框架结构的停车场和商业用房，基底埋深约在室外地面下 8.5m 左右。其屋盖巨型钢桁架结构均由环形布置在看台外部的 24 根组合柱支撑，组合柱柱间距约 35m。每根组合柱承担的竖向荷载设计值达 40000～50000kN，承受水平荷载设计值达 20000kN；内部看台区共设 3 层梯级升高的座席层，看台内部地上 1～6 层。看台区由一系列辐射状布置的框架柱列支撑，柱底竖向荷载设计值约为 4000～20000kN；外围平台（裙房和纯地下室部分）单柱荷载一般为 10000kN，边柱跨度较小的部位为 4000kN，参见图 1-3。

国家体育场设计使用年限为 100 年，建筑结构安全等级为一级；工程地基基础设计等级为甲级；基础设计等级为一级；建筑抗震设防类别为一类；结构设计基准期为 50 年。结构对差异沉降敏感，结构的安全性十分重要。

1.2 工程特点及勘察工作重点

（1）国家体育场建筑体量宏大，结构体系复杂，荷载分布差异较大。结构十分复杂、差别显著的建筑上部荷载对“鸟巢”地基沉降控制提出了极高的要求，地基方案的选择和具体设计成为技术关键问题之一。

（2）主体结构外围平台纯地下部分及场地中部升降舞台部分竖向平均荷载较低，场区地下水历史水位较高且动态变化规律较复杂，因此对该部分须仔细研究和校核建筑基础抗浮稳定性及地下水压力作用下地下室外墙和基础底板的承载力问题。合理确定“鸟巢”的抗浮水位，将对基础结构使用期限内的安全性有着重要的影响。

（3）场区工程地质与水文地质条件复杂，并直接影响到基础设计和施工方案的确定，

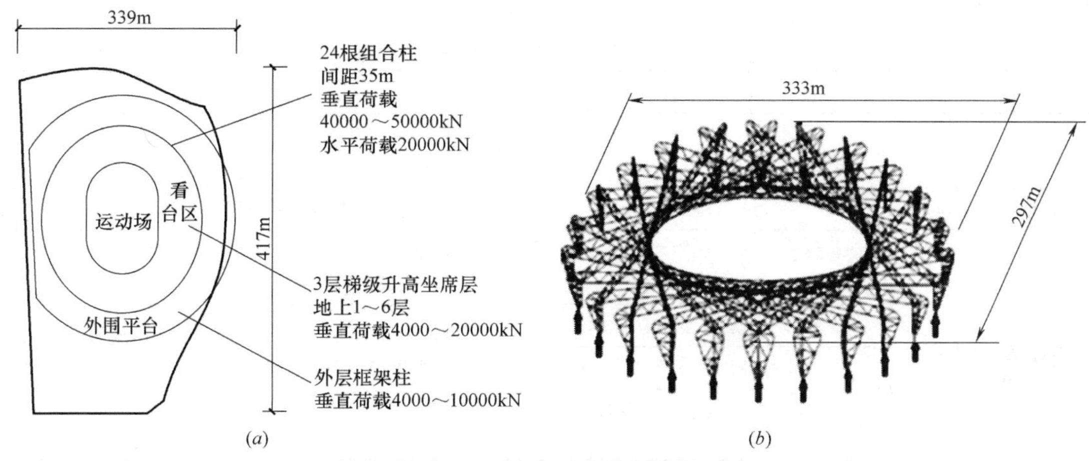

图 1-3 国家体育场设计条件示意图

（a）柱荷载分区图；（b）组合柱承担荷载示意图

需要采用综合勘探、测试、试验方法和分析评价手段，准确查明地质条件的空间变化规律和岩土工程性质，尤其是场区深部地层和高承压水对超长灌注桩基础设计、施工产生直接影响，应准确查明地层分布特征，科学评价和提出对设计和施工的关键技术建议。

（4）勘察期间，现场未进行拆迁和平整，勘察工期仅一个多月，施工组织难度大，但对质量和技术创新要求高。

1.3 勘察方法与工作量

该项目于 2003 年 8 月 31 日进驻拟建场地开始进行现场钻探工作，同步开展现场原位测试、水文地质试验及室内土工试验工作，于 2003 年 9 月 26 日提交国家体育场的岩土工程勘察报告。

1.3.1 地质钻探

钻探工作量一览表 **表 1-1**

设计平面区域	钻孔类型	数量(个)	孔深(m)	主要目的
建筑基础平面范围	取土/标贯钻孔（共 55 个）	5	70.00～72.00	查明基础影响深度范围内地层的分布规律，采取原状土样/水试样，进行原位测试
		13	60.00～67.10	
		13	50.00～57.80	
		24	39.50～45.00	
	标贯/动探/取扰动样钻孔(共 23 个)	2	50.00	查明基础影响深度范围内地层的分布规律，采取扰动土样/水试样，进行原位测试
		21	38.50～45.00	
	一般性钻孔（共 70 个）	20	50.00～58.00	查明拟建场区地层岩性垂向变化规律，补充采取原状土样及扰动土样，补充进行原位测试
		18	40.80～45.00	
		32	30.00～36.00	
运动场区域	取扰动土样钻孔	20	4	查明运动场区域浅层土的分布规律及物理性质
	轻型动力触探钻孔	20	4	查明运动场区域内浅层土的均匀性和密实度
	一般性钻孔	3	30.00	查明运动场区域内地层岩性垂向变化规律
		60	4	
合计：248 个钻孔，总进尺：7145.90m				

1.3.2 原位测试

原位测试项目一览表 **表 1-2**

测试项目	数量统计	主要目的
标准贯入试验（SPT）	1066 次	确定砂层密度、承载力与变形参数；粉土、砂土液化判别
重型动力触探（DPT）	17.90m	判定碎石土的密实度和均匀性
轻型动力触探试验	99.60m	判定运动场部位浅部土层的均匀性和密实度；确定浅部土层的承载力
波速试验（WVT）（单孔法）	58 号孔测试深度 70.00m	测试各土层的剪切波速值（v_s）和压缩波速值（v_p）；提供场地与地基建筑抗震设计的基本依据；判定碎石土、砂层密实度
	71 号孔测试深度 63.00m	
	64 号、78 号、83 号孔测试深度 20.00m	
地脉动测试	56 号、63 号、70 号、82 号、142 号孔附近地面处各 1 个测点；孔内地面下深度 20m 处各 1 个测点	提供微振动场地卓越周期和场地脉动卓越频率

1.3.3 水文地质试验

原位测试项目一览表 **表 1-3**

钻孔类型	位置（孔号）	孔号	孔深（m）	管径（英寸）	地面标高（m）	孔口标高（m）	钻孔类型	针对地下水层位
抽水试验孔	场区东部	s1z	10	4	45.22	45.36	主孔	台地潜水
		s1g1	10	2.5	45.19	45.36	观测孔	
		s1g2	10	2.5	45.19	45.35		
		s1g3	10	2.5	45.20	45.33		
	场区中部	S2z	10	4	45.87	46.02	主孔	台地潜水
		s2g1	9.8	2.5	45.92	46.13	观测孔	
		s2g2	9.9	2.5	45.92	46.08		
		s2g3	9.9	2.5	45.93	46.17		
注（提）水试验孔	场区东北部	118w	16	2.0	46.38	46.64	观测孔	层间水
	场区西北部	144w	15.2	2.0	44.95	45.29		
	场区西南部	133w	15	2.0	45.62	45.84		
	场区中部	3w	15.4	2.0	45.82	46.05		

1.3.4 土工试验

土工试验项目一览表 **表 1-4**

试验项目		数量统计	用途、说明及主要指标
常规物理试验		1256 组	获取土的物理性质指标（w、G_s、ρ、S_r、e、w_p、I_p、I_L、W_u等）
常规固结试验		1026 个	获取土的力学性质指标（E_s）
直接剪切试验	方法：天然快剪	42 组	获取基坑边坡稳定验算与支护结构设计参数（c、ϕ）
	方法：固结快剪	220 组	
砂土直剪试验/天然休止角试验		42 试样/30 试样	获取基坑边坡稳定验算与支护结构设计参数（c、ϕ）

续表

试验项目	数量统计	用途、说明及主要指标
三轴压缩试验(方法:CIU/UU)	50组/15组	获取基底附近土层极限承载力分析参数; 获取基坑边坡稳定验算与支护结构设计参数(c、ϕ); 提供我院差异沉降分析模型的参数(c_{cu}、ϕ_{cu}、c'、ϕ'、c_u、ϕ_u)
回弹再压缩试验	41个	估算基础开挖卸荷回弹再压缩量(E_{sr}、E_{rs}等)
高压固结试验	34个	p_c(先期固结压力)、C_c(压缩指数)、C_v(回弹指数)、OCR、$e\text{-}logp$ 曲线等
无侧限抗压强度试验	49个	获取无侧限条件下的抵抗垂直压力的极限强度(q_u)
室内渗透试验	49个	提供细粒土的渗透性试验参数
静止侧压力系数试验	27个	提供土的静止侧压力系数(K_0)
颗粒分析试验	377个	测定粘粒含量,为地基土液化判定提供依据; 提供砂土、卵石土颗粒级配曲线、不均匀系数及定名
土的易溶盐试验	8个	获取土腐蚀性评价的试验指标(pH、Cl^-、SO_4^{2-}、HCO_3^-、CO_3^{2-}、Ca^{2+}、Mg^{2+}等)
地下水的腐蚀性试验	13个	获取判别地下水水质腐蚀性的评价的试验指标(Mg^{2+}、NH_4^+、Cl^-、SO_4^{2-}、HCO_3^-、OH^-、侵蚀性 CO_2、pH、总矿化度等)
地下水/土的毒性试验	8个/8个	氟化物、氰化物、砷、硒、汞、镉、铬(六价)、铅、银、硝酸盐(以氮计)、氯仿、碳、四氯化碳、苯并芘
土壤氡浓度测试	381点	测定建筑场地土壤中的氡浓度

2. 场地岩土工程条件

2.1 区域地质条件

北京地区西、北及东北方向三面环山，山区之东、南及东南面为广阔的平原区（北京平原）。北京地区的主体构造是早第三纪前的断裂及断裂控制的断块构造，并控制形成了北京平原区第三纪末期的古地形。在此基础上，自第四纪以来由于受新构造运动的影响，山区不断抬升，平原强烈下降且接受了巨厚的第四纪河流沉积物。在北京平原区的不同地区，由于受断裂活动的影响和地理环境限制，第四纪沉积物的厚度有明显的差异。在北京市区，第四纪沉积地层厚度由西向东逐渐增大，岩相分布自西部山麓向东部平原有明显过渡特征，即市区西部的第四纪古河流形成的冲洪积扇顶部地层以厚层砂土和卵、砾石地层为主；向东过渡至冲洪积扇的中部和中下部，第四纪地层为黏性土、粉土与砂土、卵砾石土互层。

国家体育场拟建场区在地貌单元上位于永定河冲洪积扇中部，第四纪地层厚度（相当于第三纪基岩埋深）约在 160～200m 左右。地面以下至基岩顶板之间的沉积土层以黏性土、粉土与砂土、碎石土交互沉积层为主。

2.2 地形地貌

国家体育场拟建场区在地貌单元上位于永定河冲洪积扇中部，地形基本平坦，勘探期间的钻孔孔口处地面标高为 44.33～46.59m（局部分布人造假山，地面标高为 51.28m）。根据现场地形地物，将拟建场地分为 A 区、B 区、C 区 3 个区域，详见图 2-1。A 区位于拟建场区北部，地面上的建筑物已经拆除，大部分区域长有荒草，部分区域堆有建筑垃圾及生活垃圾；B区位于拟建场区中南部，为废弃北辰办公住宅区，勘察初期，地面上的建筑物尚未拆除，在勘察期间为配合现场钻探，在勘察进程中，勘探点处的建筑陆续被拆除；C区位于拟建场区南部，为北辰别墅区，现场勘察期间，原有建筑均未拆除。

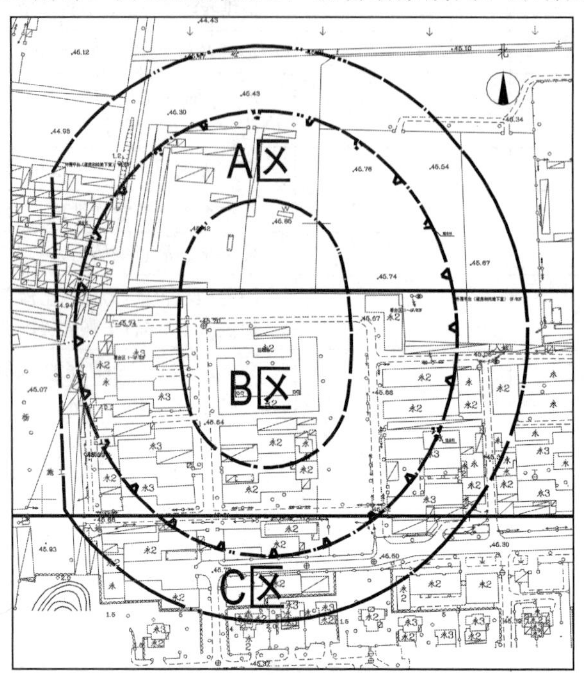

图 2-1　场区地形地物分区图

2.3　地层岩性及分布特征

根据现场勘探、原位测试及室内土工试验成果，按地层沉积年代、成因类型，将场地内最大勘探深度72m范围的土层划分为人工堆积层和第四纪沉积层两大类，并按地层岩性及其物理力学数据指标，进一步划分为11个大层及亚层。现按照自上而下的顺序对各土层的基本特征综述如表2-1。表中各土层分布情况参见图2-2（“国家体育场典型地层剖面图”）及图2-3（“国家体育场地层立体空间分布示意图”）。

地层岩性特征一览表　　表 2-1

成因年代	大层编号	地层序号	岩性	颜色	湿度	稠度	压缩性
人工堆积层	1	①$_1$	粉质黏土填土、黏质粉土填土	黄褐	湿	可塑～硬塑	—
		①	房渣土	杂	湿～稍湿	—	—
第四纪沉积层	2	②	黏质粉土、粉质黏土	褐黄	湿～饱和	硬塑～可塑	中～中高压缩性
		②$_1$	砂质粉土	褐黄～褐黄(暗)	饱和～湿	—	低～中低压缩性
		②$_2$	黏土、重粉质黏土	褐黄(局部灰)	湿～饱和	可塑～硬塑	中高～高压缩性
	3	③	粉质黏土、重粉质黏土	灰	湿～饱和	可塑	中～中高压缩性
		③$_1$	黏质粉土、砂质粉土	灰～黄灰	饱和～湿	—	低～中低压缩性
		③$_2$	粉砂、砂质粉土	灰	饱和～湿	—	低压缩性

续表

成因年代	大层编号	地层序号	岩性	颜色	湿度	稠度	压缩性
第四纪沉积层	4	④	细砂、粉砂	灰	饱和	—	低压缩性
		④1	粉质黏土、重粉质黏土	灰	饱和	可塑—硬塑	中低—中压缩性
		④2	砂质粉土、黏质粉土	灰	饱和		低—中低压缩性
		④3	圆砾	杂	饱和	—	低压缩性
	5	⑤	粉质黏土、黏质粉土	褐黄	湿—饱和	可塑—硬塑	中低压缩性
		⑤1	黏土、重粉质黏土	褐黄	湿—饱和	可塑—硬塑	中—中低压缩性
		⑤2	砂质粉土	褐黄	饱和	—	低压缩性
		⑤3	细砂、粉砂	褐黄	饱和	—	低压缩性
	6	⑥	粉质黏土、黏质粉土	褐黄—灰黄	湿—饱和	可塑—硬塑	低—中低压缩性
		⑥1	黏土、重粉质黏土	褐黄—灰黄	湿—饱和	可塑—硬塑	中低压缩性
		⑥2	砂质粉土	褐黄	饱和	—	低压缩性
		⑥3	细砂、粉砂	褐黄	饱和	—	低压缩性
	7	⑦	细砂、中砂	褐黄	饱和—湿	—	低压缩性
		⑦1	圆砾	杂	饱和	—	低压缩性
		⑦2	黏质粉土、砂质粉土	褐黄	饱和	—	低压缩性
		⑦3	粉质黏土、重粉质黏土	褐黄	湿—饱和	可塑—硬塑	低—中低压缩性
	8	⑧	粉质黏土、黏质粉土	褐黄	饱和	可塑—硬塑	低—中低压缩性
		⑧1	黏土、重粉质黏土	褐黄	湿—饱和	可塑	中低压缩性
		⑧2	黏土、重粉质黏土	灰—黄灰	湿—饱和	可塑—硬塑	中低压缩性
		⑧3	粉质黏土、黏质粉土	灰—黄灰	饱和—湿	硬塑—可塑	低压缩性
	9	⑨	卵石、圆砾	杂	饱和	—	低压缩性
		⑨1	细砂、中砂	褐黄	饱和	—	低压缩性
		⑨2	粉质黏土、黏质粉土	褐黄	饱和	可塑	低—中低压缩性
		⑨3	黏土、重粉质黏土	褐黄	饱和—湿	可塑	中压缩性
	10	⑩	粉质黏土、重粉质黏土	褐黄	饱和—湿	可塑—硬塑	低压缩性
		⑩1	黏土、重粉质黏土	褐黄	饱和—湿	可塑—硬塑	低压缩性
		⑩2	黏质粉土、砂质粉土	褐黄	饱和	—	低压缩性
	11	⑪	卵石	杂	饱和	—	低压缩性
		⑪1	细砂、中砂	褐黄	饱和	—	低压缩性
		⑪2	粉质黏土、黏质粉土	褐黄	饱和	可塑	低压缩性
		⑪3	黏土、重粉质黏土	褐黄	饱和	可塑	低压缩性

场区内分布的第 9、第 11 大层卵砾石和砂层厚度大、分布稳定，但在第 9、第 11 大层之间分布的第 10 大层黏性土、粉土层的厚度、空间分布很不均匀，在场区部分地段缺失，其压缩性相对较高。因此相对软弱且分布不均匀的第 10 大层黏性土、粉土层将对桩基沉降性状和桩端标高的选择产生重要影响。

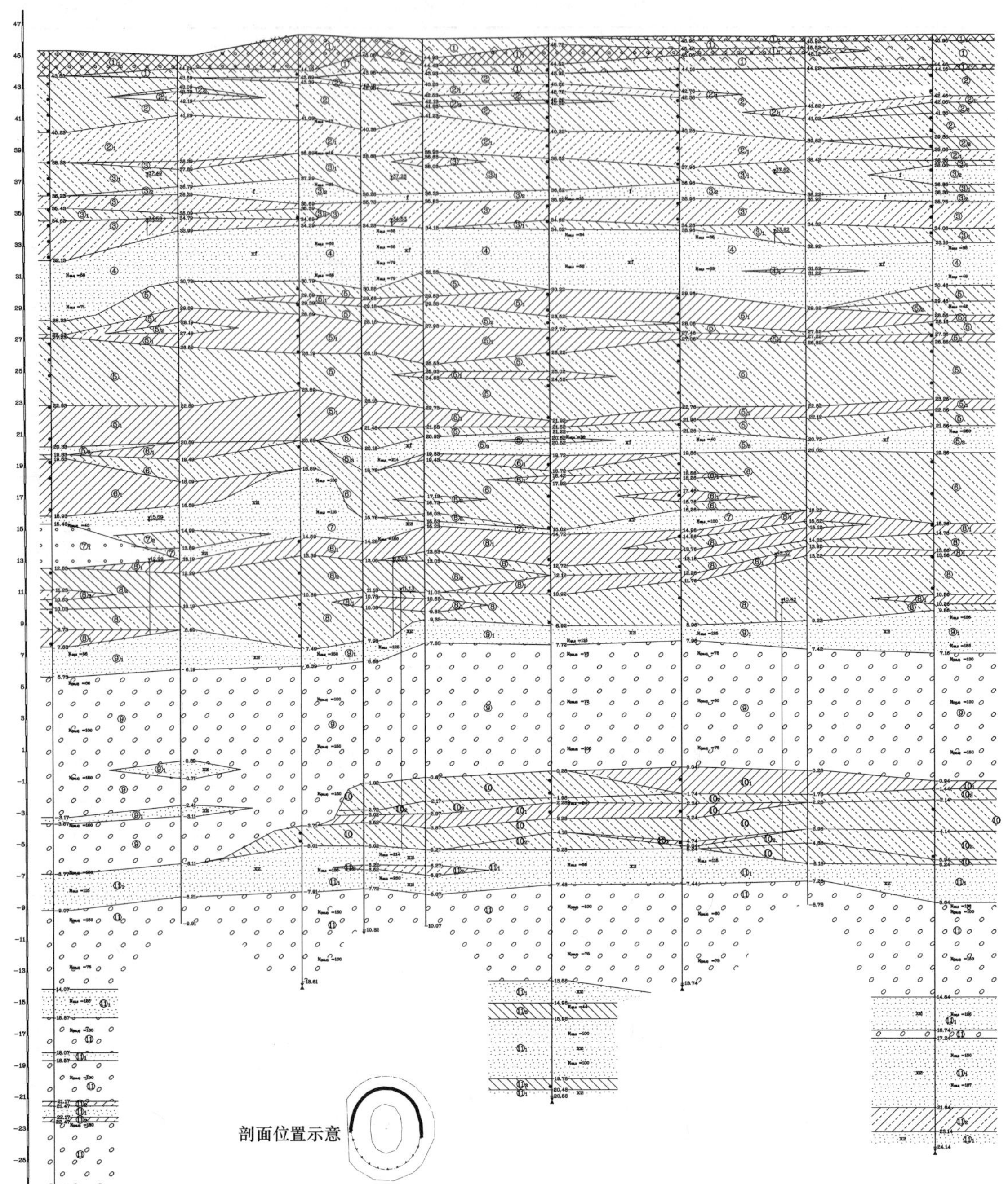

图 2-2 国家体育场典型地层剖面图

2.4 地层物理力学性质

勘探深度范围内各土层的主要物理力学性质综合统计表详见表 2-2。

2.5 水文地质条件

在现场勘察过程中，实测到 5 层稳定的地下水位，地下水类型、埋深、稳定水位标高等详见表 2-3。

地层土物理力学性质指标表 表 2-2

地层岩性及编号	含水量 w(%)	天然密度 ρ (g/cm³)	饱和度 S_r	孔隙比 e	塑限 w_p (%)	塑限指数 I_P	液限指数 I_L	压缩模量 E_S(MPa)					天然快剪		标准贯入 N	重型动探 $N_{63.5}$	剪切波速 v_s (m/s)
								P_z~P_z+100	P_z~P_z+200	P_z~P_z+300	P_z~P_z+400	P_z~P_z+600	黏聚力 c (kPa)	内摩擦角 φ (°)			
② 黏质粉土—粉质黏土	24.3~18.1	2.07~1.92	0.96~0.81	0.73~0.56	20.4~17.1	11.4~7.3	0.57~−0.04	11.0~5.4	13.6~6.4	14.5~7.2	16.3~7.8				13~7		187~169
	21.1	1.99	0.89	0.64	18.7	9.2	0.24	8.0	9.6	11.0	12.4		20	28.5	9		
②$_1$ 砂质粉土	22.6~16.9	2.09~1.93	0.96~0.78	0.66~0.52	23.0~17.9	6.7~3.8	0.34~−0.81	24.3~13.5	29.0~17.0	34.8~19.9	38.2~23.1		29~21	37.0~32.0	25~17		226~182
	19.5	2.02	0.88	0.58	20.5	5.3	−0.23	19.5	23.3	27.5	30.9		23	35.0	20		
②$_2$黏土—重粉质黏土	39.4~26.0	1.92~1.77	0.99~0.88	1.05~0.83	26.6~18.3	26.2~15.4	0.69~0.24	8.1~3.7	8.4~4.4	8.7~5.2	9.1~5.6		15	12.0	9~5		
	32.5	1.86	0.93	0.93	22.6	20.2	0.48	5.7	6.1	6.7	7.2		(经验值)		7		169
③粉质黏土—重粉质黏土	31.5~22.6	2.02~1.89	1.00~0.92	0.83~0.64	22.8~17.2	16.1~10.4	0.70~0.26	9.5~4.8	10.2~5.5	11.1~5.3	11.9~6.9		30	20.0	13~7		263~207
	26.2	1.96	0.95	0.73	19.8	12.7	0.47	6.9	7.8	3.7	9.4		(经验值)		10		
③$_1$黏质粉土—砂质粉土	24.5~19.6	2.07~1.96	0.98~0.90	0.70~0.56	22.7~18.5	9.3~5.6	0.53~−0.16	22.4~11.8	27.0~13.4	3C.4~15.9	33.1~17.4		29~12	38.0~31.0	28~14		235~204
	22.2	2.01	0.94	0.64	20.5	7.1	0.21	16.9	19.7	22.4	24.6		22	34.2	21		
③$_2$粉砂—砂质粉土	24.4~16.2	2.10~1.97	1.00~0.85	0.69~0.54	24.2~15.4	5.0~3.7	0.17~−0.76	33.8~17.7	40.8~21.3	45.8~25.1	50.9~27.1		29~22	37.5~34.5	39~21		268~233
	20.7	2.02	0.92	0.62	21.0	4.4	−0.16	26.3	30.2	34.6	37.9				31		
④细砂—粉砂								35.0~30.0					0	39.5~31.5	65~32		326~252
	(经验统计值)													35.9	50		
④$_1$ 粉质黏土—重粉质黏土	30.9~16.5	21.12~1.89	0.97~0.86	0.65~0.53	23.7~13.3	14.1~10.1	0.65~0.22	12.8~7.6	14.3~8.2	15.4~9.2	16.7~9.9		30	25.0	16~12		241
	21.2	2.03	0.92	0.59	16.9	12.1	0.35	10.6	11.5	12.4	13.2		(经验值)		13		

续表

地层岩性及编号	含水量 w(%)	天然密度 ρ (g/cm^3)	饱和度 S_r	孔隙比 e	塑限 w_P (%)	塑限指数 I_P	液限指数 I_L	压缩模量 E_S(MPa)					天然快剪		标准贯入 N	重型动探 $N_{63.5}$	剪切波速 v_s (m/s)
								P_z～P_z+100	P_z～P_z+200	P_z～P_z+300	P_z～P_z+400	P_z～P_z+600	黏聚力 c (kPa)	内摩擦角 φ (°)			
④$_2$砂质粉土—黏质粉土	21.2～16.7	2.10～2.02	0.95～0.91	0.61～0.49	20.2～15.3	8.0～5.4	0.59～0.19	40.4～14.5	44.3～16.4	47.2～18.2	50.3～19.8		15	30.0	28～21		214
	19.5	2.05	0.92	0.57	17.1	6.6	0.33	24.3	26.9	29.3	31.4		(经验值)		25		
④$_3$ 圆砾								65.0～60.0					0	38.0		60～25	
								(经验估算值)					(经验值)				
⑤ 粉质黏土—黏质粉土	24.2～18.8	2.08～1.96	0.97～0.88	0.69～0.55	20.2～15.7	12.3～7.8	0.55～0.12	18.5～9.5	20.1～10.3	21.2～11.2	22.5～11.8		24～23	33.0～26.0	24～13		307～255
	21.4	2.02	0.92	0.62	18.1	10.2	0.32	13.8	15.0	15.8	16.9				18		
⑤$_1$ 黏土—重粉质黏土	36.7～26.3	1.95～1.80	0.99～0.89	1.06～0.85	29.8～15.1	23.5～15.1	0.65～0.19	13.8～7.4	14.2～7.7	14.3～8.4	14.7～8.8		40	20.0	22～12		273～259
	31.9	1.87	0.94	0.95	19.4	19.4	0.41	10.3	10.8	11.0	11.5		(经验值)		16		
⑤$_2$ 砂质粉土	24.8～19.0	2.05～1.94	0.95～0.88	0.70～0.58	23.4～18.7	6.5～4.1	0.67～−0.18	34.3～18.3	40.3～19.8	43.2～22.6	47.6～25.0		28～21	33.0～29.5	39～22		272～271
	22.1	2.00	0.92	0.64	20.7	5.4	0.24	27.5	30.9	34.4	37.3		23	31.4	30		
⑤$_3$ 细砂—粉砂								45.0～35.0					0	38.0～33.0	83～40		
								(经验统计值)						35.8	64		
⑥粉质黏土—黏质粉土	24.4～17.5	2.07～1.94	0.95～0.85	0.72～0.59	21.1～15.2	13.2～8.0	0.53～0.14	21.8～13.1	22.1～13.7	22.0～15.5	23.1～16.4				32～19		331
	21.7	2.00	0.91	0.65	18.4	10.4	0.31	16.7	17.6	18.7	19.6				26		
⑥$_1$ 黏土—重粉质黏土	35.7～24.9	1.96～1.81	0.96～0.90	1.04～0.82	30.0～19.5	22.1～15.4	0.50～0.16	18.0～10.8	19.1～11.2	17.6～11.3	17.9～12.0				27～16		282
	30.6	1.89	0.94	0.92	24.5	18.6	0.33	14.7	15.1	14.8	15.2				21		

续表

地层岩性及编号	含水量 w(%)	天然密度 ρ (g/cm³)	饱和度 S_r	孔隙比 e	塑限 w_P (%)	塑限指数 I_P	液限指数 I_L	压缩模量 E_S(MPa)					天然快剪		标准贯入 N	重型动探 $N_{63.5}$	剪切波速 v_s (m/s)
								P_z～P_z+100	P_z～P_z+200	P_z～P_z+300	P_z～P_z+400	P_z～P_z+600	黏聚力 c (kPa)	内摩擦角 φ (°)			
⑥$_2$ 砂质粉土	23.5～18.5	2.07～1.97	0.95～0.82	0.67～0.54	22.4～18.4	6.8～4.1	0.31～−0.50	33.9～28.0	36.1～29.8	40.8～38.2	42.7～38.1				22		364
	20.9	2.02	0.92	0.61	20.6	6.0	0.06	30.7	33.2								
⑥$_3$ 细砂—粉砂								35.0									
								(经验值)									
⑦细砂—中砂								60.0～50.0					0	38.5～32.5	94～60		370
								(经验统计值)						34.7	77		
⑦$_1$ 圆砾								120.0～100.0					0	38.0		50～25	431
								(经验估算值)					(经验值)			39	
⑦$_2$ 黏质粉土—砂质粉土	24.6～19.3	2.03～1.93	0.96～0.80	0.71～0.58	23.3～19.6	9.8～5.9	0.35～−0.14	28.6～19.1	30.5～21.9						49～29		
	21.8	1.99	0.90	0.65	20.7	7.7	0.12	23.9	26.1	28.6	29.8				40		
⑦$_3$ 粉质黏土—重粉质黏土	28.7～22.8	2.01～1.91	0.95～0.92	0.69～0.66	20.7～16.4	15.6～10.1	0.53～0.24	24.4～12.5	25.8～13.6						41～40		
	24.5	1.97	0.93	0.67	19.2	13.3	0.40										
⑧粉质黏土—黏质粉土	25.6～19.9	2.05～1.94	0.97～0.87	0.75～0.56	23.5～17.0	13.4～8.0	0.54～0.01	25.0～13.9	25.3～14.5	25.8～14.5	26.7～15.1				42～22		377～369
	22.7	2.00	0.93	0.66	20.0	10.4	0.26	19.8	20.4	20.2	21.2				32		
⑧$_1$ 黏土—重粉质黏土	36.8～26.3	1.92～1.79	0.98～0.88	1.06～0.85	28.4～20.0	20.9～15.0	0.58～0.27	18.0～10.8	18.0～10.9	17.1～11.0	17.0～11.5				32～18		377～332
	31.9	1.86	0.93	0.95	24.0	18.3	0.43	14.6	14.8	13.9	14.3				28		

续表

地层岩性及编号	含水量 w(%)	天然密度 ρ (g/cm^3)	饱和度 S_r	孔隙比 e	塑限 w_P (%)	塑限指数 I_P	液限指数 I_L	压缩模量 E_S(MPa)					天然快剪		标准贯入 N	重型动探 $N_{63.5}$	剪切波速 v_s (m/s)
								P_z～P_z+100	P_z～P_z+200	P_z～P_z+300	P_z～P_z+400	P_z～P_z+600	黏聚力 c (kPa)	内摩擦角 φ (°)			
⑧$_2$ 黏土—重粉质黏土	34.6～23.9	1.95～1.84	0.98～0.90	1.01～0.82	29.2～17.9	21.4～14.7	0.51～0.22	20.9～10.6	20.7～11.1	19.0～11.0	19.5～11.3				28～18		369～343
	30.1	1.89	0.94	0.89	23.3	18.4	0.39	15.9	16.2	15.5	15.9				24		
⑧$_3$ 粉质黏土—黏质粉土	23.6～19.2	2.10～1.96	1.00～0.90	0.69～0.54	24.4～17.1	12.1～9.0	0.36～−0.15	27.4～17.7	29.0～18.7						37～22		
	21.9	2.03	0.95	0.62	20.1	10.1	0.17	21.7	21.7	31.3	32.4				29		
⑨卵石—圆砾								160.0～140.0					0	38.0		100～38	659～553
								(经验估算值)					(经验值)			68	
⑨$_1$ 细砂—中砂								80.0～60.0					0	39.0～33.0	100～56		447～435
								(经验统计值)						36.7	82		
⑨$_2$ 粉质黏土—黏质粉土																	
	24.3	2.01	0.97	0.68	18.4	12.6	0.47	16.3	16.8	18.4	19.2				60		
⑨$_3$ 黏土—重粉质黏土																	
	33.8	1.78	0.88	1.04	25.7	16.4	0.49	9.3	9.5	10.1	10.4	10.9					
⑩粉质黏土—重粉质黏土	25.5～21.5	2.01～1.90	0.93～0.86	0.79～0.64	22.4～17.4	15.8～10.5	0.44～0.12	22.7～14.5	23.0～15.2	23.7～15.2	24.6～16.2	26.5～13.9					374
	23.4	1.96	0.90	0.70	19.5	12.9	0.30	18.6	19.2	19.8	20.5	21.4					
⑩$_1$ 黏土—重粉质黏土	29.7～24.9	1.97～1.88	0.96～0.91	0.88～0.73	25.0～19.3	20.3～15.2	0.39～0.19	22.7～17.6	22.8～17.8	23.4～18.3	24.0～18.9	24.7～19.4					
	27.9	1.93	0.93	0.81	22.8	17.6	0.29	20.3	20.5	21.1	21.8	22.4					

续表

地层岩性及编号	含水量 w(%)	天然密度 ρ (g/cm^3)	饱和度 S_r	孔隙比 e	塑限 w_p (%)	塑限指数 I_P	液限指数 I_L	压缩模量 E_S(MPa)					天然快剪		标准贯入 N	重型动探 $N_{63.5}$	剪切波速 v_s (m/s)
								P_z～P_z+100	P_z～P_z+200	P_z～P_z+300	P_z～P_z+400	P_z～P_z+600	黏聚力 c (kPa)	内摩擦角 φ (°)			
⑩$_2$ 黏质粉土—砂质粉土	22.9～19.9	2.07～1.96	0.96～0.89	0.69～0.56	22.6～17.2	9.9～6.6	0.39～−0.01	29.4～16.7	29.4～17.2	30.3～25.4	31.8～27.0	34.2～28.9			24		374
	21.8	2.01	0.92	0.63	19.9	8.4	0.22	25.1	25.9	28.4	29.8	31.6					
⑪卵石								160.0～150.0								150～75	697～602
								(经验估算值)								106	
⑪$_1$ 细砂—中砂								80.0							136～68		597～478
								(经验值)							108		
⑪$_2$ 粉质黏土—黏质粉土								25.0									
								(经验值)									
⑪$_3$ 黏土—重粉质黏土																	
	24.4	1.94	0.89	0.75	17.2	17.1	0.42	22.3	23.6						44		

注：

最大值～最小值
平均值

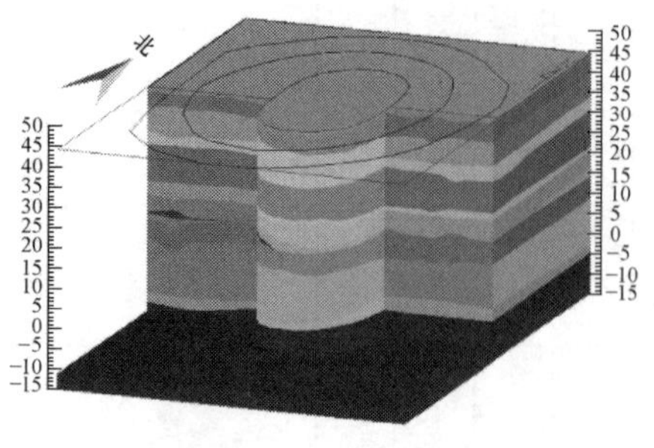

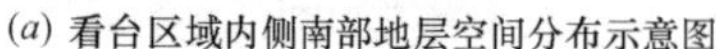
(a) 看台区域内侧南部地层空间分布示意图

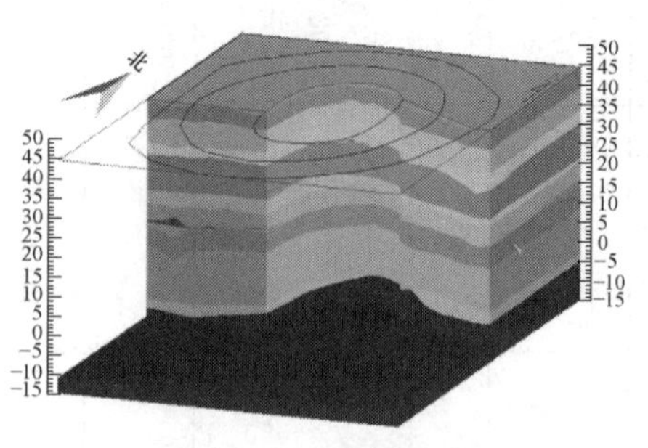

(b) 看台区域内侧北部地层空间分布示意图

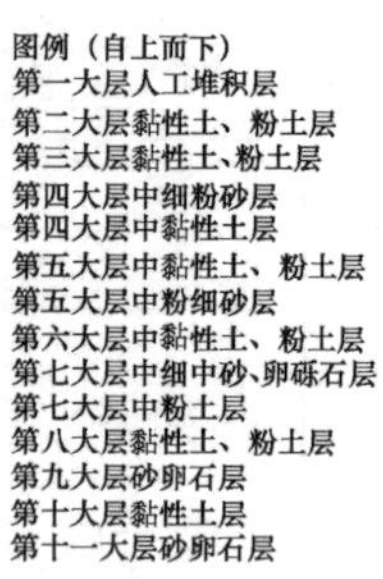

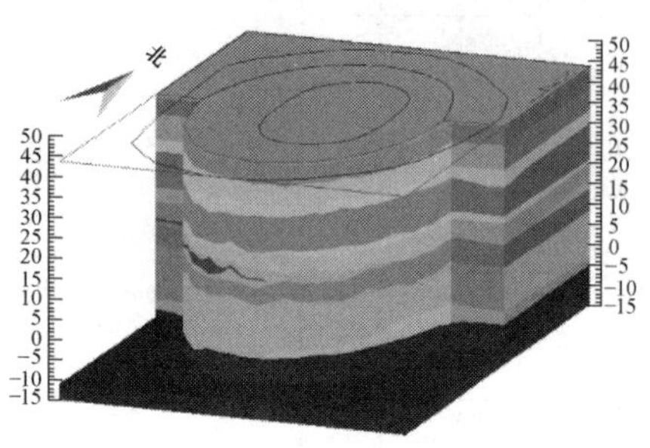

(c) 组合柱区域南部地层空间分布示意图

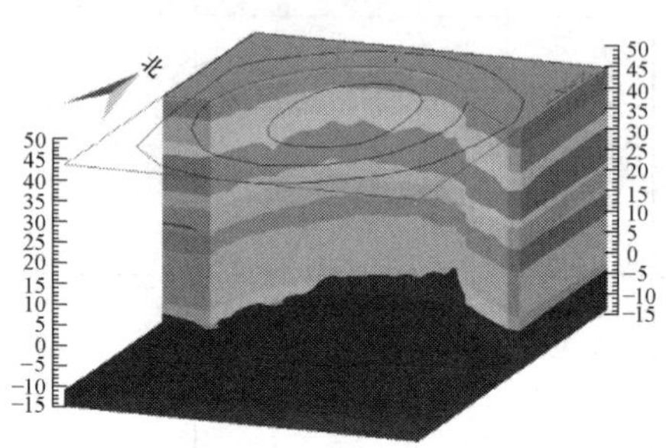

(d) 组合柱区域北部地层空间分布示意图

图 2-3 国家体育场地层立体空间分布示意图

地下水情况一览表 **表 2-3**

序号	地下水类型	钻探中实测地下水稳定水位		观测时间
		水位埋深(m)	水位标高(m)	
1	台地潜水	1.93～9.20	37.07～43.46	2003 年 8 月底～9 月中旬
2	层间水	9.10～13.00	32.86～36.48	
3	潜水	27.50～30.90	14.48～18.10	
4	第 1 层承压水（测压水头）	31.60～34.20	11.35～14.31	
5	第 2 层承压水（测压水头）	33.40～35.80	10.42～12.13	

根据 40 多年来的地下水长期观测数据分析，台地潜水主要接受大气降水入渗、地下迳流及管道渗漏补给，并以蒸发及地下迳流等方式排泄。天然动态类型为渗入—蒸发、迳流型；其水位年动态变化规律一般为：6 月份～9 月份水位较高，其他月份相对较低，年自然变化幅度一般 3～4m，图 2-4。由于国家体育场基础埋置在台地潜水含水层中，故对其抗浮稳定性有重要影响。

层间水主要接受地下迳流补给，并以地下迳流为主要排泄方式。天然动态类型为渗

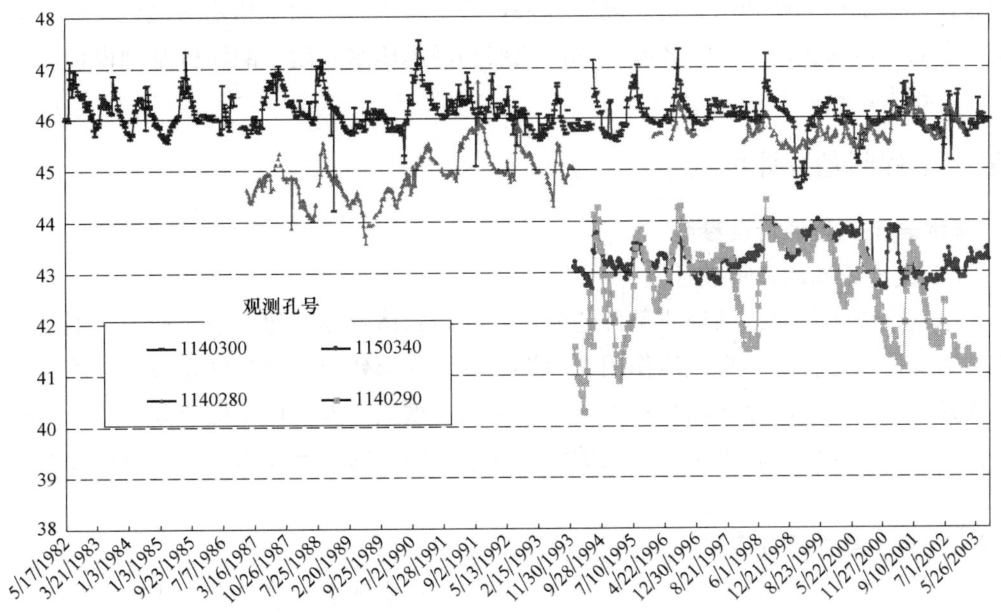

图 2-4　台地潜水水位多年动态曲线

入—迳流型；从水位长期动态资料看，其水位年变幅一般为 2～3m 左右。

潜水及承压水主要接受地下迳流补给，并以地下迳流为主要排泄方式。天然动态类型为渗入—迳流型；从水位长期动态资料看，其水位年变化规律一般为 11 月份～来年 3 月份水位较高，其他月份水位相对较低，水位年变化幅度一般 5～6m。

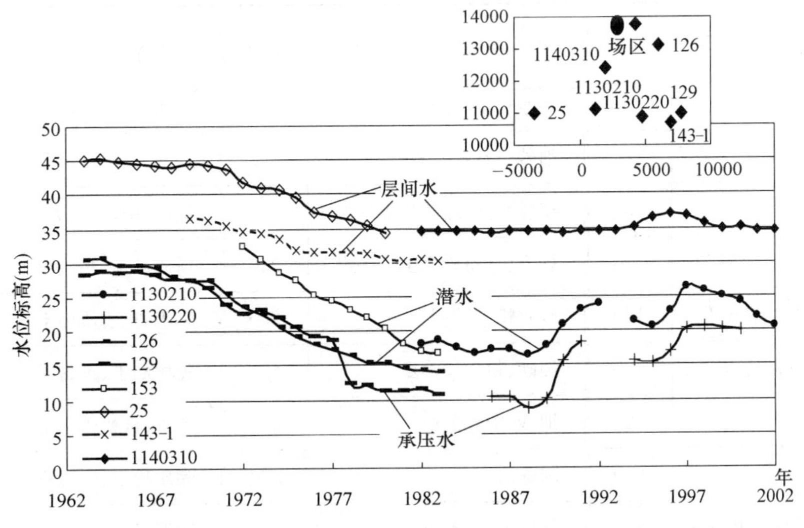

图 2-5　场区附近区域层间水、潜水和承压水多年年均水位动态曲线

根据地下水长期观测资料，拟建场区 1959 年最高地下水位标高 44.70m，在场地地面低洼处接近自然地面；近 3～5 年最高地下水位为 44.60m，在场区地面低洼处接近自然地面。

综合岩土工程勘察和水文地质勘察成果，第1层承压水的承压水头高约4～6m；第2层承压水的承压水头高约17～25m。深部地层和高承压水对超长灌注桩基础设计、施工产生将产生较大影响。

3. 岩土工程问题及评价

3.1 场地岩土工程评价及参数

3.1.1 不良地质作用及特殊性土

根据勘察成果及对区域地质条件的分析，在国家体育场拟建场地范围内，不存在影响拟建场地整体稳定性的不良地质作用。因拟建场地局部残留有原基础底板、外墙及建筑垃圾，受其影响，该区域存在的特殊性土为厚层人工填土，人工填土层成分杂乱，工程性质差，在围护结构设计、施工中，对支护体系设计、施工的影响较为突出，需充分考虑其不利影响。

3.1.2 土层承载力标准值

通过现场钻探、原位测试、室内试验，依据北京市标准《北京地区建筑地基基础勘察设计规范》DBJ 01—501确定各土层承载力标值如表3-1。

各土层承载力标准值一览表　　表3-1

岩性及编号	承载力标准值 f_{ka}(kPa)	岩性及编号	承载力标准值 f_{ka}(kPa)	岩性及编号	承载力标准值 f_{ka}(kPa)
粉质黏土填土、黏质粉土填土①层	—	黏土、重粉质黏土⑤$_1$层	210	黏土、重粉质黏土⑧$_2$层	240
房渣土①$_1$层		砂质粉土⑤$_2$层	280	粉质黏土、黏质粉土⑧$_3$层	260
黏质粉土、粉质黏土②层	180	细砂、粉砂⑤$_3$层	340	卵石、圆砾⑨层	600
砂质粉土②$_1$层	230	粉质黏土、黏质粉土⑥层	250	细砂、中砂⑨$_1$层	400
黏土、重粉质黏土②$_2$层	140	黏土、重粉质黏土⑥$_1$层	230	粉质黏土、黏质粉土⑨$_2$层	260
粉质黏土、重粉质黏土③层	160	砂质粉土⑥$_2$层	290	黏土、重粉质黏土⑨$_3$层	220
黏质粉土、砂质粉土③$_1$层	160	细砂、粉砂⑥$_3$层	320	粉质黏土、重粉质黏土⑩层	270
粉砂、砂质粉土③$_2$层	220	细砂、中砂⑦层	350	黏土、重粉质黏土⑩$_1$层	260
细砂、粉砂④层	290	圆砾⑦$_1$层	380	黏质粉土、砂质粉土⑩$_2$层	280
粉质黏土、重粉质黏土④$_1$层	200	黏质粉土、砂质粉土⑦$_2$层	270	卵石(11)层	600
砂质粉土、黏质粉土④$_2$层	260	粉质黏土、重粉质黏土⑦$_3$层	240	细砂、中砂(11)$_1$层	400
圆砾④$_3$层	300	粉质黏土、黏质粉土⑧层	260		
粉质黏土、黏质粉土⑤层	230	黏土、重粉质黏土⑧$_1$层	240		

3.1.3 桩基设计有关岩土参数

桩基参数设计一览表　　表 3-2

岩性及编号	桩的极限侧阻力标准值 q_{sik}(kPa)	桩的极限端阻力标准值 q_{pk}(kPa)	岩性及编号	桩的极限侧阻力标准值 q_{sik}(kPa)	桩的极限端阻力标准值 q_{pk}(kPa)
黏质粉土、粉质黏土②层	60	—	细砂、中砂⑦层	70	1300
砂质粉土②$_1$ 层	65	—	圆砾⑦$_1$ 层	130	1600
黏土、重粉质黏土②$_2$ 层	55	—	黏质粉土、砂质粉土⑦$_2$ 层	70	—
粉质黏土、重粉质黏土③层	60	—	粉质黏土、重粉质黏土⑦$_3$ 层	70	—
黏质粉土、砂质粉土③$_1$ 层	65	—	粉质黏土、黏质粉土⑧层	70	—
粉砂、砂质粉土③$_2$ 层	60	—	黏土、重粉质黏土⑧$_1$ 层	70	—
细砂、粉砂④层	60	—	黏土、重粉质黏土⑧$_1$ 层	70	—
粉质黏土、重粉质黏土④$_1$ 层	70	—	粉质黏土、黏质粉土⑧$_3$ 层	70	—
砂质粉土、黏质粉土④$_2$ 层	70	—	卵石、圆砾⑨层	160	2800
圆砾④$_3$ 层	120	—	细砂、中砂⑨$_1$ 层	75	1700
粉质黏土、黏质粉土⑤层	70	—	粉质黏土、黏质粉土⑨$_2$ 层	70	—
黏土、重粉质黏土⑤$_1$ 层	70	—	黏土、重粉质黏土⑨$_3$ 层	70	—
砂质粉土⑤$_2$ 层	70	—	粉质黏土、重粉质黏土⑩层	70	—
细砂、粉砂⑤$_3$ 层	65	—	黏土、重粉质黏土⑩$_1$ 层	75	—
粉质黏土、黏质粉土⑥层	70	—	黏质粉土、砂质粉土⑩$_2$ 层	75	—
黏土、重粉质黏土⑥$_1$ 层	70	—	卵石(11)层	160	3000
砂质粉土⑥$_2$ 层	70	—	细砂、中砂(11)$_1$ 层	75	1800
细砂、粉砂⑥$_3$ 层	65	—			

3.2 设防水位分析

根据国家体育场的岩土工程勘察资料和水文地质勘察结果，概化出场区典型地层、地下水分布及国家体育场的基础埋置情况如图 3-1 所示（为了简明起见，图中只表示出 2 层纯地下建筑部分）。由于本工程基础埋置在台地潜水含水层中，因此设防水位的确定只需考虑台地潜水的水位动态变化，在确定了台地潜水水位在不利因素影响下的最高水位后，便可以直接给出本工程的建筑设防水位。

如 2.5 节所述，台地潜水水位多年动态变化不大，其水位始终在多年平均水位上下波动，没有出现较大幅度的连续升高和降低。根据地下水信息管理系统（GWIMS）的查询分析结果，本工程场区台地潜水近 3～5 年最高水位标高可达 44.60m 左右，历年最高水位标高可达 44.70m（在场区地面低洼处接近自然地面）。因此，建议国家体育场的建筑设防水位标高可按 45.00m 考虑。

3.3 地基方案

3.3.1 组合柱部位和看台区

因组合柱具有较高的垂向和水平向荷载，设计拟采用桩基方案；看台区分为 3 层座席，最高层看台内部结构为 6 层，高、低层看台框架柱的荷载变化极不均匀，因此设计也

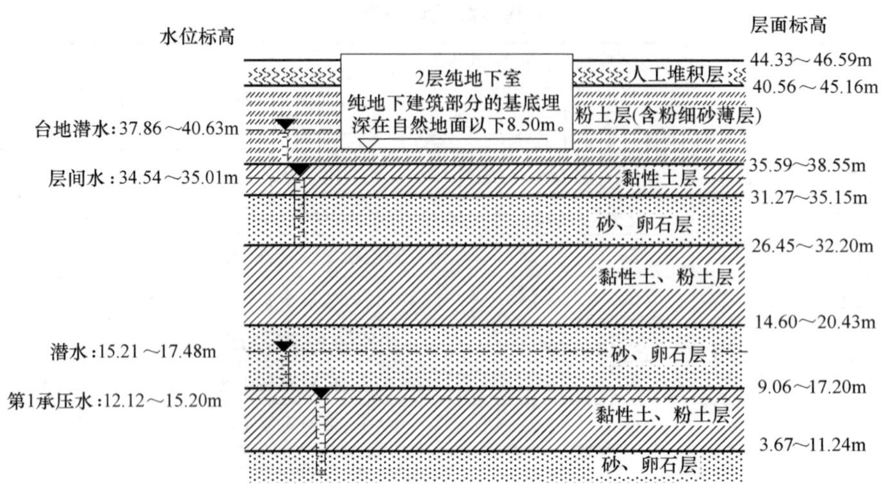

图 3-1　场区典型地层和地下水与基础埋置示意图

拟采用柱下桩基础方案。场区内分布的第 9、第 11 大层卵砾石和砂层厚度大、分布稳定，为良好的桩端持力层。但在第 9、第 11 大层之间分布的第 10 大层黏性土、粉土层的厚度、空间分布很不均匀，在场区部分地段缺失，其压缩性相对较高。因此相对软弱且分布不均匀的第 10 大层黏性土、粉土层将对桩基沉降性状和桩端标高的选择产生重要影响，应通过深入的桩基变形验算和现场压桩试验验证和优化桩基设计方案。根据场区地层分布特征，建议如下的桩端持力层方案。

（1）方案 A：建议以卵石、圆砾⑨层作为桩端持力层，组合柱部位卵石、圆砾⑨层顶板标高变化范围为 3.61～7.96m，参见图 3-2。该方案桩长约 32m 左右。采用此方案时，除需经分析和现场试验，证明可以满足承载力要求外，尚需验算各部分基础的差异沉降，特别是有黏性土下卧层 10 大层的地段和 10 大层厚薄不均的地段，保证差异沉降能在设计要求的范围之内。

（2）方案 B：由于组合柱部分的集中荷载很大，在第 9 和第 11 大层粗颗粒土层之间不均匀分布的第 10 大层黏性土、粉土层对桩基沉降性状将产生不利影响。因此，通过对桩基沉降的验算，方案 A 难以满足要求时，可结合第 10 大层层顶标高和厚度分布特征，将组合柱部位划分为 3 个桩端标高区域，参见图 3-3。

Ⅰ区：第 10 大层黏性土、粉土层层顶标高 0.0～－4.2m，厚度一般在 2～5m，因此，建议桩端穿透黏性土、粉土层，以标高－5～－7m 以下分布的卵石、圆砾层和细砂、中砂$_1$ 层作为桩端持力层，桩长约 43m 左右。

Ⅱ区：第 10 大层黏性土、粉土层顶标高一般在－5.6～－7.9m，厚度一般在 1～3m，建议桩端标高 4～6m，桩端持力层为卵石、圆砾⑨层和细砂、中砂⑨$_1$ 层，桩长约 32m 左右。

Ⅲ区：第 10 大层黏性土、粉土层在该区缺失，建议以卵石、圆砾⑨层作为桩端持力层，相邻承台的桩长不宜相差过大，具体的桩长可根据桩基沉降控制要求和不同桩长的设计要求综合确定。

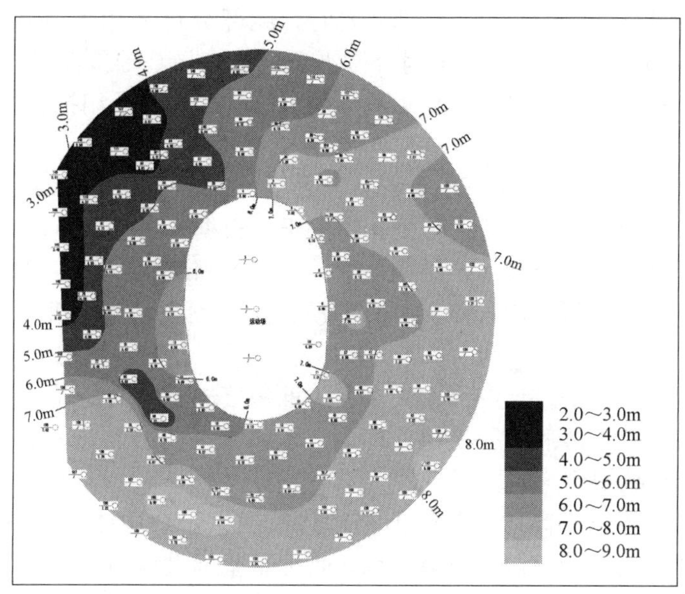

图 3-2 卵石、圆砾⑨层层顶标高等值线图

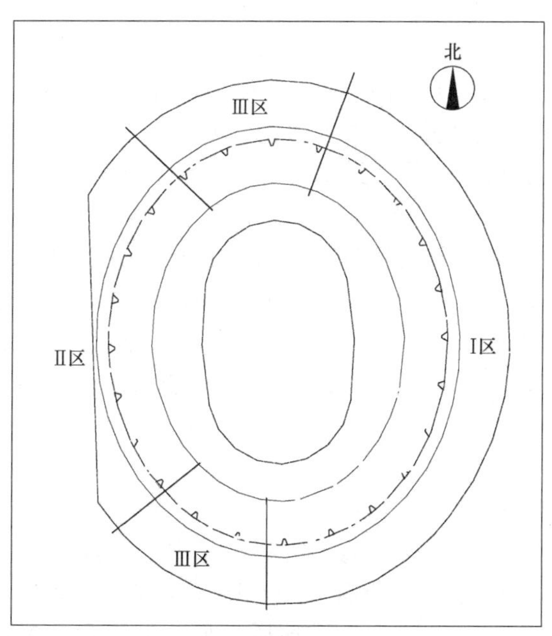

图 3-3 组合柱部位建议桩端标高分区图

3.3.2 外围平台部分

外围平台为 2 层结构，当采用筏板基础时，基底平均压力较低，地基持力土层及下卧土层的地基承载力一般可满足采用天然地基方案时地基承载力的设计要求。但该部分柱网间距较大，集中荷载比较高，所以应针对拟采用的基础型式，通过细致、深入的地基变形验算分析，并采取相应设计与施工措施，控制和解决基础沉降差和变形协调问题。若地基

变形难以控制在规范及设计允许的范围之内时，此部分可采用地基加固处理方案（如CFG桩复合地基加固处理方案等）。同时外围平台还应满足基础抗浮设计的要求。如当抗浮问题不能安全可靠解决时，可考虑采用适当加大结构配重或采用抗拔桩方案。

3.3.3 运动场部分

根据运动场区域的勘察资料，运动场场区表层为约1.00～2.90m厚的人工堆积层，岩性主要为粉质黏土填土、黏质粉土填土，房渣土。根据现场土质鉴定和原位轻型动力触探测试结果，人工堆积层成分杂乱、结构松散，处于欠固结状态，工程性质较差。人工堆积层以下为第四纪天然沉积层，岩性主要为粉质黏土、黏质粉土、砂质粉土，土质均匀，工程性质较好。

建议根据运动场对土基设计的要求，对人工堆积层进行换填处理。宜将人工堆积全部挖除，并见第四纪天然土层后进行换填处理。

3.4 沉降及差异沉降分析

国家体育场虽然不属于高层建筑，但结构体尺度大，结构体系复杂，柱荷载的变化大，这样复杂的体系是否能够做到沉降协调，是地基基础设计的难点。

同时组合柱部位和看台区的地基方案A或B，必须要通过深入而可靠的沉降变形分析才能得出确切的结论，这也是本工程设计的关键点和难点。

国家体育场沉降分析采用“桩、土和基础共同作用分析程序”（简称PSFIA方法一即Pile，Subsoil & Foundation Interaction Analysis）进行计算。该软件以大量实测资料为背景，采用桩一土一基础共同作用原理，引入桩端刺入变形概念，并提供了定量计算刺入变形的参数经验公式，是一种既有先进理论为基础，又融进了地区经验的实用分析方法。PSFIA方法已通过由北京市科学技术委员会组织的专家鉴定。其成果在群桩作用机理和差异沉降分析方法研究等方面具有创新性，总体上达到国际先进水平。

采用PSFIA方法，对不同持力层的桩基方案进行了大量对比优化分析，原桩基设计方案的设计桩长约45m左右，通过我公司桩基沉降计算方法分析计算后，得出结论：桩端持力层设置为卵石、圆砾层，桩长为30～35m的情况下完全可以满足控制沉降的要求，缩短桩长约15m。应用PSFIA为优化并最终合理确定桩基方案提供了科学的依据。

4. 工程总结与启示

4.1 岩土工程勘察

（1）整合分析奥运中心场区已有地质资料，采用工程勘察专家系统（ESGIFE），预测分析可能采用的地基基础方案，全面采用GIS（地理信息系统）、DEM（数字高程模型）、三维地质及虚拟现实技术，建立三维地质模型数据库和多参数地质模型，确定勘察分析评价的重点内容并进行专项技术策划、控制，保证了勘察成果质量。

（2）创新性的将三维地质可视化建模技术引入工程分析中，深入分析桩端持力层、软弱桩端下卧层的空间分布特征规律及其工程性质参数（图4-1），对桩基持力层、承载力与变形进行深入论证分析，提出端承力和侧摩阻力增强提高的技术建议和实施方案。

（3）整合技术、设备、人员各方面资源，用最高的质量、最快的时间、最优的服务，仅用30天即高质量地完成了国家体育场工程的中英文岩土工程勘察报告，为基础设计方案的研究奠定了科学可靠的基础。

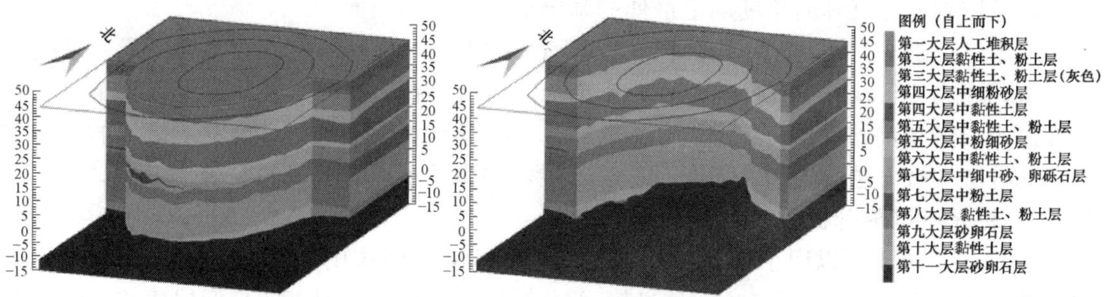

图 4-1　三维地质可视化模型示意图

4.2　水文地质勘察

（1）采用先进的地下水监测技术，在北京地区首次实现了对工程场区约 60m 深度范围内的地下水分层动态监测，为查清场区地下水分布条件提供了坚实的水位数据基础。

（2）针对潜水含水层的岩性组合特征，突破了常规真空泵抽水试验深度限制，进行水文地质试验；针对层间水含水层，采用了提水试验，提供了翔实、准确的水文地质参数。

（3）在现场抽水试验测定主要含水层的水文地质参数基础上，运用北京市水资源长期供求平衡关系的量化分析、地下水动力学和饱和一非饱和渗流分析的先进科研成果，预测各层地下水位的动态变化规律及其远期最高水位。（图 4-2）

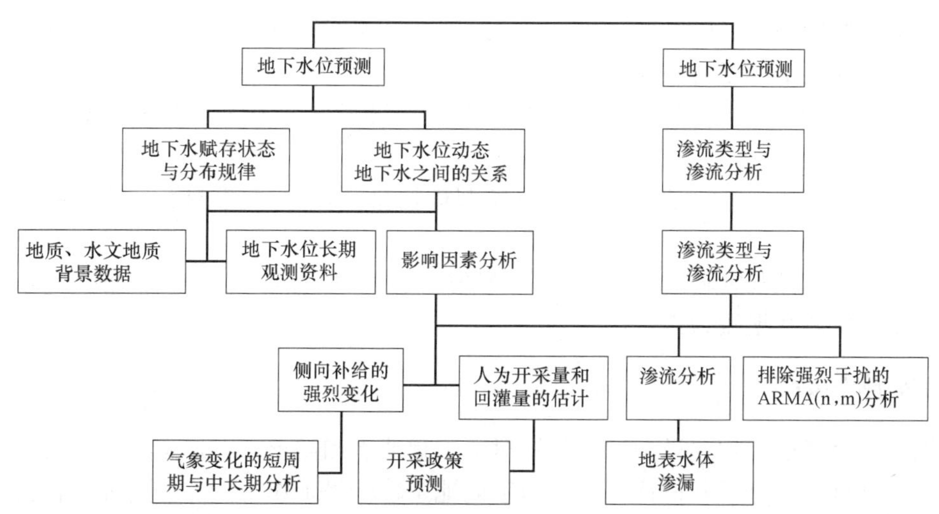

图 4-2　地下水位的动态变化规律及其远期最高水位分析路线

4.3　地基与桩基础的协同作用分析

4.3.1　地基方案优化

在应用 PSFIA 建立的整体分析模型中，充分考虑地基土在整个场区内的不均匀性，将场区内全部钻孔地层数据输入到计算模型中，进行整体分析，将地层的不均匀性体现在建筑物各部位的沉降和差异沉降中；通过对基础整体刚度、群桩效应和承台土反力等因素的分析，从桩—土—基础共同作用及变形控制的角度论证地基基础方案的合理性、可行性；经过对地基与基础共同作用即桩—土—基础的共同作用的分析，得出筏板单元的整体内力，从控制差异沉降的角度确定最佳的基础形式和基础断面。

应用桩—土—基础共同作用分析（PSFIA）技术，对不同的桩长方案进行了大量的对比分析，建立包含荷载单元、桩节点、土节点、承台及筏板单元的整体模型，得出了基础各部位的沉降和差异沉降。经过多方案的比选和桩承载特性的分析，确定了最优的桩端持力层，将桩端持力层设置为⑨层卵石、圆砾层，并满足了控制沉降的要求。

4.3.2 桩基础沉降分析

PSFIA 方法既可以用于桩基工程的桩—土—基础共同作用分析，不仅能考虑荷载相差悬殊和地基土不均匀而部分采用桩基、部分采用天然地基情况下的高低层建筑沉降量和差异沉降，亦能在计算中反映基础刚度变化、桩长不一、桩分布疏密不同、地基土质不均以及施工后浇缝设置对沉降和差异沉降的影响，所以，该方法所具有的很强的适应性和工程实用性，本工程分析方法的主要创新点在于：

（1）在大型现场足尺区庄试验的和测试的基础上，获得了北京地区群桩荷载场地规律，不仅弥补了北京地区群桩足尺试验资料的匮乏，而且试验所揭示的群桩相互作用机理具有重大学术价值；

（2）采用桩—土—基础共同作用的分析方法，考虑了基础刚度、群桩效应以及承台土反力的影响；

（3）设置桩、土两种计算节点，考虑了它们之间的影响和基础刚度对差异沉降的调整作用，因此首次提出了可以分析联合采用桩基、天然地基方案的实用沉降计算方法；

（4）引进桩端刺入变形概念，并以北京地区大量测试资料为背景，分析了影响刺入变形的主要因素和定量计算的经验公式；

（5）采用分阶段计算最后累加的计算方法，可模拟各施工阶段基础刚度对差异沉降的影响；

（6）以工程实测资料为依托，对分析模型进行修正，从而使沉降计算结果与实际很接近。

通过大量压桩试验资料的分析统计，并经过工程的验算证明，采用 PSFIA 方法计算所得的结果与实测数据极为接近，图 4-3。

5. 工程实施与效果

在国家体育场的规划建设全过程，针对本工程特点和需求，在岩土工程勘察、水文地质勘察、桩基础沉降分析和设计优化、施工期地基检验等工作中，充分发挥综合技术服务实力，以科技创新为载体，为国家体育场的设计、建设提供了高质量的技术成果和周到、细致、及时的科技服务，做出了突出贡献。根据“奥运建设指挥部”、建设方、设计施工监理等各方反馈，本项目整体服务的综合效益主要体现在以下五个方面：

（1）提供高质量高水准岩土工程勘察成果。通过对工程勘察方案的精心和深入策划，严格控制过程质量，在 30 天内高质量地提交了岩土工程勘察及相关专项工作报告（中英文版）。报告对地基基础方案分析深入，结论、建议明确可靠，创新性地采用三维地质可视化建模技术深入分析桩基方案与工程特征，全面满足设计、施工的需求。

（2）为基础工程设计提供高水平的深度科技支撑服务。国家体育场巨型钢桁架由 24 根组合柱为主结构支撑，荷载很高且不均匀。为解决本工程复杂的地基差异沉降控制难

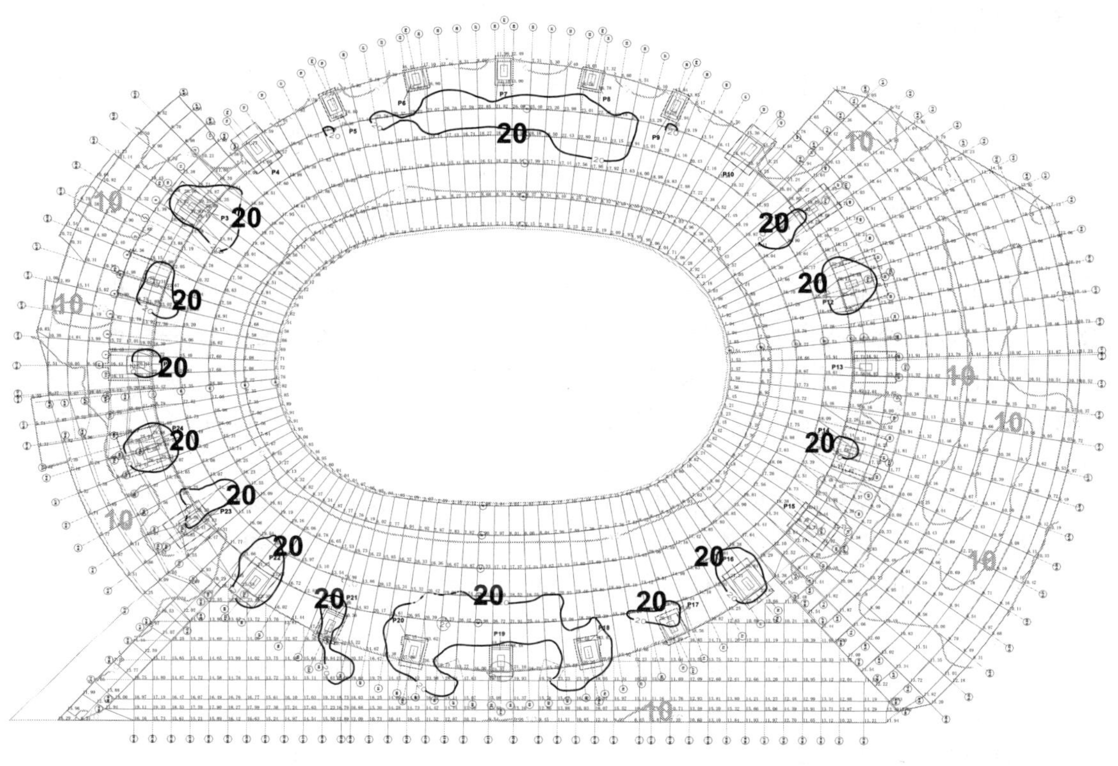

图 4-3　国家体育场工后实测沉降曲线

题，我们运用自主研究课题的最新成果—“桩-土-基础协同工作沉降分析系统”，深入分析桩土共同作用机理、桩基承台下土反力的影响、桩端土压缩引起桩基刺入变形等问题，在对不同基础方案进行大量比选的基础上确定最佳桩端持力层，为优化桩长及基础设计提供了关键决策依据，将 2200 根工程桩的桩基造价投入减少了 25%，节省了基础投资近 2000 万元，具有显著的经济效益，且节约工期数月。

（3）为工程提供高质量的场区其他相关勘察成果。为保证该重大工程的设计、施工质量安全，对深度达 60m 范围、5 层地下水进行了分层水位监测，通过抽水试验、提水试验和注水试验等多种方法，获取了准确的水文地质参数。对场区各层地下水的赋存特性、水位动态、含水层水文地质参数和地下水对工程设计的影响进行了全面、深入的分析与评价，提出了相关的科学建议为工程设计和施工提供了水文地质和场地环境质量的基础资料。

（4）全力配合工程施工。全程通力配合施工进度，一百余次现场地基检验，为施工进度提供及时有力的技术保障。

（5）勘察设计工作成果成功通过实战考验。勘察报告内容翔实、准确，施工期间提出的基槽处理技术建议科学、合理。国家体育场的沉降观测结果表明：建筑物实测沉降的分布和发展与基础分析预测的情况相吻合，证明地基基础设计决策的正确性、科学性。为国家奥运建设节约投资，充分展现了具有科学性、先进性的自主创新技术在奥运工程中的成功运用。

6. 获奖单位简介

北京市勘察设计研究院有限公司为经北京市科学技术委员会、北京市财政局、北京市国家税务局和北京市地方税务局联合认定的国家高新技术企业。其前身为北京市勘察设计研究院，始建于1955年，为北京市属自收自支事业单位。2007年10月，北勘公司在北京市委、市政府和市国资委的推动与指导下，以“维护人才、谋求发展”为目的，通过分立式体制改革，主业整转平移而成立。

北勘公司实力雄厚，具有国家工程勘察类综合甲级、工程咨询甲级、工程测绘甲级、地质灾害治理工程勘察甲级、地质灾害治理工程评估甲级、地质灾害治理工程设计甲级、地质灾害治理工程施工甲级、地基与基础工程专业承包壹级、建设工程安全性评价乙级、地质勘查乙级、建设项目水资源论证乙级、建设项目环境评价乙级等资质。

北勘公司专业齐全，主要从事岩土工程勘察、地基基础设计咨询、水文地质勘察评价、测绘与工程测量、工程检测监测、岩土工程设计施工、地质灾害防治、地能工程设计施工、污染场地评价治理、环境修复与可再生能源工程、地震安全评价等相关专业生产与科学研究工作。

北勘公司技术先进，拥有各类技术人员450余名，具有高级专业技术职称以上人员70余名，形成了一支由中国工程勘察设计大师和一批享受政府特贴专家、青年学科带头人为代表的专业人才队伍。

在过去的近六十年中，北勘公司为历次首都城市总体规划提供了专业技术支撑，在工程应用、岩土环境、抗震防震和地下水等方面持续进行了大量专题研究，积极参加了城市交通突发地质灾害的应急抢险工作，主编、参编了十多部国家、行业和北京市地方技术标准，承担了北京市浅层地下水动态监测网维护等工作，累计为北京及外埠的4万多项工业与民用建筑、市政基础设施、公路和轨道交通工程、环境地质灾害防治工程提供了优质技术服务，为首都北京的总体规划和工程建设、设计、施工和推动行业科技进步做出了积极贡献。北勘公司获得国家与省部级科技进步奖、全国优秀工程勘察设计金银铜和省部级优秀工程勘察设计奖总计400多项次，在技术研究、科技发展和工程质量水平方面获得了国内业界和国际同行的高度评价；荣获中央精神文明建设委员会颁发的全国创建文明行业先进单位、首都精神文明单位标兵和首都有突出贡献先进集体等一批荣誉称号。

企业使命：为人类奠定安全、经济、高质量生活的坚实基础，规避工程建设与投资人的风险，促进工程建设与岩土环境的协调和可持续发展。

执业理念：为顾客规避风险，创造价值。

7. 专利与独有技术简介

在国家体育场岩土工程勘察、水文地质勘察及基础结构分析咨询工作中，采用以下新技术，并获得中华人民共和国国家版权局颁发的《计算机软件著作权登记证书》：

（1）工程勘察计算机专家系统，来源：本公司自行研发，授权号2009SRBJ8041；

（2）城市建设工程勘察信息系统，来源：本公司自行研发，授权号2010SRBJ2561；

（3）桩基工程差异沉降分析软件 V1.0，来源：本公司自行研发，授权号

2010SRBJ2562；

（4）城市高层建筑地基与基础信息系统 V1.0，来源：本公司自行研发，授权号 2010SR028066；

（5）城市浅层地下水信息管理系统 V1.0 来源：本公司自行研发，授权号 2010SR028065。

【项目特色提要】 作为 2008 年北京奥运会主会场，本项目特殊的结构体系使得基底荷载差异十分显著，地基土层分布不均。其工程勘察在通过综合勘察方法准确查明场区岩土工程条件的基础上，为基础设计与施工提供可靠的岩土设计参数，并将三维地质可视化建模技术引入工程分析中，通过自主研发的地基与桩基础的协同作用分析技术，协助中国建筑设计研究院科学合理地确定基础工程方案。其突出特色之一是在对地基土的强度与变形特性深入分析基础上，对不同地基方案和不同部位的基桩设计进行论证、优化分析，深入分析桩端持力层、软弱桩端下卧层的空间分布特征规律及其工程性质参数，对桩基持力层、承载力与变形进行深入论证分析，提出端承力和侧摩阻力增强提高等技术建议和实施方案，实际总沉降和差异沉降得到很好的控制。

该工程的实施过程和检测、监测成果验证了勘察成果的正确性和岩土工程分析评价的准确性、可靠性、安全性和经济合理性。本项目对提高我国岩土工程勘察技术水平和勘察质量具有很好的启迪和示范作用。

西安财经学院新校区一期岩土工程勘察及试验研究

机械工业勘察设计研究院有限公司　张　炜　夏玉云　张继文

【项目摘要】

本工程在初勘时发现黄土地层结构与土层性质非常特殊，详勘时通过年代测定、微观结构及成分分析等一系列特殊室内试验、以及大型试坑浸水试验、桩基浸水载荷试验等现场试验，系统分析了场地黄土地层的特性与结构特征、场地湿陷类型与变化规律、地基持力层强度与变形特征、载体桩在本场地的实用性与设计参数，全面解决了湿陷性黄土塬区复杂场地上新校区建设的各类岩土工程问题，并提高了对塬区特殊结构黄土场地湿陷性评估的认识，技术、经济和社会效益显著。本工程于 2008 年 5 月竣工，并于 2009 年获得全国优秀工程勘察设计行业工程勘察一等奖，2010 年获得国家优秀工程勘察金质奖。

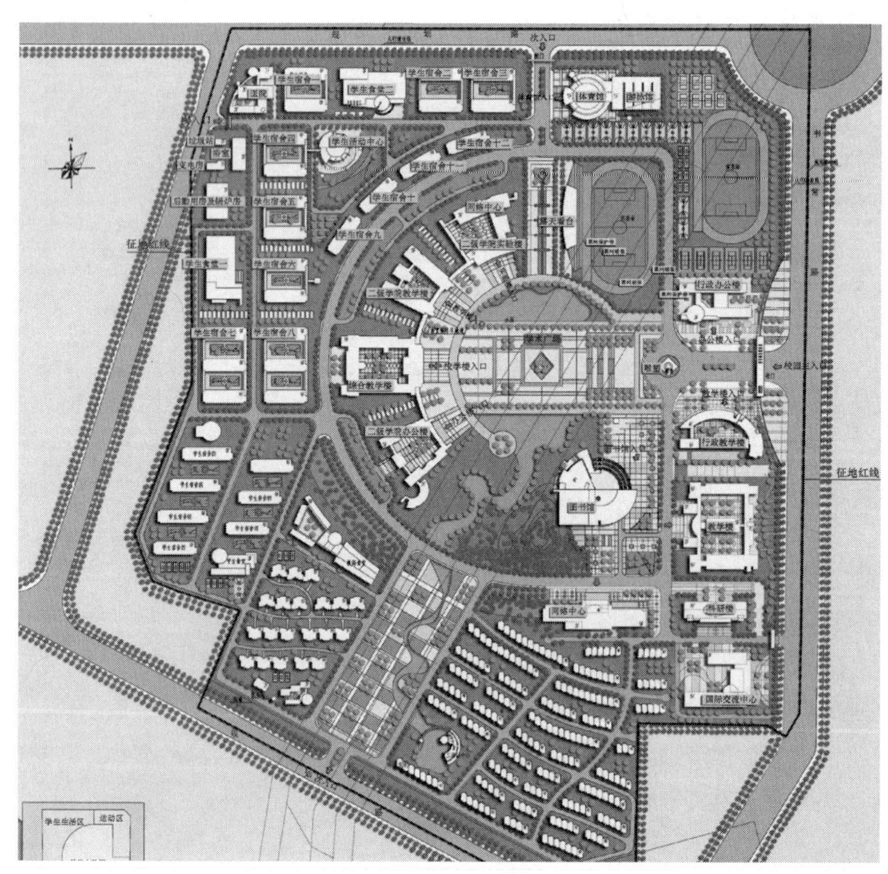

图 1-1　新校区规划图

1 工程概况

西安财经学院新校区规划面积 1200 余亩，位于西安市南郊长安区（韦曲镇）以南约 5km 的神禾塬上，属规划的西安南郊大学城新区东部，该地段地质地貌环境特殊，勘察时（2002 年）属全新的湿陷性黄土工作区域，没有可借鉴的勘察成果资料。

拟建的一期工程位于新校区的北部，建筑面积约 30 万平方米。主要建筑物可分为二类：第一类为教学类公共建筑，如综合教学楼、图书馆、行政办公楼、实验与网络中心、食堂等，这类建筑物的主要特点是采用框架结构，独立基础，基础埋深一般在－2.4m 左右，单柱荷载较大（一般为 4500～7500kN）；第二类建筑物主要为学生公寓和医院等建筑物，其主要特点是采用砖混结构，条形基础，基础埋深一般在－2.0m 左右，基底压力标准组合值一般在 250kPa。

本工程分别进行了初勘和详勘，详勘阶段先后进行了钻孔 245 个，双桥静力触探试验孔 130 个，探井 58 个；室内试验除常规试验外，还进行了放射性碳年龄测定、显微结构分析等试验；现场进行了波速测试、浅层、深层平板载荷试验、试坑浸水试验、载体桩浸水载荷试验等。

2 场地岩土工程条件

2.1 地形地貌及场地稳定性

本场地总体上呈自南向北延伸的脊状地形，地面标高介于 488～506m。地貌单元属黄土塬（神禾塬）。根据区域地质资料，场地浅部地层以风积黄土为主，其下为冲洪积的黏性土为主，第四系地层总厚度约为 500～600m 左右。

本场地附近的断裂主要为 NE 走向的临潼—长安断裂带，该断裂是渭河盆地的主要发震断裂之一，它对本地区建筑物的影响在划定本地区抗震设防烈度时已予以考虑，可不考虑其对拟建建筑物的直接影响。

2.2 地层空间分布特征

根据钻探揭示及走访调查，本场地深度 50m 以内地层由上到下依次为耕土、黑垆土、第四系晚更新统（Q_3）的黄土及古土壤以及第四系中更新统（Q_2）的黄土与古土壤的互层所组成，浅部地层的空间分布与现地貌地形的起伏基本一致（见图 2-1）。

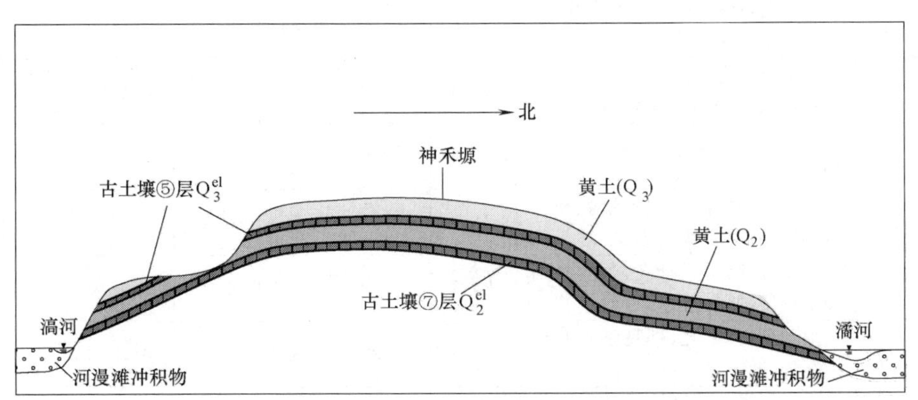

图 2-1 场地浅部地层分布示意图

2.3 地层结构及其物理力学性质

根据钻探揭示、土工试验结果及原位测试结果等综合分析，可将勘探深度范围内的地基土层分为 11 层，典型地质剖面见图 2-2。各地层的特征及主要物理力学性质指标列于表 2-1。

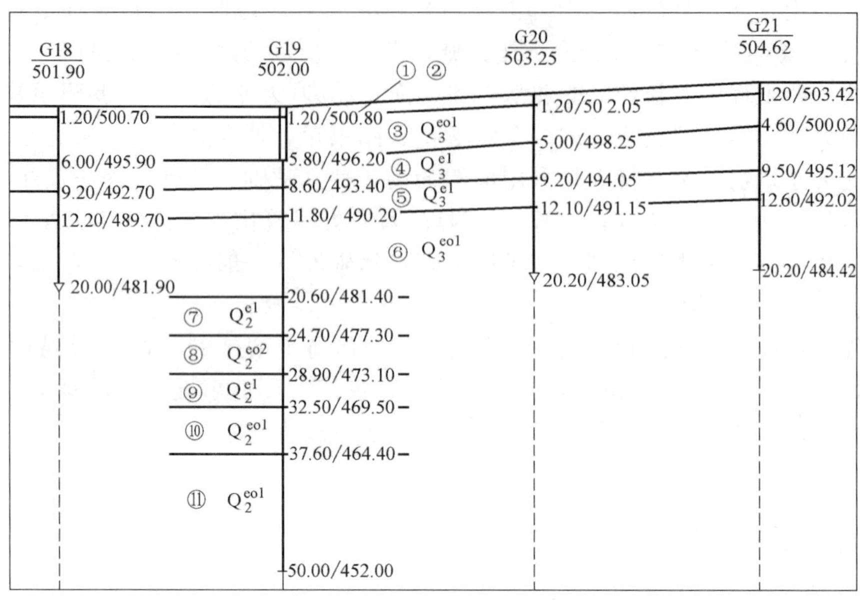

图 2-2　典型地质剖面图

值得关注的是：本场地地层结构特殊，各地层的沉积年代，尤其是顶部黑垆土及传统的第一层古土壤（Q_3）上部黄土沉积年代如何确定？

地层特征及主要物理力学性质一览表　　**表 2-1**

层名及层号	时代成因	特征描述	含水率 w %	孔隙比 e	液性指数 I_L	湿陷系数 δ_s	压缩系数 $a_{1\text{-}2}$ MPa^{-1}	层厚 (m)	层底深度 (m)
素填土①	Q_4^{ml}	深褐～黄褐色，黏性土为主，含少量砖瓦碎片，局部具湿陷性	22.2	0.818	0.19	0.011	0.19	0.2～13.6	
黑垆土②	Q_4^{el}	褐色，孔隙发育，块状结构，多白色钙纹，含少量小钙质结核	21.7	0.845	0.20	0.020	0.23	0.3～1.0	0.8～1.6
黄土③	Q_3^{eol}	褐黄色，针孔发育，少许大孔，偶见蜗牛壳，含少量钙质结核	24.8	1.121	0.55	0.043	0.66	0.2～5.0	0.6～6.2
古土壤④	Q_3^{el}	黄褐～褐色，见针状孔隙，土呈块状结构，含少量钙质结核	21.6	0.802	0.19	0.005	0.12	2.2～5.3	5.3～9.7
古土壤⑤	Q_3^{el}	棕褐～红褐色，见针孔，含少量结核，见钙条，呈块状结构	19.9	0.736	0.05	0.004	0.09	2.3～3.5	8.0～12.6
黄土⑥	Q_2^{eol}	褐黄色，具针孔，偶见蜗壳和钙核，局部钙核富集成层	21.2	1.030	0.28	0.022	0.13	7.9～10.3	18.9～22.4
古土壤⑦	Q_2^{el}	褐～红褐色，具针孔，含少量蜗壳及钙核，见白色钙质条纹	20.7	0.838	0.14	0.013	0.09	3.4～4.7	22.8～26.0
黄土⑧	Q_2^{eol}	褐黄色，具针孔，偶见蜗壳和钙质结核，含钙质粉末	21.9	0.933	0.30	0.013	0.10	3.9～5.6	27.5～29.3
古土壤⑨	Q_2^{el}	褐～红褐色，具针孔，含有少量蜗壳及钙核，见白色钙纹	20.6	0.775	0.08	0.013	0.09	3.6	32.5

续表

层名及层号	时代成因	特征描述	含水率 w %	孔隙比 e	液性指数 I_L	湿陷系数 δ_s	压缩系数 a_{1-2} MPa^{-1}	层厚（m）	层底深度（m）
黄土⑩	Q_2^{eol}	褐黄色，具针状孔隙，偶见蜗牛壳和钙质结核，含钙质粉末	20.9	0.855	0.20	0.006	0.09	5.10	37.6
黄土与古土壤互层⑪	Q_2^{eol} 及 Q_2^{el}	黄土一般呈褐黄色，古土壤一般呈红褐色，具针孔，偶见蜗牛和钙核，含钙末	23.4	0.888	0.40	0.006	0.12	最大 12.4	最深 50.0

2.4 地下水

根据在本场地西侧水井内水位量测结果，该井地下水位埋深为 63.8m，相应标高为 428.84m。由于地下水位埋藏深度大，可不考虑其对本校区拟建建筑物的影响。

3. 本工程的技术难点

本工程的技术难点主要有以下五个方面：

（1）本工程地处西安南郊、秦岭北麓的黄土塬区，原为农田及荒地，地形起伏较大，地貌及地质环境特殊，没有前人的勘察成果资料可供借鉴和比较。场地地下水位埋深大于 60m，湿陷性黄土厚度较大，采取不扰动土试样是首先要解决的技术问题，工作难度大。

（2）上部地层的结构和性质与西安市区及关中地区黄土的标准地层相比明显不同，如何在年代地层学及工程地质学的对比研究中取得新认识对认识本场地黄土地层的特殊性及对多层建筑的地基处理都至关重要。

（3）针对这种特殊的地层结构，按探井取样室内试验结果计算，本场地属自重湿陷性黄土场地，这个结论是否合理值得深究。如何科学合理地评价场地的湿陷类型将直接影响到地基处理方案和工程造价，这对本工程具有挑战性。通过此工程，更让我们反思现行湿陷性黄土的评价方法。

（4）针对本工程不同建筑物荷载对地基的要求，如何准确评价主要持力层的地基承载力及变形特性？如何针对建筑物和地基条件科学合理地论证地基处理方案？这也是本工程的技术重点和难点之一。

（5）针对单柱荷载较大的框架结构建筑物的要求及地基情况，经分析比较，拟选用载体桩方案，但当时这种新型桩基方案在湿陷性黄土地区尚无准确可靠的设计参数。如何科学合理地取得这种桩型的相关设计参数，是保证工程设计安全可靠的前提，也是本工程的一个关键技术难点。

4. 本工程的主要创新点

本工程勘察与试验研究具有如下几个方面的特色：

4.1 通过一系列特殊室内试验取得了对场地黄土特殊性的新认识

采用超常规分析手段研究确定本场地上部特殊黄土地层的层序与沉积时代，同时较好地解决了厚层黄土的钻孔取样质量问题，并对主要地基土层的湿陷特征进行了试验研究，使得对场地特殊黄土层的认识有了新的提高。

根据区域地质资料，新校区所处场地表层地层应为晚更新世风积黄土，与关中地区覆盖的地层应该是一致的。但根据现场钻探揭示和土工试验结果，本场地在地表以下 4m 左右至第一层古土壤顶面以上的地层（以下简称“本场地地层”）与关中地区相同深度地层（以下简称“其他场地地层”）有较大差别。首先在颜色上，“本场地地层”色调较其他场地明显偏暗，呈黄褐色或褐色，而“其他场地地层”一般呈褐黄色；其次是在物理力学性质上，“本场地地层”孔隙比明显偏小，基本不具湿陷性，而“其他场地地层”地层孔隙比较大，湿陷性较强，两者有较大差别。为了探究这种差别的原因，确定“本场地层”的层序、年代及成因，在详勘过程中，对相关地层进行了 C^{14} 年代测定、黏粒含量测定及微观结构分析，对主要地基土层的湿陷特征进行了试验研究，获得了如下新认识：

（1）“本场地地层”的沉积年代约为 23820±475 年，应为晚更新统（Q_3）地层，与“其他场地地层”在是同期沉积的。

（2）“本场地地层”的黏粒含量与“其他场地地层”相比明显偏大；而在微观结构方面，“本场地地层”主要以镶嵌微孔胶结结构为主（见图 4-1），而“其他场地地层”主要为支架大孔半胶结结构。说明前者地处关中地区南缘，受秦岭气候带影响，在晚更新世晚期为较湿润的沉积气候环境，而后者所处的沉积气候环境相对干燥。

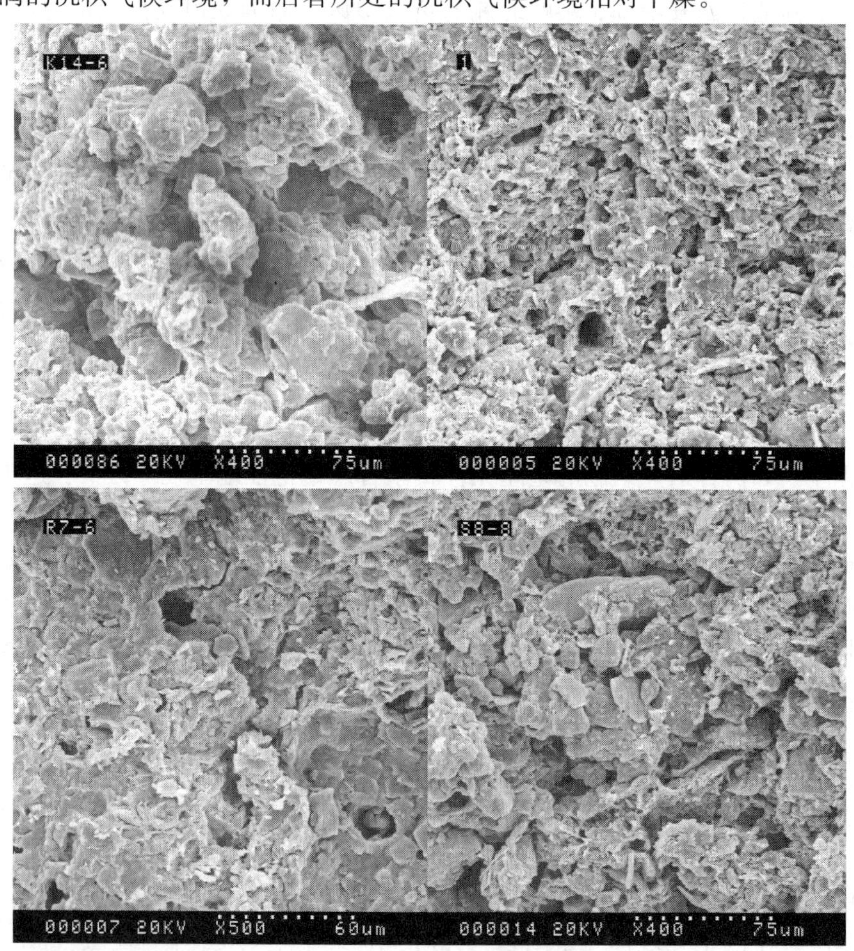

图 4-1　黄土③层（左上）、古土壤及黄土④层（右上）、古土壤⑤层（左下）、黄土⑥层（右下）显微结构

（3）对“本场地地层”的测试表明，本场地约4m以下至第一层古土壤顶面的地层与关中地区相应深度的地层在沉积年代上是同期的（均为Q_3），但由于两者沉积环境的差别，致使“本场地地层”在微观结构和黏粒含量方面具有明显的差异，从而表现出在工程性质上的明显不同。

（4）对主要黄土地层的湿陷特征进行了专门试验研究，分析了减湿与增湿时黄土的湿陷特征及湿陷性对压力区间的敏感性。

另外，对“本场地地层”工程性质准确认识的前提是要采取高质量的不扰动土试样进行室内试验。本次勘察中，除开挖必要的取样探井，把钻孔取样质量作为关键环节，通过采用特制的黄土薄壁取土器及严格控制取样环节，经试验比较，钻孔土样与探井土样的孔隙比没有明显差异，说明钻孔取样质量达到了Ⅰ级，从而确保了试验数据的真实与分析评价的可靠。

4.2 采用现场大型试坑浸水试验分析研究黄土场地的湿陷类型及成因

本工程针对特殊的黄土地层结构采用现场大型试坑浸水试验分析研究黄土场地的湿陷类型及成因，对场地湿陷性评价取得了新突破。

根据现场探井及钻孔取样、室内土工试验结果，按现行国标《湿陷性黄土地区建筑规范》GB 50025—2004的有关规定计算，场地自重湿陷量计算值平均可达216mm，属自重湿陷性黄土场地。但室内土工试验反映出的自重湿陷性土层主要分布在埋深约10m以下的Q_2黄土⑥、古土壤⑦及黄土⑧层中，而地表下浅部10m左右的黄土及古土壤都没有自重湿陷性。对于这种地层结构的湿陷性黄土场地，在地面饱和浸水的情况下能发生自重湿陷吗？这是个值得思考和进一步研究的现实课题。经与财经学院有关方面磋商研究，决定在本场进行的现场试坑浸水试验工作，试验概况及有关研究成果如下：

（1）在场地有代表性的地段开挖了一个直径30m，深0.5m的试坑，在坑内外布置了浅标点19个、深表点4个，浸水时间历时73d，累计浸水量约2.7万m^3，变形观测时间共计88d。在当时开创了在西安地区湿陷性黄土建筑场地进行大型试坑浸水试验的先河（见图4-2）。

图4-2 现场试坑浸水试验

（2）经过仔细的现场试坑浸水试验和准确的变形观测，直径30m的试坑在长达73d的饱水浸水状态下未出现湿陷下沉现象，本场地可判定为非自重湿陷性黄土场地。试坑及周围地层还出现了在浸水过程中有几毫米的上浮、在停水后又有几毫米下沉的现象。

（3）针对现场试坑浸水试验出现的结果，随后又进行了室内土工试验和数值模拟分析，采用线弹性有限元法，使用GEOSTUDIO软件，分析模拟了试坑浸水试验过程应力场和应变场的变化（见图4-3～图4-6），认为发生“浸水反弹”现象是在试坑浸水过程中，孔隙水压力有一个的增大、消散直至消失的过程，在试坑浸水停止前，因为孔隙水压力产生的变化大于自重增量产生的变化，且有效应力小于湿陷起始压力，从而导致了该试坑地表发生反弹。当试坑浸水过程停止后，随着孔隙水压力的消散，直至消失，试坑范围内的土层随之发生固结沉降。

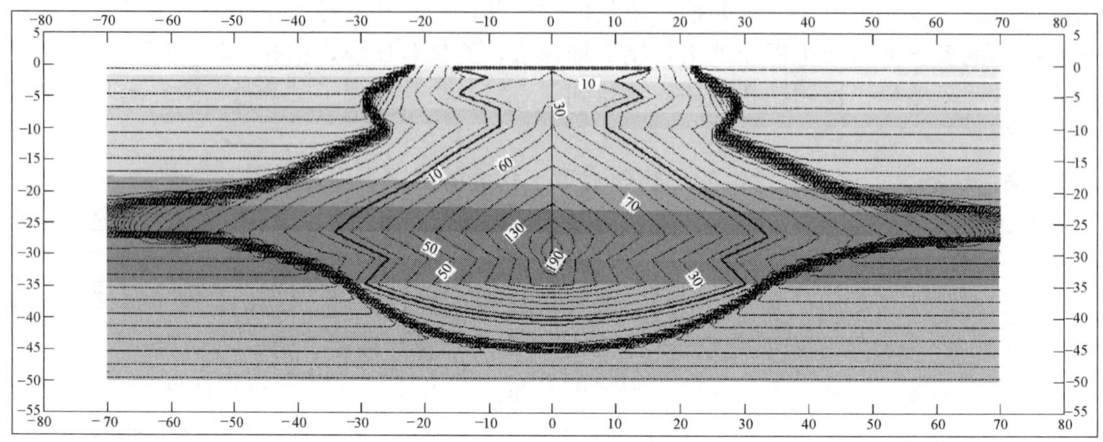

图4-3　浸水第30d孔隙水压力分布云图

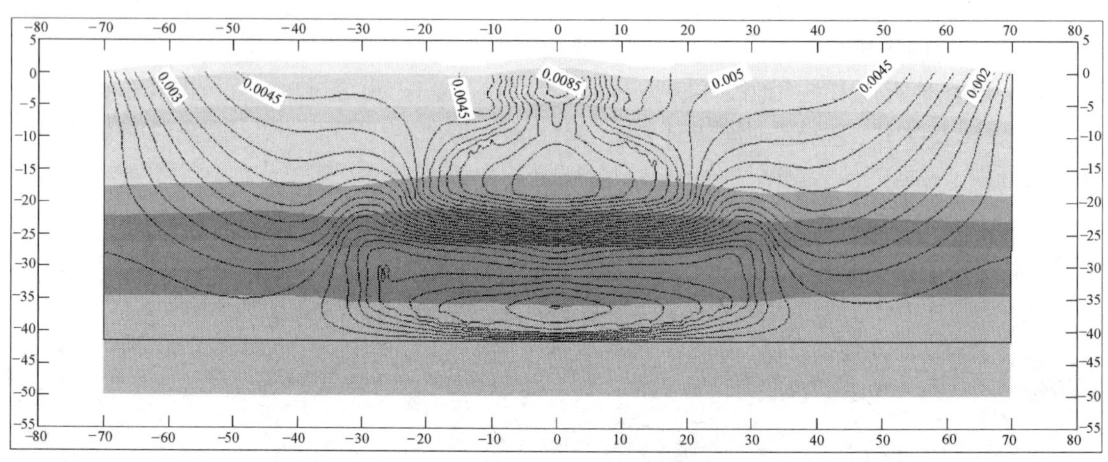

图4-4　浸水第37d位移变化图

（4）根据勘察与试验结果，我们发表了“西安塬区晚更新世（Q_3）黄土的工程特性”一文，对建筑场地晚更新世黄土从沉积年代、微观结构、黏粒含量及湿陷性等工程特性进行了分析，并论述了这些因素之间的内在联系及形成原因。通过对本场地试坑浸水试验数值分析结果的进一步研究，我们在第十届国际工程地质与环境大会上发表了《Research on Loess Collapsibility of Medio-Pleistocene（Q_2）Loess under Self Weight》一文，文中提出了评价黄土湿陷性的湿陷势和湿陷可能性的新思路，探讨了地层结构对场地自重湿陷影响的新认识。这些新观点受到了国际同行的积极关注。在本工程中取得的有关湿陷性黄

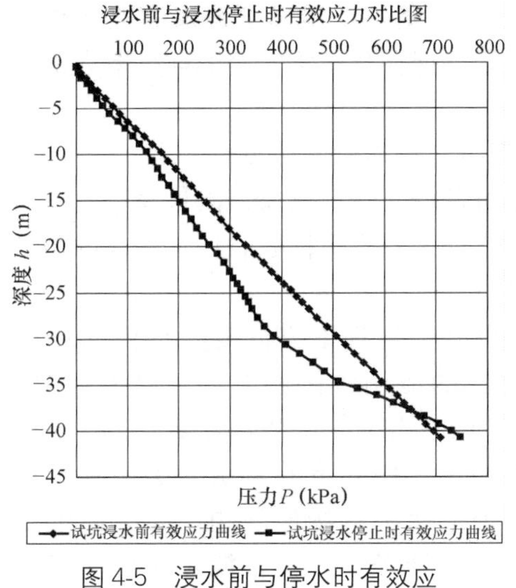

图 4-5 浸水前与停水时有效应力随深度变化曲线

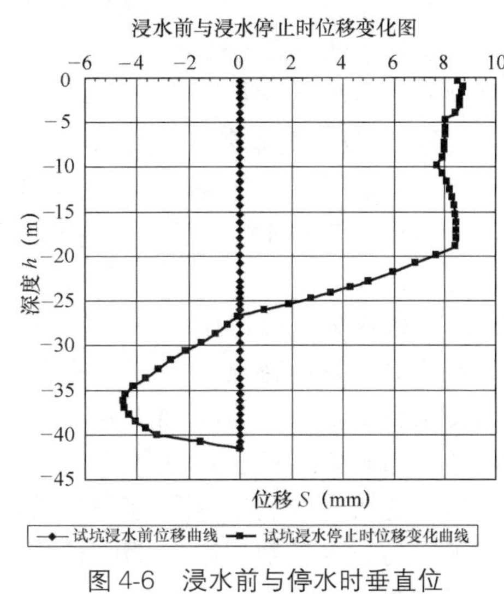

图 4-6 浸水前与停水时垂直位移随深度变化曲线

土场地工程特性的研究成果，将对我国湿陷性黄土新的评价体系的研究及国家标准的修订奠定基础。

4.3 科学合理而又准确地对场地地基条件及地基处理方案进行了分析评价

本勘察报告科学合理而又准确地评价了黄土的湿陷性及地基条件，对不同深度主要持力层的地基承载力及变形性质采用载荷试验进行测试评价，对不同类型建筑物地基处理方案逐个进行分析论证，使地基处理方案的评价建立在科学合理的基础之上。

（1）通过对场地浅部地层（古土壤及黄土④层）的形成年代及各种基本性质指标的测试，以及大型试坑浸水试验研究，得到了对本场地湿陷类型和地基湿陷等级的科学而准确地评价，地基湿陷等级由仅按常规室内试验指标计算判定的自重Ⅱ级湿陷性，转变为通过现场大型试坑浸水试验及相关试验研究最终确定的非自重Ⅰ级，这一重大调整彻底改变了整个工程地基处理的方向，即由原先需要深层挤密地基处理或长桩方案，转而选择浅层地基局部处理或短桩方案，全面优化了地基处理方案。

（2）针对本工程两类建筑（砖混结构条形基础的一般建筑及框架结构单柱荷重较大的教学楼图书馆等重要建筑）对地基的不同要求，考虑古土壤及黄土④层及古土壤⑤层分别作为持力层，为了准确确定这两层土的地基承载力特征值及变形性质，在古土壤及黄土④层中布置完成了 3 组浅层平板载荷试验，在古土壤⑤层中布置完成了 3 组深层平板载荷试验，实际测定了它们的地基承载力及变形指标，使地基处理及基础设计的基本参数更加准确可靠、科学合理。

（3）根据本工程建筑物特征、地基条件及浅层与深层平板载荷试验结果，结合国家《湿陷性黄土地区建筑规范》GB 50025—2004 的有关规定，经分析可供选择的地基基础方案有适合于一般砖混结建筑物的灰土垫层法、强夯法和挤密桩复合地基法以及适合于单柱荷载较大的框架结构建筑物的载体桩（以古土壤⑤层作为桩端持力层）。勘察报告依据每栋建筑物具体地段的土层分布、基础底面以下湿陷性土层的剩余厚度、地基湿陷等级、挖填方情况，并结合建筑物结构形式、基底压力等逐个建筑物列表对其地基基础方案进行了分析论证，并绘出了每栋建筑物的地基条件简图，在此基础上提出了建议的地基基础方案，使地基基础方案的选择更具有针对性和合理性，确保在建筑物安全的前提下力求使地基基础方案的选择经济合理。

4.4 通过对复合载体夯扩桩的现场浸水载荷试验取得了可靠的设计参数

针对拟采用复合载体夯扩桩的建筑，采用现场桩基浸水载荷试验（测桩身应力）研究确定了不同状态下桩的侧阻力、端阻力及单桩极限承载力及变形性状，使这种在湿陷性黄土地区的新桩型在应用研究方面取得了新成果与新进展。

载体桩作为一种挤密型、以端承为主的新型桩基，具有单方混凝土提供的承载力高，经济效益好的特点。但当时在湿陷性黄土地区的应用才刚刚开始，已有经验少，大型浸水载荷试验还是空白。对本场地而言，上部土层分布复杂，除黄土古土壤外，局部还分布有厚层填土，且作为桩端持力层的古土壤⑤层之下的黄土⑥层还具有自重湿陷性。能否充分利用这种桩型的特点，经济合理地解决本场地问题，为载体桩设计提供可靠的技术参数，勘察期间进行了载体桩多种场地条件、多种浸水条件、多种测试手段桩基试验工作。

载体桩浸水载荷试验有以下几个特点和创新：

（1）试验方案全面而具体。根据场地地层分布情况，选择了三个不同试验场地和三种桩长，每个场地布置了三根试桩，再分为天然状态和浸水状态两种情况，浸水考虑了桩身、桩端及桩端下卧层（具自重湿陷性的黄土⑥层）浸水饱和的影响，同时，还分别进行了预湿（在加荷前浸水饱和）和后湿（将桩顶荷载加至设计单桩承载力特征值后再浸水饱和）两种浸水饱和条件下的单桩静载荷试验，试验过程中还测定了桩身应力。该试验填补了这种桩型在黄土地区全面测试的空白。

图 4-7 单桩承载力试验现场

（2）分别进行了天然状态和浸水饱和状态下的单桩承载力试验，试验确定了在上述两种含水量状态下，在正常地基土中和局部填土中的单桩承载力极限值和特征值，分析了成孔工艺对单桩承载力的影响；试验还测定了在不同试验条件下桩的变形性状，其中包括饱和浸水对单桩变形（后湿状态）的影响。

（3）选择了 4 根试桩进行了不同浸水及加荷状态下的桩身应力测试，计算确定了天然状态和浸水饱和状态下桩身分层侧阻力和总端阻力值，分析了载体桩在天然状态下的侧阻与端阻的变化规律，评价了桩的承载类型及浸水时对它的影响，为设计提出了可靠的依据和参数。

5. 工程效益与效果

5.1 技术效益

湿陷性黄土场地湿陷类型及地基湿陷等级的判定一直是黄土地区岩土工程勘察的重要内容，本工程通过黄土地层结构的测定分析、大型试坑浸水试验等手段和方法，对场地湿陷类型和地基湿陷等级有了全新的认识，同时对黄土湿陷性评价中的湿陷势、湿陷可能性及地层结构对湿陷性的影响等一些创新思考及评价方法进行了探讨，填补了我国在建筑场地湿陷性地基评价的部分空白。本工程技术工作为国家标准《湿陷性黄土地区建筑规范》的修订完善与发展及湿陷性黄土地区的工程建设积累了宝贵的技术资料，其技术效益是显著和深远的。

5.2 经济效益

按室内土工试验结果，新校区属自重湿陷性黄土场地，按此设计，一般 6 层建筑物的地基处理厚度至少需要 15m，部分建筑物（如图书馆和综合教学楼等）需要 20m 以上。本工程通过现场试坑浸水试验结果按非自重湿陷性黄土场地设计，所有建筑物的地基处理厚度一般都在 8m 以内，大部分建筑物只需做垫层（3m 以内）即可。按非自重湿陷性黄十场地设计后地基处理厚度大幅度减小，按此估算节约的地基处理费用一期工程约为 2000 万元左右，整个新校估计在 4000 万元以上。在地基处理费用减小的同时也缩短了施工工期和难度，具有良好的经济效益。

5.3 社会效益

因本工程勘察进行了有针对性的试坑浸水试验，使地基处理厚度较常规分析判定有较大幅度的减小，在节约投资的同时，也显现了良好的社会环境效益。

因本工程试验结果使我们对西安地区特别是塬区黄土场地的湿陷类型和湿陷机理有了一个新的认识，这种认识对西安地区类似场地的工程建设具有指导作用。近年来我们在西安地区类似场地（如中海曲江社区、西安培华学院等）的诸多工程中在地基基础方案的选择上有不同程度的优化，社会效益也非常显著。

6. 获奖单位简介

机械工业勘察设计研究院有限公司始建于 1952 年 9 月，是国家大型综合性勘察设计单位。曾被国家建设部、国家统计局、国家工商行政管理总局和陕西省委、省政府等授予“全国勘察设计综合实力百强单位”、“全国守合同重信用企业”、“全国优秀勘察设计院”、“全国工程勘察设计先进单位”、全国企业文化建设优秀单位、全国行业“十佳自主技术创新企业”、“AAA 级信用等级企业”、“省级文明单位”、陕西省“高新技术企业”等殊荣。

该院为国家一类科研单位，现有员工 500 余人，专业技术人员占 86%，其中高级工程师 100 余人（教授级高工 30 余人），拥有各类国家注册师 90 余人，政府特贴专家和省部级有突出贡献专家及省优秀勘察设计师 30 余人；拥有张苏民、张旷成、张炜三位“国家勘察设计大师”，技术水平居国内行业一流地位。

该院拥有国家建设部、国家发改委、国家测绘局、铁道部等颁发的工程勘察综合甲级，测绘甲级，地质灾害评估、勘察、设计、施工甲级，工程咨询甲级及地基与基础工程施工壹级，建筑工程和市政工程设计甲级资质，城乡规划和风景园林乙级设计资质，铁道部基桩检测等资质；系陕西省人工地基第一检测站所在单位；通过了质量管理体系、环境管理体系和职业健康安全管理体系认证；能为业主提供与工程建设相关的勘察、设计、施工、测试、检测、工程测量及地质灾害防治工程等全方位、全过程的服务。现在北京、深圳、杭州、成都、兰州、西宁、银川、新疆、延安等地设有分支机构。

半个多世纪以来，在各级领导的亲切关怀和社会各界的大力支持下，经过几代机勘人的辛勤耕耘，机勘院已发展成为国内外享誉盛名的工程勘察设计单位，在中国工程勘察设计行业发展及技术进步中发挥了积极的作用，足迹遍布全国 30 个省、市、自治区，同时在亚洲、非洲、中南美洲等四十多个国家完成了八十余项各类勘测、市政设计、建筑设计、咨询、监理、施工、管理项目。累计完成 16000 余项工程勘测、设计、施工、检测及监理等工程，同时还承担了 100 余项国家及省部级科研项目，主编或编审了国家、行业和地区五十余种规范、规程、手册。自 1986 年以来荣获国家科技进步奖、科技成果奖、优秀工程奖 30 余项、省部级奖 200 余项，为国民经济建设和社会进步做出了重大贡献。

【项目特色提要】 本项目地处陕西省西安南郊的黄土塬区，与关中地区相比，其地层结构和土层性质具有一定的特殊性。通过对建筑场地黄土地层的 C14 测年和微观结构及成分的测定分析、黄土湿陷性试验以及增湿与减湿试验、大型试坑浸水试验等，系统分析了本场地黄土地层的特性与结构特征、黄土场地湿陷类型与变化规律，对黄土地区特殊地层结构及其场地湿陷性的评价获得了全新的认识。通过复合载体夯扩桩的现场浸水载荷试验（同时量测桩身应力）、深层平板载荷试验等现场系列试验，研究了地基持力层的承载力及变形特征、复合载体夯扩桩在本场地的实用性与设计参数等。本项目成果产生了显著的技术效益、经济效益和社会效益，对黄土地区类似场地的勘察工作起到了引领作用，试验研究成果为国家标准《湿陷性黄土地区建筑规范》的修订完善提供了支撑，为湿陷性黄土地区的工程建设积累了很好的资料。

深圳港铜鼓航道、西部港区公共航道工程及大铲湾港区（一期）工程

深圳市勘察测绘院有限公司 张 波 万国治 吴圣超

【项目摘要】

本次勘察为国内少有大面积海域及滩涂填海区勘察，环境、地质条件复杂，拟建工程设计技术要求高，勘察难度大。我司采用了地质调查、工程测量、工程钻探、工程物探、原位测试及室内土工试验等多种勘察方法，并针对性的创新了暗礁及深水钻探，自行研制了加长原状软土限制球阀式取土器，结合多种物探仪器、GPS 定位系统等准确进行了海上定位和海底管线测定。项目曾荣获 2008 年度第十三届深圳市优秀工程勘察设计项目一等奖，2009 年度广东省优秀工程勘察设计项目一等奖，2009 年度全国工程勘察设计行业优秀工程勘察一等奖。建设项目于 2007 年 12 月竣工。

1. 工程概况

1.1 工程简介

本工程包括深圳铜鼓航道工程、西部港区公共航道工程、大铲湾港区一期码头工程、口岸大楼工程、疏港道路工程等，涉及航道、港口、港池、道路、工民建等项目。项目范围自北至南长约 35km，勘察面积 73.5km^2，项目总投资超 300 亿元。勘察自工可到施工图阶段，起止时间为：2004 年 7 月～2006 年 11 月，其中：

（1）铜鼓航道是深圳港西部港区的第二条通海航道，位于珠江口伶仃洋东部铜鼓岛至大濠岛西北海区，北接暗士顿水道，南连伶仃西航道，铜鼓航道工程按 10 万吨级集装箱船单向通航设计，航道全长 22.57km，有效宽度 210m，通航水深 15.8m，设计底标高－15.8m（当地理论最低潮面）；边坡 1∶7。

（2）西部港区公共航道工程按 10 万吨级集装箱船单向不乘潮通航设计，航道全长 8.93km，有效宽度 210m，通航水深 15.8m，设计底标高－15.8m（当地理论最低潮面），边坡 1∶8。

（3）大铲湾港区岸线总长 9210m，拟建 6000 标准箱以上集装箱船泊位 15 个，2000 标准箱集装箱船泊位 7 个和 80 个标准箱驳船泊位 19 个，设计年总吞吐能力 1000 万标准箱。

（4）整个工程自北至南长约 35km，勘察面积 73.5km^2，项目总投资超 300 亿元。工程地理位置遥感示意图详见图 1-1。

1.2 勘察工作的重点

（1）航道及港池区

1）查明航道范围内不良地质现象的分布范围、发育程度、形成原因。对拟建场地的工程地质条件做出评价，并判断不良地质现象对航道工程建设施工的影响。

2）提供勘察深度范围内的岩、土层边坡稳定参数，并对其可挖性和开挖后的稳定性

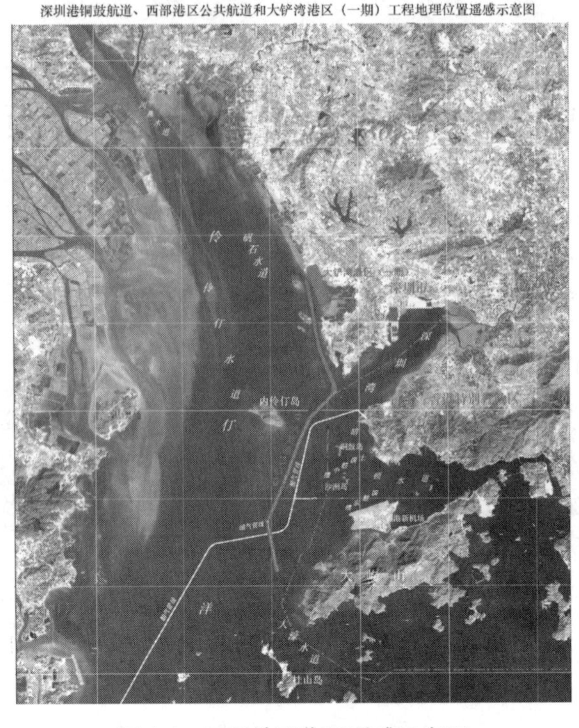

图 1-1　工程地理位置遥感示意图

做出评价。

3）水底地层剖面探测工作水域的水深应大于 2m，波浪高度不应大于 0.5m，探测船舶航速为 2～4km。并应充分收集测区内的工程地质资料，以便根据钻孔资料对水底地层剖面探测结果进行解释、划分地层。

（2）码头区

1）查明场地内岩土层的时代、成因、岩性及分布特征，提供物理力学性质指标，并对其进行评价，包括：

a. 查明海（隔）堤的分布范围、形状、物质组成、着底情况及堤底残留淤泥的厚度。

b. 查明淤泥层的分布规律及其物理力学性质，并对超载预压固结排水处理淤泥的效果进行评价。

2）查明场地的水文地质条件，包括地下水类型、补给、排泄、径流条件，地下水的化学特征，地下水与地表水的水力联系，地下水运动规律以及地下水对基础设施的腐蚀性等。

3）查明场地整体环境特点，及其与工程施工之间的关系和相互作用。

4）在查明上述地质条件的基础上，对天然地基、复合地基及桩基础进行评价，提出基础选型及持力层建议，或软土地基处理建议，并对基础设计及施工中遇到的岩土工程问题提出建议。

2. 场地岩土工程条件

2.1　地貌单元

拟建场地位于深圳市西部珠江口，地貌单元为大陆边缘浅海带，钻探时水深在4.47～

18.02m 间，钻孔孔位海底滩面标高为－3.49～－16.87m 间，总体上呈南低北高，为缓坡状，航道海域为珠江外海口及深圳湾内海之过渡交界处。

2.2 地层特点

海上航道区分布第四系全新统海积层（$Q_4{}^{m}$）：浮泥、流泥、淤泥；第四系全新统冲洪积层（$Q_4{}^{al+pl}$）：黏土、淤泥质土、中砂、粗砂、黏土。场地范围内代表性工程地质剖面图详见图 2-1。

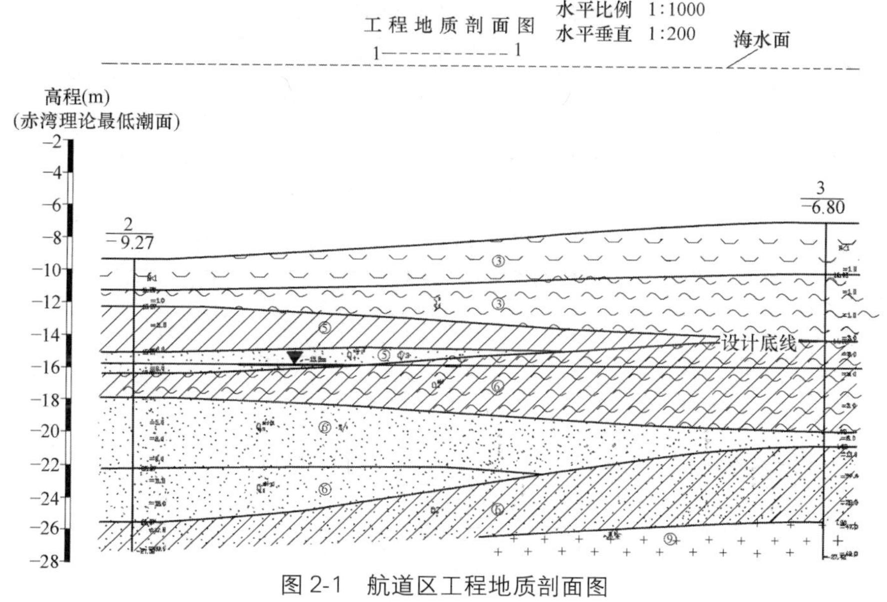

图 2-1 航道区工程地质剖面图

码头场地内分布人工填土（填石）层（Q^{ml}）、海相淤泥层（$Q_4{}^{m}$）、第四系上更新统冲洪积层（$Q_3{}^{al+pl}$）、场地下伏基岩为燕山期中粗粒花岗岩（$\gamma_5{}^{3}$）。人工填土（填石）层成分差异大，厚度变化大，场地下伏基岩为燕山期细中粒花岗岩，受构造影响，风化带厚度大，基岩面起伏大，随着风化程度的递减其承载力逐渐提高，其中全风化岩中下部及强、中、微风化岩均为良好的桩端持力层。场地范围内代表性工程地质剖面图详见图 2-2。

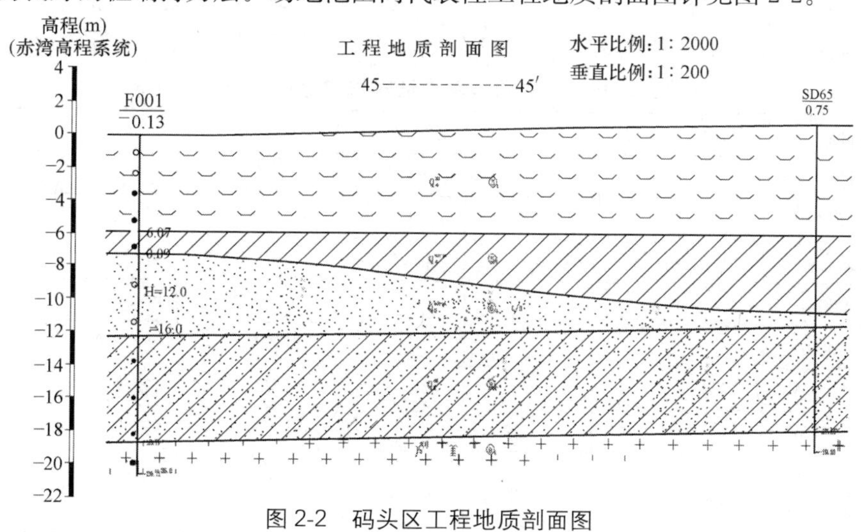

图 2-2 码头区工程地质剖面图

2.3 水文地质特点

拟建场地为海域，地下水与海水之间水力联系密切，地下水化学特征与海水基本一致。

2.4 岩土工程条件及处理建议

场地范围内第四系地层自上而下依次为第四系全新统海积流泥、淤泥，全新统冲洪积黏土，上更新统冲洪积淤泥质土、中砂、粗砂、黏土。通过大量的统计、计算和分析，从多方面、多角度论述评价了各岩土层物理力学性状。其中流泥特殊物理力学性质指标见下表 2-1。

流泥特殊物理力学性质指标统计表 **表 2-1**

地层时代成因及名称		指标名称 / 统计项目	标准固结试验					三轴抗剪强度				无侧限抗压强度			十字板剪切		
								UU		CU							
								总应力		有效应力							
			先期压力 P_c (kPa)	压缩指数 C_c	回弹指数 C_s	压缩系数 $\alpha_{v1\text{-}2}$ (MPa^{-1})	压缩模量 E_r (MPa)	凝聚力 C_U (kPa)	摩擦角 φ_U (°)	凝聚力 C_U (kPa)	摩擦角 φ_U (°)	原状 q_u (kPa)	扰动 q_u' (kPa)	灵敏度 S_t	原状土 C_U (kPa)	重塑土 C_U' (kPa)	灵敏度 S_t
Q^m	流泥③	统计件数	21.0	22	22	22	22	26	26	3	3	22	22	22	116	116	116
		最小值	21.5	0.570	0.073	1.532	1.256	0.87	0.55	6.14	16.82	2.14	1.14	1.25	0.01	0.00	1.00
		最大值	76.3	1.001	0.121	2.623	2.220	2.44	1.54	11.25	17.96	6.64	2.91	3.69	20.75	12.89	24.73
		平均值	39.0	0.716	0.096	2.002	1.802	1.37	0.86	8.33	17.30	4.24	1.77	2.47	3.48	1.07	4.88
		标准差	17.0	0.098	0.013	0.258	0.204	0.48	0.26	2.15	0.48	1.40	0.52	0.72	3.42	1.63	3.94
		变异系数	0.44	0.14	0.13	0.13	0.11	0.35	0.30	0.26	0.03	0.33	0.29	0.29	0.98	1.52	0.81
		标准值	32.5	0.752	0.101	2.098	1.726	1.21	0.77	5.09	16.58	3.72	1.58	2.74	2.94	0.82	4.26

根据航道工程地质条件，结合航道的设计底标高（−15.80m），拟建航道内疏浚的地层为流泥、淤泥、粉质黏土、粗砂、淤泥质土，按其开挖到设计底标高时是否挖至粉质黏土（地层编号为⑤₁）及以下地层，将航道分为Ⅰ、Ⅱ两区，Ⅰ区内疏浚的地层仅为流泥、淤泥，无粉质黏土、粗砂、淤泥质土；Ⅱ区内疏浚的地层将有流泥、淤泥、粉质黏土及粗砂、淤泥质土。其航道分区分段工程地质条件、疏浚方法建议各异（见表 2-2）。航道疏浚工程设计按挖泥边坡按 1∶7，超宽 3m，超深 0.6m，转弯段与西部航道衔接段适当加宽。整个疏浚工程量铜鼓航道和西部航道分别为 7030.80 万 m^3、2519 万 m^3（见图 2-3）。

疏浚岩土工程分级、管道输送适宜性和挖泥船的可挖性表 **表 2-2**

岩土名称		流泥	淤泥	黏土	淤泥质土	中砂	粗砂	黏土
地层编号		③₁	③₂	⑤₁	⑥₁	⑥₂	⑥₃	⑥₄
疏浚岩土工程分级		1	2	5	3	9	9	6
管道输送适宜性		很好	很好	碎化后较好	很好	较好	较好	碎化后较好
耙吸	≥3000m³	较易	容易	困难	容易	尚可～较难	尚可～较难	很难
	<3000m³					较难	较难	
绞吸	≥2940kW	容易	容易	较难	容易	较易	较易	困难
	<2940kW	较易				较难	较难	
链斗	≥500m³	较易	容易	较难	容易	较易	较易	困难
	<500m³					尚可	尚可	

续表

<table>
<tr><th colspan="2">岩土名称</th><th>流泥</th><th>淤泥</th><th>黏土</th><th>淤泥质土</th><th>中砂</th><th>粗砂</th><th>黏土</th></tr>
<tr><td rowspan="2">抓斗</td><td>≥4m³</td><td rowspan="2">不适合</td><td rowspan="2">容易</td><td>较易</td><td rowspan="2">容易</td><td>较易</td><td>较易</td><td>困难</td></tr>
<tr><td><4m³</td><td>尚可</td><td>较难</td><td>较难</td><td>很难</td></tr>
<tr><td rowspan="2">铲斗</td><td>≥4m³</td><td rowspan="2">不适合</td><td rowspan="2">较易</td><td>较易</td><td rowspan="2">容易</td><td>容易</td><td>容易</td><td rowspan="2">较难</td></tr>
<tr><td><4m³</td><td>尚可</td><td>较易</td><td>较易</td></tr>
</table>

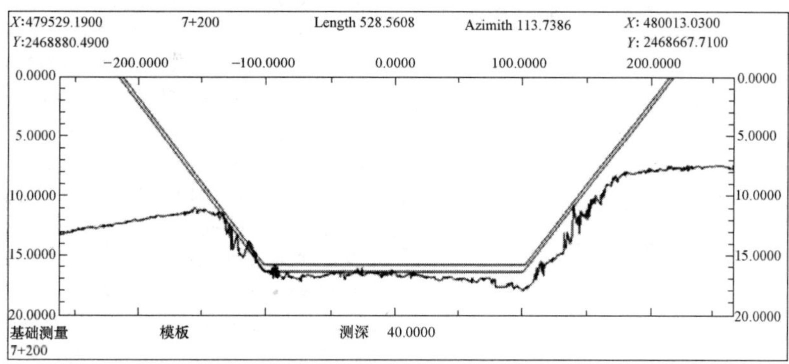

航道竣工扫海测量断面示意图(K7+200)

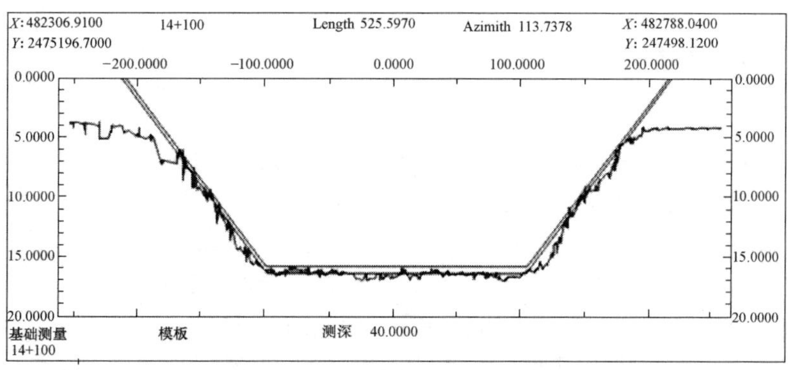

航道竣工扫海测量断面示意图(K14+100)

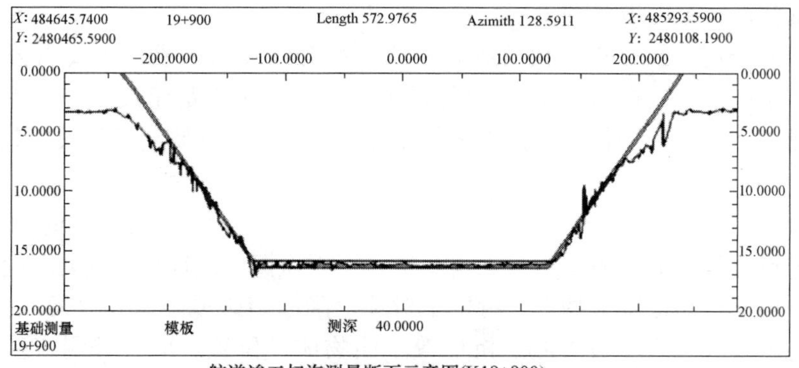

航道竣工扫海测量断面示意图(K19+900)

图 2-3 航道竣工扫海测量断面示意图

对于码头区道路及堆场软基处理、建筑物基础选型及可能遇到的岩土工程问题提出了分析和建议。三期围堤区工程地质条件及建议地基处理方法详见表 2-3。

三期围堤区工程地质条件及建议地基处理方法　　表 2-3

区域名称	工程地质分区	工程地质条件	建议地基处理方法
三期围堤区	Ⅰ	海水深度 3～5m，上部地层为流泥（③$_1$），厚度为 1.40～5.00m；其下地层为淤泥质砂（③$_3$）	考虑到三期围堤为临时结构，水深较深，流泥、淤泥不太厚，且围堤区内功能不明确。建议围堤：(1)当流泥、淤泥厚度<2.0m时，可直接采用土夹石堆填，适当碾压；(2)当2.0m<流泥、淤泥厚度<5.0m时，可采用吹砂堆填、大砂袋挤淤；(3)局部流泥、淤泥厚度>5.0m地段，可采用抛石挤淤法进行换填构筑海堤，堤底原则上应与下伏砂层相接
	Ⅱ	海水深度 3～5m，上部地层：主要为流泥（③$_1$），少量淤泥（③$_2$），总厚度为 5.00～6.80m；其下地层主为淤泥质砂（③$_3$），局部为黏土（⑤$_1$）	考虑到三期围堤为临时结构，水深较深，流泥、淤泥厚度较大。建议围堤：(1)当2.0m<流泥、淤泥厚度<5.0m时，可采用吹砂堆填、大砂袋挤淤；(2)当5.0m<流泥、淤泥厚度<8.0m时，可采用抛石挤淤法进行换填构筑海堤，堤底原则上应与下伏砂层相接；(3)当流泥、淤泥局部厚度>10.0m时，可采用超高填抛石挤淤法进行换填构筑海堤，堤底原则上应与淤泥质砂及以下地层相接

3. 岩土工程问题及评价

3.1　岩土工程问题

本次勘察工作不同于一般陆地勘察，为大面积海域及填海区勘察，地质条件复杂，设计要求高，勘察野外施工过程中发现如下两个重点和难点。

（1）暗礁及深水钻探困难。其原因为：海水深度 5～15m，海水底为浮、流泥，其下即为凹凸不平的中等～微风化岩岩体，钻探时无法下套管；钻探时无导管导致无循环泥浆；海底暗流水急、加之船只通过引起波浪，钻探船不易稳定。

（2）淤泥性土采取原状样困难。含水量 $w>150\%$ 为浮泥，$85\%<w\leqslant150\%$ 为流泥，$w\leqslant85\%$ 为淤泥或淤泥质土。由于淤泥性土层厚度较大，按目前国际、国内原状样取土器，无法保证浮泥、流泥取样和分层。

针对如上两个重点及难点，我司成立了技术难题攻关组，成员主要由公司技术委员会、技术部、工程部（钻探组）、实验室等骨干技术和施工人员组成。经过反复研讨和实验，针对暗礁及深水钻探进行了钻探工艺创新，软土取样自行研制了加长原状软土限制球阀式取土器。

3.2　工作方法

（1）对航道工程采取地质调查、工程测量、工程物探（浅地层剖面）、工程钻探。

根据航道勘察线路范围大特点，特别是对地下隆起暗礁或障碍物（海底天然气管线、电讯管线、供电管线、人工废弃物、沉船等不明物体）位置，应予查明，采取先从面到点，应用浅地层剖面法物探沿航道及两侧各 100m 布置 3 条纵剖面，查明沿线区域海底面异常范围，对有怀疑地段加密勘探剖面和增加其他物探方法进行验证，对自然地质体隆起增加钻孔数量进行验证。

（2）对港区的港池、围堤区、吹填区、涵闸区分别采取地质调查、工程测量、工程钻探、各种原位测试方法。

（3）对后方堆场、辅建区不同建（构）筑物垂直和水平荷载及变形要求的特点，采取工程钻探和相应原位测试方法、室内试验等勘察方法和技术措施。

3.3 技术创新

（1）勘察方法针对性强

1）对航道工程采取浅地层剖面、物探及钻探手段。

2）对港区的港池、围堤区、吹填区、涵闸区分别采取钻探、各种原位测试方法。

3）后方堆场、辅建区建（构）筑物对垂直和水平荷载及变形要求不同的特点，采取钻探和相应原位测试方法。

（2）准确定位海底管线。针对不明障碍物等采用多种勘察方法进行相互验证，采用国际最先进物探仪器为航道线位比选方案起到决定性作用。其物探现场作业见图 3-1。

图 3-1 物探作业及钻孔放点船

浅地层剖面探测仪器采用美国 Datasonics 公司生产的 SBP-5000 型浅地层剖面仪。为准确查明崖 13-1 海底天然气管线过伶仃洋道和暗士顿水道段位置，采用德国 INNOMAR 公司生产的 Ses96 参量浅层剖面仪进行了校核对比，同时增加使用美国 Geomitrics 公司生产的 G880 铯光泵磁力仪，进行磁力探测方法验证。

（3）海上定位：勘察范围位于珠江口，无风三尺浪，海浪与暗流大，加上船只通过引起波浪，钻孔定位难度大，如果按常规只用海船卫星定位，抛锚后，钻探船随风浪漂移，等 4 至 6 个锚固定后，钻孔点平面误差大于 100m 以上。鉴于此本次勘察采用两套 GPS 定位系统，多次反复校核方法，确保钻孔孔位误差满足规范要求。

（4）潮差修正：海上作业，每天 2 次涨落潮，潮差随月圆、缺形成高低变化，每天潮差、时差变化都不一样。设置多个潮差观测点，位于西乡码头边防哨所旁验潮站、大铲湾集装箱码头验潮站、香港赤腊角验潮站、赤湾验潮站等实时潮差观测，对钻探孔深进行修正。

（5）钻探工艺创新

1）暗礁及深水钻探

暗礁是航道勘察又一难点，由于基底面为凹凸不平中等～微风化岩，水深 5～15m，钻探无法下入套管定位，由于无循环泥浆，海底暗流水急、现行船只通过引起波浪对钻探摆动易断钻杆，无法钻进，本身钻探船自身存在摆动不易稳定，刚开始走了不小弯路，海底暗流使得钻探对位十分困难，一个地方开孔多个，起钻后无法再对到原孔位，我们攻关小组制造孔位导向固定器，并在套管段端部采取 3 个加重锤稳定底部，保证钻孔孔位。暗礁钻探施工示意图见下图 3-2。

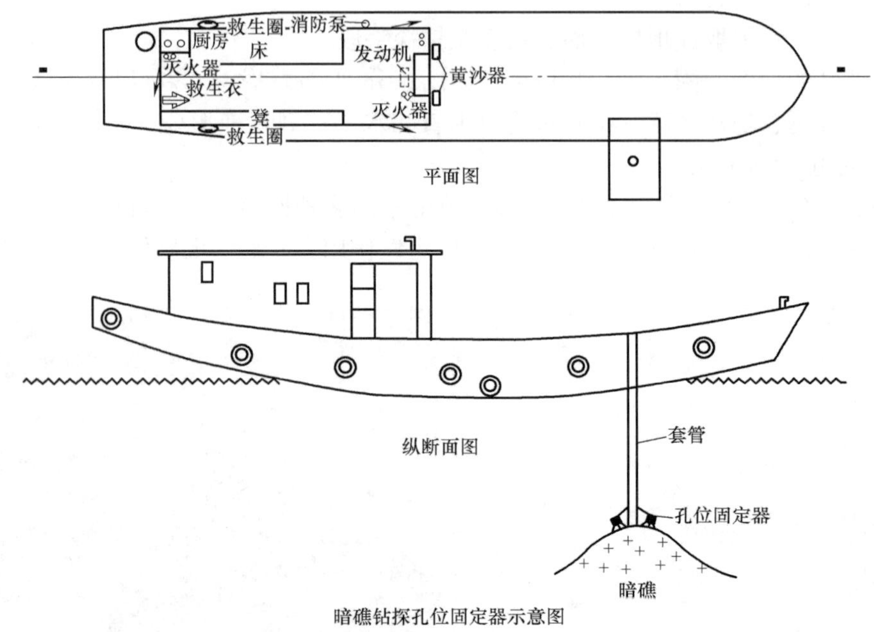

图 3-2　暗礁钻探施工示意图

2）软土取样

本次勘察采用了自行研制的加长原状软土限制球阀式取土器（见图 3-3），加长取土导管至 5m，内置 PVC 薄壁管，采取浮、流泥样后卸开外管，将内管每隔 1m 切断、密封、包装。送实验室进行土工试验。

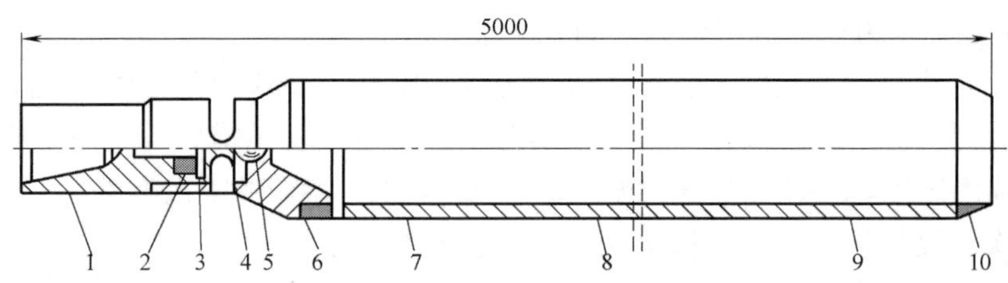

自制加长原状软土限制球阀式取土器

1—接头；2—调节垫片；3—调节螺丝；4—弹簧；5—球；
6—异径接头；7—余土管；8—取土衬套（PVC 管）；
9—取土管；10—管靴

图 3-3　自行研制的加长原状软土限制球阀式取土器示意图

对浮泥、流泥及淤泥等软土的取样（原状样）步骤：

① 在钻探船就位后，测量海水深度，通过垂直导向器将套管下至海水底部；

② 将超长软土取土器采用压入法在套管内下至取土样深度后，将土样取上；

③ 卸下 PVC 管，按 1 米长度进行分段，并将两端密封保存，以便运回室内进行土层观察、分层描述和土工试验；

④ 再将套管下至已取土样的底部，用钻具清除套管内的余渣后，再进行下一回次的钻进工作。

4. 工程总结与启示

4.1 项目规模大，执行规范、标准多，勘察要求高

本次勘察工作为国内少有大面积海域勘察及滩涂填海区综合勘察，环境、地质条件复杂，工程设计技术要求高，勘察难度大。勘察工作涉及港口、航道疏浚工程、港池、辅建区、道路、口岸大楼等多个领域及行业规范标准，根据港口工程、疏浚工程、市政工程、道路工程、工民建等相关规范要求，采取相应勘探方法、原位测试和室内试验等求取相关地层物理力学指标和强度值，经分析对比提出设计所需各种参数，整个工程勘察方法多样，应用得当，数据收集可靠，室内岩土工试验资料丰富，各种特殊试验参数可靠，对今后同类工程积累了经验且具有借鉴及推广意义。

4.2 勘察手段多，勘察方案合理

采用了地质调查、工程测量、工程钻探、工程物探、取试样、原位测试及室内土工试验等多种方法（见图 4-1）。勘察方法针对性强，勘察工作量合理，勘察实施过程中与业主和设计院等单位保持实时沟通，及时调整现场作业和试验的要求，以合理的勘察方法及工作量满足不同规范背景的技术需求，使方案达到最优化。

图 4-1 海上钻探和原位测试施工图

根据航道勘察线路范围大特点，为查明地下隆起暗礁或障碍物位置采取浅地层剖面法，物探沿航道及两侧各 100m 布置 3 条纵剖面，查明沿线区域海底面异常范围，对有可疑地段加密验证。选线阶段工程物探所测天然气管道位置（见图 4-2～图 4-4）。

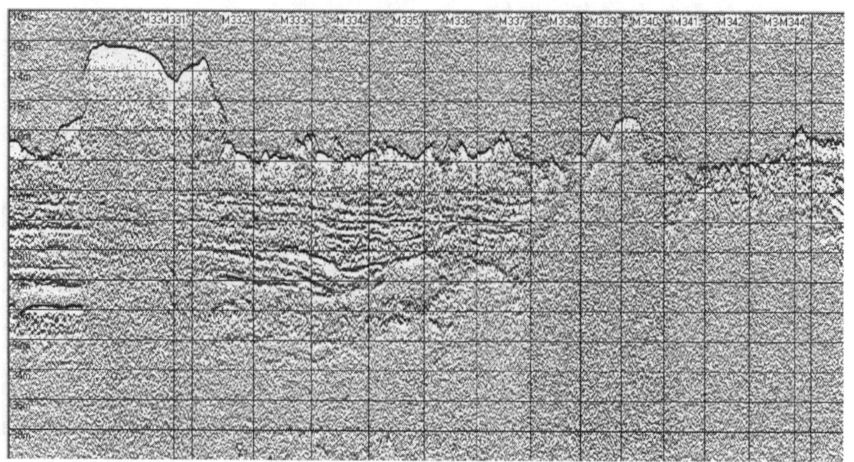

图 4-2　M6 测线（339 定位点附近）显示的基岩凸起

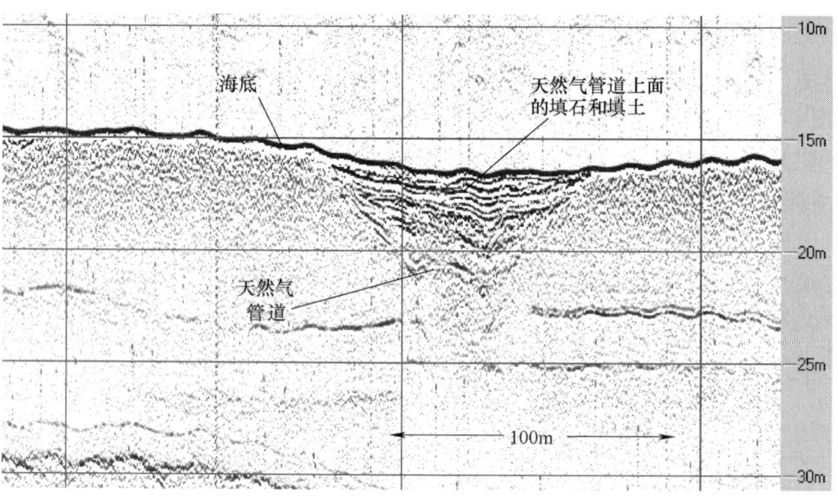

图 4-3　CLMN4 测线浅地层剖面显示的天然气管道

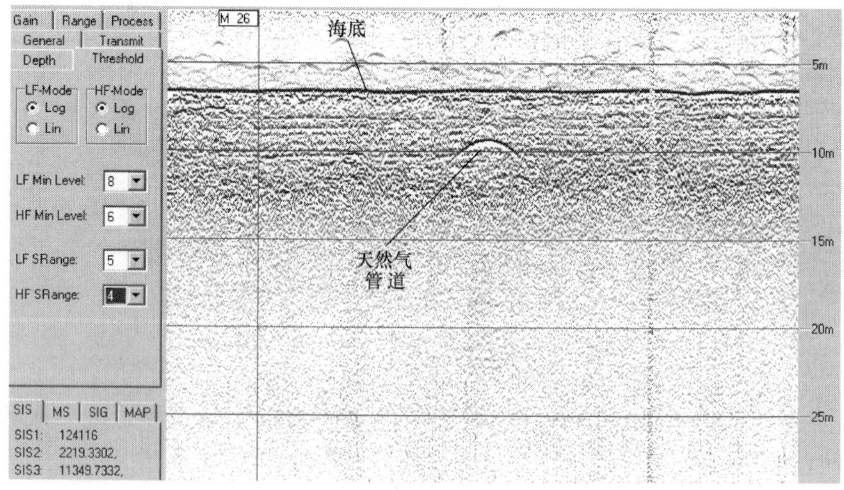

图 4-4　CLMN18 测线浅地层剖面显示的天然气管道

4.3 勘察技术新（先进）

（1）为准确查明崖 13-1 海底天然气管线过伶仃洋道和暗士顿水道段位置，利用浅地层剖面法及磁力法相互验证，该管线对航道线位比选方案起到决定性作用。

（2）浅地层剖面识别了海底和其他四个反射界面和五套地震层序，本次勘察野外所获得的浅地层剖面是时间剖面，应用时需进行时深转换，再从深度剖面上获取浅地层结构及埋深信息。在资料解释过程中，参照了国内、外有关第四纪未固结沉积物的地震波传播速度模型、经验速度值，本项目选取 1600m/s 作为区内浅地层的层速度参数。经与区内钻孔资料对比，误差小于±0.5m。

浅地层剖面根据反射强度变化而反映的灰度差异和反射波形态特征，经过综合分析、

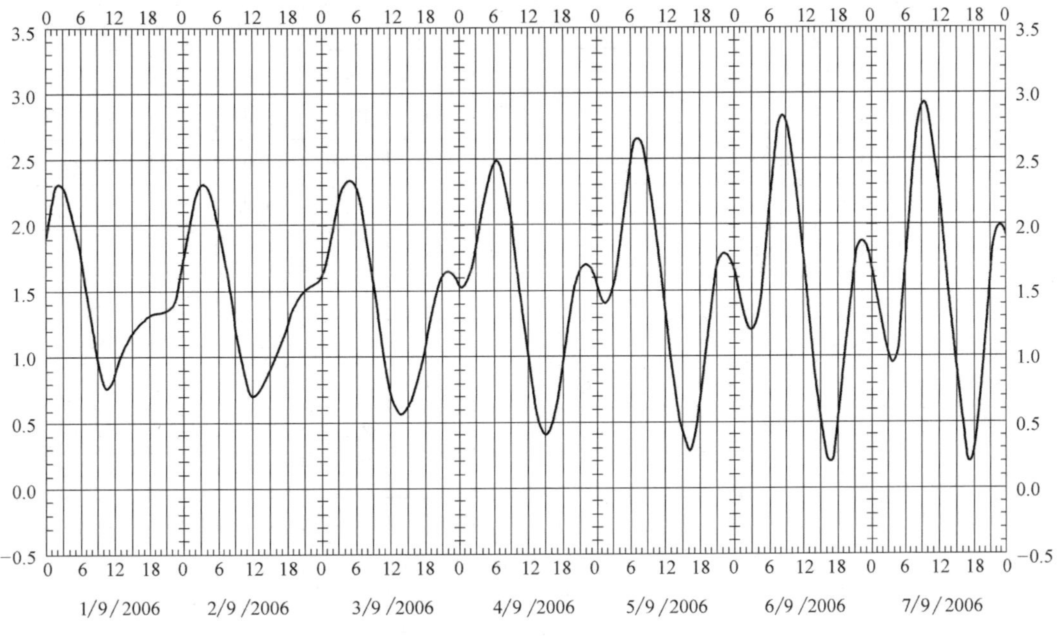

图 4-5 实时潮位观测曲线图

研究、排除干扰因素和多解性等影响，消除假异常，结合钻孔资料，绘制了浅地层剖面地质解释图。

（3）海上定位：勘察范围位于珠江口，海浪与暗流大，加上船只通过引起波浪，钻孔定位难度大，我司采取两套 GPS 定位系统，多次反复校核方法，确保钻孔孔位误差满足规范要求。

（4）潮差修正：海上作业每天两次涨落潮，潮差随月圆、缺形成高低变化，每天潮差、时差变化都不一样（见图 4-5）。设置多个潮差观测点，位于香港赤腊角验潮站、赤湾验潮站等实时潮差观测，对钻探孔深进行修正（见表 4-1）。

分层、取样、标贯等深度潮差修正表 表 4-1

孔号	船高	海底标高	潮高	分层代号	分层深度	修正分层深度	层底标高	取样顶深度	修正取样顶深度	标贯底深度	修正标贯底深度	标贯击数
ST08	1.60	−1.89	0.81					5.10	0.80			
ST08	1.60	−1.89	0.81					6.10	1.80			

续表

孔号	船高	海底标高	潮高	分层代号	分层深度	修正分层深度	层底标高	取样顶深度	修正取样顶深度	标贯底深度	修正标贯底深度	标贯击数
ST08	1.60	−1.89	0.82					7.10	2.79			
ST08	1.60	−1.89	0.82	3-1	7.50	3.19	−5.08					
ST08	1.60	−1.89	0.82					8.10	3.79	8.75	4.44	3
ST08	1.60	−1.89	0.82	3-3	8.80	4.49	−6.38					
ST08	1.60	−1.89	0.85					9.55	5.21	10.20	5.86	9
ST08	1.60	−1.89	0.90					11.00	6.61	11.65	7.26	10
ST08	1.60	−1.89	0.96					12.45	8.00	13.10	8.65	9
ST08	1.60	−1.89	1.04					13.90	9.37	14.55	10.02	10
ST08	1.60	−1.89	1.25					15.35	10.61	16.00	11.26	8
ST08	1.60	−1.89	1.37					16.80	11.94	17.45	12.59	8
ST08	1.60	−1.89	1.51					18.25	13.25	18.90	13.90	4
ST08	1.60	−1.89	1.61	5-1	19.10	14.00	−15.89					
ST08	1.60	−1.89	1.61					19.70	14.60	20.35	15.25	4
ST08	1.60	−1.89	1.69					21.15	15.97	21.80	16.62	4
ST08	1.60	−1.89	1.76	6-1	22.45	17.20	−19.09					
ST08	1.60	−1.89	1.80					22.60	17.31	23.25	17.96	8
ST08	1.60	−1.89	1.82					24.05	18.74	24.70	19.39	11
ST08	1.60	−1.89	1.85					25.50	20.16	26.15	20.81	28
ST08	1.60	−1.89	1.87	8-1	26.52	21.16	−23.05					
ST08	1.60	−1.89	1.90					26.95	21.56	27.60	22.21	45
ST08	1.60	−1.89	1.95					28.40	22.96	29.05	23.61	48
ST08	1.60	−1.89	1.98	9-1	29.50	24.03	−25.92					
ST08	1.60	−1.89	1.98					29.85	24.38	30.50	25.03	73
ST08	1.60	−1.89	2.10	9-2	31.95	26.36	−28.25	31.30	25.71	31.95	26.36	78

（5）钻探工艺创新：

① 海上钻探难点之一是软土分层及原状取样，含水量（w）大于85%浮泥、流泥采取原状样困难，按目前常规原状样取土器，无法保证浮泥、流泥取样和分层，鉴于此，我司自行研制了加长原状软土限制球阀式取土器。

② 暗礁钻探。暗礁是航道勘察又一难点，我司攻关小组制造孔位导向固定器，并在套管段端部采取3个加重锤稳定底部，保证钻孔孔位。

（6）对航道清淤方法与工艺，疏浚岩土工程分级、管道输送适宜性和挖泥船的可挖性进行分析对比；对后方堆场、辅建区、疏港道路等软基处理施工方法根据场地工程地质条件、水环境和地区施工经验对各种工法进行分析对比，为施工图设计和施工方法选取提供依据。

5. 工程实施与效果

过对深圳港铜鼓航道、西部港区公共航道施工图设计文件（附件 3 共 4 册）及竣工扫海测量技术报告（附件 4 共 2 册），勘察成果报告论证充分、数据可靠、信息量大，完全满足要求。

（1）对岩土层物理力学指标的评价综合了不同勘察方法的结果，进行了深入的分析，通过大量的统计、计算和分析，从多方面、多角度论述评价了各岩土层物理力学性状。

（2）各航道选线内工程地质条件较复杂，其工程地质条件基本相似，地质条件均适宜于航道，但区内有一天然气海底管线，在选择方案时宜优先考虑绕避的方案。在天然气管线西北端附近水域出现大量的磁异常，性质不清，整体向西适量偏移，以绕避天然气管线，选线建议设计采纳。

（3）根据航道工程地质条件，结合航道的设计底标高（－15.80m），拟建航道内疏浚的地层、按其开挖到设计底标高时是否挖至粉质黏土（地层编号为$⑤_1$）及以下地层，将航道分为Ⅰ、Ⅱ两区，疏浚方法建议各异，设计根据勘察建议，采取相应施工工艺，整个航道施工顺利。

（4）航道疏浚工程设计按挖泥边坡按 1∶7，超宽 3m，超深 0.6m，转弯段与西部航道衔接段适当加宽。整个疏浚工程量铜鼓航道和西部航道分别为 7030.80 万 m^3、2519 万 m^3。竣工验收完全满足设计要求。

（5）在对场地工程地质条件全面分析的基础上对场地进行了工程地质分区并对各区的工程地质特征进行了论述评价。为今后基础施工和协调地基不均匀沉降提供了可靠依据。对码头区域勘察，重点查明区域内软土工程特性，为码头区道路及堆场软基处理提供依据。

（6）勘察报告资料齐全、结论明确、建议合理

勘察报告在综合分析的基础上对岩土工程分级、管道输送适宜性和挖泥船的可挖性及航道疏浚方法提出了合理可行的建议。码头区道路及堆场软基处理、建筑物基础选型及可能遇到的岩土工程问题提出了分析和建议。结论明确、建议合理，为工程的合理使用、基础设计和施工及工程的顺利开展提供了可靠的工程地质依据。

（7）创造了明显的社会效益及经济效益

深圳港铜鼓航道工程已于 2009 年 12 月 29 日顺利通过国家交通运输部组织的竣工验收，铜鼓航道的开通，改善了深圳港西部港区的通航环境，结束了超大型集装箱班轮无法进出西部港区的历史，对提高西部港区通航能力，增强港口发展潜力，提升港口整体竞争力具有重要意义。同时，铜鼓航道的开通可有效缓解香港马湾水道的通航压力，有利于保持和促进香港、深圳两港港口的繁荣和稳定。在交通运输和海事部门通力合作下，坚决贯彻落实科学发展观，有助于将铜鼓航道打造成一条安全、文明、畅通的黄金水道，充分发挥政府投资的效益。

深圳港大铲湾港区是交通部和广东省政府 1998 年联合批准的《深圳港总体布局规划》中确定的深圳西部待开发的大型专业化集装箱港区，以集装箱远洋干线运输为主，兼顾近洋、内支航线。大铲湾港区集装箱码头作为深圳港规划的重要组成部分，地理位置优越，集疏运条件良好，与此同时，大铲湾港区（一期）工程与西部港区公共航道工程相辅相成，共同作用，一并成为深圳西部航运的主动脉，工程的开发建设对深圳市港口物流业发展以及深圳市乃至华南地区的经济发展起着非常重要的作用。

（8）后期服务及时、到位，各参建单位满意

勘察报告提交后，我方技术人员及时参与各项地质及地基处理论证，在施工期间，我司派出技术人员及时参加检验的工作、参加技术方案的讨论、难题的处理，提供了良好的服务。

（9）施工期间未出现过质量事故和安全事故，质量优良。

6. 获奖单位简介

深圳市勘察测绘院有限公司（简称深勘）成立于 1981 年 1 月为深圳建设与发展做出了重要贡献。具有国家综合类甲级工程勘察、甲级测绘、甲级岩土工程设计、甲级地震安全性评价、甲级地质灾害危险性评估、甲级地质灾害防治工程勘查、甲级地质灾害防治工程设计、甲级地质灾害防治工程施工、甲级水工环境地质调查、乙级区域地质调查、一级地基与基础施工等资质，是国家勘察行业的骨干企业。荣获全国优秀勘察设计企业、全国行业“十佳自主技术创新企业”、全国行业“十佳企业文化建设先进单位”等荣誉称号。经营范围包括：城乡建设勘察测量、岩土工程勘察、城市测量、工程测量、岩土工程设计、监测、治理与监理、水文地质勘察与凿井工程；各类地基与基础工程，重大工程及复杂地质条件的岩土工程；测绘工程咨询，场地地震安全性评价，地质灾害勘查，设计与施工，基桩质量检测，室内土工试验及现场原位测试，物业管理等。公司设备先进，专业齐全，技术力量雄厚，下设勘察公司、测绘公司、设计公司、基础工程公司、岩土公司、工程咨询公司、荔兴抗震技术公司、环境地质公司、工程监测与检测中心等专业机构，并在海南、新疆、云南、贵州、厦门、江西、广州、佛山、东莞、惠州、珠海、中山、湛江等地设有分支机构。公司成立三十余年来，共完成各类专业工程三万余项；荣获国家、部、省、市级优秀工程奖 200 多项；参编和主编国家行业、地方规范、手册等 20 多本。公司长期坚持“团结进取、求实创新、优质高效、服务社会”的企业精神和“守法诚信、精心精品、环保安康、持续改进”的质量/环境/职业健康安全方针，竭诚为用户提供优质产品和服务。

【项目特色提要】 本项目为珠江口海域及滩涂填海区的工程勘察，项目规模大及勘测难度高。针对珠江口浪高水深、海底铺有重要管线、时有暗礁分布及海相软土深厚、陆域人工填石范围大、基岩起伏大等特定环境及地质条件，其岩土工程勘察采用了大型钻探船、双 GPS 定位技术、水位测量仪、浅地层剖面探测仪、磁力仪等先进勘测设备和工程物探、原位测试、钻探与取样等综合勘察手段，创新了多项勘察技术，查明了航道、港区的工程地质条件，有效解决了勘察难点，对航道疏浚、码头区道路、堆场软基处理、建筑物基础选型等工程问题提出了合理建议。主要技术创新包括自主研发孔位导向固定器，并在套管段端部设置加重锤稳定底部，解决暗礁及深水钻探工艺；自行研制加长原状软土限制球阀式取土器，解决软土取样困难；采用多种工程物探手段精细探测海底管道准确位置，提供航道线位避让的重要建议。根据疏浚工程的要求，报告首次明确划分了“流泥”和“淤泥”的分界线；用自行研制的软土取土器采取了大量原状土试样（三个工程共采取原状土 1600 件）和扰动土试样，进行了有关抗剪强度和压缩性的室内试验以及标贯、十字板剪切等原位试验，经分析后提供了设计、施工最关心的软土（流泥、淤泥）抗剪强度和附着力，对需疏浚的各类土、岩提供了水下边坡坡率建议值；对各类岩土的疏浚分级、管道铺设适宜性和挖泥船型号的适宜性提出评价及建议。本项目有的放矢、针对性强、解决了设计、施工中最关心的岩土工程难题。勘察阶段覆盖工可、初勘、详勘和后期服务，勘察成果为岩土工程分析和设计、施工决策提供了科学可靠的基础，是大面积填海和航道疏浚工程勘察的优秀范例。

首钢矿山公司水厂铁矿新水尾矿坝稳定性分析工程勘察

中勘冶金勘察设计研究院有限责任公司　于行海　任宝珍

【项目摘要】

本项目主要内容是在勘察基础上，对新水库尾矿坝现状及加高条件下的坝体渗流稳定性、坝体静、动力抗滑稳定性、滩面和坝体的液化稳定性等进行了分析评价。室内试验进行了土的渗透试验、静三轴试验、非线性试验和动三轴试验，原位测试采用了标准贯入试验、静力触探试验、试坑渗水试验、孔内波速试验、地表常时微动试验。分析计算时采用不同地质剖面进行电阻网络渗流模拟试验、静动力条分法稳定性计算、静动力有限元计算等，对三个堆积坝进行了较全面的勘察和评价。本项目于 1988 年 5 月完成，于 2004 年 12 月获全国优秀工程勘察设计评选委员会颁发的第九届国家优秀工程勘察银奖。

1. 工程概况

1.1　工程简介

首钢矿山公司水厂铁矿新水尾矿库位于河北省迁安县和迁西县交界的新水村和磨石庵村之间一“半月”形山间洼地内，汇水面积约 2km^2。库区的东、北、西三个方向各有一条沟谷，沟口处分别筑有新水尾矿坝（主坝）和高峪、磨石庵两座付坝，沟的下游分别分布有新水、高峪、磨石庵三个自然村。尾矿库居高临下，坝体的稳定性对村民的生命财产至关重要。

新水尾矿库于 1971 年建成投产，新水尾矿坝初期坝底标高 115m，原设计堆积标高为 210m，勘察时堆积坝顶标高达 196m，根据生产发展进度预计，该尾矿库剩余库容的使用年限仅 5 年左右。

为了适应水厂铁矿生产发展的需要，拟在新水尾矿库西侧的磨石庵和尹庄之间续建尹庄尾矿库。为了充分利用地形提高有效库容量，设计院提出尹庄尾矿库最终堆积标高为 230m，计划在堆积标高达到 210m 后与已有的新水尾矿库连成一个尾矿库，合并后继续堆积至 230m。因此设计院要求对新水尾矿库堆积标高为 210m 和 230m 时的坝体稳定性做出分析评价。

1.2　勘察的目的及要求

该项目由长沙矿山设计研究院提出勘察和稳定性分析任务书，首钢矿山公司水厂铁矿扩建组委托我院进行。要求在利用分析原陕西省冶金勘察设计院完成的“首钢矿山公司水厂铁矿新水尾矿坝工程地质勘察报告”的基础上进行，分别对坝顶堆积标高为 168m、210m、230m 时的坝体稳定性作出分析评价，并提供提高动力稳定性的途径和措施。考虑到原有勘察报告已不能满足稳定性分析的需要，进而研究决定补充了部分勘察和试验资料。为了使计算参数和分析成果更为符合实际，在进行坝体稳定性分析之前，我院首先对新水坝标高为168m时的静、动应力水平和液化区分布范围与1976年唐山地震过程中坝体的实际液化范围进行了对比，并在此基础上对计算参数进行了适当优化。

主要工作量表 **表 1-1**

序号	工作项目	完成工作量
1	钻孔	1714.91m/52个
2	孔内标贯试验	643次
3	取扰动土样	292件
4	取原状土样	224件
5	室内渗透试验及加反压渗透试验	61+4件
6	静力三轴剪切试验	8组
7	土的非线性试验	4组
8	动三轴液化试验	4组
9	静力触探试验	816.55m/31孔
10	试坑渗水试验	26次
11	孔内波速试验	2处
12	地表长时微动试验	2处
13	电阻网络模拟试验	二维8个剖面,三维3个高程
14	静力有限元计算	9个剖面
15	动力有限元计算	9个剖面
16	条分法稳定性计算	8个剖面

2. 场地岩土工程条件

2.1 场地地层

新水尾矿库位于一“半月”形山间洼地内，可视为一相对独立的水文地质单元。库区周围山坡出露有震旦系红色石英砂岩，坡脚与坝基底部有厚度不均的第四系碎石土。库区及其附近均未发现活动性构造。该矿区没有发震记录，根据相关资料分析，本工程在动力稳定性分析中选用的峰值加速度为0.17g，地震为Ⅶ度强。

新水尾矿库的初期坝均为不透水坝，坝体由亚黏土混少量碎石碾压而成。钻孔资料表明，新水初期坝和高峪初期坝的筑坝土体基本上还处于可塑-硬塑状态，而磨石庵初期坝的筑坝土体大部分处于可塑-软塑状态，局部呈流塑状态，已失去初期坝的作用。

新水尾矿库堆坝方式为上游法放矿，配合推土机分级筑坝。尾矿沉积在放矿点附近颗粒较粗，向池内逐渐变细，依次形成尾中砂、尾细砂、尾粉砂、尾亚砂、尾亚黏及黏土

（矿泥）等。在沉积过程中，沿水流方向形成倾向池内的微细层理。在垂直方向，由于随筑坝高度的增加，坝顶线向上不断推移，形成上粗下细的变化规律。

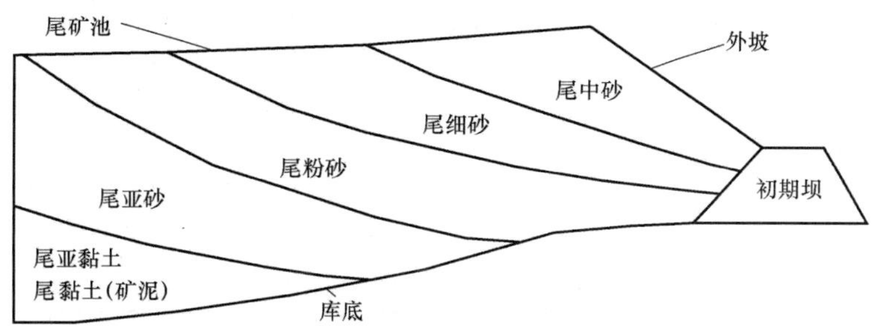

图 2-1　尾矿沉积物分布规律示意图

标贯试验和静力触探试验表明，对于新水坝和高峪坝，坝区滩面到以下 12～14m 尾砂处于松散-稍密状态，其下为中密-密实状态；对于磨石庵坝，坝区内大部分尾砂皆处于松散-稍密状态，其下埋藏的尾矿土和尾矿泥处于软塑-流塑状态。

尾矿库地表水和地下水的主要来源，一是季节性的大气降水，二是经常性的尾矿水。受尾矿水平层理的影响，含水层的水平渗透性能比垂直渗透性能强。

2.2　场地土的物理力学性质统计表

土的渗透系数表　　表 2-1

分类	水平渗透系数 K_h(cm/s)	垂直渗透系数 K_v(cm/s)
尾中砂	2.0×10^{-3}	1.0×10^{-3}
尾细砂	2.0×10^{-3}	6.0×10^{-4}
尾粉砂	1.0×10^{-3}	2.0×10^{-4}
尾亚砂	8.0×10^{-5}	7.0×10^{-6}
尾亚黏土	1.0×10^{-6}	
尾黏土	1.0×10^{-8}	
初期坝	5.0×10^{-8}	

土的常规物理力学性质指标表（平均值）　　表 2-2

分类	天然密度 (g/cm^3)	孔隙比 e	新水、高峪勘察区直剪		磨石庵勘察区直剪		三轴快剪试验	
			内摩擦角 ϕ(度)	黏聚力 C(kPa)	内摩擦角 ϕ(度)	黏聚力 C(kPa)	内摩擦角 ϕ(度)	黏聚力 C(kPa)
尾中砂	1.85	0.735	34.7	4	33.5	5		
尾细砂	1.91	0.730	34.6	4.5	32.5	10		
尾粉砂	1.96	0.801	33.7	8.5	31.0	7		
尾亚砂	1.97	0.799	31.7	11.7	28.0	18	37	39
尾亚黏	1.95	0.929	17.2	34.6	16.2	33.8	14.9	34
尾黏土	1.84	1.263	7.4	50	7.3	30		

续表

分类	天然密度 (g/cm³)	孔隙比 e	新水、高峪勘察区直剪		磨石庵勘察区直剪		三轴快剪试验	
			内摩擦角 ϕ(度)	黏聚力 C(kPa)	内摩擦角 ϕ(度)	黏聚力 C(kPa)	内摩擦角 ϕ(度)	黏聚力 C(kPa)
水初期坝	1.98	0.709						
高峪初期坝	1.97	0.800						
磨石庵初期坝	1.97	0.856						

尾矿不同压力段的内摩擦角 **表 2-3**

围压 $\sigma_{3'}$(kPa) / 分类	0～100	100～200	200～300	300～400	400～500	500～700	700～900	900～1100	黏聚力 C' (kPa)
尾中砂	36.9	38.7	39.7	39.0	38.7	39.0	38.3	39.0	5
尾细砂	40.0	40.7	40.7	40.7	40.7	34.6	31.6	34.2	8
尾粉砂	35.4	35.4	35.0	34.6	34.2	34.8	35.4	33.8	8
尾亚砂	41.0	43.5	42.9	44.1	42.3	39.5	37.6	37.2	20

尾矿砂应力-应变关系的非线性参数表 **表 2-4**

参数 / 分类	黏聚力 C(kPa)	内摩擦角 ϕ(度)	破坏比 R_f	K	n	D	G	F
尾中砂	105	36.4	0.84	471	0.530	12.14	−0.052	−0.045
尾细砂	103	33.4	0.76	348	0.521	4.55	−0.417	0.289
尾粉砂	108	32.2	0.75	312	0.371	4.89	−0.275	0.136
尾亚砂	120	36.9	0.77	233	0.645	9.01	0.083	0.354

3. 岩土工程分析及评价

3.1 动三轴试验及成果分析

为了测定尾砂的动力性质，采用 DSZ-1 型电池激振式单动振动三轴仪进行室内试验。试样是采集不同颗粒组成的现场扰动尾矿砂，室内水沉法制样。在饱和固结不排水条件下按相对密度 D_r=0.50、0.65，有效应力为 100、150、200kPa，固结比为 1.0、1.5、2.0 的条件，分别测定动应力 σ_d 与破坏振次 N_f 的关系曲线，在 σ_d-lgN_f 关系曲线上求得 N=10（相当于 M=7 的等效振次）和 N=20（相当于 M=7.5 的等效振次）的动应力 σ_d，计算破坏应力比 $\sigma_d/2\sigma_0$，并根据破坏时的最大主应力和最小主应力绘制强度摩尔包线，按应力路径计算出动摩擦角 ϕ_d 和动黏聚力 C_d。尾矿砂的动弹性模量及阻尼比试验是在侧向应力为 100、200、300kPa，固结应力比为 1.0、1.5、2.0 的应力条件下固结稳定后，然后在不排水情况下分级施加动荷，求得动应力 σ_d 与动应力 ε_d 之间的关系。阻尼比是在动荷作用下，根据一个周期中不同时刻的动应力幅值及其对应的动应变幅值，绘制滞回圈确定的。

需要说明的是，从液化应力比试验数据来看，反映出尾矿砂的抗液化能力较强，与实际情况有出入，分析原因是密度因素引起，需要根据现场尾砂的实际密度修正。我院认为，结合唐山 7.28 地震期间该尾矿库的实测尾矿砂液化时相对密度为 0.4 进行修正，即试验的液化应力比应乘以 0.8 系数作为计算参数较为符合实际情况。

3.2 液化稳定分析

根据唐山 7.28 地震观测资料，该尾矿库在Ⅶ度地震条件下，坝外坡面仅在地下水逸出带出现局部沉陷，池内地震液化反应较明显，在靠近水边线 50m 范围内普遍喷砂冒水，50～100m 范围内分布有倾向池内的阶梯状环形裂缝，地面沉落，裂缝宽度最宽达 50～60cm，高差 30cm，100m 以外的干滩面仍可见断续的细微裂缝，直至坝顶 50m 附近裂缝渐灭。

根据当年的震害反应和标贯试验成果分析，对于喷砂冒水地段采用建筑抗震规范中的液化判别式判定液化是成功的，但液化临界标贯击数在Ⅶ度时取 9，这是在规范的基础上根据实际震害反应修正确定的。即喷砂冒水段、裂缝陷落段、细小裂缝区均应判为液化段，只是液化层的埋深与液化程度不同而已，这是合理且对坝体的稳定计算也是有利的。

为了安全起见，对于滩面和坝体的液化稳定评价，还采用了 Seed 等人建议的用抗液化剪应力比的方法。即根据坝体内每一单元的应力状态及室内动三轴试验资料，来确定该单元的抗液化强度。当尾砂的抗液化应力比大于地震剪应力比时，则为非液化场地。我们首先利用试验室指标对新水坝坝顶高程为 168m 时，即恢复坝体在 1976 年 7 月状态进行地震稳定性计算，以实测的坝体震害反应为依据，对抗液化剪应力比进行反复修正，最终使用参数如下：

尾砂抗液化剪应力比　　表 3-1

固结比＼材料	尾中砂	尾细砂	尾粉砂	尾亚砂
1.0	0.32	0.31	0.27	0.24
1.5	0.33	0.35	0.27	0.24
2.0	0.37	0.35	0.26	0.24

新水尾矿库场地的影响 $a_{max}=0.15g$，当地下水位为 1m 埋深时，判定结果表明新水、高峪坝区内沉积滩地段液化深度为 12m，而磨石庵区液化深度为 16m，随着坝体的加高，液化深度有变浅趋势。坝体渗流逸出带地震时产生液化从而引起局部塌滑。

3.3 渗流稳定分析

3.3.1 现状坝体渗流破坏分析

勘察期间新水尾矿库初期坝顶和坝肩普遍渗水，在渗流逸出带易造成管涌或流土。土体的渗流破坏极限平衡方程为：

$$\gamma' \cdot \cos\beta \cdot \tan\phi - \gamma' \cdot \sin\beta - \gamma_w \cdot I_c = 0$$

式中：I_c为浸润线坡降，β为坝坡脚，ϕ为土体内摩擦角，γ'为土体浮重度，γ_w为水的重度。在渗流逸出带，浸润线与坝坡面相切，则有 $I_c=\sin\beta$，又 $\gamma'\approx\gamma_w$，所以上式简化为：$\tan\beta=0.5\tan\phi$。试验测定尾矿砂的水下内摩擦角为 30°，则坝坡面的临界倾角应为 16°。因此，当筑坝坡度超过 16°时，渗流逸出带将发生渗流破坏，如果安全系数按 1.3 考虑，其安全坡角应为 12°。根据目前筑坝工艺，外坝呈台阶状，两平台之间的边坡角均大于渗流稳定临界坡度，因此，渗流逸出带将发生渗流破坏，正好与实际情况相符。

3.3.2 加高渗流稳定性分析

我院采用电阻网络模拟试验的方法，对新水尾矿库各尾矿坝进行了渗流分析，并对新水坝进行了三维电阻网络模拟试验。所谓模拟试验，就是在满足几何相似的条件下，确认边界相似及其他物理参数相比拟，因此我们可以用电场来描述渗流场的状态。具体在电阻网络模拟试验上，它又将连续介质离散化，使连续分布的电场分割成网眼，使电流只能沿网格线上的电阻流动。在电阻网络模拟试验中，我们用电阻与渗透系数的倒数相比拟，用电流强度来比拟渗流速度，用电位差来描述水头差，从而可以测量出等势线和浸润曲线。由于我们应用高密度电阻网络模拟试验台进行测试，所以可以模拟极其复杂地层剖面下的渗流状况。

我们对不同的坝选择了不同的零位，各尾矿坝加高至不同高程时，选用的电位如表3-2：

二维渗流试验中零水位标高和换算电压数据表　　表 3-2

分项 \ 坝顶标高(m)		196	210	230
新水坝	0 水位(m)	142.0	142.0	142.0
	池内水位(m)	189.5	208.0	228.0
	换算电压(V)	23.75	33.0	43.0
高峪坝	0 水位(m)	172.0	172.0	172.0
	池内水位(m)	189.5	208.0	228.0
	换算电压(V)	13.75	18.0	28.0
磨石庵坝	0 水位(m)	164.0	146.0	
	池内水位(m)	189.5	208.0	
	换算电压(V)	12.75	31.0	

勘察期间的现状尾矿坝模拟试验结果表明，各尾矿坝渗流最大水力坡降分别为：新水坝 0.33，高峪坝 0.05，磨石庵坝 0.40。由于各尾矿坝尾砂的不均匀系数 C_u 大致为 3.3，按苏联学者伊斯托明娜表面无盖重上升水流，当 $C_u \leqslant 10$ 时，$J_{容许}=0.3\sim0.4$，因此可以看出新水坝和磨石庵坝在初期坝附近将有流土产生，高峪坝由于渗透坡降较小，尚不致产生渗流破坏，与实际情况相符。我们对新水坝、高峪坝加高至 210m、230m 以及磨石庵坝加高至 210m 进行电阻网络模拟试验，发现新水坝、高峪坝在加高至 210m、230m 后，都将有渗透水从坝面逸出，逸出高程是见表 3-3：

二维模拟子坝堆高后渗透水逸出高程　　表 3-3

坝顶堆积高程(m)		210	230
池内水位(m)		208	228
干坡段长度(m)		150	150
坝面逸出标高 m	新水坝	166	176
	高峪坝	183	185

由于渗流水从坝面逸出后成为自由面，其水力坡降等于坝面坡降，即新水坝 0.20，高峪坝 0.25。由于渗流临界坡角为 16°，即坡降应小于 0.287，考虑到坝体坡降的局部段大于此值，所以新水坝和高峪坝加高至 210m 以后都可能产生渗流破坏。

对新水坝采用三维电阻网络模拟试验结果表明，当池内水位为 190m 时，南部坝肩渗透水逸出高程为 167.5m，北部坝肩逸出高程为 152.3m，中部为 155.1m。模拟试验结果北部及中部高于现状，而南部坝肩低于现状，其原因是：a 放矿过程中渗透向坝内补给，使得浸润线局部升高，南部坝肩渗透水逸出点高于模拟试验结果，就是垂直补给的影响；b 新水坝采取了倒虹吸排渗措施，降低了初期坝附近的浸润线，因此模拟试验渗透水逸出面高于现状，而实际上在倒虹吸排渗影响范围外，还有渗透水逸出坝坡现象。根据电阻模拟试验表明，当坝顶加高至 210m 和 230m 时，无论南部坝肩，还是坝体中部地段都将出现渗流逸出，逸出高程为：

三维模拟新水坝加高后坝肩渗透水逸出高程 表 3-4

坝顶标高(m)	池内水位(m)	逸出点高程(m)		
		南	中	北
210	208.5	193.0	149.5	154.0
230	227.0	196.3	151.5	163.5

显然中部地段低于现状，产生这种现象的原因是：a 坝体加高后，水面线已偏离坝中线，从而使渗透途径加长，中部逸出点高程降低；b 北部坝肩由于坝基不透水层影响，而产生局部壅高现象。

3.4 抗滑稳定分析

分别对新水坝和高峪坝在坝顶标高为 196m（现状）、210m、230m 以及磨石庵坝坝顶标高为 196m（现状）、210m 时进行拟静力法和有限元计算。首先确定计算剖面形态和浸润线位置，然后确定各尾矿材料的计算参数，采用瑞典圆弧法和改良圆弧法进行坝坡的稳定性计算。现状尾矿坝的浸润线是根据勘察期间各钻孔水位观测确定的，加高尾矿坝的浸润线是根据电阻网络模拟试验测定的。考虑尾矿材料上的差异，我们对新水坝和高峪坝采用相同的计算参数，对磨石庵坝采用单独的计算参数。拟静力法计算参数和结果如下：

稳定性计算参数表 表 3-5

分类	材料名称	天然重度 (g/cm³)	饱和重度 (g/cm³)	浮重度 (g/cm³)	摩擦系数 $\tan\phi$		黏聚力 C(kPa)		孔隙水压力 U(kPa)
新水、高峪坝	尾中砂	1.86	2.00	1.00	0.5317	0.5317	0	0	0
磨石庵坝					0.5095	0.5095			
新水、高峪坝	尾细砂	1.93	1.93	0.93	0.5095	0.5095	0	0	0
磨石庵坝					0.4877	0.4877			
新水、高峪坝	尾粉砂	2.01	2.01	1.01	0.4877	0.4871	0	0	0
磨石庵坝					0.4452	0.4425			
新水、高峪坝	尾亚砂	1.90	1.90	0.90	0.4452	0.4452	8	8	0
磨石庵坝					0.4040	0.4040	10	10	

续表

分类	材料名称	天然重度 (g/cm³)	饱和重度 (g/cm³)	浮重度 (g/cm³)	摩擦系数 tanϕ		黏聚力 C(kPa)		孔隙水压力 U(kPa)
新水、高峪坝	尾亚黏土	1.92	1.92	0.92	0.2309	0.2309	25	25	0
磨石庵坝					0.2126	0.2126			
新水、高峪坝	尾矿泥	1.90	2.00	1.00	0.0875	0.0875	40	40	0
磨石庵坝					0.0875		25	25	
新水、高峪坝	初期坝	1.79	2.00	1.00	0.3057	0.3057	30	30	0
磨石庵坝					0.1229	0.1229	33	33	

坝体稳定性计算的安全系数 **表 3-6**

坝顶标高 m / 计算结果	新水坝			高峪坝			磨石庵坝		备注
	196	210	230	196	210	230	196	210	
滑弧半径 R(m)	686.1	582.8	601.6	457.6	71.8	154.3		474.0	磨石庵坝 196m 滑面为折线型
圆心坐标 x(m)	276.5	430.0	477.0	182.0	122.5	179.6		212.5	
圆心坐标 y(m)	−612.6	−496.1	−489.6	−430.6	−26.8	−84.3		−417.3	
静力安全系数	2.08	1.29	1.27	1.32	1.27	1.28	1.15	2.15	
动力安全系数	1.65	1.10	1.07	1.13	1.10	1.10	1.08	1.85	

我们选用等参单元的形式建立起位移与坐标的关系，所谓等参单元，就是将弹性体离散化成任意四边形的单元体，而后利用坐标变换的方法，将 x、y 坐标的任意四边形变换到 ξ、η 坐标系上，成为一正方形，而将这一坐标，作为单元的局部坐标。计算参数如下：

有限元分析计算参数 **表 3-7**

序号	材料名称	天然容重 γ (T/m³)	黏聚力 C (T/m²)	内摩擦角 ϕ (弧度)	备注
1	尾中砂	1.86	0.5	非线性($\tan\phi=K\sigma_3^n$)	斜线下为磨石庵坝体材料指标
2	尾细砂	1.93	0.8	非线性($\tan\phi=K\sigma_3^n$)	
3	尾粉砂	2.01	0.8	非线性($\tan\phi=K\sigma_3^n$)	
4	尾亚砂	1.975	2.0	非线性($\tan\phi=K\sigma_3^n$)	
5	尾亚黏土	1.923	3.14	0.4636/0.2358	
6	尾黏土	1.910	4.45	0.4228/0.2186	
7	人工土	1.79	3.14	0.4636/0.2358	

抗剪强度指标非线性参数 **表 3-8**

参数 / 材料名称	K	n
尾中砂	1.1317	−0.0617
尾细砂	0.9575	−0.0373
尾粉砂	0.7920	−0.0204
尾亚砂	1.2077	−0.0637

切线模量的计算参数　　表 3-9

材料名称＼计算参数＼参数	K	n	R_f（破坏比）
尾中砂	471	0.53	0.84
尾细砂	348	0.52	0.76
尾粉砂	312	0.371	0.75
尾亚砂	233	0.645	0.77
尾亚黏土	180.7	0.750	0.82
尾黏土	154.7	0.690	0.85
人工土	202.4	0.692	0.84

动模量归一化参数表　　表 3-10

尾矿分类	相对密度 D_r	$a \sim \sigma_0$		$b \sim \sigma_0$	
		m	n	P	q
尾中砂	0.50	7.1×10^{-4}	−0.6305	1.1732	−1.0961
	0.75	5.3×10^{-4}	−0.4190	1.0150	−1.0072
尾细砂	0.50	7.0×10^{-4}	−0.3494	1.3011	−1.3152
	0.75	6.2×10^{-4}	−0.4721	1.3240	−1.2260
尾粉砂	0.50	8.5×10^{-4}	−0.5643	1.1711	−1.2550
	0.75	7.0×10^{-4}	−0.4371	1.2440	−1.2672
尾亚砂	0.65	6.0×10^{-4}	−0.1777	1.4527	−1.3306

阻尼比表　　表 3-11

阻尼比＼动应变 ε%＼材料名	2	4	6	8	10	12	14	16	18	20
尾中砂	0.1	0.122	0.132	0.139	0.144	0.149	0.154	0.158	0.162	0.164
尾细砂	0.077	0.11	0.115	0.120	0.126	0.131	0.136	0.142	0.147	0.152
尾粉砂	0.111	0.148	0.167	0.180	0.191	0.203	0.214	0.226	0.236	0.248
尾亚砂	0.104	0.130	0.142	0.152	0.159	0.165	0.171	0.178	0.188	0.204

静力有限元计算结果如下：

坝体加高稳定安全度　　表 3-12

尾矿坝名称	坝顶高程 m	安全度
新水坝	210	1.17
	230	1.15
高峪坝	210	>1.20
	230	1.17

根据计算结果，新水坝、高峪坝就现状而言整体是安全的，加高至 230m 是可行的。磨石庵坝在现状条件下稳定性安全系数偏低，处于危坝状态，应尽快实施加固方案。

4. 工程总结与启示

4.1 液化判定

对于滩面和坝体的液化判定采用标贯法与剪应力比法对比分析综合判定，对于判定结果的可靠性，正好可以利用 1976 年唐山地震时该尾矿库的实测震害反应进行修正。不局限于规范的限制，能在理解规范的前提下，大胆根据实际情况进行改进与修正，使液化判定结果更接近实际情况，并使坝体加高后预判液化情况更科学合理。这主要得益于 1976 年唐山地震时，正值原陕西省冶金勘察设计院进行新水尾矿坝的稳定性勘察，现场工作人员目睹了尾矿坝的地震液化反应，做了详尽的描述记录，为后期的液化判定和稳定性分析提供了可靠的对比资料。

4.2 渗流稳定分析

我院采用电阻网络模拟试验的方法，对新水尾矿库各尾矿坝进行了渗流分析，并对新水坝进行了三维电阻网络模拟试验。所谓模拟试验，就是在满足几何相似的条件下，确认边界相似及其他物理参数相比拟，因此我们可以用电场来描述渗流场的状态。具体在电阻网络模拟试验上，它又将连续介质离散化，使连续分布的电场分割成网眼，使电流只能沿网格线上的电阻流动。它与连续介质的各物理量有着相同的意义，同样可以满足克希贺夫连续方程，因此也能来模拟渗流场的变化规律。在电阻网络模拟试验中，我们用电阻与渗透系数的倒数相比拟，用电流强度来比拟渗流速度，用电位差来描述水头差，从而可以测量出等势线和浸润曲线。由于我们应用高密度电阻网络模拟试验台进行测试，所以可以模拟及其复杂地层剖面下的渗流状况，既可以描述非匀质的筑坝材料，也可以描述各项异性的渗流场，这在当时是十分难得的。

4.3 有限元分析

本工程所使用的有限元计算程序是我院在学习哈尔滨工程力学研究所计算程序的基础上自行编制的。我们运用有限元法分析尾矿坝稳定性，首先应将坝体计算剖面离散成若干个仅节点相连的单元体。有限单元的形式在平面应变问题中，最简单的是三角形单元、其次是矩形单元，还有等参单元。尽管尾矿坝在宏观上有着一定的沉积规律，但由于放矿时各放矿点相互冲击、影响以及个别部位集中放矿，使得尾矿坝沉积层次交迭杂乱，归一后的层位界线也是非正交的，所以用矩形单元很难反映实际的沉积状态，而三角形单元的位移模式是坐标的线性函数，往往给计算带来较大误差，因此我们选用等参单元的模型建立位移与坐标的关系。

有限元等参单元的划分，我们考虑了各沉积层的分层界线、浸润线和坝体边界线，各个单元的节点数为 4，并控制各单元的长宽比，不容许单元形状奇异，以免在计算时因单元形态不成比例出现发散。边界条件认为远离坝顶的水边线附近不产生水平方向位移，采用 x 方向加强刚度（乘以 10^6）的方法处理。对于动力分析，我们还采取了向池内延伸坝体的方法，即通过增加计算单元数量的途径，减少边界上误差对坝体内部计算精度的影响。这种处理方法能使计算结果更好的符合实际情况。

5. 工程实施与效果

根据分析计算结果得出结论，新水坝、高峪坝就现状而言整体是安全的，在采取降低浸润线措施后加高至230m是可行的，稳定性分析报告还提出了筑坝及降低浸润线的措施建议。对磨石庵坝分析结果是，在现状条件下稳定性安全系数偏低，处于危坝状态，应尽快实施加固方案。磨石庵坝计划变更筑坝方式，坝顶向下游推移，其滑动面距坝顶将有较大距离，因此安全度虽小于现状，但构成的危害将小于现状。同时，建议池内采用挤密和加速土体固结的措施，坝外另行修筑碎石坝和贴坡反压。筑坝前做好排渗措施，降低浸润线，防止渗流逸出，子坝筑坝边坡尽可能不超过20%。

参照我单位的稳定性分析结论及措施建议，设计部门对尾矿坝进行加高设计和治理设计，尾矿库在以后运行过程中，安全稳定，保证了矿山有效安全生产。

6. 获奖单位简介

中勘冶金勘察设计研究院有限责任公司，原名冶金工业部勘察研究总院，一九五四年创建于北京，一九七二年迁至河北保定，2005年底整体改制完成。

中勘公司是我国较早组建的一支大型综合性勘察、科研和地基与基础工程设计、施工的专业化队伍。是全国工程勘察先进单位和全国勘察设计百强单位之一。现有职工488人，其中国家级勘察大师2人，省级勘察大师1人，教授级高级工程师14人，高级工程师82人，工程师108人，各行业国家级注册师43人，一级项目负责人34人（一级建造师），二级项目负责人18人（二级建造师）。

中勘公司具有如下资质：

（1）建设部颁发的工程勘察综合类甲级资质证书；

（2）建设部颁发的地基与基础工程专业承包壹级资质证书；

（3）国家测绘局颁发的测绘甲级资质证书；

（4）国土及资源部颁发的地质灾害治理工程勘查甲级单位证书；

（5）国土及资源部颁发的地质灾害治理工程设计甲级单位证书；

（6）国土及资源部颁发的地质灾害治理工程甲级施工单位证书；

（7）国土及资源部颁发的地质灾害治理工程评估单位证书；

（8）环境评价乙级资质证书；

（9）工程检测施工甲级证书。

（10）公司主办国内外公开发行刊物《勘察科学技术》（1979年创刊）。

我公司具有雄厚的技术力量，建立了完整的质量保证体系，拥有国内一流的多种勘察专业设备。拥有一支理论水平高、技术力量雄厚、实践经验丰富、专业设备配套齐全的专业化队伍，在国际上曾与英、美、法、日、加拿大等国进行过广泛的学术交流与技术合作。50多年来，我公司先后完成了全国十几个大中型钢铁企业的工程勘察与岩土施工；承担了数千项石油、化工、冶金、煤炭、交通、水利电力及港口等工业与民用建筑的勘察、设计、检测及岩土工程施工。

我公司具有完善的质量保证体系，在岩土工程勘察、设计、施工行业率先通过ISO 9001：2000系列标准认证，及职业健康安全管理体系GB/T 28001—2001标准认证和环境管理体系 GB/T 24001—2004 ISO—9001：2000 标准认证。技术作风严谨，工程质量可靠，先后获得国家优秀勘察奖 50 余项，获得省部级科技进步奖 12 项、获省部级优秀勘察工程奖 100 多项、有两项工程获得国家优质工程鲁班奖，我公司主编国家标准 4 部，参编国家标准 8 部。

“质量第一，信誉至上”是我公司一贯的经营思想，“为用户着想，对工程负责”是我公司的服务宗旨，我公司愿以优异的工程质量、快速的施工效率、合理的收费价格，竭诚为所有建设单位服务。

【项目特色提要】 本项目勘察工作针对尾矿坝加高面临的液化稳定性、渗流稳定性、抗滑稳定性等特殊岩土工程问题，在充分利用前期勘察成果的基础上，布置适量的钻探、原位测试和室内试验工作量，很好的解决了上述问题。在进行岩土计算和分析评价时，采用了多种计算方法和综合分析的手段，取得了好的效果。其液化评价注重利用 1976 年唐山地震时该尾矿库的实测震害反应，对液化计算参数进行合理的修正，确保了岩土计算参数更接近实际；采用电阻网络模拟试验对尾矿坝不同剖面进行了渗流分析，并对新水坝进行了三维电阻网络模拟试验；边坡稳定性分析采用静动力条分法和有限元法相结合，动力分析采取向池内延伸坝体的方法，即通过增加计算单元数量，减少边界上误差对坝体内部计算精度的影响，多种计算方法相结合提高了分析评价结果的可靠性。以后同类项目的工程勘察可作为借鉴。

石家庄铁四局改造项目
北国—开元广场岩土工程勘察

河北建设勘察研究院有限公司　贾向新　张留栓　李永强

【项目摘要】

项目位于石家庄中心城区，建筑物密集、交通发达。岩土工程勘察采用钻探、原位测试、室内土工试验等多种勘察手段，辅以计算分析技术，查明了拟建场地的岩土工程特性，给出了适于设计的岩土工程参数，建议了合理的地基与基础方案和基坑支护方案。采用FLAC3D有限差分程序，对整个建筑物在天然地基条件下和复合地基条件下的沉降特征进行了计算，分析了后浇带设置对沉降的调整作用效果，提出了合理建议。利用FLAC3D有限差分程序对深基坑开挖稳定性进行了计算分析，给出了合理的基坑支护方法。利用三维地质模型模拟了基坑开挖过程，给出了基坑开挖后的三维立体剖面图。

该项目获全国优秀工程勘察设计银奖，河北省优秀工程勘察设计一等奖。

工程建成时间2006年10月。

1. 工程概况

工程名称：石家庄铁四局改造项目北国—开元广场岩土工程勘察

工程起止时间：2003年12月至2004年4月

1.1 工程简介

石家庄铁四局改造项目北国一开元广场工程地处石家庄中心城区，周围建筑物密集，交通发达。工程总占地面积52000m^2，总建筑面积345000m^2。工程主要由5栋高层建筑及裙楼组成，主楼层高27～32层，裙楼6层，地下2～3层。工程是集高层住宅、商场、饮食、娱乐、写字楼、地下超市、停车场等为一体的大型综合性建筑群。

主体结构采用钢框架—混凝土筒体组合结构，基础型式拟采用桩筏基础，基础埋深为11.0m，预计单柱荷重最大34000kN，平均基底压力最大525kPa，最小150kPa，均属对

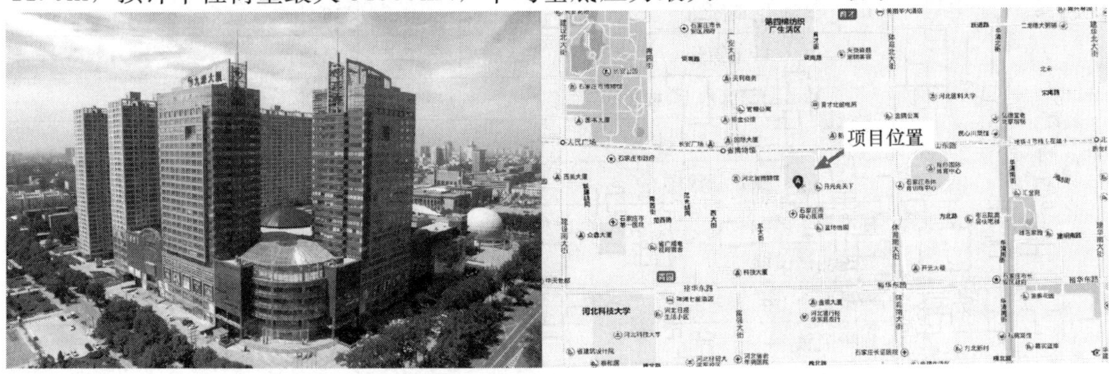

图1-1　项目全貌及位置示意

沉降敏感建筑。

1.2 主要岩土工程问题

勘察除为施工图设计提供详细的岩土工程资料，提供设计所需的符合实际的岩土工程技术参数外，特别是应根据建筑物特点进行岩土工程分析，在计算分析建筑物沉降特征、模拟计算分析基坑稳定性的基础上，对地基与基础方案、基坑支护方案提出合理化建议。项目的主要岩土工程问题为：

（1）分析预测建筑群在考虑地基与基础协同作用下的沉降特征，为基础设计提供合理化建议。工程是由多栋高层建筑物及其裙房组成的建筑群，总平面面积 52000m^2，采用整体筏板基础，增加了分析预测建筑物沉降特征难度。

（2）提出合理安全的基坑开挖支护方案。由于工程地处市中心，周围建筑密集，交通发达，人防工程纵横交错，基坑面积较大，基坑单边长度 200 多米，对支护方案的设计及计算模型建立提出了更高的要求。

（3）要求提供的地基土参数多。除常规地基土参数外，还要提供地基土静止土压力系数和水平基床系数，增加了原位测试的难度。

1.3 勘察工作量和方法

根据相关规范、规程，结合工程的具体特点，综合运用钻探井探、原位测试和室内土工试验等多种勘察手段查明勘察场区各类岩土问题，室内土工试验除常规物理力学试验外，还进行了高压固结试验、前期固结压力试验、浸水固结试验以及三轴剪切试验，综合提供了工程所需的各类岩土技术参数。

综合勘察工程完成的实际工作量详见表 1-1。

工作量统计表 **表 1-1**

<table>
<tr><th>序号</th><th colspan="3">工 作 内 容</th><th>工 作 量</th></tr>
<tr><td>1</td><td colspan="3">测放勘探点</td><td>90 个</td></tr>
<tr><td>2</td><td>钻探</td><td colspan="2">钻探总进尺/孔数；</td><td>2604.6m/90 孔</td></tr>
<tr><td>3</td><td>井探</td><td colspan="2">井探总进尺/孔数</td><td>44.0m/6 孔</td></tr>
<tr><td rowspan="15">4</td><td rowspan="10">取样及室内试验</td><td rowspan="10">原状土样</td><td>常规试验</td><td>464 件</td></tr>
<tr><td>固结试验 400kPa</td><td>295 件</td></tr>
<tr><td>固结试验 800～1200kPa</td><td>173 件</td></tr>
<tr><td>三轴剪切试验(UU)</td><td>52 件</td></tr>
<tr><td>浸水固结</td><td>33 件</td></tr>
<tr><td>前期固结</td><td>16 件</td></tr>
<tr><td>砂土筛分</td><td>154 件</td></tr>
<tr><td>天然(水上)坡角</td><td>49 件</td></tr>
<tr><td>土的腐蚀性试验</td><td>3 件</td></tr>
<tr><td>探井原状样</td><td>50 件</td></tr>
<tr><td rowspan="5">原位测试试验</td><td colspan="2">标准贯入试验</td><td>394 次</td></tr>
<tr><td colspan="2">波速测试试验</td><td>5 孔</td></tr>
<tr><td colspan="2">地微振</td><td>2 点</td></tr>
<tr><td colspan="2">扁铲侧胀</td><td>5 个</td></tr>
<tr><td colspan="2">深层载荷试验</td><td>3 点</td></tr>
</table>

2. 场地岩土工程条件

2.1 地质构造及地形地貌

石家庄市区处于太行山以东、河北平原西部，地貌属山前滹沱河冲洪积扇。勘察场地位于石家庄市区中部偏东，属旧城改造区，原有多层住宅楼区，勘察期间已拆除，地形较平坦。

勘察场区所处的石家庄凹陷是冀中拗陷西南部的次级构造单元，东以北席断裂和无极低凸起相隔，向北在无极一带与保定凹陷相通，其走向为一北北东向延伸的中、新生代沉积凹陷，沉积中心紧靠断层的一侧。根据国家地震局测量大队的区域垂直形变测量资料，石家庄市构造性差异运动不明显，场址附近相对稳定。

2.2 地层结构及工程特性

根据钻探揭露 60.0m 深度范围内地层以第四系冲洪积层为主，根据现场钻探及室内土工试验资料，场地地层按岩性及物理力学性质，自上而下主要分为 14 层。详见地层简述表（表 2-1）。

地层简述表　　表 2-1

地层编号	地层名称	地层描述	地基承载力特征值 f_{ak}(kPa)	压缩性指标 E_s(MPa)	原位测试（标贯击数）
(1)	杂填土	杂色～黄褐色，稍密，不均匀，主要为旧建筑物砖石	—	—	—
(2)	粉质黏土	黄褐～褐黄色，韧性、干强度中等，可塑～硬塑	160	—	6.6
(3)	粉土	褐黄～浅黄色，韧性、干强度低或无，加水可具摇振反应，稍湿～湿，稍密	140	—	8.9
(4)	粉土	褐黄～浅黄色，韧性、干强度低或无，加水可具摇振反应，稍湿～湿，稍密～中密	170	—	10.9
(5)	粉细砂	浅黄～灰白色，磨圆度差，分选一般，向下局部变为中砂	180	—	19.7
(6)	中砂	浅黄～灰白色，磨圆度差，分选较好，较纯净。中密，稍湿	200	22.0	22.7
(7)	粉质黏土	褐黄～褐红色，韧性、干强度中等，可塑～硬塑	220	11.5～30.5	17.2
(7−1)	中砂	浅黄褐～灰白色，磨圆度差，分选较好，中密～密实，稍湿	220	22.0	27.2
(8)	粉土	褐黄～浅黄色，韧性、干强度低或无，加水可具摇振反应，稍湿～湿，中密	200	11.9～44.5	14.1
(9)	中砂	浅黄～灰白色，磨圆度差，分选较好，呈水平沉积韵律。中密～密实，稍湿	220	22.0	32.2
(10)	粉土	褐黄～浅褐色，韧性、干强度低或无，稍湿～湿，中密～密实	220	14.8～34.6	21.3
(11)	中粗砂	浅黄～灰白色，纯净，含少量卵石，含量10%左右。中密～密实，稍湿	280	25.0	46.4
(12)	中粗砂	黄白～灰色，砂质较纯，分选较好，中密～密实	350	35.0	70.9
(13)	粉质黏土	褐黄色，稍湿～很湿，硬塑～坚硬，韧性、干强度中等，中～低压缩性	250	12.5～27.3	35.7
(14)	粗砂	黄白～灰白色，石英、长石颗粒，纯净，级配较好，卵石含量约10%左右。湿～很湿，中密～密实	350	40.0	71.3

典型剖面见图 2-1。

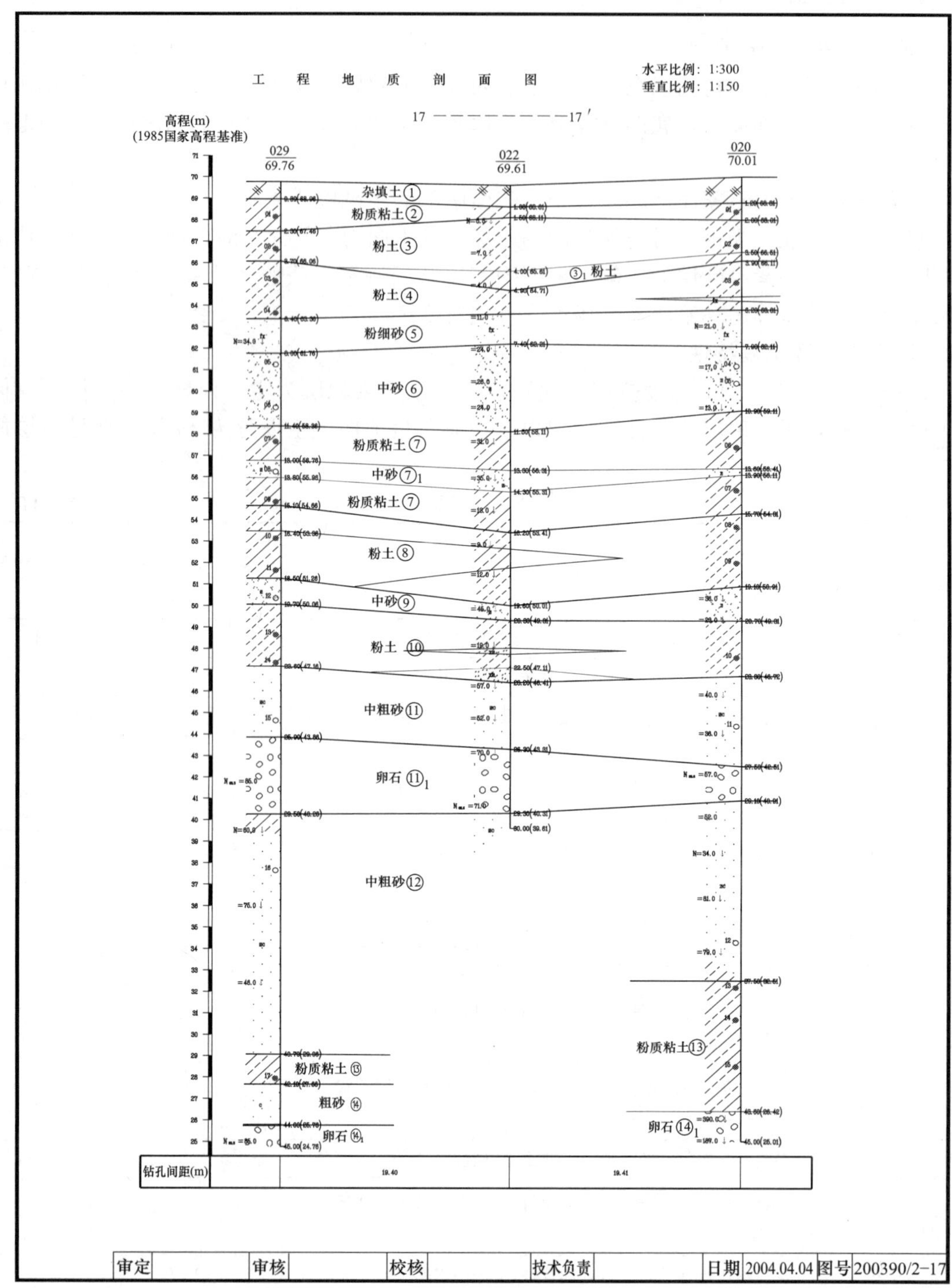

图 2-1 典型剖面

2.3 地下水

勘察时实测地下水位埋深 52.0m。据历年临近场区工程勘察资料，近年最高水位埋深在 42.0m 左右，在地下水开采条件不变及地下水补给条件不变的情况下，地下水设防水位可按 42.0m 埋深进行设计。

3. 岩土工程问题及评价

3.1 地基均匀性评价

工程建筑占地面积较大，采用整体筏板基础，对地基的均匀性要求较高，正确、合理地评价建筑下地基均匀性，合适地处理不均匀地基具有重要意义。

基础埋深按自然地面下 10.0m 考虑，按《高层建筑岩土工程勘察规程》JGJ72—90 对地基均匀性进行评价并建议采取相应措施，评价结果如表 3-1：

地基均匀性评价表　　表 3-1

建筑编号	持力层层面坡度	地层厚度差值	压缩模量判定	地基均匀性
A 座北楼	持力层(6)层及下卧层(7)层层面坡度最大 5.5%，小于 10%	持力层(6)层最大为 1.0m，(7)层为 0.3m。 $0.05b=1.0$m	E_{s1}、E_{s2} 的平均值大于 10MPa，符合 $E_{s1}-E_{s2}<(E_{s1}+E_{s2})/20$	为均匀地基
A 座南楼	持力层(6)层及下卧层(7)层层面坡度最人 2.1%，小于 10%	持力层(6)层及(7)层最大为 0.5m。 $0.05b=1.0$m	E_{s1}、E_{s2} 的平均值大于 10MPa，符合 $E_{s1}-E_{s2}<(E_{s1}+E_{s2})/20$	为均匀地基
B1 楼	持力层(6)层及下卧层(7)层层面坡度最大 9.59%，小于 10%	持力层(6)层最大为 2.0m，(7)层为 0.2m。 $0.05b=0.95$m	E_{s1}、E_{s2} 的平均值大于 10MPa，符合 $E_{s1}-E_{s2}<(E_{s1}+E_{s2})/20$	为不均匀地基应进行横向倾斜验算
B2 楼	持力层(6)层及下卧层(7)层层面坡度最大 4.55%，小于 10%	持力层(6)层最大为 0.9m，(7)层为 1.1m。 $0.05b=0.94$	E_{s1}、E_{s2} 的平均值大于 10MPa，不满足 $E_{s1}-E_{s2}<(E_{s1}+E_{s2})/20$	为不均匀地基应进行横向倾斜验算
B3 楼	持力层(6)层及下卧层(7)层层面坡度最大 19.6%，大于 10%	持力层(6)层最大为 2.7m，(7)层为 1.7m。 $0.05b=0.94$	E_{s1}、E_{s2} 的平均值大于 10MPa，不满足 $E_{s1}-E_{s2}<(E_{s1}+E_{s2})/20$	为不均匀地基应进行横向倾斜验算

工程建筑 A 座北楼、A 座南楼可视为均匀地基；B1、B2、B3 楼地基为不均匀地基，应进行横向倾斜验算，若横向倾斜验算不能满足应采取结构或地基处理措施。

3.2 地基承载力评价

拟建建筑物高度较高，建筑荷载较大，要求地基承载能力较高；主楼裙楼荷载差异性较大，需要合理、正确评价地基承载能力。项目通过多种方式对地基承载能力进行评价。

① 按深层平板载荷试验结果，场区内第（6）层中砂有侧限承载力特征值为 490kPa，工程建筑基础宽度大于 3m，基础宽度修正系数 η_b 为 3.0，γ 为 20kN/m^3 对其进行宽度修正如下：

$$f_a=f_{ak}+\eta_b\cdot\gamma\cdot(b-3)=490+3.0\times20\times(6-3)=670\text{kPa}$$

地基承载能力满足设计要求。

② 根据持力层空间分布特征分析，当基础埋深 10.0m 时，主要持力层（6）层中砂实际已经较薄，厚度一般在 1.0～2.0m 左右，工程高层建筑基础宽度一般在 18.0m 以上，主应力影响已远超过该深度。因此按《建筑地基基础设计规范》GB 50007—2002 第 5.2.5 条分析，当偏心距 e 小于或等于 0.033 倍基础底面宽度时，取（7）层粉质黏土为

代表性土层，取其三轴剪切试验（不固结不排水法）抗剪强度标准值进行地基承载能力复核如下：

抗剪强度 c_k 为 54.9kPa，ϕ_k 为 12.95 度，基础埋深 10m，γ 取 19.6，γ_m 取 19.3，基础宽度大于 6m。

$$f_a = M_b \cdot \gamma \cdot b + M_d \cdot \gamma_m \cdot d + M_c \cdot c_k = 0.26 \times 19.6 \times 6 + 2.055 \times 19.3 \times 10 + 4.555 \times 54.9 = 677\text{kPa}$$

计算 f_a 大于平均基底压力。

分析计算表明，工程建筑地基承载力特征值计算满足设计要求。

根据勘察，各高层建筑持力层及下卧层承载力特征值较为稳定，无软弱下卧层存在。

3.3 建筑物沉降计算

项目突出特点就是主裙楼存在较大差异荷载，为采取合适工程措施，需要准确估算建筑物沉降和分布特征，项目采用规范法和数值分析法分别预估建筑沉降。

（1）规范法

按箱筏基础底板埋深 10.0m、各建筑按基底平均附加压力及基础宽度考虑，按《建筑地基基础设计规范》GB 50007—2002 计算各角点沉降值见表 3-2。

角点沉降量计算表 表 3-2

<table>
<tr><th>建筑物编号</th><th>计算点号（钻孔号）</th><th>计算沉降（mm）</th><th>计算深度（m）</th><th>E_S 当量值</th><th>ψ_s</th><th>沉降值（mm）</th><th>横向倾斜</th><th>平均沉降值（mm）</th></tr>
<tr><td rowspan="4">A 座北楼</td><td>003</td><td>152.55</td><td>19.2</td><td>20.02</td><td>0.3</td><td>45.76</td><td rowspan="2">0.00016</td><td rowspan="4">45.59</td></tr>
<tr><td>010</td><td>163.28</td><td>22.8</td><td>20.72</td><td>0.3</td><td>48.98</td></tr>
<tr><td>005</td><td>152.91</td><td>19.2</td><td>19.97</td><td>0.3</td><td>45.87</td><td rowspan="2">0.00021</td></tr>
<tr><td>012</td><td>139.17</td><td>20.4</td><td>22.78</td><td>0.3</td><td>41.75</td></tr>
<tr><td rowspan="4">A 座南楼</td><td>020</td><td>142.17</td><td>20.4</td><td>22.3</td><td>0.3</td><td>42.65</td><td rowspan="2">0.00021</td><td rowspan="4">50.17</td></tr>
<tr><td>021</td><td>156.13</td><td>20.4</td><td>20.3</td><td>0.3</td><td>46.84</td></tr>
<tr><td>029</td><td>170.40</td><td>18.0</td><td>17.19</td><td>0.35</td><td>59.64</td><td rowspan="2">0.00041</td></tr>
<tr><td>030</td><td>156.22</td><td>18.0</td><td>18.75</td><td>0.33</td><td>51.55</td></tr>
<tr><td rowspan="4">B1 楼</td><td>053</td><td>152.05</td><td>21.6</td><td>21.92</td><td>0.3</td><td>45.62</td><td rowspan="2">0.00023</td><td rowspan="4">57.26</td></tr>
<tr><td>059</td><td>166.41</td><td>20.4</td><td>19.31</td><td>0.3</td><td>49.92</td></tr>
<tr><td>058</td><td>168.26</td><td>22.8</td><td>20.5</td><td>0.3</td><td>50.48</td><td rowspan="2">0.00171</td></tr>
<tr><td>064</td><td>207.51</td><td>20.4</td><td>15.48</td><td>0.4</td><td>83.00</td></tr>
<tr><td rowspan="4">B2 楼</td><td>043</td><td>170.99</td><td>18.0</td><td>16.9</td><td>0.35</td><td>59.84</td><td rowspan="2">0.00068</td><td rowspan="4">51.07</td></tr>
<tr><td>050</td><td>156.26</td><td>22.8</td><td>21.34</td><td>0.3</td><td>46.88</td></tr>
<tr><td>045</td><td>166.87</td><td>19.2</td><td>18.05</td><td>0.33</td><td>55.07</td><td rowspan="2">0.00066</td></tr>
<tr><td>052</td><td>141.55</td><td>19.2</td><td>21.27</td><td>0.3</td><td>42.47</td></tr>
<tr><td rowspan="4">B3 楼</td><td>038</td><td>159.30</td><td>19.2</td><td>19.15</td><td>0.3</td><td>47.79</td><td rowspan="2">0.00005</td><td rowspan="4">56.32</td></tr>
<tr><td>046</td><td>156.12</td><td>21.6</td><td>21.05</td><td>0.3</td><td>46.84</td></tr>
<tr><td>041</td><td>173.26</td><td>24.0</td><td>20.19</td><td>0.3</td><td>51.98</td><td rowspan="2">0.00141</td></tr>
<tr><td>049</td><td>196.70</td><td>18.0</td><td>14.86</td><td>0.4</td><td>78.68</td></tr>
</table>

由沉降计算结果表明场区内北部东侧 A 座北楼、A 座南楼、B2 楼沉降量小，基础横向倾斜小；B1 楼、B3 楼沉降量稍大，基础横向倾斜偏大。

（2）数值模拟计算

为分析建筑物沉降特征，利用 FLAC-3D 数值差分程序对建筑群在天然地基条件下和 CFG 桩复合地基条件下的沉降进行了分析计算。建模时将所有建筑物包括在内，并在开挖区域外围取约 30m 的计算范围，最后确定计算模型的平面范围为 240.7m×290.75m。根据工程地质资料及考虑到建筑物附加应力的影响深度，计算模型的深度范围取为 60m，包括 13 层土层。计算模型共剖分为个 63000 网格，68523 个节点。

经数值模拟计算，分别得到天然地基条件下建筑群沉降云图及沉降等值线图，复合地基条件下建筑群沉降云图及沉降等值线图，并划出建议后浇带位置。

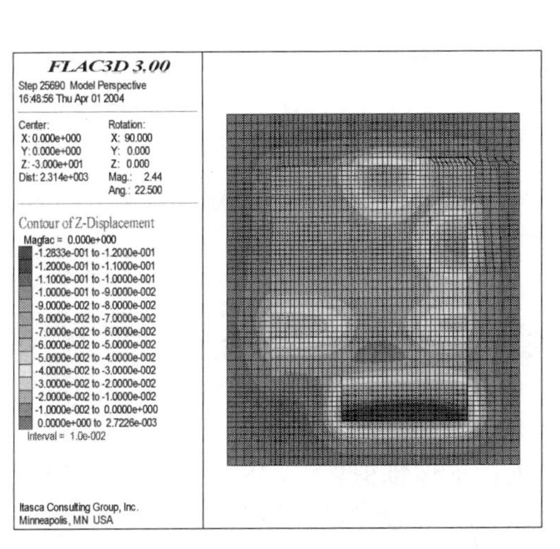

图 3-1 天然地基条件下建筑群沉降云图

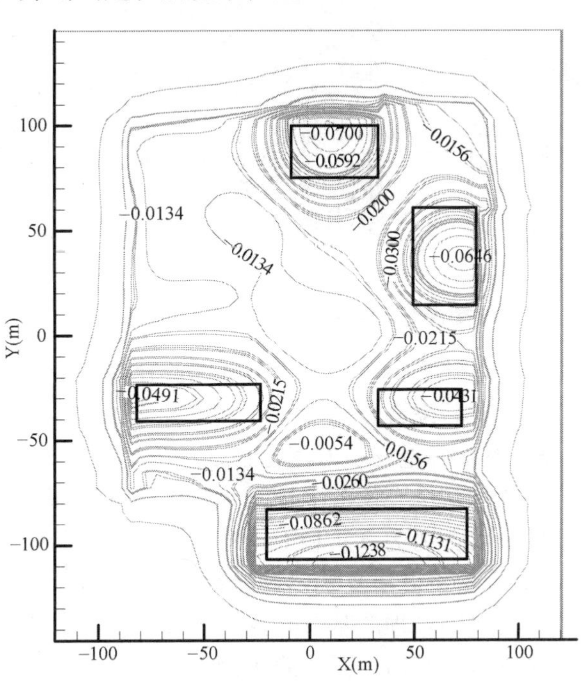

图 3-2 天然地基建筑物沉降等值线图

两种地基条件下的计算结果基本吻合。特别是数值分析结果，基本反映了建筑物的沉降特征。在天然地基条件，建筑物的沉降主要集中在各高层建筑物下，沉降差异非常明显。当采用天然地基时，应加厚筏板并加大配筋，提高筏板的刚度，以抵抗由于沉降差较大而导致的应力集中问题。当采用 CFG 桩复合地基时，由计算结果可知，整个筏板基础下的沉降趋于均匀，沉降差明显减小，说明当采用 CFG 桩复合地基后，对减小沉降差，使沉降均匀，使筏板基础受力也趋于均匀等有十分明显的效果。

3.4 地基与基础方案建议

项目高低建筑差异沉降明显，需要采取合适的地基处理方式和基础方案。

由地基承载力评价及建筑沉降计算可知，对单个建筑来讲，在天然地基条件下其承载力和沉降均满足要求。但就整个建筑群来讲，在天然地基条件下，建筑物的差异沉降较大，由此将导致筏板基础应力集中，受力较大。在 CFG 桩复合地基条件下，筏板基础沉

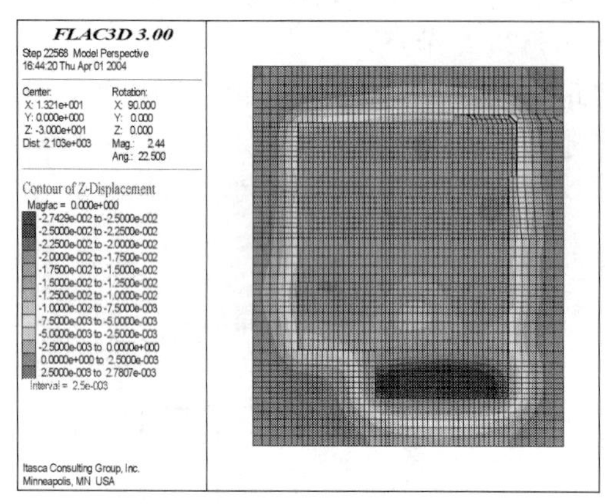

图 3-3　复合地基条件下的建筑群沉降云图

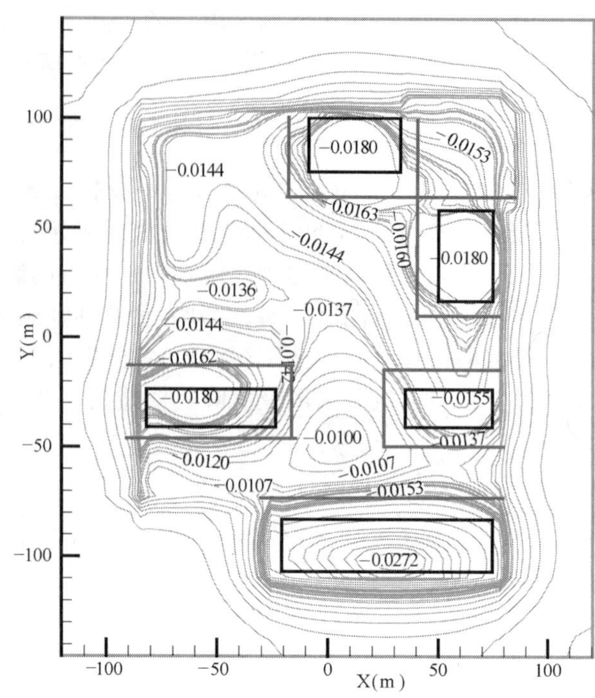

图 3-4　复合地基建筑物沉降等值线图及后浇带位置

降均匀，其受力也趋于均匀，因此建议对地基采用 CFG 桩进行处理，并在沉降差明显的位置设置后浇带。

3.5　基坑开挖支护方案建议

项目基坑开挖范围较大，基坑深度较深，建筑基坑周边环境复杂，基坑支护难度大，需要采取合适的方法和工程手段进行安全防护。

3.5.1　基坑开挖支护设计参数

为提供合理的基坑开挖支护设计参数，工程除进行了三轴剪切试验外，还进行了扁铲侧胀试验，给出了土的静止侧压力系数与水平基床系数，参数详见表 3-3：

基坑支护参数表　　　　**表 3-3**

地层	(1)	(2)	(3)	(3—1)	(4)	(4—1)	(5)	(6)	(7)
天然重度 kN/m³	19.0	19.0	19.0	19.0	19.2	19.5	19.5	20.0	19.7
内摩擦角(°)	—	14.18	7.85	11.66	12.13	32	37	38	12.95
黏聚力 kPa	—	14.38	17.23	30.86	19.75	—	—	—	54.9
静止侧压力系数	0.610	0.660	0.556	0.534	0.464	—	—	—	—
水平基床系数 MN/m³	114	207	381	330	637	—	—	—	—

3.5.2　基坑支护方案的模拟计算分析

工程利用 FLAC-3D 程序对土钉墙基坑支护方案进行了模拟计算，模拟计算了钉长、钉距对基坑稳定性的影响，进行了边坡稳定性数值模拟，得到土钉墙稳定性计算成果、土钉墙位移计算成果。根据计算结果，给出了合理的钉长与钉间距。

此外，工程还给出了基坑开挖过程的三维地质剖面图，包括勘察区内地层三维栅格图。

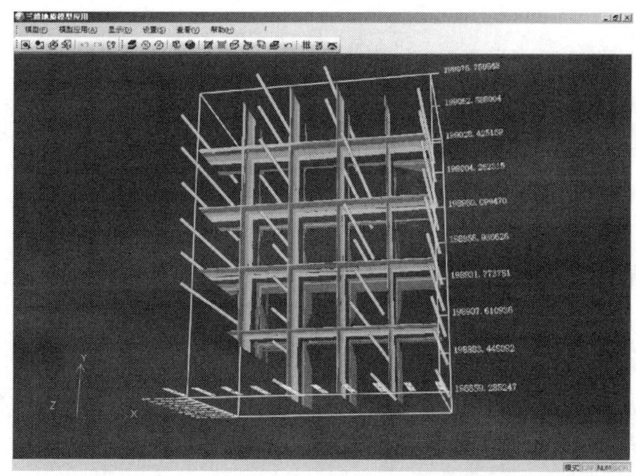

图 3-5　勘察区内地层三维栅格图

4. 工程总结与启示

（1）工程利用数值分析技术 FLAC-3D 有限差分程序，对建筑群在天然地基条件下和 CFG 桩复合地基条件下，在考虑地基与基础协同作用下的沉降特征进行了模拟计算。

通过计算得出，尽管在天然地基条件下，每个单体建筑物的地基承载力及沉降均能满足要求，但由于不同建筑物之间的沉降差异较大，使得整体筏板基础的应力集中，受力较大，需要较厚的筏板及较大的配筋，增大筏板的整体刚度，这将大大地增加工程的造价。

当采用 CFG 桩对地基处理后，建筑物沉降明显减小，整个建筑群的沉降基本趋于均匀，大大减小了筏板基础的应力集中问题。

因此，根据计算结果分析，建议采用 CFG 桩复合地基，并建议在沉降差相对较大的位置设置后浇带。

实测结果表明，预测沉降与实测沉降基本吻合，后浇带位置设置合理证明了建议的合理性。

（2）利用 FLAC-3D 有限差分程序对基坑开挖方案进行了分析计算，结合本地经验建议采用土钉墙基坑支护方案，并给出了土钉长度及间距。

（3）利用三维地质模型，模拟了基坑开挖过程，并给出了三维地质剖面图，有效地指导了基坑的顺利开挖，对保证基坑开挖过程的安全性具有十分重要的意义。

（4）利用石家庄岩土工程 GIS 系统给出了拟建场地的周围环境状况，为设计与施工提供了便利条件。

（5）利用扁铲侧胀试验计算并给出了静止土压力系数和水平基床系数，开创了石家庄地区利用扁铲侧胀试验的先例，并积累了这一原位测试技术在石家庄地区的经验。

5. 工程实施与效果

（1）数值计算方法在岩土工程分析中应用

项目运用数值计算手段进行建筑沉降分析和边坡稳定性计算，计算结果很好地指导了设计和生产，提高了岩土工程分析的水平，加大了计算分析的深度。为数值方法在生产的应用积累了经验。

（2）三维地质模型在工程分析和生产中应用

利用建立的三维地质模型，直观地给出了基坑边坡立体仿真模型，降低了分析的难度，增加了计算分析的准确性。利用三维模型指导基坑开挖、支护，保证基坑施工顺利、安全进行。

（3）GIS系统在勘察工程中的应用

工程将岩土工程GIS系统用于岩土工程勘察，进一步提高了岩土工程勘察报告的深度与技术水平。

（4）应用多种原位测试手段，结合数值分析技术、GIS系统技术和三维地质模型技术应用于勘察工程，获得了业主与设计单位的高度评价，产生了良好的经济与社会效益。

（5）沉降观测结果表明项目运行良好

为验证工程效果，工程收集了截至2006年底的沉降观测资料，对比结果见表5-1所示：

最大沉降监测点位置建筑物沉降计算值与实测值对比　　表5-1

建筑物	北办公楼	南办公楼	B1楼	B2楼	B3楼	商业区	地下室
无复合地基情况下建筑物最大沉降/mm	65.65	62.76	125.52	40.00	35.86	22.40	17.90
有复合地基情况下建筑物最大沉降/mm	17.16	17.76	27.18	15.68	16.68	14.00	12.74
实测建筑物最大沉降/mm	16.90	18.19	17.36	15.04	14.75	13.08	10.40

由上表可以看出：实测结果与预测结果基本吻合。

（6）工程获2006年度全国优秀工程勘察设计银奖，河北省优秀勘察设计一等奖。

6. 获奖单位简介：

河北建设勘察研究院有限公司（原河北省建设勘察研究院）始建于1953年，是集勘察、测绘、设计、施工、咨询、科研以及机械制造为一体的综合性勘察企业。

公司持有市政公用工程施工总承包壹级、地基与基础工程专业承包壹级、桥梁工程专业承包一级、土石方工程专业承包一级资质；持有工程勘察综合类甲级、测绘资质甲级、建设项目水资源论证甲级、地质灾害危险性评估甲级、地质灾害治理工程勘查、设计、施工甲级资质证书；持有矿山工程施工总承包贰级（仅限井巷工程）、房地产开发企业三级、特种专业工程（建筑物纠偏和平移、结构补强）专业承包、预拌商品混凝土专业承包二级企业等资质。

公司现有员工628人，各类专业技术人员473人。其中国家勘察大师1人，河北省勘察大师2人；正高级职称20人，高级职称48人，中级职称121人，初级职称283人；具有国家注册执业资格的岩土工程师、建造师、造价师、安全师等191人。

承担的业务范围包括：

• 岩土工程勘察：各类岩土工程勘察、分析与评价。

• 水文地质勘察：水文地质勘察与凿井、建设项目水资源论证（浅层地下水、深层承压水、地热水、矿泉水)、水资源与环境评价。

•工程测量：控制测量、地形测量以及市政工程、水利工程、建筑工程、精密工程、线路工程、地下管线探测、变形（沉降）观测、竣工测量、地理信息系统工程。

•岩土工程设计与施工、地基与基础工程专业承包：各类地基处理工程、深基坑支护与基坑降水的设计与施工、桩基施工及超大直径钻孔灌注桩施工。

•地质灾害工程：地质灾害工程治理勘查、设计、施工；地质灾害危险性评估。

•工程检测：地基检测、桩基检测、室内环境检测、地下管线探测、岩溶勘测、隧道衬砌质量和路基状态检测、考古勘测以及地基隐患勘测。

•工程监理：工业与民用建筑监理，路桥工程监理，市政工程监理，地质灾害工程治理监理。

•矿山工程施工总承包（井巷工程)：直径 2.5m 以上的工程井的设计与施工。

•市政公用工程总承包：可承担各类市政公用工程的施工。

•预拌商品混凝土：可生产各种强度等级的混凝土和特种混凝土。

•土石方工程专业承包：可承担各类土石方工程的施工。

•钻探机械设计与制造：钻探机具制造、加工，钻探机械产品配套。

•建筑材料试验：混凝土抗压性能试验、砂石料试验、钢筋性能试验、水泥性能试验、沥青性能试验等。

公司每年平均承接完成国家重点工程、省部级重点和地方标志性建设项目的岩土工程勘察、设计、施工、检测与监理 200 余项，年完成产值 22.7 亿元，业务范围覆盖全国 29 个省、市、自治区，以优质、高效、良好的服务赢得了社会信誉。先后被授予“全国城市勘测先进单位”、“全国工程勘察先进单位”、“全国建设技术创新工作先进单位”、“全国建设系统精神文明建设先进单位”、全国“安康杯”竞赛活动优胜企业，全国“重合同守信用”单位；“十五”全国建设科技进步先进集体和全国建筑业技术创新先进企业；河北省先进集体等荣誉称号。自 2004 年以来，连续九年被列入全国工程勘察设计行业百强企业名册。

7. 专利与独有技术简介：

工程中采用我公司科研课题成果包括：①地基基础协同作用分析系统；②深基坑土钉墙支护优化设计数值分析技术；③石家庄市工程勘察地理信息系统。

（1）地基基础协同作用分析系统

根据已建高层建筑岩土工程勘察资料、建筑地基与基础设计资料和沉降观测资料，利用 FLAC3D 有限差分计算程序建立数值计算模型进行参数反演分析，得到石家庄市区内典型建筑地基土计算模量取值建议值，建立利用 FLAC3D 有限差分计算程序进行考虑地基与基础共同作用的基础沉降的计算方法。

通过分析考虑地基基础共同作用条件下高层建筑群基础沉降规律问题，得出新建建筑物与已有建筑之间的相互影响，可以利用工程类比法预测拟建建筑基础沉降，为高层建筑群体系的地基、基础和上部结构共同作用的设计理念提供指导。

（2）深基坑土钉墙支护优化设计数值分析技术

利用数值分析技术，对基坑边坡变形进行整体模拟计算，计算中能够同时考虑边坡不同位置的变形、临近建筑和环境的影响、支护结构内部受力情况、边坡破坏变形区域等。

在对不同坡角、不同钉长、不同间距等情况分别组合计算后，经对比分析计算结果，得到最合适的数值计算支护设计方案。通过数值分析技术与传统计算技术设计方案对比，确定基坑边坡支护最优化方案。

(3) 石家庄市工程勘察地理信息系统

石家庄市工程勘察地理信息系统是在利用 GIS 功能控件基础上，结合工程勘察专业特点开发的，主要增加了工程勘察数据库的相关功能。根据系统设计具体要求，结合 GIS 基本功能特点，将整个系统分成六个功能模块，分别是：①工程数据录入模块；②数据管理模块；③原始资料管理工具箱模块；④区域分析管理工具箱模块功能；⑤原始资料管理模块功能；⑥区域分析模块功能。其中这些模块又由一些小的模块组成。石家庄市工程勘察地理信息系统数据库主要由基础地理空间数据库和基础地质空间数据库组成。

【项目特色提要】 本项目是高层与多层建筑和地下建筑一体的建筑群。岩土工程勘察结合建筑场区岩土地层的特性，开展了有针对的策划和分析工作。除进行了常规试验外，为地基承载力问题分析同时取得三轴剪切试验和深层载荷试验数据；为分析地基变形问题采用高压固结试验分析前期固结压力和变形特性并进行浸水固结试验；为评价基坑支护方案进行扁铲侧胀试验。对地基主要持力层采用深宽修正法与理论公式计算相结合的方法评价地基承载力；建筑物沉降分析采用分层总和法计算结果与数值模拟法相互验证，保证过程预测分析结果能够很好地反映建筑群的沉降变形特征；采用 $FLAC^{3D}$ 对深基坑开挖稳定性进行了计算分析，并建议了合理的基坑支护方案。上述岩土工程勘察成果为项目的成功建造提供了有力的支撑，并为地区同类建设项目积累了重要的经验。

北京 LG 大厦岩土工程勘察、建筑设防水位分析与基础设计分析

北京市勘察设计研究院有限公司　张志尧　沈小克　沈　滨

【项目摘要】

本工程通过有针对性的岩土工程工作方法和综合技术分析，着重解决了两幢 31 层的高层写字楼采用天然地基方案的可行性问题；通过对基础侧向削弱的影响、地基基础协同作用分析论证，对基础设计进行了大规模的变更建议；通过现场多点地脉动测试、地震反应分析为本工程抗震设计提供可靠依据；采用地下水动力学分析方法和数值分析技术，进行地下水压力模拟及预测，提出科学合理的抗浮设防水位；提出了深基坑开挖及场区多层地下水控制及安全性影响等技术建议。本工程通过采用综合分析技术，成功解决了工程当中的复杂岩土工程问题，提出了设计和施工的相关建议，取得非常可观的经济和社会效益。

1. 工程概况

北京 LG 大厦（现名：北京乐喜金星大厦）位于北京市朝阳区建国门外大街永安里，紧邻长安街，是北京 CBD（中央商务区）地区的大型公建之一。

本工程主体为东西分立的 2 栋 31 层复合结构体系高层塔楼（总高度约 140.50m），塔楼之间为 5～6 层框架结构裙楼（总高度约 25.00m），外围东、西、北三面为纯地下室部分。高层塔楼、裙楼及纯地下室均设 4 层地下室。各部分均置于同一顶面标高的基础顶板上，各部分基础底板埋深为 22.30～23.90m（参见“图 1-1”）。

本工程受现场作业条件的限制，工程勘察工作前后历时较长，多次进场，从 1997 年 4 月～2001 年 7 月，完成工程报告的编写、校核、审核与审定工作。

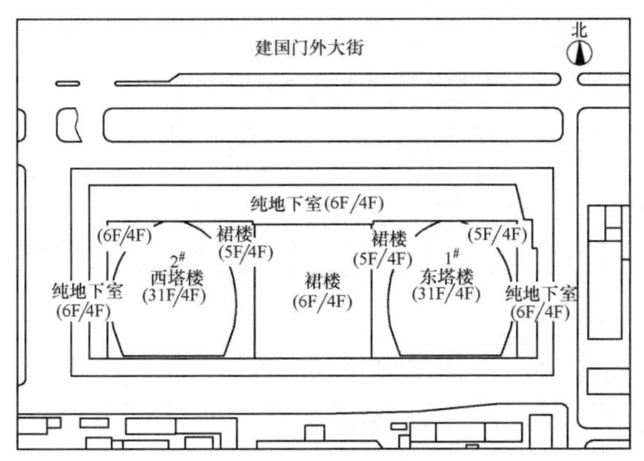

图 1-1　北京 LG 大厦平面示意图及效果图

本项目规模较大，体型和结构条件复杂，基础埋较深。针对项目特点，开展了勘察工作，勘察测试手段多样、资料齐全，为设计施工、提供了有效的地质依据。确定的岩土工程分析评价的重点是：

本工程2栋31层的高层写字楼采用天然地基方案的可行性问题，如何解决同一大底板上的不同建筑部分差异沉降问题，超补偿裙楼和纯地下室对相邻高层塔楼基础的侧限条件永久性削弱，从而对高层塔楼地基承载力控制及整体稳定性影响问题，外围大面积纯地下室及裙楼基础抗浮稳定性、基础施工期间的槽底隔水土层在其下分布的承压水作用下的抗突涌稳定性问题，深基坑开挖支护、多层地下水控制及对周边相邻地铁、既有建筑、道路、地下设施安全影响等问题。

2. 场地岩土工程条件

2.1 区域新构造运动

北京地区新构造运动以断块差异升降和断裂活动为主要特征，北北东—北东向断裂占主导地位，其次为北西—北西西向断裂。新构造运动具有继承性、新生性和间歇性特征。根据区域地震地质资料，工程建设场地10km范围内无全新世活动断裂通过。

2.2 地形地貌

本工程所在的北京市区的西、北及东北方向三面环山，东、南及东南面为广阔的平原区，地貌单元自西部山前向东部平原区，由冲洪积扇过渡为冲积平原区。

本工程拟建场区位于永定河冲洪积扇中部。场区地层土质以黏性土、粉土与砂土、卵石土交互层为主。根据拟建场地周边揭示基岩的深部地质资料，本场区第四纪地层厚度（相对于基岩埋深）在152m左右。

场地大部分区域地形基本平坦，勘察所完成的大部分钻孔孔口处的地面标高在39.41～40.80m之间。

2.3 地层土质概述及地层空间分布

根据现场勘探、原位测试及室内土工试验成果，按地层沉积年代、成因类型，将拟建场区内、最大勘探深度70.60m范围的土层划分为人工堆积层和第四纪沉积层两大类，并按地层岩性及其物理力学数据指标，进一步划分为15个大层。各土层的基本特征参见表2-1。

地层岩性特征一览表 **表2-1**

成因类别	地层序号	岩性	各大层层顶标高(m)	颜色	湿度	稠度	压缩性
人工堆积层	①	房渣土	9.41～40.80	杂	湿(局部饱和)	—	—
	①$_1$	粉质黏土、黏质粉土填土		黄褐	湿(局部饱和)	可塑	—
第四纪沉积层	②	黏质粉土、粉质黏土	34.86～38.75	褐黄—褐黄(暗)	湿(局部饱和)	可塑—硬塑	中高—中压缩性
	②$_1$	砂质粉土、黏质粉土		褐黄—褐黄(暗)	湿(局部饱和)	硬塑—可塑	中低—低压缩性
	②$_2$	黏土、重粉质黏土		褐黄	湿	可塑	中高—中压缩性
	③	黏质粉土、砂质粉土	32.64～35.25	褐黄—褐黄(暗)(局部灰)	湿(局部饱和)	硬塑—可塑	低压缩性
	③$_1$	砂质粉土、粉砂		褐黄—褐黄(暗)	湿(局部饱和)	硬塑	低压缩性
	③$_2$	黏土、重粉质黏土		灰	湿	可塑	中高压缩性

续表

成因类别	地层序号	岩性	各大层层顶标高(m)	颜色	湿度	稠度	压缩性
第四纪沉积层	④	粉砂、细砂	29.90～32.80	褐黄	湿—饱和	—	低压缩性
	④$_1$	粉质黏土、黏质粉土		褐黄—褐黄(暗)	湿	可塑	中高—中压缩性
	④$_2$	圆砾、卵石		杂	湿	—	低压缩性
	⑤	卵石、圆砾	25.27～27.17	杂	湿—饱和	—	低压缩性
	⑤$_1$	细砂、中砂		褐黄	湿—饱和	—	低压缩性
	⑤$_2$	粉质黏土、黏质粉土		褐黄	湿—饱和	可塑—硬塑	低压缩性
	⑥	粉质黏土、黏质粉土	17.44～22.42	褐黄	湿—饱和	可塑—硬塑	中低—低压缩性
	⑥$_1$	黏质粉土、砂质粉土		褐黄	湿—饱和	硬塑—可塑	低压缩性
	⑥$_2$	黏土、重粉质黏土		褐黄—褐黄(暗)	湿—饱和	可塑—硬塑	中低—低压缩性
	⑦	卵石、圆砾	14.98～16.65	杂	饱和	—	低压缩性
	⑦$_1$	粉砂、细砂		褐黄	饱和	—	低压缩性
	⑧	粉质黏土、重粉质黏土	7.76～11.26	褐黄—褐黄(暗)(局部黄灰)	饱和	可塑—硬塑	中低—低压缩性
	⑧$_1$	黏土		褐黄—褐黄(暗)(局部灰)	饱和	可塑	低压缩性
	⑧$_2$	黏质粉土、砂质粉土		褐黄(局部灰黄)	饱和	可塑—硬塑	低压缩性
	⑨	卵石	0.61～2.15	杂	饱和	—	低压缩性
	⑨$_1$	细砂		褐黄	饱和	—	低压缩性
	⑩	粉质黏土、黏质粉土	−5.05～−3.09	褐黄(暗)—灰黄—黄灰(局部灰)	饱和	硬塑—可塑	低压缩性
	⑩$_1$	黏土、重粉质黏土		褐黄(暗)—灰黄—黄灰(局部灰)	饱和	可塑	中低—低压缩性
	⑩$_2$	细砂		褐黄	饱和	—	低压缩性
	⑪	卵石、圆砾	−9.35～−8.19	杂	饱和	—	低压缩性
	⑪$_1$	细砂、中砂		褐黄	饱和	—	低压缩性
	⑪$_2$	砂质粉土		褐黄	饱和	硬塑	低压缩性
	⑫	粉质黏土、重粉质黏土	−13.55～−13.05	褐黄	饱和	可塑—硬塑	低压缩性
	⑫$_1$	细砂		褐黄	饱和	—	低压缩性
	⑫$_2$	黏土		褐黄	饱和	可塑	低压缩性
	⑬	卵石	−20.35	杂	饱和	—	低压缩性
	⑬$_1$	细砂		褐黄	饱和	—	低压缩性
	⑭	重粉质黏土、黏土	−20.35～−22.45	褐黄	饱和	可塑	低压缩性
	⑭$_1$	粉质黏土、黏质粉土		褐黄	饱和	硬塑	低压缩性
	⑮	卵石	−27.05～−25.55	杂	饱和	—	低压缩性
	⑮$_1$	细砂		褐黄	饱和	—	低压缩性
	⑮$_2$	粉质黏土		褐黄	饱和	硬塑	低压缩性

在本工程的勘察分析中，在工程勘察领域较早引入了三维地质数字化和可视化技术，通过对拟建场区现场地层资料的分析整理，结合拟建建筑的基础埋深情况，对场区地层分布进行三维演示和分析，为设计和施工提供了直观的勘察成果，实现了“地质体信息三维可视化”方面的突破。

2.4 水文地质条件

根据勘察期间于钻孔中实测的地下水水位、场区所处的水文地质特征及场区周边的地下水长期观测资料，拟建场区在勘探深度范围内所实测到的地下水可划分为 3 层，各层地下水类型及勘探期间在工程地质钻孔中实测的水位参见表 2-2。

地下水类型、埋深及含水层主要特征一览表　　表 2-2

序号	地下水类型	地下水静止水位		量测时间
		水位埋深(m)	水位标高(m)	
1	上层滞水	1.80～8.10	32.54～38.85	1998 年 12 月中旬～下旬
		9.10	30.94	2001 年 6 月中旬
2	层间潜水	14.80～15.50	24.27～24.90	1997 年 4 月下旬
		15.05～16.40	24.14～25.44	1998 年 12 月中旬～下旬
		15.00～16.10	24.35～25.15	1999 年 6 月中旬
		13.20～14.30	26.06～26.84	2001 年 6 月中旬
3	承压水	17.80～19.00	20.77～22.12	1997 年 4 月下旬
		18.20～20.00	20.16～22.16	1998 年 12 月中旬～下旬
		20.40	20.40	1999 年 6 月中旬
		20.80	19.24	2001 年 6 月中旬

3. 岩土工程问题及评价

3.1 地基方案及相关技术建议

3.1.1 技术路线及工作方法

在本工程的勘察工作当中，为了科学合理客观地确定地基方案，提出了综合运用土力学、水文地质学原理及数值计算的定性研究与定量计算相结合的技术路线。

3.1.2 建筑工程特点和地基岩土工程条件

根据目前的设计条件，高层塔楼中筒基底标高为 16.27m，塔楼其他部位标高为 16.57m，裙楼及纯地下室部位基底标高为 17.87m。勘察结果表明上述基底设计标高处的直接持力层主要是以第四纪沉积粉质黏土、黏质粉土⑥层，黏质粉土、砂质粉土$⑥_1$ 层为主的第 6 大层土，并且该组黏性土、粉土层在基底以下的厚度分布不甚均匀。在高层塔楼部位，基底以下第 6 大层土的一般厚度自 0.50～1.50m 不等，较厚部位在 2.00m 左右，在塔楼中部的局部厚度不足 0.30m。在第 6 大层土以下为总厚度约 5～7m 的粉砂、细砂$⑦_1$ 层及卵石、圆砾⑦层；在第 7 大层以下为以黏性土为主的第 8 大层土。上述各土层的地基承载力基本可满足本工程基础设计需求。由于上部荷载分布很不均匀、局部集中荷载较高，基底以下直接持力土层厚度分布不甚均匀，以及第 6 大层土与下卧第 7 大层土之间的工程性质差异明显，使得基础差异沉降控制成为本工程基础方案设计时的重要决策因素。

通过对北京 LG 大厦建筑设计条件和地基土层工程条件的分析，按照有关规范的要求，以控制建筑物的总沉降、差异沉降及倾斜和稳定为基本原则，在本次勘察资料整理分析阶段，我们对本工程地基承载力、地基变形等问题进行了初步验算。通过对验算结果的分析，并结合实际工程分析评价的经验，我们认为本工程存在有全部采用天然地基的可能性。若全部采用天然地基，除应按结构体系与荷载条件对地基持力层的承载力等进行验算外，更主要的是应考虑天然地基的差异变形问题，尤其是须解决荷载差异较大部位的差异变形问题。因此，应针对具体的荷载分布条件、基础型式、设计与施工措施及施工进程进行基础差异沉降分析，以校核天然地基差异变形能否有效地控制在设计要求范围之内。

3.1.3 建议的地基方案

采用天然地基法案。须根据最终确定的建筑荷载实际分布条件和基础型式、施工方案（如后浇带的设置及其合理的位置）及施工进程等，结合本报告所提供的地层分布及各层土质数据资料，进行沉降和差异沉降分析计算，并采取有效措施将高层塔楼总沉降和其与裙楼、纯地下室之间的差异沉降控制在设计允许范围之内时，才可采用天然地基方案。

经对地基方案深入分析论证，针对目前的基础设计埋深条件，在采用天然地基方案时，建议本工程高层塔楼部分、裙楼及纯地下室部分的基础砌置标高、持力层土质及地基承载力标准值参见表 3-1。

如本工程采用设计、施工措施仍无法有效解决差异沉降问题，则可考虑高层塔楼部分采用深基础方案或 CFG 桩复合地基方案，以消除差异沉降的不利影响。

3.1.4 对施工提出了较全面的相关技术建议

（1）对地下水水量、降水周期、以及降水对周边道路环境的影响进行了较为充分的预测估计，提出了采用隔水与降水（降压）联合措施的降水方案和与之相关的技术建议；同时地下水专项技术咨询还为降水方案进行了量化分析，使得降水方案更加科学可行、基础工程得以顺利施工，还节约了可观的降水费用。

地基直接持力层土质和承载力标准值 **表 3-1**

建筑部分	基础砌置标高	基底直接持力层土质	地基承载力标准值 f_{ka} 及相关条件说明
高层塔楼	方案 A 16.27～16.57m （设计埋深）	第四纪粉质黏土、黏质粉土⑥层及黏质粉土、砂质粉土⑥$_1$ 层，局部为粉砂、细砂⑦$_1$ 层	当通过地基沉降计算分析确认，基础的总沉降和差异变形能够有效地控制在设计允许范围之内时，对基底以下的粉质黏土、黏质粉土⑥层及黏质粉土、砂质粉土⑥$_1$ 层可不进行换填处理，此时的地基承载力标准值 f_{ka} 综合考虑为 260kPa
	方案 B 16.27～16.57m （设计埋深）	换填处理后的级配砂石	若在需要挖除上述黏性土、粉土层后采用换填处理时，其挖除换填深度及平面范围可根据设计对地基沉降的验算结果，参照“工程地质剖面图”，并结合基槽检验情况综合确定。在挖除上述黏性土、粉土层后，建议采用级配砂石分层碾压回填至基底设计标高。建议级配砂石中的碎石、卵石占总质量的 30%～50%，压实系数 λ_c 应不低于 0.96。在此条件下的地基承载力标准值 f_{ka} 可初步按 260kPa 考虑。在沉降分析时，换填砂石层的压缩模量可按 35MPa 考虑。
	方案 C 15.60～16.00m	第四纪粉砂、细砂⑦$_1$ 层	320kPa(综合考虑)，并应结合具体设计条件对基底以下相对软弱的下卧层(第 8 大层)的承载力进行验算，第 8 大层土的承载力综合考虑为 260kPa

续表

建筑部分	基础砌置标高	基底直接持力层土质	地基承载力标准值 f_{ka} 及相关条件说明
裙楼、纯地下室	17.87m（设计埋深）	第四纪粉质黏土、黏质粉土⑥层及黏质粉土、砂质粉土⑥$_1$层，对局部分布的卵石、圆砾⑤层，可结合地基检验情况予以挖除	260～280kPa（适用条件：拟加大沉降时可采用较高值，拟减小沉降时可采用较低值）

（2）本工程周边环境和地下设施分布复杂，深达20m多的基坑深度内分布多层地下水。勘察报告当中提出了确保基坑和周边环境安全的支护和地下水控制的技术建议，得到建设单位的充分重视和采纳，同时加强了对支护体系、相邻设施的变形监测。本工程的深基坑支护、降水和开挖工作，实施的十分顺利，未对环境实施带来任何安全影响。

3.2 主楼地基承载力的数值模拟分析

3.2.1 侧限条件对主楼承载力影响的分析

采用FLAC软件分析了裙房以及外围纯地下室对主楼承载力的影响。数值模拟分析以西侧塔楼为研究对象，建立的模型如图1所示。模拟范围200m×70m。主体建筑宽40m，右侧纯地下室宽16m，4层地下室，左侧纯地下室宽5m，4层地下室。模型网格划分为140×70，共9800个单元，参见图3-1。

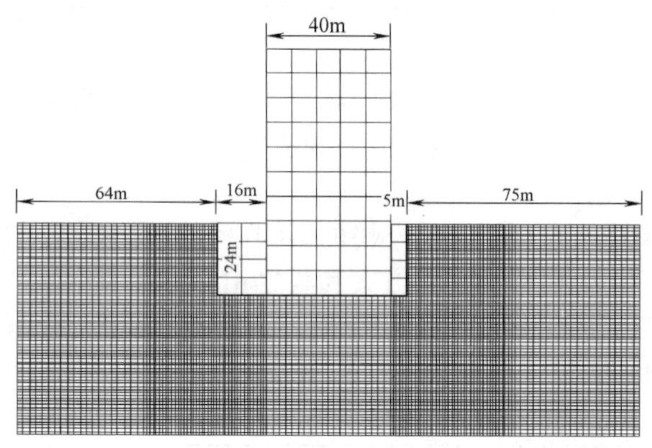

图3-1 数值分析模型

从主楼基底以下塑性区的开展情况来看，基底以下局部产生一定的塑性区，但主要分布在主楼基础两侧，塑性区发展并不大，基底以下土层的承载力可满足要求，参见图3-2。

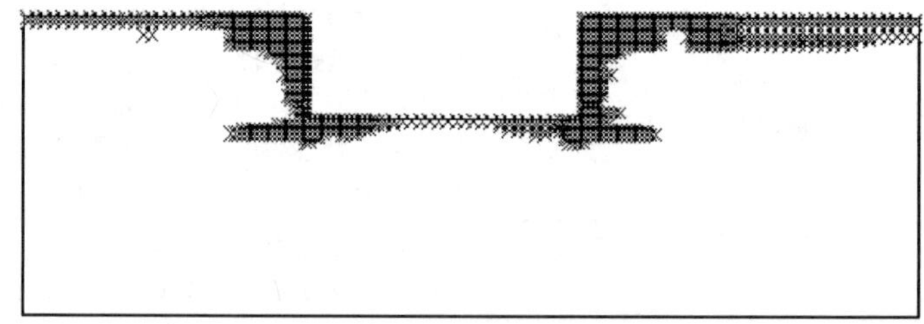

图3-2 基底塑性区分布图

3.2.2 沉降数值模拟分析

模拟计算得到的主楼最大竖向位移为7.69cm，按照承载力变形控制的基本设计原则，本工程天然地基满足承载力变形的设计要求。

3.3 地基沉降性状的协同作用分析和监测

3.3.1 协同作用沉降计算方法

本工程采用了非线性地基与基础共同作用分析方法（简称SFIA—Subsoil & Foundation Interaction Analysis）来进行沉降分析。土的本构关系采用我公司开发的“BGI 压剪模型”，并用来确定地基土非线性模量。由于土层变形模量随地基应力水平和受力状态变化，因此可以充分反映荷载相差悬殊、基础面积大的建筑基础下不同部位、不同深度土的变形特性。

采用地基与基础共同作用的分析原理，考虑基础刚度对沉降的调整作用，故而所得的沉降分布比一般自由沉降接近实际。特别在建筑物采用不同的基础类型，其刚度出入很大时，能反映不同类型基础对沉降调整能力的差异，有利于基础方案的合理选择。

为了使分析具有较好的可靠性，对大量的高层建筑的基坑回弹和建筑物沉降实测资料进行“反演”，获取经验修正系数。并通过实际工程观测的验证，证明采用该方法估算的沉降分布情况与实际较为接近，可作为基础设计依据。

采用增量法分多个荷载阶段计算，最后计总求算沉降和基础内力，这样不仅可反映在不同荷载阶段时土的非线性特性差异，还可模拟高层主楼与周围裙房之间所设置的施工后浇缝浇灌前后基础刚度的变化，反映后浇缝对高低层建筑变形与整体内力的影响，从而可判断设置施工后浇缝的必要性以及浇灌时间。

以基坑开挖后的应力状态作为起始状态，采用基底总压力计算建筑物总沉降，不仅适用于附加压力较大的高层建筑物沉降估算，还可用于基础埋深大建筑物重量不大的低层建筑或纯地下建筑的沉降估算；用该方法可计算建筑基坑开挖引起的地基隆起和回弹再压缩变形。

3.3.2 协同作用沉降分析

根据建设单位的委托，我院于 1997 年 7 初开始进行该工程地基与基础的共同作用分析，2001 年 8 月全部完成，先后共进行沉降分析 20 次，历时 4 年。其间不断配合设计单位对基础类型、基础尺寸以及施工后浇缝的设置位置进行调整，并进行了以下分析：

（1）多方案比选：为了实现天然地基方案，在我院的建议下，设计单位先后调整了主体建筑物基底标高、基础梁的尺寸、筏板厚度、基础形式以及基底压力。取消了低层裙房的独立基础，整个建筑物均采用筏板基础；高层塔楼的中筒部位筏板厚由原 2.50m 加大到 2.80m，裙房部分筏板厚由原 1.50m 减少到 1.20m。在上述措施的基础上，我院配合设计院进行了每个方案的计算分析，向建设单位和设计方提供了分析得到的沉降和差异沉降、地基的分层沉降、基础内力（包括弯矩和剪力）等分析成果，同时对地基基础方案、基础内力、施工后浇缝、沉降观测、验槽等各方面提出了建议。这些建议均被设计方和建设方所采纳，通过多方案的比选，最终实现了本工程全部采用天然地基方案，较桩基础方案节省了工程造价，不仅确保了地基基础方案实施的安全性和经济性，而且为施工措施的优化提供了可靠的保证。

从建筑物使用一年时实测沉降与计算总沉降比较看，实际沉降趋势和分布与计算所得到的结果非常吻合，说明了我院进行沉降协同分析的有效性。

（2）基础刚度对地基沉降的影响分析：为了减少荷载分布不均所造成的沉降差异，对基础形式和底板厚度进行了多次调整。通过基础刚度变化，反映不同类型基础对沉降调整能力的差异，有利于基础方案的合理选择。

（3）地基分层沉降分析：为了研究地基变形随土层纵向的变化规律，对基底以下各层土沉降和不同深度的沉降分布进行了深入分析，以东部塔楼和中部裙房的典型节点为例，得到了沉降、沉降比（即基底下各层层顶以下沉降与总沉降的比例，以百分数表示）、沉降率（即基底下各大层沉降与本层层厚的比，cm/m，无量纲）随基底以下深度变化的关系曲线，以及分层沉降情况，参见图 3-3。

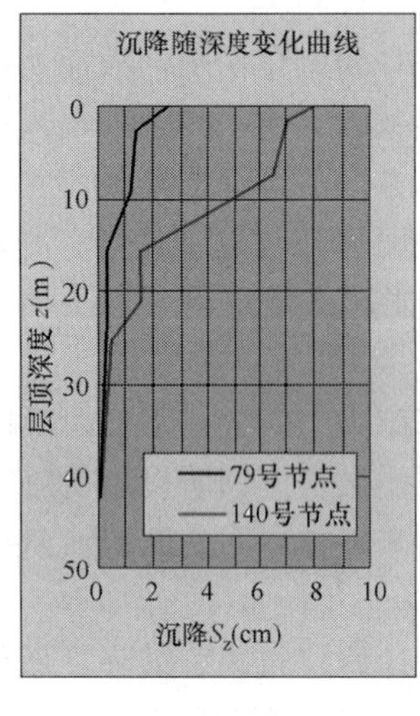

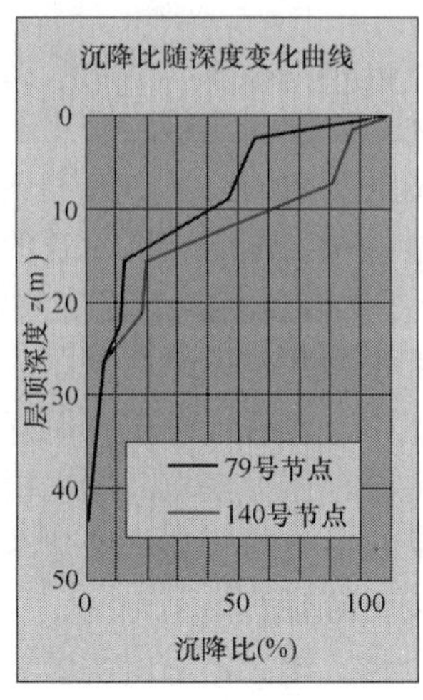

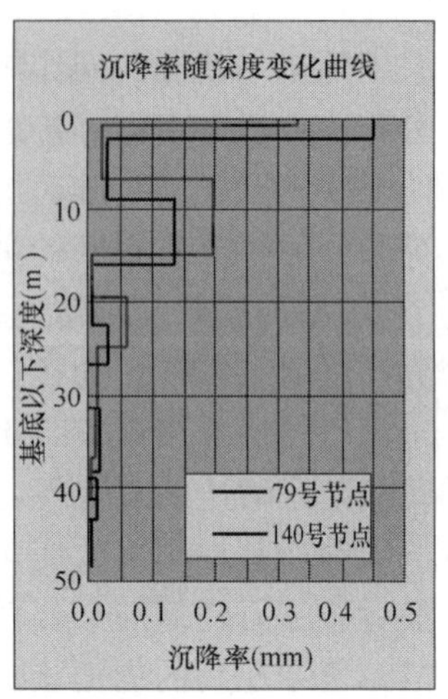

图 3-3　典型节点沉降、沉降比、沉降率变化曲线

3.3.3　监测与验证

本工程地基方案的最终完全按勘察报告所建议的天然地基方案实施。

依据我院的差异沉降分析结果，设计单位及时合理调整了结构设计方案，并最终保证了天然地基方案的实施。目前整体建筑已投入使用一年，现场的建筑沉降观测与我院 SFIA 预测的建筑物基础沉降相当吻合，证明了经过优化调整后最终确定的地基基础方案是合理有效的，较采用地基处理和桩基础不仅减小了对周围环境的影响，缩短了施工时间，避免了大幅度更改地基方案产生的追加投资，节省了工程造价，具有明显经济效益，参见图 3-4、图 3-5。

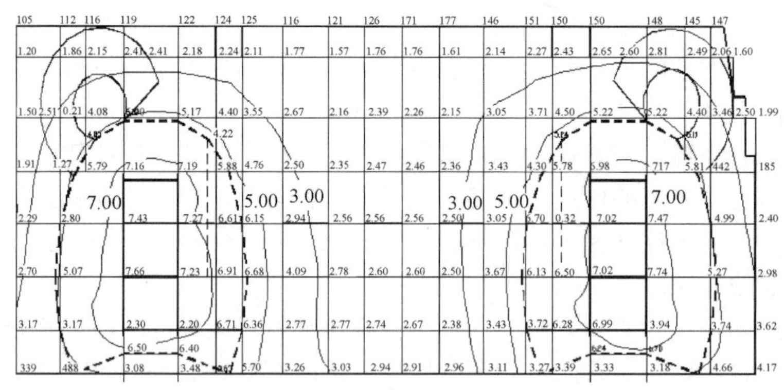

图 3-4　计算总沉降图（单位：cm）

3.4　人工地震波及设计反应谱计算分析

通过现场多点地脉动测试，为拟建场区提供了准确的场地卓越频率、卓越周期。采用我院在北京地区关于土的动力特性研究成果进行了地震反应分析，提出了拟建场区地面及

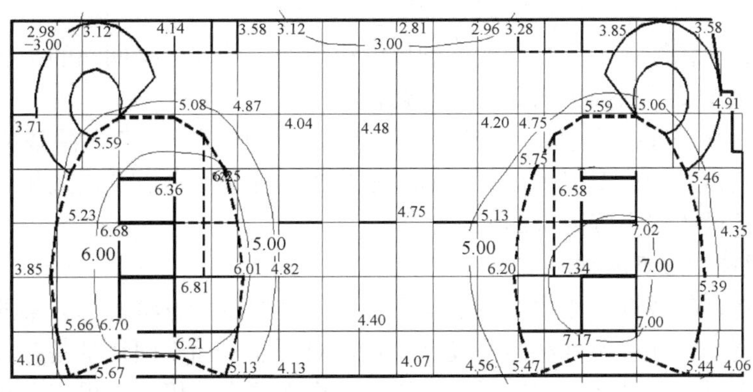

图 3-5 实测总沉降图（使用 1 年）（单位：cm）

地面以下 18m 处人工地震波（超越概率 10%、阻尼比 0.05）以及不同超越概率水平和不同阻尼比的地面加速度反应谱（正、反演法），为本工程结构抗震设计时程分析提供了可靠的依据。

3.5 建筑设防水位分析论证

该工程主体建筑外围的纯地下建筑与其北侧的纯地下配套设施的面积较大、竖向荷载较小、基础埋置较深，若按传统静水压力计算方法（取近 3～5 年最高地下水位为抗浮设计水位），必须采取抗拔桩解决抗浮问题，并且结构上也难以处理差异沉降问题。能否科学合理的确定出该工程的抗浮设防水位，将直接关系到工程使用期间的安全度和建设投资效益，因此建设单位委托我院对该工程抗浮设防问题进行专项技术咨询分析工作。

3.5.1 技术分析路线

根据区域地质资料、工程地质和水文地质勘察结果以及地下水监测结果，建立场区物理模型。通过研究多层地下水动态关系和影响因素分析，将“抗浮设防水位”概念扩充到地下水赋存体系概念，将地下水动力学的概念和方法引入抗浮压力的确定中，并采用科学的工作思路与工作方法，利用有限元数值方法计算水压力。

3.5.2 分析计算结果

通过室内分析、数值模拟相结合的科学研究方法，建议该工程的建筑防渗最高水位按标高 38.50m 考虑；当建筑基底标高给定为 17.87m 时，建议用于本工程建筑抗浮的水压力为 156.3kN/m^2，等效抗浮设计水位可按标高 33.50m 考虑，该标高较 1959 年最高水位降低了约 5.00m。

我院的设防水位技术分析工作解决了该工程主体建筑部分外围的纯地下车库及低层裙房建筑的抗浮稳定性这个突出问题。根据所建议的设防水位，本工程取消了抗拔桩方案，节省了可观的工程资金，大大缩短了工程周期，创造了显著的社会效益和经济效益。

4. 工程总结与启示

4.1 本工程岩土工程的特点和难点

（1）本工程 2 栋 31 层的高层写字楼采用天然地基方案的可行性问题；

（2）如何解决同一大底板上的不同建筑部分差异沉降问题；

（3）超补偿裙楼和纯地下室对相邻高层塔楼基础的侧限条件永久性削弱，从而对高层塔楼地基承载力控制及整体稳定性影响问题；

（4）外围大面积纯地下室及裙楼基础抗浮稳定性、基础施工期间的槽底隔水土层在其下分布的承压水作用下的抗突涌稳定性问题；

（5）本工程基槽开挖深达20多米，场区多层地下水分布复杂，深基坑支护与降水工程应充分考虑基槽影响深度范围地层、地下水分布的复杂性，以及周边相邻地铁、既有建筑、道路、地下设施安全等因素的要求。

4.2 岩土工程技术服务的创新点

（1）由于在多年咨询工作中取得的信誉，工程结构设计方将地基方案的比选完全交给我院完成。根据场区地层条件和结构设计特点，对可能采用不同地基基础方案，特别是采用天然地基方案时的关键技术问题进行了深入地全面技术分析，并提出了具体和有针对性优化的建议，结构设计完全采纳，确保采用地基方案的科学合理、经济安全。

（2）工程勘察领域较早采用地质体三维可视化技术，分析提供工程场区地层立体分布以及深基坑立体切割图，为设计和施工提供了直观准确的勘察成果，实现了“地质体信息三维可视化”方面的突破。

（3）基础与上部结构相互作用的沉降计算分析中，通过参数反演得出基底分布的地层压缩性计算指标，对计算参数的研究和认识取得了新的进展；分析结论对基础设计进行了大规模的变更，这些建议均被设计方所采纳，使本工程最终实现了天然地基方案，较桩基方案节省了工程造价，为地基基础方案实施的安全性、经济性和施工措施的优化提供了可靠的保证；采用FLAC程序对基础侧向削弱的影响进行了有限差分分析，不仅满足了本工程的分析要求，对当前普遍存在的基础侧向削弱情况的影响机理有了新的认识。

（4）通过现场多点地脉动测试，为拟建场区提供了准确的场地卓越频率和卓越周期。采用土的动力特性研究成果进行了地震反应分析，提出了拟建场区地面及基底附近人工地震波（超越概率10%、阻尼比0.05）以及不同超越概率水平和不同阻尼比的地面加速度反应谱（正、反演法），为本工程抗震设计提供可靠依据，确保抗震设计的安全。

（5）针对场区复杂的地下水条件和渗流场，采用地下水动力学分析方法和数值分析技术，进行地下水压力模拟及预测，提出科学合理的抗浮设防水位。

（6）本工程采用的岩土工程新技术包括：计算机专家系统、地基基础共同作用数值分析、地下水GIS系统、地下水预测预报、地下水动力分析方法、地下水渗流数值分析、地震动力特性反应分析。采用上述综合分析技术，成功解决了工程当中的复杂岩土工程问题。

综上所述，本工程不仅体现了岩土工程的工作方法和分析力度，通过持续性技术创新，解决了设计和施工中的问题，也取得非常可观的经济和社会效益。

5. 工程效益与效果

（1）采用创新性的岩土工程与基础工程分析评价的先进技术和方法，为本工程提供全过程技术服务，在确保工程安全的前提下，合理、先进地解决工程问题，确保了工程质量、经济效益和社会效益。

① 在本工程的岩土工程勘察过程中，通过严密的勘察方案策划和实施，不但准确查明了场区地层的空间分布及工程性质以及场区的地下水赋存特征，还通过较全面的地基承

载力、变形分析和深基坑稳定性分析，提出了经济、合理的地基方案和全面的基坑支护、降水、监测的技术建议、措施。

② 通过地基基础的协同作用分析（SFIA），设计不断调整优化基础设计方案，并采纳了我院的相关改进措施和建议，最终科学地保障了天然地基方案的合理实现，取得了明显的经济效益和社会效益。

③ 本工程通过室内分析、数值模拟相结合的科学研究方法，将非饱和渗流理论和地下水动力学理论引入地基分析，结合地下水动态预报模型，提出建筑地基原生孔隙水分布场的计算模型，给出合理的防渗设计水位、抗浮设计水位，对地下室外墙水压力分布提出了建议。通过设防水位的论证分析，融入了较高的科技含量，解决了采用天然地基方案的可行性问题，取消了纯地下部分抗拔桩方案，从而节省了可观的工程资金，同时还缩短了工程周期。

（2）贯彻执行国家的技术经济政策，用高新技术和先进适用技术积极推进工程勘察技术水平和行业进步。

① 本项目的工程勘察资料翔实准确、全面，内容丰富。对关键性岩土工程问题进行论述、分析和建议，合理、全面且切合工程设计、施工的实际情况，获得了建设单位、设计部门的好评。

② 本工程的全过程岩土工程技术服务，从策划到实施、分析、最终成果，集中体现出，在土木工程领域，只有将岩土工程、地下水分析、岩土数值分析等多学科交叉、融合，并采用创新性的技术分析手段，才能更好地服务于工程建设全过程，确保工程建设质量和安全。

③ 抗浮设计水位的工程咨询技术分析，不仅积极促进了科研成果转化为生产力，而且推动了北京城市工程设防水位工作的深入开展和基础抗浮问题的量化评价水平，有效地提高了投资效益。地基基础的协同作用沉降分析，提供了优化的工程设计方案与建议。

④ 在本工程的岩土工程勘察和相关技术服务工作中，充分体现了“理论导向、实测定量、经验判断、监测验证”的工作原则和工作方法。采用了现场钻探、原位测试、室内试验、数值模拟、模型分析、综合评价的技术手段和方法，应用了多项高水平的新技术方法和研究成果，促进了勘察从业单位的技术结构和成品结构的调整，提高勘察和岩土工程咨询成果文件的技术含量，推进了岩土工程咨询体制的建设。

6. 获奖单位简介

北京市勘察设计研究院有限公司为经北京市科学技术委员会、北京市财政局、北京市国家税务局和北京市地方税务局联合认定的国家高新技术企业。其前身为北京市勘察设计研究院，始建于 1955 年，为北京市属自收自支事业单位。2007 年 10 月，北勘公司在北京市委、市政府和市国资委的推动与指导下，以“维护人才、谋求发展”为目的，通过分立式体制改革，主业整转平移而成立。

北勘公司实力雄厚，具有国家工程勘察类综合甲级、工程咨询甲级、工程测绘甲级、地质灾害治理工程勘察甲级、地质灾害治理工程评估甲级、地质灾害治理工程设计甲级、地质灾害治理工程施工甲级、地基与基础工程专业承包壹级、建设工程安全性评价乙级、地质勘查乙级、建设项目水资源论证乙级、建设项目环境评价乙级等资质。

北勘公司专业齐全，主要从事岩土工程勘察、地基基础设计咨询、水文地质勘察评价、测绘与工程测量、工程检测监测、岩土工程设计施工、地质灾害防治、地能工程设计施工、污染场地评价治理、环境修复与可再生能源工程、地震安全评价等相关专业生产与科学研究工作。北勘公司技术先进，拥有各类技术人员450余名，具有高级专业技术职称以上人员70余名，形成了一支由中国工程勘察设计大师和一批享受政府特贴专家、青年学科带头人为代表的专业人才队伍。

在过去的近六十年中，北勘公司为历次首都城市总体规划提供了专业技术支撑，在工程应用、岩土环境、抗震防震和地下水等方面持续进行了大量专题研究，积极参加了城市交通突发地质灾害的应急抢险工作，主编、参编了十多部国家、行业和北京市地方技术标准，承担了北京市浅层地下水动态监测网维护等工作，累计为北京及外埠的4万多项工业与民用建筑、市政基础设施、公路和轨道交通工程、环境地质灾害防治工程提供了优质技术服务，为首都北京的总体规划和工程建设、设计、施工和推动行业科技进步做出了积极贡献。北勘公司获得国家与省部级科技进步奖、全国优秀工程勘察设计金银铜和省部级优秀工程勘察设计奖总计400多项次，在技术研究、科技发展和工程质量水平方面获得了国内业界和国际同行的高度评价：荣获中央精神文明建设委员会颁发的全国创建文明行业先进单位、首都精神文明单位标兵和首都有突出贡献先进集体等一批荣誉称号。

企业使命：为人类奠定安全、经济、高质量生活的坚实基础，规避工程建设与投资人的风险，促进工程建设与岩土环境的协调和可持续发展。

执业理念：为顾客规避风险，创造价值。

【项目特色提要】 本项目为大底盘上高层双塔加裙房的建筑综合体，基底荷载差异显著，岩土工程勘察采用多种勘测方法，包括深层旁压试验。在细致的岩土工程分析、基础与上部结构协同作用分析等工作的基础上，提出了天然地基基础方案建议，为设计提供基础内力分布，对施工后浇带设置等提出了合理建议，为设计方和建设方所采纳，显著节省了工程造价。在岩土工程分析中，采用FLAC对基础侧向削弱的影响进行了分析，获得了新的认知点，采用地下水动力学分析方法和数值分析技术对地下水孔隙水压力变化和分布进行分析，在此基础上为设计提供了合理的抗浮设计水位建议。

深圳会展中心场地详细阶段岩土工程勘察

深圳市勘察测绘院有限公司　蔡学文

【项目摘要】

深圳会展中心是集展览、会议、商务、餐饮、娱乐等多种功能为一体的超大型公共建筑，由深圳市政府投资兴建，德国GMP公司设计。深圳会展中心是深圳市最大的单体建筑，单体建筑东西纵向长540m，南北向宽282m，展厅内无柱子支撑跨度大，单柱最大竖向轴力100000kN，水平最大轴力10000kN，对沉降变形敏感；场地工程地质和水文地质条件复杂，整个场地原始地貌为皇岗河冲积阶地和皇岗岗丘两个地貌单元，我公司有针对性地采用了多种勘察手段，对场地内各主要岩土层性质进行综合分析，查明了场地内各岩、土层物理力学性质及其空间分布，满足了设计的要求，对基础选型设计和施工均有指导作用。建设项目于2005年9月竣工。该项目曾获2009年度全国优秀工程勘察设计银奖。

1. 工程概况

1.1　工程简介

深圳会展中心总投资30.7亿元，位于深圳市福田区福华三路、金田路、益田路、滨河大道之间，市中心区11号地块，占地面积约22m×104m（2288m^2），建筑总面积达28万m^2，建筑物总高度为60m，展厅面积达10.5万m^2，展厅跨度为126m，净高为13～27m，可同时举办6000个国际标准展位的超大型展览中心，是深圳市最大的单体建筑（见图1-1）。

本工程为大跨度展览建筑，地上5层，长540m，宽280m，中部会议中心为30m×30m柱网的框架结构，两边为125m跨、柱距为30m的双柱拱架，单柱荷载值较大。中部地段设有地下室一层，深约7.0m。建筑物类别为Ⅰ类。工程安全等级为一级，场地等级及地基等级均为二级，岩土工程勘察等级为一级。我院曾于2001年8月至2002年1月对该工程进行了详细阶段的岩土工程勘察工作。

1.2　勘察工作的重点

（1）查明场地的地层、构造、岩土的物理力学性质，对地基处理提出经济合理的建议方案。

（2）查明场地不良地质现象的成因、分布，对场地稳定性的影响及其发展趋势，提供建筑场地类别、场地土类型，并提供场地地震安全性评价。

（3）查明场地水文地质条件，为基坑开挖和桩基施工进行人工降水设计，地下室的抗浮设计提供依据。

图 1-1　会展中心全景

2. 场地岩土工程条件

2.1　地形地貌

拟建场地原始地貌为台地和皇岗河冲洪积阶地，原皇岗河于场地的东北角通过，整个场地属于皇岗河流域水文地质单元的一部分。根据本场地处于两个不同的地貌单元，将场地分为Ⅰ、Ⅱ两个工程地质区（见勘探点平面配置图）。Ⅰ区地貌单元为皇岗河冲洪积阶地，原始地面标高为 2.2～12.06m，现经回填整平（建厂房及堆放材料等），钻孔孔口标高 2.95～12.06m 之间；Ⅱ区地貌单元为一级台地，原始地面标高为 8.5～26.2m，植被发育，钻孔孔口标高在 6.62～21.66m 之间。场地内地形总体比较平缓，地势由中部、西南部向东、北部缓慢倾斜。

2.2　地层特点

场地内第四系地层有人工填土，第四系冲洪积层（Q^{al+pl}）：淤泥质黏土、中-粗砂、黏土①、砾砂①、黏土②、粉细砂、砾砂②；第四系坡积层（Q^{dl}）：含砾黏土；第四系残积层（Q^{el}）：砾质黏土；场地下伏基岩为燕山期粗粒花岗岩（$\gamma_5{}^3$），各风化层在场地内的厚度变化无明显规律，各层面起伏较大。总体上看，其顶板面具有Ⅱ区台地较高，Ⅰ区冲洪积阶地较深的埋藏规律。

2.3　水文地质特点

根据场地的环境条件，场地第四系地下水的补给主要靠大气降水及汛期皇岗河流域地下水侧向补给。大体由北往南通过含水层孔隙及裂隙迳流，向皇岗河或海域方向排泄。第四系冲洪积中粗砂、砾砂①、砾砂②含水性及渗透性较好，其补、迳、排条件较通畅。基岩强～中等风化带裂隙给水层埋藏较深，且上覆较厚的相对隔水层，地下水补给靠渗透迳流式补给，其补给及排泄条件较差。

3. 岩土工程问题及评价

3.1　岩土工程问题

场地Ⅰ区人工填土、淤泥质黏土及中粗砂均为软弱土层，其工程特性较差。人工填土层回填时间虽大于五年，但其密实程度具不均匀性，且自重固结尚未完成。淤泥质黏土固结变形量较大，强度低，属高压缩性土。中粗砂中混淤泥，力学性质差。

本次钻探过程中，于钻孔 3（孔深 17.2～18.0m）、钻孔 39（孔深 25.0～26.0m）、钻孔 48（孔深 20.2～23.0m）钻孔 79（孔深 40.0～44.0m）、钻孔 100（孔深 29.4～30.9m）、钻孔 108（孔深 20.0～21.8m、22.1～25.0m）、钻孔 115（孔深 33.8～34.9m）强风化粗粒花岗岩中见有中等～微风化粗粒花岗岩孤石，说明场地基岩中有球状风化现象。

3.2 岩土测试

针对场地工程地质及水文地质条件复杂，采取扁铲侧胀试验、旁压试验、动力触探试验、钻孔地震法岩层弹性参数测试等多种原位测试手段，结合室内土工试验成果进行分析比较，提出了适用于该项工程的岩土参数。

（1）扁铲侧胀试验

扁铲侧胀仪（DMT）是 20 世纪 70 年代由意大利学者 Marchetti 发明的一种原位测试仪器。该仪器由于操作简单、重复性好、人为影响因素小且较经济，故在国外发展很快，并列入规程，如：ASTM（1986）推荐方法和欧洲 Eurocode（1994）。

DMT 试验已应用于水平或垂直载荷作用下深基础的设计，垂直载荷作用下浅基础的设计，压实控制等。DMT 指数除在说明土的特性中有独自价值外，还可获得一系列常规的和重要的土工参数。此外，还可建立侧向载荷下桩的 py 曲线，判断砂性土的液化等等。

扁铲侧胀仪是由 1 只铲形插板（图 3-1）、1 个控制箱（图 3-2）、气电管路、压力源、贯入设备、探杆等组成。

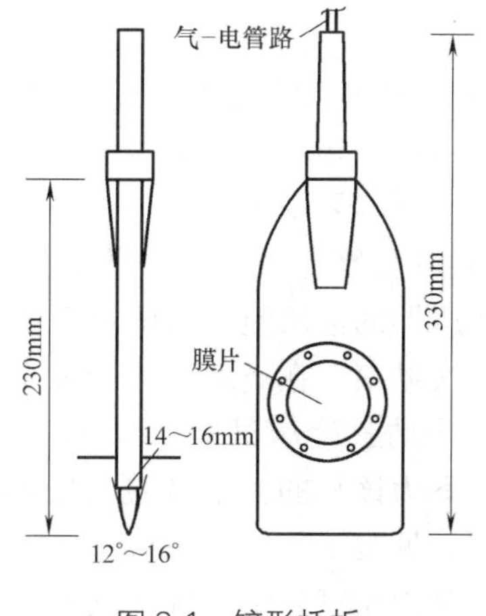

图 3-1 铲形插板

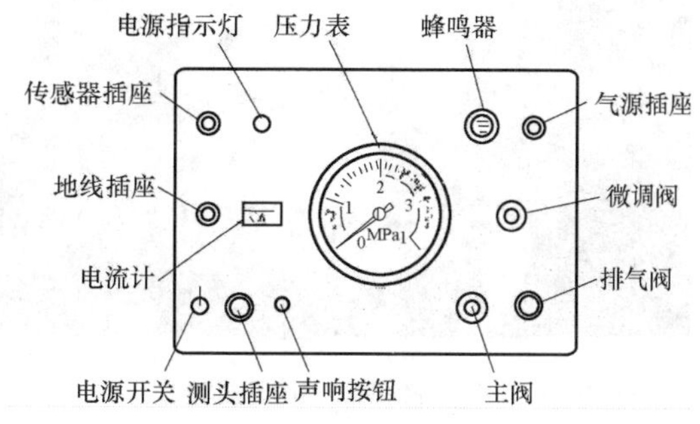

图 3-2 控制箱

本次勘察，在场地范围内 18 个钻孔进行了扁铲侧胀试验，孔深进入残积砾质黏土层一定深度，部分地层试验结果统计见表 3-1：

（2）旁压试验

旁压试验是通过旁压器在预先打好的钻孔中对孔壁施加横向压力，使土体产生径向变形，利用仪器量测压力与变形的关系，测求地基土的力学参数。

部分地层扁铲试验成果表统计表 **表 3-1**

地层时代成因及名称		指标名称 / 统计项目	初始应力 P_0 kPa	膨胀压力 P_1 kPa	ΔP kPa	扁胀模量 E_D MPa	水平压力指数 K_D	指数 I_D	压力系数 K_0
Q^{ml}	人工填土	统计件数	26	26	26	26	26	26	26
		最小值	98.85	177.00	16.80	0.58	1.43	0.11	0.41
		最大值	626.03	1528.50	1120.88	38.89	9.07	5.89	0.74
		平均值	232.02	516.46	284.44	9.87	3.34	1.27	0.56
		标准差	120.71	396.82	315.47	10.95	1.80	1.35	0.09
		变异系数	0.52	0.77	1.11	1.11	0.54	1.06	0.17

适用范围：适用于孔壁能保持稳定的黏性土、粉土、砂土、碎石土、残积土、风化岩和软岩。旁压试验的操作方法和注意事项如下：

1）钻进成孔；

2）充水：将旁压器至于地面上，打开水箱阀门，使水流入旁压器的中腔和上、下腔，并分别回返到量管中。待量管中的水位升高到一定高度时，提起旁压器使中腔的中点与量管的水位相齐平，然后关闭阀门；

3）放置旁压器：将旁压器放入钻孔中预定试验位置，将量管阀门打开，此时旁压器内产生静水压力，并记录量管中的水位下降值；

4）加压：加压是时打开高压氮气瓶开关，同时观测压力表，然后操纵减压阀漩柄按要求逐级加压，从压力表读取压力值，并记录一定压力时的量管中水位变化高度；

图 3-3 旁压试验

5）每级压力的稳定时间：可采用 1min 或 3min，对一般黏性土、粉土、砂土等宜采用 1min；

6）试验终止条件：根据试验目的和旁压器的极限能力来确定。

本次勘察，在场地范围内 8 个钻孔进行预钻式旁压试验，以 11 号孔为例，下为该孔的旁压试验成果表和曲线图，见表 3-2 和图 3-4：

部分地层试验结果统计见表 3-3：

旁压试验成果表 **表 3-2**

工程名称	深圳会展览中心		试验编号	11 号	孔口标高	7.42
试验深度	4.0	测管水面距孔口的高度 H(m)		0.7	仪器型号	PM-1
地下水位 h_w(m)	5.0	旁压器中腔受静水压力 $p_w=10(Z+H)$(kPa)				47
试验土层描述	黏土①					
备注						

旁压数据表　　　　表 3-3

压力 $P(kP_a)$	测管水位下降值 S(cm)
40	15.1
86	18.95
132	21.6
180	23.65
277	26.45
375	30.05
471	34.55

▲静止土压力 P_0=80（kPa）

●临塑压力 P_f=285（kPa）

极限承载力 P_l=678（kPa）

标准承载力 f_k=205（kPa）

旁压模量 E_m=5.68（MPa）

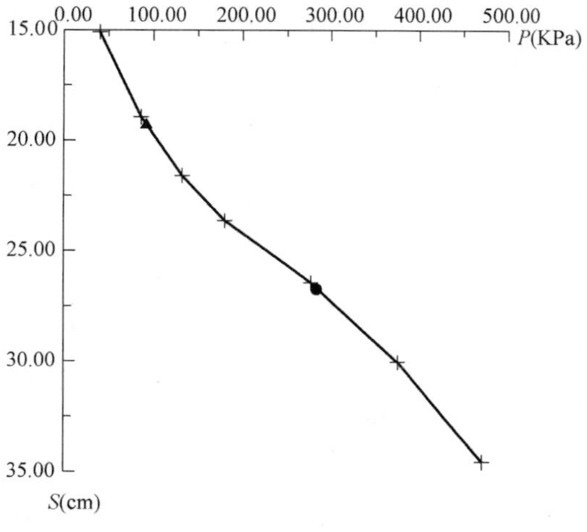

图 3-4　旁压曲线图

部分地层旁压试验成果统计表　　　　表 3-4

地层	砾砂②					黏土					砾质黏土				
指标名称	静止土压力	临塑压力	极限压力	承载力标准值	旁压模量	静止土压力	临塑压力	极限压力	承载力标准值	旁压模量	静止土压力	临塑压力	极限压力	承载力标准值	旁压模量
统计	P_0	P_f	P_l	f_k	E_m	P_0	P_f	P_l	f_k	E_m	P_0	P_f	P_l	f_k	E_m
项目	(kPa)	(kPa)	(kPa)	(kPa)	(MPa)	(kPa)	(kPa)	(kPa)	(kPa)	(MPa)	(kPa)	(kPa)	(kPa)	(kPa)	(MPa)
统计件数	2	2	2	2	2	2	2	2	2	2	8	8	8	8	8
最小值	16	185	275	138	0.89	65	371	1200	300	7.06	50	255	620	234	3.16
最大值	105	467	910	362	6.67	71	560	1400	495	17.45	185	700	1600	589	22.82
平均值	60.5	326	593	250	3.78	68	466	1300	397.5	12.26	114.8	493.9	1143	437.9	9.881
标准差											41.22	160.9	364	123.7	6.368
变异系数											0.359	0.326	0.32	0.283	0.644

（3）动力触探试验

动力触探试验技术要求应符合下列规定：

① 采用自动落锤装置；

② 触探杆最大偏斜度不应超过 2%，锤击贯入应连续进行；同时防止锤击偏心、探杆倾斜和侧向晃动，保持探杆垂直度；锤击速率每分钟宜为 15～30 击；

③ 每贯入 1m，宜将探杆转动一圈半；当贯入深度超过 10m，每贯入 20cm 宜转动探杆一次；

④ 当动力触探试验连续三次击数（N63.5）>50 时，可停止试验。

本次勘察，在部分钻孔对人填土层进行了动力触探试验，以了解不同深度人工填土的力学性质。部分地层试验结果统计见下表 3-5：

地层动力触探试验成果统计表 表 3-5

地层名称	素填土	中粗砂	黏土①	砾砂①	砾砂②	砾质黏土
统计件数	275	31	68	107	213	44
最小值	1	2	3	2	1	3
最大值	9	9	11	13	15	12
平均值	3	5.4	6.9	6.7	5.4	7
标准差	1.414	1.735	1.798	2.298	2.65	2.885
变异系数	0.43	0.32	0.26	0.34	0.49	0.43

试验结果表明，场地内人工填土层无论从水平及垂直方向均显示出较大的差异性，密实程度不均，承载力低。

（4）场地地震安全性评价

钻孔地震法岩层弹性参数测试一般采用单孔法，其技术要点如下：

① 测试孔应垂直；

② 将三分量检波器固定在孔内预定深度处，并紧贴孔壁；

③ 可采用地面激振或孔内激振；

④ 应结合土层布置测点，测点的垂直间距宜取 1～3m，地质异常部位加密测点，并宜自下而上逐点测试。测试仪器：测试仪器为 CE9201 工程检测仪，使用一发双收水下超声波探头，从上至下逐渐检测，根据波形特征判读纵波和横波到时，并据 $V=(H_2-H_1)/T$ 计算各点的纵波和横波速度。

图 3-5 波速测试现场

本次勘察在 40 个钻孔中进行了地震法岩层弹性参数测试，部分地层波速测试成果统计结果见表 3-6。

利用钻孔波速测试所获岩体纵波速度（V_p）及岩块室内波速测试所获岩体纵波速度（V'_p），根据统计结果并按《工程岩体分级标准》GB 50218—94 中标准划分，本场地内各钻孔微风化粗粒花岗岩岩体的完整程度为较完整～完整。总体为较完整。

根据在钻孔 24、31、110、143、156 中进行的剪切波速度及卓越周期测定成果，并据

《建筑抗震设计规范》GBJ 11—89 标准划分：本场地Ⅰ区内土的类型为中软土，Ⅱ区内土的类型为中硬土。建筑场地类别为Ⅱ类。地面脉动卓越周期为 0.31s。

部分地层波速测试成果统计表 **表 3-6**

岩层名称	统计项目	纵波速度 V_p(m/s)	横波速度 V_S(m/s)	动弹模量 E_d($\times 10^4$MPa)	泊松比 ν
微风化粗粒花岗岩	统计个数	149	30	30	30
	最小值	2927.40	1470	1.52	0.33
	最大值	4153.60	1950	2.63	0.35
	平均值	3577.35	1749.53	2.17	0.34
	标准差	300.14	128.60	3097.86	0.0064
	变异系数	0.08	0.074	0.143	0.019
	标准值	3535.38	1708.58	2.07	0.342

（5）水文地质勘察

本次勘察遵照《水利水电工程钻孔抽水试验规程》DLJ 203-81、SLJ-81，在钻孔 3、45、62、140 对第四系孔隙潜水含水层、基岩裂隙含水层带分别进行了抽水试验。抽水试验提供了可靠的渗透系数、影响半径等参数，主要数据及计算结果见表 3-7：

抽水试验主要数据及成果表 **表 3-7**

抽水主孔编号	含水层名称	抽水序次	抽水孔		观测孔水位降低			渗透系数 k(m/d)	影响半径 R(m)	平均渗透系数 k(m/d)
			涌水量(m³/d)	水位降低(m)	编号					
					45-1	27	127			
3	Ⅰ区砾砂①	1	13.03	1.5				2.95	8.9	2.95
45	Ⅰ区砾砂②	1	45.84	0.26	0.05	0.0		45.83	17.6	43.2
		2	168	1.56	0.32	0.09		42.50	101.7	
		3	195.84	2.30	0.40	0.17		41.37	147.9	
140	Ⅰ区砾砂②	1	128.64	3.96			0.70	47.04	272.3	45.5
		2	94.2	2.96			0.40	44.6	196.3	
62	基岩裂隙水	1	34.176	20.73				0.11	68.8	0.08
		2	22.368							
		3	15.768	18.08				0.06	44.8	
观测孔与抽水孔距离(m)					5.0	30	30			

（6）有关天然地基的岩土参数

场地内各地层作为天然地基时，综合考虑室内土工试验及标贯、扁铲、旁压试验成果，按《建筑地基基础设计规范》GBJ 7—89 中的有关规定，选取了各地基土、岩层的承载力标准值 f_k、压缩模量 E_s、变形模量 E_0 等指标（见表 3-8）。

3.3 基础选型

根据场地的工程地质条件及拟建的建筑物主体具大跨度，单位荷载大的特点，场地第

有关天然地基的岩土参数 **表 3-8**

地层名称及成因		承载力标准值 f_k(kPa)	压缩模量 E_s (MPa)	变形模量 E_0 (MPa)
Q^{al+pl}	淤泥质黏土	80	2.0	6
	中粗砂	120		
	黏土①	180	4.5	15
	砾砂①	220		
	黏土②	160	4.0	12
	粉-细砂	140		
	砾砂②	200		
Q^{dl}	含砾黏土	220	5.5	22
Q^{el}	砾质黏土	220	6.0	24
$\gamma_5{}^3$	全风化花岗岩	350	8.0	50
	强风化花岗岩	450		120

四系各土层均不能满足本工程主体建筑物承载力和变形要求。场地内基岩的埋深情况（按场地±0.00 为 7.5m 计算），微风化岩埋深一般在 17～40m 之间，部分钻孔处达 40～50m。因此建议本工程主体建筑采用以微风化岩层作为持力层的大口径人工挖孔灌注桩基础。局部微风化岩埋深大，中等风化岩层厚度大地段，可选中等风化岩为桩端持力层。对强风化层中夹的风化球体可采用爆破穿过。桩基设计时可通过适当扩大桩端面积提高单桩承载力，进而减小桩径节省投资。

本工程其他轻荷载辅助建（构）筑物及室外展场等，当位于Ⅰ区时，则需对人工填土、淤泥质黏土、中粗砂进行加固处理。当位于Ⅱ区时，可直接置于坡积含砾黏土及其以下地层上。Ⅰ区场地东侧第四系孔隙水较丰富，桩基施工时，需采取专门降水施工。

（1）单桩竖向承载力分析

拟建工程中部 E、F 轴单桩最大轴心荷载达 100000（kN），桩基重要性系数 $\gamma_0=1.2$，则单桩荷载为 120000（kN）。根据本次勘察资料建议的承载力参数按照《建筑地基基础设计规范》GBJ 7—89、《深圳地区建筑地基基础设计试行规程》SJG 1—88、《建筑桩基技术规范》JGJ 94—94 分别进行了单桩承载力计算，试算结果如下表 3-9：

多种规范试算的单桩承载力结果 **表 3-9**

规程规范 / 名称	建筑地基基础设计规范 GBJ 7—89	建筑地基基础设计规范 GBJ 7—89 深圳地区建筑地基基础设计试行规程 SJG 1—88 建筑桩基技术规范 JGJ 94—94	建筑桩基技术规范 JGJ 94—94	
计算式	$R_k=\psi\cdot f_{rk}\cdot A_p$	$N=1.2q_p\cdot A_p$	$R=Q_{uk}/r_{sp}$ $Q_{uk}=Q_{sk}+Q_{rk}+Q_{pk}$	
计算参数	$\psi=0.31$ $f_{rk}=35000\text{kPa}$	$q_p=9000$ kPa	桩端岩 $f_{cr}=35000$ kPa， 嵌岩段 $f_{cr}=15000$ kPa	
			$h_r=0.5\text{m}$	$h_r=1.8\text{m}$

续表

规程规范 名称			建筑地基基础设计规范 GBJ 7—89	建筑地基基础设计规范 GBJ 7—89 深圳地区建筑地基 基础设计试行规程 SJG 1—88 建筑桩基技术规范 JGJ 94—94	建筑桩基技术规范 JGJ 94—94	
桩端承载力			10850kPa	10800kPa	10606kPa	
单桩承载力	桩径 D	3.4m	98509.4kN	98055.4kN	1014719.8kN	105445.4kN
		3.6m	110439.6kN	109930.6kN	113454.3kN	117724.3kN
		3.8m	123051.5kN	122484.4kN	126068.3kN	130338.0kN

通过试算表明：在桩端置于或嵌入微风化岩的情况下，按《建筑地基基础设计规范》GBJ 7—89 计算，当桩端直径为 3.8m 时可满足本工程竖向承载要求；按《深圳地区建筑地基基础设计试行规程》SJG 1—88 计算，当桩端直径为 3.8m 时可满足本工程竖向承载要求；按《建筑桩基技术规范》JGJ 94—94 计算，当嵌入中等～微风化岩≤2.0m 且桩端直径为 3.8m 时可满足本工程竖向承载要求。

按《深圳地区建筑地基基础设计试行规程》SJG 1—88 第 5.5.7 条规定，对于桩端支承于微风化岩的灌注桩，当桩按构造配筋时，单桩轴向受压承载力设计值由桩身混凝土强度确定，并按式（3-1）计算：

$$N_D = 1.2 \times 0.48 R_a d^2, \text{其中 } N_D = \gamma_0 \times 100000 = 1.2 \times 100000 = 120000(\text{kN}) \quad (3\text{-}1)$$

式中：R_a——混凝土轴心抗压设计强度（kPa）；

d——桩身设计直径（m）；

$\gamma_0 = 1.2$——深规土字（1992）115 号文件规定的修正系数。

当 $N_D = 120000$（kN），取混凝土强度等级 C30，则 $R_a = 15000$（kPa）时，$d = 3.73$（m）。即桩径为 3.73m 时可满足本工程竖向承载要求。

因此，在由桩身混凝土强度控制的桩径下，桩端基岩承载力稍有欠缺时，可通过适当扩大桩端面积（施工易行）来提高单桩承载力，以满足竖向承载要求。

（2）单桩水平承载力分析

本工程 A、K 轴边桩荷载相对较小，但水平荷载达 10000～20000kN。现根据本次勘察结果并按《建筑桩基技术规范》JGJ-94 第 5.4.2.5 条规定——即式（3-2）：进行单桩水平承载力计算。

$$R_h = \alpha^3 EIX_{oa} / \nu_x \quad (3\text{-}2)$$

假设条件：桩基底面为圆形、桩径 $d = 2.0$m，桩身配筋率 $\rho_g = 0.67\%$、桩顶允许水平位移 $X_{o\alpha} = 0.006$m。桩侧土水平抗力系数的比例系数 $m = 25\text{MN/m}^4$。

则单桩水平承载力 $R_h = 1675.6$kN，远低于本工程水平承载力 10000～20000kN 的要求。

因此，有必要采取结构调整措施，尽量减小桩基的水平荷载。当经结构调整后边桩仍有较大水平荷载时，建议采用群桩或加固被动区地基土，以提高桩基的水平承载力，并建议根据不同的地质条件选择有代表性的地段进行现场桩基水平静载试验，确定水平抗力系数的比例系数 m 值和桩基水平承载力。

（3）地基处理

由于室外展区设计地面使用荷载标准值达 50kN/m²，东部上部土层结构复杂，易造成使用时的不均匀沉降。按场地地坪设计标高 7.5m 计，Ⅱ区属挖方区，而Ⅰ区仍需进行大面积堆填。由于Ⅰ区需填厚度较大（最大填土厚度 4.6m），若在堆填时填土不经处理，其自重固结过程缓慢，且承载力低，沉降较大，日后势必造成地坪、道路、地下管线及地面辅助建（构）物的沉降和不均匀沉降，影响正常使用或造成损坏。鉴于场地东部有地下铁道通过，且其施工与本工程有所冲突，为了不影响地下铁道施工，建议对原有填土先行强夯处理，对后续填土采用分层碾压处理，使其密实度达到要求。夯实处理及为工程桩施工进行的降水时都将对填土下的淤泥质黏土和松散中粗砂起到有效的改善作用。对人工填土的处理宜在基坑施工前进行。另在堆填过程中，应预留出基坑位置，以减少基坑开挖土方量。

4. 工程总结与实施效果

（1）该单体建筑东西纵向长 540m，南北向宽 282m，展厅内无柱子支撑跨度大，单柱最大竖向轴力 100000kN，水平最大轴力 10000kN，对沉降变形敏感；中部地段设地下室 1 层，深约 7.0m。整个勘察工作量布置合理，针对性强，采用多种原位测试手段，方法得当，所求取数据真实可靠，提供设计参数依据充分，结论与建议可行。

（2）场地工程地质和水文地质条件复杂，整个场地原始地貌为皇岗河冲积阶地（东部）、皇岗岗丘（西部）等两个地貌单元，地面高程变化大为 2.95～21.16m，场地东区堆填整平后建有工业厂房，西区保持为原始岗丘地貌；基岩为燕山期侵入花岗岩，受区域莲花断裂地质构造影响，场地基岩风化沟槽发育，基岩起伏变化大，风化球较发育；场地东区原皇岗河冲洪积阶地，砂卵石含水地层，地下水丰富。

（3）勘察手段多样：①采用工程地质钻探、水文地质钻探、工程物探等综合勘察手段，并进行重型动力触探试验、标贯试验、旁压试验、扁铲侧胀试验等原位测试；②对场地钻孔进行波速测试、剪切波与卓越周期测试、地脉动测试等工程物探，并对场地进行地震安全性评价；③专门进行水文地质勘察抽水试验；④室内岩土工试验资料丰富，各种特殊试验参数可靠。

（4）提供岩土设计参数针对性强、数据可靠，本工程竖向荷载特大，只能以微风化基岩为持力层，为此专门进行岩体和岩块压缩波速测试，按“完整性指数”定量判定本场地岩体完整程度为“较完整”一挡；本工程水平荷载特大，为计算水平承载力需要，特进行了旁压和偏铲试验．根据这些实测数据和经验提供了水平系数的比例系数为 25MN/m⁴；本场地地下水丰富，为挖孔桩和基坑工程降水需要，分别对第四系含水层和基岩裂隙含水层进行了水文地质抽水试验，提供了可靠的渗透系数、影响半径等参数。

（5）抓住主要矛盾，对单桩竖向承载力和水平承载力按多本规范做了较详细的核算，提供了较合理的竖向承载力（9000kPa）值，当桩底直径取 3.8m，$h_r/d=1.8/3.8=0.47$ 时，可以满足 120000kN 的要求；水平承载力按桩顶允许位移为 0.006m、桩径为 2.0m、桩长 30m 计水平承载力仅为 1660kN，远小于 10000～2000kN 的要求，建议采取结构调整措施或群桩或其他处理措施。

（6）自 2003 年 3 月 10 日主体工程开工至 2006 年 7 月 30 日三年多沉降监测，最大沉降量－13.48mm，最小沉降量－0.05mm，相邻沉降点最大为 10.75mm，相邻最大差异沉降倾斜为 10.75/30000＝1/2800。满足《建筑地基基础设计规范》GB 5007—2002 框架结构允许沉降量 120mm，沉降差允许值 0.002L×30000＝60mm 要求。

（7）施工过程中全程跟踪服务，及时解决施工中所遇问题，并多次与设计人员沟通协调解决设计有关问题，提供优良售后服务。

5. 获奖单位简介

深圳市勘察测绘院有限公司（简称深勘）成立于 1981 年元月，为深圳建设与发展做出了重要贡献。具有国家综合类甲级工程勘察、甲级测绘、甲级岩土工程设计、甲级地震安全性评价、甲级地质灾害危险性评估、甲级地质灾害防治工程勘查、甲级地质灾害防治工程设计、甲级地质灾害防治工程施工、甲级水工环境地质调查、乙级区域地质调查、一级地基与基础施工等资质，是国家勘察行业的骨干企业。曾荣获全国优秀勘察设计企业、全国行业“十佳自主技术创新企业”、全国行业“十佳企业文化建设先进单位”等荣誉称号。经营范围包括：城乡建设勘察测量、岩土工程勘察、城市测量、工程测量、岩土工程设计、监测、治理与监理、水文地质勘察与凿井工程；各类地基与基础工程，重大工程及复杂地质条件的岩土工程；测绘工程咨询，场地地震安全性评价，地质灾害勘查，设计与施工，基桩质量检测，室内土工试验及现场原位测试，物业管理等。公司设备先进，专业齐全，技术力量雄厚，下设勘察公司、测绘公司、设计公司、基础工程公司、岩土公司、工程咨询公司、荔兴抗震技术公司、环境地质公司、工程监测与检测中心等专业机构。并在海南、新疆、云南、贵州、厦门、江西、广州、佛山、东莞、惠州、珠海、中山、湛江等地设有分支机构。公司成立三十余年来，共完成各类专业工程三万余项；荣获国家、部、省、市级优秀工程奖 200 多项；参编和主编国家行业、地方规范、手册等 20 多本。公司长期坚持“团结进取、求实创新、优质高效、服务社会”的企业精神和“守法诚信、精心精品、环保安康、持续改进”的质量/环境/职业健康安全方针，竭诚为用户提供优质产品和服务。

【项目特色提要】 本项目建设场地涉及两个地貌单元的冲洪积地层和基岩地层，工程勘察阶段还进行了地震安全性评估分析和水文地质测试。项目勘察有针对性地采用综合勘察手段，对地层进行的原位测试有重型动力触探试验、标贯试验、旁压试验、扁铲侧胀试验、波速测试、地脉动测试等，获取了比较丰富的原位测试指标，为提供合理的地层岩土参数奠定了坚实的基础。岩土工程勘察报告在对建筑物单桩竖向承载力和水平承载力进行多种方法详细对比分析的基础上，提供合理的承载力设计参数建议和对设计、施工的多方面技术建议。

盘南电厂新建工程岩土工程勘察

中国电力工程顾问集团西南电力设计院　杨坤明

【项目摘要】

盘南电厂是我国第一个在山区煤系地层场地兴建单机 600MW 的火力发电厂，工程地质条件及岩土工程问题极其复杂和突出，涉及厂址选择和建筑场地布置优化，小煤窑采空塌陷勘测评价，煤系地层及煤层工程力学性质勘测评价，地基中煤层处理的计算校核，场地煤层自燃、瓦斯对工程影响可能性分析和防治措施等问题。我院历经四年时间，开展了全面详细的勘察试验研究，掌握了煤系地层的特殊工程性质和地基中煤层的处理方法，为煤系地层场地建设大型坑口电站创造了成功先例。

一期工程 4×600MW 燃煤发电机组于 2007 年底全部建成并投产运行。该工程岩土工程勘测经中国电力规划设计协会评选获电力行业 2008 年度优秀工程勘测一等奖，经中华人民共和国住房和城乡建设部评选获 2008 年度全国优秀工程勘察设计银质奖。

1. 工程概况

1.1 工程简介

盘南（响水）电厂一期 4×600MW 新建工程，厂址位于贵州省西南部盘县（红果）经济特区以南约 43km 的响水镇，规划容量 6×600MW，利用新建专用水库提供冷却水，采用皮带和汽车运煤，封闭岩溶洼地作为储灰场。全厂分成 5 个台阶布置，台阶之间根据高差和地质条件采用挡土墙、护坡连接，厂区场平土石方挖方 441.74 万 m^3，填方 294.73 万 m^3，余土回填施工安装场地。电厂紧靠同步建设的小雨谷煤矿，是一座典型的大型坑口电厂，电厂占地面积 69.2hm^2，静态投资 80.9 亿元。工程勘测设计始于 2000 年

图 1-1　建成后的盘南电厂一期工程远眺

初，2003 年 9 月主厂房开挖施工，2007 年底一期工程 4×600MW 燃煤发电机组全部建成并投产运行。

1.2 勘察历程及主要工作内容

（1）我院 1999 年完成规划选厂，提出三面坡、汤章进入比选厂址；2001 年 7 月，完成了可行性研究勘测，推荐三面坡厂址为电厂建厂厂址；同时绘制了厂址综合工程地质图和三面坡厂址小煤窑分布图，将场地分为四个区，为总平面布置提供了指导性建议；对局部地段的采空塌陷、煤系地层（浅埋煤层）地基处理、挖填方边坡、小煤窑采空等工程地质问题提出了初步处理建议。

（2）2002 年 11 月，完成初步设计勘测，查清了场地内存在的小煤窑采空区及滑坡分布范围，指导设计多次调整总平面布置；完成了挖填方边坡稳定分析、煤层工程特性试验与研究、煤层腐蚀性研究、煤层自燃倾向分析报告、小煤窑勘测研究和煤系地层工程性质及煤层处理研究等专题报告。

（3）2003 年 6 月，完成施工图勘测卷册 15 份；2004 年 2 月，完成冷却塔（布置在小煤窑采空区）、煤场及♯3、♯4 机炉后（桩基）等建筑物基础施工勘测。

（4）2003 年 4 月完成回填土分层碾压及强夯试验；2003 年 10 月，完成炉后、干煤棚及冷却塔地段的试桩工作；2005 年 9 月，完成了 6000 余根工程桩的基桩检测工作。

1.3 工作手段及工作量

采用的勘测手段齐全，包括：工程地质测绘与调查，地质钻探（采用特制取土器采取原状煤样），动力触探，标准贯入试验，地质雷达，高密度电法测试，波速测试，点载荷试验，旁压试验，土、岩石室内分析试验，现场平板载荷试验等。

各阶段勘察完成的勘测工作量见表 1-1。原体试验及桩检测测试主要工作量见表 1-2。

各阶段勘察完成的勘测工作量一览表　　表 1-1

勘测阶段	工程地质测绘及小煤窑调查	钻孔	探井或麻花钻	动力触探120kg	标准贯入试验	土试样	岩石试样	煤样	水样	旁压试验	平板载荷试验	跨孔波速测试	地质雷达与高分辨电阻率测试	点载荷试验	报告书	图纸	质量评定
	km²	个/m	个/m	m	次	件	组	件	件	点	组	组	km	件	份	张	
可行性研究	7.5	58/1750	/	/	2	13	11	/	4	/	/	/	/	/	1	36	优
初步设计	3.0	244/6163	118/311	/	73	173	36	43	5	/	12	3	23.26	566	5	165	优
施工图	2.2	868/16954	4/12	160	43	15	36	27	/	8	/	3	/	146	13	291	优
施工勘测	/	393/6334	/	/	/	/	/	/	/	/	/	/	/	/	2	87	优
合计	12.7	1563/30841	122/323	160	118	201	83	70	9	8	12	6	23.26	701	21	579	

原体试验及桩检测测试主要工作量一览表 **表 1-2**

试验项目	桩垂直抗压试验	桩水平静载试验	桩身应力应变测试	桩低应变测试	桩钻芯法测试	芯样抗压试验	平板载荷试验	动力触探试验		标准贯入试验	灌水法密度试验	波速测试	击实试验
								120kg	63.5kg				
	根	根	点	次	m	件	组	m	m	次	点	点	件
试桩	9	8	76	53	216	33	/	/	/	/	/	/	/
强夯试验	/	/	/	/	/	/	4/1.767m²		120	10	10	60	3
回填土分层碾压试验	/	/	/	/	/	/	15	104	36	24	51	/	3
桩检测	/	/	/	1863	11850	5260	/	/	/	/	/	/	/
合计	9	8	76	1916	12066	5293	19	104	156	34	61	60	6

2. 场地岩土工程条件

2.1 区域地质构造

厂址区属于黔西南涡轮构造及华夏构造等构造体系，北东与普安山字型构造体系相邻。区内构造为圆滑对称状的盘南短轴复式背斜，场地处于背斜南翼，岩层倾向南东，倾角 10°～20°。场地内主要有 F_1、F_5、F_7 断裂通过，均系非活动断裂，其中 F_5 正断层，沿场地西侧从北向南穿过，走向北北东、倾向北西西、倾角 55°～70°，形成的破碎带宽约 15m，见胶结紧密的角砾岩、牵引、挤压和揉褶现象，该断层对煤系地层产状和玄武岩分布高程影响很大。厂址不压规划开采的煤矿，地震动峰值加速度为 0.05g，相对应的地震基本烈度为Ⅵ度，设计地震分组为第三组，地震动反应谱特征周期为 0.45s。

2.2 地形地貌

厂址位于云贵高原中段过渡地带，电厂所在的三面坡厂址场地由低山、丘陵及相间沟谷和河流阶地等微地貌单元组成较开阔槽谷及缓坡地形，地形起伏较大，相对高差 30～90m。厂址场地狭长且不太规整，东西向宽约 600～850m，南北方向长约 1000m。厂址东边为南昆铁路威红段和小雨谷火车站，铁路东侧山体陡峻，铁路沿山脚通过，小雨谷火车站轨顶高程为 1452m。三面坡山位于厂址南面，高程为 1495m。厂址西边为响水河，响水河在厂址段从北向南高程约为 1370～1380m。参见图 1-1。

2.3 地层岩性

场地上覆由沿河及山前冲沟地带的冲洪积地层、山前坡麓及边缘斜坡地带残坡积第四系（Q_4）地层组成，岩性为可塑或硬塑状的黏性土、松散或稍密状的碎石土，厚度变化较大，天然含水量普遍较高，孔隙比大，属中等-高压缩性土，部分土具有弱膨胀性；沟谷局部地段软塑土和泥炭质土，流塑～软塑，高压缩性，低强度，对钢结构具中等腐蚀性。

下伏二迭系上统龙潭组（P_{2L}）砂泥岩互层夹煤层，场地北部地段由二迭系峨眉山玄武岩组（$P_{2\beta}^3$）凝灰岩和玄武岩。泥岩易崩解，具膨胀性，膨胀岩气候影响深度 4～5m 左右，剧烈变化层厚度 2～2.5m，含水量变幅最大可接近 10%。中风化砂泥岩、凝灰岩和玄武岩，承载力高，层位稳定，是主厂房、冷却塔等重要建筑物良好的天然地基持力层。

地层结构自上而下分述如表 2-1：

场地地层岩性一览表　　　　表 2-1

地层时代	岩土层号	岩土名称	岩土性质描述	厚度及分布
第四系 Q_4	层	人工填土	以素填土为主，由黏土、强风化砂、泥岩岩块和煤组成，粗颗粒直径 10～80mm，稍密，为铁路施工弃土	0～32m，主要分布于冷却塔及煤场地段
	①$_1$ 层	硬塑、可塑状粉质黏土（或黏土）	黄褐色、棕红色，含少量砂泥岩碎块（屑）和碎卵石	0.7～7.0m，冲沟内厚度较大
	①$_2$ 层	软塑状粉质黏土（或黏土）	褐色、黄褐色，含砂泥岩碎块（屑）	0～5.3m，局部分布，冷却塔地段厚度较大
	①$_3$ 层	含黏性土碎（块）石	褐黄色、灰黄色，成分为强风化的砂泥岩碎块，粒径 10～70mm，混黏性土，稍密或中密	冷却塔地段 1.3～7.1m，其余地段缺失
	②层	淤泥、淤泥质土和泥炭质土	灰褐色、灰黑色、黑色，饱和，含腐殖质，有臭味	冷却塔和 220kV 站地段分布，厚度 1.7～9.3m，其余地段缺失
	③层	卵石	褐黄色、灰色，成分以火成岩为主，亚圆状，一般粒径 20～50mm，最大粒径可达 300mm，充填角砾、砂和少量黏性土，稍密或中密	1.3～2.7m 仅 220kV 站及辅助、附属建筑区分布
二迭系上统龙潭组（P_{2L}）	④层	砂泥岩互层夹煤层	砂岩主要为泥质粉砂岩，褐色等，粉粒和细粒结构，薄层至中厚层状；泥岩主要为粉砂质泥岩、炭质泥岩，深灰色、灰黑色等，泥质、炭质结构，泥质胶结，块状构造。由于断层作用，砂泥岩强风化层厚度变化幅度较大，达 1.6～22.9m。 场地内煤层可分为粉煤与块煤，粉煤（④$_1$ 层），呈粉状或鳞片状，易碎，夹石少，煤层厚度较大。块煤（④$_2$ 层），以块状、碎块状为主，少量粉粒状，夹煤层线理和中-细条带，含较多结核状、小团块状的黄铁矿，近地表风化和氧化以后呈粉状	其中粉煤层钻探揭示铅直厚度 1.9～11.7m，主要分布于冷却塔和 500kV 屋外配电装置地段；块煤层厚度 0.4～3.5m，主要分布于主厂房地段
二迭系峨眉山玄武岩组（$P_{2\beta}^3$）	⑤层	凝灰岩、玄武岩	凝灰岩包括砾屑凝灰岩和火山角砾岩，灰白色，以火山碎屑物为主，凝灰质结构，块状构造，节理发育，裂隙面常见铁质薄膜浸染，多见于玄武岩顶面。玄武岩，包括拉斑玄武岩及玄武岩，灰绿色、深灰色等，致密块状，坚硬，柱状节理发育	未揭穿，分布于场地北侧

2.4　地下水

场地内土层中有少量上层滞水，碎石土、卵石层中为孔隙水，砂泥岩和玄武岩内为裂隙水，大气降水补给，场地内有多处下降泉（井）水出露，水量不大，旱季部分泉点干枯，开挖的小煤窑内有裂隙水渗出。地下水对钢筋混凝土结构具微腐蚀性，对混凝土结构中的钢筋具微腐蚀性。

2.5 不良地质作用

场地内主要不良地质作用为小煤窑采空塌陷及滑坡，同时因分布煤层，产生如煤层自燃、煤层中赋存一些如瓦斯等有害气体，将对工程的设计和施工带来不利影响。

3. 岩土工程问题及评价

3.1 煤系地层工程性质评价

3.1.1 场地煤层的分布及宏观特征

电厂场地内广泛分布着埋藏年代较近、含碳量较低的褐煤，无开采价值。总体倾向南东，倾角13°～31°，局部有变化。按煤田编号为3、5、12、17、19、22、24、26、30号煤层，按工程性状可分为块煤和粉煤，其中17、19号煤层为构造成因的粉煤（$④_1$层），其余22、24、26、30号煤层为块煤（$④_2$层），从钻孔揭示煤层段数量来看，块煤多于粉煤，一般具成层（顺岩层）性，其分布及其特征如下：

粉煤，主要分布于电厂东侧铁路边坡、冷却塔和500kV变电站地段。一般呈鳞片状，少量为碎块状，含泥质，夹石少，易碎，较软，遇水易崩解剥落。煤层厚度变化较大，钻孔揭示铅直厚度1.9～11.7m。

块煤，主要分布于主厂房地段。以块状、碎块状为主，少量粉粒状，夹煤层线理和中-细条带，含较多结核状、小团块状的黄铁矿，近地表风化和氧化以后呈粉状，钻孔揭示其铅直厚度0.3～5.8m，平均1.35m。

3.1.2 煤系地层的工程性质试验及分析

为了全面掌握煤系地层的工程力学性质，进行了浅埋煤层的静力载荷试验，预压式旁压试验和跨孔波速测试，对块煤作点荷载试验和室内按软质岩石作单轴压缩和剪切试验，对粉煤取样按一般黏性土做压缩、剪切试验。

（1）煤层静力载荷试验

1）试验条件：在原始地貌情况下，分别于主厂房、500kV站、煤场地段进行了6组12个点的浅层载荷试验，对地面出露的煤层稍微开挖找平，使煤层直接作为受压面，承压板直径D=300mm，先进行天然状态下载荷试验，再将承压板平移1m左右进行浸水饱和状态下试验。

2）结果分析：粉煤，载荷试验P-s曲线呈现出类似于土的弹塑性曲线特征，比例界限荷载200～350kPa，相应的变形量为1.59～11.53mm，极限荷载350～500kPa，相应的变形量为4.49～23.59mm，变形模量6.27～9MPa。煤层受压出现较大沉降，煤层出现剪切而破坏。

块煤，载荷试验P-s曲线呈现出阶梯形的曲线特征，说明煤层中含有大量的裂隙块石（煤中夹石），周期性地把表面的碎石压进去所引起。比例界限荷载600～1400kPa，极限荷载1100～1700kPa，相应的变形量为10.1～30.45mm，弹性模量18.87～36.81MPa。

总体来看，比例界限荷载与极限荷载之间差别不显著，反映出局部剪切塑性变形过程变得十分短，残余强度很低的特征。煤层受压破坏后试验面外缘出现挤压隆起和呈放射状裂纹，煤质变得十分酥松，表明块煤具有一定的结构强度，一旦丧失结构强度，煤便成为类似于土的松散体，变形区扩大发生剪切破坏。

粉煤层被浸泡以后，其比例界限荷载值P_0均较天然状态大约降低30%左右，但块煤极限荷载和沉降量则差别不大，说明粉煤孔隙比大，较块煤更易透水。

（2）块煤和岩石点荷载试验

通过钻孔取岩芯和小煤窑取块煤样分别进行了垂直层面和平行层面的强度试验，按有关规范计算点荷载强度指数 $I_{s(50)}$（MPa），块煤垂直层面的点荷载强度较高（$Is_{(50)\perp}$ = 0.33MPa，换算成 f_{ak}=495KPa）但较岩石（岩芯径向 $Is_{(50)\perp}$=1.331～2.386MPa）低，岩石点荷载强度变化较大，而且表现出明显的各向异性特征。

（3）煤层旁压试验

在回转钻进的钻孔内进行，1、2 号机锅炉地段块煤的 p-v 曲线似弹性阶段较长，曲线斜率小，塑性变形段较短，塑性段随着 p 值增加，v 值出现明显的增大趋势，表明块煤存在结构强度和常常夹石，呈现脆性破坏的特点；粉煤的 p-v 曲线似弹性阶段较短，塑性变形阶段较长，塑性段随着 p 值增加，v 值以陡倾趋势同步增大，表明粉煤存在孔隙比大、强度低，类似于黏性土的变形破坏特征。

（4）跨孔波速试验

主厂房、烟囱和冷却塔地段进行跨孔法波速测试，煤层横波波速（V_s=541～702m/s）、动剪模量（G_d=3.82～7.64MPa）校场地内砂、泥岩（V_s=782～1056m/s、G_d=14.59～30.78MPa）低。近地表 4m 范围内，砂、泥岩纵波波速值（V_s=2373～376m/s）较经验值偏低，主要是岩体层面、裂隙发育和场平开挖放炮的影响，说明岩体完整性已受到一定程度的破坏。因此，基坑开挖放炮，爆破作用圈控制在基底以上，保护地基岩石和块煤的结构强度。

（5）岩石和煤层室内试验成果统计分析

对块煤，模拟完整状和破碎状时的实际受力情况，采取块煤样做室内单轴抗压、直剪抗剪断和直剪单点摩擦强度试验，也利用载荷试验破坏后现场直接取环刀样做直接不排水快速剪切试验。对粉煤，现场环刀取样按土的试验方法做直接剪切和反复剪切试验，室内试验成果统计表，见表 3-1。

场地岩石与煤层室内物理力学试验成果统计 **表 3-1**

岩石名称	统计项目	天然密度 γ (kN/m³)	压缩/弹性模量 $Es_{1\text{-}2}$ (GPa)	饱和或湿单轴抗压强度 f_r (MPa)	抗剪(断)强度		抗剪强度(不排水快剪)	
					凝聚力 c (MPa)	内摩擦角 $\tan\phi$	凝聚力 c (MPa)	内摩擦角 $\tan\phi$
粉煤	区间值	12.7～13.2	8.5～12(MPa)				8～100(kPa)	0.287～0.708
	平均值	12.4	10(MPa)				52(kPa)	0.525
块煤	区间值	13.4～14.9	16～24(MPa)	1.99～7.5	1.41～1.59	0.76～0.88	0.37～1.17	0.61～0.71
	平均值	13.88	20(MPa)	3.66	1.5	0.82	0.755	0.659
泥岩	区间值	23.2～26.8	1.9～8.0	1.37～10.4	0.32～0.38	0.53～0.55	0.04～0.075	0.384～0.414
	平均值	25.5	4.31	6.62	0.343	0.54	0.0563	0.402
砂岩	区间值	24.3～29.9	3.45～8.85	7.95～22.5	0.29～0.31	0.49～0.51	0.08～0.58	0.424～0.675
	平均值	26.2	6.27	17.65	0.3	0.499	0.263	0.525
玄武岩	区间值	27.3～27.8	9.55～28.5	18.8～86			0.295～0.875	0.51～0.781
	平均值	27.6	20.41	46.93			0.548	0.644

由表 3-1 可以看出，饱和或自然状态岩块单轴抗压强度和弹性模量指标变化范围很大，指标的变异性等级普遍较高或者很高，表明互层状岩体，受岩性、层理和节理裂隙影响，表现出十分明显的各向异性特征。

块煤试样，多呈网状分布的层理和裂隙发育，裂隙贯通性好，裂隙间有褐黄色铁质浸染，煤块胶结性和完整性均较差，天然密度变化不大，湿抗压强度值变化范围大，其单轴抗压强度标准值（$f_{rk}=3.195$MPa）基本代表块煤的真实状况。粉煤试样，天然密度小，反复剪切强度指标 $C=6.4$kPa，$\tan\phi=0.321$，表现出类似于无黏性土的力学特征。

（6）煤系地层工程力学性质的综合评价

从试验的指标分析，无论粉煤还是块煤，都只能视为岩石中的相对软弱层，与岩石比较变形指标很低，压缩模量远小于砂、泥岩，施工中块煤易扰动破坏其结构强度，粉煤仅相当于土层的力学性质。因此，场地粉煤层，按无黏性土确定其工程性质，是适宜的。对于块煤，从工程施工爆破的实际影响和重要建筑的安全性出发，采用与中风化岩石同样的取值方法，按《建筑地基基础设计规范》GB 50007—2011 第 5.2.6 条推荐公式 $f_{ak}=\psi_r f_{rk}$来确定块煤作为地基承载力特征值（f_{ak}）。场地主要岩土工程性质参数见表 3-2。

岩石和煤层物理力学参数推荐值 **表 3-2**

岩土名称	天然密度 γ (kN/m^3)	压缩模量/弹性模量 $E_{s1\text{-}2}/E$(MPa)	抗剪强度		地基承载力特征值 f_{ak} (kPa)
			凝聚力 c(kPa)	内摩擦角 ϕ(°)	
粉煤	12.7	4	6.4	17.8	120～170
块煤	13.7	20	43	24	300(破碎)～400(完整)
泥岩	25.1	4310	37.6	21.1	600
砂岩、凝灰岩	25.6	6270	161	25.7	800
玄武岩	27.5	20410	331	28.8	1300

3.2 煤系地层的利用与煤层处理

3.2.1 对煤系地层的利用

对该工程煤系地层利用、地基处理的总体思路是避与治相结合。

避开厂区东南角铁路一线的煤系地层顺层边坡，坡面倾向厂区，禁止在该地段进行大开挖形成高边坡和布置电厂冷却塔等重要建（构）筑物。厂内边坡工程，根据不同工程条件采用自然放坡、抗滑桩、加筋土、架空结构等多种措施。

总平布置避开 F_5 断裂，主厂房、冷却塔等主要生产建构筑物布置于地质条件相对较好的削山区域，竖向上分成五个台阶布置，台阶之间采用挡土墙、护坡连接。

厂区分布的小煤窑巷道和采空塌陷区，经查明其规模有限，深度不大，可根据其分布标高不同，采取大开挖揭开回填或强夯夯塌顶板，桩身穿过。

主厂房地基以下卧砂泥岩互层夹煤层（煤系地层）或玄武岩为持力层。煤系地层处理采取对基础下粉煤层处理以后，采用整体钢筋混凝土垫层上做独立基础。

煤层不能直接作建筑物基础持力层，原状块煤可根据基底荷载大小和埋深相对位置选作地基下卧层；对于粉煤，如果厚度大，清除置换困难，采用桩长穿过，如果厚度不大，基础以下埋深不大，可采取超挖换填素混凝土处理。

3.2.2 煤层处理方案讨论

对于天然地基情况下，地基持力层范围内粉煤层处理成为关键问题，即如何确定基底标高以下粉煤层以上岩石最小厚度。可依据的办法是根据上部荷载、基础尺寸和煤层的分布深度等条件，按照《建筑地基基础设计规范》第5.2.7条对下卧粉煤层进行承载力验算，以粉煤层顶所受附加应力不超过其承载力原则进行控制，确定无粉煤层岩石最小厚度、煤层的处理范围（深度）和处理方式。

根据《建筑地基基础设计规范》第8.6.3条规定：嵌岩灌注桩要求桩底3倍桩径范围内，应无软弱夹层、断裂带、洞隙分布；在桩端应力扩散范围内无岩体临空面。对于低洼地段采用桩基地段，主要是确定桩端以下持力层—不含粉煤岩石的最小厚度，以粉煤层顶所受附加应力不超过其承载力、桩对岩石不出现冲切破坏为原则控制不含煤岩石的最小厚度。

（1）天然地基方案中煤层的处理方案

1）第一种情况，煤层出露，倾角15°～30°时，参照岩溶地基处理中洞跨比的概念，在中心荷载作用下，基底下软弱煤层视为洞室，煤层厚度作为洞跨，若洞室顶板厚度大于2倍洞跨，则认为洞室对上部建筑无影响。假如煤层厚1.2m，接触面处基础高度应大于2.4m，若基础高度不足，以毛石混凝土换填补足。

2）第二种情况，当煤层浅埋、倾角小于15°时，按软弱下卧层验算下卧层顶面处承载力是否满足要求，试举例如下：

［算例1］ 某柱下独立基础轴向力设计值 $N=26000\text{kN}$，$M=4400\text{kN}\cdot\text{m}$，$V=700\text{kN}$，基础尺寸 $B\times L=10\text{m}\times7.5\text{m}$，基础埋深 $d=6.5\text{m}$，基底下 $Z=3.5\text{m}$ 处有煤层，煤层为粉煤，承载力 $f_k=150\text{kPa}$，基础底面以上土的加权平均重度 $\gamma_0=18\text{kN/m}^3$，基础底面以下土重度 $\gamma=20\text{kN/m}^3$，地基压力扩散角 $\theta=30°$，按黏性土对待进行修正：

地基承载力设计值 $f=f_k+\eta_b\gamma(b-3)+\eta_d\gamma_0(d-0.5)$

$=150+0+1.1\times18\times(6.5+3.5-0.5)=338.1\text{kPa}$

基底平均压应力：$P=(26000+20\times10\times7.5\times6.5)/(10\times7.5)=476.7\text{kN/m}^2$

基础底面处土的自重压力：$P_c=20\times6.5=130\text{kN/m}^2$

软弱下卧层（煤层）顶面处的附加应力：

$$P_z=[L\times B\times(P-P_c)]/[(L+2Z\times\text{tg}\theta)(B+2Z\text{tg}\theta)]$$

$$=[7.5\times10\times(476.7-130)]/[(7.5+2\times3.5\times\text{tg}30)(10+2\times3.5\times\text{tg}30)]$$

$$=140.7\text{kN/m}^2$$

煤层顶面处的自重压力：$P_{cz}=18\times(3.5+6.5)=180\text{kN/m}^2$

所以 $P_z+P_{cz}=140.7+180=320.7\text{kN/m}^2<f=338.1\text{kPa}$

3）第三种情况，煤层浅埋，倾角小于15°，距离基础底面仅2m范围内时，将煤层清除，以毛石混凝土填充封闭。

（2）桩基（一柱一桩）方案中煤层的处理方案

一般而言，桩端平面以下受力层范围内存在煤层（软弱下卧层）时，应验算软弱下卧层的承载力，若桩端以下中风化砂泥岩厚度大于 $4d$（d-桩径），可不作软弱下卧层的承载力验算。否则仍应验算煤层作为下卧层的承载力、岩石抗冲切强度验算。

1）第一种情况，桩底中风化砂泥岩厚度小于 $4D$，试算单桩桩端以下煤层承载力。

[算例 2] 某柱下轴向力设计值 $N=1800\text{kN}$，选用 $D=800\text{mm}$ 冲抓灌注桩，单桩承载力设计值 2100kN，桩长 10m，桩端以下中风化砂泥岩厚度 $t=2.5\text{m}$（小于 $4D=3.2\text{m}$），有地下水（煤层以上土层重度取浮容重 $r_i=10\text{kN/m}^3$），中风化砂泥岩剪断角 $\theta=40°$，煤层承载力 $f_k=150\text{kPa}$，经深度修正以后设计值 $f=150+1.1\times10\times(10+2.5-0.5)=282.0\text{kN/m}^2$

则　煤层极限端阻力值 $q_{uk}=2f=564\text{kN/m}^2$

煤层顶面处的附加应力 $\alpha_z=[4\times(r_0\times N-\mu\sum q_{sik}\times L_i)]/[\pi\times(D_C+2t\times\text{tg}\theta)^2]$

$=[4\times(1.2\times1800-0)]/[3.1416\times(0.8+2\times2.5\times\text{tg}30)^2]$

$=202.3\text{kN/m}^2$

软弱下卧层（煤层）顶总应力 $\alpha_z+r_i\times z=202.3+10\times(10+2.5)=327.3\text{kN/m}^2$

所以 $q_{uk}/r_q=564/1.65=341.8\text{kN/m}^2>\alpha_z+r_i\times z=327.3\text{kN/m}^2$

2）第二种情况，桩底中风化砂泥岩厚度小于 $4D$，试算岩石抗冲切强度：

[算例 3] 条件同算例 2。

岩石冲切强度 $F_1\leqslant0.6\times f_t\times u_m\times h_0$

其中　$F_1=2100\text{kN}$，f_t 近似取砂岩的抗拉强度 0.69N/mm^2（$1.4\times0.67/1.35=0.69\text{N/mm}^2$　注：1.4MPa 取自《工程地质手册》并按混凝土材料设计值取分项系数 1.35 和保证率 95%）

$u_m=2\pi[(R_t+H\times\text{tg}30)/2]=7.05\text{m}; h_0=2.5\text{m}$

所以 $0.6\times f_t\times u_m\times h_0=0.6\times0.69\times7.05\times2.5\times10^6=7300\text{kN}>2100\text{kN}$

经多次试算，对 $D=800\text{mm}$ 的桩，当冲切高度 $h_0>1.5\text{m}$ 时，其桩端岩石不发生冲切破坏。

3.3 小煤窑采空与塌陷的勘测与处理

3.3.1 小煤窑的勘测评价

对厂址区小煤窑开展了广泛的地面调查、工程钻探和地质雷达测试与验证工作。根据小煤窑采空区的密度、地面的塌陷和岩石破碎情况，将场地划分成了（Ⅰ、Ⅱ、Ⅲ、Ⅳ）四个区：Ⅰ区-基本无小煤窑分布；Ⅱ区-小煤窑零星分布，规模小，位于浅层；Ⅲ区-小煤窑集中开采，开采时间长，人工平洞式开采；Ⅳ区-小煤窑规模开采或集中开采区，出现较大范围的采空和地面塌陷，岩质坡体出现崩塌，土质坡体地表沉降变形。钻探和地质雷达测试与验证结果表明：小煤窑主要分布在 3、4 号冷却塔区域，煤窑巷道宽 1～1.5m，高约 1.8m，最大埋深小于 21m，在平面上的延伸长度小于 50m。塌陷范围变化较大，剖面上显示宽度 5～56m。

3.3.2 小煤窑采空与塌陷的处理

总平面布置，主要建筑物基本避开了塌陷、滑坡、崩塌和大的破碎带集中分布的Ⅲ区和Ⅳ区。建筑地基根据小煤窑巷道的埋深和分布与地基持力层的关系，采取大开挖揭开回填或强夯夯塌顶板，桩身穿过处理。

3.4 煤层自燃倾向分析和处理

在厂址场地内及其附近调查了小煤矿自燃情况，并采取煤样测试，根据《煤田地质勘探规范》中煤的自燃倾向性等级分类确定，3、5 号煤为易自燃煤，17、19、22、24、26、30 号煤为不易自然煤，12 号煤为不自然煤。3、5 号煤受 F_5 断裂的错断阻隔未能延伸至主厂区内，可不考虑其自燃性。有影响的是 26 号煤层，硫份高达 4.03%，在场地整平和基础施工过程中，挖出并运离场地采取粉、块分离堆放，对不予清除的，立即封闭煤层露头。

3.5 煤层中瓦斯对工程影响的预防

通过对场地附近井田勘探时大量瓦斯资料的研究，区域瓦斯风氧化带深度为 140m，瓦斯梯度为 51.52m（1ml/g），在风氧化带内瓦斯含量很低，一般不会产生煤与瓦斯突出的现象，但因场地内延伸分布的 5、17 号煤层厚度较大，瓦斯含量很高，围岩岩性有利于瓦斯的聚集，揭露煤层时尽管在风化带内也可能对基础施工带来安全隐患，采取了瓦斯含量检测、通风和紧急的应对措施。

4. 工程总结与启示

4.1 工程勘察技术难点

根据电厂建设场地布置和煤系地层特点，工程存在以下复杂的主要岩土工程问题：厂址选择和建筑场地优化；小煤窑采空区形态、分布及勘查评价；煤层及煤系地层工程特性研究；煤系地层地基评价及煤层处理方案论证；煤层瓦斯对桩施工的影响；滑坡及潜在的不稳定斜坡勘察；煤系地层挖填方边坡治理；厚层填土地基处理方案论证；为查明桩端下小煤窑采空区及桩端受力区范围内的煤层分布，施工勘察如何运用问题；桩基原体试验与检测等，特别是煤的力学性质，由于在煤系地层建设大型工程的缺乏，其文献资料几乎空白，对煤系地层作为地基以及对煤层的处理必须有全新的认识和正确的评价，还必须针对保护环境、减少地质灾害的影响、节约土地资源等因素，采用先进的勘察手段、创新勘察思路，用高水平的岩土工程勘察成果满足电厂建设的需要。

4.2 工程勘察的创新性与先进性

（1）成功选择坑口电厂厂址，并且优化建筑场地的布置。电厂位于山区，可行性研究勘测规避了汤章厂址存在古滑坡、存在不稳定危岩体及响水水库蓄水运行引起库岸岸坡再造的问题，选择三面坡厂址为坑口电厂厂址，利用场地地质分区给设计总平面布置优化提出了指导性建议，使主厂房等重要建筑物布置尽可能避开了小煤窑采空的不稳定区域。

（2）小煤窑勘测采用综合探测与研究，解决了工程场地稳定和地基处理的疑难问题。通过收集并实地量测小煤窑巷道走向、尺寸、涌水情况、巷道底板高程、塌陷情况、开采时间等信息，布置先进的地质雷达及高密度电法探测结合钻探验证，根据洞体的埋深情况、稳定性以及与各建筑物的相对关系，评价场地的稳定性。同时结合场地整平标高，小煤窑采空区对工程建（构）筑物的影响程度进行分区评估，很好的指导了电厂总平面布置及地基处理方案的确定，避开了场地不稳定区域，对小煤窑采取大开挖揭开回填或强夯夯塌顶板，桩身穿过进行处理。

（3）煤系地层工程特性的试验研究，部分成果填补国内空白，工程应用价值高。本项目从煤层力学性质研究入手，对场地内分布的煤按产出形态和力学性质分为粉煤和块煤两类，创新性的综合勘察及试验对比工作，掌握了粉煤和块煤的工程力学特性，为地基设计提供了可靠设计参数；同时根据煤层性状及分布特点，与设计人员共同研究，提出了煤系地层天然地基和桩基对煤层处理的原则方法，即煤系地层利用采取避与治相结合的原则，煤层处理方案关键以粉煤层顶所受附加应力不超过其承载力原则进行控制，确定无粉煤层岩石最小厚度、煤层的处理范围（深度）和处理方式，解决了工程最关键技术难题。

（4）紧抓煤系地层边坡可能失稳的特点，避与治结合的处理措施创新有效。煤系地层边坡软弱面主要为煤层，对挖方边坡主要抓住坡体中煤层力学性质参数确定及岩层结构面两个要素，填方边坡则重点分析回填料与回填土压实质量，工程中紧紧抓住上述要点，借鉴铁路同类型边坡处理措施，采用多种计算方法分析，提出了全厂采用台阶式布置，降低边坡高度的总体建议，对不同边坡给出了适宜的放坡比及相应的处理措施。同时，对放坡可能产生滑坡及边坡处理工作量过大地段，建议采取避让或特殊处理方法。如建议冷却塔移位，避开滑坡影响地段；汽车卸煤场部分地段为松散弃土堆填物，进一步填土造地将形成高约30余米厚的填土边坡，处理难度极大，为减少工程费用，建议设计在该地段采用架空平台与护坡处理，收到了很好的效果。

（5）在煤系地层场地的电厂建设中，本项目首次开展施工勘测工作。在冷却塔、炉后及煤场部分桩基础场地，根据小煤窑及煤层分布特征进行施工勘测，查清了基础承台下小煤窑采空区及煤层的分布，为优化确定桩长、指导施工和保证桩基安全可靠，发挥了积极作用。

（6）煤的自燃趋势和腐蚀性研究填补了岩土工程勘察的空白。煤作为工程建设中一个特殊的地基土类型，对地下水位以下基础的腐蚀性在工程建设中还是一个未知数，本项目针对性的设计试验项目和试验条件，取得了不同浸泡时段下的煤的腐蚀性研究成果，合理正确的分析了煤层对地下基础的腐蚀性，为今后类似工程提供了指导和借鉴。对煤层自燃进行了倾向性分析，并提出处理措施；就煤层中瓦斯对工程施工影响提出了预防措施。

（7）强化地基处理原体试验，地基检验和桩基检测成绩显著。场地存在的深厚回填土回填方式及二次地基处理方案，通过多种原体试验（强夯试验、分层碾压试验、桩基试验等），为设计提供了准确的设计及施工工艺参数；驻现场的地质工代进行了施工全过程的检查和验收，及时处理了施工过程中的新问题，对填土地基、煤层及破碎带鉴别、煤窑空洞穿越和桩端入岩确认等方面总结了一套工作方法和程序；为确保桩基安全可靠，解决成孔易坍塌、孔底沉渣超标和煤系地层桩端持力层确认等问题，选择钻芯法与低应变检测相结合的手段，准确判断出缺陷桩的问题所在。

（8）敢于突破和技术创新，专题研究成绩突出。我院工程技术人员在盘南电厂勘察中积极开展勘察与专题科研、现场试验与理论分析、工程施工检验与检测、勘察与设计紧密配合的“四结合”工作方法，采取“请进来、走出去”方式，积极借助高校院所、勘察大师等社会资源，开展联合科技攻关活动，完成了挖填方边坡稳定分析、煤层工程特性试验与研究、煤系地层工程性质及煤层处理研究、煤层腐蚀性研究、煤层自燃倾向分析、小煤窑勘测研究等6个方面的专题报告。

5. 工程实施与效果

5.1 基础沉降观测

为了检验地基基础设计的正确性，我们对主厂房框架、汽轮机基础、锅炉炉架、烟囱、冷却塔基础设置观测点 92 个，累计观测时间最长达 810d，天然地基最大沉降 9mm，桩基最大沉降 7mm，基础总沉降和差异沉降均满足设计要求，从工程施工到投产至今，电厂各建筑物均未发生任何岩土地基、边坡等质量问题，生产运行正常，本工程勘测设计是成功的。

5.2 小结

盘南电厂，是西南地区具有先进水平的自动化程度最高的大型坑口发电厂，自 2006 年 4 月投产的 1＃机组，是贵州省“西电东送”、“黔电送粤”第一台 600MW 机组，对实施国家西部大开发及“西电东送”战略和促进贵州经济发展具有重要的意义。2007 年底 4 台机全部建成并投产运行以来已成为“黔电入粤”的主力电厂，主要承担基本负荷，且具有调峰能力。

盘南电厂新建工程岩土勘察，积极使用新技术、新方法，解决了电厂建设场地的关键性岩土工程问题，使工程勘察质量和技术水平上了一个新台阶，突破煤系地层不能建厂的先例，首次积累了煤层作为地基承载介质的工程力学参数，部分参数填补国内空白，为同类工程建设积累了经验，值得同类型场地工程建设借鉴。岩土成立 QC 小组对煤系地层勘察方法进行了系统研究，取得了明显成绩，QC 小组成果荣获了 2003 年度全国电力行业优秀质量管理小组称号。对电厂建设保护环境、减少地质灾害的影响、节约土地资源做出了贡献，为今后我国同类工程的建设提供了很好的经验，取得了明显经济效益和社会效益。

6. 获奖单位简介

西南电力设计院有限公司（以下简称 SWEPDI），是全国勘测设计百强单位，在全国电力勘测设计系统首批取得了 GB/T 19001—1994 idt ISO 9001：1994 标准的质量体系认证证书。主要从事电力系统规划设计，大、中型燃煤、燃油、燃气发电厂和地热、核能发电常规岛勘测设计、太阳能、风力、垃圾等发电厂的设计，各电压等级的送、变电工程勘测设计，电力调度通讯、工业与民用建筑工程的勘测设计，岩土工程的勘测设计与施工，环境影响评价，水土保持方案设计，电力工程及其配套工程总承包，各类工程建设监理，电力工程、工业与民用建筑工程咨询等工作。

SWEPDI 现有职工 1505 人，包括工程技术人员 1249 人，其中，国家级设计大师 1 人、四川省设计大师 7 人、四川省勘察大师 1 人，教授级高级工程师 128 人、高级工程师 413 人、工程师 357 人，各类注册工程师、造价师、咨询师等共 309 人。SWEPDI 汇聚了 30 多种专业技术人才，技术力量雄厚，专业配套齐全，勘测设计技术装备先进。是以高、中级知识分子为中间力量的现代科技型企业。设置有发电工程分公司、电网工程分公司、勘测工程分公司、系统规划中心、工程技术经济中心、工程承包管理部、国际事业部、环保处、计算技术处等生产部门。

经过大量的工程建设实践，SWEPDI 在高参数、大机组电厂勘测设计，循环流化床（CFB）电厂、空冷机组、核电、地热电站、烟气脱硫勘测设计，特高压输电、高海拔重冰区线路、紧凑型线路、串联补偿装置勘测设计，环境影响评价，数字化设计技术应用等方面具有丰富的经验并在行业处于领先水平。

SWEPDI 共有 519 项工程获得省部级及以上奖励，其中有 31 项发电、送电、变电、勘测工程项目荣获国家级优秀设计金、银、铜质奖，38 项咨询项目荣获国家级咨询成果奖；324 项科研、标准化建设、信息化项目以及软件开发等分别获得国家、省、部级和集团公司奖励，其中 18 项科研成果荣获国家级科技进步奖。18 项软件获各级奖励，其中 4 项软件开发荣获国家级计算机软件奖。共获得各种专利 483 项（其中发明专利 23 项）、各种版权 48 项（其中软件著作权 34 项）。

SWEPDI 有一支具有团队精神的职工队伍，有一批善于创新的优秀人才。近 50 年来，SWEPDI 在工程勘测设计、技术咨询、工程总承包、工程监理方面已积累了丰富的经验，始终奉行“讲文明、重信誉、求实效、图奋进”的企业精神，信守“精心设计、科学管理、节约资源、保护环境、以人为本、顾客满意”的管理方针，形成了“团结、进取、文明、守法”的良好院风。

SWEPDI 将以一流的管理、一流的技术水平、一流的产品质量、一流的服务质量为顾客提供满意的产品和服务，承担应有的社会责任，使顾客和相关方满意。

【项目特色提要】 本项目利用场地地质分区指导总平面优化布置，使主厂房等重要建筑物布置尽可能避开小煤窑采空的不稳定区域。利用地质雷达及高密度电法探测并结合钻探验证，基本探明小煤窑巷道走向、尺寸、塌陷情况等，解决了工程场地稳定和地基处理的疑难问题。根据煤层性状及分布特点，掌握了粉煤和块煤的工程力学特性，为地基设计和边坡设计提供了可靠设计参数。通过对煤的腐蚀性研究，取得了不同浸泡时段下的煤的腐蚀性参数，正确分析了煤层对地下基础的腐蚀性，为本项目及今后类似工程提供了指导和借鉴。对煤层自燃进行了倾向性分析，并提出处理措施。部分成果填补了国内空白。

黄河公伯峡水电站工程勘察

中国电力建设集团西北勘测设计研究院有限公司　马福祥　万宗礼

【项目摘要】

公伯峡水电站工程位于青海省海东市，是黄河干流上游龙羊峡至青铜峡河段25座梯级电站中的第八级。坝址区地质条件复杂，工程勘察紧紧围绕几个主要的工程地质问题，开展了多项针对性的专题研究，特别是对右岸坝基古风化岩形成环境、结构再生、物理力学性质、渗透稳定性及施工开挖保护措施的研究，不仅丰富了古风化岩的研究内容，而且也是国内外至今对古全风化岩工程特性及工程应用性评价方面最有特色的研究成果之一，处于国内同期领先或先进水平。

工程曾获"鲁班奖"等多项国家奖，"黄河公伯峡水电站右岸古风化岩及砾砂岩工程地质特征"1997年获国家地质矿产部科技进步二等奖，工程勘察获2008年全国优秀工程勘察设计银奖等多项奖励。

1. 工程概况

1.1 工程简介

公伯峡水电站枢纽工程位于中国青海省海东市循化撒拉族与化隆回族两自治县交接处，是中国"第十个五年计划"重点项目以及"西电东送"的骨干工程。项目以发电为主，兼有防洪、灌溉、供水等综合效益。

水库正常蓄水位2005m，最大坝高132.2m，坝顶高程2010m，总库容$6.2\times10^8m^3$，电站装机容量5×300MW，平均年发电量$51.4\times10^8kW\cdot h$，为一等大（1）型工程。枢纽布置方案为：河床混凝土面板堆石坝，左岸溢洪道，左、右岸泄洪洞（右岸旋流消能）及右岸明钢管引水地面厂房。

1.2 勘察的目的及要求

该工程1981年开始地勘工作，1988年9月通过了可行性审查，于1994年10月通过了初设审查。1998年7月工程开始施工前期准备工作，2001年8月8日正式开工建设，于2004年8月8日下闸蓄水，9月23日首台机组投产发电，2006年12月工程竣工。

公伯峡坝址区河谷两岸不对称，左高右低，左缓右陡。前震旦系片岩、片麻岩及上第三系砾砂岩和加里东期花岗岩是构成各建筑物地基及边坡的主要岩体。岩体中断层、裂隙较发育，岩体风化受古、今两期风化作用，工程地质条件较复杂。存在库区倾倒变形体和滑坡稳定、左、右岸高边坡处理及古风化岩工程地质特性研究等工程地质问题。

随着勘测研究工作的逐步深入，结合工程枢纽特点，开展了地质测绘、地质钻探、竖井及坑槽探、物探检测、岩土水的室内外试验及多项专题科研等综合勘察方法和手段，为工程的顺利建设提供了技术保证，各阶段完成的勘察工作量见表1-1。

公伯峡水电站工程地质勘测试验工作量汇总表　　表 1-1

勘测项目	工作内容		单位	坝址		水库		建材		合计
				前期	施工	前期	施工	前期	施工	总量
地质	平面地质测绘	1∶10000	km^2			137.3				137.3
		1∶5000	km^2				40			40
		1∶2000	km^2	2.3		1.3		8.1	1.2	12.9
		1∶1000	km^2	2.8	1.0				0.5	4.3
	剖面地质测绘	1∶2000	km/条	32.4/4		101.2/26	61.1/16	53.4/49	23.6/39	271.7/134
		1∶1000	km/条	38.6/74	8.3/11	9.3/16	5.2/12	3.6/9	6.5/8	71.5/130
		1∶500	km/条		3.3/7				1.9/3	5.2/10
勘探	钻探		m/个	15006.6/138	2125.5/35	161.4/8	505.4/14	704.9/23	500.9/6	19004.7/224
	竖井(基岩)		m/个	108.3/2						108.3/2
	竖井(土)		m/个			191.5/29	31.5/6	545.3/58	120/16	888.3/109
	斜井(基岩)		m/个	45.3/1						45.3/1
	平硐		m/个	5476.6/44	292.3/5	980.1/22		266.4/5	498.7/8	7314.1/84
	坑槽		m^3/个	3708/34	1000/10	6058/56	3000/24	12430/66	6000/40	32196/230
物探	硐壁地震波速		m	1696	391					2087
	地震穿透波速		m	1297						1297
	综合测井		m	1306						1306
	电法剖面		m	1050		2950		8120	1050	13170
	地震剖面		m	225				2035		2260
试验	钻孔压水试验		段	1633	121					1754
	钻孔注水试验		段	82						82
	钻孔抽水试验		段	6	9					15
	试坑注水试验		个	9						9
	野外大型抗剪试验		组	22						22
	静力法变形试验		组	53	6					59
	载荷试验		组	12						12
	岩石磨片鉴定		组	43						43
	岩石室内三轴试验		组	7						7
	岩石物理力学性质		组	43				24	25	92
	岩石矿化分析		组	27						27
	岩石中型剪试验		组	4						4
	砾砂岩崩解试验		组	14						14
	砂砾石料试验		组					124	40	164
	坝壳砂砾料试验		组					20	45	65
	土料物理力学性质		组			26		257		283

续表

勘测项目	工作内容	单位	坝址		水库		建材		合计
			前期	施工	前期	施工	前期	施工	总量
试验	平硐石碴料试验	组					19		19
	水质简分析	组	129	20	24				153
	水质全分析	组	16	16					32

2. 场地岩土工程条件

2.1 区域地质构造条件

公伯峡水电站位于青藏高原东缘，库坝区位于祁吕弧形西褶带的次一级构造化隆槽地和河西系的德恒隆～加吾力吉隆起带两个构造单元的复合部位上，构造层主要有：前震旦系、三叠系、白垩系、上第三系及加里东期侵入岩。祁吕系和河西系控制着库坝区构造发育的方向和规模。

发生强震的活动断裂带均分布在远离工程场区 135km 以外，库坝区范围内的断裂自晚更新世以来已处于相对稳定状态，地震基本烈度经复核为Ⅶ度，其对应的基岩峰值加速度为 0.11g。

2.2 水库区工程地质条件

水库全长约 61km，从地形地貌特征可明显分为峡谷库段（长 18km）和盆地库段（长 43km）。峡谷库段基岩主要为前震旦系片麻岩、片岩及混合岩。盆地库段主要为第三系红层。断层主要发育三组，即近 EW－NW 组、NNW 组和 NE 组。水库蓄水沿区域断裂带入渗后可能会诱发局部弱震。

水库封闭条件良好，不存在永久渗漏问题，不具有开采价值的矿产资源分布。浸没区主要有 9 个，总面积约 0.89km^2；坍岸区 15 个，坍岸面积 0.655km^2，总体积约 835 万 m^3，浸没及坍岸问题均不大；水库区分布有 14 处滑边坡及倾倒体，大多滑边坡整体稳定条件好，且位于正常蓄水位之上。距坝前 2.2km 的古什群右岸倾倒变形体总体积约 195 万 m^3，该倾倒变形体在天然状态下处于相对稳定状态。随着库水位的上升，稳定性逐渐降低，除表层会发生不同层次、不同体积的坍塌外，整体还会发生进一步的调整性变形拉裂，导致整体稳定性降低，因此，需做相应的变形监测，必要时采取相应工程处理措施。

2.3 坝址区工程地质条件

坝址区河道基本平直，平水期河水位 1900m，水面宽 40～60m，河床覆盖层厚一般为 5～13m，河谷两岸不对称，左岸发育Ⅱ、Ⅴ级阶地，右岸发育Ⅰ、Ⅱ、Ⅲ级阶地，均为侵蚀堆积阶地。

坝区出露的地层有前震旦系、白垩系、上第三系、第四系及加里东期花岗岩侵入体。坝区河谷两岸高阶地红层之下普遍掩埋有古风化壳，古全、强风化岩与现代全、强风化岩间工程地质特性存在明显的差异。

第三系红层产状为走向 NW325°～350°，倾向 NE，倾角 4°～15°，前震旦系变质岩片理产状为走向 NW315°～335°，倾向 NE，倾角 56°～81°，与河流斜交，倾向下游偏右岸。

岩体中断裂构造发育，主要有 4 组，NNE、NNW、NWW、NEE，大多为中陡倾角，少量缓倾角，破碎带宽一般 0.1～2.5m，最宽 3～5m。

地下水按其埋藏条件可分为基岩裂隙性潜水，局部基岩裂隙承压水及第四系孔隙性潜水，两岸地下水位变幅较小，相对隔水层顶板埋深（$\omega<0.01$L/min.m.m）河床为 10～30m，两岸一般为 30～60m，局部达 70～90m。

3. 岩土工程问题及评价

3.1 近坝库岸滑坡（倾倒体）稳定性研究

库岸稳定问题是公伯峡水库区的主要工程地质问题，水库库岸整体稳定条件较好，个别库段稳定条件差。库区共发育有 14 处滑坡及倾倒变形体，对电站建筑物或居民点有一定影响的 3 处。

古什群左岸Ⅰ号滑坡在目前及蓄水条件下都将处于稳定状态，不会发生大规模整体下滑破坏，蓄水后可能发生边岸再造式的局部塌滑和水库坍岸，总体上不会影响大坝的安全及水库的正常运行。蓄水发电以来仅见在前缘局部产生小方量坍岸，未影响水库运行，前期预测评价是准确的。

古什群右岸倾倒变形体距坝 2.2km，总体积 195 万 m^3，分布高程为 1940～2160m，Ⅰ区松散岩块块度相对较小，堆积紧密，稳定性较好。Ⅱ区曾发生以垂直位移为主的错落—滑移型破坏。蓄水后在天然条件下处于极限平衡状态；蓄水加Ⅶ度地震作用时Ⅱ区局部可能失稳。用多种方法对其可能滑速和涌浪高度进行了预测，从偏安全的角度考虑，在正常蓄水位情况下，可能最大涌浪高度约为 3.10～4.63m，不致对大坝的正常运行造成大的影响。鉴于问题的复杂性，倾倒变形体距大坝近，应对其布置适当的监测设施，加强蓄水期的监测和巡视，及时掌握倾倒变形体的动态，以便采取必要的措施。蓄水后一年中表层就发生了牵引式逐渐坍塌，下游侧发生了较多的塌落，估计一次最大方量约 5 万 m^3，目前表层 5～10m 厚已全部坍塌入库，未形成大的涌浪危害，也在前期评价预测之中。

Ⅶ号滑坡距尖扎县城 1.5km，总体积 290 万 m^3，其前缘剪出口高程 2000～2010m。天然状态下整体基本稳定，局部地段在暴雨或Ⅶ度地震条件下也有失稳的可能，稳定性最差的为下游区。滑坡整体下滑的可能性很小，其破坏方式为分块解体。蓄水后截至目前整体无异常变形现象，前缘局部坍塌未引起滑体大的塌滑或变形。

3.2 古风化岩工程特性、开挖松弛及保护措施研究

公伯峡水电站坝址区第三系红层下广泛埋藏有古风化岩，这些古风化岩既有厚度较大的古全风化岩，又有分布广泛的古强、弱风化岩。研究成果表明：公伯峡坝址区古全、强风化岩是一类与现代全强风化岩完全不同的岩体，其原因是古风化岩经历了不同时期地质环境演变的改造，研究全面地揭示了公伯峡地区古全风化岩体、古强风化岩体的工程特性，为工程利用提供了可信的资料。我院在公伯峡水电站古风化岩特别是古全风化花岗岩的结构再生、物理力学参数评价和工程实践等方面均做了全面的研究，既丰富了古风化岩的研究成果，又填补了国内外在这方面研究的空白。

（1）公伯峡古风化岩形成的地质环境

a. 加里东～中新世期间长期的风化剥蚀造成分布广泛，具一定厚度的古风化岩。

b. 上新世时，上第三系红色陆相地层的沉积，风化作用间断；古全风化被掩埋。

c. 古风化岩上覆巨厚红色地层后，形成较高的自重应力，引起古全强风化岩，特别是类似砂状的古全风化花岗岩的压密，具有与其接触的红色砂砾岩相同的重力压密过程及压密作用；

d. 上第三系喜山运动较高的构造应力的作用，不仅使青藏高原地区的上第三系红层固结成岩，而且使得埋藏于上第三系之下的古全风化花岗岩也经历了与其相同的成岩过程，形成了具有独特性质的古全风化岩。

(2) 公伯峡古风化岩工程特性研究中获得的众多资料揭示了地应力（自重、构造应力）既是岩体工程地质形成的初始条件之一，又是后期岩体工程特性发生改变的环境条件之一，是岩体工程地质特性研究应当充分重视的条件或环境。

(3) 通过现场及室内的深入研究，众多的现场资料全面的揭示了古全风化花岗岩独特的工程特性，与现代全风化花岗岩完全不同的物理力学性质，即密度高（2.47g/cm^3 以上）、孔隙比低（0.09～0.13），有一定的无侧限饱和抗压强度（R_b＝3～4MPa）、较高的抗剪强度（f'＝0.9～1.3，C'＝0.29～0.39MPa），较高的变形模量（E_0＝640MPa）、低的渗透性（K＝10^{-6}cm/s）。

3.3 压力管道右侧古风化岩高边坡的稳定性研究

由于布置压力钢管和地面厂房，开挖形成了人工高边坡。边坡全长约 300m，由走向 NE37°的直坡段（平行压力钢管）和走向 NE60°渐变为 NW285°的弧形段组成。坡顶高程 2040～2050m，坡脚高程为 1961～1904m，坡高 80～145m，组成边坡的基岩为第三系弱风化砾砂岩和古全风化岩，均为软岩。设计开挖坡比：土质边坡 1∶1，砂砾石层 1∶1.75，砾砂岩 1∶0.75，古全、强风化岩 1∶1。

边坡岩体中发育五组裂隙，即 NNW 组、NE 组、NNE 组 NWW 组和 NEE 组。其中 NE 组、NWW 组与部分边坡近平行。裂隙多为泥质充填，无胶结，延伸短，连通性差。岩体中发育断层 6 条，规模不大，多为走向 NW、NWW、NNW，以陡倾角为主，断层带泥质胶结差。

影响该工程边坡稳定的主要因素有以下几方面：

(1) 边坡岩体的松弛：压力钢管右边坡岩体软弱、破碎，在施工开挖过程中未进行及时有效的支护，边坡岩体侧向应力解除后，向临空面方向进行了长达半年的卸荷松弛，形成了较厚的松弛带。后期的喷锚支护未达到预期的目的，局部实施的预应力锚索内锚固段未打入弱风化岩体中，从目前边坡变形观测资料看，预加应力已有很大部分的释放损失，边坡松弛变形并未终止。

(2) 边坡应力重分布：边坡开挖的坡角尽管相对较缓，但陡于该部原始天然坡度，开挖后边坡坡体应力势必重新调整。随坡角变陡，张力带的范围有所扩大，坡脚应力集中带最大剪应力也随之增高。研究表明边坡开挖成型后应力偏转明显，靠边坡表部最大应力沿轮廓线变化。

(3) 边坡岩体的卸荷回弹：卸荷回弹是由坡体内积存的弹性应变能释放而产生的。卸荷过程中坡体向临空方向回弹膨胀，使岩体原有结构松弛；同时，在集中应力和残余应力作用下，产生一系列新的表生结构面。

(4) 边坡上部荷载的作用：由于边坡上部岩土体的自重作用，使边坡开挖后侧向分力加大，促使边坡向临空方向变形甚至发生位移现象。

综上所述，边坡岩（土）体层次多样、软弱不均、完整性各异等是压力钢管右边坡持续蠕动变形的主要内在因素；开挖后应力释放、卸荷松弛是边坡变形的必然表现；边坡高陡、上部重压、底座岩体差，是边坡持续变形的主要客观条件。

(5) 人工爆破对边坡稳定的影响：边坡在开挖过程中，由于爆破震动作用，促使边坡岩体进一步向临空方向卸荷、松弛。

(6) 边坡岩体中软弱结构面：根据目前边坡开挖揭露情况、边坡下部右岸排水洞及右岸导流洞开挖揭露情况看，尚未发现倾向坡外且已切脚的具控制性的断层或规模较大的裂隙组发育。因而右边坡不具备形成大范围滑塌的构造组合边界条件。但如果边坡的卸荷松弛得不到有效限制的话，局部边坡仍将可能产生破坏，从而影响到整个边坡的稳定性。

(7) 边坡岩（土）体物理力学性质随开挖前后的变化对边坡稳定的影响：压力钢管道右边坡中下部古全、强风化岩体是第三系之前该地区长期暴露风化的产物，后期又经上覆第三系及第四系盖层压密后固结的岩体。该岩体开挖揭露后有急剧向临空面卸荷松弛的特性，试验研究表明古全风化岩体的纵波速度及抗剪强度有很大降低。

(8) 边坡变形趋势预测：根据上述对边坡稳定影响因素的分析，如果该段边坡不及时进行有效的加固处理，其可能的变形破坏趋势有如下几种：

a. 边坡表层的松弛性蠕动变形仍在继续，而且会逐渐向深部扩展，导致松弛范围和深度进一步扩大，在一定外因（如强降雨）条件下发生局部浅表层垮塌。

b. 土层和砂卵砾石层重压红层，红层下的古全风化层卸荷松弛后在重压下易压缩沉降，导致其上的红层拉裂，进而造成以古全风化为底界，贯通上部红层和松散层的塌滑破坏。

c. 土层和砂卵砾石层下的红层、古全风化层的变形牵动其上的松散层（土和砂卵砾石层），松散层先期坍塌。

上述三种可能的变形破坏对厂区施工和永久运行均可构成直接威胁。

边坡处理采用基岩坡面全面的喷锚支护，系统锚杆间、排距 2m，深入基岩 4.4m，和一定数量的锚筋桩，三排排水孔。埋设多点变位计 25 只，表面变形观测点 15 个。鉴于边坡旁侧即为压力钢管和地面厂房，施工中采用了混凝土封闭其出露面，并适当加以主动约束力等处理措施，监测表明工程运行以来，边坡位移量不大，处理后该边坡处于稳定状态。

3.4 大跨度高水头旋流消能泄洪洞围岩稳定性研究

右岸水平旋流消能泄洪洞是导流洞改建而成，隧洞长近 700m，开挖断面尺寸宽 13.88～14.55m，高 17～18m 为城门洞形，穿越的岩层为前震旦系片岩、片麻岩和加里东期花岗岩组成的古老基岩，古老基岩面缓倾向下游，隧洞以上厚度 18～80m。花岗岩侵入体产状变化大，与围岩接触关系复杂，从宏观上分：桩号导 0＋226m～导 0＋600m 岩性主要为花岗岩夹片岩、片麻岩捕虏体；导 0＋600m～导 0＋721m 岩性为片麻岩、片岩夹花岗岩脉。断层裂隙发育，产状规律性和性状较差，在部分洞段密集发育，断层破碎带宽度以 1～2m 居多，最大为 4m，且有较宽的影响带。由于接近古老基岩面，且部分洞段断层较密集，围岩的古风化现象强烈，其中出口部位（导 0＋710m～导 0＋721m）为古全风化岩，导 0+439m～导 0+476m 和导 0+559m～导 0+710m 为古强风化岩，其余洞段为弱风化。地下水为基岩裂隙水，隧洞施工开挖时部分洞段有滴水或线状涌水。

根据围岩岩石强度、岩体完整性、结构面产状和性状、地下水等因素，按水电围岩分类法对隧洞围岩进行了详细分类。导流洞开挖中，弱风化花岗岩为主的洞段一般岩体较完整，裂隙面大多闭合，捕虏体接触面较紧密，围岩基本稳定，但部分洞段断层发育，围岩稳定性差，局部有掉块及小规模塌方现象。先期运行的导流洞Ⅱ类围岩段长 210m，占 29.1%；Ⅲ类围岩段长 252m，占 35%；Ⅳ类围岩段长 248m，占 34.4%；Ⅴ类围岩段长 11m，占 1.5%。改建的竖井段上部（1955m 高程以上）位于古全风化岩Ⅳ类围岩中，中部（1930～1955m 高程段）位于古强风化岩Ⅲ类围岩中，下部（1930m 高程以下）位于弱风化岩Ⅱ类围岩中。岩性以花岗岩为主，间夹较多的片岩及片麻岩捕虏体。岩体中有四组断层、裂隙发育，大多为陡倾角。整个水平旋流消能泄洪洞工程Ⅱ、Ⅲ、Ⅳ、Ⅴ类围岩分别占 39%、22%、37%和 2%。

古风化岩洞段围岩不稳定，开挖后易卸荷松弛，自稳时间较短或不能自稳，施工中采取了钢拱架和管棚等开挖支护措施。开挖完成后经系统喷锚支护和混凝土衬砌，围岩稳定性好。

4. 工程总结与启示

公伯峡水电站坝址区地质条件复杂，存在三大不同成因类型的岩石，岩性多变，软硬不均。河西系与祁吕系新、老两期构造相互复合，构造发育。古风化岩与现代风化岩工程地质特性差异明显，两期风化强烈，总体工程地质条件相对较差。勘测工作紧密结合公伯峡水电站的工程实际，除了常规水电站工程基本工程地质条件的综合勘察、试验研究工作外，紧紧围绕几个主要的工程地质问题，开展了针对性的专题研究工作，主要有：

（1）近坝库岸稳定问题：对库区滑坡及倾倒变形体进行了全面勘察，深入研究了成因机制，通过有限元及 UDEC 模拟分析了滑坡（倾倒变形体）的应力场分布特征。通过极限平衡分析原理分别计算了蓄水前后不同工况（包括后缘加载）条件下滑坡（倾倒变形体）的稳定状况，准确预测了其可能的坍塌破坏形式及滑速和涌浪高度。

（2）古风化岩工程特性、开挖松弛及保护措施研究：开创性地对公伯峡古风化岩形成环境、结构再生、物理力学性质、渗透稳定性的研究，不仅丰富了古风化岩的研究内容，而且也是国内外至今对古全风化岩工程特性及工程应用性评价方面最有特色的研究成果之一。

（3）古风化岩高边坡稳定性研究：利用公伯峡电站泄水洞左岸边坡及右岸压力管道右侧边坡开挖过程中获得的各种资料，分析、研究边坡在开挖后岩体松弛程度和工程特性的变化。经过综合比较分析最终提出了锚固参数的优化设计方案，为工程设计提供了理论指导。

（4）古风化岩地下洞室围岩稳定性研究：针对古风化岩水平洞成洞条件较差的情况，地质专业充分论证了古全风化岩的工程特性，提出了可行的施工支护建议，保证了水平旋流消能泄洪洞大直径竖井的开挖和永久稳定。

（5）位于Ⅲ级阶地上的电站进水口引渠及其右侧，水库蓄水后将形成长约 700 余米，高约 30m 的渗透迎水面。初设阶段布置为混凝土防渗墙，技施阶段经过地质充分论证改为右岸混凝土面板防渗系统，多年的运行实践证明右岸渗控措施可靠得当，为类似地层防渗设计提供了成功借鉴。

综上所述：公伯峡坝前滑坡（倾倒体）的稳定性研究方法多，内容全面，准确分析评价了该滑边坡蓄水前后的变形破坏形式，已得到运行验证；对古风化岩形成环境、结构再生、物理力学性质、渗透稳定性及施工开挖保护措施的研究，不仅丰富了古风化岩的研究内容，而且也是国内外至今对古全风化岩工程特性及工程应用性评价方面最有特色的研究成果之一；右岸 20～30m 厚，长 700 余 m 的阶地砂卵砾石层，经人工成坡，设置混凝土面板防渗，相对地下防渗墙，节省了工期，降低了施工难度，增大了防渗可靠性，为近年国内首创。这三方面的勘察研究是公伯峡工程勘察最具特色的，均处于国内同期领先或先进水平。

5. 工程实施与效果

公伯峡水库 2004 年 8 月 8 日蓄水至今已近 10 年，水库运行期库水位主要在 2003～2005m 高程之间变化，堆石坝坝体施工期累计沉降量为 57.6cm，蓄水后运行期截至 2012 年 12 月 30 日，沉降最大值为 31.2cm，大坝变形规律符合一般面板堆石坝变形规律。坝体基础浸润线较低，渗压水位稳定。截至 2012 年 12 月 30 日渗流量较小，渗漏量为 8.4L/s 与 2005 年测值变化不大，无明显绕坝渗流现象，大坝工作性态总体正常。混凝土面板接缝变形及应力应变基本趋于稳定，面板工作性态正常，进水口坝段变位基本趋于稳定。

溢洪道堰闸段左右岸方向变位基本在－4～2mm 间；上下游方向变位在 3.5～7mm 间，呈周期性变化。垂直位移呈明显的年周期变化，各测点沉降较小，基本在－3.5～2mm 之间。从左右岸泄洪洞进水塔段、洞身段和闸室段各类仪器监测资料分析及巡回检查中未发现异常，运行状态良好。

坝区工程边坡表面变形和多点变位计测点监测成果表明整体变形均已基本趋于稳定。右岸引水发电系统引水渠右侧边坡主要由Ⅲ级阶地二元结构堆积物组成，覆盖层最大厚约 55m，之下为砾砂岩及古全、强风化岩石边坡。监测成果表明：引渠右岸边坡各表面变形测点无明显的变形趋势，现场检查未发现异常，边坡整体稳定；压力钢管道右边坡及厂房后边坡由不同强度、不同密实程度、不同完整性、不同结构岩土体组成的复杂边坡。施工期对该边坡进行了系统喷锚支护处理及预应力锚索加固。运行期又对该边坡顶部阶地堆积土层进行了清除处理，对下部强风化岩体进行了混凝土贴坡和预应力锚索加固处理。监测成果表明：处理后各多点变位计测点变位基本趋于稳定，边坡锚索测力计测点在锁定后荷载都有减小趋势，之后基本呈周期性变化。现场检查未发现新的变形及拉裂现象，压力钢管道右边坡及厂房后边坡现均处于整体稳定状态；溢洪道引渠段左侧开挖边坡高 60～110m，堰闸及泄槽段左侧边坡坡高 75～40m，边坡顶部主要为阶地堆积层，之下以花岗岩、片岩、片麻岩为主的基岩边坡，局部有第三系红层。岩体中断裂构造较发育，岩体风化强烈。边坡均进行了系统锚固处理。监测资料表明：引渠段边坡测点最大变位为 22mm，堰闸段边坡测点最大变位为 19.6mm，泄槽段边坡多点变位计测值最大为 6mm，各测点变位已基本保持稳定或趋于稳定。现场检查未发现变形及拉裂现象，溢洪道系统左边坡均处于整体稳定状态。

泄洪洞进口洞脸边坡系左岸孤岛的上游边界，边坡主要由云母石英片岩夹片麻岩构成，岩体中裂隙发育，边坡岩体大部为弱风化岩，仅局部坡顶及边缘地带为强风化。施工期针对不同边界条件及时进行了锚喷及预应力锚索加固。隧洞出口洞脸边坡顶部为第三系砾砂岩，中～下部为前震旦系片岩，岩体中裂隙发育，边坡岩体大部为弱风化，设计采用了系统锚喷及锚筋桩加固处理。现场检查未发现明显变形及拉裂现象，左岸泄洪洞进、出口洞脸边坡现均处于整体稳定状态。

近坝库岸滑边坡监测资料表明古什群滑坡倾倒变形体，变形持续发展，需加强资料分析和检查监测工作。古什群Ⅰ号滑坡体趋于稳定。

公伯峡水电站安全运行发电近10年，截至2014年2月10日已累计发电495亿kW·h，取得了良好的社会及经济效益。

6. 获奖单位简介

中国电建集团西北勘测设计研究院有限公司是国家甲级勘测设计研究单位。持有国家颁发的工程设计、工程勘察、工程咨询、工程监理、环境影响评价和工程总承包等各类甲级资质证书，并经国家批准享有对外经营权和对外工程承包权，是勘测、设计、科研和工程总承包为一体的全能实体单位。1995年通过ISO 9001质量体系认证，1992年至今各年度均居“中国勘察设计综合实力百强单位”前列。1997年至今被世界银行列为具有承担世界银行贷款的工程项目设计咨询资格的单位。

现有在职职工2085人，各类专业技术人员1184人，其中教授级高工226人，高级职称444人，中级职称336人。中国工程设计大师1人，突出贡献中青年专家1人，享受政府特殊津贴专家13人。

西北勘测设计研究院有限公司持有国家颁发的工程总承包资格，勘察、测绘、设计、环境影响评价、咨询、监理等多项甲级证书，以及各类专业和专项资格证书，专业齐全，技术力量雄厚，现有各类注册资质人员共计286人，涵盖了水利水电工程以及各类土木建筑工程、城市规划、公路桥涵等范围的设计、勘察、监理、工程咨询的各类人员资质。

承担勘测设计的大中型水电站中，已建成的有龙羊峡、李家峡、公伯峡、刘家峡、盐锅峡、八盘峡、大峡、青铜峡、宝珠寺、碧口、汉江石泉等20余座，总装机容量7055MW。在建的有拉西瓦、积石峡、马来西亚巴贡等大中型水利水电工程10余座，总装机容量8270MW，正在进行前期设计工作的有茨哈峡、羊曲、里底水电站等，总装机容量4600MW。先后承担了长江三峡、黄河小浪底、李家峡、大峡、澜沧江小湾、广西恶滩、平班等多项重大工程的咨询监理任务。

1978年以来，西北勘测设计研究院有限公司共有253项科研成果荣获国家级、部（省）级优秀设计和科技进步奖。“九五”期间，李家峡、宝珠寺、大峡等国家重点工程相继建成并投产发电，李家峡水电站在国内首家采用了双排机厂房布置，其双排机单机容量居世界第一位。龙羊峡工程设计、龙羊峡工程勘察、李家峡工程设计、公伯峡工程设计获国家金奖；宝珠寺工程设计、宝珠寺工程勘察、李家峡工程勘察、公伯峡工程勘察、大峡工程设计等获国家银奖；韩城电厂边坡蠕滑应急治理工程设计、华能洮北风电一期工程设计等获国家铜奖。

【项目特色提要】 项目对公伯峡水电站库区滑坡及倾倒变形体进行了全面勘察，并深入研究其成因机制。岩土工程勘察采用有限元及UDEC模拟分析滑坡的应力场分布特征；通过极限平衡分析原理分别计算蓄水前后不同工况条件下滑坡体的稳定状况，并对可能的坍塌破坏形式及滑速和涌浪高度进行预测分析；开展了对古风化岩形成环境、结构再生、物理力学性质、渗透稳定性研究，深入认识了古风化岩的工程特性，对开挖松弛及保护提出合理锚固设计方案。在详细研究分析的基础上，对在古风化岩中水平成洞提出了可行的施工支护建议，保证了水平旋流消能泄洪洞大直径竖井的开挖和稳定。

郑州国际会展中心岩土工程勘察

机械工业勘察设计研究院有限公司　夏玉云　郑建国

【项目摘要】

采取多种方法对场地浅层饱和粉土的工程性质进行了针对性研究，并进行了综合分析与评价；查明了场地复杂的地下水力关系，并通过抽水试验测得场地土层的综合渗透系数，为降水设计提供了可靠参数；采用多种方法对场地浅部的软、流塑状新近沉积饱和粉土进行了液化判定，为地基基础的抗震设计提供了依据；针对拟建建筑物单柱超大荷重等特点，结合场地地基条件，重点对桩基进行了分析与评价，分析论证了桩基础设计初步方案。本工程于2005年9月竣工，获得住房和城乡建设部颁发的2008年度全国优秀工程勘察设计奖银奖。

1. 工程概况

拟建的郑州国际会展中心位于郑州市郑东新区CBD起步区，建筑面积约176880m^2，建筑占地面积约80000m^2，由日本黑川纪章建筑都市设计事务所设计，配合设计单位为机械工业第六设计研究院。会展中心分为展览中心和会议中心两部分。展览中心：长约400m，宽约175m，主体高度40m，拟采用框架结构，跨度30m，柱底荷载设计值介于5800～56000kN，基础埋深4.5m，局部范围设1层地下室，基础埋深约10.0m。会议中心：平面呈圆形，直径约为170m，主体高度40m，拟采用钢结构，跨度60m，中心柱底荷载设计值7020kN，周边柱底荷载设计值5040kN，重载柱柱底荷载设计值14300kN，基础埋深4.5m。会展中心屋面拟采用钢悬索空间桁架结构。

本工程勘察根据拟建建筑物特点和场地岩土条件，在满足一般设计要求的前提下，重点解决以下关键技术问题。

1）建设场地浅部7～10m为一层呈软塑或流塑状态的饱和粉土，属黄河泛滥的沉积物，为新近堆积土层。该层土采取不扰动土试样非常困难。本工程勘察采用了多种试验与原位测试相结合的方法对该层土进行了综合分析与评价，如标准贯入、静力触探、常规土工试验等。

2）初勘发现，本场地存在两层地下水，水文地质条件较复杂。本工程通过勘探查明两层地下水之间的关系以及地下水的动态变化规律，为抗浮设计水位的确定提供依据；通过查明场地的水文地质条件，精心设计了抽水试验，实测了土层的综合渗透系数，为施工降水设计提供可靠参数。

3）本项目为一大型公共建筑，其主要特点是采用大跨度的框架结构或钢结构，结构对差异沉降要求敏感，单柱荷载较大，最大可达56000kN。本工程勘察针对采用桩基可能性大的特点，对桩基方案进行了详细分析论证，提供了可靠的桩基设计参数。

2. 场地岩土工程条件

2.1 场地位置及地形地貌

拟建场地位于郑州市东郊 107 国道以东约 1km，民航路北侧，原郑州机场内。场地地形平坦，地面标高介于 89.20～90.25m。场地地貌单元属黄河泛滥冲洪积平原。

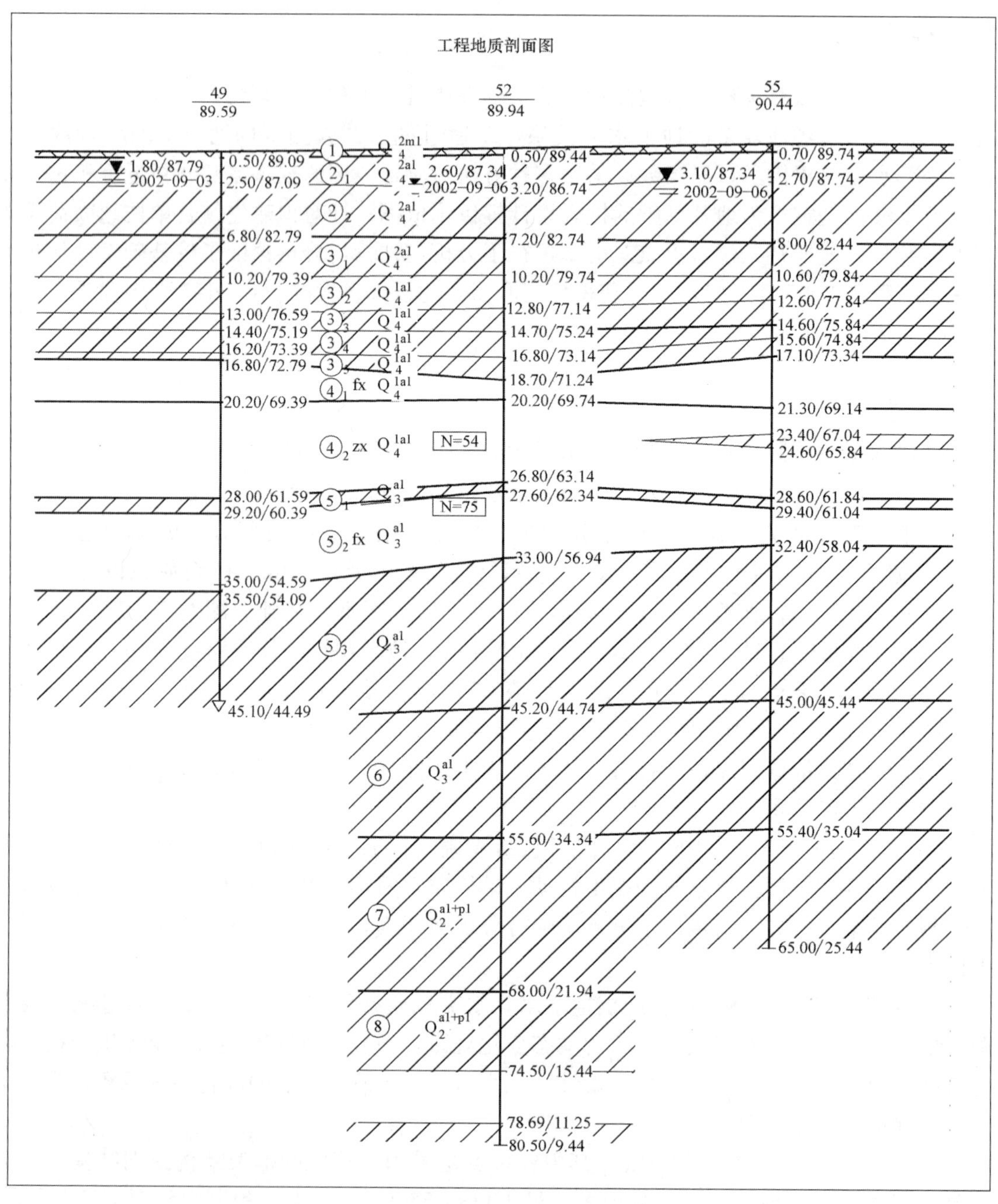

图 2-1 典型地质剖面图

2.2 地层结构及其物理力学性质

根据钻探揭示、土工试验结果及原位测试结果等综合分析，可将勘探深度范围内的地基土层分为 8 大层，典型地质剖面见图 2-1。现将各地层的特征及主要物理力学性质指标列于表 2-1。

地层特征及主要物理力学性质一览表　　表 2-1

层名及层号	时代成因	特征描述	含水率 w %	重度 γ kN/m³	孔隙比 e	塑性指数 I_p %	液性指数 I_L	压缩系数 $a_{1\sim2}$ MPa⁻¹	标准贯入 N 击	层厚 m	层底深度 m
素填土①	Q_4^{ml}	黄褐色，以粉质黏土为主，含少量砖渣，局部分布有杂填土								0.3～1.9	
粉土（新近堆积）②₁	Q_4^{2al}	褐黄色，很湿～饱和，稍密，混有砂土颗粒，夹有粉砂薄层，淅水和摇振反应明显，干强度低，韧性差	22.0	19.8	0.673	6.5	0.80	0.10	4	1.3～3.5	1.8～5.2
粉土（新近堆积）②₂	Q_4^{2al}	灰色～灰褐色，饱和，稍密，表层有一流塑状粉质黏土薄层。淅水和摇振反应明显，干强度低，韧性差	23.0	20.0	0.661	7.6	0.84	0.13	4	3.3～5.7	6.6～9.0
粉土③₁	Q_4^{1al}	黄褐～灰褐色，饱和，稍密～中密，混有砂粒，见粉质黏土透镜体，有淅水和摇振反应，韧性差	23.2	20.0	0.665	8.2	0.82	0.12	6	1.8～5.0	9.0～13.2
粉质黏土③₂	Q_4^{1al}	灰色，可塑～软塑，无光泽，有轻微摇振反应，韧性差	28.6	19.1	0.850	14.2	0.60	0.32	7	0.5～3.6	11.0～14.6
粉土③₃	Q_4^{1al}	灰色，饱和，稍密，混砂粒，有轻微摇振反应，韧性差	24.9	19.6	0.713	8.1	0.85	0.14	10	0.4～3.5m	13.5～16.3
黏土③₄	Q_4^{1al}	灰黑色，可塑～软塑，无摇振反应，切面光滑有光泽，韧性中等。有机质含量平均值 7.1%，属有机质土	30.3	18.8	0.894	17.1	0.50	0.39	8	0.6～3.4	14.9～18.0
粉土③₅	Q_4^{1al}	灰～灰黄色，饱和，中密，含砂粒，有摇振反应，韧性差	21.0	20.2	0.624	7.9	0.51	0.14	17	0.4～5.0	16.2～20.2
粉、细砂④₁	Q_4^{1al}	灰黄色，饱和，中密，上部混有黏性土。矿物成分主要为石英、长石等							30	1.1～5.1m	19.2～22.2

续表

层名及层号	时代成因	特征描述	含水率 w %	重度 γ kN/m³	孔隙比 e	塑性指数 I_p %	液性指数 I_L	压缩系数 $a_{1\sim2}$ MPa^{-1}	标准贯入 N 击	层厚 m	层底深度 m
细、中砂④$_2$	Q_4^{1al}	灰黄色，饱和，密实，颗粒纯净，矿物成分主要为石英、长石等							57	4.0～9.8	24.7～30.3
粉质黏土⑤$_1$	Q_3^{al}	褐黄～黄褐色，硬塑～坚硬，无摇振反应，韧性中等，干强度中等，无光泽。以粉质黏土为主，夹粉土夹层，含钙质结核	20.3	20.3	0.617	14.8	<0	0.21	27	0.4～8.9	26.0～36.8
细、中砂⑤$_2$	Q_3^{al}	灰黄色，饱和，密实，颗粒纯净，矿物成分主要为石英、长石等，分布不稳定							65	0.7～9.6	29.3～39.8
粉质黏黏土⑤$_3$	Q_3^{al}	褐黄～黄褐色，可塑～硬塑，无摇振反应，韧性中等，无光泽。以粉质黏土为主，见粉土夹层，含钙质结核	21.3	20.3	0.628	12.9	0.14	0.21	19	5.6～15.8	42.0～47.5
粉质黏土⑥	Q_3^{al}	黄褐色～棕红色，可塑～硬塑，无摇振反应，韧性好，切面稍有光泽，干强度中等。见黏土、粉土夹层和粉细砂透镜体，含钙质结核	22.6	20.1	0.666	14.3	0.19	0.20	27	9.1～11.8	54.4～57.2
粉质黏土⑦	Q_2^{al+pl}	黄褐色～红褐色，可塑～硬塑。无摇振反应，韧性好，切面稍有光泽，干强度高。以粉质黏土为主，夹有粉土、粉细砂薄层，含钙质结核	20.8	20.4	0.618	12.8	0.10	0.19	34	9.5～13.4	66.5～68.4
粉质黏土、粉土⑧	Q_2^{al+pl}	黄褐色，可塑～硬塑，无摇振反应，韧性好，干强度高。以粉质黏土为主，具粉土、粉细砂层	22.7	19.9	0.670	11.4	0.31	0.26		最大15.5	最大83.0

2.3 地下水

1）地下水埋藏条件

根据钻探和地下水位观察分析结果，拟建场地内分布有两层地下水。第一层为潜水，赋存于粉土②$_1$、②$_2$、③$_1$、③$_3$层中，稳定水位埋深介于1.6～3.45m，水位标高介于86.76～88.40m；第二层地下水为弱承压水，赋存于粉细砂④$_1$细中砂④$_2$，及其下的粉质黏土中。该层富水性较好，水量丰富，地下水水头距地面深度2.1～3.0m。根据我院初勘时设置的地下水位观测井的长期观测资料，第一层潜水水位略高于第二层承压水水位，高差约为 0.5m。隔水层为灰黑色粉质黏土上层③$_2$、黏土③$_4$，上部的潜水与下部的浅层弱承压水具有一定的水力联系。

第一层地下水主要受大气降水的补给，第二层地下水主要受竖向越流补给和地下水径流补给。

2）地下水动态

根据场地附近观测井地下水位长期观测结果绘制的年平均水位变化曲线见图 2-2。由该图可见，自 1992 年以来，拟建场地地下水位呈逐年下降的趋势，多年最高水位 88.30m，多年最低水位 85.88m，十年来地下水位下降了 2.42m。

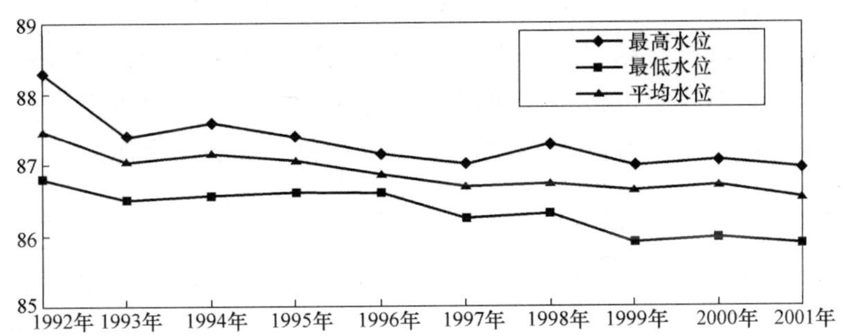

图 2-2　场地附近多年地下水动态监测曲线

勘察时所测水位接近年度高水位，考虑到多年地下水位的变化规律，拟建场地设计最高水位建议按 88.5m 考虑。

3. 岩土工程问题及评价

3.1　主要岩土设计参数的分析确定

为客观评价地基土的工程性质，本工程除了在各层地基土中采取不扰动土试样进行相关项目的土工试验外，在主要土层中还布置了若干种原位测试，主要为标准贯入、重型动力触探和双桥静力触探。对于采取不扰动土试样难度不大的黏性土层，其工程性质主要根据土工试验结果和原位测试结果综合分析确定；对于采取不扰动土试验难度较大的粉土层（尤其是浅部呈软塑～流塑状态的饱和粉土几乎采取不到理想的不扰动土试样），其工程性质主要根据各种原位测试结果分析确定。勘察报告书对各种土工试验指标和原位测试指标均进行了综合分析与统计，提出了建议的各项岩土设计参数。

3.2　地基土地震液化分析与判定

建设场地地面下 20m 深度内分布有饱和粉土②$_1$、②$_2$、③$_1$、③$_3$和③$_5$层，局部地段 20m 深度内还分布有饱和砂土④$_1$、④$_2$层。上述土层在郑州市 7 度抗震设防烈度条件下有发生液化的可能，本节将对其液化可能性进行分析评价，其中以埋藏较浅的饱和粉土为液化评价的重点。

1）标准贯入试验判别法

按《建筑抗震设计规范》GB 50011—2001，对深度 20m 范围内土的液化进行了逐点判别，根据判别结果，拟建场地粉土②$_1$、②$_2$层及其中的粉砂夹层在抗震设防烈度 7 度时有液化可能。

2）静力触探试验判别法

根据《岩土工程勘察规范》GB 50021—2001，采用静力触探试验结果对深度 20m 以上的饱和粉土进行了液化判别，判别结果表明，拟建场地粉土②$_1$、②$_2$、③$_1$层及其中的粉砂夹层在抗震设防烈度 7 度时有液化可能，而粉土③$_3$、③$_5$及粉细砂④$_1$可判别为不液化。

3）用抗液化剪应力判别

采用标准贯入试验判别法和采用静力触探试验判别法均得出了场地浅层饱和粉土和砂土有液化的可能，但静力触探试验判别出③$_1$粉土也具有液化的可能，为了进一步判别饱和粉土的液化可能性，勘察过程中从不同深度处又专门采取粉土试样，在试验室进行了动三轴试验。根据动三轴试验结果，分别按下列公式计算了地震作用的等效平均剪应力 τ_e 和抗液化剪应力 τ'，对粉土进行了液化判别，判别结果表明平均剪应力 τ_e 小于抗液化剪应力 τ'，在 7 度地震作用下有液化的可能。其中 τ_e 和 τ'按下式计算：

$$\tau_e = 0.65k\frac{\alpha_{max}}{g}\gamma d_s \qquad \tau' = \tau \cdot \alpha' = c_r\sigma'_v\left(\frac{\sigma_{df}}{2\sigma_{3c}}\right)_{N=10次} \cdot \alpha' \tag{3-1}$$

在计算抗液化剪应力时，考虑到室内制备土样密实度与天然土层的差异，乘以经验修正系数 α'，取 $\alpha'=0.7$。

4）液化指数与液化等级

在对多种方法得出的液化可能性判定结果综合分析的基础上，我们用标准贯入试验逐点判别的结果，按各孔分别计算了液化指数，计算结果见表 3-1。

地基液化指数与液化等级表 **表 3-1**

孔号	液化指数	液化等级
2 号	0.0	
5 号	9.9	中等
16 号	13.3	中等
30 号	0.0	
48 号	0.0	
69 号	0.0	
81 号	3.3	轻微
86 号	8.2	中等
88 号	1.3	轻微

5）地基土液化的综合评价

根据以上分析，可以对地基土液化作出综合评价，在抗震设防烈度 7 度，设计基本地震加速度 0.15g 的条件下，场地内的饱和粉土层及其中的粉细砂夹层综合判定为可液化土层，液化土层深度约为 17.0m，液化等级为轻微～中等。上部结构设计时，应根据建筑的抗震设防类别，结合具体情况采取相应的措施。

3.3 土层渗透性评价

考虑到工程施工实际情况，为满足施工降水设计的需要，勘察阶段我们专门设计了 2

组混合水潜水非完整井稳定流抽水试验，试验土层为粉土②$_1$、粉土②$_2$、粉土③$_4$、粉质黏土③$_2$，黏土③$_2$、粉细砂④$_1$、细中砂④$_2$ 层。每组设抽水井一口，观测孔两个。抽水井、观测孔结构详见图 3-1。

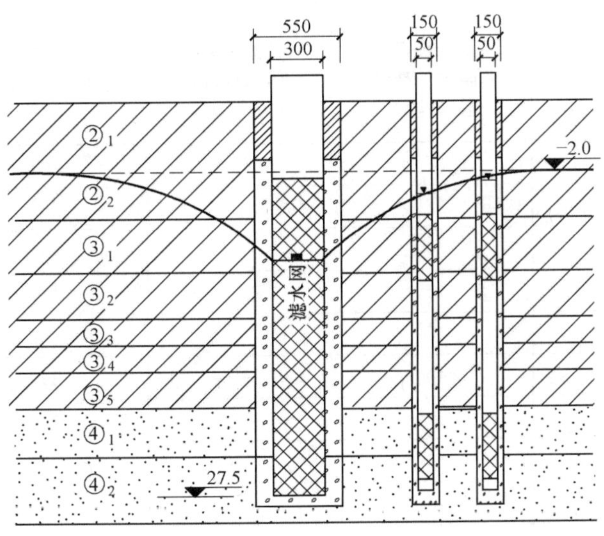

图 3-1 抽水井结构示意图

根据抽水试验结果，按潜水非完整井稳定流模型计算了 27m 以上土层的综合渗透系数，计算结果表明，场地 27m 以上土层的综合渗透系数 k 值为 2.85～3.35m/d。

3.4 桩基方案分析与评价

拟建建筑物基础埋深 4.5m，局部埋深 10.0m，基底直接持力层分别为粉土②层和粉质黏土③$_2$层，该两层均是场地内相对最软弱的土层。由于建筑物柱网跨度较大，单柱荷重也较大，地基土承载力难以满足上部荷载要求，不宜采用天然地基或一般的浅层地基处理方案。根据场地和建筑情况宜采用桩基础。

1）桩型的选择

根据场地的地质条件，现地面下 17m 以上土质软弱，粉土②$_1$、粉土②$_2$ 及粉砂夹层有液化可能，桩的侧阻力较小；粉细砂④$_1$、细中砂④$_2$ 层较为密实，强度较高，桩的侧阻力和端阻力均较大。会议中心、环形车道、门厅荷载不大，可选择钢筋混凝土钻孔灌注桩短桩或钢筋混凝土预制桩。展览中心边轴荷载不大，但中轴荷载很大，采用预制桩很难布桩，宜采用钻孔灌注桩。设计时宜根据荷载的大小选择不同的桩型和桩长。

2）桩端持力层的选择

会议中心、环形车道、门厅荷载不大，可选择粉细砂④$_1$ 或细中砂④为桩端持力层。展览中心柱荷载差别很大，最小为 5800kN，最大为 56000kN。为充分利用砂层承载力较高的特点，边柱可考虑采用以为粉细砂④$_1$ 或细中砂④$_2$ 层为桩端持力层的短桩。其他柱列可采用长桩，由于长桩承载力的发挥以桩侧摩阻力为主，所需桩长在相当程度上取决于所需的单桩承载力。但应当注意，当采用长桩时，粉质黏土⑥、粉质黏土⑦层底部有厚薄不等的钙质胶结层，对成孔有一定影响，尤其是⑦层底部钙质结核较硬，预计施工穿透时可能有一定困难。

3）桩基设计参数

地基中各土层桩的极限侧阻力标准值及桩的极限端阻力标准值建议按表 3-2 采用。

桩基设计参数建议值表 **表 3-2**

桩型	预制桩		灌注桩	
指标 / 土名及层号	桩的极限侧阻力标准值 q_{sik}（kPa）	桩的极限端阻力标准值 q_{pk}（kPa）	桩的极限侧阻力标准值 q_{sik}（kPa）	桩的极限端阻力标准值 q_{pk}（kPa）
粉土 ②$_1$	22		20	
粉土 ②$_2$	28		26	
粉土 ③$_1$	30		25	
粉质黏土 ③$_2$	45		40	
粉土 ③$_3$	48		45	
黏土 ③$_4$	40		35	
粉土 ③$_5$	50		45	
粉、细砂 ④$_1$	65	4500	62	
细、中砂 ④$_2$	90	6000	85	1600
粉质黏土 ⑤$_1$			78	1000
细、中砂 ⑤$_2$			90	1700
粉质黏土 ⑤$_3$			78	1000
粉质黏土 ⑥			80	1200
粉质黏土 ⑦			82	1300
粉质黏土 ⑧			80	1400

4）单桩承载力预估

为方便设计使用，勘察报告估算了不同桩长与桩径的单桩竖向极限承载力标准值。根据估算结果场地地层情况，基础设计时，可根据具体的荷重要求，分别选择采用直径 600～1000mm，桩长 20～60m 的钻孔灌注桩。

5）桩基沉降估算

本场地浅部土层性质较弱，深部土层性质相对较好，适合采用桩基础，但由于单柱荷重差异大，采用不同桩长的钻孔灌注桩，其桩基沉降，尤其是差异沉降能否满足规范要求是本工程有一个关注点。为此，我们还对单柱最小荷载（5800kN）和最大荷载（56000kN）条件下的桩基沉降进行了估算，估算值为 15～35mm，计算结果表明，采用合理的桩基础是可以满足沉降与倾斜限值等有关规范要求的。

4. 技术难点与创新

4.1 采用多种试验与原位测试方法综合分析评价浅层饱和粉土的工程性质

建设场地浅部 7～10m 为一层呈软塑或流塑状态的饱和粉土，属黄河泛滥的沉积物，属新近堆积土层。该层土局部地段为地基的直接持力层，局部地段为基坑开挖的侧壁土层，其工程性质的准确评价意义重大。但该层土为软塑-流塑状态，采取不扰动土试样非常困难。针对此情况，我们采用了多种试验与原位测试相结合的方法对其进行综合分析与评价，如标准贯入、静力触探、常规土工试验等。

4.2 详细查明了本场地较为复杂的水文地质条件和水文地质参数

通过现场钻探揭示、地层条件及对本场地地下水位的长期观测结果综合分析，发现本场地有两层地下水，第一层为潜水，第二层为弱承压水，二层地下水之间又具有一定的水力联系。为准确确定地下水的综合渗透系数，为基坑开挖降水设计提供可靠设计参数，勘察时在现场布置了 2 组混合水潜水非完整井稳定流抽水试验，通过试验我们准确获取了场地 27m 以上土层的综合渗透系数，从而为施工降水设计提供了可靠的参数。

4.3 通过多种方法对场地饱和粉土进行液化分析与判定

本次勘察采用多种方法（黏粒含量试验、标准贯入试验、静力触探试验、动三轴试验等等）对场地浅部的软、流塑状新近沉积饱和粉土进行了液化判定，根据多种方法的判别结果综合分析，确定了液化土层深度和液化等级，为地基基础的抗震设计提供了准确依据。

4.4 针对拟建建筑物特点场地地基条件重点对桩基进行了分析与评价

本工程拟建建筑物跨度大、单柱荷重大，且场地浅部地基土工程性质差，有地震液化的可能。从本工程的重要性及场地条件综合考虑，本工程勘察的重点应满足桩基设计的需要。勘察报告对桩基方案进行了详细的分析论证，从桩型的选择、桩端持力层的选择、桩基设计参数的选用，到单桩承载力与桩基沉降的估算，都进行了详细的论述，尤其是桩基设计参数的选用，是根据我院的工程经验和收集到的场地附近部分试桩资料经综合分析提出的，通过试桩检验，勘察时选用的桩基设计参数与试桩结果非常接近，印证了桩基评价结果的准确性，有效指导了地基基础的设计工作。

5. 工程效益与效果

本工程勘察有针对性地对场地内特殊且重要的岩土层进行了一系列现场试验、室内试验和综合分析工作，所得试验结论正确，分析论证评价合理，有效地指导了地基基础设计和岩土工程施工。经地基基础施工和试桩等检验验证，本工程勘察所查明的岩土工程条件符合客观实际，所提岩土参数和分析评价结果正确、合理。本工程正确的勘察结果和合理详细的分析论证有效地指导了设计和岩土施工，为工程的顺利实施做出了贡献，我院因此受到了建设单位和设计单位的好评。

6. 获奖单位简介

机械工业勘察设计研究院有限公司始建于 1952 年 9 月，是国家大型综合性勘察设计单位。曾被国家住建部、国家统计局、国家工商行政管理总局和陕西省委、省政府等授予“全国勘察设计综合实力百强单位”、“全国守合同重信用企业”、“全国优秀勘察设计院”、“全国工程勘察设计先进单位”、全国企业文化建设优秀单位、全国行业“十佳自主技术创新企业”、“AAA 级信用等级企业”、“省级文明单位”、陕西省“高新技术企业”、“创新型企业”等殊荣。

我院为国家一类科研单位，专业技术人员占 90%，其中高级工程师 100 余人，教授级高工 30 余人，拥有各类国家注册师 150 余人，政府特贴专家和省部级有突出贡献专家及省优秀勘察设计师30余人；拥有张苏民、张旷成、张炜三位“国家勘察设计大师”，我院还与有关院校合作培养岩土工程硕士、博士研究生。

我院拥有国家住建部、国家发改委、国家测绘局环保部、铁道部等颁发的工程勘察综合甲级，工程咨询甲级和建筑工程、市政工程设计甲级资质，工程测绘甲级，地质灾害评估、勘察、设计、施工甲级，地基与基础工程施工壹级，城乡规划和风景园林乙级设计资质，建设项目环境影响评价乙级资质，铁道部基桩检测等资质；系原陕西省人工地基第1检测站所在单位；通过了质量管理体系、环境管理体系和职业健康安全管理体系认证；能为业主提供与工程建设相关的规划、咨询、勘察、设计、施工、测试、检测、工程测量、地质灾害防治工程及工程总承包等全方位、全过程的服务。现在北京、上海、深圳、杭州、成都、兰州、西宁、银川、新疆、延安、合肥等地设有分支机构。

半个多世纪以来，在各级领导的亲切关怀和社会各界的大力支持下，经过几代机勘人的辛勤耕耘，我院已发展成为国内外享誉盛名的工程勘察设计单位，在中国工程勘察设计行业发展及技术进步中发挥了积极的作用，足迹遍布全国30个省、市、自治区，同时在亚洲、非洲、中南美洲等五十多个国家完成了100余项各类勘测、市政设计、建筑设计、咨询、监理、施工、管理项目。累计完成18000余项工程勘测、设计、施工、检测及监理等工程，同时还承担了100余项国家及省部级科研项目，主编或编审了国家、行业和地区五十余种规范、规程、手册。自1986年以来荣获国家科技进步奖、科技成果奖、优秀工程奖30余项、省部级奖200余项，为国民经济建设和社会进步做出了重大贡献。

【项目特色提要】 该项目建筑面积约17.7万m^2，其中展览中心柱底荷载变化很大(5800～56000kN)。项目勘察采用多种试验与原位测试方法，综合分析评价浅层饱和粉土的工程性质，详细查明了本场地较为复杂的水文地质条件和水文地质参数，并通过多种方法对场地饱和粉土进行液化分析与判定，针对拟建建筑物特点和场地地基条件重点对桩基进行了分析与评价，推荐选用的桩基设计参数与试桩结果非常接近，印证了桩基评价分析研究结果的准确性，有效指导了地基基础的设计工作。为同类工程的勘察工作提供了一个可资借鉴的成功案例。

广西信发铝电有限公司
年产 160 万吨氧化铝赤泥堆场岩土工程勘察

河北建设勘察研究院有限公司　贾向新　曲朝雷

【项目摘要】

项目通过水文地质与工程地质测绘、钻探、物探、原位测试、室内土工试验等手段，有效查明场区工程地质和水文地质条件、不良地质作用等；采用高密度地震映像、温纳装置激发极化法、自然电场法及对称四极法等物探方法，查明了场地覆盖层厚度及基岩分布规律、地下水渗漏部位及渗水流向，对集中渗水通道进行了深度定位及补充验证；利用三维数值模拟软件分析计算了库区坝体的整体稳定性，分析了赤泥堆场在不同防护方式和防渗程度下的渗透特性，对库区稳定、渗透处理及防渗设计提出了处理意见和建议，实践证明分析准确可靠、建议合理可行。

项目曾获 2010 年度全国优秀勘察银奖，河北省优秀工程勘察设计一等奖。

工程建成时间 2008 年 12 月。

1. 工程概况

工程名称：广西信发铝电有限公司年产 160 万吨氧化铝赤泥堆场岩土工程勘察

工程起止时间：2007 年 8 月 24 日至 2007 年 12 月 12 日

1.1　工程简介

项目为广西信发铝电有限公司年产 160 万吨氧化铝赤泥堆场岩土工程勘察项目。项目规模为大型二级，勘察等级为甲级。氧化铝赤泥采用湿法堆存，最终堆积标高为 840.0m，最终堆积坝高 60m，设计全库容约 $2.091\times10^{7}m^{3}$。赤泥库坝体采用初期坝及上游式子坝形式如图 1-1。

图 1-1　赤泥库运行示意图

1.2 主要岩土工程问题

勘察是为施工图设计及治理提供详细的岩土工程技术参数和岩土工程资料，特别是针对场区处于岩溶地貌、多种不良地质作用发育、地下水渗漏方式及场区内外水力联系等工程地质特点，采用合理的勘察手段与必要的岩土工程试验、分析，提出有针对性治理措施，主要岩土工程问题为：

（1）项目属重要工程，对场区工程地质条件要求高，尤其对场区地基土渗透形式、渗透量及地下水走向、场区内外地下水水力联系等基础资料要求严格。

（2）项目位于岩溶地貌单元，地质条件特殊、复杂，应通过详细的工程地质调查，详细查明场区消水洞、溶洞、裂隙等不良地质作用特点及分布，同时提出有针对性的治理方法及措施。

（3）场区位于岩溶地区、多种不良地质作用发育，应针对性查明场地覆盖层厚度、基岩分布规律、地下水渗漏部位及渗水流向，对场区内集中渗水通道进行深度定位。

（4）渗漏是赤泥库建设中需着重解决的问题，需详细查明场区地基土（岩）的渗透系数，为工程治理及防渗工作提供基础设计资料。

（5）针对建构筑物特点，堆场库区坝体的整体稳定性、渗透处理和防渗设计是工程中重点，需要合理正确评价坝体的整体稳定性，需要根据岩土层构造、物理力学性质、渗透特性提出合理的防渗设计意见和建议。

1.3 勘察工作量和方法

项目完成的主要工作包括钻探并结合多种物探、多种原位测试方法以详细查明场区地基土特性、岩溶发育形态、规律及地下水情况。利用三维数值模拟软件对赤泥堆场库区坝体的整体稳定性进行了分析计算，并且对赤泥堆场在不同防护方式和防渗程度下的渗透特性做了分析。完成的主要工作量如表1-1：

工作量统计表 **表1-1**

<table>
<tr><th>序号</th><th colspan="3">工 作 内 容</th><th>工作量</th></tr>
<tr><td>1</td><td colspan="3">1：2000工程地质测绘调查</td><td>0.55km²</td></tr>
<tr><td>2</td><td colspan="3">对称四极电测深勘探</td><td>161个测点</td></tr>
<tr><td>3</td><td colspan="3">自然电位勘探</td><td>14个剖面(221点)、23个流向点</td></tr>
<tr><td>4</td><td colspan="3">高密度地震影像</td><td>6450个测点</td></tr>
<tr><td>5</td><td colspan="3">温纳装置激发极化法</td><td>20个测点</td></tr>
<tr><td>6</td><td colspan="3">节理裂隙统计</td><td>9处</td></tr>
<tr><td>7</td><td colspan="3">岩溶状态调查</td><td>12处</td></tr>
<tr><td>8</td><td colspan="3">测量定点</td><td>60个</td></tr>
<tr><td>9</td><td>钻探</td><td colspan="2">钻探总进尺/总孔数；</td><td>51孔</td></tr>
<tr><td rowspan="11">10</td><td rowspan="7">取样及室内试验</td><td rowspan="5">原状土样</td><td>常规试验</td><td>86件</td></tr>
<tr><td>固结试验400kPa</td><td>80件</td></tr>
<tr><td>固结试验800kPa</td><td>80件</td></tr>
<tr><td>直接剪切试验</td><td>78件</td></tr>
<tr><td>胀缩性试验</td><td>17件</td></tr>
<tr><td>岩样</td><td>饱和抗压强度</td><td>14件</td></tr>
<tr><td>水样</td><td>简分析</td><td>2组</td></tr>
<tr><td rowspan="4">原位测试试验</td><td colspan="2">标准贯入试验</td><td>95次</td></tr>
<tr><td colspan="2">波速测试试验</td><td>7孔</td></tr>
<tr><td colspan="2">抽水试验</td><td>1组</td></tr>
<tr><td colspan="2">压水(注水)试验</td><td>34段次/21孔</td></tr>
</table>

2. 场地岩土工程条件

2.1 区域地质构造

项目位于广西壮族自治区靖西县境内，该区为云贵高原向桂西南岩溶中低山过渡的斜坡地段，区域地形态势为西高东低，总体上地貌单元属峰林一谷地、洼地区，谷地走向大致呈300°。

区域构造上，勘察场区位于华南准地台右江褶断区南部越北隆起北缘褶断束内。经历印支、燕山运动，褶皱和断裂发育，印支运动为该区域的主要构造运动。该区域褶皱和断裂发育，构造线主要是呈北西向。场区位于渠洋断裂和武平断裂之间，东南和东北侧发育有北东向和北西向断层。

2.2 工程地质条件

根据工程地质测绘、工程地质钻探及室内土工试验资料，场区地层按岩性及物理力学性质自上而下分2层：上部为第四系残坡积层、下伏基岩为石炭系中统石灰岩。

地层简述表　　表2-1

<table>
<tr><th>地层编号</th><th>地层名称</th><th>地层描述</th><th>压缩性指标 Es(MPa)</th><th>原位测试（标贯击数）</th></tr>
<tr><td>(1)$_1$</td><td>黏土</td><td>褐黄～褐红色，硬塑～坚硬，干强度及韧性高，土质不均匀，局部含碎石及角砾，具弱膨胀潜势。上部为植物层</td><td>6.49～26.24</td><td>4～18</td></tr>
<tr><td>(1)$_2$</td><td>黏土</td><td>褐黄～褐红色，软塑～可塑，干强度及韧性高，土质不均匀，局部含碎石及角砾，具弱膨胀潜势</td><td>3.40～16.04</td><td>2～13</td></tr>
<tr><td>(2)$_1$</td><td>中风化灰岩</td><td>浅灰、灰白及灰色，隐晶质结构，厚层块状结构。节理裂隙发育，岩体较破碎。岩体基本质量等级为Ⅲ级</td><td colspan="2">天然单轴抗压强度42.4～117.0MPa，平均值为80.3MPa；饱和单轴抗压强度42.4～117.0MPa，平均值为70.3MPa</td></tr>
<tr><td>(2)$_2$</td><td>微风化灰岩</td><td>浅灰、灰白及灰色，隐晶质结构，厚层块状结构。节理裂隙较发育，岩体较完整，局部较破碎。岩体基本质量等级为Ⅱ级</td><td colspan="2">天然单轴抗压强度51.7～134.0MPa，平均值为96.7MPa；饱和单轴抗压强度45.2～121.0MPa，平均值为79.7MPa</td></tr>
<tr><td>(2)$_3$</td><td>黏土</td><td>褐黄、褐红色及灰色。可塑～软塑，局部流塑。干强度及韧性高。局部混碎石或角砾，为溶蚀裂隙、溶洞充填物</td><td>3.20～11.73</td><td>4～25</td></tr>
</table>

2.3 水文地质条件

地表水不发育，场地中部偏南有下降泉群，泉水以溪流形式向库区外排泄，基本常年流水，水量较大且随季节性变化较大。泉水形成了统一水面，但埋深较浅。该泉西部又有一下降泉，丰水季有泉水流出，规模不大，应是地下水排泄的季节性通道。其他低洼地段丰水季节偶见积水。

地下水类型主要为岩溶裂隙水，部分地段见上层滞水。上层滞水赋存于第四系残坡积地层中，水量不大，无统一地下水水面；赋存于基岩中的岩溶裂隙水，以溶蚀洞隙作为径流通道向库外下游方向排泄。稳定水位埋深为 0.50～12.70m，标高 782.02～796.58m。根据区域水文地质资料，地下水水位年变幅约 4.0m。

根据室内试验、现场原位测试得到地层渗透性指标。

室内试验与注水试验　　表 2-2

试验项目	渗透系数(cm/s)			
试验方法	室内试验		注水试验	
统计指标 / 地层名称	范围值	平均值	范围值	平均值
(1)层黏土	5.34×10^{-9}～7.20×10^{-4}	6.26×10^{-5}	9.8×10^{-4}～8.7×10^{-3}	3.65×10^{-5}

压水试验

统计项目	渗透系数(cm/s)	
统计指标 / 地层名称	范围值	建议采用值
库区(2)层基岩	2.29×10^{-5}～8.44×10^{-4}	2.17×10^{-5}
坝址(2)层基岩	2.10×10^{-5}～7.25×10^{-4}	2.43×10^{-4}

抽水试验

统计项目	范围值	建议采用值
库区(2)层基岩	—	3.08×10^{-2}

3. 岩土工程问题及评价

3.1 岩溶发育场地渗漏严重

项目位于岩溶地貌单元，地质条件特殊、复杂，赤泥库场地渗漏途径较多，渗漏特点不一，场地内渗漏防治处理工作量及难度较大。需要重点查明场区消水洞、溶洞、裂隙等不良地质作用特点及分布，并提出有针对性的治理方法及措施。

采用多种物探方法有针对性查明场地覆盖层厚度、基岩分布规律、地下水渗漏部位及渗水流向，并利用钻探手段对场区内集中渗水通道进行深度定位及补充验证。

(1) 自然电位法

对整个场区工作完成自然电位剖面进行分析，经过电位差换算，调整为同一个单位基

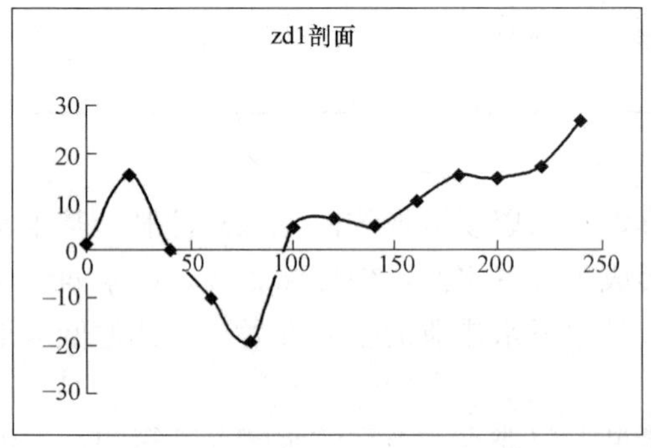

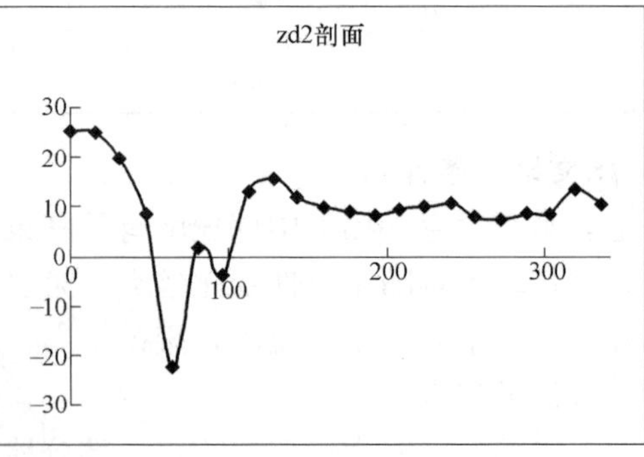

图 3-1　典型自然电位剖面图

准点，电位差为－62.47～31.35mv，经分析大地背景值、剔除异常点，分别绘出每条剖面的电位剖面曲线图和自然电位等值线图，典型电位剖面曲线如图3-1。

从ZD1剖面曲线形态上分析，在该剖面81m处存在强度为－15mv的自然电位异常，结合钻探验证孔资料分析，该测点在9.4m处存在溶洞，该区域推断为岩溶破碎断裂渗漏区，主要以地表水补给地下水为主；从ZD2剖面曲线形态上分析，在该剖面281m处存在强度为-15mv的自然电位异常，结合钻探验证孔资料分析，在该剖面存在风化严重的破碎带，判定在该位置地下水补给方式主要为地表水补给地下水，同时确定该区域为渗漏区域。

（2）对称四极电测深

对整个场区共完成电测深点信息进行分析，针对不同测点的已知钻孔验证情况，得出测深曲线形态大致可分为三种，即岩溶发育不明显，基岩较完整的曲线类型；完整基岩上部存在风化破碎带和溶蚀现象，中间层位由破碎基岩和黏性土组成，完整基岩深度埋深较深类型；完整基岩以上存在溶蚀区域，而且存在有溶洞、强风化破碎带等地质体，该地质体被低阻的黏性土或水等介质充填类型。以上三种典型测深曲线见图3-2～图3-4。

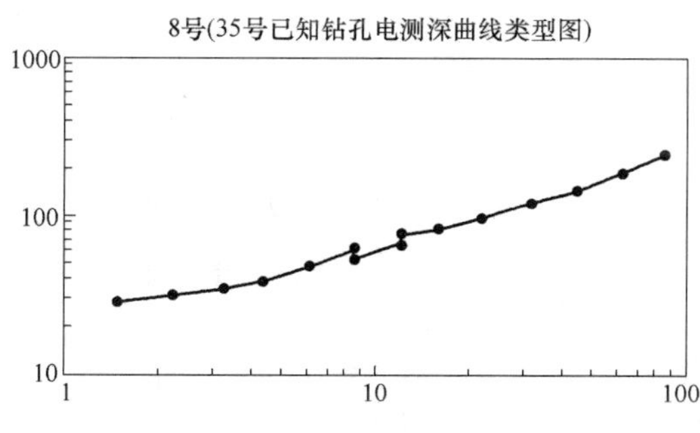

图3-2　第一种典型电测深曲线类型

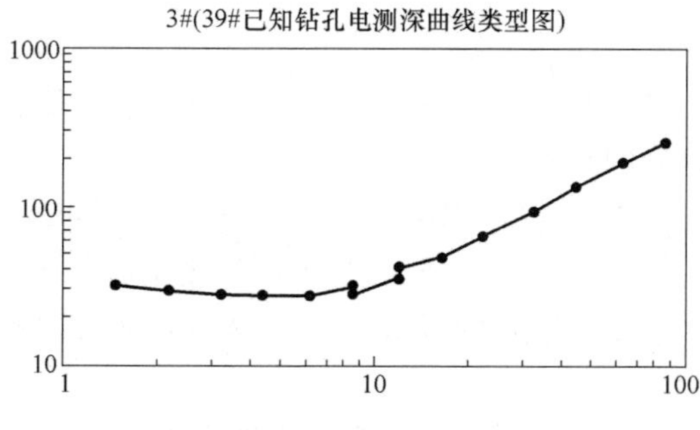

图3-3　第二种典型电测深曲线类型

（3）激发极化法

据现场测试资料，偏离度 r 在AB/2＝4－16m时呈现低值异常，激电参数显示第四系地层含水，激电曲线在AB/2＝20m以后出现陡然下降的特征，据此判定基岩内富水可能性较小。以完成的激电测深点与钻孔资料相结合，激电推断的第四系地层含水情况与已知钻孔水位线基本一致，基岩内水位情况也符合，相关参数见图3-5及表3-1。

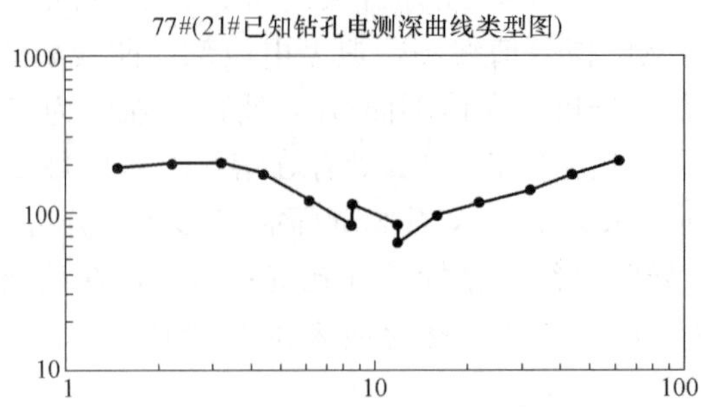

图 3-4 第三种典型电测深曲线类型

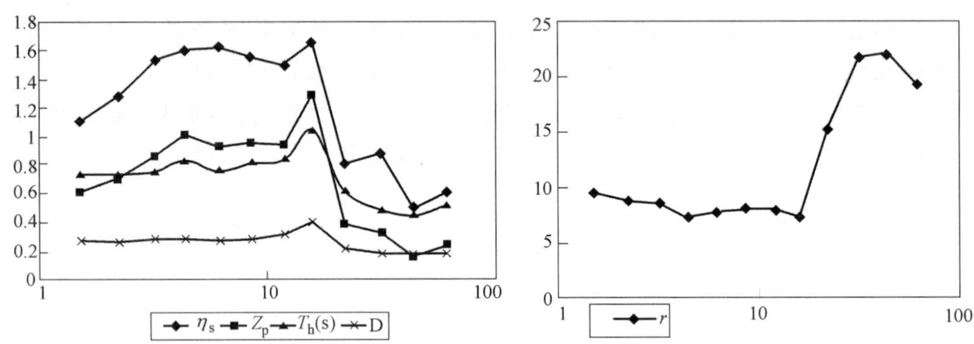

图 3-5 激电各参数综合剖面图

43＃钻孔点激电参数统计结果 **表 3-1**

含水层位(m)	对应激电参数变化范围/平均值				
	极化率 η_s	衰减度 D	半衰时 T_h(s)	综合参数 Z_p	偏离度 r
6～25 (包含基岩)	0.49～1.65/1.22	0.18～0.4/0.26	0.44～1.04/0.72	0.16～0.29/0.70	7.2～22/11.92

(4) 高密度地震映像

高密度地震映像是利用波的衰减、波形分叉、波的干涉等信息，以等偏移距的形式实现对地层的连续扫描。当第四系地层水平展布时，高密度映像上表现为同相轴的水平展布；地层的尖灭（或分叉）表现为同相轴的尖灭（或分叉）；基岩面为同相轴突变至难以辨别处。当正常地层或基岩受扰动后，映像图上将出现相应的异常形态，如同相轴中断、扭曲以及绕射弧、眼状映像等。据此用以普查场区第四系覆盖层厚度、基岩完成情况及溶洞、裂隙的空间展布等。

通过工程地质调查，多种物探手段测试和钻探验证基本查明场区渗漏点发育特征。针对渗漏特点可以采用块石、浆砌块石或素混凝土逐一进行封堵处理，然后用黏土进行封盖处理。同时建议对谷地及其周边进行整体铺盖防渗处理。防治处理应立足于“浅部处理为主”的原则，针对具体的渗漏途径及特点采取相应的综合防治处理措施。同时在库区外围坡脚设置截水沟，防止尾矿泥附液向外渗透扩散。

3.2 地基土（岩）层渗透性指标

项目场地渗漏性的特点对地基土渗透形式、渗透量及地下水走向、场区内外地下水水力联系等基础资料要求严格，需查明场区地基土（岩）的渗透系数，为工程治理及防渗工作提供基础设计资料。

工程通过室内试验及现场抽水、压（注）水试验等多种方法，查明了场区第四系残坡积黏土及基岩的渗透性。结合地基土的特性，对不同方法采取的数据进行分析、对比，查明了场区的渗透特点及相关的量化数值，为工程后续防渗设计提供了准确的设计依据。

3.3 渗透性分析

在充分掌握岩土层构造、物理力学性质、渗透特性和确定计算参数的基础上，利用渗透数值分析手段对赤泥堆场在不同防护方式和防渗程度下的渗透特性做了分析。经过分析计算发现，不同防护方式下渗漏主要通道不同，天然方式下赤泥滤液对周围环境污染严重，必须进行防渗设计处理。

（1）没有防护条件下渗流情况

即自然环境条件下赤泥滤液与周围环境的交换、运动、相互作用。考察自然条件下赤泥滤液向周围环境排放情况，可以了解无防护状态下污染滤液向周围环境的排放路径、方式、方向等规律。

从计算结果中可以得出，赤泥堆场周围不采取防渗措施时，赤泥滤液孔隙水压力零势面为赤泥体顶面与坝外土层顶面，渗流滤液同时通过坝体与赤泥堆场内下伏土层向外部环境周围渗流，由于坝体与赤泥堆场内土层渗透性能不同（渗透系数差异），滤液渗流方向以向下通过赤泥堆场内土层为主，通过坝身渗流为辅，渗流滤液在坝身中下部流出。赤泥污染液与周围环境无阻碍交换，赤泥滤液通过下伏地层、堆坝等进入地下黏土层、基岩层及周围环境，直接影响周围环境地表水系和地下水系，对环境及人类活动造成严重污染。

（2）采取不同防护条件下渗流情况

采取不同防渗程度防护措施情况下赤泥堆场中滤液分布状况是在堆场底面设置防渗措施，坝体不采取防渗措施，不允许赤泥中滤液通过堆场表面进入下部土层。计算后可以得到纵剖面孔隙水压力分布和流体渗流方向。

从计算结果中可以得出，当采取部分防渗措施时，孔隙水压力零势面仍然为赤泥体顶面与坝外土层顶面，在子坝上有孔隙水渗出，子坝表面存在一定的孔隙水压力。由于赤泥堆场底部采取防渗措施，底面不可透水，赤泥渗流滤液通过坝体进入堆场外部黏土层及基岩层，再通过黏土层、基岩层向环境渗流。因此赤泥污染性滤液主要通过坝体排入地表水系、地下水系，直接污染人类活动区域。

（3）全部采用防护条件下渗流情况

当防渗层的综合防渗效果差时，滤液在主要通过渗流井的同时仍然有相当一部分通过堆场下土层直接进入黏土层、基岩，从而进入周围环境，对周围生态造成污染。

当防渗层的综合防渗效果有所提高时，滤液通过渗流井的流量增加，通过堆场下土层进入黏土层、基岩的滤液量变小，对周围生态环境的影响减少，防渗效果得到提高。

当防渗层的综合防渗效果高时，滤液通过渗流井的流量进一步增加，渗流井成为污染液体的主要排放通道，通过土层下渗进入周围环境的赤泥液体物质量进一步减少，库区外土层中地下水在外部环境中渗流，与赤泥体滤液不发生交换作用，赤泥中滤液仅有很少部分渗流到周围环境，对周围环境没有影响，防渗层发挥了重要作用。

3.4 坝体稳定性

对赤泥堆场库区坝体的整体稳定性进行了分析计算，经计算认为库坝采用合适的坡率组合下整体稳定性较高，基础处置深度以到基岩层为宜。

（1）特殊运行条件下的稳定性分析

对赤泥堆场坝稳定性分析考虑特殊运行条件下的坝体自重、最高洪水位的稳定渗透压力，计算结果见表 3-2。

堆场坝体稳定性计算结果 **表 3-2**

主坝	子坝	正常运行				洪水运行			
		瑞典		毕肖普		瑞典		毕肖普	
		计算结果	规范要求	计算结果	规范要求	计算结果	规范要求	计算结果	规范要求
1∶2	1∶2	1.414	1.25	1.510	1.35	1.382	1.15	1.473	1.25
	1∶1.75	1.334		1.441		1.329		1.436	
	1∶1.5	1.324		1.415		1.298		1.375	
1∶1.5	1∶2	1.373		1.471		1.336		1.423	
	1∶1.75	1.334		1.426		1.301		1.382	
	1∶1.5	1.288		1.372		1.260		1.332	

（2）坝基埋深对稳定性影响

根据坝基埋深不同，设计了埋深 6m、8m、10m 三种模型，结合计算情况，总结出整体稳定性系数与基础处理深度关系，见表 3-3。

不同坝基埋深坝体稳定性计算结果 **表 3-3**

处理深度	坡率组合	稳定系数						
基础埋深 10m	主坝 1∶2、子坝 1∶2	2.52	2.45	2.40	2.32	2.24	2.11	1.94
基础埋深 8m	主坝 1∶2、子坝 1∶2	1.71	1.54	1.31	1.19	1.08	1.03	不收敛
基础埋深 6m	主坝 1∶2、子坝 1∶2	1.56	1.43	1.26	1.12	1.06	不收敛	不收敛

数值分析结果表明，为了保证坝体的整体稳定性，可以采取适当的坡率组合，加大基础埋深至基岩层。坝址基础处黏土层应全部挖除，坝体基础应处理至稳定性高的基岩层，对基岩内部溶洞、裂隙、消水洞等不良地质构造应采取混凝土灌注、砂浆喷灌等工程处理加固措施，提高基岩整体稳定性和坝底基础承载能力。

4. 工程总结与启示

（1）项目采用工程地质测绘与调查、钻探、物探、原位测试、土工试验等多种手段相结合的方法，有效查明了场区工程地质条件和水文地质条件、不良地质作用等，尤其采用包括抽水试验、压水试验、注水试验、室内土工渗透试验等多种原位测试手段、方法，详细查明场区典型岩土体的渗透系数，为工程防渗设计提供了详细、准确的设计参数。提出了合理的地基基础方案。勘察方法先进、数据准确、结论正确，对岩溶区赤泥堆场勘察工作具有重要的指导意义。

（2）采用高密度地震映像、温纳装置激发极化法、自然电场法及对称四极法四种物探方法，查明了场地覆盖层厚度及基岩分布规律、地下水渗漏部位及渗水流向，并对场区集中渗水通道进行了深度定位及补充验证。对上述物探方法通过钻探验证，进一步证实上述物探方法在该区域同类建设项目的实用性及优越性。

（3）充分掌握岩土层构造、物理力学性质、渗透特性和确定计算参数后，利用三维数值分析模拟方法，对赤泥堆场库区坝体的整体稳定性进行了分析计算，并且对赤泥堆场在不同防护方式和防渗程度下的渗透特性做了分析，对堆场库区稳定、渗透处理及防渗设计提出了处理意见和建议，选取模型合理、效果可靠，为后续工程治理及对类似工程具有重要的指导意义。

5. 工程实施与效果

（1）项目建成运行证明，项目岩土工程勘察方法合理，勘察结论准确，所提出的治理方法科学、适用、经济，为业主节约了大量的投资，对项目稳定性分析为工程防渗设计提供了更为详细、逼真的参考依据，缩短了项目设计周期，为整个项目早日投产使用起到了先期作用。

（2）项目完成后，委托河北省科学技术信息研究院进行了成果查新，查新结论表明：项目明确了岩土工程地质条件、岩溶发育特征与规律及岩溶渗漏的途径与方向；并建议采用适当的坡率组合、初期坝坡率不大于1∶2、坝基应处理至稳定基岩、采用全封闭复合土工膜防渗（防渗等级应根据周围水环境稀释能力确定），解决初期坝坡率、基础埋设深度对堆场稳定性影响显著的问题。以上内容在国内文献中未见相同报道。

（3）项目采用多种原位测试手段与多种物探方法相结合方式查明了场区渗透特点、区域、方向、深度等问题，并引用了可靠的稳定性分析数值计算，后续治理工程表明，上述方法在该区域及同类型项目勘察中切实可行，具有很好的推广及应用前景。

（4）项目获2010年度全国优秀工程勘察设计银奖，河北省优秀工程勘察设计一等奖。

6. 获奖单位简介

河北建设勘察研究院有限公司（原河北省建设勘察研究院）始建于1953年，是集勘察、测绘、设计、施工、咨询、科研以及机械制造为一体的综合性勘察企业。

公司持有市政公用工程施工总承包壹级、地基与基础工程专业承包壹级、桥梁工程专业承包一级、土石方工程专业承包一级资质；持有工程勘察综合类甲级、测绘资质甲级、建设项目水资源论证甲级、地质灾害危险性评估甲级、地质灾害治理工程勘查、设计、施工甲级资质证书；持有矿山工程施工总承包贰级（仅限井巷工程）、房地产开发企业三级、特种专业工程（建筑物纠偏和平移、结构补强）专业承包、预拌商品混凝土专业承包二级企业等资质。

公司现有员工628人，各类专业技术人员473人。其中国家勘察大师1人，河北省勘察大师2人；正高级职称20人，高级职称48人，中级职称121人，初级职称283人；具有国家注册执业资格的岩土工程师、建造师、造价师、安全师等191人。

承担的业务范围包括：

• 岩土工程勘察：各类岩土工程勘察、分析与评价。

• 水文地质勘察：水文地质勘察与凿井、建设项目水资源论证（浅层地下水、深层承压水、地热水、矿泉水）、水资源与环境评价。

• 工程测量：控制测量、地形测量以及市政工程、水利工程、建筑工程、精密工程、线路工程、地下管线探测、变形（沉降）观测、竣工测量、地理信息系统工程。

• 岩土工程设计与施工、地基与基础工程专业承包：各类地基处理工程、深基坑支护与基坑降水的设计与施工、桩基施工及超大直径钻孔灌注桩施工。

• 地质灾害工程：地质灾害工程治理勘查、设计、施工；地质灾害危险性评估。

• 工程检测：地基检测、桩基检测、室内环境检测、地下管线探测、岩溶勘测、隧道衬砌质量和路基状态检测、考古勘测以及地基隐患勘测。

• 工程监理：工业与民用建筑监理，路桥工程监理，市政工程监理，地质灾害工程治理监理。

• 矿山工程施工总承包（井巷工程）：直径 2.5m 以上的工程井的设计与施工。

• 市政公用工程总承包：可承担各类市政公用工程的施工。

• 预拌商品混凝土：可生产各种强度等级的混凝土和特种混凝土。

• 土石方工程专业承包：可承担各类土石方工程的施工。

• 钻探机械设计与制造：钻探机具制造、加工，钻探机械产品配套。

• 建筑材料试验：混凝土抗压性能试验、砂石料试验、钢筋性能试验、水泥性能试验、沥青性能试验等。

公司每年平均承接完成国家重点工程、省部级重点和地方标志性建设项目的岩土工程勘察、设计、施工、检测与监理 200 余项，年完成产值 22.7 亿元，业务范围覆盖全国 29 个省、市、自治区，以优质、高效、良好的服务赢得了社会信誉。先后被授予“全国城市勘测先进单位”、“全国工程勘察先进单位”、“全国建设技术创新工作先进单位”、“全国建设系统精神文明建设先进单位”、全国“安康杯”竞赛活动优胜企业，全国“重合同守信用”单位；“十五”全国建设科技进步先进集体和全国建筑业技术创新先进企业；河北省先进集体等荣誉称号。自 2004 年以来，连续九年被列入全国工程勘察设计行业百强企业名册。

7. 专利与独有技术简介

工程中主要采用了岩溶地区抽（注）水试验、多种物探手段综合运用、数值分析法的工程应用等技术方法。

（1）岩溶地区抽（注）水试验

场区位于岩溶发育区，地质条件复杂。溶洞、消水洞、裂隙、节理等广泛分布，地下水通道以及构造裂缝等具有方向性、不均性、不确定性特点。为查明岩土层渗透特征，在场地下伏基岩中进行了抽水试验、压水试验及注水试验以量测基岩的渗透性。项目共进行 1 组抽水试验、压水（注水）试验 34 段（次）/21 孔。通过对不同方法采取的数据进行分析、对比，综合确定渗透性参数。

（2）多种物探手段综合运用

针对项目场区地下条件复杂的特性，分别采用四极电阻率法、自然电场法、激发极化法、高密度影像等物探手段进行针对性勘测。用四极电阻率测深法查明场地覆盖层厚度及基岩分布规律；采用自然电场法查明场区内地下水渗漏部位及渗水流向；采用温纳装置激发极化法对场区内集中渗水通道进行深度定位，同时对自然电场法和对称四极法查明的地下水渗漏部位，地下水沿岩溶裂隙带流向，及地下水间水力联系和地下岩溶发育程度进行验证；用高密度地震影像查明基岩构造情况。结合四种物探手段勘探结果，综合确定地下岩土层分布和地下水运动特征。

（3）数值分析法的工程应用

充分掌握岩土层构造、物理力学性质、渗透特性和参数后，利用工程软件和数值分析手段对赤泥堆场库区坝体的整体稳定性进行了分析计算，对赤泥堆场在不同防护方式和防渗程度下的渗透特性做了分析。采用有限差分法摩尔-库伦模型分析场区坝体稳定性、流体模型分析滤液渗流特性，认为初期坝坡率、基础埋设深度对堆场稳定性影响显著，不同防渗方式时滤液主要流出位置和污染性不同，建议采用适当的坡率组合、初期坝坡率不大于1∶2、坝基应处理至稳定基岩、采用全封闭复合土工膜防渗，防渗等级应根据周围水环境稀释能力确定。在岩土勘察中应用数值分析方法进行分析计算，并提出了针对性强、可操作性好的处理方案，有力地弥补了常规计算方法的不足。

【项目特色提要】 广西信发铝电有限公司年产160万氧化铝赤泥堆场采用湿法堆存，最终堆积坝高60m，坝体采用初期坝及上游式子坝形式。本项目位于岩溶地貌单元，地质条件复杂、不良地质作用发育。本项目勘察主要难点是查明场区岩溶特征、场地岩土层渗透性及地下水径流规律，对堆场库区坝体的整体稳定性、防渗处理提出岩土工程的评价和建议。项目勘察采用工程地质测绘与调查、钻探、物探、原位测试、土工试验等多种手段相结合的综合方法，详细查明场地典型岩土体的渗透系数，为工程防渗设计提供了完整、详尽的岩土技术参数；采用高密度地震映像、温纳装置激发极化法、自然电场法及对称四极法的综合物探方法，查明了岩溶场地覆盖层厚度及岩溶发育特征、地下水渗漏部位及流向，物探、钻探相互结合对场区集中渗水通道进行了深度定位及补充验证；采用数值计算方法分析坝体、堆场不同防渗条件下的渗流特征，通过稳定性计算方法分析不同坝坡坡率及坝基埋深条件下以及不同运行工况环境下的坝体整体稳定性，为堆场防渗、坝坡设计提供了充分的依据。

本项目勘察方法综合、多样，针对工程地质、岩土工程和水文地质问题，对勘察结果进行相互验证，岩土工程分析与评价针对性强，为同类项目勘察中积累了重要的经验，具有示范性和指导意义。

杭州市危险废物安全填埋场岩土工程勘察

机械工业勘察设计研究院有限公司　章杰　吴发荣　郑建国

【项目摘要】

杭州市危险废物安全填埋场（原称杭州市工业固体废物安全填埋场）工程，是杭州市工业危险废物处理处置系统的重要组成部分，也是杭州市工业危险废物的最终处置设施，它对于杭州市的环境保护和实施可持续发展具有重要的意义。

曾经获奖情况：2009 年 11 月获得陕西省第十三届优秀工程勘察一等奖，授奖部门为陕西省住房和城乡建设厅、陕西省优透勘察设计奖评选委员会。项目建设完成时间 2008 年 6 月。

1. 工程概况

1.1　工程简介

本工程位于浙江省杭州市余杭区崇贤镇南山林场佛日坞西坞山半山腰，场地南偏西侧为半山主峰皋亭山，东南侧紧靠佛日坞灰岩采矿场，场地通过东南侧的水泥厂现有道路与 320 国道、饶城高速公路相连，距 320 国道仅 2km，距杭州市危险废物处理乔司基地 17km，本项目总投资 1.48 亿，总建设规模包括安全填埋库容 65.7 万 m^3，勘察范围包括了填埋场区和生产管理区两大部分。

各主要建（构）筑物的情况一览表　　表 1-1

分区	建(构)筑物名称	结构形式	特征
填埋场区	主坝	碾压土石坝	坝顶标高 60.0m
	库区分区坝	碾压黏土坝	坝顶标高 62.0m
	调节池	钢筋混凝土	池顶标高 42.5m、池底标高 39.5m
	截洪沟	浆砌块石沟	沿库区 80m、96m 标高两条
	库区	—	一期库容积 12.6 万 m^3 三面环山，一面开口型
	防渗帷幕	—	位于调节池下游 SK1～SK5 位置
	道路		总长约 1500m，主路在标高 5.5m 处，绕场公路最大标高 60m
生产管理区	机修车间	框架	1 层，7.8m 高，对差异沉降敏感程度为敏感，独基
	稳定化/固化车间	排架	1 层，15m 高，对差异沉降敏感程度为一般，独基
	废物暂存库	框架	1 层，8m 高，对差异沉降敏感程度为一般，独基
	综合管理楼	框架	3 层，14.1m 高，对差异沉降敏感程度为敏感，独基
	水泵房	砖混	1 层，3.5m 高，对差异沉降敏感程度为一般，条基
	配电房	框架	1 层，4.2m 高，对差异沉降敏感程度为敏感，独基
	废水处理车间	框架	1 层，6.0m 高，对差异沉降敏感程度为一般，独基
	门卫及计量站	砖混	1 层，3.6m 高，对差异沉降敏感程度为敏感，条基
	填埋库区值班房	砖混	1 层，5.2m 高，对差异沉降敏感程度为一般，条基
	1000m^3地下水池	钢筋混凝土	1 层，3.6m 高，对差异沉降敏感程度为一般，满堂

1.2 勘察目的及要求

本次勘察属详细勘察阶段，目的是根据拟建工程特点，查明拟建场地工程地质、水文地质条件，并做出工程地质、水文地质评价，为工程施工图设计和施工提供地质依据。

1.3 勘察手段与起止时间

本工程勘察手段主要包括：工程地质调查与测绘、钻探、探槽、动力触探、压水试验、现场密度试验、室内岩土分析试验等。

本项目自 2004 年 5 月 1 日至 2007 年 1 月 20 日，由我院陆续进行了岩土工程的勘察工作，历时近 3 年。

1.4 实际完成勘察工作量

工程地质及水文地质勘察主要工作量：填埋场区共布设勘探点 63 个（包括工程地质钻孔 39 个、水文地质钻孔 5 个、探井 17 个及探槽 2 条）；在生产管理区共布设勘探点 37 个，实际进尺 386.80m。

滑坡专项勘察主要工作量：勘探点 27 个，实际进尺 576.60m，现场重度试验 6 组。

图 1-1 建设项目全貌

2. 场地岩土工程条件

2.1 区域构造

区域构造属华夏系构造，主要表现为一系列走向北东 40°～50°的褶皱、断裂，伴生北西向张裂和南东东、北北东向的扭裂。

2.2 地形地貌

杭州市危险废物安全填埋场位于杭州市的东北部，场地及附近的区域地貌为丘陵和山间谷地，处于天目山脉北东延伸部分的皋亭山与佛日坞间的西坞山，根据浙江省测绘局杭州市 1：1 万地形图（南山村 H-51-49-(52) 幅），皋亭山山顶海拔相对较高，为 361.2m，佛日坞山顶海拔为 153.2m，场地位居的西坞山山顶海拔为 194.1m。丘陵和山间谷地植物生长茂盛，以松树、乔木为主，并有少量毛竹及灌木，植被覆盖率达 90%。

2.3 地层结构

场地及附近的区域主要出露一套古生代志留纪、泥盆纪和石炭纪的碎屑岩地层及新生代第四纪上更新世和全新世地层。

现由老到新分述如下：

（1）志留系（S）

本层分布于获持山、皋亭山至半山的东南麓和西北坡，与上覆岩层整合接触。

场地及附近的区域主要为志留系上中统康山群地层（S_{2-3kn}），其岩性底部为灰绿色含磷含砾细砂岩，中部为砂岩、泥质粉砂岩及泥岩组成韵律层，顶部为紫红色粉细砂岩、粉砂岩及粉质泥岩为主，本层常有纵横穿插的石英细脉，本层厚约300m。

（2）泥盆系（D）

本层广泛分布于半山、邱山、佛日坞和超山等地，与志留系地层呈整合接触。

① 中下统唐家坞群地层（D_{1-2tn}）：中下部为浅黄、黄绿色夹紫色厚层至块状细-中粒岩屑石英砂岩，上部为紫红中至厚层岩屑石英砂岩，本层厚约434m；

② 上统西湖组地层（D_{3x}）：底部为白色含砾石英中粗砂岩、粗砂岩夹石英砂砾岩，顶部为云母石英细砂岩、绢云母泥质粉砂岩，以含乳白色石英脉为特点，本层厚约250m。

（3）石炭系（C）

主要分布于佛日坞至水洪庙一带，与下伏西湖组为连续过渡关系。

① 下统珠藏坞组地层（C_{1z}）：岩性为紫红色泥岩、粉砂质泥岩与云母长石石英细砂岩互层，以不含煤的紫红色粉砂质泥岩为主，本层厚约70m；

② 下统叶家塘组地层（C_{1y}）：灰白色含砾石英粗砂岩、石英中粗砂岩夹紫灰-黑色泥质粉砂岩、粉砂质泥岩、含炭砂质泥岩、云母粉细砂岩，局部为含炭质页岩，本层厚约65m；

③ 中统黄龙组地层（C_{2h}）：灰-灰白色结晶灰岩、生物灰岩，含白色燧石条带或团块，底部为白云岩或砂质白云岩，佛日坞灰岩采矿区主要为此类地层，本层厚约110m；

④ 上统船山组地层（C_{3c}）：下部为灰～深灰色中厚层微粒～细粒灰岩、生物灰岩，中部为深灰色含“船山球”灰岩，上部为深灰～灰黑色含燧石条带或团块灰岩，本层厚约115m。

（4）第四系（Q）

本层广泛分布于山间凹地、山坡、冲沟和平原中。坡积土：色杂，主要为黄色、黄褐色、棕红色等，由黏性土、碎石、块石等组成，含砾砂，土质不均；冲积土：主要为红色、灰色，黏粒含量较高。

2.4 不良地质作用

（1）滑坡或滑塌

填埋场库区范围内未发现滑坡体，库区以外生产管理区暂存库场地东侧有3处滑坡或滑塌，填埋场东侧道路旁有1处滑坡，组成滑坡体的成分主要为含粉质黏土砾砂。滑动面呈圆弧状，滑坡体体积小于1600m^3，均为小型滑塌或滑塌。

（2）溶洞

填埋场整个场区内，仅生产管理区钻探揭露有部分黄龙组灰岩，灰岩在本场地多为厚层状，裂隙多为石英脉或方解石脉充填，未发现大的溶洞，仅有少量小型溶蚀现象。

（3）隐伏断层

隐伏断层（F7），该断层性质为北西向张性、张扭性断层，断层本身性质稳定，为非活动断层，但受构造影响，这一带岩性较软且相对破碎，其渗透性会受到一定的影响；隐伏断层（F3）为整个填埋场区主要通过的较大断层，属压性、压扭性断层，也为非活动断层，对地基的稳定性不会存在影响。

2.5 场地岩土工程条件

代表性工程地质剖面参见图 2-1，有关地基土物理力学性质指标参见表 2-1、表 2-2。

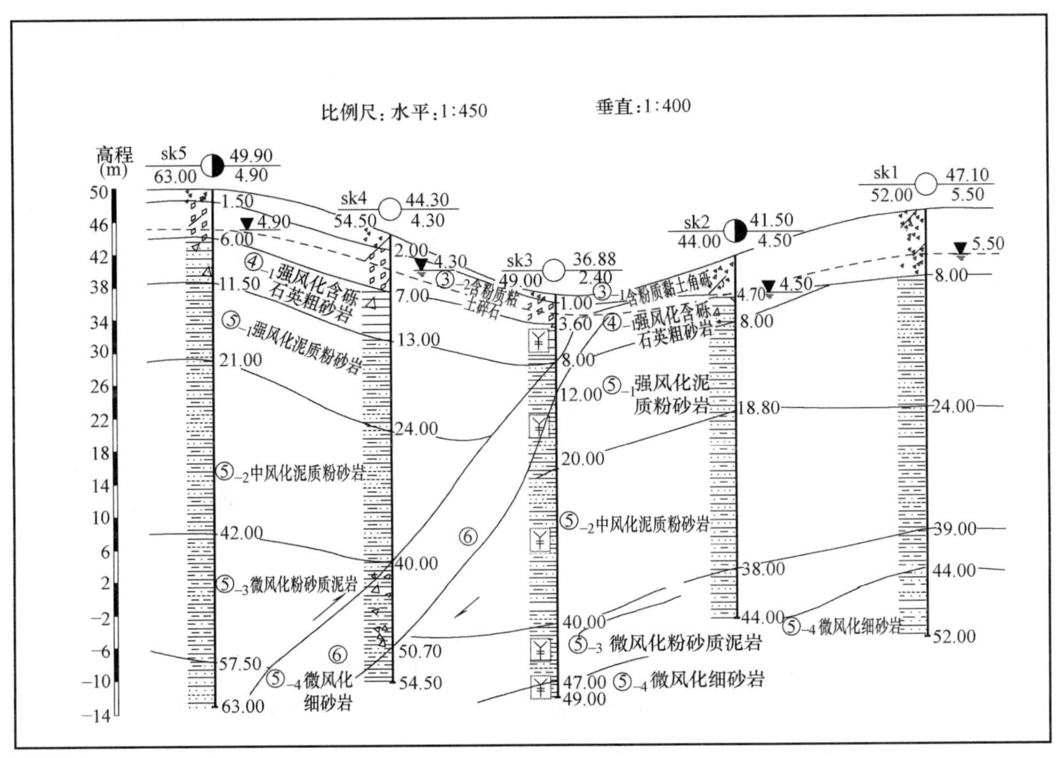

图 2-1 代表性工程地质剖面

地基土主要物理力学性质参数表（填埋场区） 表 2-1

层号	地层名称	岩石饱和抗压强度平均值(MPa)	岩石软化系数	修正后的重型动力触探 $N_{63.5}$ 平均值(击)	地基承载力特征值 f_{ak} (kPa)	坝基与混凝土摩擦系数	边坡坡率允许值
1	素填土			4.70	(110)*		
2-1	粉质黏土				(90)*		
2-2	含角砾粉质黏土				140	0.35	1∶1.50
3-1	含粉质黏土角砾			6.96	230	0.40	1∶1.25
3-2	含粉质黏土碎石			9.66	270	0.45	1∶1.25
4-1	强风化含砾石英粗砂岩	30.2		12.60	450	0.55	1∶1.00
4-1a	强风化含碳质泥岩	0.30			200		
5-1	强风化泥质粉砂岩	8.6	0.69	9.50	300	0.40	1∶1.20
5-2	中风化泥质粉砂岩	10.1	0.48		800	0.55	1∶1.00
5-3	微风化粉砂质泥岩	4.6			1000	0.45	1∶0.75
5-4	微风化细砂岩	14.0			2000	0.70	1∶0.35

地基土主要物理力学性质参数表（生产管理区） 表 2-2

层序	岩土名称	含水量	土的重度	孔隙比	塑性指数	液性指数	压缩系数	压缩模量	快剪法 凝聚力	快剪法 摩擦角	重型动探击数	地基承载力特征者
		ω_0	γ	e_0	I_P	I_L	α_{1-2}	E_{s1-2}	c	ϕ	$N_{63.5}$	f_{ab}
		(%)	(kN/m³)	(%)	(%)	(%)	(MPa⁻¹)	(MPa)	(kPa)	(°)	(击/10cm)	(kPa)
2-1	含砾粉质黏土	24.9	18.70	0.810	12.9	0.518	0.38	3.68	35.7	9.4	4.5	150
2-3	含砾粉质黏土	24.4	19.40	0.738	13.6	0.557	0.44	4.13	25.3	9.8	6.5	200
3-1	强风化石灰岩										10.5	300
4-1	强风化粉砂岩										12.0	450

3. 岩土工程问题及评价

3.1 场地水文地质条件评价

（1）含水层类型

针对本工程的特点，对填埋场区（库区）水文地质条件的评价及防渗勘察是本工程的重点内容。本工程根据含水介质的不同及地下水补径排条件的差异，本场区地下水可划分为松散岩类孔隙潜水和基岩裂隙水。

（2）地下水的补给径流排泄条件

根据场地的地形地貌，场区属三面环山的地形，与单斜地层基本构成一个独立的水文地质单元。浅部孔隙含水层接受大气降水补给，一方面垂直下渗补给下部基岩裂隙含水层，另一方面从地势高处向地势低凹处径流，以泉及地面蒸发的形式排泄。

（3）水化学特征

根据本工程水质分析报告，场地地下水 pH 值为 5.4～7.4，平均为 6.2，地下水属 HCO_3-Ca 型水质类型，属中性偏微酸性淡水。

（4）水力梯度

由地下水位埋深等值线图及地下水流网图进行地下水的径流分析，得出地下水流向，并测得地下水水力梯度值为 0.069～0.636，梯度角为 3.9°～32.4°。

（5）径流模数

引用测区已有资料，地下水径流量 Q=376m³/d，采用 1∶10000 地形图用 CAD 查询面积功能计算地表汇水面积 F_e 为 0.51km²，则地下水径流模数，即每平方公里地表汇水面积所产生的地下水流量为 8.55（m³/d·km²）。

3.2 填埋场防渗勘察

为了解本场地的各层土（岩）的渗透性，现场在 SK1～SK5 钻孔中进行了压水试验，根据《水利水电工程钻孔压水试验规程》SL31—2003，试验段一般为 5m，试验压力视岩石的软硬程度的不同一般为 0.15～0.45MPa，试验深度以达到满足＜1.0Lu 为要求，取得的各层土实测渗透系数见压水试验成果表（表 3-1）。

压水试验成果表　　　　表 3-1

层号	岩土层名	钻孔号	压水试验起止深度(m)	压水段长度(m)	实测渗透系数(cm/s)	实测渗透系数范围值(cm/s)
5-1	强风化泥质粉砂岩夹粉砂质泥岩	SK1	15.0～20.0	5.0	1.18×10^{-4}	1.18×10^{-4}～9.10×10^{-5}
		SK2	13.8～18.5	4.7	1.02×10^{-4}	
		SK4	15.8～21.0	5.2	2.95×10^{-5}	
		SK5	13.5～18.5	5.0	9.10×10^{-5}	
5-2	中风化泥质粉砂岩夹粉砂质泥岩	SK1	24.5～29.5	5.0	5.13×10^{-5}	1.90×10^{-5}～8.18×10^{-6}
		SK2	22.0～27.5	5.5	3.92×10^{-6}	
		SK3	20.0～25.0	5.0	7.40×10^{-6}	
		SK4	31.9～36.9	5.0	8.18×10^{-6}	
		SK5	23.0～28.3	5.3	1.90×10^{-5}	
5-3	微风化泥岩	SK2	39.5～44.3	4.8	4.6×10^{-7}	1.03×10^{-7}～4.60×10^{-7}
		SK3	41.0～46.0	5.0	2.3×10^{-7}	
		SK4	41.1～46.0	4.9	1.03×10^{-7}	
5-4	微风化细砂岩	SK1	47.0～52.0	5.0	2.26×10^{-6}	6.03×10^{-6}～1.02×10^{-7}
		SK3	47.0～49.0	2.0	6.03×10^{-6}	
		SK5	57.8～63.0	5.2	1.02×10^{-7}	
6	破碎带	SK4	40.2～46.0	5.8	6.03×10^{-4}	

3.3 填埋场覆盖材料黏土源勘察

根据设计提出的勘察任务书要求，要求寻找覆盖用土（黏性土）0.8 万 m^3 的土源位置及 1.5 万 m^3 经过击实试验后渗透系数 $k\leqslant1.0\times10^{-7}$ cm/s 的黏性土源，本次勘察利用断面法和平均厚度法对本场地Ⅱ号库库区、印花坞黏土矿等多个工点进行了储量计算和调查，并对黏土源的工程性质进行了勘察。

3.4 东大坑滑坡专项勘察

生产管理区东侧原地形为切割强烈的陡坎（称“东大坑”），管理区东大坑填方区填方规模大，最大填方高度达 28m。因受降水等因素影响，坡底挡土墙面已全部开裂，浆砌石外露，裂缝达 10～15mm，挡土墙水平位移（向东）达 50cm，墙后土体呈南北两端隆起，中间相对下沉外鼓之状。坡顶土体开裂、错动达 10～40cm，呈弧形状贯穿于整个坡体，具明显的滑坡特征。为防止滑坡范围向填方区后沿扩大，对滑坡进行了专项勘察。勘察中进行了不同的计算条件组合下的滑坡稳定性分析计算，包括滑坡地质分析及滑坡力学计算分析，其中，力学计算分别采用了传递系数法（折线滑动法）和圆弧滑动法双重计算，以综合评价滑坡的稳定性。另外，本次还专门对东大坑滑坡进行了反演分析计算，作出内摩擦角对稳定系数的敏感程度大大高于凝聚力对稳定系数的敏感程度的判断，并对滑坡稳定性分析及发展趋势预测和提出相应的整治措施和监测方案的建议。

3.5 针对性的地基基础方案分析与评价

针对本工程不同建（构）筑物，进行了地基基础方案分析与评价：

（1）主坝坝址区

坝体采用土石料混合坝，基本为柔性坝。主坝坝顶标高 60.0m，坝底标高 46.0m，主坝最大高度为 14.0m，坝轴线长 70.6m，坝顶宽度 6.0m，同时兼作进场道路的一部分。坝体上游、下游边坡在 56.0m 标高处各设置一 2.0m 宽的马道，上下游边坡均为 1∶2，按照设计提出的勘察任务书要求，本次勘察提供了 1 条纵剖面（沿坝轴线）和 3 条横剖面，根据设计标高和地层情况，主坝中心部位开挖深度约 5.6m，已开挖至第 5-1 层，即强风化泥质粉砂岩夹粉砂质泥岩层。参照 SK1～SK5 水文地质剖面，在地面以下 40m 范围内，基本无 k 小于 1×10^{-7}cm/s 地层，不利于垂直防渗，建议在坝体表面四周应特别做好防渗层。

（2）库区分区坝坝址区

库区分区坝为碾压式黏土坝，坝顶高度为 62.0m。按照设计提出的勘察任务书要求，本次勘察提供了 1 条纵剖面和 1 条横剖面，在分区坝坝肩两侧，有少量的含粉质黏土角砾（第 3-1 层）和含粉质黏土碎石（第 3-2 层），第 1 层，素填土结构松散，第 2-1 层粉质黏土土质较软且层厚较小，建议将此两层挖除。第 3-1 层和第 3-2 层工程性质较好，可考虑作为持力层，第 4-1 层含砾石英粗砂岩工程性质相对更好，坝基埋深较大时，可将第 4-1 层含砾石英粗砂岩作为持力层。

（3）填埋场库区

填埋场库区内未发现有断层通过，无滑坡体及膨胀性土层等不良工程地质现象，场区稳定性良好。库区范围内地层除缺乏第 2-2 层含角砾粉质黏土外，几乎包括了本场区的勘探揭露的全套地层，在沟谷上游两侧山坡上的含砾石英粗砂岩层岩性相对较好，特别是较深部的含砾石英粗砂岩以接近中风化，是较好的持力层；第 5-1 层，由于强风化泥质粉砂岩中夹杂着粉砂质泥岩，岩性相对于石英砂岩来说，相对较差；在沟谷中部及下游（特别是下游接近设计的防渗帷幕附近），由于受构造影响，岩性相对较差。库区地面以下 40m 范围内，基本无 k 小于 1×10^{-7}cm/s 地层，不利于垂直防渗，建议采用库底水平防渗为主，在库底及四周均应特别注意做好防渗层，辅以垂直防渗方案。根据地下水流网图分析，一期库区的西侧及南西侧的分水岭标高至少在 100m 以上，一期库区的北西侧分水岭标高也至少高于 80m，仅一期库区的北东侧分水岭标高相对较低（低于 80m），各填埋部位附近的分水岭标高一般均高于废物堆体的标高，且一期库区与二期库区之间的山脊宽度较大，分析认为两库区间的相互渗漏的可能性极小。

（4）调节池

调节池（渗滤液调蓄池）容积为 1200m^3，池顶标高为 42.5m，池底标高为 39.5m，正常水位高为 42.0m。本次勘察提供了 1 纵 2 横三个剖面，调节池范围内的地层比较复杂，地层几乎包括了本场区勘探揭露的全套地层，且在 ZK3 钻孔中现有地面以下 8.20～14.5m 及 ZK6 钻孔中现有地面以下 2.00～7.40m 段揭露有断层破碎带（第 6 层），破碎带岩芯破碎，多呈泥质物夹角砾，分析认为其下存在一条隐伏断层，断层走向 300°，倾向 SW，倾角 50°～65°，为一不再活动的稳定断层，其透水性一般，断层破碎带 $k=7.9\times10^{-4}\sim6.0\times10^{-4}$cm/s。在调蓄池的南东角部位—ZK2 钻孔内 8.00～10.50 深度范围内发现有部分黑色薄层含碳质泥岩或煤层，系 4-1 层（叶家塘组地层）中的薄夹层（4-1a 层），该夹层工程性质较差，为软弱夹层。根据地层情况及设计池顶标高、池底标高，调节池部位可选择第 3-2 层含粉质黏土碎石或第 4-1 层含砾石英粗砂岩作为持力层。由于调节池内收集的渗滤液是有毒有害液体，其防渗要求高 ，严禁出现渗滤情况，而调节池部位的地质情况又相对复杂，因此必须特别注意其防渗层的防渗性能。调节池同时存在边坡的开挖问题，调节池四周边坡的地层较复杂以及土质情况不尽相同，应按要求做好边坡支护工作。

（5）截洪沟

填埋场区于 80.0m 处设置南、北两条截洪沟，与防渗锚固平台合二为一，兼作锚固沟与截洪沟之用。于96.0m处设置南、北两条永久截洪沟。因为库区内废弃物填埋体，不能进行洪水调蓄，因此，分水岭与截洪沟之间采用截洪沟形式，将雨水截住，由截洪沟将雨水引向填埋场下游的排水渠，最终排入现状排水渠中。由于截洪沟荷载要求不高，建议可将含粉质黏土碎石坡积层或强风化含砾石英粗砂岩作为持力层。截洪沟设计应保证在暴雨情况下对洪水的泄洪能力。有关沿线的地层分布厚度情况详见工程地质剖面图及参考基岩埋深等值线图。

（6）Ⅱ号库库区

本次勘察在Ⅱ号库库区内共布设9个钻孔，绘制了5条工程地质剖面，Ⅱ号库库区内未发现有断层通过，仅在场区外部以东与采石场交界处有断层通过（F1断层）。初步查明：库区内不存在滑坡体、断层带等不良工程地质现象。Ⅱ号库库区上部土层主要为第1层素填土和第2-2层，含角砾粉质黏土；下部基岩主要为第4-1层含砾石英粗砂岩和第5-1层强风化泥质粉砂岩夹粉砂质泥岩等。第2-2层在此部位埋深较大，最大埋深为14.20m（ZK51孔）。该层承载力为140kPa，在废物堆体荷重要求不高时，也可选择该层作为持力层。在废物堆体荷重要求较高时，应对该层进行地基处理或进行大开挖，选择其下伏的第4-1层含砾石英粗砂岩或第5-1层强风化泥质粉砂岩夹粉砂质泥岩作为持力层。

（7）生产管理区

根据建筑物的分布情况，固化/稳化车间、暂存库、水泵房、废水处理车间、地下水池及值班房对差异沉降敏感程度一般，可考虑将第2-1层或第2-3层作为天然地基浅基础持力层。机修车间、综合管理楼、配电房、门卫及计量站对差异沉降敏感程度敏感，可考虑将第2-3层、第3-1层或第4-1层作为天然地基浅基础持力层或进行开挖换填处理，对于荷重较大的建、构筑物，也可考虑采用桩基础，桩端持力层应设置在中等风化基岩上。

4. 工程总结与启示

4.1 利用多种手段查明复杂条件下工程地质条件

本场地位于丘陵山区，地貌高差大，地质条件复杂，本勘察通过大量收集资料和地质调查与测绘，并进行钻探、槽探、物探等勘探手段，查明了场地内的地层分布及地质构造情况，特别是查明了带状灰岩与泥质粉砂岩的分界线以及F1、F3、F6三条压性或压扭性断层的分布及性质。为查明各层土的物理力学性质，对土性参数采集采用“一点多方法”，即在同一点采用多原位测试方法对土性进行综合判断；“一点多阶段”，即对同一点在不同时间进行测试对比分析；实现对土性参数变化的“立体跟踪”。

4.2 报告书内容丰富详实

报告书提供了大量特色内容：如：提供了各主要基岩层埋深与标高的等值线图、提供了地下水埋深等值线图及地下水流网图、进行了动力触探、现场压水试验、现场灌水法重度试验、室内颗分试验、击实试验、渗透试验等，报告书提供了设计所需的各类参数及勘察成果，内容丰富详实。

4.3 针对填埋场的特点，重点查明有关工程地质及水文地质条件

（1）查明了场地含水层类型、地下水的补给径流排泄条件、水化学特征、水力梯度及径流模数，并绘制了水文地质剖面；

（2）现场进行了分段压水试验，结合场区附近水文资料，综合提供了各含水层的渗透系数（或导水系数）、导压系数、储水系数（层间潜水为给水度）、影响半径等水文地质参数；

（3）现场进行了灌水法重度试验，较可靠地提供了重度指标，为各类边坡计算提供了参数依据；

（4）通过岩石镜下薄片鉴定，较准确地进行了岩层定名和了解矿物成分等。

4.4 防渗材料的调查与勘察

提供了有关工点的黏性土的范围及储量计算，并调查了杭州市区及周边地区十余个土源点的情况，为填埋场采集黏性土土源提供了参考。

4.5 滑坡专项勘察

对生产管理区东大坑填方区滑坡还进行了专门的勘察，其中力学计算分别采用了传递系数法（折线滑动法）和圆弧滑动法双重计算，以综合评价滑坡的稳定性。同时还对东大坑滑坡进行了反演分析计算，做出了摩擦角、凝聚力对稳定系数的敏感度的分析，为滑坡稳定性分析及发展趋势预测提供了理论依据。

对生产管理区东大坑填方区滑坡还进行了专门的监测，利用国内先进的CX06A测斜仪测试后，及时提供滑坡位移动态监测，为工程安全提供了保障。

5. 工程实施与效果

本工程采用创新型的岩土工程先进技术与方法，整个勘察、监测期间历时近3年，为工程建设的全过程提供服务，解决诸多的技术难题，确保工程质量，取得明显的技术、经济和社会效益。

（1）我院的岩土工程勘察服务，通过精心组织，严格的质量体系控制，为业主提供了建议合理，结论正确的报告，得到业主、专家、设计的认可，特别值得一提的是，在本工程技术认证过程中，业主单位还特邀浙江华东建设工程有限公司进行了实地勘察复核，证明了我院所进行的勘察资料较好地反映了客观实际，为此，得到了杭州市政府部门、业主单位的高度赞许。

（2）采用了多方面的勘察手段，综合进行岩土工程一体化的科学分析，合理判断，对系列岩土工程问题给予正确的分析和建议，特别是通过对生产管理区东大坑填方区滑坡进行了专门的勘察，其处理方案得到业主和设计的采纳，确保了工程安全，节约大量的资金，具有较大的经济效益。

（3）对岩土工程中遇到的特殊问题进行针对性地解决，例如，针对山地地貌含水层的特点，进行压水试验取得水文地质参数的方法；针对含砾土，进行现场重度试验，解决因含砾土室内试验因土质不均而产生的误差问题；针对填埋场黏土源问题，进行实地黏土源调查；针对滑坡勘察，选取适当模型进行力学分析计算等，从而大大地提供了勘察质量的可靠性和准确性，为保证工程安全起到了积极的作用。

（4）工程实践中，坚持信息化动态监测的岩土工程服务，通过监测数据反映了土体变化的实际状况，从而为工程安全提供了科学的依据。

（5）本工程实施贯彻生产、科研和技术咨询服务一体化理念，为业主提供“增值”服务，即通过大量的技术研讨和服务解决工程中的各种疑难问题，有利于节约国家大量的资金投入，提升了行业的服务品质，加快了和国际接轨的步伐。

（6）本工程是杭州市工业危险废物的最终处置设施，有着环保理念实施的重大意义，我院有幸参与了本工程的勘察与监测工作，我院所提供的勘察与监测服务，对于社会有着深远的环境效益和社会效益。我院于2004年5月至2007年1月承担了杭州市危险废物安全填埋场工程施工图阶段工程地质及水文地质勘察（详勘）工作、施工图阶段的补充勘察工作、危险废物及医疗废物处置项目岩土工程勘察工作、东大坑填方区滑坡岩土工程勘察工作。现该工程目前已竣工并投入使用，运行情况良好。

6. 获奖单位简介

机械工业勘察设计研究院始建于1952年9月，是国家大型综合性勘察设计单位。曾被国家住建部、国家统计局、国家工商行政管理总局和陕西省委、省政府等授予“全国勘察设计综合实力百强单位”、“全国守合同重信用企业”、“全国优秀勘察设计院”、“全国工程勘察设计先进单位”、“全国企业文化建设优秀单位”、全国行业“十佳自主技术创新企业”、“AAA级信用等级企业”、“省级文明单位”、陕西省“高新技术企业”、“创新型企业”等殊荣。我院为国家一类科研单位，专业技术人员占86%，其中高级工程师100余人，教授级高工30余人，拥有各类国家注册师90余人，政府特贴专家和省部级有突出贡献专家及省优秀勘察设计师30余人；拥有张苏民、张旷成、张炜三位“国家勘察设计大师”，我院还与有关院校合作培养岩土工程硕士、博士研究生。我院拥有国家住建部、国家发改委、国家测绘局等颁发的工程勘察综合甲级，测绘甲级，地质灾害评估、勘察、设计、施工甲级，工程咨询甲级及地基与基础工程施工壹级，建筑工程和市政工程设计甲级资质，城乡规划和风景园林乙级设计等资质；系原陕西省人工地基第1检测站所在单位；通过了质量管理体系、环境管理体系和职业健康安全管理体系认证；能为业主提供与工程建设相关的勘察、设计、施工、测试检测、工程测量及地质灾害防治工程等全方位、全过程的服务。现在北京、深圳、杭州、成都、兰州、西宁、银川、新疆、延安等地设有分支机构。半个多世纪以来，在各级领导的亲切关怀和社会各界的大力支持下，经过几代机勘人的辛勤耕耘，机勘院已发展成为国内外享誉盛名的工程勘察设计单位，在中国工程勘察设计行业发展及技术进步中发挥了积极的作用，足迹遍布全国30个省、市、自治区，同时在亚洲、非洲、中南美洲等四十多个国家完成了八十余项各类勘测、市政设计、建筑设计、咨询、监理、施工、管理项目。累计完成16000余项工程勘测、设计、施工、检测及监理等工程，同时还承担了100余项国家及省部级科研项目，主编或编审了国家、行业和地区五十余种规范、规程、手册。自1986年以来荣获国家科技进步奖、科技成果奖、优秀工程奖30余项、省部级奖200余项，为国民经济建设和社会进步做出了重大贡献。

【项目特色提要】 本项目位于丘陵和山间谷地，填埋库容65. 7万m^3，勘察范围涉及填埋场区和生产管理区两大部分，地形、地质条件复杂。

该项目的岩土工程勘察针对松散岩类孔隙潜水和基岩裂隙水特征、防渗土源渗透性要求，以及场区大规模滑坡体防治、建构筑物地基基础方案，开展的有针对性的现场力学测试、分段压水试验和室内试验、滑坡稳定性计算分析，提出岩土层防渗处理设计参数、土源材料储量、滑坡整治措施建议，以及各类建构筑物地基基础方案和工程建设运营过程中的监测要求，成果内容全面，为类似场地条件、同类建设项目的勘察工作提供了较为丰富完整的经验。

北京飞机维修工程有限公司 A380 机库岩土工程勘察及沉降咨询

中航勘察设计研究院有限公司　李建光　王笃礼

【项目摘要】

本机库跨度 176m+176m，净跨度 350.8m，进深 110m，是当时世界单体面积最大的飞机维修机库。在跨度方向机库大门一侧 176m 与 176m 之间位置只设有一矩形中柱，该中柱竖向荷载 256000kN，中柱承台下共布置 64 根桩，机库除中柱一侧外的其他三面单柱竖向荷载和水平荷载均较大，且单柱荷载差异大，不同单柱承台下布置 4、5、6、7、8、9、12 根桩共计七种布桩形式，共有 23.5m、24.5m、28.0m、31.0m、32.0m、33.0m、36.0m 七种桩长，机库主体采用网架结构，该结构形式对差异沉降敏感，38588m^2 机库大厅采用天然地基，承受飞机荷载，飞机荷载具有集中力大的特点。编制了能够较全面反应土层分布和桩基实际工作状态，并充分利用单桩静载试验成果的沉降计算软件 PSISA，结合岩土工程勘察成果，对整个机库进行了沉降计算，对桩基设计与施工起到了很好的指导作用。

该项目于 2008 年 3 月 18 日投入使用，2009 年 10 月荣获中国航空工业建设协会 2009 年度航空工业优秀工程勘察设计一等奖。

1. 工程概况

1.1 工程简介

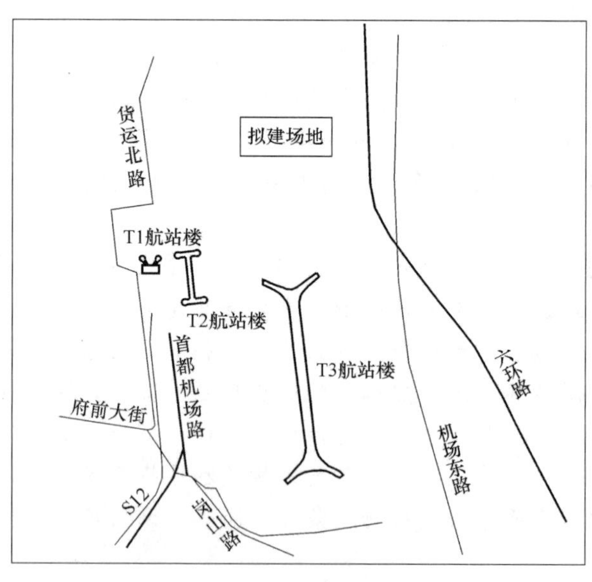

图 1-1　拟建场地地理位置示意图

拟建北京飞机维修工程有限公司 A380 机库场地位于北京市顺义区北京首都国际机场扩建工程 T3 航站楼北侧 1.8km。拟建场地地理位置详见图 1-1。

拟建 A380 机库由主体机库及附楼组成。拟建 A380 机库效果图详见图 1-2。

图 1-2 拟建 A380 机库效果图

根据岩土工程勘察技术任务书，拟建物概况详见表 1-1，平面布置详见图 1-3。

拟建建筑物概况 表 1-1

建筑物名称	层数(地上/地下)	总高度(m)	结构类型	柱距跨度(m)	基础型式	普通单柱(kN)	中柱荷载(kN)	埋置深度(m)
主体机库	1/0	30.0	网架结构	柱距 18 和 12 跨度 176+176	桩基	竖向力 65000kN 弯矩 11000kN·m	竖向力 256000	−3.5m
附楼	1-3/1 (局部)	12.0	框架结构	柱距 7.5 和 8 跨度 9.0	桩基 筏板	竖向力 4200kN		−2.5m 地下室 −6.0m

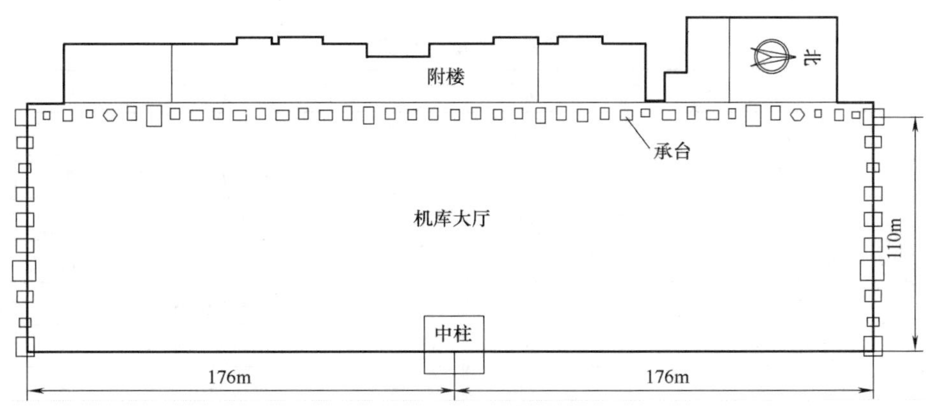

图 1-3 拟建 A380 机库平面布置图

本工程由中国航空工业规划设计研究院进行设计。受北京飞机维修工程有限公司委托，我公司承担了拟建北京维修工程有限公司 A380 机库场地的岩土工程详细勘察工作。本次勘察野外钻探及原位试验工作于 2005 年 9 月 7 日开始，至 2005 年 9 月 27 日完成，室内土工试验同期进行，于 2005 年 10 月 15 日提交正式详勘报告。

1.2 勘察要求、勘察方法及完成工作量

（1）勘察要求：

① 查明有无影响本工程建设场地稳定的不良地质作用，若存在，分析其成因类型、分布范围，预测其发展趋势，并评价其对本工程建设的影响。

② 查明工程场地地层成因、地层结构、物理力学参数，为建筑物地基基础设计、地基整体稳定性分析和深基坑工程设计与施工等工作提供地层分布资料和各土层物理力学参数指标。

③ 查明场地地下水类型、埋藏条件、地下水动态变化规律，以及场区历年最高地下水位标高和近3～5年最高地下水位标高，并分析其对本工程设计与施工可能产生的影响。就场区地下水水质对主要基础结构材料的腐蚀性进行评价。

④ 确定场地土的类型和建筑场地类别，判定场地饱和砂土及粉土地震液化的可能性，并通过现场测试及室内分析，对场地与地基的地震效应、建筑抗震设计基本条件进行评定，提供建筑抗震设计所需的基本依据。

⑤ 根据对勘察资料和地基基础工程问题的分析，针对设计要求，结合同类工程分析、评价经验，对本工程各建筑组成部分的可行性地基基础方案进行分析与评价，提出保证安全前提下经济合理的地基基础方案。

⑥ 提出天然地基适宜持力层、地基承载力、基础设计和施工方面的技术建议；提出桩基适宜的桩型、桩长、桩端持力土层，以及桩基设计与施工方面的分析与评价；提出复合地基方案中适宜的地基处理措施、处理深度，以及地基处理设计与施工的技术要求和相关建议。

⑦ 针对场地的环境特征，对深基坑工程、永久性支护结构及降水工程的设计与施工问题进行分析，针对存在的潜在问题提出可行的处理方案和采取的技术措施。

（2）勘察方法：

整个勘察工作前后投入DPP100型汽车钻机6台、SH30型钻机5台，运用了钻探、标准贯入试验、物探、静力触探及室内土工试验等多种勘察手段。

主要工作量一览表 **表1-2**

	名称	单位	数量		名称	单位	数量
现场钻探	钻孔	个	103	室内试验	常规物理指标试验	组	1053
	总进尺	m	3900		颗粒分析	组	155
	取原状样	个	967		压缩试验	组	878
	取扰动样	个	155		快剪	组	13
	取 水 样	组	15		渗透试验	组	35
原位测试	标贯试验	次	354		不固结不排水三轴剪	组	19
	波速测试	m	252		回弹再压缩试验	组	25
	静力触探	m	110		先期固结压力试验	组	29
					静止侧压力系数	组	26
					CBR	组	1
					灼热损失	组	4
					水腐蚀性测试	组	15

（3）完成工作量：

本次勘察在收集拟建场地区域地质资料及附近勘察资料的基础上，共布置钻孔103个（钻孔编号1#～103#）。总进尺3900m，土样共计1122件，其中原状样967个，扰动样155个。所取土样进行了室内物理力学性质试验、水样进行了腐蚀性试验。上述现场及室内工作量见表1-2。

2. 场地岩土工程条件

2.1 场地区域地质构造、地形地貌

拟建场地大地构造位置处于中朝准地台（Ⅰ）华北断拗（Ⅱ2）西北隅的北京迭断陷（Ⅲ6）中的顺义迭凹陷（Ⅳ13）（详见图2-1）。

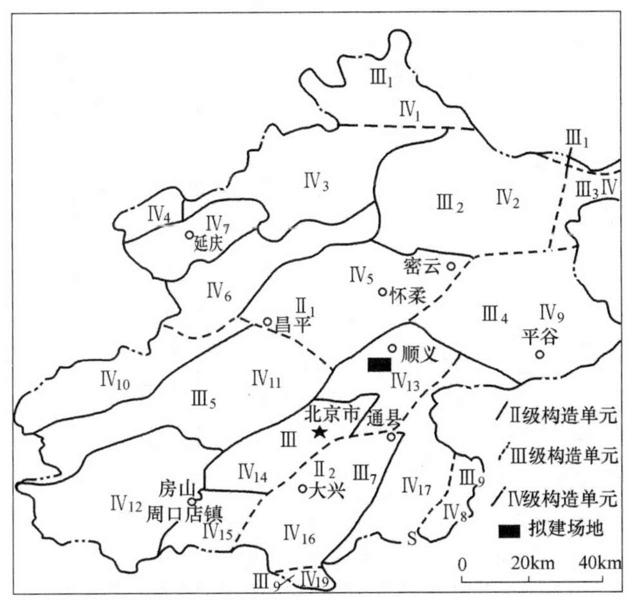

图2-1　拟建场地大地构造位置图

北京平原区是由一系列洪积、冲积扇及洪冲积平原联合而成。北部和西部的山地分属燕山山脉和太行山余脉，一般海拔1000～1500m。

拟建场地位于北京平原区的东北部，温榆河、小中河之间的二级阶地之上。拟建场地地势北高、南低。拟建场地西南侧有新近堆土，高约4.0m，堆土时间半年左右；中部南侧为建筑垃圾，厚度约2.5m；中部有一东西向陡坎。

2.2 拟建场地地层

拟建场地勘察揭露深度（84.0m）范围内，地层除表层人工填土外，其下为一般第四纪冲洪积成因的黏性土、粉土和砂类土构成。拟建场地地层情况详见表2-1 。

拟建场地地层立体分布图见图2-2。

2.3 拟建场地原位测试方法及成果

（1）剪切波速

在3个钻孔内用检层法进行了剪切波速测试，其测试成果见表2-2。

拟建场地地层情况 **表 2-1**

地层编号	岩性名称	地层厚度(m)
①	粉质黏土素填土 （黄褐色）	0.5～5.0
①$_1$	杂填土	
①$_2$	粉质黏土素填土 （褐黄色）	
②	粉质黏土	0.8～4.5
②$_1$	黏质粉土	
②$_2$	砂质粉土	
②$_3$	重粉质黏土-黏土	
③	粉质黏土	8.4～10.7
③$_2$	黏质粉土	
③$_3$	重粉质黏土—黏土	
④	黏质粉土	1.5～4.5
④$_1$	细砂	
⑤	粉质黏土	1.5～5.3
⑤$_1$	重粉质黏土-黏土	
⑤$_2$	黏质粉土	
⑥	细砂	0.4～2.7
⑦	粉质黏土	3.9～9.3
⑦$_1$	黏质粉土	
⑦$_2$	细砂	

地层编号	岩性名称	地层厚度(m)
⑧	细砂	1.5～3.0
⑨	粉质黏土	3.8～8.7
⑨$_1$	黏质粉土	
⑨$_2$	重粉质黏土-黏土	
⑩	重粉质黏土-黏土	3.7～8.8
⑩$_1$	细砂	
⑩$_2$	粉质黏土	
⑪	中砂	8.3～11.8
⑫	重粉质黏土-黏土	最大揭露厚度 12.0m
⑫$_1$	粉质黏土	
⑫$_2$	砂质粉土	
⑬	细中砂	最大揭露厚度 10.5m
⑭	粉质黏土	最大揭露厚度 10.9m
⑭$_1$	黏土	
⑭$_2$	砂质粉土	
⑮	细砂	最大揭露厚度 3.0m

剪切波速测试成果一览表 **表 2-2**

钻孔编号	测试深度(m)	20m 内等效剪切波速值 V_{se}(m/s)
24#	84	219
44#	84	214
88#	84	209

根据《建筑抗震设计规范》GB 50011—2001 中第 4.1.3 条判别，拟建场地土的类型为中软土。拟建场地覆盖层厚度大于 50m，根据《建筑抗震设计规范》（GB 50011—2001）中第 4.1.6 条判定，拟建场地类别为Ⅲ类。

（2）静力触探

拟建场地内各土层静力触探成果详见表 2-3。

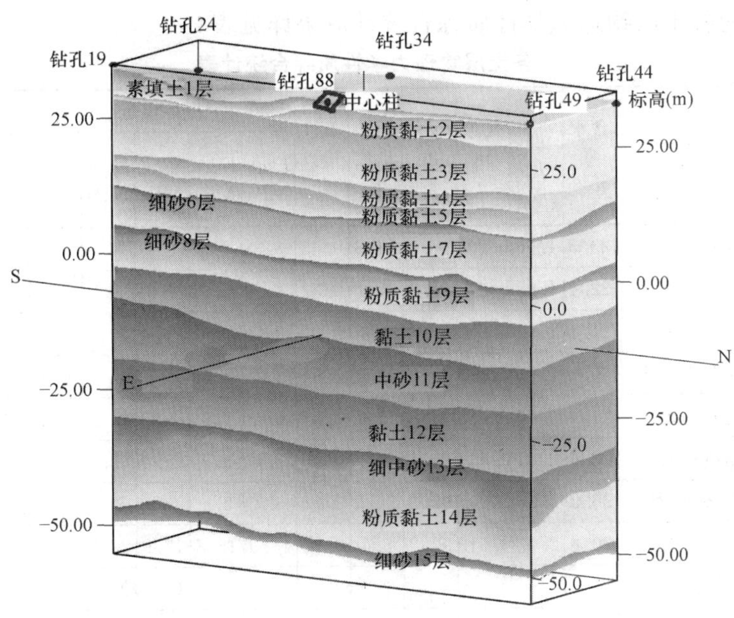

图 2-2　拟建场地地层分布立体图

静力触探试验统计结果表　　表 2-3

地层及编号	测试数据	统计数量	平均值	地层及编号	测试数据	统计数量	平均值
粉质黏土素填土①	n(%)	43	2.68	重粉质黏土-黏土③$_2$	n(%)	124	1.79
	f_s(kPa)	43	83.54		f_s(kPa)	124	39.48
杂填土①$_1$	n(%)	22	1.79	黏质粉土④	n(%)	72	8.17
	f_s(kPa)	22	31.94		f_s(kPa)	72	187.98
粉质黏土素填土①$_2$	n(%)	30	3.62	细砂④$_1$	n(%)	34	10.46
	f_s(kPa)	30	62.71		f_s(kPa)	34	206.89
粉质黏土②	n(%)	70	1.74	粉质黏土⑤	n(%)	56	9.67
	f_s(kPa)	70	42.12		f_s(kPa)	56	164.00
黏质粉土②$_1$	n(%)	24	1.41	重粉质黏土-黏土⑤$_1$	n(%)	36	5.57
	f_s(kPa)	24	43.53		f_s(kPa)	36	127.46
砂质粉土②$_2$	n(%)	25	1.97	黏质粉土⑤$_2$	n(%)	27	9.01
	f_s(kPa)	25	45.30		f_s(kPa)	27	132.86
重粉质黏土-黏土②$_3$	n(%)	4	3.02	细砂⑥	n(%)	25	4.00
	f_s(kPa)	4	41.13		f_s(kPa)	25	131.04
粉质黏土③	n(%)	258	1.61	粉质黏土⑦	n(%)	11	8.07
	f_s(kPa)	258	34.40		f_s(kPa)	11	182.59
黏质粉土③$_1$	n(%)	67	1.93				
	f_s(kPa)	67	45.17				

（3）各土层物理力学性质

拟建场地内各土层物理力学性质综合统计成果详见表 2-4。

各土层物理力学性质综合统计表 **表 2-4**

年代成因	土层代号	土层名称	含水量 w%	湿密度 ρ_0 g/cm³	孔隙比 e	饱和度 %	塑性指数 I_p	液性指数 I_L	压缩模量					直剪试验		三轴试验	
									E_{S100} MPa	E_{S200} MPa	E_{S300} MPa	E_{S400} MPa	E_{S500} MPa	C kPa	ϕ 度	C kPa	ϕ 度
	②	粉质黏土	23.5	1.96	0.705	90.0	11.8	0.43	3.8	4.9	5.9	7.2	8.1			28.2	8.2
	②$_1$	黏质粉土	22.1	1.98	0.675	90.7	8.6	0.32	6.3	8.1	9.9	9.4	10.0	15.7	33.2	17.6	30.6
	②$_2$	砂质粉土	21.4	1.97	0.650	87.8	5.3	0.02	9.2	12.0	15.0						
	②$_3$	重粉质黏-黏土	30.7	1.90	0.873	94.3	17.0	0.54	3.7	4.5	5.2	6.2	6.8			19.1	25.4
	③	粉质黏土	24.1	2.00	0.685	94.9	11.7	0.51	6.4	7.5	8.5	9.3	10.2	32.0	15.9		
	③$_1$	黏质粉土	22.4	2.01	0.640	94.1	8.8	0.35	7.9	9.7	11.4	12.3	13.8	15.6	30.0	17.8	26.2
	③$_2$	重粉质黏土-黏土	36.2	1.86	1.007	97.2	20.6	0.58	4.7	5.4	6.2	7.0	7.6	21.6	12.4	12.9	5.8
	④	黏质粉土	20.8	2.02	0.619	92.2	8.6	0.22	13.9	15.8	17.8	22.9	26.1				
	④$_1$	细砂							18.0(经验值)								
	⑤	粉质黏土	20.4	2.05	0.592	93.1	11.2	0.32	11.5	12.4	14.0	15.0	15.6				
	⑤$_1$	重粉质黏土-黏土	31.6	1.91	0.871	97.4	18.4	0.44	7.7	8.5	9.4	9.5	10.3				
	⑤$_2$	黏质粉土	19.8	2.05	0.574	92.2	8.4	0.21	13.4	14.5	16.6	16.4	18.5				
	⑥	细砂							20.0(经验值)								
	⑦	粉质黏土	21.9	2.03	0.629	93.9	11.4	0.40	12.3	13.3	14.8	15.1	16.2				
	⑦$_1$	黏质粉土	20.6	2.04	0.596	93.9	8.7	0.31	18.3	19.5	22.2	19.5	21.2				
Q^{al+pl}	⑦$_2$	细砂							24.0(经验值)								
	⑧	细砂							26.0(经验值)								
	⑨	粉质黏土	21.5	2.03	0.623	92.9	11.2	0.36	14.1	15.0	16.6	18.2	19.7				
	⑨$_1$	黏质粉土	21.5	2.00	0.646	91.8	8.5	0.45	16.6	16.9	19.4	20.1	21.9				
	⑨$_2$	重粉质黏土-黏土	32.0	1.91	0.901	97.4	19.8	0.31	10.6	11.3	12.4	12.6	13.6				
	⑩	重粉质黏土-黏土	28.2	1.96	0.794	96.8	18.3	0.31	11.5	12.2	13.3	14.1	14.9			28.4	20.8
	⑩$_1$	细砂							28.0(经验值)								
	⑩$_2$	粉质黏土	22.7	2.02	0.649	93.7	11.6	0.41	15.1	16.2	18.0	19.1	20.9				
	⑪	中砂							32.0(经验值)								
	⑫	重粉质黏土-黏土	27.6	1.96	0.779	96.3	17.1	0.34	15.1	15.9	16.8	17.5	18.2			27.5	19.3
	⑫$_1$	粉质黏土	22.5	2.02	0.640	93.9	12.3	0.33	19.3	19.9	21.2	22.3	23.6			16.8	21.9
	⑫$_2$	砂质粉土	19.6	2.10	0.526	98.0	6.1	−0.15	37.1	37.1	37.1	49.5	49.5				
	⑬	细中砂							35.0(经验值)								
	⑭	粉质黏土	21.0	2.06	0.595	96.3	12.2	0.25	17.5	19.9	21.9	23.1	23.1			24.7	18.4
	⑭$_1$	黏土	31.5	1.93	0.875	98.8	20.5	0.39	14.6	15.5	16.1	16.6	17.5				
	⑭$_2$	砂质粉土	14.2				4.7	0.36	30.0(经验值)								
	⑮	细砂							40.0(经验值)								

（4）拟建场地地下水位情况

为了准确查明拟建场地内地下水的埋藏情况，在拟建场地均匀分散布置了 8 个专门地下水测量孔（3#、5#、13#、24#、44#、83#、88#、92#），其中 3#、13#、83#、92# 用于查明 35m 深度内地下水埋藏情况；24#、44#、88# 用于查明 35～50m 深度内地下水埋藏情况；5# 查明建筑垃圾地段地下水腐蚀性。查明拟建场地 50m 深度内共分布有 4 层地下水，其埋藏情况详见表 2-5。

拟建场地历年最高地下水位接近地表，近 3～5 年最高地下水位绝对标高为 32.50m 左右（以地面最高处为基准）。

拟建场地的抗浮设计水位综合考虑小中河历史最高洪水位、填方材料及高度、填方施工方案、地面排水设计及排水系统布置等因素，最终建议拟建 A380 机库场地抗浮设防水位标高按 30.30m 考虑（拟建 A380 机库场地±0.00 标高按 30.80m 考虑）。

现场钻探期间地下水埋藏情况一览表 表 2-5

序号	初见水位埋深(m)	初见水位标高(m)	稳定水位埋深(m)	稳定水位标高(m)	地下水类型
第一层水	0.8～8.2	21.46～30.42	0.2～6.1	26.87～31.46	潜水
第二层水	11.5～15.2	17.17～18.19	10.8～14.8	17.87～18.79	潜水
第三层水	25.1～31.4	1.69～5.29	22.8～30.0	3.09～7.49	微承压水
第四层水	41.5～45.5	−12.14～-7.51	33.6～37.6	−4.24～0.29	承压水

3. 岩土工程问题分析及评价

3.1 地基稳定性均匀性评价

（1）场地稳定性评价

依据中航勘察设计研究院 2003 年 10 月提交“北京首都机场扩建工程建设用地地质灾害危险性评估报告”及勘察成果，拟建场地内无不良地质作用，为可进行建设的一般场地，适宜建筑。

（2）场地均匀性评价

拟建建筑物位于同一地貌单元上，土层属于相同成因年代，选取有代表性的 6 个钻孔进行地基均匀性评价，依据《北京地区建筑地基基础勘察设计规范》DBJ 01-501-92 表 6.2.4 进行判断，综合判别结果为拟建场地为均匀地基。

（3）地基土液化判别评价

根据察揭露的地层资料及室内粉土、砂土的土工试验成果，依据《建筑抗震设计规范》GB 50011—2001 第 4.3.4 条判定，当地下水位按接近自然地表，综合判定在抗震设防烈度为 8 度时，场地内地基土不液化。

（4）不良地质作用

依据“首都机场扩建工程建设用地地质灾害危险性评估报告”成果，良乡～前门～顺义断裂在塔河处（位于拟建场地南侧，塔河村现已拆除）穿过首都机场扩建工程建设用地，距离拟建 A380 机库场地约为 1.0km，该断裂对拟建工程的危险性等级属小级，故可不考虑该断裂对拟建 A380 机库场地的影响。

根据勘察成果，拟建场地内无不良地质作用。

（5）水土腐蚀性评价

勘察期间，在3号、5号、13号、24号、44号、83号、88号、92号钻孔中分别提取第一、二、三、四层地下水试样共15件。综合分析整个拟建场地的地下水水质测试分析结果，依据中华人民共和国国家标准《岩土工程勘察规范》GB 50021—2001第12.2节所列的评定标准综合判定结果如下：

在存在建筑垃圾地段（5号钻孔）：第1层潜水在无干湿交替作用和有干湿交替作用下对混凝土结构均具有弱腐蚀性；在干湿交替条件下，对钢筋混凝土结构中的钢筋均具有中等腐蚀性。

除存在建筑垃圾外的其他地段：第1层（潜水）地下水在无干湿交替作用和有干湿交替作用下对混凝土结构均无腐蚀性，在干湿交替条件下，对钢筋混凝土结构中的钢筋均具有弱腐蚀性；第2层（潜水）、第3层（微承压水）及第4层（承压水）地下水对混凝土结构及钢筋混凝土结构中的钢筋均无腐蚀性。

（6）地基承载力分析

根据室内土工试验和现场原位测试成果，人工填土①层及其夹层因土质结构松散，均匀性差，不经处理，不宜作为天然地基。其他各土层地基承载力标准值 f_{ka} 详见表3-1。

各土层地基承载力标准值（f_{ka}） 表3-1

层次	地层名称	地基承载力标准值（kPa）	层次	地层名称	地基承载力标准值（kPa）
②	粉质黏土	90	⑧	细砂	300
$②_1$	黏质粉土	110	⑨	粉质黏土	240
$②_2$	砂质粉土	130	$⑨_1$	黏质粉土	260
$②_3$	重粉质黏土-黏土	80	$⑨_2$	重粉质黏土-黏土	200
③	粉质黏土	140	⑩	重粉质黏土-黏土	210
$③_1$	黏质粉土	160	$⑩_1$	细砂	320
$③_2$	重粉质黏土-黏土	130	$⑩_2$	粉质黏土	220
④	黏质粉土	200	⑪	中砂	400
$④_1$	细砂	210	⑫	重粉质黏土-黏土	240
⑤	粉质黏土	210	$⑫_1$	粉质黏土	260
$⑤_1$	重粉质黏土一黏土	180	$⑫_2$	砂质粉土	280
$⑤_2$	黏质粉土	220	⑬	细中砂	380
⑥	细砂	260	⑭	粉质黏土	270
⑦	粉质黏土	220	$⑭_1$	黏土	240
$⑦_1$	黏质粉土	240	$⑭_2$	砂质粉土	300
$⑦_2$	细砂	280	⑮	细砂	400

（7）地基基础方案分析

本工程主体结构单柱荷重大，弯矩大，差异沉降要求严格，采用天然地基不能满足承载力及差异沉降要求，因此建议采用桩基础。

附楼单柱荷载较大，考虑到主体结构和附楼的协同变形，同样建议采用桩基方案。

拟建场地内地层力学性质较好，如采用预制桩，遇到砂层和较硬地层时，施工困难。又因为受到动力限制，预制桩不能太长，难以提供很大的单桩承载力，且预制桩施工时震动和噪音大，因此根据拟建建筑物的荷载情况和场地条件，本工程不宜使用预制桩。而钻孔灌注桩能够很好的适应各种地层，并且桩长可以根据工程需要进行调整，能够提供很大的单桩承载力，因此建议本工程采用钻孔灌注桩。

根据机库大门及机库内地坪的平面布置及荷载分布特点，建议采用天然地基。

拟建建筑物各部位具体地基基础方案建议详见表 3-2。

地基基础方案建议表 **表 3-2**

建筑物部位	主要特征	天然地基持力层	建议地基基础方案
主体部分	跨度大，荷重大，弯矩大		基础形式建议采用钻孔灌注桩
机库内地坪	点荷载较大	②层及夹层 ③层及夹层	建议采用天然地基，基础形式采用板式基础
机库大门	线荷载较大	②层及夹层 ③层及夹层	建议采用天然地基，基础形式采用条形基础
机库附楼	单柱荷载较大		基础形式建议采用钻孔灌注桩
消防水池	位于地面以下浮力较大	③层及夹层	天然地基＋配重或抗拔桩
消防泵房	荷重较小	②层及夹层	天然地基
门卫及接待室	荷重较小	②层及夹层	天然地基

（8）柱下桩基的设计

可用于本工程建议桩端持力层中砂⑪层顶板标高等值线及厚度等值线详见图 3-1 与图 3-2。

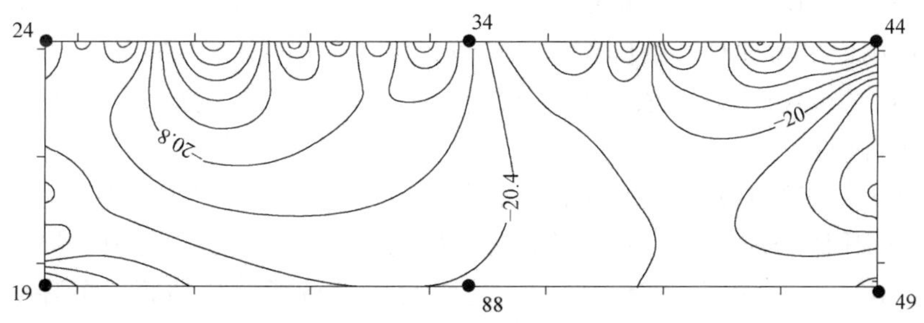

图 3-1 中砂⑪层顶板标高等值线图（单位：m）

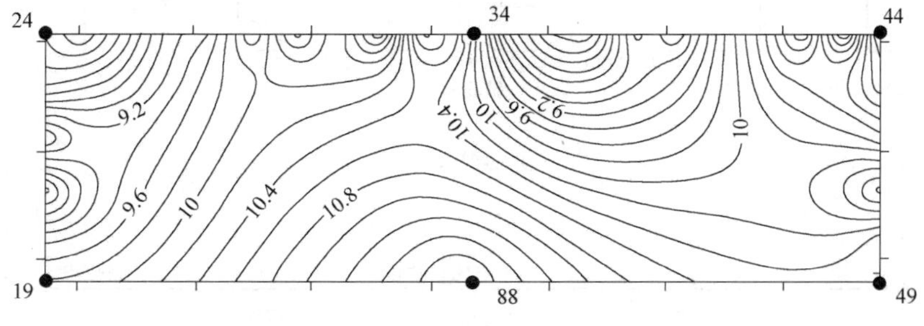

图 3-2 中砂⑪层厚度等值线图（单位：m）

根据我公司收集到的“北京首都国际机场T3航站楼岩土工程勘察报告”、“北京首都国际机场扩建工程T3航站楼破坏性试桩（单桩竖向抗压、抗拔及水平承载力）成果”及本次勘察成果，综合提出桩基设计参数。单桩极限承载力估算成果详见表3-3。

第三层地下水及以下地层中的地下水均有不同程度的承压性，对桩基施工有一定的影响，应在桩基施工工艺上采取适当的措施来消除或减少其影响。

单桩极限承载力估算成果表 **表3-3**

持力层名称	桩　型	桩顶标高（m）	桩端标高（m）	有效桩长（m）	单桩竖向极限承载力估算值（kN）
细砂⑧层	ϕ800mm钻孔灌注桩	27.3	2.30	25.0	4000
细砂⑧层	ϕ1000mm钻孔灌注桩	27.3	2.30	25.0	5300
中砂⑪层	ϕ800mm钻孔灌注桩	27.3	−13.70	41.0	7200
中砂⑪层	ϕ1000mm钻孔灌注桩	27.3	−13.70	41.0	9300

单桩承载力的最终确定需采用静载荷试验确定。静载荷试验可在工程桩正式施工前在试验桩上进行。

根据本工程的荷载特征及地基基础特点，开发了以Mindlin（明德林）公式为基础，用Geddes应力解计算桩对土体产生的竖向附加应力；以Boussinesq（布辛奈斯克）解为基础，采用对Boussinesq（布辛奈斯克）解矩形积分的方法计算桩间土地表垂直压力对土体内产生的竖向附加应力，将桩和地表垂直压力在土体中产生的附加应力进行叠加，建立桩与土相互作用模型考虑桩土共同作用的计算程序，名称为PSISA（Pile and Soil Interacting Settlement Analysis），并依据拟建场地南侧首都机场T3航站楼的压桩试验成果对沉降计算结果进行修正。

依据设计单位提供的初步设计条件（包括单柱荷载、承台尺寸及埋深、每个承台下桩数及桩长），采用PSISA程序对6个具有代表性的承台进行了沉降估算。同时按《建筑桩基技术规范》JGJ 94-94第5.3节规定对上述承台也进行了沉降估算。沉降估算所选取的代表性承台位置详见图3-3，代表性承台沉降估算成果详见表3-4。

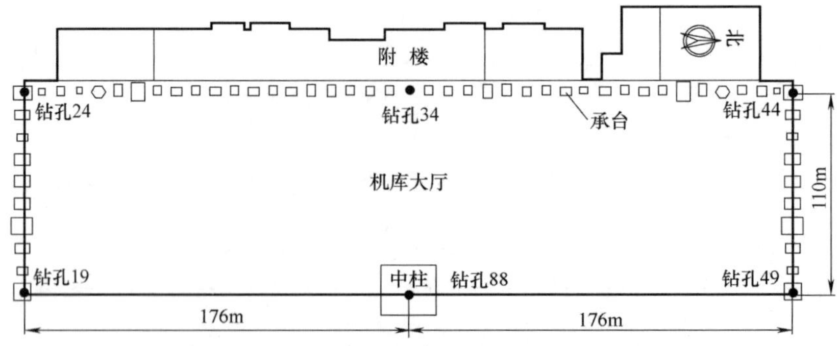

图3-3　代表性承台位置及对应钻孔

代表性承台下桩基沉降估算　　表 3-4

承台位置	代表性钻孔孔号	桩基沉降估算			
		桩数	桩长(m)	s(mm)(JGJ 94-94)	s(mm)(PSISA 程序)
中柱	88	64	36	176.14	48.96
东南角	19	12	28	83.85	26.57
西南角	24	8	28	42.42	17.37
西侧中部	34	4	33	12.59	16.11
西北角	44	8	28	93.56	18.63
东北角	49	12	28	123.88	26.75

4. 技术难点与创新

4.1 技术难点

本机库具有大跨度、大进深、单柱荷载大、荷载差异大、结构对差异沉降敏感等特点，同一承台下的桩与桩及桩与土之间、不同承台下的桩与桩及桩与土之间、机库大厅与承台之间相互作用下的群桩沉降控制问题，是本工程的技术难点。因此准确确定拟建场地地层分布条件、地下水分布、各层土物理力学性质参数、桩基承载力及飞机地坪设计参数等一系列岩土工程设计施工参数就十分重要。

4.2 创新

在取得单桩载荷试验的实测资料后，我公司根据单桩静载荷试验数据，对建筑结构设计的桩基础进行了沉降咨询，以便于设计单位更好地把握本工程的基础沉降数值和趋势。根据该工程的特点，开发了能够较全面反应土层分布和桩基实际工作状态，并充分利用单桩静载试验成果的沉降计算软件（名称为 PSISA，即 Pile and Soil Interacting Settlement Analysis），该计算软件能全面考虑桩土相互作用，运用了 Geddes 解。本计算方法的最大特色是充分运用了单桩静载试验结果，由同条件的单桩静载荷试验实测值与单桩沉降的理

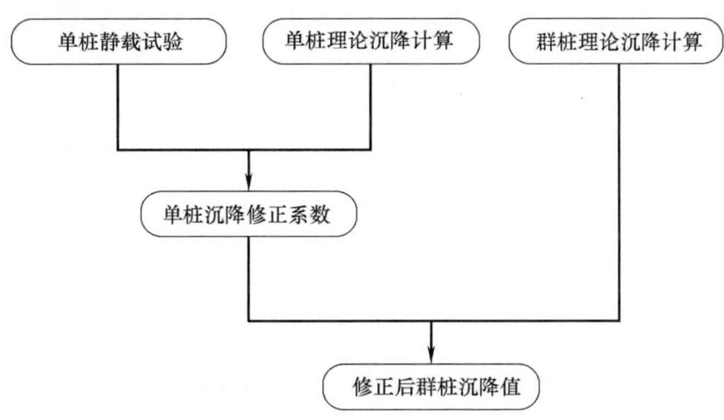

图 4-1　计算过程框图

论计算值相比较，获得沉降计算的修正系数，进而推算群桩沉降，本方法把这个过程称为“推算法”。计算过程见图 4-1。

沉降计算成果等值线图详见图 4-2。

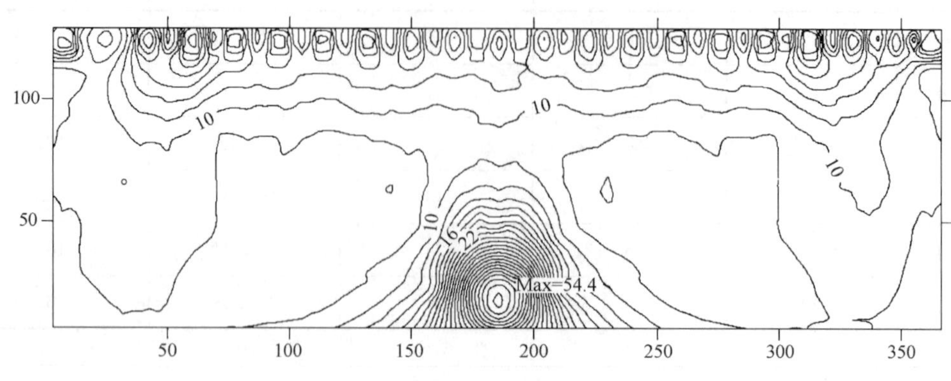

图 4-2　群桩沉降计算等值线成果（单位 mm）

计算结果显示最大沉降点位于中柱，中柱计算最终沉降值为 54.4mm。

5. 工程效益与效果

中航勘察设计研究院 2007 年 1 月 10 日至 2008 年 12 月 18 日对 A380 机库进行了沉降观测，共埋设沉降观测点 43 个，总计进行了 37 次观测。沉降观测点布置图详见图 5-1，沉降观测结果详见表 5-1。

依据沉降观测结果，截至 2008 年 12 月 18 日中柱沉降 20.15mm，两侧单柱最大沉降 17.52mm。

依据从该机库开工至竣工后半年期间，共观测 37 次的沉降观测成果分析，本次沉降咨询的沉降计算成果符合沉降观测成果的沉降分布规律。

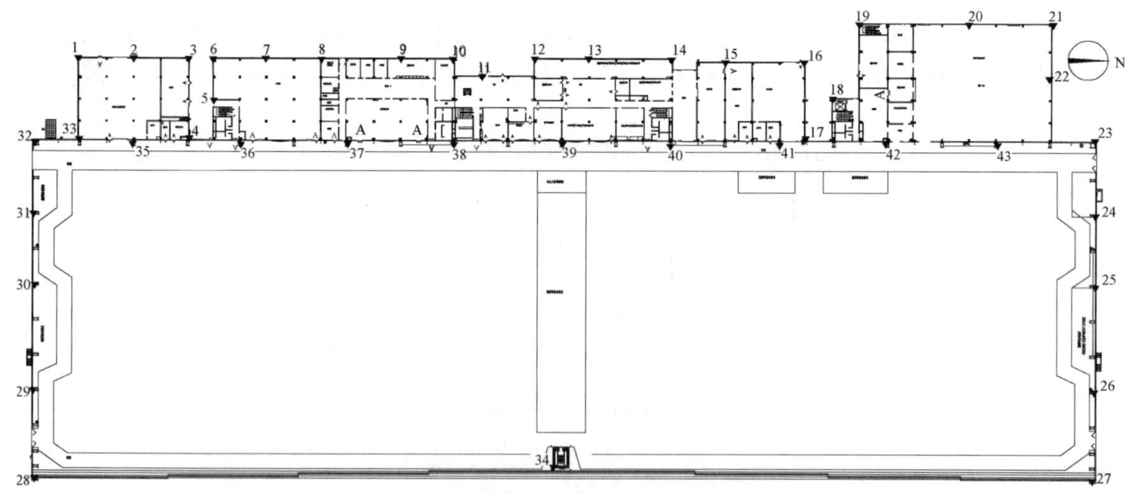

图 5-1　沉降观测点布置图

沉降观测结果　　表 5-1

观测点号	沉降量(mm)	观测点号	沉降量(mm)	观测点号	沉降量(mm)	观测点号	沉降量(mm)	观测点号	沉降量(mm)
1＊	－3.73	11＊	－6.78	21＊＊	1.02	31	－9.87	41	－11.00
2＊	－5.28	12	－6.59	22	－4.25	32	－10.27	42	－9.64
3	－4.35	13	－6.57	23＊	－0.38	33	－5.75	43	－8.47
4	－5.35	14	－5.68	24	－8.38	34	—20.15		
5	－6.54	15＊	－4.66	25＊	－4.06	35	－11.66		
6	－4.87	16＊＊	－4.69	26	－17.21	36	－6.06		
7	－4.41	17	－9.87	27	－17.52	37	－8.02		
8	－5.15	18＊	－6.31	28	－15.66	38	－11.70		
9	－5.96	19＊	－2.44	29	－7.26	39＊	－9.14		
10	－6.92	20	－4.00	30	－10.99	40	－12.56		

注：＊为施工过程中该观测点被破坏，＊＊为施工过程中该观测点被遮盖。

根据有关规范的要求，安全等级为一级的工程其桩基都要求进行试桩，本工程的咨询工作是将试桩得到的载荷试验和考虑桩土相互作用的 Geddes 理论解相结合，充分利用了两者的优点，弥补了现行规范法中实体基础分层总和法的不足，经检验该沉降计算方法（简称“推算法”）可靠合理。该“推算法”可以应用到有试桩资料的工程中，很好地利用单桩静载荷试验资料推算群桩沉降。这一方法在建筑物差异沉降、绝对沉降控制和变形调平设计方面加以应用，可以优化桩基、复合地基中刚性桩的布置，节省工程成本，将取得良好经济效益。

减少了桩基、复合地基中刚性桩的布置，就意味着减少了工程材料在开采、制造、运输过程中对环境的污染，减少了桩基、复合地基刚性桩对地基土的污染，取得了较好的环境效益。

在取得良好经济效益和环境效益的同时，对类似工程的设计提供一个新的沉降计算方法，取得了较好的社会效益。

6. 获奖单位简介

中航勘察设计研究院有限公司成立于 1952 年 4 月，是我国最早成立的大型综合甲级勘察设计单位之一，隶属于中国航空工业集团公司。

目前拥有工程勘察、测绘、工程测试、地基基础施工、工程咨询、地质灾害治理等甲级资质，拥有北京中航勘地基基础工程有限公司、北京中航蓝天建设工程质量检测有限公司、北京中航信实物业有限公司等多家子公司。有正式职工 330 余人，其中博士后、博士 6 人，国家勘察大师 1 人，各类国家注册工程师 91 人，设有勘察设计行业全国首家博士后科研工作站。

六十多年来，公司共完成国防工业和航空工业大型基地、厂房、民用住宅小区、商业办公楼、市政道路、桥梁、隧洞、码头、机场等项目的工程地质勘察、测绘、水文地质勘察、地基基础施工、工程降水、地基处理、深基坑支护、地质灾害治理等工程近一万八千余项，为国防工业、航空工业和我国的民用建设、市政建设事业做出了积极的贡献。

公司是《工程地质手册》等多项规范手册的主要编写单位，是全国优秀勘察设计院、全国工程勘察设计先进单位、全国勘察设计综合实力百强单位、全国诚信企业、全国行业十佳自主技术创新企业、航空工业创建50年有突出贡献单位。

7. 专利与独有技术

开发了能够较全面反应土层分布和桩基实际工作状态，并充分利用单桩静载试验成果的沉降计算软件（名称为PSISA，即Pile and Soil Interacting Settlement Analysis）。

PSISA计算软件采用Geddes解能够全面考虑桩土相互作用，并且充分运用单桩静载试验结果，由同条件的单桩静载荷试验实测值与单桩沉降的理论计算值相比较，获得沉降计算的修正系数，进而推算群桩沉降。

【项目特色提要】 本项目为当时世界单体面积最大的飞机维修机库，主体结构单柱荷重大、基底弯矩大，同一承台下的桩与桩及桩与土之间、不同承台下的桩与桩及桩与土之间、机库大厅与承台之间相互作用下的群桩沉降控制问题，是本工程的技术难点。勘察与咨询的难点为超大跨度、高集中荷载柱基础及柱下桩基础沉降分析评价。

针对项目特、难点，在项目勘察及沉降咨询工作中，针对差异沉降控制要求严格的需要开展岩土工程勘察及桩基工作性状的试验、计算和评估，在此基础上编制了能够较全面反映土层分布和桩基实际工作状态，并充分利用单桩静载试验成果的沉降计算软件PSISA。根据勘察揭示的地基土层分布、各土层压缩性力学指标，充分运用了单桩静载试验结果，由同条件的单桩静载荷试验实测值与单桩沉降的理论计算值相比较，获得沉降计算的修正系数，进而对整个机库进行了沉降计算，提出大跨度结构基础设计的关键差异沉降控制指标，为桩基设计提供了关键的技术参数和设计重要依据。沉降观测成果验证了本项目的沉降计算成果。

本项目基于现场单桩载荷试验资料，开展大跨度结构差异沉降分析咨询的技术路线与成果值得借鉴与推广。

上海国际航运中心洋山深水港区三期工程

中交第三航务工程勘察设计院有限公司　胡建平

【项目摘要】

上海国际航运中心洋山深水港区三期工程（简称洋山三期工程）是洋山港区天然水深条件最好、泊位等级最高、陆域纵深最大的港区。工程位于镬盖塘与小岩礁之间，洋山港区一期东侧。工程建设规模为7个7～15万吨级集装箱专用泊位，岸线长度为2600m，码头结构均按靠泊15万吨级集装箱船设计，年吞吐量500万TEU。洋山三期分为港口作业区、进出港道路、工作船港池基地和作业区北侧区域四部分，占地总面积达591.35万m^2，工程总投资172亿元，于2009年通过国家验收。

该工程处于开敞海域，远离大陆30多公里，海况恶劣，为多岛礁、多汊道、强潮流、高含沙的外海海域。工程勘察中首创运用11项创新、18项关键技术，完成钻孔676个，入土总进尺24232.7m，开创了近海勘探国内外先例，是当今我国海上勘探技术高水平的综合展现。

1. 工程概况

地形地貌复杂、自然条件恶劣、工程地质条件复杂、施工难度大、技术要求高；码头基础采用新工艺新技术，对勘探成果要求比较高，技术难度较大，给岩土工程勘察、设计、监测等提出了新问题、新要求。具体如下：

（1）工程规模大：洋山三期工程码头泊位总长度为2.6km，勘察场地总面积为544万m^2（水域面积为501万m^2，开山面积为43万m^2）。拟建（构）筑物有码头、驳岸、堆场、配套建筑物（候工楼、变电所、进出港闸口、仓库等）、东海大桥延伸段等，工作量大、工期紧，勘察工作受环境影响大，作业天数受限，勘察任务重。野外勘察施工需完成勘探孔676个，总进尺24232.7m。

（2）地形地貌复杂：场区内主要有镬盖塘岛与大小岩礁岛、大指头岛，属海蚀残丘礁岛地貌类型。水下地形起伏大，局部基岩裸露，由于潮流冲刷侵蚀和沉积作用，水下泥面标高起伏较大，局部区域有淤积。镬盖塘岛与小岩礁之间海域中部发育一非全新世活动断裂带，穿过三期场区，位于一期工程向东1500m处。

（3）自然条件恶劣：场区气候条件恶劣，施工海域风大、流急、浪高，冬季寒流、夏季台风频发，施工作业条件差，施工天数受限。潮流复杂多变，场地内岛礁分布多，为非正规半日潮，潮流与岛礁作用，导致岛礁附近流态复杂，通道内涨落潮流速大。

（4）工程地质条件复杂：场区基岩面起伏大，顶板标高为－3.0～－53.0m。发育有较完整的冲海相、坡洪积相、残积相沉积物，且厚度变化大，局部区域基岩裸露，局部有新抛填或淤积的淤泥质土、松散砂以及抛石。

（5）勘察工作技术要求高：拟建码头采用高桩梁板结构，接岸结构采用斜顶桩板桩承台型式，接岸后方陆域吹填等对勘察工作有特殊要求。在基岩浅埋区，桩基需进入基岩一定深度，才能满足码头及驳岸承载力、变形及稳定性要求，设计拟采用大直径嵌岩桩和大直径斜顶桩嵌岩桩，设计创新，对勘察成果要求高，技术难度大，在洋山前期工程中没有实践经验。

针对该项目的特点、难点，我们采用了 11 项企业核心专利（其中 4 项为发明专利），18 项关键技术。其中 7 项专利、2 项软件著作权为本工程首次采用，从而进一步提高了复杂海况勘探钻进、原位测试、采样运输、室内试验、成果处理、后期监测等各环节的技术水平，也进一步推动了我国的近海水运、桥梁工程勘察技术的发展，更为今后类似重大、特大型复杂海况港口、跨海大桥等的建设提供了可靠的勘察技术保障。

图 1-1　建成后洋山深水港区三期（局部）

2. 场地岩土工程条件

（1）根据三期工程附属项目多，上部建（构）筑物对地基要求高，地形、地貌复杂，地基土类型多且不均匀等条件，有针对性地布置勘探工作量。三期工程勘察场地主要分为两部分：码头区和陆域形成区。根据设计意图，结合现行相关规范，在不同勘察阶段采用相应的技术方案、方法和手段布置相应的工作量，勘察工作量非常大，且相应的岩、土和水质试验项目也非常多。

（2）三期工程具有典型不均匀地基岩土层，具体表现在：

① 场地跨越不同地貌单元，岩土层空间发育不均匀，具明显的差异；

② 场地存在构造破碎带（非全新活动断裂带），断裂两侧的基岩风化层较发育，且岩性不同，西侧为 $r_5^{2(3)}$ 花岗岩，东侧为 $\upsilon_5^{2(2)}$ 辉长岩，辉长岩中等风化层节理裂隙相对较发育，厚度较大；

③ 场地内有大面积软弱黏性土和深厚吹填土分布；

④ 局部相邻钻孔岩土层界面坡度较陡，基岩面起伏大。

（3）地基主要持力层的不均匀性评价，桩型和桩基持力层的选择及桩基承载力和稳定性评价。三期码头桩基设计的工程地质问题主要是基岩埋深和覆盖层（尤其是Ⅳ、Ⅴ层）发育情况，基岩深埋区应选择打入桩基础型式，在基岩浅埋区则应考虑嵌岩桩，针对该区局部岩面较高，覆盖层厚度较薄的特点，三期工程码头分别采用不同桩型、不同桩长、不同桩尖持力层，并首次在洋山区域采用了大直径斜桩嵌岩，现行规范对洋山三期所采用的大直径规格的桩基还没有明确的设计参数可供参考，为确保桩基工程的可行性和合理性，勘察过程中进行了大量的原位测试，并进行了大吨位的水上基桩静载荷试验，同时为验收基桩进行了大量大应变测试。

（4）因岩土性质的复杂性，准确预测、计算岩土体的变形是非常困难的，只有现场监测才能准确反应岩土体的变形情况，因此各种监测工作是工程建设的必要手段，在钻探取样、原位测试等手段判别软土加固效果的基础上，还在软土层中设置大量的表层沉降位移观测点、分层沉降观测点、孔隙水压力计、测斜管等，获取了大量表层沉降、土体分层沉降及位移等，实时掌握土体变形情况，从而科学合理地指导、监控三期工程陆域形成地基处理，围堤堆载速率和上部结构的施工进度，确保施工期安全。分析并研究其内在的规律，为后期优化设计和施工方案提供了依据。

3. 主要内容

3.1 总体思路

1）技术现状分析。在充分调研、分析现有勘察技术现状、存在问题的基础上，结合洋山工程的环境特点、工程建设对于海上勘察的质量、精度等要求，以及市场竞争的需要等，提出海上勘察需解决的技术问题。

2）调研查新。采用全球文献、国内 TRIPS、国际 DIALOG 检索系统全球检索，结合专业单位科技查新等手段，及时掌握国内外现有专业技术、标准及最新动态，掌握国际近海工程勘察最新成果，吸取精华并有创新及突破。

3）制定研究内容、方向和目标。围绕洋山勘察需解决的突出问题，制定研究技术内容和方向，如海上移动勘探平台系统的研发；海上钻探取样新工艺技术；水上十字板原位测试技术；各类建筑物沉降、倾斜、变形等工程监测技术；土工数据测定和处理集成系统。形成一套适应能力强、高安全性、高稳定性、高效率、易操作、低成本的水上勘察技术体系。

3.2 技术方案

为保证工程总体达到国际水平及部分达到国际领先，采用专题研究、试验对比、现场验证等方法。分别成立："海上移动平台系统设计"、"海上钻探取样新工艺技术"、"海上原位测试技术"、"工程监测技术"、"土工数据测定和处理集成系统"五个专项攻关组。

3.2.1 海上移动平台系统设计

海上移动平台系统的研发包括：单侧悬臂式海上勘探平台、三钻机混合钻进法、泥浆循环系统、浮体组合式二用勘探平台开发等内容。

（1）单侧悬臂式海上勘探平台

采用模块化设计，拼装式组装，产品通用性广，便于集装箱装载和运输。

优先选用一艘自航小平底工程船舶，船舶首、尾上设有 4～6 个锚机；在工程船舶甲板上至少设两根型钢，有多根支架横跨于型钢之上，且伸出舷体一侧，在支架上铺设地板和槽钢，其中槽钢位置与型钢相对应，槽钢通过支架与型钢固定连接，支架和地板伸出船体的部分为工作区悬臂侧，用以实施海上钻井、原位测试等。钻塔设于单侧悬臂勘探平台上；勘探机具设备安放或固定在勘探平台上，包括位于工作区悬臂侧内的钻机和位于船体上的泥浆泵等。本创新体现在平台安装简易、低成本，可用于海（水）上勘探、岩（土）芯采取等勘探作业（如图 3-1 所示）。

（2）三钻机混合钻进法

缩短海上勘探时间，提高海上勘探的安全性。

突破常规采用的单钻机钻进法，设计创新采用呈三角形分布的三台钻机混合钻进法。处于平台悬臂侧上的主动力钻机（立轴式岩心钻机）仅承担水下岩土钻进，平台另侧双台辅助多级变速卷扬钻机轮流承担上下提引，各司其职，达到不间断提、卸钻杆，从而大幅度缩短海上勘探时间。在处理孔内卡钻故障时，集中主、辅三台钻机的提引力，从而快速处理故障，提高海上勘探的安全性。首创的海上三台钻机混合钻进法，创国内水下软土钻进平均速率 50m/3h 的最高纪录，该记录保持至今。

（3）泥浆循环系统

海上勘探泥浆的循环使用，节约资源，减少对环境的污染。

本系统设计了一套泥浆回收再利用循环辅助装置（如图 3-2 所示）。该装置由旁通套管接头、管道、双层网状粗细过滤网、回收池、泥浆泵组成。泥浆泵从过滤池中吸入泥浆压入管道，管道中泥浆通过钻杆、钻头（或岩芯管）被不断的压入孔底，并和孔底被钻头切磨成散体状的土粒融合，形成土粒悬浮的浆液，在泥浆泵不断送浆下，把孔底的土粒、砂土颗粒等持续地通过钻杆外侧沿孔壁和套管内上溢，浆液带至作业平台并流回泥浆池经双层过滤后得以循环使用，泥浆回收率达 95%以上。

图 3-1　船载勘探平台三维设计模型图

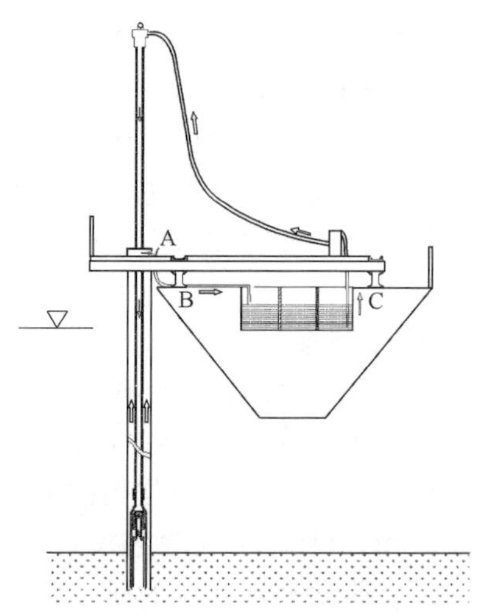

图 3-2　泥浆回收系统示意图

（4）浮体组合式二用勘探平台

开发一种低成本组合式二用勘探平台，适应潮间带区域勘探。

设计一种运输便利、安装简便、移动快速、成本低廉的可重复使用的非自航式水、陆二用勘探平台，适用于近岸水域海滩、涨落潮区域勘探作业等（如图 3-3 所示）。克服了普通勘探平台难以同时兼顾深水区和滩地（潮间带）作业难题。

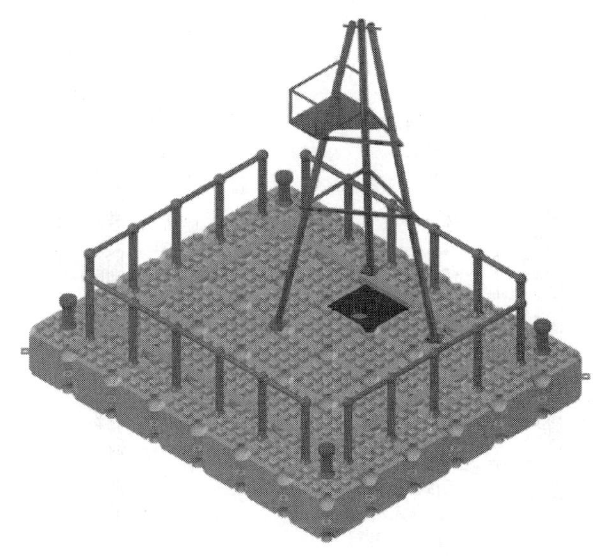

图 3-3　二用平台设计模型图

海上移动平台系统设计方案中拥有 3 项专利，主要技术创新包括：①勘探平台模块化设计，拼装式组装；②首创三钻机混合钻进法；③提出海上钻孔快速定位法；④独特设计的泥浆循环系统；⑤创新锚链交叉米字法；⑥发明二用浮体组装式勘探平台；⑦钻具与勘探平台快速分离法设计；⑧独创双卷扬液压升降式钻塔等。船载式勘探平台系统突破了近海工程现有技术的极限，使海（水）上勘探有效时间延长 30%以上。

3.2.2　海上钻探取样新工艺技术

海上钻探取样新工艺技术包括：双管单动活门式取芯取土器设计、立式液压推土器设计、防震土样箱设计等。

（1）双管单动活门式取芯取土器设计

设计的取土器取芯率达到 65%～100%，钻进效率提高 50%以上，性能优于国内外同类产品。

双管单动活门式取芯取土器内、外管结构均采用上、下分段，内管上段由内接头、弹簧装置和岩芯管组成，内管下段装有半开键式塑料衬筒的半开管，半开管通过活接头与上端的岩芯管及下端的磁力翻板活门连接。两片半开管采用台阶式结构，在内壁的中间设计了两条对称键槽。半开键式塑料衬筒由两爿相同的半圆片通过纵向截面处一对半圆柱凹凸槽嵌合连接组成，且在连接处的外壁形成两条对称长键，在键两端还各设计了一个凹槽，衬筒装入取土器内时，两条对称长键分别嵌入取土器半开管内壁键槽内，衬筒的连接面与半开管的连接面呈 90°，起到定位与防渗作用。磁力翻板活门由活门座与磁力翻板组成。活络管靴分上、下两节，中间有限位肩隔开，管靴设计有多种长度和不同的内间距比，以适用不同的土性；外管上段为内管上段的外管，外管接头与 Φ108mm 岩芯管组成，外管接头设计有回转轴承装置与钻杆接通的冲洗液通道和与连轴联通的双向逆止球阀及排注两用孔。外管的下段由 Φ115mm 岩芯管短接与 Φ122mm 合金钻头组成，为内管下段和磁力翻板活门及活络管靴的外管。取芯取土器具有利于钻进的阶梯式结构外型（如图 3-4～图 3-5 所示）。

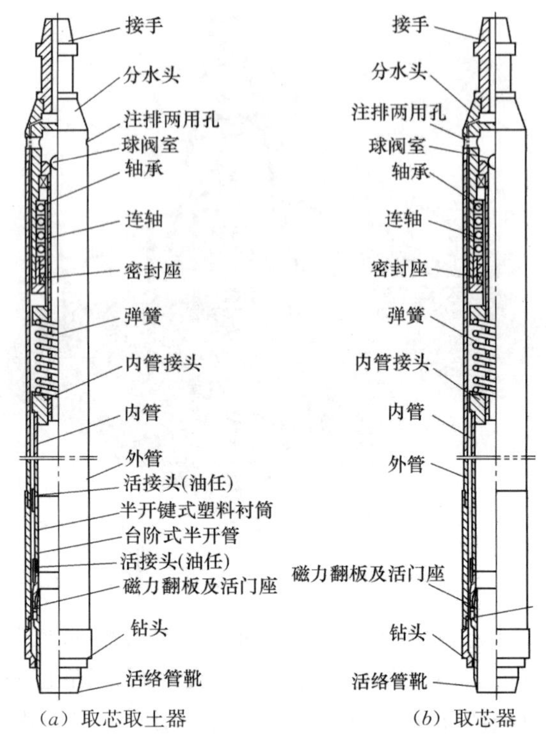

（a）取芯取土器　　（b）取芯器

图 3-4　双管单动活门式取芯取土器和取芯器结构剖面图

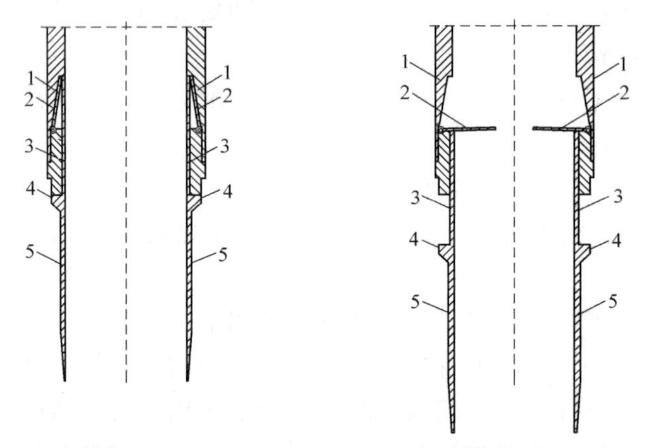

(a) 活络管靴进入活门座时的状况　　(b) 活络管靴落出活门座时的状况

图 3-5　磁力翻板活门装置结构剖视示意图

1—活门座；2—磁力翻板；3—管靴上节；4—限位肩；5—管靴下节

（2）立式液压推土器设计

1）液压驱动设计

采用液体介质的静压力实现无级变速，避免了试样原始结构扰动。

驱动部件选用油箱、滤油器，通过管道与油箱连接；油泵，通过管道与滤油器相连接；推进油缸，油泵通过换向阀连接到推进油缸的上、下部；调速节流阀，其一端与推进油缸的上部连接，另一端连接到换向阀；溢油阀，设置在油泵的出口油路和换向阀与油箱相连的油路之间；活塞，设置在推进油缸内；顶头，通过顶杆与活塞相连，顶头与土样相连接，以推动土样，便于选样。各部件之间通过管道连接（液压控制原理如图 3-6 所示）。

2）节能降耗设计

选用液压系统取代变速齿轮箱。

传动结构上液压系统取代变速齿轮箱，取代了电源控制箱，降低了制造成本。

3）一机多用设计

实现一机多用之功能。

推土器上部设置内螺纹，压板配置不同规格内径的压板螺母和顶头，能适应不同试样直径、长度规格，满足薄壁、砂样管等不同类型取土器采集的试样，配置压力计表显示工作压力，操作直观。根据土的不同性质，选择（调节）不同速率，使推土过程连续匀速，复位快速迅捷（如图 3-7 所示）。

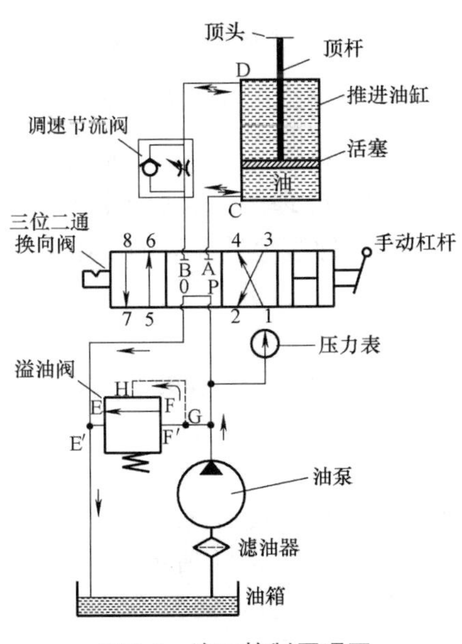

图 3-6 液压控制原理图

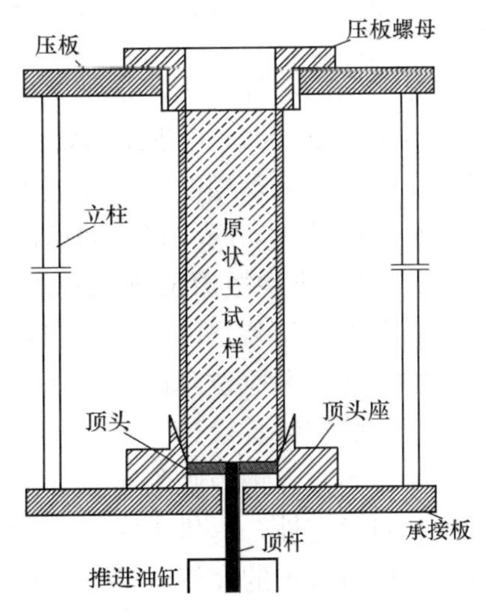

图 3-7 土样推进示意图

（3）防震土样箱设计

解决土样运输和贮存中土样易扰动，无法保持其原始结构的难题。

一种轻质防震隔热式土样运输箱，包括箱体和内部抗震隔热设计（内部结构及外壳如图 3-8、图 3-9 所示）。箱子由箱盖和箱体组成，箱盖上设有圆形散热小孔；箱盖和箱体通过嵌口吻合；形成一个封闭的运输箱。其内上部特征是：隔热垫，带有散热孔的散热垫，上部土样支架，用于土样垂直固定和空气隔热。其内下部特征是：透气支架，轻型抗震网格和防震脚垫，组成下部结构，使土样处于缓冲层上，土样处于恒温保湿状态。箱体下部设有环形底座，增加了对箱体的承重力。箱盖和箱体为轻质塑料材质制成，符合经济环保。隔热垫用于箱体内、外部空气隔断，使箱子内土样处于恒温和保湿状态。土样上部支架，带有四个凹圆形接口用于垂直固定土样，使土样处于垂直状态。轻型防震网格垫带有防震脚垫，大大增加了对土样震动的缓冲力。

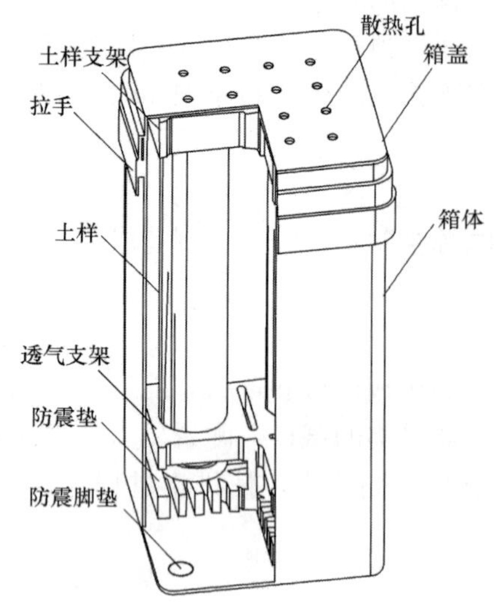

图 3-8 运输箱内部结构示意图

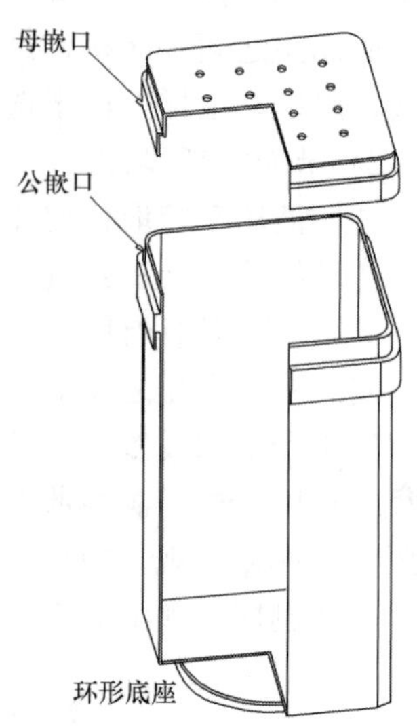

图 3-9 运输箱外壳示意图

海上钻探取样新工艺技术集成了 4 项技术专利，主要技术创新：①具有“磁力翻板活门”结构的取土器；②独创 ABS 工业塑料加“氟硅烷”配方处理法；③拥有液压驱动、节能降耗、一机多用的“直立式电动液压推土器”；④发明一种避免试样运输、搬运过程中原始结构受扰动的“轻质防震隔热式土样运输箱”。

3.2.3 海上十字板原位测试技术

十字板试验装置由泥面稳定装置和静态作业小平台两大部分组成，解决了船载勘探平台无法实施静态原位测试的难题。

（1）稳定装置设计

设计的方形钢板吸附于泥面形成支承力，钢板与泥面接触处焊接垂直角钢增强钢板在泥面上的稳定性，提供十字板试验时的扭转反力（参见图 3-10～图 3-11 所示）。

钢板与入土的套管连接成 90 度直角，增加套管在土中的稳定性，钢板与泥面间吸附力和套管的摩擦力为试验提供探杆贯入反力。（参见下图 3-12）

（2）静态作业小平台设计

建立一个脱离船载勘探平台的静态作业小平台。

由套管与圆钢板焊接成丁字形组件，丁字形组件与方形钢板组用螺丝连接成静态作业小平台，小平台可安装十字板试验的贯入设备，并作为试验操作人员作业静态平台（参见下图 3-13 所示）。十字板试验的装置水面以下和水面以上两部分装置均有套管连接，套管既有支柱作用又具有导向、护孔、护钻杆作用。套管可以加工成一根，也可以加工成长短不一的多根，便于根据十字板试验水域的水深和潮汐的涨落差，加长或缩短其长度。

创造了一种动、静相结合的“十字板剪切试验装置”，可在河、江、海水域或潮间滩地进行十字板剪切试验（注：该试验方法已被交通运输部《水运工程岩土勘察规范》JTS 133—2013 规范 14.3.4 款介绍与推荐）。该项关键技术突破了国际上原位十字板试验只能在固定或升降式静态平台上实施的惯例，攻克了船载浮动平台上实施十字板剪切试验的难题。

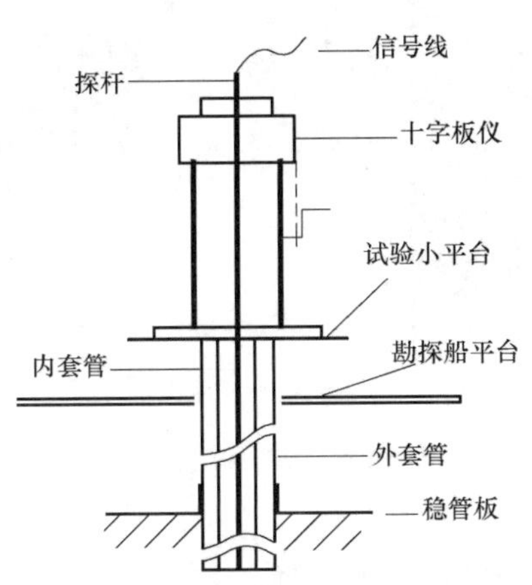

图 3-10　十字板试验装置原理图

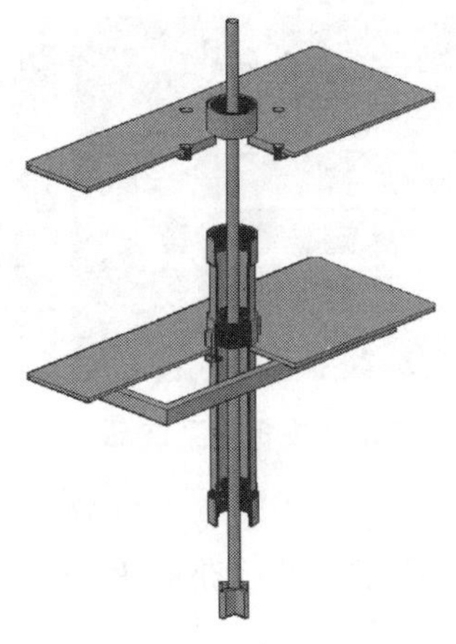

图 3-11　十字板试验装置剖面图

图 3-12　十字板试验装置下部结构图

图 3-13　十字板试验装置上部结构图

3.2.4　工程监测技术

隐式觇标设计

掌握隐式觇标设计及制造技术。

1）采用独创的测量觇标芯，预先埋设在监测点，旋上觇标帽，成为隐式，达到测量规范“固定永久式觇标”的效果；

2）选用奥氏体不锈钢制造隐蔽式强制归心测量觇标，基体以立方晶体结构的奥氏体组织为主，无磁性，标杆要求同心；

3）变形控制基准点误差≤±0.1mm。（图 3-14～图 3-15 为成品图，图 3-16 为工程应用实例）。

开发出“隐蔽式强制归心测量觇标”1 项专利技术并已形成系列产品，专用于各类重要建筑物、码头、桥梁、公路等工程，进行沉降、倾斜、变形等测试，获得监测对象随时间变化与变形的关系，及时分析变化趋势和原因，做出科学、客观的评价和技术服务。

3.2.5　土工数据测定和处理集成系统

（1）特殊性指标 C_α、K_0 测定

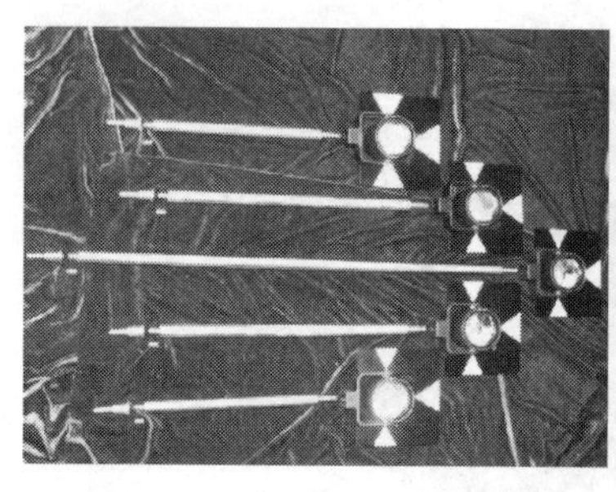
图 3-14　隐蔽式觇标系列产品

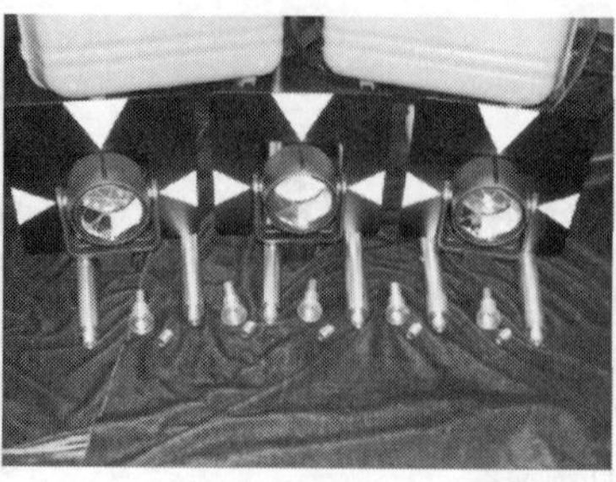
图 3-15　隐蔽式觇标分解图

图 3-16　洋山深水港区三期

攻克常规测定法难以准确获得土的次固结系数 C_α 行业难题；解决目前国内外土工试验现有手段难以精确获取 K_0 值的技术难题。

次固结系数 C_α 测定：①采用多联高压气压全自动硬件控制系统，定时自动加荷，确保加荷准时、精确，设计试样加荷后采集试样高度变化的时间与设定时间同步；②硬件采集系统包括位移传感器、数据传输线、采集器等，根据试样在不同时间产生的高度变化量如，实时计算出相应的孔隙比，自动生成孔隙比与时间对数关系曲线，并计算出每级荷载下的次固结系数 C_α。攻克了长期困扰整个土工行业精确获取次固结系数 C_α 的难题。

侧向变形系数 K_0 测定：设计一种由油缸、活塞、注液筒、压力表、输水管、三通接头等组成的侧向控制器，控制器由前端推进部件和后端驱动二大部分组成（如图 3-17 所示）。后端有油缸，油缸两端各设入口 C、D，活塞位于两入口 C、D 之间，该入口 C、D 分别连接同一液压系统，形成回路。本方案通过液压系统驱动油缸内活塞双向移动，从而带动注液筒中的活塞杆跟随运动，注液筒中的净水产生的压力传递到静止侧压力仪的密闭室中，使橡胶圈收缩和膨胀。橡胶圈受吸力膨胀时，土体在安装时避免侧壁摩擦；橡胶圈受推力收缩后紧贴土体侧面并排出空气。解决了目前国内外无法精确获得 K_0 值的难题。

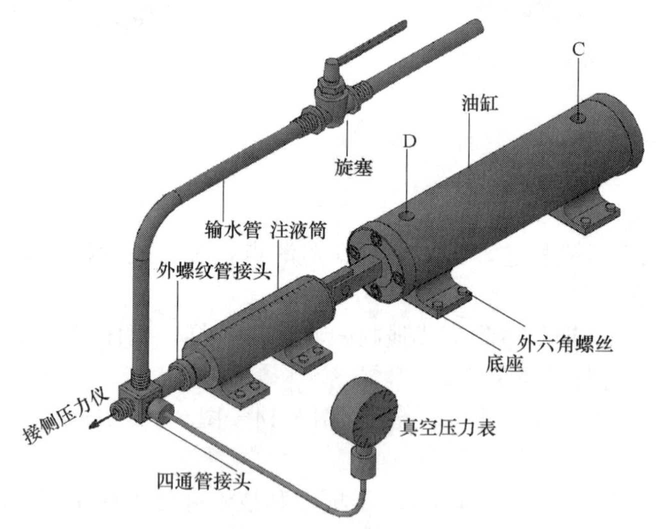

图 3-17　控制器结构示意图

（2）数据处理集成软件包开发

土工自动化控制系统实时数据接口转换，实施共享；软土常规特性指标：三轴剪切、颗粒大小分布曲线、前期固结压力试验 $e\sim\lg p$、固结系数 $d\sim\sqrt{t}$、抗剪强度与垂直压力关系等软件自动生成等。

开发的："三航工程地质数据处理软件包"集成了多项软件，每项可独立运行，软件包括：①中交三航院土工自动化采集系统接口处理软件 V2.0。采集华勘自动化硬件系统采集的土工试验各类不同进制格式的接口数据，转换成标准化、可读性数据文件，并自动生成一个中、英文 Excel 成果表，解决了全自动土工数据采集系统与我公司内、外部数据接口，达到数据共享，使整个系统更趋开放（如图 3-18 所示）；②三航土工试验曲线绘制及计算软件 V2.0。采集接口处理软件生成的共享数据，调用各类算法模块程序，绘制出土工试验三轴剪切曲线、颗粒分布曲线、前期固结压力 $e\sim\log p$、固结系数 CvCH、抗剪强度 c 与 ϕ 等一系列特性曲线；自动生成各类中、英文成果图表及 CAD 通用图形文件（如图 3-19 所示）。

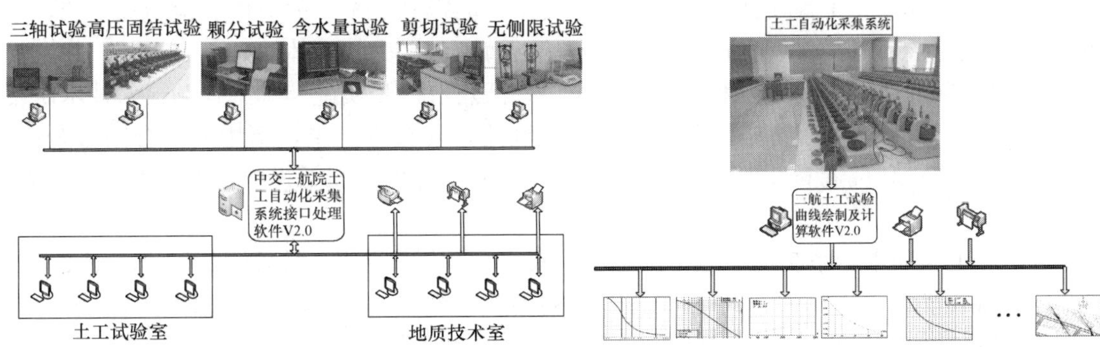

图 3-18　硬件采集系统示意简图

图 3-19　成果图表处理示意图

整个洋山三期工程期间，已累计获得软件著作权 4 项，经过不断完善与升级，已形成一套具有完全知识产权的近海工程勘察数据采集、计算、分析、成图等处理集成系统。

4. 技术难点与创新

本工程在海上工程勘察技术方面从勘探平台、取芯取样、原位测试、变形监测、数据处理等全过程进行关键技术的研发，形成了一套较为完整的海上工程勘察技术体系。开发出知识产权 11 项，其中实用专利 7 项，发明专利 4 项，软件著作权 4 项，公开发表论文 10 余篇。技术成果的主要创新点如下：

（1）研发了低成本、模块化、拼装式勘探平台系统。系统集成了三钻机混合钻进法、泥浆回收循环系统、锚链交叉米字法、浮体组合式二用勘察平台等首创技术，革新了近海工程现有勘察技术，使勘探有效时间延长 30%以上，解决了现有勘探平台难以同时兼顾深水区和滩地作业难题。

（2）发明了海上钻探取样新工艺技术。发明了双管单动活门取土器、氟硅烷涂层衬筒等 5 项钻探取样新技术，使土芯采取率达到 65%～100%，原状土样达到Ⅰ～Ⅱ级的质量要求，钻进效率提高 50%以上，性能优于国外同类产品，解决了试样采集、运输、测试等过程中原始结构易扰动的难题。

（3）发明了海上原位十字板测试新技术。发明了一种动、静相结合的"十字板试验装置"，成功实现了船载动平台上实施海上十字板试验，突破了该项试验只能在静态平台进行的模式。

(4) 发明了隐式觇标系列产品。这些产品可应用于各类重要建筑物沉降、倾斜、变形等监测，满足境内外《建筑变形测量规范》对特级或一级的基准对中误差≤0.1mm要求，优于传统的强制归心装置。

(5) 发明了软土特性指标测定方法，开发出一套具有完全知识产权的勘察数据处理集成系统，大大提高了工作效率、测试成果精度和工程质量。

5. 工程效益与效果

洋山三期工程勘察新技术研发主要针对近海潮流、风浪、涌浪、依托条件等复杂的作业环境，以实现海上勘察安全、精度、效率、低成本以及保障工程建设质量等为目标而开发，核心内容包括海上移动勘探平台系统设计、原位测试、取样采芯及工艺、工程监测、软土特性指标测定及软件开发等技术的开发研究。这些技术的开发研究依托洋山深水港等一系列重大工程，在工程实践中课题成果的技术性能得到了全面的应用、检验和完善，形成了一套较完整、可操作、低成本、高效益的近海工程勘察技术体系。

随着我国近海资源的开发利用以及国企海外战略进一步实施，本工程勘察新技术研发成果将会有广阔市场前景。近3年来，我公司利用这套技术成果，新增勘察合同百余项、产值达1.2亿、利税近600万，创汇近5000万，并在境外多项工程中获得技术竞争优势，如马来西亚槟城二桥、越南河静钢厂等勘察工程。

1) 海上移动平台系统应用效果。工程中集多项关键技术的“锚链交叉米字法”、“三钻机混合钻进法”、“泥浆循环系统”等一系列创新，突破了海上勘探作业限于5级海况的极限标准，并使海上有效作业时间延长约30%，生产效率得到极大提高。

自航式海上移动平台采用就地取材，优选小平底普通自航船为平台载体，将钢、木板、木方、三角钻塔等构件进行模块化设计（Component Design），拼装式组装，产品通用性广、运输便利，重复使用，有效地控制了勘探成本。设计的单船悬臂式平台综合性能均优于传统的双船勘探平台，并节约了20%～45%的租船成本。

整套海上勘察技术不仅可以在滩地、海陆交界处、浅水区勘探作业，而且可以满足水深达50m以内的深水区作业，系统同样适用于湖、河、江、近海建设工程勘探的需求，从而克服了现有的勘探平台难以同时兼顾深水区和滩地作业难题。

开发的泥浆回收系统，使得泥浆经双层过滤后得以循环使用，节约了资源，有效保护勘探水域自然、生态环境。

2) 海上钻探取样新工艺技术。首创“取土器—磁力翻板活门”、“衬筒—氟硅烷硫水处理法”等一系列新技术工艺，提高了取土质量、钻进效率、钻进工艺，解决了取样、土样运输和贮存及试验前土样从衬筒中推出时整个过程中土样易扰动、不易保持其天然结构等一系列难题。通过洋山深水港区工程的实践，土芯采取率达到65%～100%，原状土样达到Ⅰ～Ⅱ级的质量要求，钻进效率提高50%以上，性能优于国外同类产品。研发的“氟硅烷”配方涂层ABS衬筒内壁，从而降低了试样与衬筒内壁之间的摩擦，避免了室内土样推出过程中土体原始结构的扰动。

3) 海上原位测试技术。课题组研制的水域十字板（电测式）试验装置和工艺，依托海上移动勘探平台系统（我公司独创的核心技术），实现动、静双平台作业方式，从而攻克了船载勘探平台实施原位十字板试验的难题。通过洋山深水港一～三期等工程一系列对比试验、验证及定性和定量分析，从学术论文、专利产出结合理论与实践，展示了该项成果的成熟与应用前景。

4）工程监测技术。拥有“隐蔽式强制归心测量觇标”专利的觇标技术，满足境内外《建筑变形测量规范》对特级或一级的基准对中误差≤0.1mm要求，专用于各类重要建筑物、码头、桥梁、公路等工程进行沉降、倾斜、变形等测试，形成了系列产品。

5）土工数据测定和处理集成系统。实践表明，利用全自动固结系统自动加荷，解决了国内常规测定法无法精确求出土的次固结系数 C_α 的难题；开发的侧向变形控制器能消除静止侧压力仪安装试样时橡胶圈与试样间产生摩擦，克服测量侧向应力时橡胶圈与试样之间存在间隙的缺陷，解决了目前国内土工试验难以准确获取 K_0 值的技术难题。

开发的数据处理集成软件包，解决了①硬件系统动静态数据分析、采集、转化等使得原始数据开放与共享；②CAD环境下的各类土工试验成果软件处理，各类曲线自动绘制等，可供不同专业共享，大幅提高了工作效率和工程质量。

6. 获奖单位简介

中交第三航务工程勘察设计院有限公司（以下简称三航院）是我国最大的交通、港口工程勘察设计单位之一，上海市高新技术企业。具有国家颁发的工程设计综合甲级资质、工程勘察综合类甲级资质，工程咨询、总承包、工程造价等甲级资质和对外承包工程经营权。三航院专业设置齐全，技术力量雄厚，能独立承担国内外各类港口、航道、海洋工程、物流工程、河川枢纽、修造船厂、公路、桥梁、机场跑道等综合性大型工程项目及供水、输电、环保工程、工业民用建筑、工业计算机自动控制等项目的规划、咨询、勘察、设计、监理、造价及总承包等，具备国际工程咨询设计和总承包的能力。掀开中国水运工程的发展历史，三航院是其中闪亮的一页。自1958年成立以来，三航院已承担了以长三角为中心的国内外大中型勘察设计项目4000余项，包括上海国际航运中心洋山深水港区工程、东海大桥、澳门国际机场、缅甸国际集装箱码头等为代表的一大批境内外工程项目，并与亚欧美洲等地的多家公司进行了技术合作和交流。三航院一贯视质量为生命，全面推行质量管理，通过了英国劳氏公司“质量、环境、职业健康安全”体系认证和国家计量认证（CMA）。先后荣获国家及省部级优秀设计、科技进步等奖项共200余项，其中获国家科技进步一、二等奖3项，国家优秀设计金质奖5项、银质奖6项、铜质奖4项，国家优秀勘察银奖1项，国家优质工程银质奖5项和鲁班奖、詹天佑奖9项，各类授权专利和软件著作权达百余项。三航院积极实施“科技兴院”和“人才强企”战略，现有员工700多名，专业技术人员占员工总数的88%。拥有国家勘察设计大师2名，享受政府特贴专家21名，新世纪百千万人才工程国家级人选、交通部十百千人才工程第一层次人选2名，入选省部级和行业各类专家库专家82名205人次；教授级高工35名，高级工程师等235名，各类注册执业资格人员376人次。形成了人才辈出、人尽其才的生动局面。三航院连续多年入选全国工程勘察设计企业勘察设计收入50强，多次被美国《ENR》和《建筑时报》联合评为年度“中国工程设计企业60强”。近年来，三航院先后被评为中国优秀勘察设计院、中国企业文化建设先进单位、上海市文明单位、全国交通行业创建文明行业先进单位、上海市人才工作先进单位、上海市职工最满意企业等荣誉，并被上海市和住建部分别命名为企业文化建设示范基地（优秀单位）。“长风破浪会有时，直挂云帆济沧海”，三航院正扬起风帆，以建立和完善现代企业制度为契机，内强管理、外拓市场，向着新的辉煌，向“国内一流、国际知名”的国际化工程咨询公司的目标迈进！

7. 专利与独有技术

本工程研发并投入应用专利 11 项（实用授权 7 项，发明专利 4 项），软件著作权 4 项，如表 7-1～表 7-2 所示。

知识产权应用目录　　表 7-1

专利名称	类型	授权专利号	应用情况
单侧悬臂式水上勘探平台系统	实用专利	200920208538.6	首次使用
水上十字板剪切试验装置	实用专利	200920070230.X	
半开键式塑料衬筒	实用专利	200920074087.2	首次使用
单侧悬臂式水上勘探平台系统	发明专利	200910194680.4	首次使用
双管单动活门式取芯取土器	发明专利	200610024628.0	
侧向变形控制器	实用专利	200920207702.1	首次使用
直立式电动液压推土器	实用专利	200920073911.1	首次使用
轻质防震隔热式土样运输箱	实用专利	201020161438.5	首次使用
侧向变形控制器	发明专利	200910056261.4	首次使用
室内测定软土次固结系数的方法及其用于该方法的测量装置	发明专利	201010170475.7	首次使用
隐蔽式强制归心测量觇标	实用专利	200920073912.6	首次使用

软件著作权应用目录　　表 7-2

软件著作权名称	证书号	应用情况
三航自动化采集系统接口数据转换软件 V1.0	2008SR34345	首次使用
三航土工试验曲线绘制软件 V1.0 版	2008SR31051	首次使用
三航土工试验曲线绘制及计算软件 V2.0	2010SR030666	
中交三航院土工自动化采集系统接口处理软件 V2.0	2011SR025682	

【项目特色提要】　本项目为 7 个 7～15 万 t 级集装箱专用泊位，分为港口作业区、进出港道路、工作船港池基地和作业区北侧区域四部分，岸线长度为 2600m，占地总面积达 591.35 万 m^2。项目建设场区处于开敞海域，远离大陆 30 多公里，海况恶劣，为多岛礁、多汊道、强潮流、高含沙的外海海域。复杂的工程地质条件、特殊的岩土工程条件和复杂海况区域、陆域吹填区对工程勘察勘探测试技术要求高。该项目勘察中运用 11 项创新、18 项关键技术，共完成钻孔 676 个（入土总进尺 24232.7m），是当今我国海上勘探技术高水平的综合展现。本项目勘察技术方案先进、技术体系完备，采用专题研究、试验对比、现场验证的技术路线，围绕勘察及后期工程建设的难点与需求，开展“海上勘测移动平台系统设计”、“海上钻探取样新工艺技术”、“海上原位测试技术”、“工程监测技术”、“土工数据测定和处理集成系统”等 5 个专题的关键勘测技术研究，研发、应用了低成本、模块化、拼装式勘探平台系统，系统集成了三钻机混合钻进法、泥浆回收循环系统、锚链交叉米字法、浮体组合式二用勘察平台等首创技术。围绕项目勘察的技术要求，发明了海上钻探双管单动活门取土器、氟硅烷涂层衬筒等 5 项钻探取样新技术，使土芯采取率达到 65%～100%，原状土样达到Ⅰ～Ⅱ级的质量要求，钻进效率提高 50%以上；发明了海上原位十字板测试新技术。发明了一种动、静相结合的“十字板试验装置”，成功实现了船载动平台上实施海上十字板试验，突破了该项试验只能在静态平台进行的模式；发明了软土特性指标次固结系数 $C\alpha$ 测试技术和侧向变形控制器测定 $K0$ 值的技术，攻克了二项软土测试难题。本项目依托于洋山深水港等近海离岸工程的重大实践中，全面地应用、检验和完善离岸勘察的一系列勘测技术成果，形成了一套较完整、低成本、高效益的近海工程勘察技术体系。

岩土工程设计与治理

某火箭发动机试验基地
岩土工程勘察与高边坡治理设计

西北综合勘察设计研究院　徐张建　谭新平

【项目摘要】

某新建的火箭发动机试验基地是除美国、俄罗斯之外世界排名第三、亚洲最大的液氧/煤油火箭发动机试验基地。与美国和俄罗斯在平原地区建台不同，该试验基地选址具有中国特色——依山而建，其主要目的是既要满足试验功能又要经济环保。但山体由于受秦岭山前大断裂影响，地质条件相当复杂，断层、节理、裂隙极其发育，滑坡、崩塌、危石等地质灾害也难以完全避开，还有山洪淹没、150 多米高的高位水池破碎岩质高陡边坡的开挖、基础位于边坡上且高差大、试车振动等问题，致使岩土工程勘察及治理设计难度相当大。参与本工程的技术人员从 1999 年开始，通过近 5 年时间的细致工作，查明并合理解决了场区所有岩土工程问题，按时为使用单位提供了一套满意的勘察设计成果，确保了试车台按时竣工，为我国的航天事业做出了突出贡献。该项目于 2005 年分别获陕西省和甘肃省优秀工程勘察设计一等奖，2006 年获住建部优秀工程勘察设计一等奖，2008 年获全国优秀工程勘察金奖。

1. 工程概况

1.1 工程简介

拟建场地位于秦岭，场区占地面积约 160 亩。拟建建（构）筑物共有 20 余个工点，包括液氧/煤油火箭发动机试车台、辅助高压组合件试车台、测量控制中心、燃料库房、冷却水高位水池（提供约 150m 水头差管外径 1.5m）、冷却水收集水池等。核心建筑物试车台 8 层，高 60.5m，试车静荷载 500T，动荷载系数 2.5，过量载系数 1.3，防爆剪力墙结构，基础形式为箱基，试车间与容器间基础高差为 30m；测控楼 8 层，高度约 42m，基础形式为独立基础，基础埋深约 4.0m。由于试车台、高位水池等依山而建，还有通往试车台上的公路等都需要大量开挖山体，也将形成多处高陡边坡需进行勘察设计治理，最大高度约 150m。

图 1-1　试车台、测控数与高边坡

1.2 勘察内容

该项目经历了建筑物选址、初勘、详勘、高边坡勘察和施工补充勘察各阶段。选址勘察根据本项目的功能要求和建筑物运行对周边环境的影响，经对山外洪积扇场地和山区场地进行比选后确定了该山区场地；初勘对拟建场址内初步选定的 A、B 方案进行比选，在初步查明场址内的地层、地质构造，重点查明场址周边泥石流等不良地质作用的成因、分布范围后，分析其对场址稳定性的影响及其发展趋势，并对试车台的位置及辅助建筑布局、初步基础方案提出建议，且进行了水文地质评价，确定最大与最小流量，防洪标准和防护措施，对现有河堤与桥梁的最大抗洪能力、防治措施进行评价，确定河水质量等；详勘主要对场地内的建筑物、道路、桥涵、建筑物外围挡墙等进行勘察，主要查明地基及边坡的地层结构、岩土物理力学性质等，进一步查明场地内的不良地质现象（如滑坡、危岩、高边坡、F5、F6、F7 断层等），并对场地稳定性及地基处理做出评价，提供不同建筑物或构筑物的岩土工程资料和设计所需的岩土技术参数，并对基础设计、地基处理、边坡及不良地质作用治理、防洪等提出建议；高边坡勘察针对三通一平工程开挖在试车台周边形成的试车台 742m 平台和入场路平台上、下高边坡，中位水池和高位水池高边坡进行工作，为高边坡治理设计提供依据。补勘是在原勘察的基础上，在试车台位置调整、边坡治理方案论证和治理设计方案评审后，查明移位后试车台、测控楼场地和开挖形成的高边坡的地层结构、岩土物理力学性质、设计所需的岩土参数等，并进行岩土工程评价。

1.3 勘察方法、手段与工作量

1999 年 11 月完成选址勘察，主要收集拟选场地的已有地形图、工程地质及水文地质资料，通过现场调查并结合周边环境条件进行综合评价；2000 年 7～8 月完成初步勘察，收集了河谷全流域的 1∶5 万和 1∶1 万地形图，实测场地及附近 1∶500 和 1∶1000 地形图，对拟建场址河谷上下游近 1km、宽 400～500m 范围内进行了 1∶500 地质和工程地质测绘，实测断面 32 条，进行了工程地质和水文评价与计算，采用了物探、工程钻探、剥土、槽探、井探、人工洛阳铲和麻花钻钻探相结合的方法，物探主要以高密度电法为主，在拟建场地内平行或垂直河谷布设布三条测线，查明了覆盖层和断层破碎带的分布情况。2001 年 3～6 月完成详勘，对岩土工程勘察等级为一级的试车台、测控中心等建筑物，沿柱列线或建筑物周边布置勘探点，勘探点间距 15～25m，其他建筑间距 20～40m。共完成钻孔 41 个，钻探累计进尺 596.9m，共挖探槽 20 处，累计方量 241.95m^3；实测1∶200工程地质断面 1812.0m；高边坡勘察测绘工作于 2002 年 7～8 月完成，以探坑或探槽为主。补勘针对甲方于 2002 年 11 月初对位置调整后的试车台、测控楼和边坡支护抗滑工程进行补充勘察工作，共完成钻孔 15 个。各阶段勘察室内完成了土的常规试验，颗粒分析、剪切试验、击实试验，土和水的腐蚀性试验，对岩体进行剪切波速和压缩波速测试，对岩石进行常规试验，饱和抗压、饱和抗剪、饱和抗拉试验及弹模与泊松比试验。

2. 场地岩土工程条件与评价

2.1 气象、水文与地形地貌

场区属暖温带大陆性半湿润季风气候，并有明显的山地气候特征。据当地气象站资料，多年平均气温 13.2℃，平均风速 1.9m/s，最大风速 18.0m/s，最大风向 SW，无霜期 216d，最大冻土深度 20.0～30.0cm，年平均相对湿度 73%，最大降水量 1160.8mm，最小降水量 464.6mm，多年平均降水量 684.9mm。场地所在河谷流域面积 13.5km^2，河长 6.47km。拟建场址地貌单元属山区河谷及斜坡地貌。河谷为下切式“V”形河谷，河床两岸大多有用块石砌筑的防洪堤，高度 3.5～7.5m，河床宽 15～30m 不等。河床两侧为河漫滩，东宽西窄，拟建建筑物主要分布在东岸。场区河谷比降为 5%～8%，地势陡峭处为 10%，斜坡坡脚堆积物坡度一般为 35°～40°，岩石斜坡平均坡度为 44°～50°，岩石陡壁处坡度达 70°左右。

2.2 区域地质构造

场地位于渭河断陷与秦岭褶皱系接壤带北缘，喜山期以来，秦岭山地仍处于构造抬升阶段，受区域地质构造作用的影响，场址及其附近发育有多条次一级断裂构造。按断裂走向可分为东西向、北西向、北东向三组，小断裂性质以压扭性为主。邻近试车台和边坡且对其有影响的有 F_5、F_6、F_7 三条断层。F_5 断层出露于原试车台西侧坡脚附近，与开挖边坡斜交，产状 EW/N68°～76°，属高角度压扭正断层，断层破碎带以变质次生风化土夹强风化块、碎石构成，在 742m 标高平台上宽 2.85m，742m 标高以上高边坡受该断层影响风化破碎带宽度增大至 10 多米；F_6 断层从支沟西侧坡脚通过，产状 NW30°～45°/NE 60°～75°，属高角度正断层，断层接触紧密，但断层两侧及影响带范围内风化强烈，受 F_6 断层影响石叉沟两侧节理裂隙发育；F_7 断层主要分布于河谷中，走向平行河谷，产状 NW80°～NE80°/N60°，属高角度左旋正断层，两侧悬崖峭壁与该断层发育有密切关系。

受断层及多期构造作用影响，形成多组节理裂隙。根据坡面倾向与结构面倾向的夹角关系，可分为顺倾（坡面倾向与构造面倾向夹角小于 30°）、斜交（倾向夹角 30°～90°）及反倾结构面。根据现场测绘，顺倾结构面张开度较大，斜交的次之，反倾的结构面张开较小，说明坡体变形与受临空面影响及坡体开挖松弛关系密切。顺倾结构面由陡、缓两组面组成，陡倾结构面倾角 60°～80°，缓倾结构面倾角 35°～46°。缓倾结构面中局部充填泥质和岩屑，形成软弱结构面，开挖后岩体易沿该面产生局部或整体滑动。

2.3 地层结构

本场地主要分布有以下几种岩土类型：

2.3.1 松散岩土

①坡积块、碎石（Q^{dl}），主要分布于坡脚，由自然风化坍塌或人工挖方堆积而成；②河谷冲洪积块、碎石（$Q^{al+plpl}$）：主要分布于河谷、河床中，厚度3～5m不等；③滑塌体（Q^{del}），主要分布于石叉沟两侧滑坡体、试车台入场道路转弯处、试车台 742m 平台以上至中位水池及以下 8～10m 的 732m 标高范围；④坡残积粉质黏土（$Q^{dl+elel}$），主要分布于山坡表层，厚度小；⑤人工填土（Q^{ml}），主要分布于支沟入场盘山路路基上，开挖面或便道附近也覆盖人工堆弃的土渣或块、碎石，厚度 1.5～3.0m 不等。

2.3.2 强风化花岗岩（γ_5^1）

为印支期侵入岩浆岩，原岩为灰白色、黑灰色，中细粒结构，局部见有黑云母花岗片麻岩捕虏体。强风化花岗岩分布于坡体中上部，厚度 10～20m，受断层及构造影响，厚度变化较大。受风化作用和构造影响，岩体中节理、裂隙等结构面发育，部分张开，部分充填次生黏土矿物。部分岩体破碎呈砂土状或碎块状，强度较低。黑云母花岗片麻岩强度低，易风化，常呈条带状分布，当下伏于坡脚时，对边坡稳定影响较大。

2.3.3 中等风化花岗岩（γ_5^1）

灰白、肉红、黑色组成的花斑色，局部穿插有黑灰色片麻岩俘虏体和石英岩或花岗伟晶岩岩脉。中细粒块状结构，块状构造，断层附近或俘虏体附近暗色矿物有变质现象，且

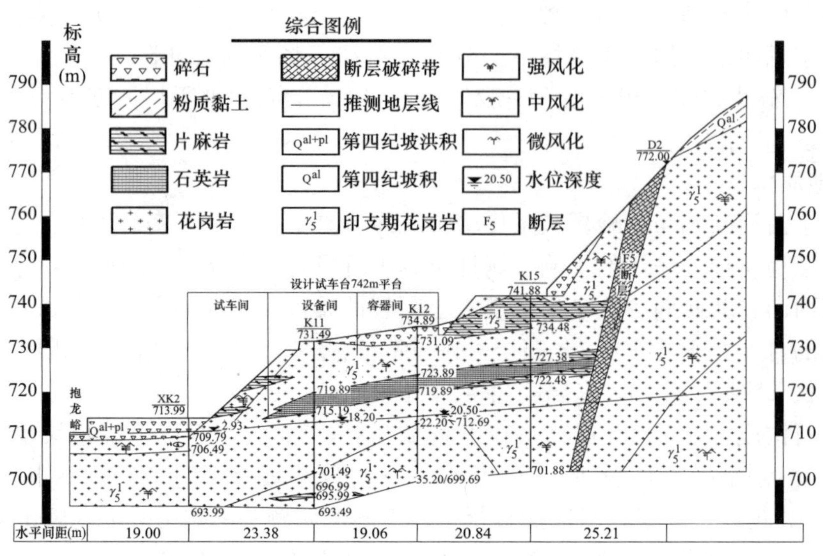

图 2-1 试车台及附近边坡工程地质剖面图

矿物晶体模糊。结构面发育，以构造节理为主，岩体破碎。少数结构面充填有泥质矿物，节理面轻微张开，结合程度差，具软弱结构面性质。

2.3.4 微风化花岗岩（γ_5^1）

灰白、肉红、黑色组成的花斑色。矿物成分为石英、长石、黑云母、角闪石等，中细粒结构，块状构造，岩质较新鲜，有少量风化裂隙发育，穿插有少量石英脉，质硬，性脆，金钢石钻头钻进很慢，岩芯呈长柱状。

2.3.5 俘虏体和岩脉

由于构造地质作用，在花岗岩岩体中夹有片麻岩俘虏体和石英岩脉，具平缓片理结构，节理、裂隙发育，与周围花岗岩呈触变或渐变接触关系。

2.4 地下水

顶部山梁汇水面积较小，地下水主要以裂隙水的形式赋存于深部岩体风化裂隙中；河谷中地下水赋存于松散土体中。坡体地下水不发育，也未发现有泉，地下水对边坡的影响主要为降雨局部下渗及冲刷造成的破坏。

2.5 不良地质作用

由于拟建场地位于秦岭北缘大断裂南侧且距其较近，受该断裂影响，场区内发育有多条与该断裂平行的 EW 向或斜交的 NE、NW 向次生断层，通过多次构造运动、岩体变质作用使节理裂隙、片理和软弱夹层等相当发育，致使岩体破碎，强风化层较厚。又由于工程开挖，使原本相对较缓的山坡突然变陡，形成临空面，临空面与岩体节理裂隙产生不利组合，在重力、风化、雨水、放炮等因素的影响下，使原本相对稳定的边坡出现了多处滑塌、滑坡。对几个主要分布有不良地质体的边坡变形特征简述如下：

2.5.1 试车台及入场道路上方高边坡滑塌区（4# 滑塌区）

该高边坡下部 742m 高程平台为试车台，中部 800m 高程平台为中位水池，上部 854m 高程平台为高位水池，相对高差 112m，若算至沟底 710m 高程，总高度达 144m。已开挖和变形的边坡从 742m 平台至中位水池以上边坡高达 85m，变形严重，因此是治理的重点

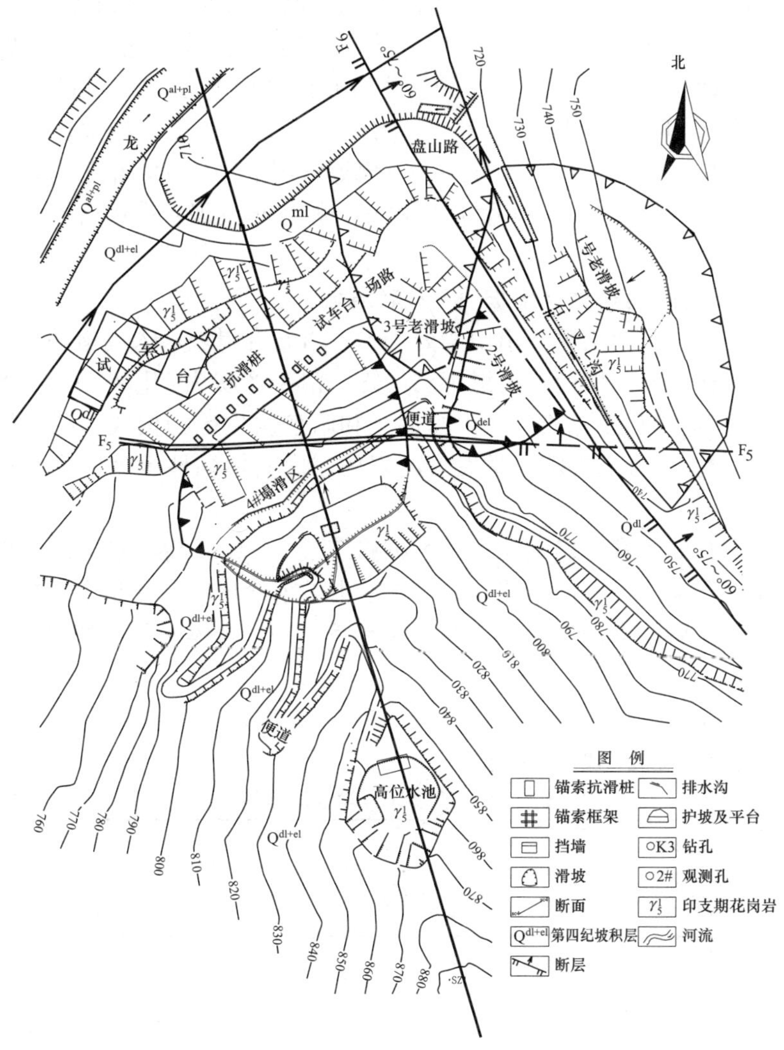

图 2-2 高边坡不良地质作用平面分布示意图

地段。

该段边坡主要由花岗岩构成，山梁走向近南北，山坡走向北东，受构造面和风化影响，山坡下部平均坡度 40°～50°，上部 20°～30°，地表覆盖残坡积土夹碎石，厚 3～5m，其下为强风化的花岗岩，呈碎石、块石状，厚 10～20m，以下为中风化花岗岩。在 742m 平台以下西段见有黑云母花岗片麻岩捕虏体，呈条带状分布，相对软弱，易风化。

滑坡的底滑带有多层，最可能的有三层。一是强风化与中风化的分界面，滑体厚 10～20m；二是沿坡脚 F_5 断层向山坡沿缓倾 37°～39°的节理面；三是沿缓倾角节理面延伸至 742m 与 732m 之间的片麻岩捕虏体软弱带剪出。为保证边坡稳定和建筑物的安全，加固工程应考虑到深层滑动的稳定。

2.5.2 试车台 742m 平台下方滑塌体

该滑塌体是 2002 年 4 月份开始挖 742m 平台以下的发动机试车台和导流槽基础时形成的一楔形滑动体。楔形体顶宽 25m，底宽 40m，高 8～10m，厚度 7～8m，体积约

6000m³。根据测绘成果，该滑塌体主要由下列结构面控制：①南侧边界，依附于与 F_5 产状近平行的结构面，产状 NE70°～85°/N65°～87°，与边坡斜交；②东侧边界为另一同 F_5 近垂直的共轭结构面，产状 SN/N78°；③岩体沿开挖平台下方 10m 处的一组外倾结构面滑动，该结构面产状 NE60°/NW28°～35°，夹有 0.3～1.2cm 厚的浅黄、灰白色或灰绿色碎屑夹泥层，当开挖临空，并在雨水浸润、放炮等作用下，岩体失稳下滑，该滑体边界裂缝张开 30～40cm，下挫约 20～40cm，后因停止开挖未再发展，滑体已被上部滑塌体形成的岩堆覆盖。

2.5.3 试车台入场道路转弯处老滑坡（3 号老滑坡）

该滑体位于支沟沟口西南侧凸出山梁处，为一岩石老滑坡，入场道路从滑体中上部以挖方通过，入场路转弯处两侧边坡上滑带已暴露，滑带产状为 NE50°～60°/NW36°～41°，滑带厚 10 多厘米，呈浅灰、棕灰色，由黏性土和暗色次生矿物构成，遇水松软。滑体顶部有一明显的宽度约 10 余米裂隙非常发育的岩体，内充填黏性土夹风化碎块石，系老滑坡后缘裂缝充填物。

滑体开挖前后其处于基本稳定状态，坡脚修筑了 5～12m 高的浆砌片石挡墙，并分层碾压回填了风化砂土，成为盘山路路基，等于老滑坡前缘压脚，使整个滑体更加稳定，但入场路路基内侧开挖后，上部残留滑体厚度还有 3～4m，岩体明显已鼓裂，有随时从路内侧坡脚剪出的危险。

2.6 岩土工程评价

2.6.1 岩土的一般物理力学性质指标

岩土的一般物理力学性质指标　　表 2-1

土类	重度 kN/m³	抗剪强度		基底摩擦系数	静弹性模量 E(GPa)	泊松比 γ	饱和单轴抗拉强度(MPa)	饱和单轴抗压强度 f_r(MPa)
		黏聚力 C (MPa)	内摩擦角 ϕ(度)					
粉质黏土	19	0.02～0.03	20～30	0.30		0.35		
块、碎石	22	0.2～0.3	30～35	0.45		0.35		
强风化花岗岩 中风化破碎夹层	26	0.1～0.3	25～35	0.50	1～3	0.29～0.31	0.3～3.0	10～25
中风化花岗岩 石英岩	25	0.3～2.0	35～42	0.65	4～10	0.25-0.28	4.3～6.5	40～85
微风化花岗岩	26	5.0～10.0	38～44	0.65	10～20	0.22～0.26	5.5～8.0	60～100
片麻岩	24	0.05～1.0	40～42	0.40	0.1～0.5	0.28～0.3	0.32～0.50	3～7

波速测试成果统计表　　表 2-2

地层	压缩波速 V_p(m/s)	剪切波速 V_s(m/s)	岩体完整性指数	动泊松比	动弹性模量 E_d (GPa)	动剪切模量 G_d (GPa)	体积模量 Kd	拉梅系数
粉质黏土	672	265	0.02	0.408	0.52	0.18	0.93	0.81
碎石	595	235	0.01	0.408	0.41	0.14	0.73	0.64
块石	1767	814	0.12	0.374	5.82	2.16	6.59	5.15
强风化花岗岩	1988	944	0.18	0.364	7.62	2.84	8.16	6.26

续表

地层	压缩波速 V_p(m/s)	剪切波速 V_s(m/s)	岩体完整性指数	动泊松比	动弹性模量 E_d (GPa)	动剪切模量 G_d (GPa)	体积模量 Kd	拉梅系数
中风化花岗岩	3200	1636	0.37	0.311	18.98	7.30	16.12	11.26
中风化花岗破碎层	2732	1410	0.28	0.302	14.40	5.48	13.00	9.34
微风化花岗岩	3857	2130	0.56	0.280	30.98	12.23	23.32	15.23
片麻岩	1613	796	0.17	0.354	5.78	2.19	5.51	4.05
石英岩	3299	1797	0.39	0.289	21.74	8.43	17.17	11.56

2.6.2 地基承载力

根据野外鉴别、钻探、测试、室内试验，并参考初、详勘报告，结合经验，各地基土层的承载力特征值建议如下表 2-3：

地基土层的承载力特征值表　　表 2-3

地层	承载力 f_k (kPa)	地层	承载力 f_k(kPa)	地层	承载力 f_k(kPa)
粉质黏土	150	强风化花岗岩	600	微风化花岗岩	2500
碎石	250	中风化花岗岩	1500	片麻岩	350
块石	300	中风化花岗岩破碎层	1000	石英岩	1200

2.6.3 地基均匀性

覆盖层主要分布于河谷、试车台及开挖形成的平台或斜坡上。堆积于河谷的土层，则由于成因复杂，其土性极不均匀，上部部分黏性土、碎石或块石属 20 世纪 70 年代修筑河堤和前期平整场区时人工随意回填的用风化砂石，未经压实，土质杂乱不均且松散；中下部块石层属坡洪积形成，且也受人类活动影响，虽整体划分为块石层，但块石粒径差别较大，个别大孤石直径达 4～5m，块石间充填有碎石土和粗砾砂土，分选差；块石以花岗岩为主，经河流冲刷磨圆，岩质坚硬，大孤石和充填土分布不均和多变，若直接作为持力层时明显不均；开挖平台或斜坡上分布有少量的残积黏性土，其余均为人工挖方残留弃渣和上部高边坡滑塌形成的岩堆，也明显不均。

图 2-3　花岗岩岩体中的片麻岩软弱“俘虏体”

岩体的风化面厚度从坡顶至沟谷渐薄，深度也变浅，均匀性也随这种趋势而变化，断层附近岩体风化较剧烈。由于多期地质构造作用，岩体内部分布有破碎带、软弱片麻岩和岩脉夹层，这些夹层的存在就使得岩体的整体性变差。这些夹层的产状沿斜坡临空面具外倾性质，外倾角 20°～30°，这是边坡稳定潜在的不利因素。

2.6.4 场地地震效应

根据场地地震安全性评价报告，场地地震基本烈度为Ⅶ度，河谷漫滩区建筑场地类别为Ⅱ类，地质灾害不发育，属建筑抗震有利地段；山坡区为Ⅰ类场地，危岩、崩塌等地质灾害发育，属建筑抗震不利或危险地段。河谷内分布的地层以块、碎石为主，且所夹砂土分布于地下水位以上，不考虑其地震液化问题。

2.6.5 水、土对建筑材料的腐蚀性

场地内水、土对混凝土结构和钢筋混凝土结构中的钢筋均不具腐蚀性。

2.6.6 基坑降水和基础抗浮

勘探时基本处于枯水期，水位几乎处于试车台和测控楼基础埋深附近，若处于丰水期，水位会明显提高，同时若对试车台和测控楼地基处理时基坑开挖深度也将加大，开挖深度也会位于地下稳定水位以下，因此应考虑基坑降水问题。基岩面以上含水层主要为块石层，其地下水主要由河床上游通过地下径流补给。由于该块石层为碎石、砾砂充填，黏粒含量极少，渗透性强，根据经验综合渗透系数约为300m/d，但其基底基岩为相对隔水底板，含水层较薄且窄，水头压力小，故涌水量不会太大。

对于导流槽旁的收集水池，基础埋深处于地面下7.0～8.0m，由于河谷含水层透水性极好，详勘时稳定水位深度为2.5～3.0m，若在长时暴雨作用下，地下水位有可能迅速抬高到地表附近，因此应考虑该收集水池的抗浮问题，抗浮设计水位可按地表考虑。

3. 高边坡治理设计

通过对高边坡变形及滑坡地质环境条件、变形特征及形成机制的分析，根据建筑物重要性等级及变形对建筑物的危害程度，确定高边坡变形及滑坡治理目标、设计原则。

3.1 治理目标

根据地质病害的性质、成因及其对建筑物的危害程度，采取不同治理措施和技术方案，确保试验区内建筑物50年使用期限内安全可靠，不受地质病害的威胁或影响。

3.2 治理原则

试验区高边坡及滑坡条块较多，位置不同，危害程度不同，应区别对待，采取不同的防治方案和措施，重点是高位水池和试车台部分；防治工程确保高边坡及滑坡的长期稳定，一次根治，不留后患；在确保安全的前提下，做到技术先进，经济合理；整治工程应与周围环境条件，特别是与雄伟的试车台建筑物相协调、适应，尽可能维持或改善高边坡及滑坡区现有自然环境条件；防治工程措施应方便施工，使治理工程尽快发挥功效；合理布设变形监测系统，掌握坡体变形动态，既保施工安全，又可检验防治工程效果。

3.3 治理工程其他因素的考虑

场址地震基本烈度为Ⅶ度，考虑建筑物的重要性，场地设防烈度按Ⅷ度考虑；发动机试车时要产生振动，根据有关单位测试，发动机产生的振动影响远小于Ⅷ度地震影响，考虑了Ⅷ度地震后，对发动机试车振动影响可不另考虑。

3.4 设计参数、标准的确定

鉴于该高边坡病害体不同级、不同块所处的状态和条件不同，所以各段指标既要参照物理力学试验的结果，也要考虑多年来其他与此相近岩性条件的参数，对主滑带强度指标通过反算确定。对主变形体中位水池以下滑体，根据勘察结果及现场变形情况分析，上层滑带所在滑体变形严重，稳定度取0.98；下层滑带变形相对轻微，稳定度取1.00，取后缘滑带强度指标：$C=0\text{kPa}$，$\phi=40°$；主滑带内聚力$C=20\text{kPa}$，对ϕ值进行反算。

反算结果：上层滑带 ϕ=33.9°，下层滑带 ϕ=35.4°。推力计算分别按考虑地震和不考虑地震两种情况加以计算，地震烈度按 8 度设防。安全系数在不考虑地震时分别取 K=1.20、1.25，考虑地震时取 K=1.10、1.15，推力计算结果如下表 3-1：

推力计算结果表　　　　表 3-1

安全系数	不考虑地震		考虑地震	
	K=1.20	K=1.25	K=1.10	K=1.15
上层滑带	2234kN	2793kN	1925kN	2428kN
下层滑带	3050kN	3768kN	2850kN	3512kN

防治工程安全使用年限按不低于 50 年标准设计，根据方案一、二工程位置的不同，中位水池以下滑体防治工程取不同安全系数。方案一治理后滑坡整体安全系数在非地震工况条件下取 1.25，在地震作用下取 1.15。方案二治理后滑坡整体安全系数在非地震工况条件下取 1.20，在地震作用下取 1.10。从以上推力计算结果看出，在以上安全系数前提条件下，地震不控制。方案一下层滑带推力值取 3770kN/m，上层滑带推力值取 2800kN/m，方案二下层滑带推力值取 3050kN/m，上层滑带推力值取 2234kN/m。

3.5 治理加固工程

地质病害治理的目的是控制其变形，消除其对建筑物的危害，确保施工和运营的安全。根据其工程地质条件、变形的性质和稳定程度，结合现场的实际地形、地物情况和工程实施的可行性，采取以下工程加固措施。

3.5.1 试车台及入场道路上方高边坡滑塌区（4# 滑塌区，Ⅰ期工程）

该边坡长约 85m，边坡高 100 余米，以中位水池为界分为上下两级。下级为 742 平台至中位水池，边坡高 58m，变形后边坡坡率 40°～50°，中位水池至高位水池为上级边坡，边坡高度 40m 左右。下级坡根据坡高、风化程度及已产生的变形和后缘裂缝位置，将边

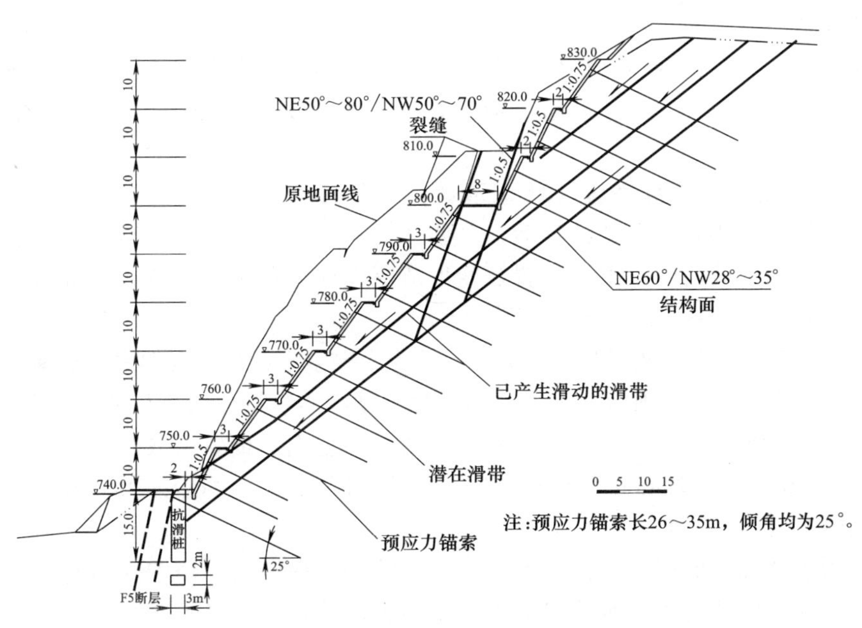

图 3-1　试车上边坡滑坡断面图

坡设计为台阶状，每级坡高 10m，每级坡顶留 3m 宽平台，在 800m 高程平台处，预留 8m 宽平台作为施工便道。坡率自下而上设计为 1∶0.5、1∶0.75、1∶0.75、1∶0.75、1∶0.75、1∶0.75。

该滑塌体周界清晰，主要沿产状 NE50°～80°/NW50°～70°的陡倾结构面及走向一致较缓的外倾结构面（倾角 35°～45°）滑塌，后缘依附 NE50°/NW81°、NW80°～85°/N87°二组节理。由于缓倾角节理密集，呈似层状，可形成多层滑动，开挖每级坡都有形成剪出口、产生局部或整体滑动的可能，且上部为重要建筑物高位水池，因此对每级坡都应加固。措施如下：对六级坡均设置预应力锚索框架进行加固。预应力锚索框架每片框架由 2 根横梁和 2 根肋柱连接组成，在结点处设置预应力锚索，锚索拉力 900kN，每孔由 7 根 Φ^s15.2 高强度、低松弛预应力钢绞线组成，锚索下倾角 25°，锚索长度 20～30m。框架梁截面尺寸 0.7m×0.6m，肋柱横向间距 4m（每片横向间距 8m），在框架内采用六棱砖植草的坡面防护措施。

针对开挖后高达 90m 的边坡（包括中位水池以上边坡），其坡脚应力集中，压应力、剪应力都较大，加之 F_5 断层糜棱带和抗风化能力较差的云母花岗片麻岩条带出露于坡脚附近，岩性较差，强度低，易形成软弱夹层，故对第一级边坡除设置预应力锚索框架加固外，为防止滑坡沿 732m 高程附近向深部发展，阻断推力向下向前传递，在 742m 平台坡脚一线设置一排 11 根预应力锚索抗滑桩，桩间距 6m，桩长 15m，截面尺寸 2m×3m，采用 C25 钢筋混凝土浇筑。抗滑桩桩头设置两孔锚索，长 45m，单孔锚索设计拉力 1170kN。

3.5.2 试车台 742m 平台下方基坑边坡（Ⅱ期工程）

该边坡高 30m 左右，长 40m（试车台以东长度），2002 年 4 月份挖至 732m 高程时，曾产生楔形体滑动。坡体内存在倾向临空的陡、缓构造面，根据边坡高度、岩体风化程度及变形特征，尤其是建筑物基础的特殊情况进行边坡坡形、坡率和加固工程设计。

主要加固防护措施为：对 742～722m 三级边坡设置 8Φ^s15.2 双锚头锚索，反力装置为地梁（锚墩）和建筑物墙体，锚索长 35～47m；722m 至基坑底边坡采用 4 排 6Φ^s15.2 锚索墩，锚索长 23～30m。由于基坑底有丰富的基岩裂隙水，故采用长 30m 仰斜排水孔疏干。

3.5.3 试车台入场路转弯处滑坡（3# 老滑坡，Ⅰ期工程）

该老滑坡治理既要防止滑坡的复活，又要考虑对高边坡的治理，同时，考虑坡体的整体美观效果，根据边坡高度、滑带位置及变形范围设计为台阶状边坡，台阶高 10m，每级台阶留 3m 宽平台，坡率设计为 1∶0.75。

边坡设置预应力锚索框架对其进行加固。预应力锚索框架每片框架由 2 根横梁和 2 根肋柱连接组成，在结点处设置预应力锚索，锚索拉力 900kN，每孔由 7 根 Φ^s15.2 高强度低松弛预应力钢绞线组成，锚索下倾角 25°，锚索长度 25m 左右。框架梁截面尺寸 0.5m×0.6m，肋柱横向间距 4m（每片横向间距 8m），在框架内采用六棱砖埴草的坡面防护措施。

3.6 坡面防护、排水工程

对进行预应力锚索框架加固的边坡进行坡面防护，在框架网格中采用六棱块植草防护以美化环境。为了保证地表汇水能迅速排出变形区以外，减少降水对高边坡的影响，在高边坡不良地质界限外，设置截水沟，阻止山坡表水流入边坡范围内。在高边坡开挖范围

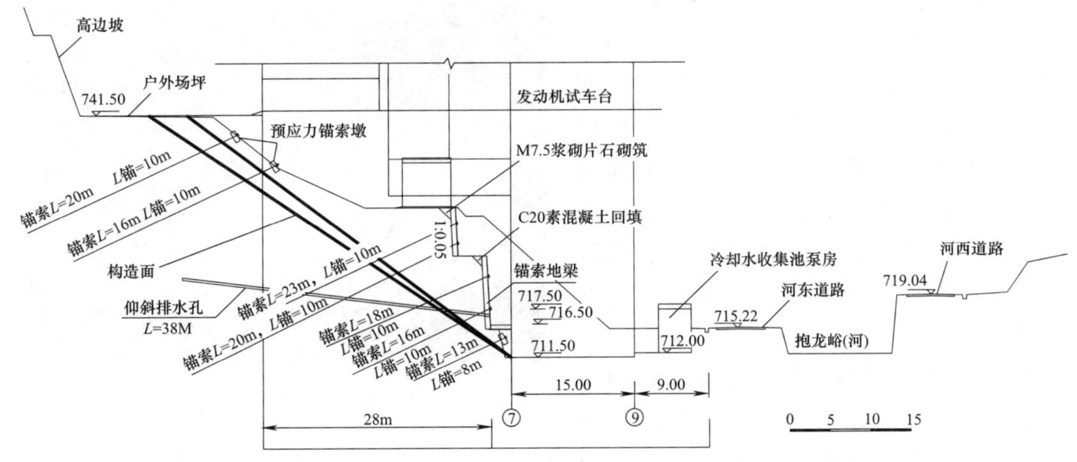

图 3-2 试车台 742m 平台下方基坑边坡治理工程断面图

内，每级平台内侧设置坡面截水沟，并与坡体排水沟相接。

截、排水沟应满足设计流量要求，并预留 0.2m 的富余沟深。沟的纵坡坡率不小于 2%。水沟平、纵面圆顺连接。由于该高边坡为单面坡，边坡的自然坡度较陡，坡体两侧自然沟槽发育，排水路径较短。工程按 50 年一遇暴雨流量规划设计排水工程。

全部水沟长 1000m，其中坡体平台排水沟长 800m，山坡截排水沟长 200m，均采用 M7.5 号水泥砂浆砌片石加固。水沟形状分两种：外缘截排水沟沟底宽 0.4m，深 0.6m。排水沟采用梯形，平台截水沟采用半梯形截面，沟底宽 0.3m，深 0.4m。

3.7 监测工程

试车台以上边坡高达 90m，变形严重，成因复杂，危害巨大，其上为高位水池，下为试车台，都是关键工程设施，为检验防治工程效果，对该区岩土体的变形及工程设施进行监测十分必要。

监测项目主要包括深孔位移监测、地表变形监测和锚索预应力监测，监测范围以能控制整个边坡变形特点为准。地表变形位移监测共布置 4 条监测剖面约 36 个观测点，设于每级边坡平台、坡顶和抗滑桩顶部，利用全站仪等高精度测量仪器观测固定点水平及垂直位移，以控制整个边坡区的坡体及防治工程变形情况。

深孔位移监测布置 2 条监测断面，沿边坡主断面布置 4 个监测孔，孔深 25m，终孔直径 108mm，内埋带刻槽的专用塑料管，利用钻孔倾斜仪监测坡体深部位移变化情况，进一步验证滑带位置。锚索预应力监测采用压力传感器设在预应力锚索锚头处，监测施工后和试车台试验过程中预应力的变化和损失情况，拟在主断面边坡上设 9 孔锚索进行监测，传感器压力大于 1500kN。

监测工作自施工阶段即开始进行，监测周期正常情况按照 1 次/月频次进行，地表位移监测初步考虑二年，深孔位移监测和预应力锚索监测时间为三年，如施工后基本不产生变形，可适当减少监测时间。

4 工程总结与启示

4.1 本次勘察根据场地岩土工程条件，采用了收集已有资料、地质与工程地质测绘、水文调查与计算、高密度电法勘探、槽探、井探、钻探、波速试验（剪切波与压缩波）、岩体实体抗剪强度参数测试、室内岩块压缩波波速测试、岩石的饱和抗压、饱和抗剪、饱和抗拉、弹性模量和波松比等试验，并得出岩体完整性系数、动波速比、动弹性模量、动剪切模量、体积模量等参数。勘察方法和手段先进，勘察工作量合理。

图 4-1　钻探岩芯

4.2　针对不同的地层采用不同的钻探工艺，确保了岩芯采取率达到 90%以上。试验基地的心脏 901 试车台，由于其钻孔基本位于花岗岩山体上，而花岗岩受多期地质构造运动影响，岩质破碎，节理、裂隙非常发育，且有软弱的“俘虏体”，这些结构面或软弱面又是评价高边坡稳定性的关键因素，因此如何确定这些面，钻探工艺及岩芯采取率非常重要。钻探时对花岗岩全断面采用了金刚石钻头钻进工艺，对软弱层采用了二重管钻探工艺、对风化层部分反复用水泥砂浆回填及重新开孔，以确保不漏泥浆和岩芯的采取率。

4.3　采用多种计算方法，确定了场区所在河谷百年一遇洪峰流量为 105m³/s，为防洪设计提供了可靠依据。建设单位原试验基地曾在 20 世纪 80 年代末遭受洪水袭击，造成了巨大损失，因此在该场址确定后，建设单位和设计单位心里总不踏实，担心那一幕重演。勘察单位采用了用暴雨资料计算设计洪水、用洪峰流量经验公式计算洪水及用邻近流域历史洪水调查成果计算本流域洪水的多种方法，确定了河谷百年一遇洪峰流量为 105m³/s，并计算了场区多条断面的洪水位，得出了现有河堤及两座桥位过水断面满足防洪要求的结论。经过 2003 年秦岭地区百年一遇洪水考验，洪水位与计算结果基本一致，说明计算结果的正确性，在该西万公路秦岭段基本被洪水冲毁的情况下，该场址的设施未受损失。

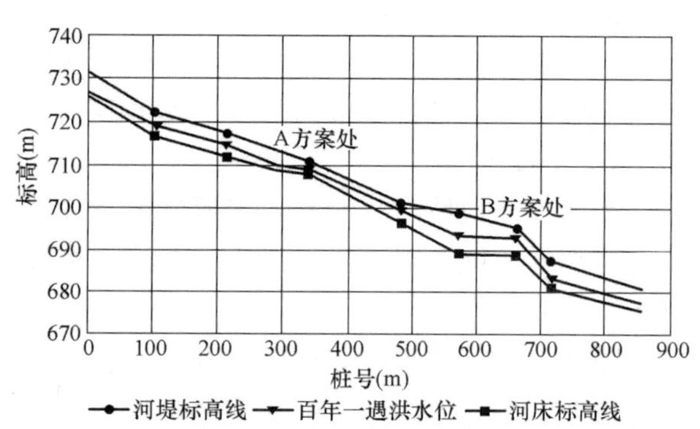

图 4-2　河谷河堤与百年一遇洪水位线

4.4　采用多种手段，查明了场址附近 9 条断层的位置及产状，为内 A、B 两种台址方案选择及建（构）筑物布局提供了依据。勘察期间，通过详细调查、地质测绘、高密度电法勘探等手段，确定了断层的位置及产状，并通过钻探及人工开挖，进一步确定了建（构）筑物附近断层的宽度、影响带范围，测量了距试车台最近的 F_5 断层的坐标，并评价了 F_5、F_6、F_7、断层对试车台地基及高边坡开挖的影响，建议此处高边坡加固的框架预应力锚索应穿透 F_5 断层，使锚固端处于 F_5 断层的内侧稳定岩体中。这些评价及建议通过施工及变形监测都说明是正确的。

4.5 采用节理等密图及极射赤平投影图，直观反映了节理裂隙与边坡的关系，指导了边坡的开挖与加固工作。试验基地场址距秦岭山前大断裂约 1.5km，由于受该断裂影响，花岗岩岩体比较破碎，断层、节理与裂隙均很发育，根据初勘、详勘及边坡地质测绘期间实测的 300 余组节理裂隙产状，绘制了节理等密图及极射赤平投影图，反映出了场址内的主要节理裂隙有三组，即：①走向 EW，350°～10°∠65°～85°；②走向 NEE，310°～340°∠25°～45°或 310°～350°∠50°～80°；③走向 NWW，80°～95°∠65°～80°。也直观反映了其与自然边坡的关系，对自然边坡的稳定性评价提供了依据，也对各建（构）筑物的布局及确定将要开挖的高陡边坡的方向、坡度及加固治理方案等具有很强的指导性。

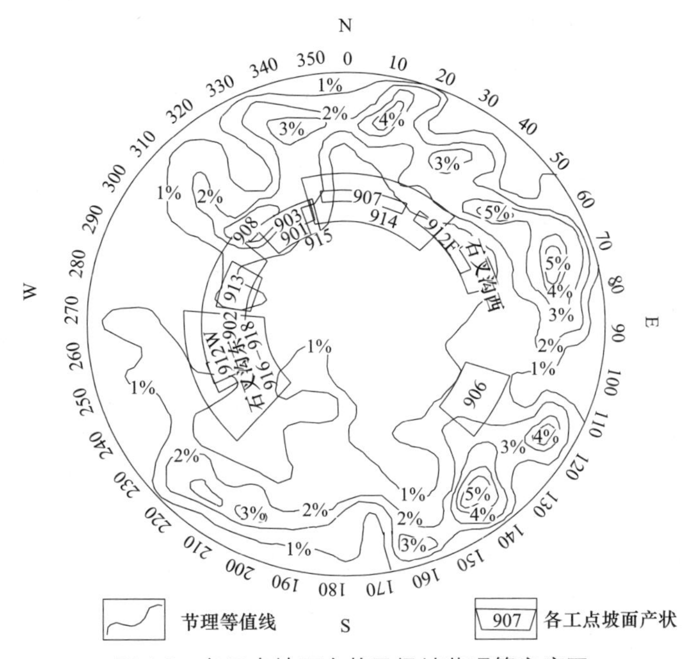

图 4-3 各工点坡面产状及场址节理等密度图

4.6 找出了控制岩体稳定性的关键因素，确定了获取岩体强度参数、稳定性计算及评价的方法。通过对场址内的滑坡、崩塌、危石、岩堆等不良地质体及开挖形成的高边坡的详细调查及地质测绘，确定了由节理、裂隙切割而破碎的花岗岩岩体的稳定性计算几何模型，即对一般边坡而言，滑坡、崩塌的边界及滑面主要受三组节理裂隙控制，若在坡脚处分布有片麻岩软弱"俘虏体"或节理夹泥层等软弱基座时则由它们决定剪出口的位置。对这些岩体的抗剪强度参数，室内试验是难以获得的。在现场选择了 742m 平台下边坡边界条件清晰、已开始裂缝的滑塌实体，对其几何尺寸进行了准确测量，并仔细观察及研究其破坏过程，然后通过分析计算，测求出岩体结构面的抗剪强度参数。其结果是，当 c 值为 20kPa 时，ϕ 值为 34°。此值成为以后边坡岩体稳定性计算的基本强度参数值。通过对多条断面的验算，证明此值是基本合理的，也说明了在同一场地用实体试验取得花岗岩岩体抗剪强度参数的方法是可行的。

4.7 建议了合理的滑坡、边坡加固治理及地基基础方案，对不同的滑坡、边坡建议了排水、放坡、挡土墙、抗滑桩、框架预应力锚索、锚杆喷射混凝土等治理方案；对河道内坡洪积层上的一般建筑物建议采用砂石垫层方案；对开挖基岩或基岩埋藏浅的重要建筑物建议采用岩石作为持力层的天然地基方案；对基础高差大的试车台除建议花岗岩作为持力层外，并建议采取预应力锚杆或锚索将基础和岩体锚固成一体的措施；对导流槽测算了抗浮设防水位，并建议采用抗浮锚杆加固基础。经过 3 年时间及期间 32 次点火试车的考验与观测，说明这些建议合理可靠。

4.8 根据勘察结果，结合现场地层现状和边坡变形特征，采用了反算法、稳定度推算法、Morgenstern-Price 法、有限元数值模拟法及实地工程类比法等计算方法，进行了稳定性分析计算。治理工程分别采用了适当放缓边坡与预应力锚索框架加固的有机结合，局部采用了加强性锚杆挂网喷射混凝土，大吨位预应力锚索地梁、预应力锚索抗滑桩、排水等综合防治措施。尤其对试车台基础下的边坡，考虑到基础与边坡支挡结构间的相互作用，通过优化设计，采用了预应力锚索与防爆剪力墙或建筑物基础组合对边坡的治理加固方案；742m 平台设置抗滑桩后，不仅可阻断滑坡推力，同时可起到阻隔或减少发动机振动对山坡及锚索产生的松动作用。防治工程可上下交错作业，既保证了坡体上的核心建筑物——试车台及坡顶上的重要建筑物——高位水池的建设，又不大规模开山削坡，节约了防治工程的时间，达到了稳定边坡、根治灾害和最大限度不破坏环境的目的。

5. 工程实施与效果

5.1 边坡地表变形监测采取前方边长交会法，瑞士莱卡全站仪激光测距，点位误差小于 3mm；边坡深孔位移监测利用航天 33 所 CX-03D 型高精度测斜仪，误差±4.0mm/15m；锚索预应力监测采用丹东环球仪表厂 HLX 型荷载计，综合误差 2.5%F_s，读数仪表中科院 VW-1 型振玄读数仪。

边坡地表变形监测情况为，竣工一年多观测，二次补张拉前后各级预应力混凝土梁不同程度回缩，补张拉后各变形观测点变形速率为 0.01～0.26mm/d，边坡变形一直处于稳定状态，2 年多后测得边坡总变形为 X 方向（主滑坡方向）20～70mm，Y（垂直主滑坡方向）3～8mm；特点 X 大于 Y，Y 左右摆动变形呈现正弦函数图像的变化特征。通过后期长期监测数据稳定。

边坡深孔位移监测情况为，曲线总体较顺滑，局部突变与张拉、地层软硬分界面，施工因素等有关；坡深孔位移监测呈现山体刷坡后位移最大，大多张拉后内移又回到原值；潜在危险面变化较大，深部较小；各点位移随时间加长，变化均较小等特点，后期监测均处于稳定状态。

锚索预应力监测情况为，单孔锚索设计拉力 1170kN，作为张拉值。锚索预应力损失大小不一，但压力传感器荷载值与初始锁定值相比变化较小；且压力传感器荷载变化随时间无异常变化，说明山体无较大向外或向里位移。与上述地表变形监测和深孔位移监测结果相比，压力传感器荷载变化灵敏度低，但对边坡山体变化反应基本一致。

总之对于火箭发动机试车台，经过 2003 年 6 月至 2005 年 9 月长时间监测，各监测点沉降量仅 1.71～2.82mm，沉降小而均匀，期间并经过了多次火箭发动机试车。根据《某试验区边坡治理工程监测报告》，经过近两年的地表变形位移监测、深孔位移监测和锚索预应力监测，边坡整体上基本处于稳定状态，其结果表明，治理工程有效、彻底，至今经受住了上百次火箭发动机试车强震冲击的考验。

5.2 本工程项目从协助选址开始，到初步勘察、详细勘察、边坡地质与工程地质测绘、施工勘察（补充勘察）、边坡治理设计，再到施工期间的现场地质工作、变形监测等，体现了岩土工程的全过程，一步一步解决了场址所有复杂的岩土工程问题，树立了勘察设计为工程建设全过程服务的思想。本工程也是较早由专业勘察设计单位进行勘察设计监理的工程项目，为确保勘察设计质量探索出了一条可靠的新路。

5.3 通过勘察及对试车工艺的了解，建议将试车台外移及对试车台试车间与容器间位置调整，被建设单位与设计单位采纳，通过监理单位核算，仅此一项与原施工方案相比，就为建设方节约了岩体开挖、治理费用约上千万元，并缩短了工期，使试车台早日投入生产，取得了良好的经济效益。

图 5-1　试车台竣共试车景观

5.4 该试验基地为国家“十五”期间国防建设重点项目，它的建成为我国载人航天工程及登月工程揭开崭新的一页，同时该试验基地也成为我国爱国主义教育基地，取得了良好的社会效益。

5.5 该试验基地从选址开始，就具有强烈的环保意识，勘察报告建议将试车台及导流槽基础与山体锚固在一起，设计单位采纳了此建议，这样大大减少了试车的振动噪音。工程竣工后，建设方委托地震部门对新旧两个试车台的振动进行了对比观测，结果表明试车振动仅为旧试车台的一半，取得了良好的环境效益。

6. 获奖单位简介

西北综合勘察设计研究院始建于 1952 年，是西北地区建设领域成立最早、规模最大的以工程勘察、建筑设计、规划市政设计、基础施工、检测、测量为主的综合性甲级勘察设计咨询科研单位。曾获“全国先进工程勘察设计企业”“全国建设系统先进集体”、“全国工程勘察先进单位”、“全国工程建设管理先进单位”、全国行业“十佳自主技术创新企业”、“全国工程勘察诚信单位”、“陕西省先进集体”、西安市“AAAAA 级信用等级企业”等荣誉称号。现有员工 800 余名，各类专业技术人员占 90%以上，其中全国工程勘察设计大师 2 名，国家和省有突出贡献专家 5 名，享受政府特殊津贴专家 7 名，省优秀勘察设计师 10 名，教授级高工 30 余名，高级工程师 100 余名，各类国家注册工程师 160 余名。拥有工程勘察综合类甲级、城乡规划编制甲级、建筑工程设计甲级、测绘甲级、地质灾害危险性评估甲级、地质灾害治理工程勘查、设计、施工甲级、水文地质、工程地质、环境地质调查甲级、监理甲级、地基与基础工程施工壹级及施工图审查一类等各类资质 28 项。西综勘院是西北地区较早通过质量管理、环境管理、职业健康与安全管理“三体系”认证的单位之一。获国家级、部级和省级科技进步奖 30 余项，或各类优秀工程近 200 项。为勘察设计行业国家技术立法的主要单位之一，主编、参编各类标准 60 余部，出版专著十余部。本行业有多个协会、学会设立在西综勘院，如中国勘察设计协会工程勘察与岩土分会市场与行业自律委员会、全国建筑工程勘察科技情报网西北情报站、陕西省工程勘察协会等。

兰州中铁勘察设计院（现改制为中铁西北科学研究院有限公司）以特殊地质路基与地质灾害防治为重点专业，以特殊、重大应用理论及灾害防治工程措施为主攻方向，集研究、勘察、设计、试验、工程检测、监测、监理、咨询、施工、环保与环评为一体、取得ISO 9001质量认证的综合性高新技术企业，拥有国内先进的岩土工程试验室与低温试验室，配备有先进的专业测试仪器设备及勘测、施工等配套设备。设有滑坡与高边坡、冻土与盐湖、黄土与地基基础、沙漠与环境工程地质、裂土（膨胀土）、环保与环评、文物保护及建筑物纠偏、岩土工程检测八个专业。拥有由多名国际、国内知名的岩土工程专家组成的专家委员会和一支4名博导、11名硕导、389名技术人员为核心的员工队伍；代表我国滑坡防治技术水平的"中国科协咨询中心滑坡防治技术专家委员会"与"甘肃省岩石与力学工程协会"挂靠该院；先后出版了《滑坡分析与防治》等58部专著、译著，主编年刊《滑坡文集》；与美国、俄罗斯、加拿大、日本等十余个国家进行了技术合作与学术交流，在国际国内岩土工程界具有较高的影响。先后荣获"全国先进基层党组织"、全国"五一劳动奖状"、"中国建筑工程鲁班奖"、"火车头"奖杯、奖章等国家级、省部级荣誉。

7. 专利与独有技术简介

获奖单位十分注重技术创新与发明创造，近年来均有多项发明专利和实用新型专利在国家知识产权局授权，具代表性的发明专利有："导坑式人工挖孔桩对建筑物的加固与托换方法及复合支撑桩（ZL200610104414.4）"发明专利，主要原理是利用竖向及水平导坑，辅以照明、通风、支撑及降水措施，在建筑物基础下施工人工挖孔桩，并将人工挖孔桩与原基础进行有效连接，从而将建筑物的荷载通过原基础、人工挖孔桩传至地基深部的可靠持力层，以达到对既有建筑物基础加固与托换的目的，并可根据需要对既有建筑物进行纠倾；"锚索工程质量检测验收方法（ZL200710102327.X）"发明专利，通过简易地检测锚索自由段钢绞线的长度来检测锚索锚固起始位置，结合现行抗拉拔力强度检测，综合检测锚索工程质量，消除了现行检测方法中遗漏锚索锚固起始位置不到位的重大质量隐患；具代表性的实用新型专利主要有"城市建设临水堆土场拦护装置（ZL201220305429.8）"、"一种水体分层水样采集装置（ZL201220305390.X）"、"锥形无振动挤密扩孔装置（ZL201120338803.X）"、"一种多点组合式沉降观测装置（ZL201120212240.X）"等。

【项目特色提要】　某火箭发动机试验基地是世界排名第三、亚洲最大的液氧/煤油火箭发动机试验基地。本项目依山而建，拟建场地受秦岭山前大断裂影响，地质条件复杂，断层、节理、裂隙极其发育，滑坡、崩塌、危石等地质灾害也难以完全避开，并有150多米高的高位水池破碎岩质高陡边坡的开挖、基础位于边坡上且高差大、试车振动等问题，致使岩土工程勘察及治理设计难度相当大。该项目的勘察通过近5年时间的细致工作，查明并合理解决了场区岩土工程问题。主要工作包括：选择边坡边界条件清晰、已开始裂缝的滑塌实体，对其几何尺寸进行了准确测量，通过分析计算，测求出岩体结构面的抗剪强度参数；针对不同的滑坡、边坡提供排水、放坡、挡土墙、抗滑桩、框架预应力锚索、锚杆喷射混凝土等治理方案；设计边坡方案合理、科学，结合每个坡的原始状态采取了科学合理的支护措施，辅助措施齐全。经过近两年的地表变形位移监测、深孔位移监测和锚索预应力监测，边坡整体上基本处于稳定状态，治理工程有效、彻底，边坡工程还经受住了上百次火箭发动机试车强震冲击的考验。该勘察项目是一个典型的岩土工程勘察设计一体化项目，对于国内同类工程具有借鉴指导意义。

上海环球金融中心岩土工程勘察、监测及基坑降水设计施工

上海岩土工程勘察设计研究院有限公司　顾国荣
上海长凯岩土工程有限公司　夏　群

【项目摘要】

上海环球金融中心为当时中国第一、世界第二的摩天大楼，建筑结构复杂、荷载大、基坑深。拟建场地位于陆家嘴金融核心区，场地分布巨厚软土层和承压水，在这样的地质和环境背景下建造如此重大的超高层建筑，必须解决好基础设计施工面临的一系列复杂的岩土工程问题。该项目的岩土工程勘察、监测与基坑降水设计施工分别由上海岩土工程勘察设计研究院有限公司和上海长凯岩土工程有限公司承担。其中应用的自主创新技术"基坑水位自动监控系统"获实用新型专利（专利号 ZL 2007 2 0068106.0），"三维渗流与变形全耦合及可视化计算机软件（GWS 软件 V1.0）"获软件著作权登记（登记号 2007SR03505），多方参与共同完成的"上海环球金融中心工程关键技术"获 2008 年上海市科技进步一等奖。

该项目获 2009 年度上海市优秀工程勘察设计项目一等奖、2009 年度全国优秀工程勘察设计行业奖一等奖和 2010 年全国优秀工程勘察金奖。

1. 工程概况

1.1　工程简介

上海环球金融中心位于上海市浦东陆家嘴金融贸易区 Z4-1 街区，总建筑面积为 377300m^2。塔楼地上 101 层，地下 3 层，地上高度为 492m；裙房地上 5 层，地下 3 层，详见图 1-1。

塔楼结构由三维巨型框架、钢筋混凝土核心筒和连接核心筒与三维巨型框架的伸臂桁架三部分组成，裙房采用钢结构；基础形式采用桩筏基础，塔楼与裙房均采用 Φ700 钢管桩，塔楼桩端入土深度约 79m；塔楼区基坑开挖深度普遍约 18m，电梯井位置约 26m；裙房区基坑平面呈不规则长方形，开挖深度约 18m；工程周边环境复杂，北临世纪大道、下立交及地铁 2 号线，西邻金茂大厦。

1997 年 10 月至 1998 年 7 月期间，原设计方案的工程桩施工完成，后因受亚洲金融危机影响而停工。2003 年 2 月工程复工，对原设计方案进行调整，塔楼较原设计高度更高，由于采用更为有效的结构体系，使新设计的大楼仍然建造在原有的桩基之上。

我公司先后承担了该项目的岩土工程勘察、监测与基坑降水设计施工。

1.2　岩土工程勘察

岩土工程勘察于 1996 年 1 月上旬开始，至 3 月底结束，历时近 3 个月。

勘察采用钻探和多种原位测试手段，共完成 13 个钻探孔、12 个静力触探孔及若干各类原位测试孔，其深度创下上海工程勘察史的新纪录：钻探深度 277.8m（进入花岗岩

图 1-1　建筑鸟瞰图

0.8m)，标准贯入试验深度 150m，静力触探试验深度 90m，电测井测试深度 260m，剪切波速试验深度 250m（采用悬挂式 P-S 检层仪），地脉动测试深度 82m，旁压试验深度 88m 及孔径检测和测斜校正深度 250m 等。

勘察通过查明地基土和地下水分布状况，获取各土层物理力学性质参数，为设计提供各类岩土参数；进行现场和室内土动力测试，为地震反应分析提供输入参数，在场地地震效应和设计反应谱分析计算的基础上，针对抗震设计提出建议；进行桩基持力层和桩型比选，估算单桩桩基承载力，采用多种方法预测桩基沉降量；针对钢管桩、预应力管桩进行沉桩动阻力估算，分析不同锤型对应的贯入度控制，评价沉桩可行性；建议桩基和基坑围护设计施工方案，并就减少对周边环境的影响、控制工程风险提出防范措施。

1.3　工程监测

主楼基坑监测自 2004 年 1 月开始至 2005 年 6 月结束，裙房基坑监测于 2005 年 3 月开始至 2007 年 2 月结束，前后历时 3 年有余。

本工程施工主楼采用顺作法，裙房采用逆作法。主楼基坑采用当时国内最大的 100m 直径厚度 1.0m 的地下连续墙圆形围护体系，同时在城市复杂环境条件下对深部承压水进行坑外大规模降水。本工程通过建立科学、高效、准确的工程监测信息反馈系统，对包括周边地下管线、相邻建/构筑物、地表沉降、围护墙顶部位移、墙体侧向位移、圈梁围檩钢筋和混凝土应力、支撑轴力、坑内土体回弹、坑外土体分层沉降、立柱沉降及应力、墙后土压力、梁板应力和沉降、潜水和承压水水位、孔隙水压力等近 20 大类的对象/内容进行监测，及时掌握围护体系位移和应力应变、基坑坑底回弹和环境变形等时空变化规律，尤其是 100m 直径圆形围护体的位移和应变，以及塔楼顺作法和裙房逆作法施工区域的差异沉降，对重要的设计参数进行验证，对关键节点及高风险点实施重点监控，保障了工程的安全顺利建设。

1.4　基坑降水

本工程基坑降水分塔楼和裙房两个阶段，塔楼区基坑降水自从 2004 年 6 月开始，至 2006 年 3 月结束，裙房区基坑降水自 2005 年 6 月开始至 2006 年 3 月结束。

针对基坑工程特点、场地水文地质条件、环境保护要求以及工程造价等因素，经过分析论证，提出了在塔楼区采用坑外降水、裙房区采用坑内降水的方案（详见图 1-3 所示）。通过现场专项抽水试验测定含水层渗透系数、导水系数、释水系数和压力传导系数等含水

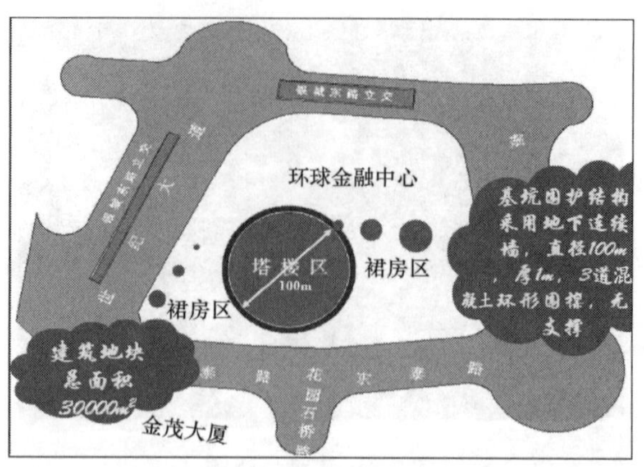

图 1-2　基坑平面示意图

层水文地质参数，采用自主研发的基于 MODFLOW 的三维渗流模型计算软件验证参数。根据现场群井抽水结果，优化降压井布置方案，采取坑外布置深度 56m 的降水井 14 口、坑内布置 2 口。严格控制现场成井质量，贯彻“按需降水”设计理念，通过有效运行降水系统，以及监控地下水位和周边地表变形，既实现了在城市中心区最大降低承压水水头 15m 以上，成功地将承压水水头始终控制在开挖面以下，又确保了金茂大厦和世纪大道下地铁二号线的安全运营。

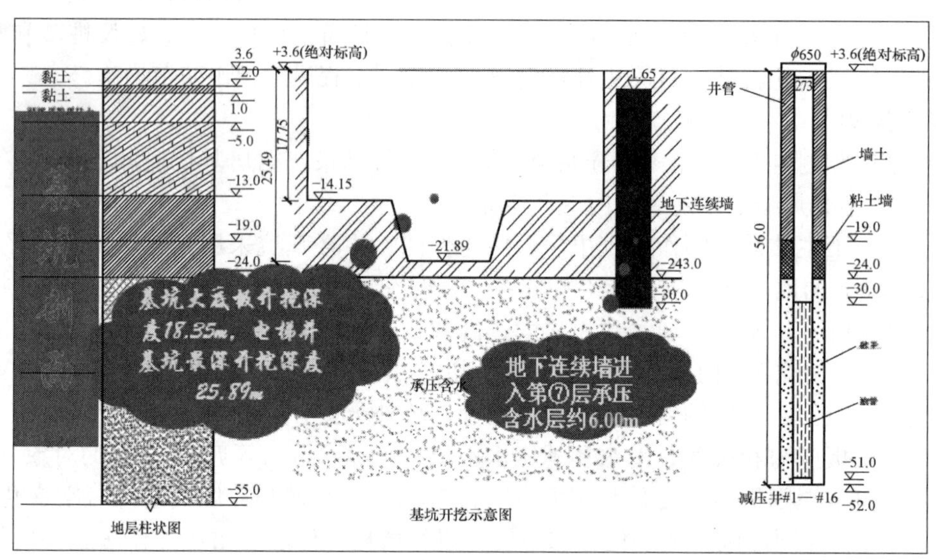

图 1-3　基坑开挖剖面图

2. 场地岩土工程条件

2.1　工程地质条件

拟建场地属于滨海平原地貌，地形平坦，吴淞高程一般在 3.31～4.04m。在勘探深度 277.00m 以浅深度范围内，地基土均属于第四纪河口～滨海相、滨海～浅海相沉积层，主要以饱和黏性土、粉性土和砂土组成；深度 277m 以下为花岗岩风化层。场地地层详见

表 2-1、表 2-2 和图 2-1。

地层表　　表 2-1

地质年代	土层编号	土层名称	状态	层厚(m)	层底标高(m)
	①1	填土	松散	0.70～2.00	3.20～1.70
	①2	浜填土	流塑	0.80～2.20	2.30～0.60
Q_4^3	②	黏土夹粉质黏土	可塑～软塑	0.60～2.20	1.37～0.05
Q_4^2	③	淤泥质粉质黏土	软塑～流塑	3.10～5.20	−1.96～−4.09
Q_4^2	④	淤泥质黏土	软塑～流塑	9.50～11.20	−12.69～−13.99
Q_4^1	⑤	粉质黏土	软塑	5.70～9.40	−19.05～−23.07
Q_3^2	⑥	粉质黏土	硬塑～可塑	2.30～5.40	−23.88～−25.37
Q_3^2	⑦1	砂质粉土夹粉细砂	中密～密实	10.50～14.70	−34.95～−38.82
Q_3^2	⑦2	粉细砂	密实	15.50～26.00	−52.53～−61.80
Q_3^2	⑦3	砂质粉土	中密～密实	4.50～14.00	−65.19～−67.27
Q_3^1	⑨1	粉砂夹粉质黏土	中密～密实	4.40～7.00	−70.56～−73.80
Q_3^1	⑨2	含砾中粗砂	密实	11.80～17.10	−85.13～−88.77
Q_3^1	⑨3	粉细砂	密实	51.60～56.30	−138.83～−145.07
Q_2^2	⑩	粉质黏土	硬塑～可塑	18.70	−163.77
Q_2^2	⑪	粉细砂	密实	43.43	−207.20
Q_2^2	⑫	黏土夹粉砂	硬塑～可塑	40.40	−247.60
Q_2^2	⑬	中细砂	密实	25.69	−273.29
燕山晚期	⑭	花岗岩	中风化～微风化	>0.80	未钻穿

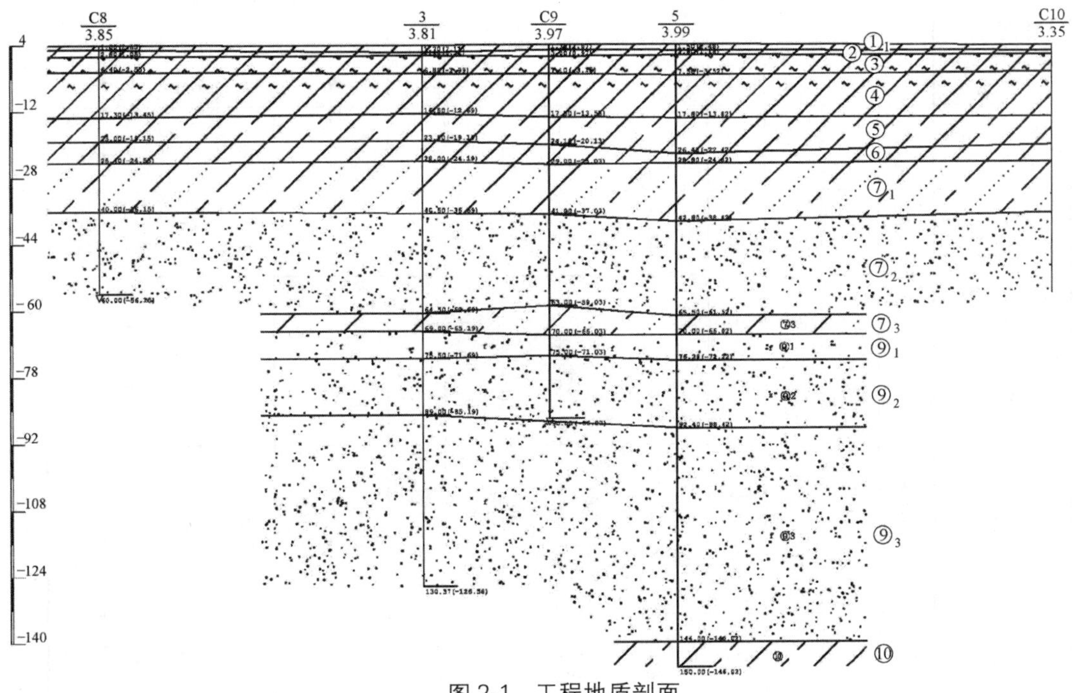

图 2-1　工程地质剖面

地基土物理力学参数统计表

表 2-2

土层编号	土层名称	含水量 ω(%)	重度 γ_0 (kN/m³)	孔隙比 e_0	塑性指数 I_p	直剪固快(70%峰值)		压缩系数 $\alpha_{0.1-0.2}$ (MPa⁻¹)	压缩模量 $Es_{0.1-0.2}$ (MPa)	静止侧压力系数 K_0	十字板剪切强度 Cu(kPa)	标贯击数 N(击)	双桥静探指标(MPa)		剪切波速 Vs (m/s)
						内聚力 C(kPa)	内摩擦角 ϕ(°)						q_c	f_s	
②	黏土夹粉质黏土	36.1	18.5	1.02	17.8	16	12.0			0.40	30.4	2.5	0.56	0.018	
③	淤泥质粉质黏土	39.7	18.1	1.10	13.0	6	20.3			0.39	32.5	2	0.72	0.012	109
④	淤泥质黏土	48.6	17.3	1.36	19.4	10	10.0			0.55	32.1	1	0.45	0.006	139
⑤	粉质黏土	32.7	18.8	0.92	14.3	10	14.0			0.48	58.8	5.5	0.86	0.014	239
⑥	粉质黏土	23.2	20.0	0.68	15.1	36	12.7			0.32		19	2.18	0.082	338
⑦$_1$	砂质粉土夹粉细砂	30.0	19.1	0.88		2	25.6	0.11	16.71	0.30		33	12.00	0.120	349
⑦$_2$	粉细砂	26.2	19.7	0.72		0	26.8	0.09	18.79			60	24.57	0.181	401
⑦$_3$	砂质粉土	30.1	19.3	0.82		2	25.0	0.12	15.68			46.5	15.38	0.217	383
⑨$_1$	粉砂夹粉质黏土	27.7	19.5	0.76		2	25.0	0.13	14.99			52	16.05	0.198	454
⑨$_2$	含砾中粗砂	19.1	20.9	0.53		1	25.8	0.09	17.57			54	20.48	0.172	446
⑨$_3$	粉细砂	24.6	20.0	0.68		0	25.3	0.09	19.11			79			559
⑩	粉质黏土	26.3	19.8	0.75	16.7			0.18	10.83			87			517
⑪	粉细砂	24.7	19.7	0.71				0.09	19.00						530
⑫	黏土夹粉砂	22.4	20.3	0.65	19.0			0.17	10.10						530
⑬	中细砂	21.8	19.3	0.70				0.13	13.70						

从地基土构成与特性看，第⑥层及以上各土层以饱和黏性土为主，含水量高，孔隙比大，呈流塑～软塑状，强度低；第$⑦_1$层～第$⑨_3$层，以密实粉性土、砂土为主，总厚度达117m以上，与本工程地基基础密切相关，是分析评价的重点。

2.2 水文地质条件

拟建场地浅部地下水属潜水类型，受大气降水和地表迳流补给，地下水位埋深为0.50～1.20m；承压含水层顶板埋深30m左右，水头埋深在地面以下4～10m之间，常水位埋深约为9.70m。承压水在近黄浦江边随潮汐略有变化，日波动约0.20m。由于本场地缺失第⑧层隔水层，使得上海地区的第Ⅰ、Ⅱ承压含水层相互连通（参见图2-2），总厚度达117m左右，形成水量丰富的巨厚承压含水层，给本工程基坑开挖带来突涌风险。

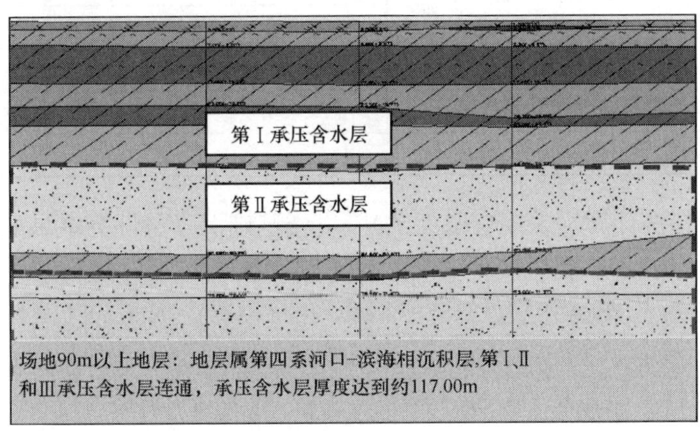

图2-2 承压含水层分布

3. 工作特色与创新

3.1 岩土工程勘察

3.1.1 关键技术突破

（1）原位测试技术：通过仪器设备的改装和研制，实现超深静力触探、旁压、标准贯入和波速等原位测试；

（2）综合分析技术：对超深原位测试与勘探取样获得的试验成果进行综合分析评价，其深度远超过常规勘察项目；

（3）桩基分析评价：深入进行桩基持力层比选、桩型选择和单桩承载力估算、桩基沉降预测及沉桩可能性分析评价；

（4）地震反应分析技术：针对环球金融中心抗震设计要求，对拟建场地地震效应和地震反应分析展开研究。

3.1.2 主要技术成果

（1）桩基持力层和桩型选择：进行基于静探、旁压、标贯试验等多种原位测试的综合分析，比选第$⑦_2$层粉细砂和第$⑨_2$层含砾中粗砂作为塔楼桩基持力层。采用第$⑦_2$层粉细砂作为持力层时，建议桩端入土深度42～55m不等；为获得更高的单桩承载力和更好地控制沉降，进一步建议第$⑨_2$层含砾中粗砂作为塔楼桩基持力层，桩端入土深度80m左右。估算相应桩径和入土深度的钢管桩、预应力管桩和钻孔灌注桩的单桩极限承载力。最终设计采纳以第⑨$_2$层作为塔楼桩基持力层的建议，采用 ϕ700 钢管桩桩端入土深度 80m。经工程实测验证，估算单桩承载力与静载荷试验实测值非常吻合。

（2）桩基沉降量预测：应用旁压、静探、标贯、波速试验成果结合室内土工试验确定土层压缩模量和剪切模量，采用类比实体深基础分层总和法和剪力位移法（有限元）估算塔楼沉降量。

① 按上海市标准《地基基础设计规范》实体深基础分层总和法计算，塔楼基础沉降量预测结果如表 3-1：

实体深基础分层总和法塔楼沉降预测　　表 3-1

方案	桩基持力层	桩端入土深度（m）	塔楼基础沉降量 S(cm)		
			桩端处有效附加压力 P_0(kPa)		
			700	800	900
1	⑦2	55	14.0	16.4	18.8
2	⑨2	80	8.6	10.1	11.7

② 按剪力位移法计算（采用有限元法），塔楼基础沉降量计算结果如表 3-2：

剪力位移法塔楼沉降预测　　表 3-2

方案	假定条件	桩基持力层	桩端入土深度(m)	主楼基础沉降量 S(cm)
1	管桩 ϕ609，桩数为 961 根	⑦$_2$	55	9.6
2	管桩 ϕ700，桩数为 841 根	⑦$_2$	55	10.0
3	管桩 ϕ914，桩数为 729 根	⑦$_2$	55	10.4
4	管桩 ϕ700，桩数为 729 根	⑨$_2$	80	8.2
5	管桩 ϕ914，桩数为 576 根	⑨$_2$	80	8.5

以第⑨$_2$层作为桩基持力层，上述两种方法估算的塔楼沉降量介于 8～11cm 之间。2007 年底塔楼结构封顶时，实测沉降量与之基本相符。

（3）采用工程类比法，分析了超长钢管桩的沉桩可能性。经工程实践检验，相关建议和结论正确。

勘察报告指出，当钢管桩超过 40m，需要采用 D 100 型柴油锤沉桩；桩沉至 60m，其贯入度在 4～6cm/10 击，沉桩较困难，应改用 HA-30 型液压锤沉桩；桩沉至 79m（进入⑨$_{-2}$含砾中粗砂约 2m），其贯入度在 5～10cm/10 击，桩沉至 83m 时沉桩相当困难。

根据交通部第三航务工程局科学研究所的“上海环球金融中心基础桩试验报告”可知，桩长 48～60m 钢管桩 ϕ700 采用 D 100 型柴油锤沉桩即可，桩长 79m 钢管桩 ϕ700 先采用 D 100 型柴油锤沉桩，最后 5～9m 采用 HA-30 型液压锤沉桩，与勘察报告评价相符。

（4）为结构抗震分析，考虑了上海市及邻近地区地质构造和地震活动情况，进行了工程场地地震效应和设计反应谱的分析计算，在勘察报告中进行土层反应分析。

① 加速度时域分析

当基岩（水平与垂直）地震波输入，根据二种不同土的阻尼比算得的土层地面加速度时程曲线，并从加速度时程曲线来看：

a. 地层有放大作用，它们的加速度最大值见表 3-3；

加速度最大值　　表 3-3　（单位：gal）

地震波输入方向	基岩加速度	地面加速度(ζ=0.05)	地面加速度(ζ=0.06)
水平	100.4	353.9	336.2
垂直	66.8	207.6	203.3

b. 加速度的峰值随着阻尼的增大而减小；

c. 基岩加速度相对具有较为丰富的高频成分，通过地层后地面低频成分增多，可见土层有较明显的滤波及放大作用；

d. 随着地震持续时间的增加，地面的振动主要以低频振动为主，这对自振频率较低的结构（如高层建筑、高丛构筑物）是非常不利的。

② 反应谱分析

当基岩水平垂直地震从基岩输入时，按二种不同的（土）阻尼比计算得出四条地面自由场的地震标准反应谱（结构阻尼分别取 ζ=0.02 和 0.05），从土层放大效应图中，可得本场地土的前三阶段自振周期（秒）为：

水平向：2.115、0.880、0.256

垂直向：1.201、0.496、0.333

该反应谱的特性反应了场地土的特征，考虑了近震、远震、多预小震和罕见大震，其水平基本周期（2.115 秒）与墨西哥大地震在墨西哥城测到的地震反应谱中的基本周期接近。

通过分析，地震时场地条件对超高层的影响必须予以考虑。

（5）就基坑围护设计方案提出建议，并就基坑涉及深度范围内土层提供包括固结快剪峰值指标、静止侧压力系数、十字板抗剪强度、无侧限抗压强度、三轴 CU 剪切指标和土体侧向比例基床系数等指标。

3.2　基坑监测

3.2.1　监测工作重点

（1）圆形围护体系的环向位移和应力；

（2）承压水降水引起的环境和基坑变形的时空变化规律；

（3）基坑坑底回弹变形；

（4）构件中钢筋和混凝土受力的相关性研究；

（5）裙房逆作法施工时，塔楼与裙房差异沉降分析。

3.2.2　主要技术成果

（1）在国内首次建立了 100m 直径的超深圆形基坑四维预警监控与分析系统，对海量数据实现实时分析，形成了高效、快速、准确的信息反馈系统，对重要的设计参数进行了验证，对关键节点及高风险点进行重点监控，指导现场信息化施工，确保了基坑和环境的安全。

（2）实测了圆形支护地连墙的环向位移、环向应力，研究了整幅地墙在不同深度的整圆性特征，首次证明了圆形支护结构在直径超过 100m 情况仍然具有较好的圆拱效应，仍能发挥混凝土材料的抗压性能，突破了圆形围护体系直径超过 80m 就丧失圆拱效应的固有认识。

（3）变形的信息化监控，不但证明了在圆形围护结构开挖过程中严格遵循“对称、均衡、分层”开挖要求的重要性，而且最大限度地保证了圆形支护的均匀受力和变形协调。

至浅基坑施工结束，圆形地墙的最大变形量为 30.1mm，与设计计算的 30mm 变形警戒值几乎相等，验证了设计计算的准确性，保证了基坑施工的安全。

通过在圆形基坑顶圈梁顶部等分设置 16 个变形测点，围护地墙圆环等分布置 8 个测斜孔（见图 3-1），监测取得了圆形围护体系的变形规律：①整个圆形基坑墙体变形较为均衡，均表现为向基坑内的位移，一般情况各孔的最大位移出现在 11m 附近（因顶圈梁与自然地面的高差近 1m，实际深度约 12m）；②越靠近围护顶面，地墙的整圆度越高，地墙变形呈现出圆的拱效应是相当出色的。

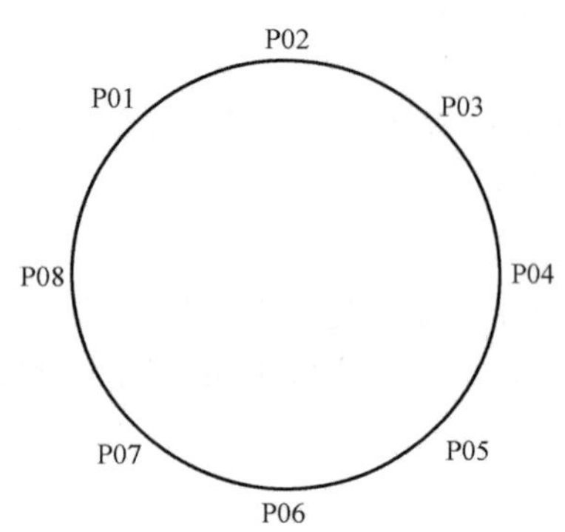

图 3-1 围护墙变形监测点布置图

（4）获得了圆形围护结构的受力特性，证实了地墙内混凝土处于受压状态，在相同深度处各个混凝土应力监测点所受的压力也比较接近，因此可以得出地墙是均匀受压的结论，圆形围护能充分发挥混凝土材料的抗压性能，与墙体变形的拱效应规律得到相互印证。

（5）首次获得了在中心城区深基坑大规模降低承压水对环境造成影响的实测数据。从降水试验开始，在开挖深度逐渐加深、基础底板浇筑、地下结构施工整个过程中，减压井开启数量经历由少到多，又逐步减少直至最后全部关闭的过程。通过建立一套包括量测承压水位、孔隙水压力、围护变形、基坑回弹、周边地表沉降等完整的监测系统，进行数据采集和分析，得到了大量诸如基坑降水引起的坑外地表沉降、土层孔隙水压力和土层沉降的时空分布规律，为国内类似工程积累了宝贵的经验数据。

（6）本工程采用先进的监测手段进行及时的跟踪测量，完整测读了大规模深基坑在开挖及降低承压水过程中的基坑回弹曲线，掌握了基坑回弹规律，为把握减压井开启时机、进行圆形基坑的回弹量及回弹速率研究提供了大量珍贵的实测数据，这对今后类似工程的设计和研究具有十分重大的意义。

（7）实现了地墙、围檩等构件中钢筋和混凝土受力相关性关系监测。本工程中大批量同时部署了钢筋测力和混凝土应力传感器用于对比试验，共布置了 116 个对比测点，得到了大量的定性、定量的分析对比资料，为混凝土构件内钢筋、混凝土协同受力和变化规律积累了大量分析资料。

（8）建立了“特殊逆作法”基坑工程监测方法。裙房采用逆作法，塔楼顺作法建造，两者存在明显的沉降差。为此在裙房逆作法基坑开挖时，除了要考虑常规基坑主要在水平方向的应力和应变外，还必须顾及由于塔楼施工在垂直方向带来的应力和变形，是一种“特殊逆作法”监测。在裙房区 1 年半的基础施工过程中，进行了四大类 18 子项的监测，包括墙体和土体测斜、墙体和钢筋应力、土压力、孔隙水压力、地下水位和基坑回弹等监测内容，得到了许多很有价值的珍贵资料。

3.3 基坑降水

3.3.1 主要技术难题

（1）本工程中承压水对基坑的安全存在巨大危害，而理论研究和工程经验均显不足。根据本场地的水文地质特征，近 15m 的水头对深基坑意味着巨大的风险，一旦出现问题，都将给基坑和环境带来灾难性的后果。

（2）本工程塔楼区基坑开挖深度大，底板距第一承压含水层顶板仅 1.99m，而场地承压含水层厚达 117m，且周边环境复杂。在实施对基坑减压降水的同时，需确保降水引起的土体变形不会造成对邻近金茂大厦和地铁二号线等周边建（构）筑物的危害，这成为本工程基坑施工的关键问题之一。

（3）本工程圆形基坑围护体系无内支撑体系，坑内降水井无法固定难以实施，故需结合水文地质条件，探索在城市敏感区域采用坑外降水的可行性。

（4）需要通过理论和实践的探索，选择合适的水文地质模型和参数，提高降水方案设计中计算分析的精度，使计算结果更加符合工程实际。

（5）为贯彻“按需降水”的原则，减少降水对环境的不利影响，需建立地下水水位自动化测试系统，实时获取地下水位的动态变化规律。

3.3.2 主要工作内容

（1）根据本工程区域地质和水文地质背景，制定合理的工程降水方案；

（2）为了预测预报地下水三维渗流场的时空分布和基坑降水引起的基坑外侧相邻地面沉降的时空分布，开展可视化计算机分析软件应用开发；

（3）开发地下水监控的传感器、仪器以及软件，对降水运行中的承压水进行实时监控；

（4）降水井现场深井施工：优化成井工艺和方法，重点改进降水井过滤器；

（5）针对降水周期较长的特点，进行现场专项抽水试验，确定含水层水文地质参数，掌握场地承压水变化规律；

（6）按照“按需降水”的原则，实施对降水系统运行的有效管理；

（7）降水完成后，对坑内降水井进行封井。

3.3.3 基坑降水的设计和实施

（1）采用坑外降水方案

由于环球金融中心位于上海市第Ⅰ、Ⅱ、Ⅲ承压含水层的连通区，承压含水层厚度约为 117.00m，塔楼区地下连续墙仅伸入承压含水层顶板以下 4.00m 左右。经分析场地所处的水文地质和工程地质背景，确定采用坑外减压降水的方案。减压井过滤器低于连续墙刃脚，过滤器长度约 20.00m（详见图 3-2）。同时塔楼区降压井相当于裙房区坑内降压井。故本工程降水对塔楼区而言是坑外降水，对裙房区而言是坑内降水。

根据计算结果及考虑由于本工程的重要性，在距离主楼基坑连续墙外侧 7.00m 左右处，均匀布设布置 14 口降压井，其中 4～6 口为备用井。同时，在坑内布设增加 2 口降压备用井（详见图 3-3）。减压井开终孔直径为 ϕ650mm，井管直径为 ϕ273mm，井深为 56.00m，过滤器长 21.00m，在 23.00～28.00m 深处填黏土球封孔以避免上部潜水漏入井内（详见图 3-4）。

（2）开展三维渗流与变形全耦合及可视化计算机软件（GWS）研究及应用。软件包括打开、前处理模块、计算模块、后处理模块、还原、帮助六个组成部分（图 3-5），据此可以直接在计算机上创建基坑降水的水文地质概念模型，并进行模型的识别、验证和预报，实现整个基坑降水过程中地下水三维渗流和地面沉降模拟控制计算的可视化。

① 地质模型概化及离散

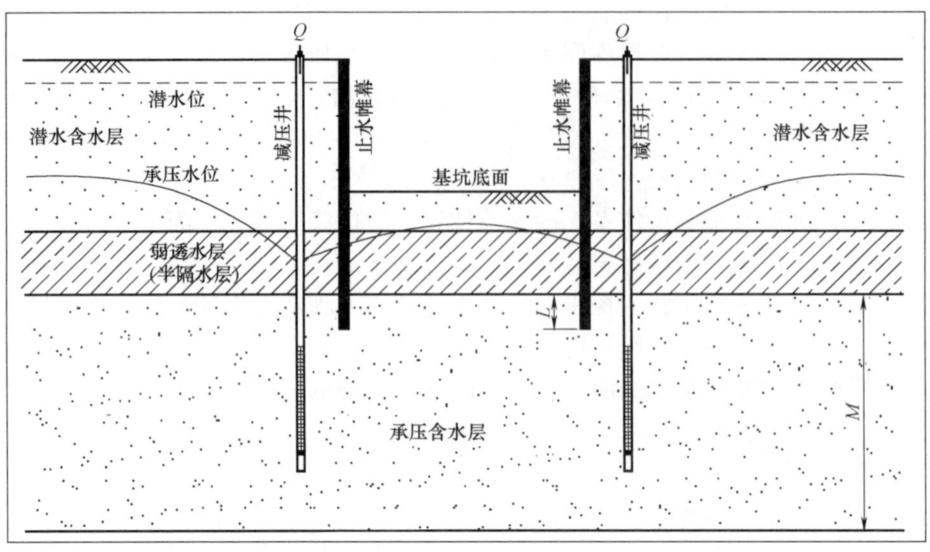

图 3-2　坑外降水结构图（坑内外承压含水层几乎全连通）

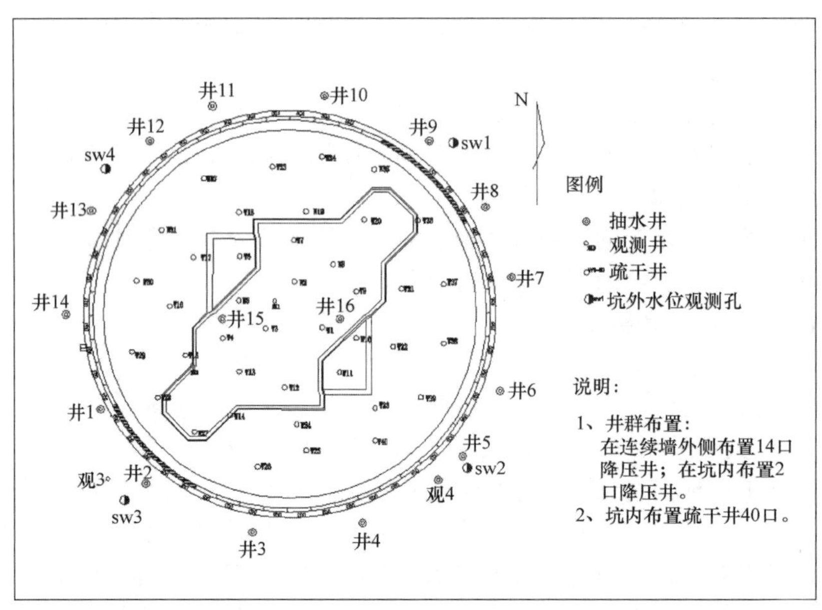

图 3-3　降水设计平面图

本工程降水目的层为上更新统第Ⅰ、第Ⅱ承压含水层、中更新统第Ⅲ承压含水层。考虑到降水过程中，上覆潜水含水层将与下伏承压含水层发生水力联系，因此，将上覆潜水含水层和下伏承压含水层一起并入模型参与计算，并考虑三维空间上的非均质各向异性。根据研究区水文地质特性、基坑维护连续墙埋藏深度及抽水井滤水管设置的位置，垂向上将整个第四纪松散沉积层从上到下分为 11 层（见图 3-6），水平方向剖分由基坑中心向外逐渐变疏（见图 3-8）。有限元网格共剖分了 9548 个单元、10764 个节点。

② 模型的识别与验证

利用地下水非稳定渗流三维有限元计算机可视化模型，选取 2004 年 6 月 30 日到

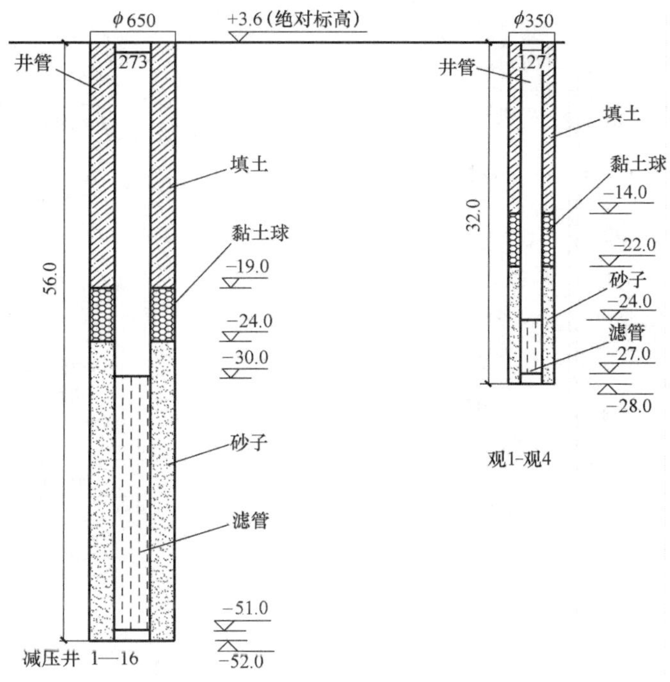

图 3-4 降水设计剖面图

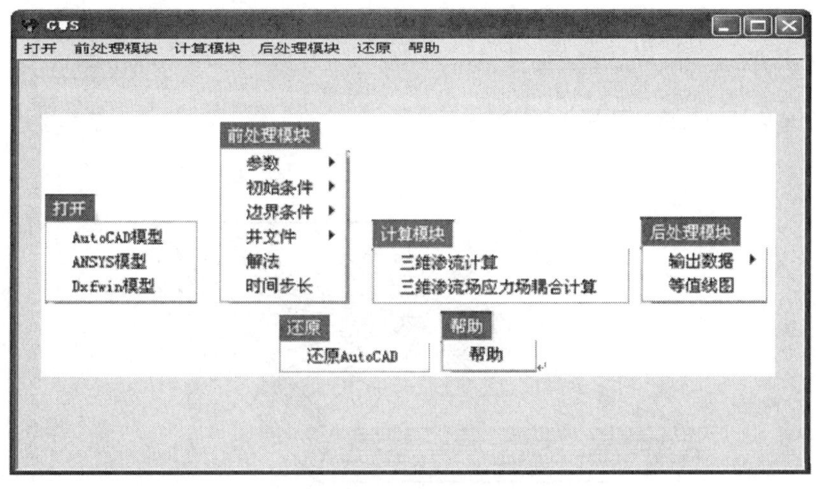

图 3-5 软件工作界面

2004 年 7 月 30 日为期一个月的抽水试验资料，对上海环球金融中心塔楼深基坑降水过程中的水文地质参数进行反演分析。水位观测资料来自 2 口观测井，其中 G1 布置在坑内中心点，距抽水井 52.5m；G3 布置在坑外，距抽水井 18.14m。根据各时段开启的抽水井不同及抽水量不同，将整个过程分为 10 个应力期，每个应力期又分为不同的时间步长。

先根据所提供的地质、水文地质综合资料对各层进行初步的参数分区，并选用野外试验所得参数值作为初值代入模型中，计算出各观测孔在各时段的水头。通过对 G1、G3 观测孔进行水位拟合，地下水位拟合曲线见图 3-9，计算值和观测值的总体变化趋势一致。

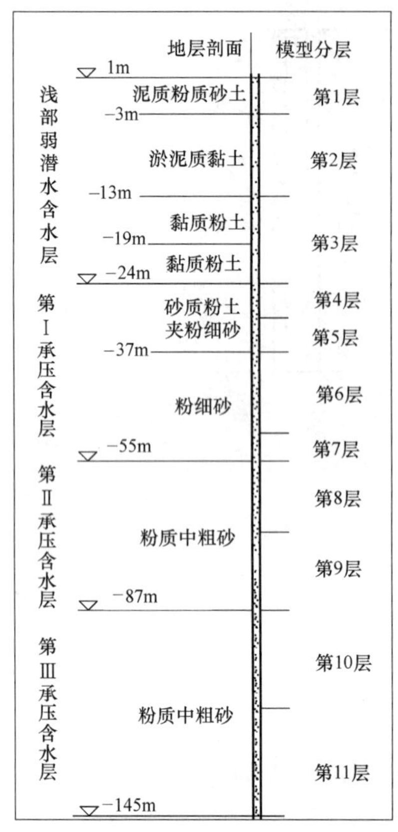

图 3-6 基坑地层剖面与模型垂向分层关系图

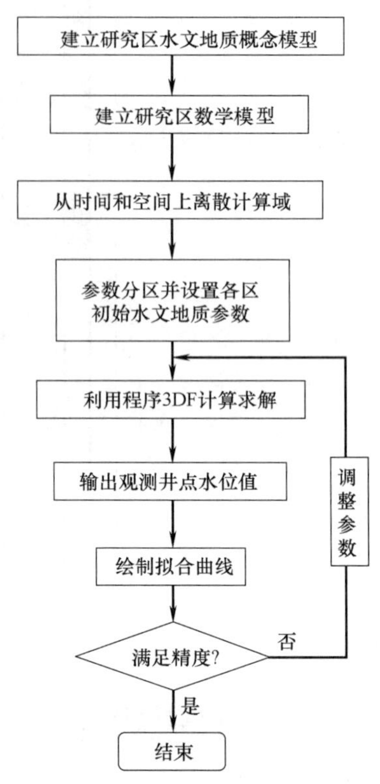

图 3-7 调参过程流程图

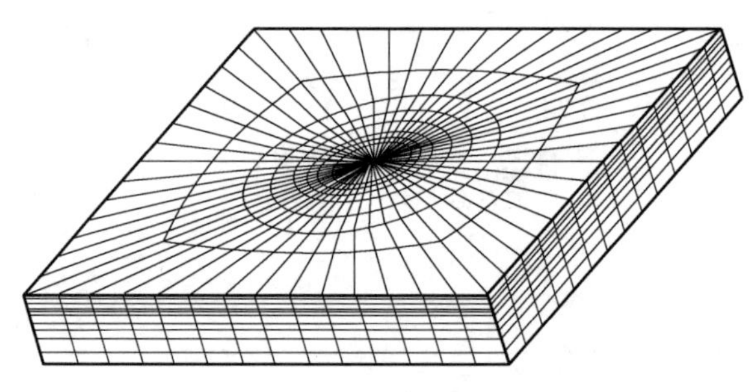

图 3-8 计算模型有限单元网格图

从拟合结果来看，其参数可用于模型预报。

地面沉降观测点共 45 个，在保持沉降观测数据的科学性前提下，按照均匀分布的原则，根据各测点距基坑远近的不同，筛选出其中 2 个沉降观测点（沉 1-沉 2）的地面沉降观测资料进行反演分析，通过以上分析，对沉降量进行拟合。从图 3-10 可以看出，地面沉降计算值与实测值在同一个数量级，能反映出其沉降趋势。

③ 承压含水层降水预测及控制

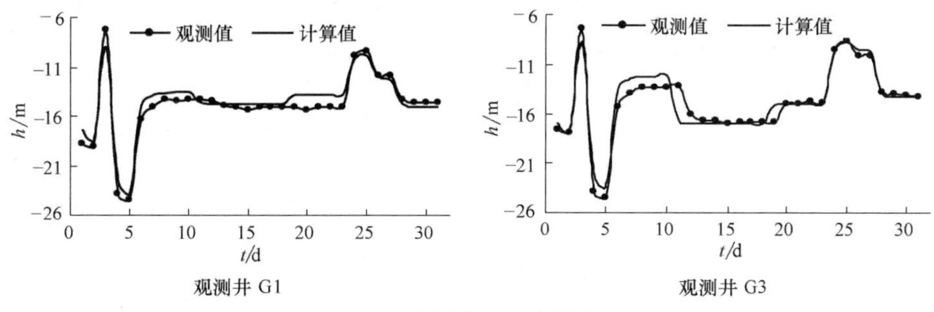

图 3-9　观测点的水位拟合图

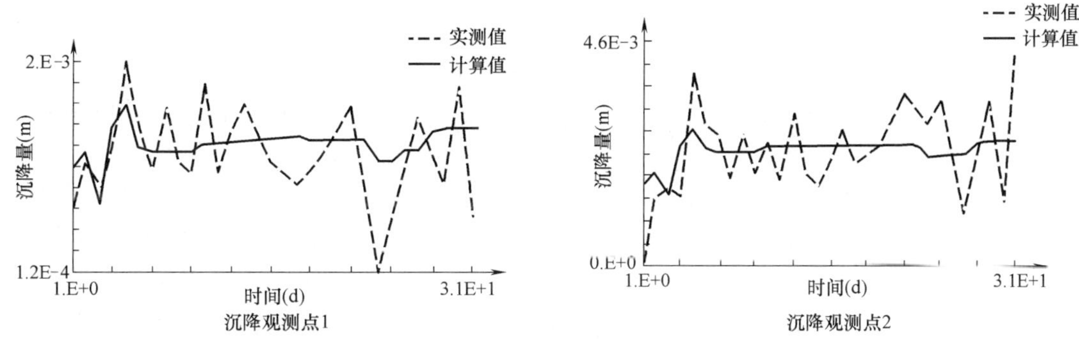

图 3-10　地面沉降量计算值与实测值拟合图

利用上述模型校正结果，根据施工要求降水 30d 后满足承压水水位降至埋深 26m（标高－22m），且上海地区对单井抽水量不高于 1500m³/d 的限制、基坑水位降深大及考虑到降水工程的经济性，做到以尽量少的工程费用实现降水目的等原则下，进行了降水优化设计，经模型运行发现，采用 8 口井降水最为合适，单井出水量为 1420m³/d，井点分布见图 3-11，降水 30d 后平面水位等值线见图 3-12。

④ 承压含水层降水与地面沉降预测及控制

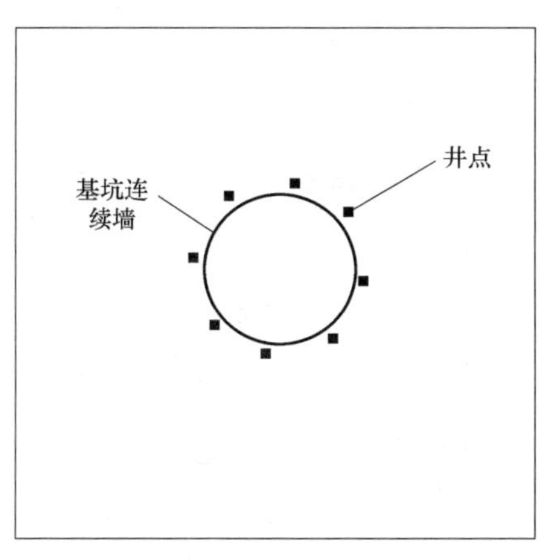

图 3-11　优化井点分布图

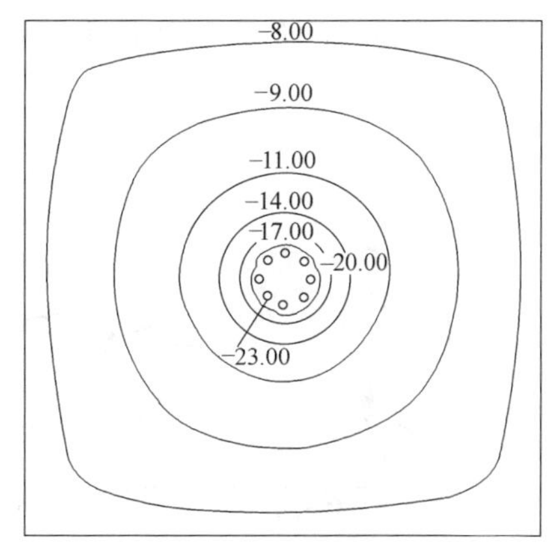

图 3-12　降水 30d 后水位等值线图（单位：m）

根据场地要求以及在了解场地地下水渗流特征的前提下，采用参数反演值，参照施工要求，预测降水 30 天后基坑周围地面沉降量等值线图，详见图 3-13。

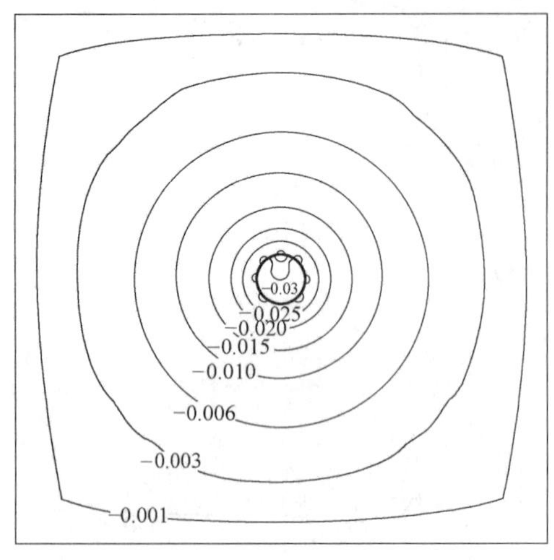

图 3-13　8 口井降水 30d 后基坑周围地面沉降量等值线图（单位：m）

由此得出结论，采用 8 口井方案在抽水完成后基坑附近的承压层水位已经降至 −22.4m 左右，在基坑内部其最低水位值为 −23.4m，完全符合基坑工程施工要求，且基坑附近的地面沉降量普遍较小，在 3cm 左右，由基坑降水导致的地面沉降对周围建筑物影响不大，满足基坑工程的安全要求。

⑤ 上海环球金融中心理论计算与实测值的比较

上海环球金融中心塔楼深基坑减压降水正式运行自 2004 年 6 月至 2005 年 3 月 16 日止，历时约 9 个月。减压降水的抽水量是随基坑开挖深度加大而同步增大的，其目的为控制下部承压水水位始终保持在基坑开挖面以下。G1 观测孔的水位变化实测值与理论模型计算的预报值是十分接近的（见图 3-14）。

基坑外相邻地面沉降也随着基坑开挖深度和承压水位降深的增大而增加。基坑开挖和降水对地面沉降均具有重要的影响，但在实际工程的坑外地面沉降监测值中，很难区分两者对地面沉降的影响权重。从图 3-15 可以看出，沉降观测点 P8-3 处的地面沉降实测曲线与理论模型预报的因抽水引起的地面沉降历时曲线相比，降水引起的地面沉降在总地面沉降量（实测值）中所占比例不大。降水引起的地面沉降与抽水量有关，当抽水量趋于稳定（仅在某个固定值附近波动），其相应的地面沉降也趋于稳定，在这期间基坑开挖深度增大成为导致坑外地面沉降的主导因素。理论模型预测结果表明：降水引起的地面沉降量始终小于地面沉降的实测值（该值包含了基坑开挖和降水的共同影响）。

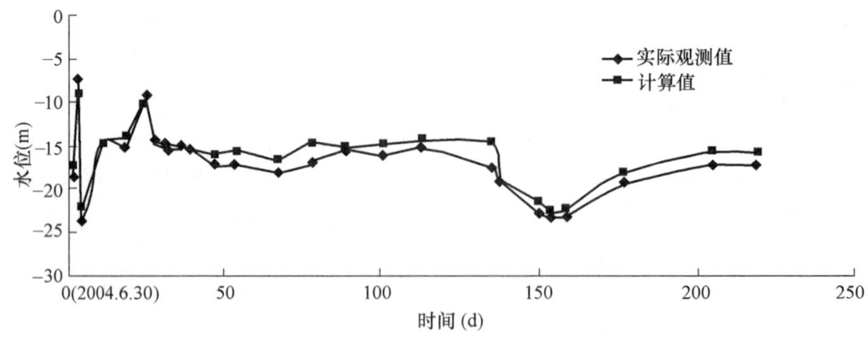

图 3-14　G1 水位观测孔的承压水位历时曲线

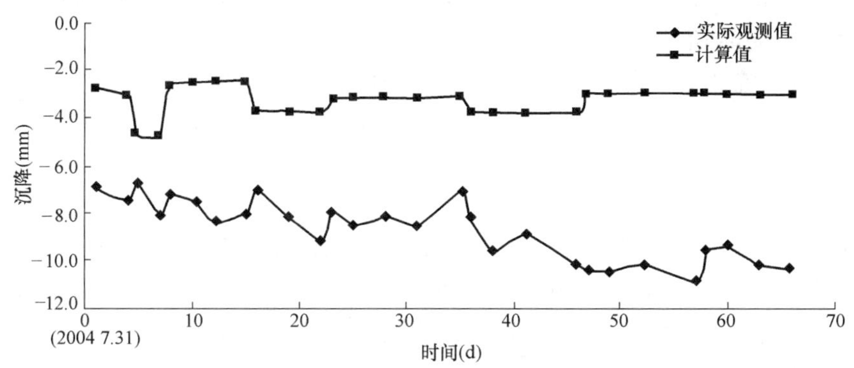

图 3-15 P8-3 沉降观测点的地面沉降历时曲线

（3）针对本项目自主研制开发了一套软件及数据采集仪器，实现了地下承压水实时自动监控，与国外引进的相比，操作更加简单便捷。

系统可在任意时间点内实时掌握了解正在运行的降水井的井内水位变化，并在计算机监视屏上显示每一口监测井的水位变化实时曲线，使管理者及时掌握了解基坑内、外的地下水水位和地表水水位变化情况，指导基坑开挖，使基坑降水引起的安全问题在事前得到有效识别和控制。基坑降水自动监控系统由以下部分组成：

① 传感器：用于测量观测井内的水位变化状态。工作原理是将传感器安放在井内水下一定的深度，水位的波动变化引起传感器内压力数值的变化，传感器自动将压力变化值转换成水位值。

② 频变信号线：用于连接传感器和数据自动监测仪。

③ 数据自动监测仪：将传感器上的压力变化数值通过信号线连接传输至监测仪，把数据自动监测下来，监测时间的间隔可以通过软件根据需要事前设定，也可以事后调整，不影响数据采集，监测通道 1 组 8 个。

④ 计算机软件及监视器：通过开发的计算机软件，将监测的数据自动记录在设定好的数据文本中，并在保存监测数据的同时可以自动转化为实时监测曲线，在监视器上自动生成和显示。通过计算机监视器可随时了解掌握任意时刻内每一观测井内的水位变化状态。

（4）现场降水工程成井实施。通过严格的现场管理，经过贯穿钻进成孔、泥浆护壁、清孔、井管安装、填砾、止水、洗井，以及水泵安装及试抽水检验等一系列工序工艺，完成降水井的现场安装就绪。

（5）按需降水动态控制。为保证基坑开挖时不发生突涌或管涌事故，进行基坑突涌

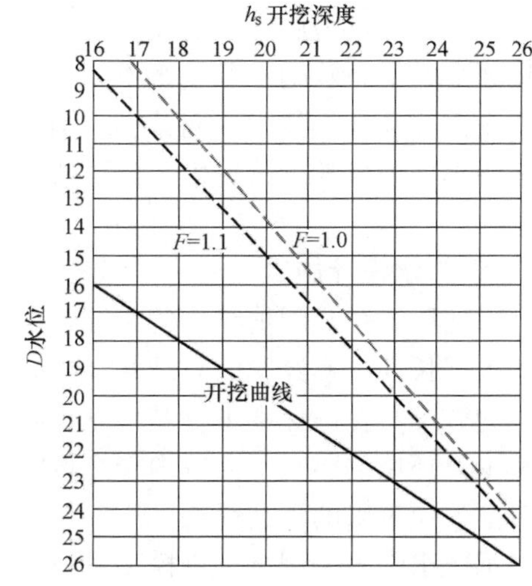

图 3-16 基坑开挖深度 h-安全水头埋深 D 对应关系图

的风险动态分析和控制，编制了降水安全运行方案，在不同阶段启用不同数量的降水井，进行按需降水。同时监测和及时分析降水对周边环境影响，掌握了坑外地表、相邻建（构）筑物沉降、坑外土层孔隙水压力和土层沉降的实测数据。

（6）在结构底板上进行降水井的有效封堵和止水，确保底板的永久安全。

4. 工程总结与启示

环球金融中心是上海的新地标，其建筑高度和工程规模在当时属国内首屈一指。本工程开展的岩土工程勘察、基坑监测和工程降水，通过理念和技术创新，解决了在软土地区超高层建筑在地基基础设计施工中存在的诸多技术难题，获得了丰富的创新成果。

4.1 岩土工程勘察

上海环球金融中心的岩土工程勘察，突破了我国传统的“工程勘察”技术和服务范围，大大丰富了常规工程勘察的内涵，成为向“岩土工程勘察”转型的示范工程。该工程极大地推动了多种原位测试技术实施及成果应用，许多成果已被编入相应的国家和地方技术规范、规程，显著地提高了整个行业勘察水平，对于推动岩土工程行业的未来发展具有十分重要的意义。

4.2 基坑工程监测

上海环球金融中心，塔楼区采用顺作法施工在先，裙房区采用逆作法施工在后，基坑工程监测全程跟踪前后历时二年半。

本工程建立了超深、超大基坑的四维预警监控与分析系统，对海量监测数据进行及时分析和处理，实现了信息化施工，全面保障了基坑、地下管线、相邻建筑物和设施的安全。特别是在国内首次对 100m 直径的超深圆形基坑进行监测，并验证其拱效应；完整测读大规模深基坑不同开挖工况条件下基坑回弹曲线，为基坑回弹量理论研究提供了珍贵的资料；实测分析了地墙、围檩等构件中钢筋和混凝土受力相关性，为钢筋和混凝土协同受力和变形规律积累了大量分析资料。另外，还监测了中心城区深基坑大规模降水对环境的影响，为减压降水对环境影响的理论研究提供了翔实的资料，实测了塔楼、裙房相邻处立柱桩的差异沉降，为后浇带的设立提供了依据。

环球金融中心基础工程的最终顺利实施也表明，本工程监测仪器元件的选型是合理的，埋设方法及量测技术是可靠的，在施工流程安排、施工工艺实施、施工变更等过程中，监测数据为科学决策提供了重要依据，大量的实测数据对类似工程具有很高的实际应用价值。

4.3 基坑降水设计施工

针对地层组合及围护结构的特征，研究并提出了关于深层减压降水设计的基本思路与方法。根据长期工程经验的总结并经理论分析计算，首次在城市敏感区域探索“坑外减压降水”的方案，在确保本工程基坑施工安全的同时，严格实施“按需降水”原则，最大限度地减少对环境的影响；因坑内未布设降水井，大大提高施工效率，有效缩短工期，减少基坑时空效应带来的不利影响。

对承压水降水采用真三维模型进行研究，将第四纪松散岩类孔隙承压含水层之间的黏性土层作为弱含水层进入模型参与计算，克服以往将其概化为越流层，给模拟计算结果带来重复或缺失的不足。在承压含水层降水与地面沉降变形三维全耦合模型研究方面，不仅考虑了土体变形参数随有效应力状态的变化，还考虑了渗透性的相应动态变化。

编制了针对长江三角洲基坑降水三维渗流场与地面沉降变形分析的专业软件和承压水水位实时、连续、自动、可视的监控软件，实现了在任意时间内实时了解运行降水井的水位变化及实时变化曲线，有效地识别和控制了降水引起的施工风险。

本工程的实践再次带给我们深刻的启示，那就是创新是技术进步的不竭动力，理论的发展离不开工程实践，而必然又指导新的实践。

5. 工程效益与效果

上海环球金融中心为目前国内第一、世界第二高楼，具有总荷载大、结构复杂、基坑开挖深度大、周边环境复杂的特点，给勘察、设计和施工带来很大困难，需要在各个环节进行创新研究和科技攻关。

本工程所采用了先进的勘探测试技术和分析评价方法，通过工程的成功应用和实际验证，成为地区和行业的技术标准，极大地推动了行业进步。本工程是传统的工程勘察向岩土工程转型的示范工程，为工程的地基基础设计、基坑安全设计与施工、环境保护等提供了重要的技术支撑。基坑工程监测方案科学合理，监测内容丰富齐全，监测成果验证了重要的设计参数，形成了一套完备的超深基坑监测工程的四维预警监测控制系统，为国内类似工程提供了珍贵的资料。

本工程深基坑降水首次创造性地在环境极为敏感的城市中心采用坑外降低承压水的方法，引用我公司自主研发的三维计算分析软件，实行降水运行自动化实时监控，为工程的顺利实施做出了巨大的贡献。基坑降水的实践和研究，使工程技术人员认识到降水的可控性和深大基坑施工的成熟性。通过基坑围护设计与降水设计互相配合，使基坑设计更加合理化，取消常规坑底加固措施，减少施工难度，从而大大降低了工程造价，据粗略估计，节省造价1000多万元。另外，降水控制的信息化，大大提高对地下水及环境沉降控制的可操作性，成功控制了坑外地表因降水引起的沉降，得到了建设、设计和施工单位的高度评价，产生了良好的社会效益和环境效益。

6. 获奖单位简介

上海岩土工程勘察设计研究院有限公司（简称上勘院），创建于1958年，原名上海勘察院，2003年底实现整体改制后更名。上勘院是一家国内知名的综合性岩土工程咨询公司，拥有雄厚的技术力量、一流的专家队伍、精良的仪器设备和丰富的工程经验。通过联系紧密的知识网络和资质平台为客户提供高质量的专业技术服务，在业界具有很高知名度。

公司提供的服务涉及岩土工程设计、工程咨询、工程勘察、工程测量、工程监测、工程检测、工程物探、建筑设计、市政设计、工程监理、房屋质量检测、地震安全性评价、地质灾害评估等，并覆盖建设工程管理咨询、工程项目管理和运行管理等领域。公司通过国家计量认证和质量、环境、职业健康管理体系认证。

公司现有职工500多名，专业技术人员比例超过90％，公司拥有国家勘察大师4名，教授级高级工程师16名，高级工程师近百名，各类注册工程师70多名。

公司设有设计咨询公司、岩土技术公司、工程测绘公司、工程检测公司、工程监测公司、房屋检测公司、大师工作室、研究中心、信息中心等生产、研究部门，在外地设有天津、浙江、苏州、重庆等分公司，并投资设立了上海城凯建筑设计有限公司、上海三凯建设管理咨询有限公司、上海长凯岩土工程有限公司、上海顺凯信息技术有限公司、上海泉凯投资管理有限公司以及上海舰凯钻探有限公司。

经过 50 余年的辛勤磨砺，公司共计完成各类工程勘察、设计项目 13000 余项，其中 160 多项工程获得国家、建设部以及上海市嘉奖，其中获国家级金、银、铜奖 18 项；负责主编、参编了 30 余部技术规范、规程，先后荣获“全国五一劳动奖状”、“全国住房城乡建设系统先进集体”、“上海市文明单位”、“上海市质量标兵企业”、“上海市重大工程立功竞赛优秀公司”、“上海市创新型企业”、“上海市优秀高新企业”等荣誉。

为适应科学发展观和创建和谐社会的国家战略目标，公司提出了以“规避风险、节约资源、共创和谐”为核心的“绿色岩土”创意理念，努力实践“为基本建设和城市管理提供优质技术保证，为人类社会和利益相关方共同节约资源，为工程建设和投资人安全规避风险，为企业员工成就事业创造幸福生活”的社会承诺，为上海及全国的城市建设和运行管理做出积极的贡献。

上海长凯岩土工程有限公司是其下属子公司，获上海市高新技术企业认证，具有地基与基础工程专业承包壹级资质。公司主要从事公路、桥梁、港口、机场、高层建筑等基础 ±0.000 以下的地基基础处理和工程降水，在深基坑围护、设计、施工、深基坑降水，水文地质、地基处理技术、岩土工程咨询等方面积累了丰富的经验，尤其在深基坑降水方面形成了一整套完备的技术标准体系和 ISO 9001—2000 质量管理体系，在地下水控制、深基坑降水方面在业界具有良好的声誉，多项成果获上海市科学技术进步奖。

7. 专利及独有技术简介

7.1 上海地区密集群桩沉降与单桩承载力预测技术

采用旁压试验等原位测试方法取得地基土的变形计算参数，深入分析桩端、桩侧土对桩基沉降的影响，经与大量工程实测资料和地基土分类对比，在既考虑桩端土又充分考虑桩侧土性状的情况下，按四种方法提出沉降修正系数，大大提高了桩基沉降预测精度。针对上海地区典型地层组合类型，对打入式预制桩的单桩承载力与休止期关系进行研究，获得单桩后期极限承载力增长变化规律。以上技术成果在包括环球金融中心在内的 100 多项桩基工程中得到应用和检验，取得显著效果。该项技术的主要内容已列入国家行业标准《高层建筑岩土工程勘察规程》JGJ 72—2004 和上海市《岩土工程勘察规范》DGJ 08-37—2002）有关章节。

7.2 上海地区静压桩沉桩阻力估算和沉桩挤土效应分析技术

此项技术成果是在长期研究沉桩阻力的影响因素及变化规律的基础上形成的。该技术以静力触探比贯入阻力作为主要参数估算沉桩阻力，采用人工神经网络估算沉桩阻力，针对单桩承载力时效性，确定了四类不同地层组合中静压桩单桩极限承载力与沉桩阻力及休止期的相互关系。在沉桩挤土效应方面，针对饱和软黏土地基，得出各种因素影响下沉桩挤土效应引起的地表位移的计算公式，并给出了不同修正系数的计算方法和取值范围。经大量工程验证，其估算值与实际情况接近。编制的沉桩阻力计算和沉桩挤土效应分析应用软件简单、实用，很好地指导了工程勘察、静压桩桩基设计、咨询和施工，对静压桩的推广应用起到了推动作用。

7.3 上海环球金融中心工程关键技术

由各方参与共同完成的该项研究成果在工程勘察、超大深基坑围护、高性能混凝土研制及泵送、模板体系开发等诸多方面均有很强的创新性，为我国超高层建筑从勘察到设计到施工提供了很好的参考和借鉴。经鉴定，此项技术成果总体达到国际先进水平，其核心技术达到国际领先水平，获 2008 年上海市科技进步奖一等奖。

7.4 专利、软件及其他技术

以下具体内容参见《上海轨道交通 4 号线修复工程基坑降水设计施工、岩土工程勘察及工程物探》，此处不再重复。

（1）基坑降水自动控制系统（专利 ZL200920077051.9）；

（2）基坑水位自动监控系统（专利 ZL200720068106.0）；

（3）一种基坑内降压井封井结构（专利 ZL201220316488.5）；

（4）地下水三维渗流计算（GWS. V1.0 软件）（软件著作权登记号 2007SR03505）；

（5）承压水降水及土体变形环境控制技术。

【项目特色提要】 上海环球金融中心为当时中国第一、世界第二的摩天大楼，建筑结构复杂、荷载大、基坑深。该勘察项目是一个具有代表性的岩土工程勘察、设计咨询与监测综合技术服务项目。工程勘察采用钻探、静力触探及多种原位测试相结合的勘探方案，其原位测试深度创下新纪录；通过对顺作法与逆作法相结合的基坑工程监测验证了重要的设计参数；采取信息化施工手段实现了"按需降水"。其工程勘察工作有针对性地综合运用原位测试技术、综合分析技术、桩基分析评价技术、地震反应分析技术，有效地推动了多种原位测试技术的工程应用，有关成果被用于国家和地方技术规范、规程，对于推动岩土工程行业的发展具有重要的意义，其基坑监测技术、降水设计和施工技术对于类似工程具有良好的借鉴和指导作用。

唐山市体育场（体育中心）岩溶塌陷地质灾害治理工程

河北建设勘察研究院有限公司　梁书奇

【项目摘要】

项目位于唐山市岩溶发育区，在充分分析研究已有资料的基础上，利用多种勘察手段查明了工作区岩溶塌陷及其危害程度，分析了工作区岩溶塌陷形成机制和影响因素，建立了科学的岩溶塌陷影响范围和危害程度的评价体系，采用“探治结合、治验结合”的综合治理技术。总结出一套岩溶治理方法，开拓了唐山市岩溶地质灾害成功治理的先河。为唐山市岩溶塌陷治理工作积累了丰富宝贵的经验，产生了良好的经济效益和社会效益。

项目勘察和治理分别于 2002 和 2003 年获河北省优秀工程勘察一等奖，并于 2004 年获全国优秀工程勘察设计银奖。

工程建成时间 2002 年 5 月。

1. 工程概况

工程名称：唐山市体育场（体育中心）岩溶塌陷地质灾害治理工程

工程起止时间：2001 年 5 月至 2002 年 5 月

1.1　工程简介

唐山市体育场（体育中心）位于唐山市市中心，南侧为煤医道，东侧为建设路，西侧为华岩路，西北侧及北侧为建华西道。补充勘察范围为上述四条道路围成的区域，重点为此范围内的公建、体育建（构）筑物，主要有体育场、综合体育馆、体育馆、网球馆、田径馆、足球场等。

图 1-1　唐山市体育场全貌

工作区的第二田径训练馆曾在1988年6月6日，在中、日、韩三国青年运动会期间发生地面塌陷，坑深6.5m，面积约35m²。用200m³碎石将坑填满后，于6月15日再次塌陷，并将馆内两根混凝土柱子陷入坑内，房顶随之坍塌。与此同时，位于第二田径训练馆东南方60m处的体育场主席台西北角地面出现沉陷，到2001年4月止，最大沉陷量47cm，面积达496m²。

1.2 主要工作内容

（1）岩溶治理勘察，为岩溶治理提供科学的依据；

（2）在认真研究总结历次勘察成果及补充勘察成果的基础上，深刻分析了岩溶塌陷形成机制，综合评价工作区内溶塌陷地质灾害的影响范围和危害程度；

（3）岩溶治理设计与施工；

（4）治理效果检测。

1.3 勘察工作量和方法

勘察完成的实际工作量详见勘察工作量统计表及治理工作量统计表如表1-1，表1-2。

勘察工作量统计表 **表1-1**

钻探	总进尺(m)		600.60		总进尺(m)		
					第四系		基岩
	孔数(个)		18		485.10		115.50
	原状样		扰动样		标准贯入试验		
	89件		17件		148次		
物探	方法		瑞雷波勘探		高密度映像		
	延米		28线162个排列3915m		3剖面195m		
土工试验	项目	常规	前期固结	快剪	三轴压缩	筛分	渗透性试验
	件数	92	14	13	8	14	10
工程测量	65点			注浆试验孔		1孔	

治理工作量统计表 **表1-2**

工作项目		单位	完成工作量	工作项目		单位	完成工作量
钻探第四系：4004.69m 基岩：650.83m	第四系孔	孔/m	71/ 2525.73	注浆量	覆盖层注浆	m³	3148.82
	基岩孔	孔/m	15 /829.5		岩洞注浆	m³	4205.85
	旋喷孔	孔/m	21/ 808.4	注浆及充填材料	425号矿渣水泥	t	4622.01
	检查孔	孔/m	10/ 491.64		粉煤灰	t	1433.215
物探	层析成像	条/m	3/98.82		膨润土	t	209.95
	地震映像	条/m	7/266		水玻璃	t	6.674
	瑞雷波	条/m	15/833		碎石	m³	399.9
工程地质	标贯试验	次	261		中砂	m³	35
测量	坐标、高程测量	点	125	材料试验	水泥	次	20
监测	地下水动态	孔	21		碎石	次	2
	建筑物沉降	点/次	8/36		试块	组	10

2. 场地岩土工程条件

2.1 地质构造及地形地貌

唐山市体育场区位于陡河断裂东侧，场区内有三条次一级构造断裂通过，勘察命名为体 1、体 2、体 3 断裂。其中北北东向的体 1、体 2 断裂被北西向的体 3 断裂错断。

唐山市地处燕山山前、冲洪积平原，滦河中早期冲洪积扇的中部。市中心区的地势总体是北高南低，一般高程为 14～32m，高差约 20m。场区在微地貌上属陡河Ⅱ级阶地，为山前准平原。

2.2 地层结构及工程特性

据区域地质资料及钻探揭露，勘察区主要分布有第四系冲洪积地层和古生界寒武系的泥灰岩、灰岩，中上元古界青白口系的泥岩、页岩、砂岩，蓟县系的白云质灰岩、白云岩。据其岩性及物理力学性质自上而下分为 9 层，见地层结构及特性一览表。

地层结构及特性一览表 **表 2-1**

<table>
<tr><th rowspan="2">层序</th><th colspan="2" rowspan="2">岩性</th><th rowspan="2">岩性描述</th><th colspan="2">标贯击数</th><th rowspan="2">层厚（m）</th><th rowspan="2">f_{ak}（kPa）</th></tr>
<tr><th>未扰动地层</th><th>平均值（剔除异常值）</th></tr>
<tr><td>(1)</td><td colspan="2">杂填土</td><td>杂色，以灰渣、石子为主，大部分为人工铺筑路面所致</td><td>—</td><td>—</td><td>0.5～4.4 m</td><td>—</td></tr>
<tr><td>(2)</td><td colspan="2">粉土</td><td>褐黄～浅褐黄色，稍湿，密实，局部夹薄层粉砂。具中～低压缩性</td><td>5～15 击</td><td>8 击</td><td>1.8～6.5m</td><td>180</td></tr>
<tr><td>(3)</td><td colspan="2">细砂</td><td>黄白色，稍湿，中密～密实，由石英、长石颗粒组成，分选一般，混土粒。上部为粉砂</td><td>21～66 击</td><td>33.6 击</td><td>2.2～8.0m</td><td>200</td></tr>
<tr><td>(4)</td><td colspan="2">黏土</td><td>黄褐色，一般可塑状态，夹粉土及粉质黏土薄层。具中压缩性</td><td>7～35 击</td><td>17 击</td><td></td><td>160</td></tr>
<tr><td>(5)</td><td colspan="2">细砂</td><td>黄白色，一般很湿～饱和。密实，由石英、长石颗粒组成，分选好，砂质纯净</td><td>37～111 击</td><td>71 击</td><td>1.0～3.7m
局部缺失</td><td>250</td></tr>
<tr><td>(6)</td><td colspan="2">粉质黏土</td><td>黄褐色，一般可塑状态，含氧化铁及微云母，夹粉土透镜体。具中～低压缩性</td><td>7～69 击</td><td>23.2 击</td><td>2.1～8.6m</td><td>200</td></tr>
<tr><td>(7)</td><td colspan="2">中粗砂</td><td>黄白～灰白，一般为饱和，密实，分选差，级配较好，含 30%左右的卵砾石，局部为圆砾层</td><td>35～150 击</td><td>81.5 击</td><td>1.0～9.6m
局部缺失</td><td>280</td></tr>
<tr><td>(8)</td><td colspan="2">黏土</td><td>棕红～紫红色，硬塑～坚硬状态，可见母岩结构。具低压缩性</td><td>30 击</td><td>30 击</td><td>0.6～8.56m
局部缺失</td><td>250</td></tr>
<tr><td rowspan="3">(9)</td><td rowspan="3">基岩</td><td>寒武系泥灰岩</td><td>紫红色～紫色，中风化，可见方解石脉，具裂隙及小溶洞</td><td></td><td></td><td></td><td></td></tr>
<tr><td>寒武系灰岩</td><td>浅灰～灰色，中风化，可见方解石脉、溶洞及溶洞充填物</td><td></td><td></td><td></td><td></td></tr>
<tr><td>青白口系泥岩、页岩</td><td>黄绿～暗绿～紫色，强风化～中风化，节理发育，局部泥化特征明显</td><td></td><td></td><td></td><td></td></tr>
</table>

2.3 地下水

勘察区内地下水含水组可划分为：Ⅰ第四系地下水含水组，Ⅱ基岩岩溶裂隙水含水组。

Ⅰ第四系地下水含水组：自上而下分为第一、二、三含水层。

第一含水层，位于（3）层细砂中，已基本疏干，水位埋深 13.0～15.0m 左右，水位标高 14.72～16.90m。

第二含水层位于（5）层细砂中，局部疏干，水位埋深 16.62～19.7m 左右，水位标高一般 8.51～13.08m 左右。

第三含水层位于（7）层中粗砂中，局部疏干。水位埋深 26.0～29.0m 左右，水位标高－1.04～4.80m。

Ⅱ基岩岩溶裂隙水含水组，可分为寒武系灰岩岩溶水含水组和蓟县系白云岩岩溶水含水组。二者水力联系比较密切，差异不大。水位埋深 42.40～44.91m，水位标高－16.60 ～ －14.32m。

3. 岩土工程问题及评价

3.1 岩溶地面塌陷历史与现状

（1）市区岩溶地面塌陷现状及特点

在唐山市区范围，重点勘察区内共有塌陷 26 处，其中 20 处为岩溶塌陷，塌陷坑的平面形态呈圆形、椭圆形，剖面形态多呈筒状、坑状，少量为碟状，直径一般为 2～8m，大者 55m，可见深度一般为 2～6m，最深可达 10m。塌陷坑外围 3～20m 为影响带，影响带内有地面变形开裂现象。

区内塌陷均进行填平处理，较严重的塌陷坑采用钻孔水泥注浆处理。效果不一，一般经处理后比较稳定，也有些塌陷地带处理后时有反复。

从重点勘察的 26 处塌陷区分析，其所处下伏基岩岩性多以中上元古界蓟县系白云岩、古生界寒武系灰岩和奥陶系灰岩为主。

综合分析唐山市区岩溶塌陷的特点有：

① 岩溶塌陷发生在第四系覆盖层厚度大于 15m，小于 50m 岩溶区内；

② 岩溶塌陷和潜在塌陷多沿断裂破碎带、岩溶发育带展布；

③ 岩溶塌陷随着岩溶水水位下降并在基岩顶面波动而变化；

④ 岩溶塌陷多发生在降雨集中的 6～10 月份；

⑤ 唐山地震对第四系覆盖层结构破坏也会加重岩溶塌陷的形成；

⑥ 在第四系松散层底部普遍存在一层棕红色黏性土和黏性土胶结的白云岩角砾岩，厚度 2～8m，是极好的隔水层，一旦其在历史时期被冲刷掉，使上部砂砾层与基岩直接接触，将会导致土体形成较强的潜蚀渗流通道而促使地面严重塌陷发生。

（2）体育场区岩溶地面塌陷历史与现状

① 1988 年 6 月 6 日，田径训练馆内地面出现塌陷，塌坑呈椭圆形，长轴 9m，短轴 8m，筒状，深度 6.6m；

② 1988 年 6 月后体育场主席台西北部地基一直持续下沉，至 1994 年 3 月主席台西北二楼内，田径场西门及观礼台内侧围墙多处出现张性裂缝；

③ 1994 年 9 月，监测上述结果：发现裂缝加宽，墙皮脱落、窗户变形、玻璃裂开；

④ 1995 年中日韩运动会前，沥青平地、墙上刷灰、马赛克贴墙，会后塌陷仍不断发展；

⑤ 1997 年明丰房地产西侧路面发生塌陷。陷坑直径 3～4m，深度 3～4m，当时用垃圾回填。1998 年陶瓷博览会前夕修路整平。

3.2 岩溶地面塌陷机制

岩溶地面塌陷的形成是受多种因素影响，多种力的作用，但往往是一种机制起主导作用，多种机制的综合作用的结果。

体育场区为双层含水层分布区，由于历史上超采地下水导致地下岩溶水水位不断下降，使其对覆盖层的浮托力消减。同时由于岩溶水坡降和流速扩大可冲刷带走溶洞裂隙中的松散充填物，并对覆盖层底部（红黏土隔水层）产生潜蚀作用。尤其是岩溶水位在基岩面上下波动时最为强烈，可使覆盖层底部反复吸水、脱水、膨胀、剥落，在下伏溶洞开口处产生土洞的雏型。覆盖层中产生渗透潜蚀作用，这种作用随着岩溶水位的下降水头差的增大而加强。岩溶水位降低时，覆盖层中的孔隙水至下部有岩洞的土层中形成集中渗漏点，集中渗漏点上形成许多小的漏斗，这些小漏斗成为孔隙水向下补给的汇集中心。

围绕这些中心，水流收束集中，流速增大，渗透压力增加，在岩土接触面地带可产生水土流失或接触冲刷现象，有利于土洞的形成。前述作用不断加强，土洞不断的向上扩展，当洞顶上部盖层的自重力超过土体抗剪强度时，洞顶垮落，地面塌陷形成。

渗透潜蚀效应为岩溶塌陷中起主导作用，失托加荷、软化增荷等效应在塌陷形成的相应阶段起一定作用，但处于从属地位。

此外，历史上多次地震，对覆盖层结构的破坏作用是不容忽视的。这种构造地质作用，有利于多层土体渗透潜蚀作用的发生与加强。

3.3 岩溶地面塌陷稳定性评价及预测

（1）评价原则、方法

鉴于唐山市体育场岩溶塌陷的形成是多因素综合作用的结果，评价原则应以水文地质、工程地质条件为分析基础，分析岩溶塌陷的形成条件和主要影响因素，确定其与塌陷的关系，做出定性分析评价。

分析时选用有利于岩溶塌陷的因素（断裂构造、岩溶发育程度）和对环境的影响（土体疏松，地面变形）来做为评价指标。

（2）岩溶发育程度

① 岩溶发育的物质基础

唐山市体育场区下伏基岩西部为蓟县系白云岩和白云质灰岩，中部为青白口系泥岩、页岩和砂岩，东南部为寒武系泥灰岩和灰岩，受岩性的制约和断裂构造的影响，蓟县系白云岩、白云质灰岩和寒武系泥灰岩和灰岩破碎，岩溶比较发育。

② 钻孔揭露情况

综合各次勘察资料，钻孔揭露的地面下 60m 岩溶发育情况见下表 3-1。

从上表可以看出，地面下 60m 深度内的线溶洞率一般在 20%以内，局部高达 53.5%，平均 19.3%，部分洞被白云岩碎屑和砂卵石充填。其他钻孔尽管未见溶洞，但溶孔和溶蚀裂隙比较发育。

各钻孔 60m 内岩溶发育情况统计表　　表 3-1

孔号	孔深（m）	覆盖层厚（m）	始见溶洞基岩厚度（m）	岩溶位置		累计溶洞长度（m）	溶洞充填物	岩石厚度（m）	线溶洞率（%）
				起至深度（m）	厚度（m）				
ZK1	143.30	43.19	0.11	43.30～44.95	1.65	3.68	含砾粗砂，红色黏土	16.81	21.9
				46.79～46.97	0.18		白云岩碎屑		
				56.52～57.62	1.10		无充填物		
				57.82～58.32	0.50		无充填物		
				58.92～59.17	0.25		无充填物		
ZK2	100.66	42.22	7.42	49.64～50.54	0.90	1.85	无充填物	17.78	10.4
				59.14～60.09	0.95		白云岩碎屑		
ZK3	90.08	41.14	0.55	41.69～45.29	3.60	5.83	白云岩碎屑	18.86	30.9
				45.84～46.34	0.50		人工石屑		
				48.39～50.04	1.65		人工石屑		
				53.19～53.27	0.08		白云岩碎屑		
ZK4	104.77	39.01	13.21	52.22～52.42	0.20	0.60	白云岩碎屑	20.09	3.0
				53.91～54.31	0.40		无充填物		
ZK5	101.28	42.67	10.14	52.81～54.37	1.56	2.66	砂夹白云岩碎屑	17.33	15.3
				58.40～59.50	1.10		无充填物		
A1	43.00	41.60	1.40	41.73～41.78	0.05	0.36	无充填物	18.40	2.0
				42.35～42.70	0.31		无充填物		
				43.0m 以下			砂、卵石（未揭穿）		
A2	65.06	37.17	2.33	40.00～40.50	0.50	0.50	无充填物	22.83	2.2
A5	50.1	41.40	1.80	43.2～44.4	1.2	1.2	无充填物	18.60	
4	55.90	40.20	4.90	45.10～55.70	10.60	10.60	无充填物	19.80	53.5
6	67.00	44.30	3.60	47.90～48.20	0.30	0.40	无充填物	15.70	2.5
				48.80～48.90	0.10		无充填物		
9	49.00	35.40	1.70	37.10～46.00	8.90	8.90	砂、卵石、泥灰岩和石灰岩碎屑	24.60	36.2

（3）岩溶发育规律

通过钻探和物探，结合以往的勘探工作，体育场区岩溶发育基本规律为：

① 与断裂构造及地层组合关系密切

岩溶多发育在断裂破碎带及其附近的可溶岩与非可溶岩的接触带，像运动场看台西北至第二田径馆，该处为 T_1 断层和 T_3 断层交汇部位，又恰处于蓟县系地层与青白口系地层的接触带；明丰房地产公司靠近 T_2 和 T_3 断层的交汇部位，且为寒武系地层与青白口系地层的接触带。这两个地方的岩石相对其他地方破碎的多，岩石破碎为地下水的活动提供了有利条件，可溶岩、非可溶岩的接触带使得岩溶水流的前方受阻，岩溶水流线密集于接触界面附近，加之第四系地下水越流或渗流补给时在非可溶岩上受阻，也集中在界面附近向下运动。这些因素致使上述部位岩溶发育。钻探也证明此两处的溶洞显著的比其他地方发育，且洞的规模大，如 4 号钻孔和 9 号钻孔，溶洞分别达 10.6m 和 8.9m。

② 浅部岩溶发育

历次钻探表明：浅部岩溶较深部地带发育，这点反映在线岩溶率随深度的增加而减小。

历次钻探不同深度内线岩溶率统计表 **表 3-2**

地面下深度(m)	60.0	60.0～80.0	80.0～100.0
线岩溶率(%)	19.3	5.6	0.3

（4）稳定性分区

体育场区岩溶塌陷受地质构造、地层岩性、溶洞和土洞分布等因素制约，根据这些稳定性特征及地面塌陷对环境造成的影响和对建筑的危害程度分为四个区：危险区、不稳定区、较不稳定区、稳定区。以上各区的特征见下表。

各区稳定性特征表 **表 3-3**

分区等级	分布范围	特　　征
危险区	体育场主席台西北部，第二田径馆内和明丰房地产公司西侧	覆盖层厚度约 40m，土洞塌陷到地表，形成塌陷坑，土体结构破坏、松动，基岩破碎，溶洞发育，断裂交汇，直接危害建筑物的安全
不稳定区	体育场主席台西北角至第二田径馆一带和明丰房地产公司西侧	覆盖层厚度约 30～40m，断层交汇，基岩破碎，溶洞发育，土层极易产生土洞，引起地面塌陷，对建筑物安全存在潜在威胁
较不稳定区	场区北部的综合体育馆，西南部的游泳池，东南部的体育馆一带	基岩破碎，溶洞较发育，有断层通过，基岩被较厚的残积黏土覆盖，产生土洞的可能性较小，不易产生地面塌陷，对建筑物的安全影响不大
稳定区	场地中部的体育场东门至网球场一带	覆盖层下伏基岩为青白口系泥岩、页岩和砂岩，透水条件较差，不具备形成土洞、溶洞产生地面塌陷的条件，对建筑安全无影响

3.4　塌陷治理设计

1. 治理原则

根据岩溶勘察对场地稳定性分区的评价结论，按以下治理原则进行治理：

① 危险区，对岩溶、土洞、地面进行全面治理；②不稳定区，对溶洞及破碎带进行治理；③较不稳定区，对地面及建构筑物加强观测；④稳定区，无需治理。

根据上述治理原则，对各个区域采取治理措施。

2. 治理思路

对危险区基岩空洞采用级配骨料充填胶结注浆加固治理方案，通过充填洞穴阻断渗流通道，消除由于岩溶塌陷形成的“天窗”；第四系覆盖层加固采用两种方法：危险区中以采用高压旋喷注浆法加固，外围用高压注浆形成连续隔水帷幕。对高压旋喷设备难以施工的危险区，则采用高压注浆法进行加固处理。通过上述方法提高土层强度而达到治理目标。

3. 治理方案参数

① 注浆加固治理范围

注浆加固治理范围主要为体育场主席台西北角到第二田径训练馆一带，和明丰房地产公司西侧。此外，对于高压旋喷设备无法施工的危险区、第四系覆盖层及危险区的外围帷幕孔，以及危险区内的溶洞均采用高压粉煤灰或黏土注浆加固治理。

② 注浆孔的布置

根据第四系疏松体平面范围和岩溶洞隙破碎空间分布按方格网状布置注浆孔预计 34 个，孔深 45～70m（最小间距 5m）浆液控制扩散半径不超过 15m。(详见注浆孔平面布置图)

③ 注浆材料与注浆量

灌注材料主要以水泥、骨料（砂、碎石、石渣等）、粉煤灰或黏土，加速凝剂（水玻璃、三乙醇胺、食盐），鉴于基岩破碎、岩溶发育可用砂石渣作骨料，流散体使用水泥浆、水泥粉煤灰浆或水泥黏土作为灌注材料。

④ 有关注浆量的估算

根据勘察报告确定的注浆加固治理范围，第四系土体可注孔隙率按 12%计算，充填及损失方面再考虑 5%的量，则不稳定区和危险区内的溶洞、土洞及高压旋喷不能加固的区域的注浆量约为 7600m^3。

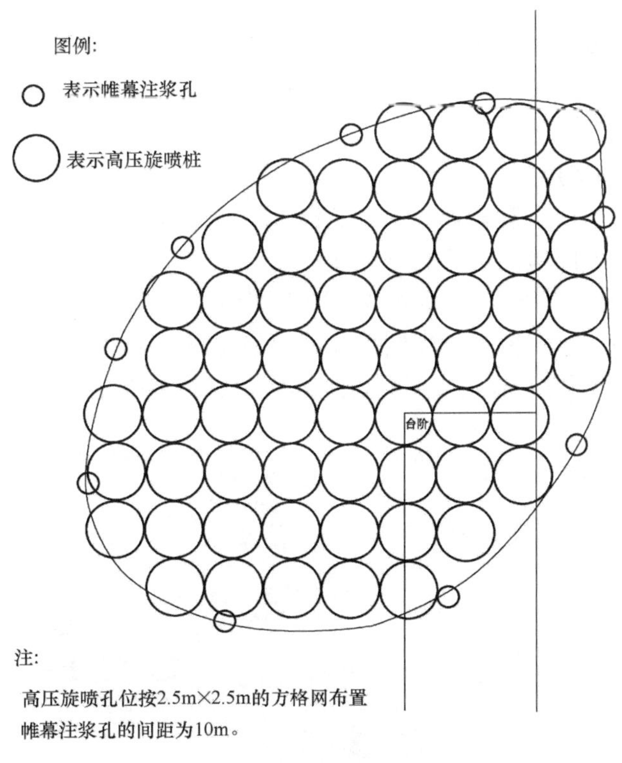

图 3-1　高压施喷注浆布桩图

4. 施工检测要求

由于本次治理过程是“探治”结合的过程，需在治理过程中跟踪检验，指导注浆的施工，保证最终的治理效果。

跟踪检验采用两种方法：①钻探，通过钻探取芯，观察加固治理区的浆液充填程度，搅拌体试样处理后的强度。②物探方法：采用 SWS 型物探仪器，跟踪测试，根据地层波速值的变化，判断注浆加固效果，并确定是否需要补充注浆。检验孔应布置在施工过程中有疑问的部位，或布置在监理工程师指定的部位。

5. 治理后评价

对治理后的岩溶区，通过钻探取样、物探分析、后续监测等手段，对治理效果进行综合分析评价。

① 井间 CT：通过对治理区孔间波速变化、分布规律判别，分析加固体的状态特征，进而评价加固效果。

② 瑞雷波测试技术：对治理区的等速剖面进行分析，评价加固区的波速分布特征，通过与取样原位测试对比，分析注浆加固治理的效果。

③ 钻探及原位测试：选取加固的核心区、边界区进行测试分析，通过标贯、动弹、取样试验等进行对比分析，并与物探测试相结合。

④ 沉降观测：对加固后的区域设置长期观测点。对地面、建（构）筑物的变形进行长期观测。

4. 工程总结与启示

唐山市位于岩溶发育区，多次受到岩溶塌陷的影响和危害，但由于种种原因，岩溶塌陷的勘察治理工作进展缓慢，没有成功的经验可供借鉴。项目在一定程度上是一种探索，探索一套适宜本地区的岩溶塌陷地质灾害治理的经验。

4.1 物探技术的成功运用

利用先进的物探技术，有效查明岩溶发育情况及塌陷漏斗的空间分布状态，而且掌握了不同检测方法针对不同检测对象的有效性。

①利用国际领先的 SWS—3A 型多波列数字图像工程检测仪，成功的找出三个危险区塌陷漏斗的位置及空间分布范围，经钻探验证准确无误（见图 4-1、图 4-2）。

② 利用高密度映像技术有效查明构造破碎带的分布范围。

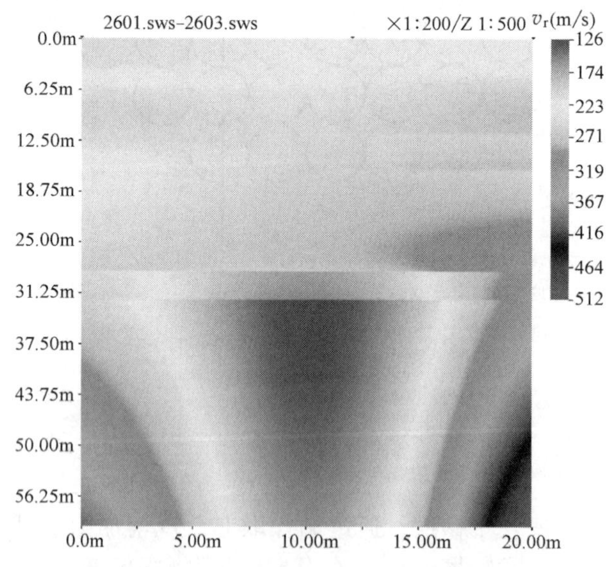

图 4-1 主席台

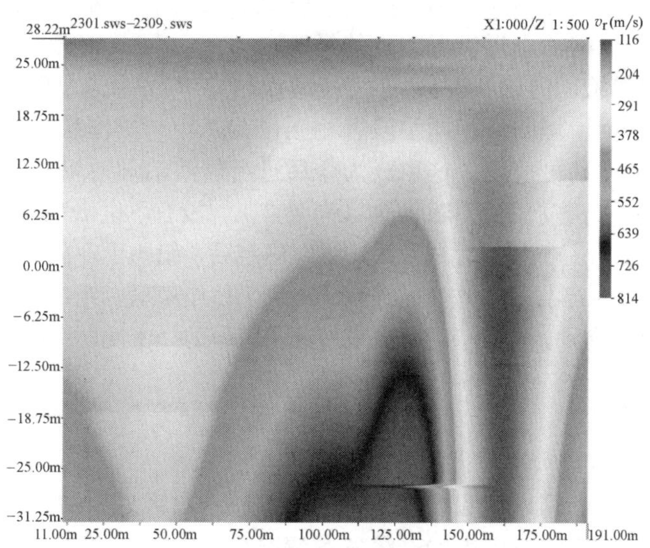

图 4-2　明丰房地产

③ 采用井间 CT 技术有效验证溶洞充填治理效果。

4.2　准确确定有害溶洞分布深度

根据岩溶发育的埋藏深度与形成岩溶塌陷的调查分析，确定了有害溶洞的分布深度（基岩面以下 10～15m）。这对指导岩溶勘察与治理提供了宝贵的经验，同时为有效治理节约大量资金。

4.3　准确判断地下水通道

根据区域地下水的径流条件、岩溶发育与场地构造之间的关系、岩溶发育与岩性的关系等有关因素分析，成功判断出地下水径流通道，且经验证判断准确无误，为科学治理提供了可靠依据。

4.4　岩溶塌陷与地层结构关系

通过对工作区内第四系土体结构，岩性分层特征分析，总结出唐山地区岩溶塌陷与地层结构的关系。岩溶塌陷与基岩面上覆黏土隔水层的缺失有关。该层的缺失与否，对判断塌陷区是否存在“天窗”起着“指示”的作用，从而对是否存在岩溶地面塌陷也起着“指示”的作用，因为“天窗”的存在是产生地面塌陷的先决条件。

4.5　综合评价岩溶塌陷

建立了岩溶塌陷的影响范围和危害程度的综合评价体系，为实施经济、科学、适宜、可行的治理方案典型定基础。

根据岩溶塌陷对环境造成的影响和对建筑物危害程度，将岩溶塌陷分为四个等级，即：危险区、不稳定区、较不稳定区和稳定区，并提出了对危险区应全面治理，不稳定区应对岩溶洞及破碎带治理，较不稳定区应加强监测，稳定区不用治理的治理原则。同时针对不同等级的岩溶塌陷特征进行定性描述，使岩溶塌陷地质灾害的危害程度有了定性标准和治理原则。

4.6　岩溶治理的方法

根据工程总结出一套岩溶治理方法，治理时采用溶洞充填先下游后上游、先封堵后充填；第四系松散土层浆液加固先外围后中间；垂直三段注浆、两个步骤施工的工艺等。为今后在唐山地区进行岩溶治理提供了宝贵的经验。

4.7 合理地治理效果检验方法

治理效果检验采用治理前后相同手段、相同位置、相同操作系统进行对比试验，以已知推未知，提高对比度和可信度。这也成为今后进行岩溶治理效果检验的指导方针。

由于岩溶塌陷地质灾害治理工作在本地区尚属首次，没有可供借鉴的成熟经验。因此，工程充分发挥专家作用，在补充勘察完成及治理方案确定后，组织了业内专家进行成果与方案评审，保证成果与方案的科学性和合理性。在全部治理工作结束后，组织专家评审验收，对治理效果进行科学的评价，这种做法在一定程度上保证了工程的严密性，决策的科学性。

5. 工程实施与效果

5.1 岩土工程勘察

（1）对综合体育馆、网球馆和体育馆等前期工作空白区采用钻探和物探相结合的勘察手段，查明这些公共建筑物范围内的岩溶发育情况。

（2）对前期勘察中用物探方法确定的溶洞及土洞等进行了复查和钻探验证，否定了两处原被判定的危险异常区，新发现两处危险区。

（3）对第四系覆盖层，尤其是土洞松动带采用钻探取样、原位测试和工程物探方法，查明该地带土体，特别是土洞松动带的物理力学性质。

（4）勘察资料表明，工作区溶洞土洞的空间分布与断层的分布相关，特别是断层的交汇处，应力集中的部位。补充勘察工作量布置以此为重点，做到有的放矢，准确查明岩溶发育及分布，为岩溶治理提供科学的依据。

5.2 研究分析

在认真研究总结历次勘察成果及补充勘察成果的基础上，深刻分析了岩溶塌陷形成机制，综合评价工作区内溶塌陷地质灾害的影响范围和危害程度。把工作区按危害程度分为四个区域，即危险区、不稳定区、较不稳定区和稳定区。同时确定了对危险区必须全面治理，对不稳定区仅对溶洞及破碎带进行治理，对较不稳定区要加强监测，对稳定区不用治理的综合治理思路。

5.3 岩溶治理设计与施工

集中径流通道的封堵是治理工作的重点，为了保证对集中径流通道实施有效封堵，采取了边探查边治理，自上而下逐步注浆封堵的方案，即采用垂直三段注浆，分两个步骤施工：上段为基岩面以上地段，采取自上而下注浆加固，方法采用高压旋喷和高压注浆；中段在基岩面以上的棕红色残积黏土层缺失地段，即“天窗”存在地段，采用浓浆或细骨料充填，然后再注浆加固；下段是在基岩面以下，岩溶溶洞为主，主要切断导水通道，通过骨料充填注浆胶结，实现封闭溶洞。

5.4 治理效果检测

治理效果检测主要采用：①钻探验证：通过钻探取芯，观察加固治理区的注浆填充程度，土体处理前后的强度变化；②物探检测：采用 SWS—3A 型工程检测仪检测加固前后地层波速变化，判断治理效果；采用井间 CT 检测溶洞充填效果；③沉降观测：对危险区内的主要建筑物设置沉降观测点，观测加固前后的沉降变化；④原位测试：通过标贯试验验证第四系的治理效果；⑤工作区水位观测：通过流场变化判断治理效果。对不同部位钻孔的水位值、注浆量以及注浆效果分析，然后从编制第四系水位图可以发现有无渗透漏斗的存在以及越流天窗是否存在。同时建立常观网，保证能连续进行观测，使整个施工一直在实际资料指导下开展工作，最后以此作为注浆效果的有力验证。

治理工作结束后，及时汇总整理了技术资料，并提交竣工验收成果报告，于 2002 年 5 月 30 日由唐山市建设局组织业内专家对治理效果进行了评审验收，专家组一致认为，唐山市体育场岩溶塌陷治理工作达到了预期效果，同意验收。

体育场治理项目验收后，投入了正常使用。唐山体育场作为唐山市较大的活动场所，治理后在场地举行了多次运动会和音乐演唱会的活动，目前运行状况良好。

5.5　取得的效益

（1）唐山市位于岩溶浅埋发育区，岩溶发育具有隐蔽性和突发性，一旦发生会给广大人民的生命财产带来不可估量的损失。工作区是唐山市大型群众活动的重要场所，它的成功治理解决了压抑唐山市人民多年的恐慌和担忧，其社会效益是不可估量的。

（2）工程开拓了唐山市岩溶地质灾害成功治理的先河，特别是在已有建筑物的区域，为今后的岩溶地质灾害的防治治理积累了丰富的经验。工程完成后，唐山市建设局组织了专家论证评审会，与会的专家对治理效果给予了高度的评价。

（3）工程的业主单位和监理单位也对工程的实施过程及实施效果给予高度评价。

（4）工程补充勘察成果获 2002 年度河北省优秀工程勘察一等奖。

（5）工程治理成果获 2003 年度河北省优秀工程勘察一等奖。

（6）工程自 2001 年 7 月开工至 2002 年 5 月结束，历时近一年的时间，完成工程产值 720 万元。工程的成功完成开拓了市场，积累了经验，也产生巨大的经济效益和社会效益。

6. 获奖单位简介

河北建设勘察研究院有限公司（原河北省建设勘察研究院）始建于 1953 年，是集勘察、测绘、设计、施工、咨询、科研以及机械制造为一体的综合性勘察企业。

公司持有市政公用工程施工总承包壹级、地基与基础工程专业承包壹级、桥梁工程专业承包一级、土石方工程专业承包一级资质；持有工程勘察综合类甲级、测绘资质甲级、建设项目水资源论证甲级、地质灾害危险性评估甲级、地质灾害治理工程勘查、设计、施工甲级资质证书；持有矿山工程施工总承包贰级（仅限井巷工程）、房地产开发企业三级、特种专业工程（建筑物纠偏和平移、结构补强）专业承包、预拌商品混凝土专业承包二级企业等资质。

公司现有员工 628 人，各类专业技术人员 473 人。其中国家勘察大师 1 人，河北省勘察大师 2 人；正高级职称 20 人，高级职称 48 人，中级职称 121 人，初级职称 283 人；具有国家注册执业资格的岩土工程师、建造师、造价师、安全师等 191 人。

承担的业务范围包括：

岩土工程勘察：各类岩土工程勘察、分析与评价。水文地质勘察：水文地质勘察与凿井、建设项目水资源论证（浅层地下水、深层承压水、地热水、矿泉水）、水资源与环境评价。工程测量：控制测量、地形测量以及市政工程、水利工程、建筑工程、精密工程、线路工程、地下管线探测、变形（沉降）观测、竣工测量、地理信息系统工程。岩土工程设计与施工、地基与基础工程专业承包：各类地基处理工程、深基坑支护与基坑降水的设计与施工、桩基施工及超大直径钻孔灌注桩施工。地质灾害工程：地质灾害工程治理勘查、设计、施工；地质灾害危险性评估。工程检测：地基检测、桩基检测、室内环境检测、地下管线探测、岩溶勘测、隧道衬砌质量和路基状态检测、考古勘测以及地基隐患勘测。工程监理：工业与民用建筑监理，路桥工程监理，市政工程监理，地质灾害工程治理监理。矿山工程施工总承包（井巷工程）：直径 2.5m 以上的工程井的设计与施工。市政公用工程总承包：可承担各类市政公用工程的施工。预拌商品混凝土：可生产各种强度等级的混凝土和特种混凝土。土石方工程专业承包：可承担各类土石方工程的施工。钻探机械设计与制造：钻探机具制造、加工，钻探机械产品配套。建筑材料试验：混凝土抗压性能试验、砂石料试验、钢筋性能试验、水泥性能试验、沥青性能试验等。

公司每年平均承接完成国家重点工程、省部级重点和地方标志性建设项目的岩土工程勘察、设计、施工、检测与监理 200 余项，年完成产值 22.7 亿元，业务范围覆盖全国 29 个省、市、自治区，以优质、高效、良好的服务赢得了社会信誉。先后被授予“全国城市勘测先进单位”、“全国工程勘察先进单位”、“全国建设技术创新工作先进单位”、“全国建设系统精神文明建设先进单位”等荣誉称号。自 2004 年以来，连续九年被列入全国工程勘察设计行业百强企业名册。

7. 专利与独有技术

（1）利用先进的物探技术，有效查明岩溶发育情况及塌陷漏斗的空间分布状态，而且掌握了不同检测方法针对不同检测对象的有效性：① 利用国际领先的 SWS—3A 型多波列数字图像工程检测仪，成功地查明三个危险区塌陷漏斗的位置及空间分布状态，经钻探验证准确无误。② 利用高密度映像技术有效查明构造破碎带的分布范围。③ 采用井间 CT 技术有效验证溶洞充填治理效果。

（2）总结出一套岩溶治理的方法：溶洞充填先下游后上游、先封堵后充填；第四系松散土层浆液加固先外围后中间；垂直三段注浆两个步骤和工艺等。

【项目特色提要】 本项目为岩溶塌陷治理工程，位于河北省唐山市的岩溶发育区。该项目勘察运用多种勘察手段，查明了工作区岩溶塌陷及其危害程度，分析了工作区岩溶塌陷形成机制和影响因素，采用“探治结合、治验结合”的综合治理技术。其勘察过程运用了综合物探技术，比较有效地探明了岩溶和土洞的分布，为正确地进行岩溶分区、提出分区治理原则奠定了可靠的基础。其溶洞治理方案采用先下游后上游、先封堵后充填、第四系松散土层浆液加固先外围后中间和垂直三段注浆、分两步施工等工艺，效果明显。其工程检测采用了钻探、物探、沉降观测、原位测试、工作区水位观测，手段齐全、合理、科学，总结出一套岩溶勘察评价、治理、后评价的方法，开创了唐山地区岩溶地质灾害成功治理的先河，为唐山市岩溶塌陷治理工作积累了宝贵的经验，对同类工程具有借鉴和指导意义。

锦绣馨园 1 号～4 号楼地基处理工程

中航勘察设计研究院有限公司　王　妍　黎良杰

【项目摘要】

锦绣馨园 1 号～4 号楼为同一大底板上 4 栋高层建筑、中间为纯地下车库的建筑群体。总投资约 4 亿元，建筑面积 80000m^2，该项目于 2001 年 5 月竣工。4 栋高层建筑地上 15～24 层，地下 2 层，均为筏板基础，基础埋深约 7.32～7.77m。建筑结构设计要求：各建筑物复合地基承载力标准值分别不小于：1 号楼为 380kPa，3 号楼为 375kPa，2 号、4 号楼为 478kPa。各高层建筑最终沉降量不超过 40mm。由于天然地基土承载力从 120kPa 到 220kPa，变化大，承载力和变形验算均不能满足结构设计要求，故需进行地基处理。地基处理采用长螺旋钻孔压灌 CFG 桩和夯扩挤密干硬性混凝土桩相结合的二元桩复合地基。CFG 桩为长桩，利用它控制沉降和提供部分承载力，夯扩挤密干硬性混凝土桩为短桩，利用它挤密地基土，提高浅层土的承载力，并补足结构设计所需的剩余承载力。该工程突破了规范限制，为今后类似条件下同类型建筑地基处理工程积累了宝贵的实践经验，具有重要的参考价值和引导技术创新作用。

1. 工程概况

锦绣馨园住宅小区它位于北京市亚运村，拟建场地北侧为五南路，东临和平东路，南临已建成的凯平小区，西侧为开阔地。施工场地南侧为锦绣家园（最近距离 2～3m）和已投入使用的凯平小区（最近距离约 40m），北侧紧临公用城市道路（距离 3～10m），东侧紧临公用城市道路（距离约 3m）。总投资约 4 亿元，建筑面积 80000m^2。该地基处理工程于 2000 年 4 月开始，2000 年 8 月完成。建筑物平面布置如图 1-1 所示，为同一大底板上 4 栋高层建筑、中间为纯地下车库的建筑群体。4 栋高层建筑地上 15～24 层，地下 2 层，均为筏板基础，基础埋深约 7.32～7.77m。由北京凯帝克建筑设计有限公司负责建筑结构设计，由中天房地产公司投资建设。

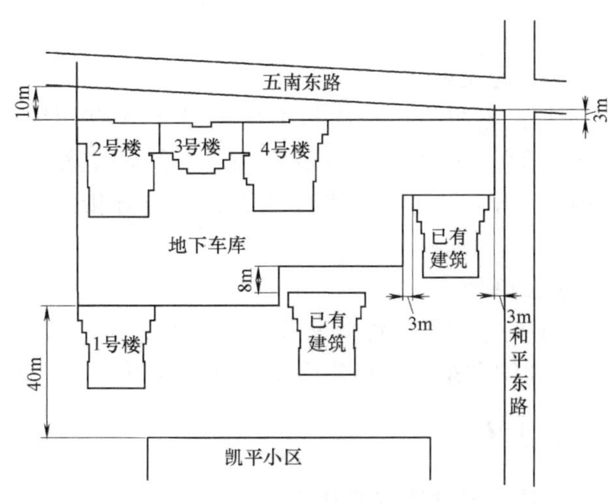

图 1-1　建筑物平面布置图

建筑结构设计要求：各建筑物复合地基承载力标准值分别不小于：1 号楼为 380kPa，3 号楼为 375kPa，2 号、4 号楼为 478kPa。由于拟建 4 栋高层建筑与纯地下车库相连为一整体，故要求各高层建筑最终沉降量不超过 40mm。

勘察资料显示：地基持力层为粉质黏土③层，夹砂质粉土③$_1$，重粉质黏土③$_2$，黏土③$_3$，黏质粉土③$_4$，相关地层地基承载力标准值 f_{ka}=120～220kPa。由于天然地基地基土承载力从 120kPa 到 220kPa，变化大，承载力和变形验算均不能满足结构设计要求，故需进行地基处理。

2. 场地岩土工程条件

2.1 工程地质条件

根据中航勘察设计研究院提供的“锦绣馨园岩土工程勘察报告”，拟建场地地层主要有：

（1）粉质黏土素填土①层：黄褐色，以粉质黏土为主，含少量碎砖屑，有机物等，可塑，稍湿。局部为杂填土①$_1$ 层：杂色，以大量碎石、砖块、煤渣和少量黏性土回填，稍湿，稍密。人工填土厚度 1.20～2.6m。

（2）砂质粉土②层：褐黄色，含氧化铁、云母碎片。夹黏质粉土②$_1$ 层、黏土②$_2$ 层、粉质黏土②$_3$ 层、重粉质黏土②$_4$ 层夹层或透镜体。中下～中密，饱和。顶板标高 40.0m 左右，层厚 4.0m 左右。

（3）粉质黏土③：褐灰色，含氧化铁、云母碎片，夹砂质粉土③$_1$ 层、重粉质黏土③$_2$、黏土③$_3$、黏质粉土③$_3$ 透镜体，可塑。顶板标高 35.0m 左右。层厚 3.5m 左右。

（4）细中砂④层：褐黄色，主要矿物成分为长石、石英、云母。中上-密实，饱和，夹黏土④$_1$ 层、粗砂④$_2$ 透镜体。顶板标高 33.0m 左右。层厚 4.0m 左右。

（5）砂质粉土⑤：褐黄色，含氧化铁、云母碎片。中上密，饱和。夹黏质粉土⑤$_1$、粉质黏土⑤$_2$、粉细砂⑤$_3$、黏土⑤$_4$、重粉质黏土⑤$_5$、砾砂⑤$_6$ 透镜体。顶板标高 26.5m 左右，层厚 8.0m 左右。

勘察报告表明地基持力层为粉质黏土③层及其夹层，相关地层地基承载力标准值 f_{ka}=120～220kPa。地基础基底以下约 4.0m 左右分布有一层厚度约 4.0m 的中细砂层，为良好的浅部桩端持力层。天然地基地基土承载力和变形验算均不能满足结构设计要求，需要进行地基处理。

2.2 水文地质条件

根据勘察报告，与建筑有关的地下水有两层。第一层为上层滞水，埋深为 1.20～3.2m，标高 38.63～40.62m。第二层为潜水，埋深为 6.20～7.40m，标高 34.77～35.70m。历史最高水位接近地表。水质分析结果表明场区内地下水对混凝土结构无腐蚀性。

2.3 施工环境

施工场地南侧为锦绣家园（最近距离 2～3m）和已投入使用的凯平小区（最近距离约 40m），北侧和东侧紧临公用城市道路（距离 3～10m），因此工程施工对周边环境要求高。

3. 设计方案

3.1 地基处理设计方案分析

由于本工程的地基承载力和建筑物最终沉降要求很严，若采用预制桩方案，将能有效地控制建筑物沉降，但预制桩施工打入困难，地面隆起量大，后期砍桩头周期长，造价高，因此不予考虑。近年采用刚性桩复合地基处理北京地区高层、超高层的实例越来越多，现将两种常见的刚性桩复合地基方案分析如下。

（1）钻孔压灌CFG桩（CFG桩）复合地基方案

钻孔压灌CFG桩复合地基桩体刚度很大，处理深度深，桩身质量好、单桩承载力高，控制沉降效果显著，能在水下作业，施工速度快、不污染场地。该工艺克服了振动沉管CFG桩噪音大、易断桩、难以穿透砂层等弊端。

（2）钻孔夯扩挤密桩（夯扩桩）复合地基方案

夯扩桩是由我院勘察大师黄志仑在分析国内外地基处理技术的基础上，根据北京地区地层特点研制开发的。该工艺是通过某种机械成孔（长螺旋钻机、洛阳铲、柱锤等），然后将素混凝土分层倒入孔内，用重锤（1.5t）分层夯实，根据桩间土土层的变化确定夯击次数。从而提高地基土的密实度和压缩模量，减小地基土的孔隙比，由于干硬性混凝土的吸水作用，降低地基土的含水量，该工艺的其他优点有：桩体完整性好，无断桩缩径问题，桩身强度高，密实度好，能强力挤密桩间土，大幅度提高桩侧摩阻力和桩端承载力，无污染，用电量小。施工设备简单、施工质量易于控制、无泥浆、工期短、造价低。分析场地地层可知，细中砂④层是理想的桩端持力层。

（3）CFG桩和夯扩桩两元桩复合地基方案

通过上述两种刚性桩复合地基优缺点的分析，沉降由CFG桩（长桩）控制，桩长依据计算确定，同时提供承载力，而剩余不足的承载力则由夯扩桩（短桩）来提供，夯扩桩补足剩余承载力的处理过程，能充分发挥桩间土的作用，以降低工程造价。当然，由于短桩的处理，该范围内复合土层的压缩模量也从一定程度上得到了提高，即对控制沉降也有一定的积极作用。

3.2 两元桩复合地基设计方案

通过单桩承载力、复合地基强度、各楼座沉降计算，本工程两元桩复合地基设计参数如下：

（1）钻孔夯扩挤密素混凝土桩1号、3号楼施工桩长4.7m，有效桩长4.3m、2号、4号楼施工桩长4.4m，有效桩长4.0m（桩端进入砂层约50cm），基坑开挖时，需预留40cm的施工保护层，桩径450mm，桩体材料为素混凝土，桩体强度满足C15，设计单桩承载力260kN；

（2）钻孔高压灌注素混凝土桩施工桩长16.9m，有效桩长16.5m，桩径400mm，桩体材料为素混凝土（加适量粉煤灰），桩体强度满足C25，设计单桩承载力600kN；

（3）桩顶满铺100mm的砂石褥垫层，（体积比：碎石：砂=2：1），碎石最大粒径小于40mm，砂为中粗砂，用平板振动器夯实。

布桩示意图见图3-1、图3-2。

4. 技术难点与创新

4.1 工程技术难点分析

（1）结构设计要求严格

由于高层建筑结构体形复杂，平面分布不规则，4栋高层高低错置，地上15~24层，

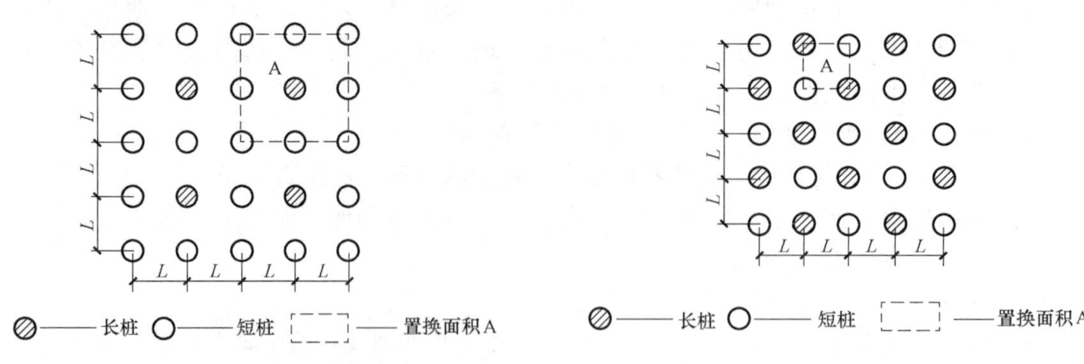

图3-1 1号、3号楼桩位布置示意图　　图3-2 2号、4号楼桩位布置示意图

且与纯地下车库连为一体，且不设置施工后浇带等措施，故结构提出各高层建筑的最终沉降量不超过40mm，其中24层楼的复合地基承载力标准值不小于478kPa的要求，依据《北京地区建筑地基基础勘察设计规范》有关条款规定，本工程建筑物安全等级可定为“一级”。

（2）工程条件变化大

1）建筑条件变化大

各高层建筑物高度从地上15层到24层，其槽底标高也不完全设置在同一标高上。与地基处理有关的建筑物概况见表4-1。

建筑物概况表　　表4-1

楼号	1号	2号	3号	4号
层数	地上18层 地下2层	地上24层 地下2层	地上15层 地下2层	地上24层 地下2层
±0.000 绝对标高(m)	43.40	43.70	43.70	43.70
槽底 相对标高(m)	−7.57	−7.77	−7.32	−7.77

2）工程地质条件变化大

拟建场地建筑物持力层主要为粉质黏土③层，部分为砂质粉土$③_1$，重粉质黏土$③_2$，黏土$③_3$，黏质粉土$③_4$，地基承载力标准值最小为120kPa，最大为220kPa。③层及夹层土的物理力学性质指标见表4-2。

③层及夹层土物理力学性质指标表　　表4-2

土层名称	统计值	天然含水量 w(%)	湿密度 ρ_0 (g/cm³)	孔隙比 e	液性指数 I_1	压缩模量 E_{s100} MPa	压缩模量 E_{s200} MPa	剪力试验 C KPa Φ 度	地基承载力标准值 (kPa)
粉质黏土③	平均值 最大值 最小值	23.2 30.2 16.9	2.03 2.13 1.93	0.644 0.827 0.524	0.585 0.811 0.165	7.72 11.8 4.1	8.99 11.79 5.6	33 16.1	170
砂质粉土$③_1$ 黏质粉土$③_4$	平均值 最大值 最小值	20.7 29.5 11.7	2.08 2.20 1.92	0.559 0.811 0.165	0.413 0.522 0.289	11.5 18.3 8.5	13.4 20.9 10.1		220
黏土 $③_3$ 重粉质黏土 $③_2$	平均值 最大值 最小值	33.5 38.2 25.4	1.89 1.98 1.84	0.94 1.05 0.728	0.6 0.736 0.358	3.4 3.4 3.4	4.19 4.19 4.19	24 15.5	120

由表2可知地基持力层含水量为11.7%～38.2%；孔隙比为0.165～1.05，液性指数值在0.165～0.811之间，属于软塑-可塑状态，压缩模量（E_{s100}）值为3.4～18.3 MPa，为高压缩性土～低压缩性土。根据场地岩土工程勘察报告与对地基持力层的物理力学性质的综合分析可知，不同高度的高层建筑物处于并不相同的地基持力层上，而要使各高层建筑物的最终沉降量控制在同一规定的量值内且与邻近建筑物的差异沉降满足规范控制要求并不是一件简单容易的事情。

（3）技术规范限制

在2000年以前，夯扩挤密桩设计与施工工艺、长短桩相结合的复合地基设计不仅都没有相应的规范可依，而且二元桩应用于工程实践的地基承载力标准值要求均不高于200kPa，应用于超过300kPa甚至400kPa以上的高层建筑更是未见报道。

（4）环境条件限制严

施工场地南侧为锦绣家园（最近距离2～3m）和已投入使用的凯平小区（最近距离约40m），北侧紧临公用城市道路（距离3～10m），东侧紧临公用城市道路（距离约3m），因此在选择地基处理方案时必须考虑施工噪音小，无污染的施工工艺方法，否则一旦出现扰民问题、影响城市公用设施或损害公众利益等问题，必将造成地基处理施工作业不能顺利进行，从而耽误工程建设周期。

（5）工程造价限制

对于本工程若采用桩基础和完全长桩的复合地基均能满足设计要求，但市场经济条件下的工程项目运作，不得不考虑经济利益的影响，关于工程造价的影响，详见表4-3，由表4-3可以看出仅2号楼长短桩结合方案比纯长桩方案就可节约投资近42%。

2号楼不同方案对比分析表 **表4-3**

方案序号	方案名称	沉降量（mm）	桩数（根）	造价（万元）	说明
1	纯长桩方案	37	665	102	造价高
2	纯短桩方案	55	1120	40	沉降不满足要求，桩间距为1m，施工困难
3	长短桩结合方案	40	长399 短399	72	方案经济合理，可行

4.2 技术创新

（1）地基处理设计方案具有独创性

本工程提出采用钻孔压灌CFG桩与钻孔夯扩挤密桩相结合的二元复合桩地基处理设计方案对地基持力层物理力学性质变化大、上部建筑结构荷载变化大、建筑结构连接复杂的地基进行加固处理，是一种超规范的设计方案，其主要思路为：以控制各高层建筑物最终沉降不超过40mm为主要目的，同时兼顾满足地基承载力的要求。沉降主要由长桩（钻孔压灌CFG桩）进行控制，同时提供一定量的承载力，在以最少数量长桩控制满足建筑沉降量的同时，其余地基承载力不足部分由夯扩挤密短桩来补充。

本工程建筑场地基础基底以下约4.0m左右分布有一层厚度约4.0m的中细砂层，为良好的浅部桩端持力层，为本工程实施二元桩复合地基处理方案提供了很好的基础条件。钻孔压灌CFG桩施工速度快、无噪音、无污染、桩身质量好、刚度大、单桩承载力高，是控制建筑物沉降的理想载体。而钻孔夯扩挤密桩同样具有施工速度快，无噪音，无污染

(但不宜进行长桩施工)，桩体完整性好，密实度好，桩身强度可根据工程需要进行调整，而且能强力挤密桩间土，提高桩间土的密实度和压缩模量，减小地基土的孔隙比，使本不均匀的地基土达到均匀，另外，由于其施工材料采用干硬性混凝土，在成桩后桩体具有吸水作用，可以自身进行桩身养护。钻孔夯扩挤密桩的工艺特点，使得其既可以充分发挥天然地基土的作用，又大大提高了短桩的承载能力，从而达到降低工程造价的目的，且短桩处理范围内的复合土层的压缩模量也在一定程度上得到进一步提高，对控制建筑沉降也有一定的积极作用。经文献查询，我国在高层建筑地基处理中采用二元桩复合地基方案的还未见报道。钻孔夯扩挤密桩复合地基及二元桩复合地基设计均无行业或国家规范可依据。

(2) 理论分析充分，计算依据正确，结果可靠

本工程提出了二元桩复合地基承载力计算和沉降计算公式，定量分析了二元桩复合地基的强度和刚度特性。

1) 二元桩复合地基承载力计算

二元桩复合地基承载力计算公式在现行规范中是没有的，本工程提出其承载力计算模式是先分别确定各种桩形的单桩承载力和桩间土承载力，然后按一定的原则进行叠加。采用面积比法，按下式计算。

$$f_{\mathrm{sp,k}}=m_1\frac{R_{\mathrm{v1}}}{A_{\mathrm{p1}}}+m_2\frac{R_{\mathrm{v2}}}{A_{\mathrm{p2}}}+\beta(1-m_1-m_2)f_{\mathrm{s,k}}$$

$$m_1=\frac{A_{\mathrm{p1}}}{A}$$

$$m_2=\frac{A_{\mathrm{p2}}}{A} \tag{4-1}$$

即

$$f_{\mathrm{sp,k}}=\frac{R_{\mathrm{v1}}}{A}+\frac{R_{\mathrm{v2}}}{A}+\beta\left(1-\frac{A_{\mathrm{p1}}}{A}-\frac{A_{\mathrm{p2}}}{A}\right)f_{\mathrm{s,k}} \tag{4-2}$$

式中：$f_{\mathrm{sp,k}}$为复合地基承载力标准值（kPa）；R_{v1}，R_{v2}为长、短桩单桩承载力标准值（kN）；A_{p1}，A_{p2}为长、短桩单桩截面积（m^2）；m_1，m_2 为长、短桩置换率；A 为置换面积（m^2）；$f_{\mathrm{s,k}}$为桩间土承载力标准值（kPa）；β 为桩间土发挥系数。

$$R_{\mathrm{v}}=\frac{1}{2}\left(u\cdot\sum_{i=1}^{n}q_{\mathrm{sik}}\cdot l_i+q_{\mathrm{pk}}\cdot A_{\mathrm{p}}\right) \tag{4-3}$$

长、短桩的单桩承载力标准值按式（3）进行计算。

式中：R_{v} 为单桩承载力标准值（kPa）；u 为单桩周长（m）；A_{p} 为单桩截面面积（m^2）；l_i 为桩周第 i 层土厚度（m）；q_{sik}为桩周第 i 层土极限摩擦力标准值（kPa）；q_{pk}为桩端土极限承载力标准值（kPa）。

2) 二元桩复合地基沉降计算

二元桩复合地基沉降计算是设计的重要环节，就本工程而言，控制最终沉降不超过40mm是二元桩复合地基设计的关键。

二元桩复合地基的沉降一般包括三部分：褥垫层的沉降 s_1、处理范围（加固层）的沉降 s_2、和下卧层的沉降 s_3。一般而言，褥垫层的沉降 s_1 施工前已压密，其最终沉降很小可忽略不计，下卧层的沉降 s_3 可依据 GBJ 7—89 规范进行。关于刚性桩处理范围的沉降 s_2，国家或行业规范没有提供计算公式，国内许多同行根据研究提出了一些建议性公

式。而以复合模量法的计算概念较易被同行接受，其难点是复合模量的确定方法。我们认为复合地基的沉降计算都是在假定天然地基和复合地基应力场分布形态一致，符合 Boussinesq 理论的前提下进行的，沉降折减系数应与现行规范相关联；复合模量利用地质勘察资料可算出，这样在实际工作中应用就比较方便。由此提出如下沉降计算公式：

$$S=\psi_s \sum_{i=1}^{n} \frac{P_0}{E_{si}}(Z_i \bar{\alpha}_i - Z_{i-1}\overline{\alpha_{i-1}})$$

$$E_{sp}=m_1E_{p1}+m_2E_{p2}+(1-m)E_S \tag{4-4}$$

式中：s 为最终沉降量（mm）；ψ_s 为沉降计算经验系数；p_0 为基础底面处附加压力标准值（kPa）；E_{si}为第 i 层土的压缩模量（MPa），其中加固层为 E_{sp}；E_{sp}为复合土层的压缩模量；Z_i，Z_{i-1}为基础底面至第 i 层土，第 $i-1$ 层土底面距离（m）；$\overline{\alpha_i}$，$\overline{\alpha_{i-1}}$为基础底面计算点距第 i 层土，第 i-1 层土底面范围内平均附加应力系数；E_{p1}，E_{p2}为桩体原位测试变形模量（MPa）；E_S 为复合土层内土体压缩模量（MPa）。

公式（4）是 GBJ 7—89 规范公式的延伸，解决了复合土层模量的计算问题，将加固层和下卧层的沉降同时计算。

本工程两元桩复合地基沉降计算简图见图 4-1 所示，根据式（4）分别求出各楼的中心点最大沉降为 1 号楼为 S_{1max}＝35.2mm；2 号楼为 S_{2max}＝40.1mm；3 号楼为 S_{3max}＝31.5mm；4 号楼为 S_{3max}＝40.1mm。

3）设计方法理论模拟验证

为了全面了解二元桩复合地基的变形特征，本工程还利用岩土工程商业软件 3D-σ 有限元程序，对地基基础（将要完成的复合地基）和基础底板在结构设计要求的载荷下的联合作用进行了三维有限元数值模拟计算，对不同楼层载荷下本工程复合地基沉降进行了数值分析，模拟结果显示沉降量与荷载的增加呈线性关系。以 4 号楼为例，当加荷至 $P/4$ 时（P 为上部结构荷载），最大沉降量为 11mm，加荷至 $P/2$ 时，最大沉降量为 21mm，加荷至 $3P/4$ 时，最大沉降量为 32mm，加荷至 P 时，最大沉降量为 43mm，详见图 4-2，总沉降量与分层总和法的最终沉降基本一致。各楼座沉降等值线还反映了结构底板和复合地基变形与地基基础上弹性板理论变形形状相似，最大沉降出现在基础的中心部位，建筑物最终沉降量能够满足设计要求。

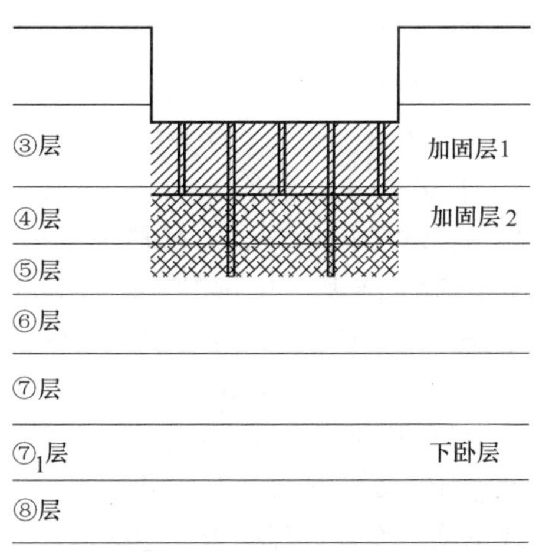

图 4-1　两元桩复合地基沉降计算简图

5. 工程实施与效果

5.1　工程实施

本工程 1 号楼于 2000 年 6 月 30 日开始夯扩桩桩施工，2000 年 7 月 16 日夯扩桩施工结束，共施工夯扩桩 356 根，有效桩长 4.3m。2000 年 7 月 19 日开始 CFG 桩桩施工，

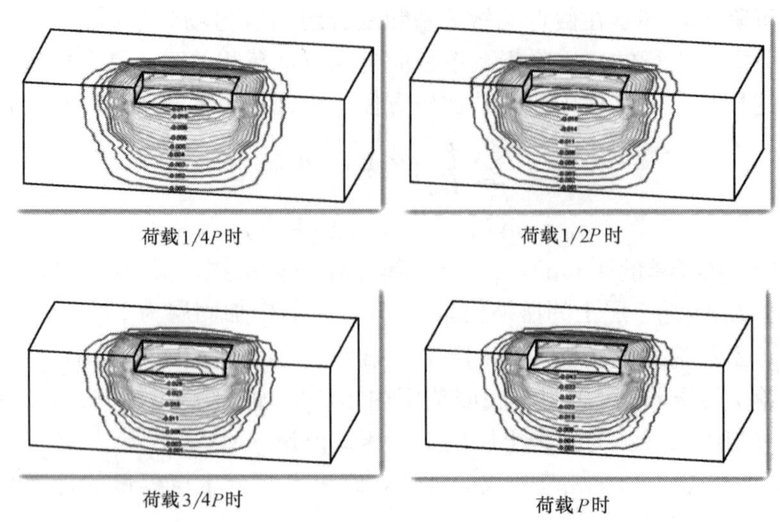

图 4-2　2 号、4 号楼不同荷载时沉降曲线图

2000 年 7 月 28 日 CFG 桩施工结束，共施工 CFG 桩 135 根，有效桩长 16.5m。2 号楼于 2000 年 7 月 14 日开始夯扩桩桩施工，2000 年 7 月 28 日夯扩桩施工结束，共施工夯扩桩 399 根，有效桩长 4.0m。2000 年 7 月 24 日开始 CFG 桩桩施工，2000 年 8 月 6 日 CFG 桩施工结束，共施工 CFG 桩 399 根，有效桩长 16.5m。3 号楼于 2000 年 7 月 21 日开始夯扩桩桩施工，2000 年 7 月 23 日夯扩桩施工结束，共施工夯扩桩 239 根，有效桩长 4.3m。2000 年 7 月 26 日开始 CFG 桩桩施工，2000 年 7 月 28 日 CFG 桩施工结束，共施工 CFG 桩 99 根，有效桩长 16.5m。4 号楼于 2000 年 7 月 24 日开始夯扩桩桩施工，2000 年 7 月 28 日夯扩桩施工结束，共施工夯扩桩 399 根，有效桩长 4.3m。2000 年 7 月 29 日开始 CFG 桩桩施工，2000 年 7 月 28 日 CFG 桩施工结束，共施工 CFG 桩 135 根，有效桩长 16.5m。施工结束立即进行清理桩间土工作。地基处理施工组织严密，施工管理人员配备齐全，各岗位职责明确，各项规章制度齐全并挂墙公布，安全文明施工措施到位，对全体施工管理作业人安全教育及时，并加强施工现场管理和监督检查。在多工种、多工艺、多程序的现场施工作业过程中未发生一起涉及安全、质量问题的大小事故，顺利完成了本工程的施工作业，因为此工程项目部也获得了中央企业工委青年文明号班组。

5.2　工程检测

地基处理施工结束后分别进行单桩和单桩复合地基静力载荷试验和桩身质量小应变动力检测，其结果显示复合地基承载力标准值满足建筑结构设计要求，详见表 5-1～表 5-4。单桩承载力、桩身强度及完整性满足地基处理设计要求。该工程使用以来没有发生因地基处理质量问题的任何投诉。

5.3　工程监测

本工程施工期间共进行了 17 次沉降观测，第 14 次以前为结构施工期，第 14 次以后为装修期。

1 号楼截止到 2001 年 9 月 3 日，该楼最大沉降 21.87mm，位于西侧偏南部位；最小

1号楼静载荷成果表 表5-1

桩号	短桩复合地基承载力(kPa)	长桩单桩承载力(kN)	承压板边长/直径(m)	承压板面积(m^2)	桩径(mm)
复合1号-315	380	—	1.40	1.96	450
复合1号-330	460	—	1.40	1.96	450
单桩1号-25	—	700	0.40	0.1256	400
单桩1号29-	—	600	0.40	0.1256	400

2号楼静载荷成果表 表5-2

桩号	短桩复合地基承载力(kPa)	长桩单桩承载力(kN)	承压板边长/直径(m)	承压板面积(m^2)	桩径(mm)
复合2号-369	420	—	1.36	1.45	450
复合2号-366	410	—	1.36	1.45	450
单桩2号-196	—	620	0.40	0.1256	400

3号楼静载荷成果表 表5-3

桩号	短桩复合地基承载力(kPa)	长桩单桩承载力(kN)	承压板边长/直径(m)	承压板面积(m^2)	桩径(mm)
复合3号-132	420	—	1.40	1.96	450
复合3号-126	360	—	1.40	1.96	450
单桩3号-9	—	700	0.40	0.1256	400

4号楼静载荷成果表 表5-4

桩号	短桩复合地基承载力(kPa)	长桩单桩承载力(kN)	承压板边长/直径(m)	承压板面积(m^2)	桩径(mm)
复合4号-94	370	—	1.36	1.45	450
复合4号-87	350	—	1.36	1.45	450
单桩4号-259	—	650	0.40	0.1256	400

沉降量为19.41mm，位于楼房西北角。平均沉降量20.57mm。2号楼截止到2001年9月3日，该楼最大沉降28.15mm，位于东侧偏南部位；最小沉降量为23.88mm，位于楼房西侧中部。平均沉降量26.33mm。3号楼截止到2001年9月3日，该楼最大沉降27.59mm，位于东北角；最小沉降量为24.23mm，位于楼房西北角。平均沉降量25.66mm。4号楼截止到2001年9月3日，该楼最大沉降27.64mm，位于南部；最小沉降量为25.22mm，位于楼房西部偏北。平均沉降量26.78mm。

结构施工期间（即第14次观测以前）的建筑物沉降基本是线性增加，装修阶段的沉降量继续增大，但增大幅度明显小于结构施工时。根据北京地区刚性桩复合地基的沉降特性结构封顶时沉降约占总沉降量的50%~60%，据此推算，本工程各高层建筑物最终沉降不会超过40mm，能够满足结构设计要求。该建筑群使用以来没有发生因沉降过大产生的任何质量问题，说明本工程提出的设计计算、沉降分析是可靠的。

5.4 经济效益

对于工程建设来说，以最低的工程造价制造出最好的建筑产品是建筑投资商追求的目标。本工程地基处理采用二元桩复合地基处理方案在满足建筑结构设计要求的前提下是最经济合理的方案，可以为建设单位节约地基处理费用100多万元，经济效益显著。

5.5 社会效益

(1) 本工程突破了规范限制，采用长短桩结合的二元桩复合地基处理设计方案，为今后类似条件下同类型建筑地基处理工程积累了宝贵的实践经验，具有重要的参考价值和引导技术创新作用。

(2) 我公司此后完成了多项采用二元桩复合地基设计方法进行高层建筑或多层建筑地基处理工程，为多个投资者节约了大量的工程建设费用。

(3) 获得了建设单位与设计单位的肯定与赞同。

6. 获奖单位简介

中航勘察设计研究院有限公司是我国最早成立的国家级勘察设计单位，参与了国防工业基础建设、三线航空工厂、军事基地及亚运会、奥运会、世博会等众多国家重点工程项目的建设，见证了新中国成立以来国防工业、航空工业和国家基本建设事业的改革与发展。

建院初期中航勘察设计研究院有限公司主要服务于我国国防工业和航空工业，足迹遍布国家大型重工业厂区和航空工业基地。改革开放以后积极投身我国社会主义现代化建设。60年来他已发展成为一个集地质灾害评估、勘察、设计、施工；岩土工程勘察、设计、施工、监测检测；工程监理；地理信息系统建设；工程咨询及相关科学为一体的行业骨干单位。

目前公司在职职工365人，助理工程师以上专业技术人员234人，其中国家级勘察大师1人，研究员15人，高级工程师74人，工程师及相应资格人员52人，助理工程师及相应资格人员72人。有着强有力的人才保证。并且我公司是北京市勘察设计单位首批通过ISO 9000质量管理体系认证的独立勘察设计单位，1998年通过了ISO 9001质量管理体系认证，2006年通过了ISO 14001环境管理体系认证和GB/T 28001职业健康安全管理体系认证，并于2008年通过了质量、环境安全及职业健康的三体系认证，是勘察设计行业最早同时通过三个体系认证的单位之一。确保我公司在提供技术服务的同时能有效保护业主、员工及相关单位人员的财产、生命的安全，为业主提供优质的服务提供了强有力的保障。

我公司获得国家与部级科技进步奖、全国优秀工程勘察设计金银铜和部级优秀工程勘察设计奖项总计近百项，工程质量获得了国内和国际同行的高度评价，荣获中华人民共和国颁布的“全国工程勘察先进单位”、中国勘察设计协会颁发的“优秀勘察设计院”、中央国家机关精神文明建设领导小组颁发的“中央国家机关文明单位”、中国航空工业集团公司颁发的“突出贡献单位”等多项荣誉。1999年跻身全国勘察设计百强单位，是北京市岩土工程勘察报告的审查单位之一，在全国勘察设计单位中首个设立了企业博士后工作站。

中航勘察设计研究院有限公司始终奉行“诚信经营、品质一流”的经营理念以及“质量是企业生存之根本、安全是企业生存之保障”的质量和安全管理理念，获得了很高的社会荣誉和评价，在行业内树立了良好的企业信誉。国家开展重合同守信誉活动以来我院已连续七年获得国家工商行政管理总局颁发的“全国守合同重信誉企业”证书、连续16年获得北京市工商管理局颁发的“北京市守信企业”、北京市勘察设计协会颁发的“北京市诚信单位”以及“AAA级信用等级证书”。

作为特大型中央企业和世界500强企业—中航工业的成员单位，中航勘察设计研究院有限公司以60年的功底积累和传承了技术、品牌和人才等方面的优势，已成为行业内综合实力和核心竞争力最具优势的企业之一。

7. 专利与独有技术

在我院现有钻孔夯扩挤密桩核心技术以及我院现有专利技术“夯扩挤密桩复合地基施工技术”（专利号为：97115237.3）基础上，根据夯扩挤密桩与CFG桩二元桩复合地基的优势，通过不断工程实践，形成对类似条件下和可液化地基处理的成套地基处理技术。

【项目特色提要】 我国《建筑地基处理技术规范》JGJ 722012版将多种桩型复合地基的设计理论和方法纳入规范中，本工程是其近10年出色完成的工程实践，其充分结合地层条件和两种桩型各自的优点，采用钻孔压灌CFG桩与钻孔夯扩挤密桩相结合的复合桩地基处理设计方案，很好地解决了超高层建筑承载力和沉降问题，具有显著开创性和先进性。

钻孔夯扩挤密桩能够充分发挥天然地基土的作用，并明显提高短桩的承载能力，钻孔压灌CFG桩则是控制建筑物沉降的理想载体，两者结合，相得益彰。本项目的岩土工程治理设计具有很强针对性，其充分考虑了建筑物荷载特点，1号、3号楼荷载小，以夯扩短桩为主；2号、4号楼荷载大，变形控制严，短桩与长桩并重。该项目的岩土工程治理设计方案的实施效果良好，变形控制在较小范围，满足了工程设计的要求，经济效益显著。本工程首次提出的二元桩复合地基承载力计算和沉降计算模式具有创新性，为今后规范修订、类似条件下同类型建筑地基处理工程积累了宝贵的实践经验，具有重要的参考价值。

北京石景山京西超市地基处理设计与施工

中航勘察设计研究院有限公司　刘焕存　黎良杰　王　妍

【项目摘要】

北京石景山京西超市是北京沃尔玛山姆店，是美国商业企业沃尔玛公司在北京开设的第一家大型商业超市。场地位于西五环路主路与阜石路交会处西南部位，拟建工程建设场地为北京市20世纪50～60年代开挖采石而形成的一个巨大的废弃采石大坑，1996年5月以后至2001年10月开始自然回填，填土深度在21.30～30.40m。回填土深度大，具有低承载力、大压缩性、大差异性、并常常伴有湿陷性等力学特征。2002年2月20日开始小区试验，2002年10月20日竣工。工程建筑规划占地面积6.66万m^2，其中建筑物为1～2层大跨度钢结构，建筑物面积1.88万m^2，独立柱基，建筑高度11.0m。地基处理采用“大直径重锤冲扩挤密灰渣土桩复合地基方案”。该工法能够彻底解决地基承载力、沉降与差异沉降以及回填土密实度、湿陷性等问题，且施工现场文明整洁，施工噪音，震动力远远小于强夯。为类似条件下同类工程积累了经验。

1. 工程概况

北京石景山京西超市是北京沃尔玛山姆店，是美国商业企业沃尔玛公司在北京开设的第一家大型商业超市。场地位于西五环路主路与阜石路交会处西南部位，北临阜石路，东侧200.0m为自来水厂和晋元庄住宅小区，南侧一半范围仍有一混凝土搅拌站在正常工作，场地西南侧300.0m为居民区，中部有一松树林和古墓保护区。无其他地上、地下障碍物。

本工程建筑规划占地面积6.66万m^2，其中拟建建筑物部分为1～2层大跨度钢结构，建筑物面积1.88万m^2，独立柱基，建筑高度11.0m（檐口）。工程±0.00标高相当于绝对标高67.669m，基础埋深－2.000m，场地其余部分为绿化停车场和休闲草坪等用地。建筑结构设计由中国建筑设计研究院负责完成。建筑平面图见图1-1，现场施工照片及环境见图1-2至图1-6。

根据该工程的岩土工程勘察报告，拟建工程建设场地为北京市20世纪50～60年代开挖采石而形成的一个巨大的废弃采石大坑，1996年5月以后至2001年10月开始自然回填。目前场地地形起伏较大，南侧为深度18～24m的深大采石坑，东侧主楼部分中部附近有一近南北向的倾斜大沟。沟的两侧地形相对起伏较小。其余场地为杂填土，高低不平，总体上北高南低，东高西低。一般绝对标高在65.30～69.31m之间，南部沟、坑底最小标高为44.75m。

场地经勘察，基础持力层主要为深厚杂填土①层，其为杂色，稍湿～湿，中下部局部饱和，稍密，其强度均较低，具有湿陷性，且填土深度在21.30～30.40m，另外，因场地高低不平，且大部分地段标高尚低于基底标高，因此，大部分地区均仍需进行回填土施工，为此必须对场地进行地基处理。

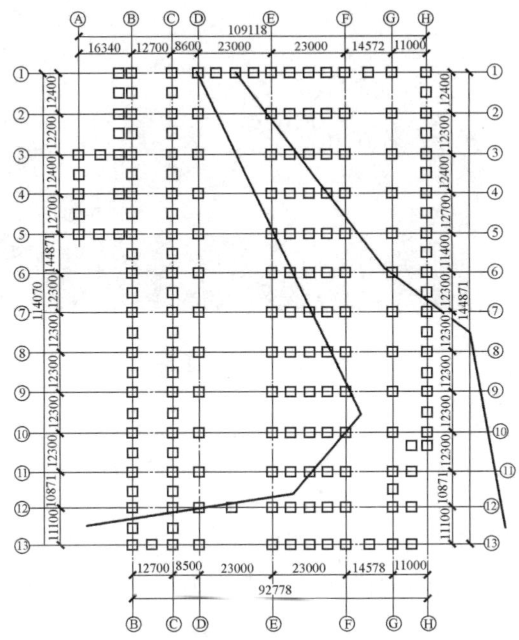

图 1-1　建筑平面图

图 1-2　大直径冲扩墩施工现场 1

图 1-3　大直径冲扩墩施工现场 2

图 1-4　大直径冲扩墩施工现场 3

建筑结构设计及业主要求：场地回填土加固处理后，主要技术指标应达到：

(1) 地基土压实度达到 95%以上；

(2) 建筑物范围经处理后地基承载力标准值满足 $f_{sp,k} \geqslant 200$kPa；

(3) 沉降与差异沉降满足相关规范要求；

(4) 建筑部分与停车场消除湿陷性；

(5) 南侧临坑面需要考虑边坡稳定性的影响。

图 1-5 现场施工环境 1

图 1-6 现场施工环境 2

2. 场地岩土工程条件

2.1 地形地物概述

拟建工程建设场地为北京市 20 世纪 50～60 年代开挖采石而形成的一个巨大的废弃采石大坑，20 世纪 90 年代开始自然回填。拟建场地地形起伏较大，南侧为深度 18～24m 的深大采石坑，东侧主楼部分中部附近有一处南北向的倾斜大沟。沟的两侧地形相对起伏较小。其余场地为杂填土，高低不平，总体上北高南低，东高西低。一般绝对标高在 65.30～69.31m 之间，南部沟、坑底最小标高为 44.75m。拟建场地北侧邻阜石路，西侧现为平房占住，中部有一松树林和古墓保护区，东边紧邻一小马路和一混凝土构件厂。无其他地上、地下障碍物。

根据该场地 1996 年 5 月地形图和 2001 年地形图，结合现场调查，本场地填土为 1996 年 5 月以后至 2001 年 10 月期间回填。

2.2 工程地质条件

根据野外现场勘探、原位测试以及室内试验所获得的土的物理力学性质指标、特征，拟建场地的地基土按成因年代分为人工堆积层及第四纪沉积层两大类，按岩性及物理力学性质进一步划分为 3 个大层。自上而下依次为：

（1）杂填土、素填土人工堆积层

杂填土①层：杂色，稍湿～湿，中下部局部饱和，稍密，中下部局部中密。主要由碎砖、混凝土块、碎石、灰渣、木块和含量小于 30%的黏性土构成，含少量生活垃圾；在 6 号孔中局部存在生活垃圾为主的杂填土，深度 27.50～28.70m。局部为素填土$①_1$ 层：黄褐色、褐灰色，稍湿～湿，局部饱和，可塑～硬塑，以黏质粉土、砂质粉土、粉质黏土为主。含少量碎卵石、小砖块和少量有机质。部分地段为细砂填土。本场地填土厚度巨大，主楼部分填土厚度为 21.30～30.40m，西部停车场和绿化带部分填土厚度一般为 22.70～29.30m。

（2）砂、卵石人工堆积层

杂填土和素填土下为一层卵石人工堆积层，主要为卵石填土②层和细-粗砂填土$②_1$ 层构成。卵石填土②层，杂色，稍湿～湿，中密～密，卵石含量 50%～80 %，卵石粒径一般为 2～8cm，最大粒径达 20cm。粒间主要由细-粗砂充填。细-粗砂填土$②_1$ 层，褐黄色，湿，中密～密，夹少量卵石。②层和②$_1$层均为采石场现场废弃物堆积而成。

（3）第四纪沉积层

卵石③层：杂色，稍湿～湿，中密～密，卵石含量50%～60%，卵石粒径一般为2～5cm，最大粒径大于20cm。亚圆形，磨圆度高，粒间主要由中粗砂充填。

根据勘察报告，拟建场地为一个巨大的废弃采石大坑，工程实施时，南部仍有大片范围（主体建筑物外）正在回填，回填时间1～10年不等，回填深度在21.30～30.40m之间，一般回填深度为24m。场地回填土由于回填时间不一，回填单位不同，回填无要求，造成场地内的回填土成分复杂，含有大量的建筑砖渣、混凝土块、灰渣土及少量生活垃圾等；颗粒大小不均，分布无规律；地基土结构松散，强度低，压缩性与差异性大；地基土含水量极低，孔隙率大，甚至有混凝土块架空的空洞，填土层厚度巨大，伴有湿陷性。在工程性质上表现出：力学性质具有很大的离散性，无规律性，各向异性。作为建筑地基来说，场地土具有低承载力、大压缩性、大差异性、并常常伴有湿陷性等力学特征。由上可见，本地基处理工程规模大、地质条件复杂、技术要求高、施工环境影响要求严格且有一定的国际影响。

各土层原位测试成果见表2-1～表2-3。

填土①层 $N_{(63.5)}$ 击数统计表　　表2-1

部位＼统计值	平均值	最小值	最大值	变异系数	个 数
主楼处	7.4	1	37	0.73	382
停车场处	9.6	3	32	0.46	153
备注					

注：以上重型动力触探试验击数未进行杆长修正

素填土①$_1$层 $N_{(63.5)}$、$N_{63.5}$ 和 N_{10} 击数统计表　　表2-2

统计值＼层序	重型动力触探 $N_{(63.5)}$值	标准贯入试验 $N_{63.5}$值	轻型动力触探 N_{10}值	备　注
平均值	10.1	19.7	29.3	重型动力触探试验击数和标准贯入试验击数均未进行杆长修正
最小值	3	15	20	
最大值	37	29	57	
变异系数	0.80	0.28	0.35	
个数	39	7	14	

填土②层 $N_{(63.5)}$、填土②$_1$层 $N_{(63.5)}$ 及 $N_{63.5}$ 和③层 $N_{(63.5)}$ 击数统计表　　表2-3

统计值＼层序	填土②层重型动力触探 $N_{(63.5)}$值	填土②$_1$层重型动力触探 $N_{(63.5)}$值	填土②$_1$层标准贯入试验 $N_{63.5}$值	③层重型动力触探 $N_{(63.5)}$值
平均值	13.6	16.2	47	70
最小值	7	7	23	47
最大值	54	27	55	110
变异系数	0.61	0.58	—	0.29
个数	31	6	3	28

2.3 水文地质条件

勘探期间，在最大勘探深度 35.0m 范围内，未见到稳定地下水，黏性土填土顶部局部遇到少量地下水，未形成连续性地下水，为生活用水下渗而成，根据北京市长期地下水水位观测资料。场区历年最高水位 59.52m。

2.4 施工环境条件

场地位于西五环路主路与阜石路交会处西南部位，北临阜石路，东侧 200m 为自来水厂和晋元庄住宅小区，南侧一半范围仍有一混凝土搅拌站在正常工作，场地西南侧 300m 为居民区。一般的桩施工对周边环境影响较小，但是场地不允许进行强夯施工。

3. 设计方案

3.1 工程技术难点分析

根据拟建场地工程地质与水文地质条件、环境影响条件及建筑结构与工程建设的技术要求和特点，场地地基处理的主要技术难点：

（1）对深厚填土复合地基，地基承载力要求提高，整个地坪要求的沉降量及建筑物的差异沉降要求严；

（2）回填土处理深度大，最大达 30.4m，如何保证地基处理有效深度，以消除深部填土的湿陷性；

（3）回填土成分复杂、颗粒粒径大小不一，分布不均，含水量低，存有混凝土板块，钻（成）孔实施艰难；

（4）施工期间，南侧大坑边坡稳定性如何得到安全有效控制；

（5）场地周边居民及东侧自来水厂距离较近 200～300m，施工产生的震动、噪音影响如何控制并保证其正常工作不受影响。

3.2 地基处理方案分析

在深厚杂（回）填土中进行工程建设主要采用的地基方案为：桩基础，复合地基主要采用分层换填碾压、分层强夯、振冲挤密碎石桩等方法，且以上方法一般杂（回）填土厚度都不超过 20m。本工程对多种可能的地基处理方案在技术创新性、安全可靠性、实施可行性、经济效益性等方面的比较如下：

（1）换填碾压方案，在本工程场地条件与建筑设计要求情况下，完全使用该法进行地基处理，势必带来大量反复的挖方填方。这种方案显然是不适宜、不可取的。

（2）强夯方案，对于强夯法处理回填土地基原本是一种比较行之有效且经济的方法，但对于本场地有两个主要因素制约使得强夯法无法实施。第一是回填土深度，本场地回填土深度度一般在 24m 左右，最大深度达 30m 以上，目前国内最大的强夯能级可达到 6000～8000kN·m，其处理深度按 Menardd 经验公式计算，一般影响深度只能到 10～12m，地基有效加固深度只能达到 10m 左右，如采用强夯方案，必然需要大开挖进行分层强夯方能满足工程需要，这样造成工程土方开挖回填量太大，造价过高，很不经济；第二是环境因素，场地西南侧 300m 处是居民楼，东侧 200m 处是石景山自来水厂和晋元庄住宅小区，高能量强夯必将对周边居民区及石景山自来水厂的生产和生活环境带来严重影响，从而影响周边居民的正常生活及工程的顺利实施，且极有可能引起没完没了、难以解决的民事纠纷。所以大能级强夯法也是不可取的。

(3) 振冲挤密碎石桩复合地基方案，当振动沉管无法满足沉管深度要求时一般可以采用振冲法。由于振冲施工用水量巨大，施工所排出的污泥、污水会造成严重的环境污染，初步测算，仅建筑物主体范围，经振冲处理排出的泥浆将会达到4.0～5.0万m^3，施工造价高，周期长，难以满足工程建设进度和投资的要求。

(4) 桩基方案，只能解决主体建筑物的承载能力问题，而难以解决建筑场地范围内及停车场的地基承载力问题，且不能消除填土湿陷给桩基带来的负摩擦力的影响，需配合其他的地基处理方案，况且场地内不同深度回填有较多的大块钢筋混凝土结构物体，工程桩的实施存在很大的不确定性，在现有施工设备条件下，很难顺利实施基础桩的施工，故桩基方案既不经济也不适合本场地。

根据我院经验，经反复研究，多方案比较，决定在我院现有钻孔夯扩挤密桩核心技术以及我院现有专利技术“夯扩挤密桩复合地基施工技术”(专利号为：97115237.3) 基础上进行改进，采取大直径重锤直接冲击成孔，再在孔内分层填料分层强力夯扩挤密，从而形成夯扩挤密桩复合地基，也即本工程采用的“大直径重锤冲扩挤密灰渣土桩复合地基方案”。具体施工方案原理为：采用铸钢锤，用履带吊车将大直径重锤高高吊起，后自动脱钩，锤体自由落下，高应力冲击地基，使地基发生冲切破坏，进而形成直径达2.0～3.0m，深度达7.0～12.0m的深坑(孔)，坑(孔)底土层被强力压密和振密，达到设计要求成孔深度后，再分层填料分层强力挤密夯实，使桩体密实，桩间土得到挤密，形成直径达2.0～3.0m的灰渣土核心桩体及桩体周围挤密土体。该工法施工现场文明整洁，施工噪音，震动力远远小于强夯。由于能够大量消纳渣土，使得施工综合价格较为便宜，最为适合本场地使用。能够彻底解决地基承载力以及回填土湿陷性等问题。

3.3 地基处理设计方案

为了研究本建筑场地填土地基的强度、密实度、湿陷性，以及冲扩挤密桩的施工与处理效果的可行性，为地基处理设计与施工提供依据，在地基处理设计前先进行地基处理的小区试验研究，然后根据小区试验研究结果确定具体设计方案。

3.3.1 地基处理工程小区试验

(1) 填土地基承载力及湿陷性试验研究

本试验目的是研究未经处理的浅层与深层填土的承载力及湿陷性特性。采用载荷试验结合重型动力触探方法确定填土的承载力。通过在不同压力下的浸水载荷试验确定填土的湿陷性。试验采用1.2m直径圆形压板，面积1.13m^2。在场地大坑边缘处开挖一约600m^2的平台后，进行深层填土载荷试验，平台深度约6.0～7.0m；在自然地表下1.0m左右进行浅层填土载荷试验。所有载荷试验均采用慢速维持荷载试验方法，其他均按照行标《建筑地基处理技术规范》JGJ 79—91中有关要求，并参考国标《湿陷性黄土地区建筑规范》GBJ 25—90中有关要求进行。

试验中六台载荷试验是在先不浸水的条件下压至极限状态，然后再卸荷至极限承载力的一半后开始浸水，并进行沉降观测。浸水方式采用自来水水管不间断地向试验坑内流水，并保持坑内水面高度3～6cm。

重型动力触探试验，是确定填土密实度及其强度的重要手段。其中部分未进行钻探陶土后动探，部分在一定的深度下直接进行连续动探。

本工程进行了不同区域、不同深度、不同附加压力、不同浸水条件下的载荷试验以及

1000余次的重型动力触探试验。

在不浸水条件下，各试验点的承载力如表3-1所示，

在不浸水条件下各试验点的承载力　　表3-1

试验编号	y1号	y2号	y3号	y4号	y5号	y6号	y7号	y8号	y9号
承载力 f(kPa)	120	130	100	90	120	150	—	—	160
位置	一区	一区	三区	台地	台地	台地	停车场	停车场	二区

为了建立地基土的承载力与重型动力触探试验结果沿深度方向的对应关系，在进行静力载荷试验前，分别于试验坑两侧进行了重型动力触探。根据重型动力触探试验结果分析，天然土的浅层（3.0～5.0m以上）强度相对较低，试验击数N63.5一般小于6击，其下试验击数N63.5一般为7～11击，10m以下试验击数N63.5一般为15～40击（除夹层外），由于4号、5号、6号载荷试验点位置处于南部边坡前沿开挖后的台地，填土密实度相对低于北部填土。

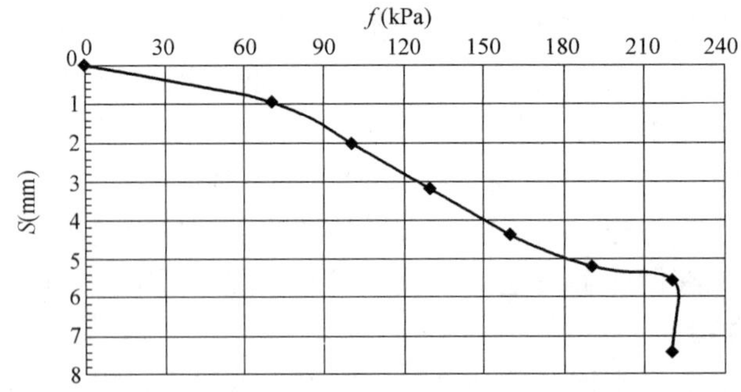

图3-1　Y1号～Y6号试验点回填碾压土浸水载荷试验代表曲线

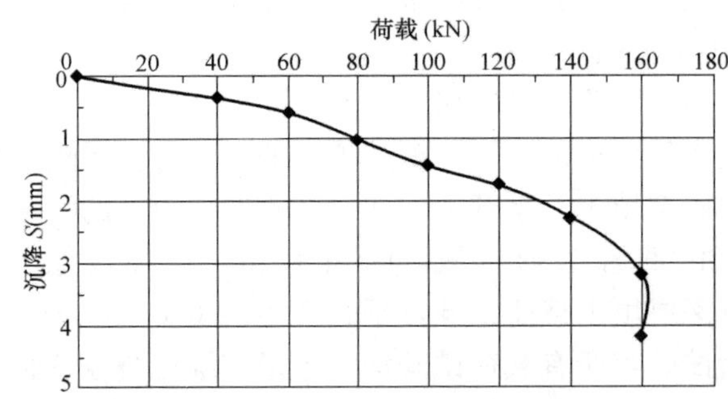

图3-2　Y7号～Y8号试验点回填碾压土浸水载荷试验代表曲线

试验的大量实测数据表明：在不浸水的条件下，天然填土的极限承载力标准值在150～240kPa之间变化。若在浸水条件下，不同的附加压力表现出不同的湿陷性。由Y7号，Y8号可以看出在40kPa压力作用下，填土无湿陷性，当附加压力在90～210kPa时，Y1号～Y6号分别表现出不同程度的湿陷性。

根据填土地基的承载力与重型动力触探试验结果沿深度方向的对应关系，可以得出：当N63.5＜5，填土具有明显的湿陷性；5＜N63.5＜7时，填土具有轻微的湿陷性；

N63.5>7 时，不具有自重湿陷性。压实填土不具有自重湿陷性。

(2) 重锤冲扩挤密桩试验研究

本试验目的是确定成孔难易程度、成孔深度、成孔直径、成孔时间等；确定成孔夯击时，以及填料夯桩后的孔底影响深度；确定填料次数以及每次填料后的合理夯击击数；检验成桩后，夯扩挤密填土影响范围能否达到 3.0m；确定灰土桩单桩承载力。

成桩试验采用 2 台 50t 履带吊车，10t 夯锤 2 个，锤径 1.4m。锤落至地面时的落距为 15.0～20m 左右，夯击能为 1100～2000kN·m。通过重锤的冲击力直接冲扩成孔，然后回填二八灰土，分层冲扩挤密成桩。冲孔前先在试验点进行静力载荷试验和动力触探试验，然后进行冲击成孔和成桩试验，记录下每锤冲扩深度、成孔直径、时间等参数。成孔后进行孔底土重型动力触探试验确定冲击影响深度。然后分层填混合料分层冲扩成桩施工。在每一个试验点共施工 4 根桩。成桩后在桩中心点和 4 根桩间的不同位置分别再进行钻探和重型动力触探试验，测试桩身密实度及其挤密影响半径和影响深度。

试验结果表明：成孔难易程度不一，场地东部成孔相对容易、成孔深度 8.0～10.0m、所需时间一般为 90～120min，成孔直径 2.2～3.0m。场地西部成孔相对困难、成孔深度 4.0m 所需时间一般为 60min，成孔直径 2.5～3.0m。成孔夯击时，孔底影响深度：一区(沟东)为 9.0～11.0m，这主要表现为重型动力触探击数有不同程度提高。三区(沟西)为 7.0～9.0m。每次填料量可取为：6.0m 深度以下填 3～4 车(约 $7m^3$)，夯 3 击。6.0m 深度以上填 2 车(约 $4.8m^3$)，夯 4～5 击。

填料夯桩后的孔底影响深度一般为 7.0～9.0m，最大值可达 11.0m 左右。桩间土 3.0～4.0m 范围内的地基土得到不同程度的挤密。灰土单桩桩顶容许抗压强度大于 490kPa，可以满足设计要求。

3.3.2 地基处理设计方案

根据本工程的地质条件，将场地分成三个区，一区为老填土、二区为回填碾压土，三区为新近回填土。复合地基的设计关键是柱基下的重锤冲扩挤密灰渣土桩的单桩承载力，设计桩径 2.2～3.0m 且一柱一桩。根据经验，按照桩体材料的强度来设计单桩的承载力，桩体材料强度标准值按照 2MPa 进行取值；再按照刚性桩的承载力计算方法进行计算，然后取其中小值作为最终结果。根据现场小区试验填料夯桩后的孔底影响深度一般为 7～9m，最大值可达 11m 左右。桩间土 3～4m 范围内的地基土得到不同程度的挤密。

按桩体材料强度计算：

$$R_v = A_p \cdot p_k \tag{3-1}$$

式中：R_v 为单桩竖向承载力标准值(kN)；A_p 为桩的截面积(m^2)，3.8～4.9m^2；p_k 为桩体的强度(MPa)，取 2.0。

按刚性桩的单桩竖向承载力计算：

$$R_v = q_s \cdot u_p \cdot l + \alpha \cdot A_p \cdot q_k \tag{3-2}$$

式中：R_v 为单桩竖向承载力标准值(kN)；d 为桩直径(m)，2.2～2.5m；q_s 为桩周土摩擦力(kPa)(平均取 10kPa)；l 为桩长(m)，10.0m；α 为桩端天然地基土的承载力折减系数，取 1.0。A_p 为桩的截面积(m^2)，取 3.8～4.9m^2；q_p 为桩端天然地基土的承载力标准值(kPa)，取 300kPa。

通过计算一区设计单桩参数为：桩径 2200～2500mm，有效桩长 10.0m。单桩承载力

标准值 R_v 可取为 1830.8～2255.0kN。二区设计单桩参数：桩径 2200～2500mm，有效桩长 6.5m。单桩承载力的标准值可取 2867.1～3490.8kN。三区设计单桩参数如下：桩径 2.4～3.00m，有效桩长 11.0m。单桩承载力的标准值可取 2645.6～3770.0kN。

复合地基承载力按式（3-3）计算。

$$f_{sp,k}=m\frac{R_v}{A_p}+\beta(1-m)f_s \tag{3-3}$$

式中：$f_{sp,k}$ 为复合地基承载力标准值（kPa）；β 为桩间土承载力发挥系数，取 1.0；f_s 为桩间土承载力标准值（kPa），取 110；m 为面积置换率；其他各参数同（1）式。

因设计采用一柱一桩的方案，柱基面积虽不一样，但只要最大的柱基复合地基承载力满足要求，小的柱基也必然满足要求。每区选择代表性的柱基进行计算，各区复合地基承载力计算结果见表 3-2～表 3-4。

一区复合地基承载力计算结果表　　表 3-2

柱基号	柱基尺寸(m^2)	桩的面积(m^2)	复合地基承载力标准值(kPa)
J14	1.9×1.9	3.8～4.9	＞200
J15	1.9×1.9	3.8～4.9	＞200
J18a	3.8×3.8	3.8～4.9	207.8～228.7
J20	2.5×2.5	3.8～4.9	336.1～384.6

二区复合地基承载力计算结果表　　表 3-3

柱基号	柱基尺寸(m^2)	桩的面积(m^2)	复合地基承载力标准值(kPa)
J13	2.2×2.2	3.8～4.9	＞200
J10a	3.6×3.6	3.8～4.9	298.8～337.8
J11	4.8×4.8	3.8～4.9	216.3～238.3

三区复合地基承载力计算结果表　　表 3-4

柱基号	柱基尺寸(m^2)	桩的面积(m^2)	复合地基承载力标准值(kPa)
J6	2.2×2.2	4.52～7.07	＞200
J8	3.8×3.8	4.52～7.07	258.8～316.9
J11	4.8×4.8	4.52～7.07	203.6～239.9

由此可见，根据以上的设计参数设计的单桩承载力均可满足结构设计的对荷载要求，因此本工程采用冲扩挤密桩地基处理方案设计参数为：

一区（老填土）：锤重 100kN，直径 1.4m，夯击落距 15m，夯孔直径约 2.2～2.5m，基础下桩孔深 10m，护桩孔深 8m。

二区（回填碾压土）：锤重 100kN，直径 1.4m，夯击落距 15m，夯孔直径约 2.2～2.5m，基础下桩孔深 6.5m，护桩孔深 5m。

三区（新近回填土）：锤重 100kN，直径 1.4m，夯击落距 15m，夯孔直径约 2.4～3.0m，基础下桩孔深 11m，护桩孔深 10m。

桩身填料材料：基础下工程桩，6m 以上为水泥白灰砖渣土混合料，6m 以下为白灰砖渣土混合料。水泥掺和量为一立方二八灰渣土加 150kg 水泥（P.O 32.5）。6m 以下为二八灰渣土。护桩 3m 以上为二八灰渣土。3m 以下为砖渣土。混合料含水量以手捏成团，落地开花为宜。对一区、三区在 65.669 标高处的面层原状土，应进行满夯，能量 100kN·m，夯击击数 3 击。黏土碾压层和灰土碾压层压实标准按 rd 大于 15.5kN/m³。

布桩示意图如图 3-3 所示。

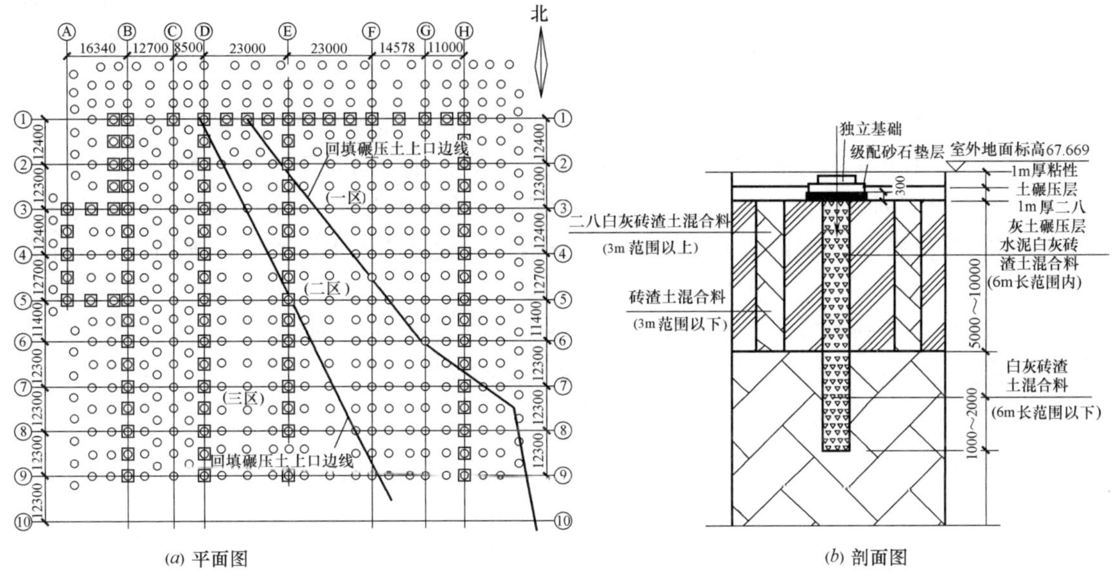

图 3-3　冲扩挤密桩地基处理施工示意图

3.3.3　边坡设计

由于场地南侧仍是采石坑，因此场地南侧边坡稳定性必须得到有效保证，采用素土分层错台夯实处理，见图 3-4 示意。

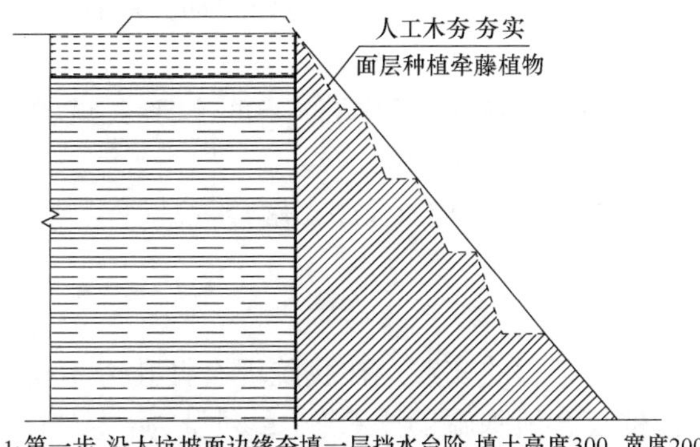

1:第一步,沿大坑坡面边缘夯填一层挡水台阶,填土高度300,宽度2000。
2:第二步,将坡面修作成台阶, 然后用木夯将坡面及台阶洒水夯实。
3:第三步,在两侧及中间部位修筑三道排水沟, 水泥砂浆摸面。

图 3-4　边坡处理示意图

3.4　设计施工技术要求

回填加固处理后，经处理后主要技术指标为：

(1) 土基压实度达到 95%以上；

(2) 建筑物范围经处理后，$f_{sp,k} \geqslant 200kPa$，消除湿陷性，沉降和沉降差满足相关规范要求；

(3) 停车场消除 6.0m 深度内湿陷性；

(4) 边坡在非承重状态下稳定，不造成大面积滑坡。

3.5　设计检测、试验技术要求

3.5.1　地基处理前填土地基载荷试验

(1) 试验数量和地点

浅层填土中 3 台，深层填土中 3 台。浅层填土中，现场大沟西侧 2 台，东侧 1 台，其中东部一台和西部一台在北边基础边线约 5.0m 范围内，另一台在场地南部。在填埋时间最短、密实度最低的地点。

(2) 试验方法

1) 采用浸水载荷试验方法。在±0.00 标高下 2.0m 左右进行浅层填土载荷试验。大开挖后，在基坑底进行深层填土载荷试验，坑底深度约 8.0～10.0 m；

2) 试验采用 1.2m 直径圆形压板，面积 1.13m^2，基坑宽度不小于 3 倍压板直径，压板下用 2.0～3.0cm 中粗砂找平，其他部分用 5.0～10.0cm 中粗砂找平。分级加荷大小 (kPa) 和顺序如下：30，30，30，30，……。预压 20kPa。

3) 每级加荷后，按照间隔 10、10、10、15、15min，以后按照每 30min 读记一次沉降量，当连续 2h 内，每小时的沉降量小于 0.1mm 时，则方可加下一级荷载。

4) 当出现下列情况之一时，即达到极限荷载，此时应开始卸荷，且应卸荷至极限荷载的 1/2 倍荷载的，记录下沉降量。然后，开始进行试验坑浸水，并开始观测、记录沉降量等。

a. 沉降量 S 急剧增大，荷载-沉降量（*P-S*）关系曲线出现陡降；

b. 在某一荷载下，24h 内沉降速率不能达到稳定标准；

c. 总沉降量达到 40mm 时。

(3) 浸水方法

在 5～10cm 中粗砂找平层顶面，用水瓢轻轻地均匀浇水，直至地基土达到饱和状态。

3.5.2 地基处理前填土地基 N（63.5）和 N10 试验

(1) 试验数量和地点

试验地点在载荷试验处，共 6 台载荷试验，每台载荷试验处进行 2 个点的重型动力触探试验（N（63.5）），2 个点的轻型动力触探试验（N10）。

(2) 试验方法

1) 重型动力触探（N（63.5））试验：试验间距为 3 次（连续）/1m；试验深度 8.0m（需先进行钻探）。

2) 轻型动力触探（N10）试验：试验深度 4.8m。

4. 技术创新

通过本工程的实践，在我院现有钻孔夯扩挤密桩核心技术以及我院现有专利技术“夯扩挤密桩复合地基施工技术”（专利号为：97115237.3）基础上形成对类似条件下的专有成套地基处理技术。在深厚杂（回）填土中采用大直径重锤冲扩挤密灰渣土桩复合地基方案在实际工程中应用至今国内外还没有报道，在我国没有成功的先例或成熟的施工经验。它解决了如下工程难题：

(1) 大直径重锤冲扩挤密灰渣土桩施工桩长问题。施工桩长（也即冲孔深度）直接影响到地基处理的有效处理深度，是解决地基承载力、减少地基压缩性和消除地基湿陷性对建筑物的危害的关键所在，施工桩长短了，不能对桩端以下地基土产生有效的挤密，也就难以解决地基承载力、压缩性和湿陷性等问题；施工桩长长了，就会增加施工难度、工作量，影响施工周期，增加施工成本，产生不必要的浪费和不安全的因素。确定地基处理深度的主要因素在于：a. 下卧层强度；b. 使用状态下的压缩沉降变形；c. 湿陷性变形；d. 大直径重锤冲扩挤密影响深度。经地基处理后，除满足地基承载力要求外，应在有效影响深度范围内的湿陷性变形得到消除，且在剩余深度内自重湿陷性也不能发生。经理论计算和验算，大直径重锤冲扩挤密处理影响深度至17m后下卧层强度即可满足设计要求，而大直径重锤冲扩挤密的影响深度经试验检测可达到冲成孔孔底深度下7～10m，由此确定：基础承重桩桩长8～11m，保护桩桩长8～10m。

（2）大直径重锤冲扩挤密灰渣土桩的布桩间距问题。施工桩间距是解决场地土各向异性与不均匀性的关键所在，成桩桩间距大了，不能对桩间土产生有效的挤密，也就解决不了场地土各向异性与不均匀性及承载力、压缩性和局部湿陷性；成桩桩间距小了，就造成施工工作量增大，直接影响施工周期，增加施工成本，产生不必要的浪费。根据本工程建筑物的结构特点及大直径重锤冲扩挤密桩对桩体周围土体的挤密影响范围，确定本工程布桩原则为：独立基础柱下一桩一柱，其余房心范围按4.2～6.2m不等间距，由密到疏矩形布置，建筑物主体外围设三排保护桩，达到超宽处理15m。

（3）大直径重锤与落距问题。本工程采用国产长螺旋钻机、美国700短螺旋钻机、意大利产旋挖钻机在现场进行了钻成孔试验，均无法实现钻成孔，故大直径重锤的设计影响到整个填土的冲扩挤密的施工加固效果，对整个工程实施起到关键性的作用。受起吊机械能力的限制，锤重不宜太重。锤径大，冲击面积也大，冲击阻力就大，成孔深度将受到限制；同时锤径和落距越大，冲击能量越大，冲击振动和冲击噪音就越大，对周围环境产生的影响就越大。锤底形状直接影响成孔效率。因此锤重、锤径、锤底形状是重锤设计的关键参数，控制落距也就控制冲击能量，只有选择合理的重锤设计参数，控制适当的冲击能量，才能达到既满足冲击成孔与有效处理深度，又对周边环境无不良影响，从而保证施工的顺利实施。试验结果确定为：大直径重锤重量100kN、直径1m，锤底面采用平底面，落距15m，夯击能量为1500kN·m。

（4）冲击成孔塌孔问题。原因是场地地下水埋藏较深，填土含水量极小，一般为5%～10%，且结构特别松散，在受到强烈反复振动下孔口填土不断坍塌到孔内，严重影响到成孔的速率。采取措施包括：对土体上部先进行灌水，使场地含水量调整到14%～18%，后对上部土层进行100kN·m的小能量满夯和表层土进行振动压实，基本解决了冲击成孔中的塌孔问题。

（5）大直径重锤挂钩问题。重锤挂钩直接影响到施工速度和施工安全，也是本工程施工实施的一个难点。夯击深度越深挂钩难度越大，浅层2～3m的深坑可以直接下人挂钩，大于此深度下人挂钩就存在很大的危险性问题，因为孔壁的稳定性是一个不确定的因素，随时都有坍塌的可能性。试验后确定采用多人同时配合作业，钢丝绳拽，钢筋挑的方法解决了挂钩问题，保证了人身作业的安全。

（6）桩体材料问题。由于用料量巨大，选择不同桩身材料即影响到桩体承载能力也影响到工程造价。在布桩设计时根据不同受力位置的桩选择了不同的桩身材料，本工程为独立基础，最大基础面积为4.8m×4.8m，最大基础竖向荷载为4500kN，经过计算柱下桩单柱竖直承载力为3000kN，桩身立方体极限抗压强度不应小于2MPa。因此确定：柱下桩桩身材料6m以上采用水泥白灰渣土混合料，6m以下为白灰渣土混合料；护桩桩身材料3m以上为白灰渣土，3m以下为砖渣土。这样既保证了桩身结构强度、桩间土挤密效果及桩的竖向承载力，又节约了桩体材料成本。

（7）环境影响问题。环境影响不仅涉及周围居民的安居乐业和自来水厂的正常运行，同时也关系到本工程地基处理工作的正常开展，故在工程施工过程中对有无环境危害进行了多方式的监测，如对自来水厂先后进行了两次地面加速度测试，对住宅小区居民楼进行了两次测试，且派专人对自来水厂的建筑物及地面进行定期观察，经常到自来水厂和居民进行走访，了解是否存在破坏性危害，在自来水厂靠近施工现场的一侧围墙边开挖了一条减震沟，由于施工工艺各项参数选择合理，施工措施采取恰当，工作安排周到细致，整个地基处理施工阶段均未发现有影响建筑物安全现象，也未出现周围居民因施工扰民而阻碍施工的现象，切实保证了施工的顺利进行。

（8）施工用土问题。本工程因规划面积较大，规划区南部又是未经回填的深坑，故施工过程中需要购进大量土方，总共需要购进土方约 36 万 m^3，而施工开始时又正值 2002 年的春节前后，北京西部地区开挖土方的工程几乎没有，购进土方成了一个大难题，为了保证地基处理的施工质量，又不影响地基处理的施工周期，提出了建筑物及其周边范围先开挖 2m，开挖之土用于南部大坑的回填，然后购进土质相对纯净的土用于建筑物范围上部二八灰土防水隔层垫层施工及建筑物周边室外地面回填碾压用土，这样既保证了地基处理施工的正常进行，又保证了地基处理的施工质量，而且使建筑物周边今后绿化用土土质良好，一举多得。

5. 工程实施与效果

5.1 工程实施

地基处理施工组织严密，施工管理人员配备齐全，各岗位职责明确，各项规章制度齐全并列墙公布，安全文明施工措施到位，对全体施工管理作业人安全教育及时，并加强施工现场管理和监督检查，地基处理施工周期近 5 个月，经历了冬春两季节，先后调动施工机械设备包括：大直径重锤吊机、挖掘机、推土机、振动碾压机、铲车、长螺旋钻机、美国 700 短螺旋钻机、意大利旋挖钻机、材料搅拌机、材料运输车等二十多台套，现场管理及参加施工作业人员 60 多人（不含进土运输车司机），在多工种、多工艺、多程序的建设现场综合整治过程中未发生一起涉及安全问题的大小事故，自 2002 年 2 月 20 日进场，2002 年 10 月 20 日顺利完成了本工程的施工作业，因此本工程获得了院 2002 年度文明工地的称号。

5.2 工程检测

施工结束后，业主委托中兵勘察设计研究院对地基承载力、湿陷性及桩间土的干密度进行了全面检测，结果表明：4 个点的桩间土静力载荷试验，在最大试验荷载 400～600kPa 作用下，沉降量为 13.9～21.3mm，承载力基本值不小于 200kPa；2 个点的桩间土浸水载荷试验，在 200kPa 压力下附加湿陷量与承压板宽度之比小于 2.3%，判定地基土为非湿陷性土；桩间土干密度为 1.64～1.83g/cm^3，各项指标均满足设计要求。该建筑物已经投入使用多年，建筑物使用正常，地基处理效果完全满足工程建设的使用要求。

5.3 工程监测

本工程从地基处理施工完毕，从结构底板施工前，业主委托中兵勘察设计研究院对建筑物进行了长达 5 年的长期沉降观测，观测结果表明长期沉降最大值为 60.0mm，满足结构设计与相关规范要求，沃尔玛山姆店一直正常营业。

5.4 工程经济效益、社会效益、环境效益

本地基处理工程由于设计方案理念、施工设备与工艺具有独创新，工程施工组织严密，施工顺序安排合理，确保了地基处理工程质量和工程建设周期，并为业主节省了约500万元投资，同时也为我院创利约200万元，取得了物质、精神文明双丰收，本工程的建成极大的改善了这一地区的投资环境和自然环境，同时也给该地区的广大居民提供了一个物美价廉的购物场所和优美的购物环境，具有显著的经济效益、社会效益和环境效益。由于本地基处理工程各方面的出色表现，也赢得了建设方和施工监理方的高度肯定和赞扬，为北京地区乃至全国相似建筑场地进行工程建设提供了先进的地基处理设计方法和宝贵的施工实践经验。

6. 获奖单位简介

中航勘察设计研究院有限公司是我国最早成立的国家级勘察设计单位，参与了国防工业基础建设、三线航空工厂、军事基地及亚运会、奥运会、世博会等众多国家重点工程项目的建设，见证了新中国成立以来国防工业、航空工业和国家基本建设事业的改革与发展。

建院初期中航勘察设计研究院有限公司主要服务于我国国防工业和航空工业，足迹遍布国家大型重工业厂区和航空工业基地。改革开放以后积极投身我国社会主义现代化建设。60年来他已发展成为一个集地质灾害评估、勘察、设计、施工；岩土工程勘察、设计、施工、监测检测；工程监理；地理信息系统建设；工程咨询及相关科学为一体的行业骨干单位。

目前公司在职职工365人，助理工程师以上专业技术人员234人，其中国家级勘察大师1人，研究员15人，高级工程师74人，工程师及相应资格人员52人，助理工程师及相应资格人员72人。有着强有力的人才保证。并且我公司是北京市勘察设计单位首批通过ISO 9000质量管理体系认证的独立勘察设计单位，1998年通过了ISO 9001质量管理体系认证，2006年通过了ISO 14001环境管理体系认证和GB/T 28001职业健康安全管理体系认证，并于2008年通过了质量、环境安全及职业健康的三体系认证，是勘察设计行业最早同时通过三个体系认证的单位之一。确保我公司在提供技术服务的同时能有效保护业主、员工及相关单位人员的财产、生命的安全，为业主提供优质的服务提供了强有力的保障。

我公司获得国家与部级科技进步奖、全国优秀工程勘察设计金银铜和部级优秀工程勘察设计奖项总计近百项，工程质量获得了国内和国际同行的高度评价，荣获中华人民共和国颁布的“全国工程勘察先进单位”、中国勘察设计协会颁发的“优秀勘察设计院”、中央国家机关精神文明建设领导小组颁发的“中央国家机关文明单位”、中国航空工业集团公司颁发的“突出贡献单位”等多项荣誉。1999年跻身全国勘察设计百强单位，是北京市岩土工程勘察报告的审查单位之一，在全国勘察设计单位中首个设立了企业博士后工作站。

中航勘察设计研究院有限公司始终奉行“诚信经营、品质一流”的经营理念以及“质量是企业生存之根本、安全是企业生存之保障”的质量和安全管理理念，获得了很高的社会荣誉和评价，在行业内树立了良好的企业信誉。国家开展重合同守信誉活动以来我院已

连续七年获得国家工商行政管理总局颁发的“全国守合同重信誉企业”证书、连续 16 年获得北京市工商管理局颁发的“北京市守信企业”、北京市勘察设计协会颁发的“北京市诚信单位”以及“AAA 级信用等级证书”。

作为特大型中央企业和世界 500 强企业—中航工业的成员单位，中航勘察设计研究院有限公司以 60 年的功底积累和传承了技术、品牌和人才等方面的优势，已成为行业内综合实力和核心竞争力最具优势的企业之一。

7. 专利与独有技术

通过本工程的实践，在我院现有钻孔夯扩挤密桩核心技术以及我院现有专利技术“夯扩挤密桩复合地基施工技术”（专利号为：97115237.3）基础上形成对类似条件下的独有成套地基处理技术。

【项目特色提要】 深厚杂（回）填土目前常用强夯法处理，但是处理深度往往无法满足使用要求。本项目建设场地的填土厚度达 30m，并具有湿陷性，处理难度很大。其岩土工程治理采用大直径重锤冲扩挤密灰渣土桩复合地基，通过重锤直接冲孔后回填灰渣土，再夯击挤密。经试验检测，大直径重锤冲扩挤密的影响深度达到冲成孔孔底深度下 7～10m，将处理深度提高到 17～20m，处理后桩径达 2.2～3.0m，单桩承载力达 1830～3770kN，治理成效良好，满足了工程使用要求，节省了大量投资，同时开拓了类似深厚填土场地的处理思路和方法。

浅埋老采空区上建设 2×2500t/d 水泥生产线——采空区评价与治理

中勘冶金勘察设计研究院有限责任公司　杨书涛　程　刚

【项目摘要】

该项目通过对浅埋老采空区的勘察评价与处理技术的研究和应用，达到了在浅埋老采空区上建设大型水泥生产线的目的，应用地震法等三种评价方法，查清了采空区垮落、塌陷状况，为采空区的稳定性评价和注浆加固打下了基础。对粉煤灰与水泥组成的混合浆液物理性能和结石体的力学特征进行了系统研究，确定了适用于采空区加固浆液配比。对埋藏较深、采空区的上覆岩层较稳定的区域采用半充填注浆加固，形成支撑顶板的柱体，将顶板当作一个承载板看待，提出的顶板稳定计算模式国内外未见报道。提出了采用压水试验结果评价采空区处理效果的工程检验标准。该项目于 2003 年 1 月 6 日建成投产。2005 年获冶金行业第十次部级优秀工程勘察奖一等奖，2006 年获中国煤炭工业科学技术奖三等奖，全国优秀工程勘察银奖。

1. 工程概况

本项目是在位于邢台矿业有限责任公司原章村矿闲置多年的报废二号井采空区范围内建设两条 2500t/d 水泥生产线，该生产线荷载大，对沉降敏感（差异沉降要求小于 10mm/60m）。主要建筑物结构特征见表 1-1。

2500t/d 水泥厂主要结构特征一览表　　**表 1-1**

序号	建(构)筑物名称	结构类型	车间规格(m)	基础类型	地面主要设备、基础名称	沉降敏感性	附　注
1	石灰石预均化堆场	钢结构	Φ86m 直径圆形穹顶结构	单独基础	Φ80m 环形轨道基础	敏感	大面积堆料，单柱压力 1000kN
2	原料磨坊	钢筋混凝土框架	五层框架	单独基础	磨机、减速机基础	敏感	单柱压力 8000kN，提升基地坑－6.0m
3	生料均化库	钢筋混凝土筒仓	Φ18m	整板基础		一般	单库重 250000kN
4	窑尾	底层钢筋混凝土框架，上部钢塔架	七层框架	单独基础		敏感	单柱压力 12000kN
5	窑中	钢筋混凝土墙式基础		整板基础	3 个窑基础	敏感	
6	窑头	钢筋混凝土框架	两层框架	单独基础	熟料拉链机基础	敏感	单柱压力 1000kN，输送地沟深－4.0m
7	熟料库	钢筋混凝土筒仓	Φ26m	整板基础			单库重 400000kN
8	煤粉制备	钢筋混凝土框架	四层框架	单独基础	磨机基础	敏感	单柱压力 6000kN

续表

序号	建(构)筑物名称	结构类型	车间规格(m)	基础类型	地面主要设备、基础名称	沉降敏感性	附　注
9	水泥库	钢筋混凝土筒仓		整板基础			单库重 150000kN
10	水泥磨坊	钢筋混凝土框架		单独基础	磨机、减速机基础	敏感	单柱压力 8000kN
11	废气处理	钢筋混凝土框架		单独基础			单柱压力 2000kN
12	煤预均化堆场	钢结构		单独基础	堆取料机轨道基础		单柱压力 1000kN

该项目于 2001 年 4 月～5 月完成了采空区的勘察工作。采空区处理设计和治理施工于 2001 年 6 月～9 月完成。

本项目的设计和施工主要是采用注浆充填法对浅埋采空区进行地基处理。根据勘察结果，采空区埋深变化在 30～110m，采深采厚比为 15～30，绝大部分采空区已经冒落，采空区底板基岩完整。采空区上覆基岩和冒落带可灌性较好，通过注浆充填法处理后解决了浅埋老采空区的地基稳定性，使得建在浅埋采空区上的两条 2×2500t/d 大型生产线在投产生产期间，建筑物的沉降和变形能够满足设计和正常生产的要求。根据勘察结果，整个场地分为两大区，Ⅰ为非处理区，对荷载较轻或上部结构对变形不敏感的建筑物和附属建筑物的区段不处理，如：煤均化堆场、石灰石预均化库、水泥调配库等。Ⅱ为处理区，大部分水泥生产线的建筑物的荷载较大，对变形要求较高（如窑尾、熟料库等），进行注浆充填法处理。

在充分研究勘察成果和各建（构）筑物特征和注浆试验成果的基础上把处理区域分为半充填注浆区和全充填注浆区，熟料库、水泥库均为钢筋混凝土筒仓，刚度较大，采空区埋深较大（埋深均大于 70m），在这些区段采空冒落带上部有 10～15m 厚的较完整的砂岩顶板采用低压半充填注浆，可形成顶托完整砂岩顶板的柱体，达到加固稳定的目的。全充填区采空区冒落带松散堆积体孔隙全部充填，使冒落带松散物胶结“成板”。计算结果表明采用上述两种方法处理后的冒落带松散物胶结体在上部建筑物的荷载作用下，其变形量很小，可以满足各类建筑物及设备对地基变形的要求。注浆孔为三序实施，注浆压力：Ⅰ序孔为 1MPa，Ⅱ序孔为 1.5MPa，Ⅲ序孔为 2.0MPa。注浆采用三类四种浆液，第一类为水泥浆（用作封孔），水灰比 1∶1，第二类为水泥粉煤灰浆（用作一般采空区注浆），水固比为 1∶1 和 0.75∶1，第三类为水泥砂浆（用于较大空洞），其流动度在 130～200mm。

图 1-1　建设项目全貌

2. 工程地质及水文地质条件

2.1　工程地质条件

勘察场地属邢台矿务局章村煤矿东矿区，拟建建筑物坐落在

图 1-2　施工现场

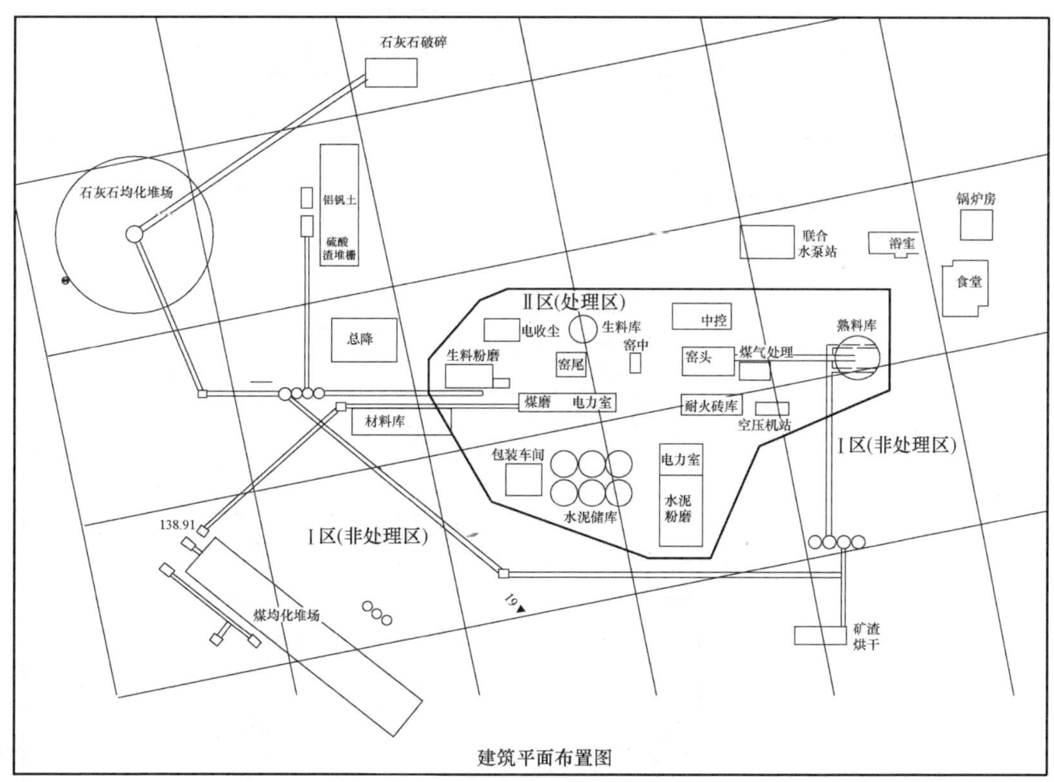

图 1-3　拟建项目平面位置图

东矿区已报废的不同时间开采的老采空区上。场地地处丘陵地带，属丘陵台地地貌，宏观上呈北高南低，场地起伏较大，根据现场调查，场地东侧即现章村煤矿机修厂至水泥厂两侧原有一冲沟，现已被采矿煤矸石及其他杂填物填埋，地表已看不出冲沟的痕迹，场地的南侧有一座由采矿煤矸石组成的矸石山，场地内地基土主要由近代人工回填的杂填土、第四系全新统冲、洪积的粉质黏土、第四系坡积的粉质黏土以及由二叠系下石盒子组泥、页岩、砂岩、碳质页岩及采空冒落带等组成，场地下伏基岩为单斜构造，呈平缓褶曲。场地地层构成见表 2-1，各层岩石物理力学性质统计表见表 2-2，各层地基土的主要物理力学性质指标统计表见表 2-3。代表性地质剖面见地质剖面图（图 2-1）。

场地地层构成表 **表 2-1**

地层编号	年代成因	岩土名称	地层厚度(m)	层底标高(m)
①	Q^{ml}	杂填土	0.20～14.80	135.34～154.34
②	Q_4^{al+pl}	粉质黏土	0.40～10.80	129.74～153.23
③	Q_4^{dl}	粉质黏土	1.00～5.00	132.39～141.69
④	P_1^X	泥、页岩	最大揭露厚度 45.75	96.08～133.67
⑤	P_1^X	砂岩	21.92～36.57	66.64～106.17
⑥	P_1^X	采空冒落带	5.45～10.06	
⑦	P_1^X	碳质页岩	最大揭露厚度 7.20	
⑧	P_1^X	砂岩	最大揭露厚度 8.04	

岩石物理力学性质统计表 **表 2-2**

岩层编号	岩石名称	统计项目	天然重力密度 kN/m³	抗压强度 MPa	抗拉强度 MPa
④	中等风化泥、页岩	统计个数	72	69	
		界限值	21.8～26.7	2.9～66.9	
		平均值	25.3	22.0	
		标准差	2.84	12.82	
⑤	中等风化砂岩	统计个数	26	25	7
		界限值	25.1～26.4	6.2～124.8	4.6～9.6
		平均值	25.9	51.2	6.1
		标准差	0.27	30.0	1.90
⑦	碳质页岩	统计个数	4	4	
		界限值	24.7～25.9	25.3～55.9	
		平均值	25.4	41.1	
		标准差			

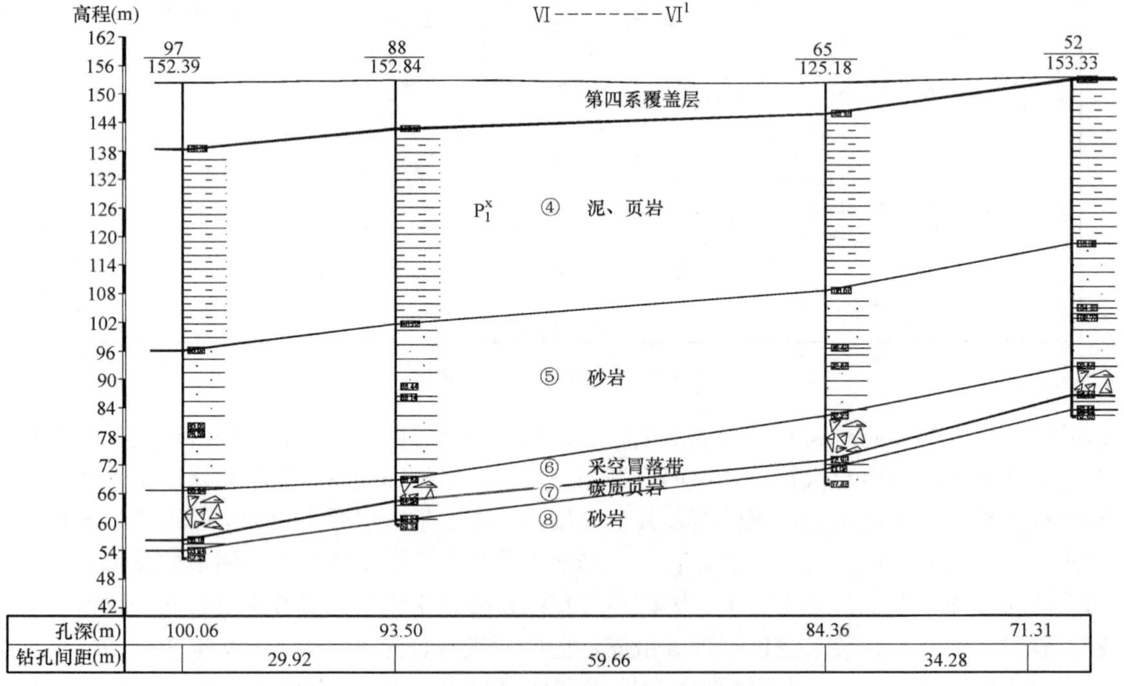

图 2-1 地质剖面图

各层地基土的主要物理力学性质指标统计 **表 2-3**

地质年代及成因	土层编号	土层名称	统计项目	天然含水量 W(%)	天然重度 r(kN/m³)	天然孔隙比 e	液限 W_L(%)	塑性指数 I_p	液性指数 I_L	压缩系数 $\alpha_{1\sim2}$ (MPa^{-1})	压缩模量 E_s(MPa)	直剪试验				自由膨胀率 δ_{ef} (%)
												直接快剪		固结快剪		
												内磨擦角 ϕ(°)	内聚力 C(kPa)	内磨擦角 ϕ(o)	内聚力 C(kPa)	
Q_4^{al+pl}	②	粉质黏土	统计个数	116	116	116	115	115	115	115	115	6	6			5
			界限值	15~30	16.9~20.8	0.447~0.871	25~44	7~22	0~1.22	0.10~0.56	3.1~14.9	6.6~28.9	22~88			7.5~41
			平均值	20.2	19.4	0.647	30.9	13.4	0.29	0.27	6.8	16.3	64.8			22.3
			标准差	3.6	0.63	0.074	2.70	2.94	0.28	0.019	2.65	6.8	24.9			
Q_4^{dl}	③	粉质黏土	统计个数	22	22	22	22	22	22	21	21					
			界限值	15~28	19.1~21.3	0.447~0.800	25~45	10~26	0~0.71	0.11~0.40	3.9~14.3					
			平均值	20	20.0	0.595	30.9	14.2	0.25	0.24	7.6					
			标准差	3.49	0.61	0.084	4.16	3.58	0.23	0.088	2.96					
P_1^x	④	强风化泥、页岩	统计个数	13	12	12	13	13	11	11	11					3
			界限值	11~22	19.4~21.6	0.378~0.689	25~39	10~19	0~0.11	0.09~0.20	8.2~17.4					15~55
			平均值	15.5	20.9	0.479	32.7	15.1	0.009	0.138	11.5					31.7
			标准差	3.02	0.60	0.087	4.03	2.59	0.031	0.04	3.27					

2.2 水文地质条件

根据勘察结果，钻探范围内没有潜水层，由于场地内地下输水管道漏水加之场区内生活排水、工业排水及雨季地表水的排泄，第四纪覆盖层地段存在上层滞水，其埋深视不同地段而有所变化，上层滞水的埋深为3.90～12.50m，地下水标高为133.10～147.20m。2号煤采空区存有滞水性质的地下水，是由上部基岩裂隙渗水补充形成的。

3. 采空区勘察采用的主要测试方法

采空区的勘察评价是本次勘察的重点，整个采空区是在不同时期开采所形成的，其开采时间为1949年以前开采区，1950～1951年开采区，1952～1959年开采区，1955～1957年开采区以及1987年和1990～1993年残采区（见图3-1）。1949年以前开采区开采方式无资料可查，1949年以后由国家煤矿正式开采，开采方式为巷柱式开采。采空区的勘察难度较大，为查明采空冒落带的空间分布和上覆基岩的完整性，本次勘察采用了弹性波跨孔层析成像测试技术。利用该测试技术，直观形象的反映了基岩的完整程度和地层岩性、风化程度、破碎带分布等诸多因素，以此判断顶板岩层塌落形成的冒落带的空间分布，取得了较好的效果，是对采空区评价的一种行之有效的手段。为了解和判断采空区冒落带和上覆岩层的渗透性，判定密实程度和裂隙发育程度，本次勘察还在各钻孔中进行了一定数量的压水试验和弹性波检层波速试验，压水试验结果表明，大部分试验段单位吸水量大于0.1L/min·m^2，最大达0.623L/min·m^2（设备最大供水量）。冒落带单位吸水量大于0.3L/min·m^2。通过波速测试可判断采空区冒落带的塌落高度，塌落堆积体的密实程度。总之，通过前述的各种不同的试验和测试，重点对采空区冒落带及上覆岩层进行研究，查明了采空区赋存条件，冒落带高度及上覆岩层的工程性质，冒落堆积体的空化程度，为采空区的处理设计提供了真实可靠的设计依据。

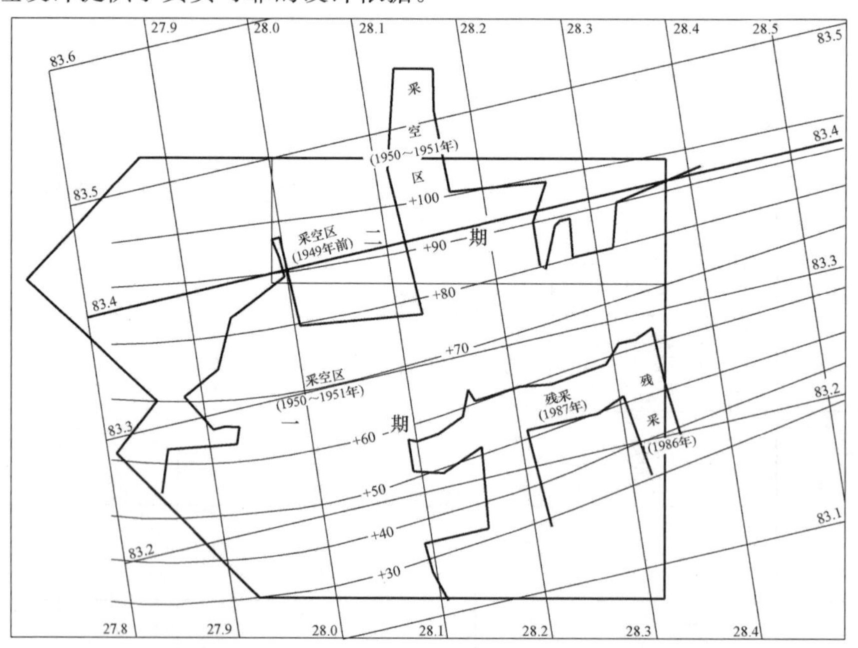

图3-1 2号煤底板等高线图及采空区范围图

4. 设计方案

4.1 设计方案的确定

本项目是在浅埋老采空区上建设两条 2500t/d 大型水泥生产线，根据查新结果表明，在浅埋老采空区上建设大型水泥生产线国内外未见报道，没有经验可借鉴。由于拟建 2500t/d 水泥生产线位于不同时期采煤采空区之上，其开采时间跨度大，开采方式各异，采深采厚比也变化较大，因此无法利用现有的理论、经验公式对场地地基的稳定性进行计算评价。工程前期对采空区进行了勘察工作，从勘察结果看，查明了采空区赋存条件、冒落带高度及上覆岩层的工程性质，冒落堆积体的空化程度。结果表明采空区埋深在 30～110m，大面积采空区顶板已发生冒落，塌落堆积体处于松散状态，采空底板岩层完整，受采空区的影响，上覆岩层开放性裂隙发育，局部岩石破碎，且随采空区埋深的不同而有所变化，采空区埋深较浅的区段，上覆岩层裂隙发育较严重，反之则较轻。根据搜集的资料和地表变形调查，场地内分布有建于 20 世纪 70 年代的各类单层厂房、车间和住宅，未发现严重开裂情况和地面塌陷，观测资料表明沉降趋于稳定状态，但新建大型水泥生产线后会在下覆岩层中产生较大的附加荷载，岩体应力会发生较大变化，由于采空区埋藏较浅，上覆岩层裂隙发育，冒落带堆积松散，新建建筑物建成后，在上覆岩层产生附加应力，又由于冒落带堆积松散，在加载后上覆岩层在附加静、动荷载的作用下有可能产生较大变形。因此必须对采空区及其影响区进行处理。根据设计院提供的总图布置和各建（构）筑物的荷载要求及变形要求，结合场地勘察结果，我们把整个场地分成两大区：Ⅰ非处理区，对荷载较轻或上部结构对变形不敏感的建筑物和附属建筑物的区段不处理，如煤均化堆场、石灰石预均化库和水泥调配库等。Ⅱ处理区，大部分水泥生产线的建筑物的荷载较大，对变形要求较高（如窑尾、熟料库等），要建设在采空区之上，必须采取处理措施。

在适宜建设的浅埋老采空区上建设建构筑物，传统的处理方法有两种，一种是在结构上采取措施，如设置变形缝，设置水平滑动层，增加建筑物的刚度等抗变形措施。另一种方法则是采用回填的方法处理采空区。而对形高体大的水泥生产设施采取结构措施保证其建设在老采空区之上的正常运转是不现实的，所以只有采取地基处理的方法保证场地的稳定性，一般回填处理法在该采空区无法实施，在充分分析现有资料的基础上，我们认为采取注浆充填法不失为一种行之有效的方法。这种方法最大的特点就是可以从地表通过小口径孔将具较好渗透性的可结石液体压灌到深部的岩石裂隙中，从而达到加固固结岩体及松散堆积物的目的。

4.2 注浆浆液体的选择与试配

注浆工程中常用的浆液有两类即：化学浆材和粒状浆材。化学浆材的种类很多，国内常用的有硅酸盐类、丙烯酰胺类等。这些浆材均具有较好的可灌性，很高的结石率和很好的化学稳定性。但是，一般说来化学浆材与粒状浆材相比价格昂贵，施工程序复杂。因此，化学注浆大都用于局部工程和一些特殊工程之中，很少在工程中大规模使用。因此，对采空区进行注浆处理时，应首先选用粒状浆材。粒状浆材配成的浆液是一种悬浊液，国内常用的粒状浆材有水泥、黏土等，由水泥、黏土及其混合体配成的浆液在国内许多工程中应用，收到了较好的效果。但在本工程中我们在充分分析研究拟建场地的地层情况和现场所具备的条件（章村矿西矿有小型热电厂多年来排出有大量粉煤灰）后采用了一种新型粒状混合浆材即CF混合粒状浆材（既：水泥—粉煤灰浆材）。工程前期我们首先对不同水固比。不同混合比的浆液的性质进行了多方面的研究，其主要内容包括材料的粒度组成、浆液的流变参数、稳定性、凝结时间、结石体的重度、强度、变形模量、渗透性等，通过筛选我们确定了在工程中采用的水固比为1∶1，0.75∶1；CF粒状材料的水泥粉煤灰的混合比为4∶6。从试验研究中发现新型CF粒状材料配成的浆液具有如下特点：

（1）浆液的初始黏度低，流动性好；

（2）凝结时间稳定，稳定性较好；

（3）结石率高（90%），结石体具有良好的物理力学性质，抗压强度高；

（4）对注浆设备、管道等无腐蚀性，并易清洗；

（5）所用粉煤灰为电厂排出的垃圾，价格低廉（只须支付4.0km运费）；

（6）配制方法简便，易操作；

（7）无毒、无害，可消化电厂排出垃圾，减少对环境的污染。

4.3 实施方案的优化与设计

（1）注浆试验

根据拟建场地的勘察结果和设计院总图布置情况，选择代表性地段进行注浆试验，试验共布置钻孔17个。试验中注浆孔按Ⅰ、Ⅱ、Ⅲ序孔顺次进行，注浆压力分别为1.0MPa、1.5MPa、2.0MPa。所用浆液，根据筛选结果设计为三类四种，即：第一类纯水泥浆（用作封孔）水灰比1∶1；第二类为CF新型材复合浆（用作一般采空区注浆）水固比1∶1，0.75∶1，水泥、粉煤灰比为4∶6；第三类水泥砂浆（用于较大空洞），流动度为130～200mm；但在试验段实施中只采用了第一、第二类浆液，所用水泥为咏宁牌32.5级普通硅酸盐水泥，粉煤灰为矿业集团产Ⅲ级粉煤灰，水为章村矿地下水。试验区注浆结束28d后，在试验区内布置2个钻孔对注浆效果进行检验，检验的主要手段为：①清水钻进采取岩芯观察；②孔内进行弹性波（P.S波）波速检层测试；③在冒落带区段进行三点压水试验；④用采取的注浆结石体岩芯进行单轴抗压试验，测定其单轴抗压强度和弹性模量。

（2）注浆试验效果检测

① 成孔钻进与岩芯

在检测孔的钻进成孔过程中均采用清水钻进，整个过程中钻探液的消耗量很少，所有钻孔均未出现明显的“漏浆”段，从原采空区冒落带部位采取的岩芯看（见图4-1、图4-2）多为“浆裹石”、“石夹浆”，连宽度不足1mm的缝隙内也充填进了浆液结石，并在部分区段采取到了由纯注入物质形成的结石体（见图4-3）。从所取岩芯现象分析，注浆使得原采空区冒落带孔隙大量减少，密实度提高，浆液结石体对冒落带的岩块已起到胶结作用，达到了通过注浆提高采空区及其影响范围内岩体碎块堆积体密度，增加场地稳定性的目的。

② 压水试验

试验区检测在2个钻孔内共进行压水试验6次，单位吸水量最大为0.05L/min·m^2，最小为0.01L/min·m^2。压水试验结果表明，采空区冒落带的透水率已大为降低，仅为注浆前的2%～10%，且满足0.07L/min·m^2的设计值，同时也表明采空区及其冒落带

图 4-1 冒落带胶结体

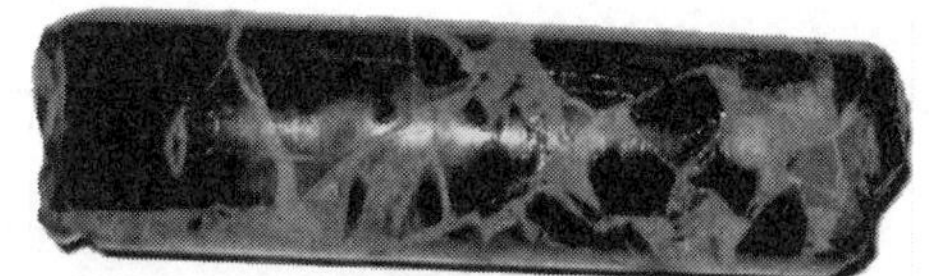

图 4-2　冒落带胶结体

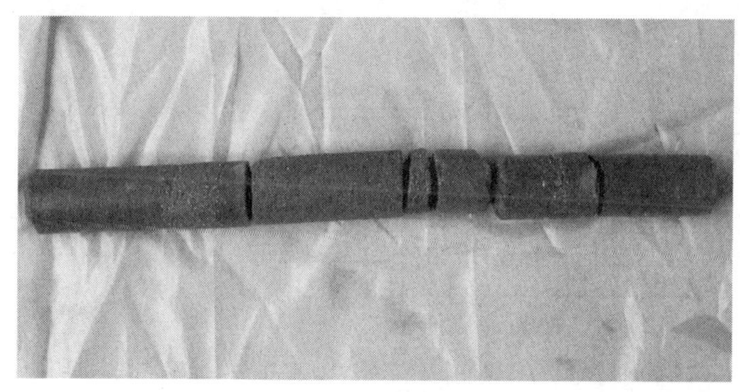

图 4-3　注入物质形成的结石体

范围内岩块孔隙的联通性已很差，被加固范围整体性已大为提高。

③ 弹性波波速检层

岩体的纵横波速是一项可较好的反映岩体密实度和整体性的指标，注浆加固前波速检层及地层 CT 成果显示，在采空区及其影响范围内有明显的低速区，试验区检测中在 2 个钻孔内进行波速测试 128 次，结果表明加固前的低速区已经消失。这表明注浆加固后采空区及其冒落带已经变得密实、均匀，且整体性良好。

④ 结石体单轴抗压强度与弹性模量

本次检测在 2 个钻孔内取得可供试验的结石体岩芯 1 组，结石体单轴抗压强度为 22.2MPa，弹性模量为 8.81×103MPa，从所得结石体的试验数据分析，其强度和变形均足以满足工程需要。

综上所述，采用试验区工艺对采空区及其影响区进行注浆加固，可以保证场地稳定性，满足工程需要。

4.4　注浆处理设计

在充分研究勘察成果和各建（构）筑物特征及注浆试验成果的基础上，把处理区域分为半充填注浆区及全充填注浆区，熟料库、水泥库均为钢筋混凝土筒仓，刚度较大，采空区埋深也较大（埋深均大于 70m），在这些区段采空冒落带上部有 10～15m 厚的较完整的砂岩顶板，采取低压半充填注浆，主要是通过注浆形成顶托完整砂岩顶板的柱状体，其计算模型见图 4-4。注浆孔平面布置图见图 4-5。

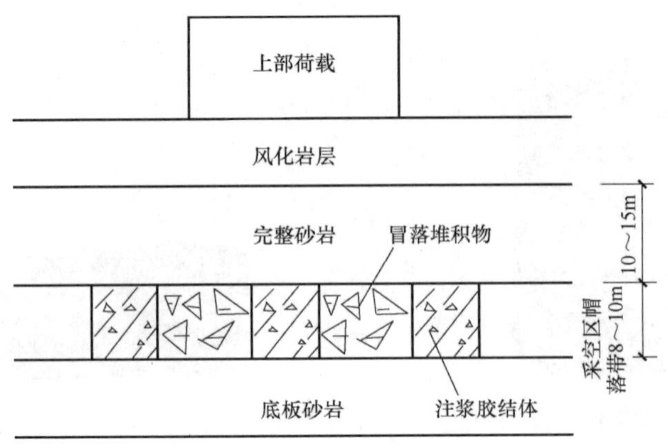

图 4-4 计算模型示意图

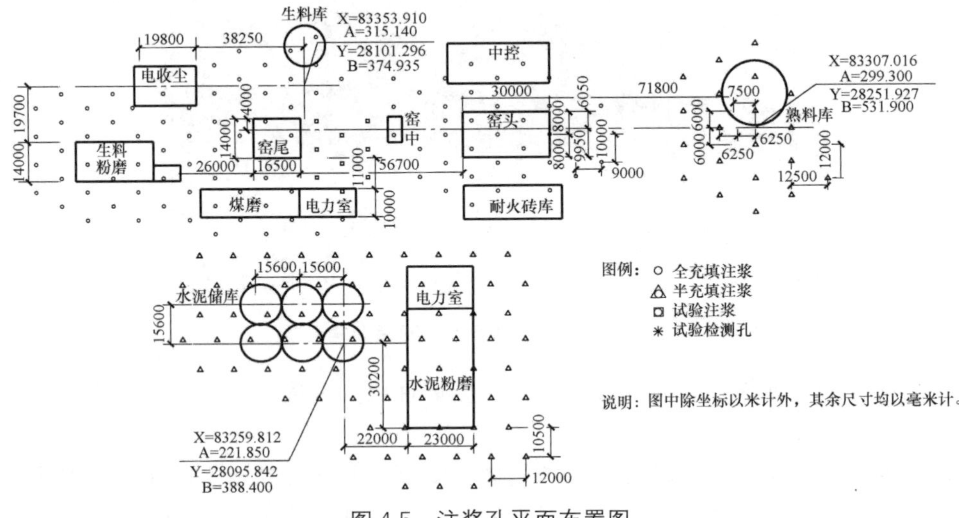

图 4-5 注浆孔平面布置图

采取此种方法，核心指导思想是把完整岩层作为一个完整板，计算其强度和变形，这样可大量节约地基处理投资（就本工程而言可节约 200 万元以上）。全充填区是把采空区冒落带松散堆积体孔隙全部充填，使冒落带松散物胶结"成板"。注浆孔分三序实施，注浆压力逐序升高。计算成果表明采取上述两种方法处理后形成的冒落带松散物胶结体在上部建（构）筑物的荷载作用下，其变形量很小，可以满足各类构筑物及设备对地基变形的要求。

4.5 注浆施工技术要求

根据注浆试验具体情况制定如下施工技术要求：

（1）注浆顺序：按先疏后密，先外后内，先下游后上游的原则分三序实施。

（2）注浆成孔：

① 注浆孔的平面误差不大于 10cm，孔深误差不大于 20cm，孔底最大偏差不大于 1.5m。

② 成孔宜采用清水钻进，冒落带及采空区段成孔直径不宜大于 108mm。

（3）熟料库、水泥磨和水泥库区段采取半充填注浆，通过注浆形成顶托砂岩顶板的柱或条带，其单柱直径控制在 6.0～7.0m，其余均采用全充填注浆。

（4）浆液要求：

① 制浆所用水泥为 32.5 级普通硅酸盐水泥。粉煤灰为Ⅲ级以上，当用湿粉煤灰时，制浆前应测定其含水量，并在配制浆液时将其扣除；水应符合混凝土搅拌用水的标准。

② 制浆材料应称重，误差小于 5%，固相材料采用称量法。

③ 本次注浆拟采用三类四种浆液，第一类为水泥浆（用于注浆孔的封孔），水灰比 1∶1；第二类为水泥、粉煤灰浆（用于采空区注浆），水固比 1∶1 和 0.75∶1，水泥和粉煤灰的比例为 4∶6；第三类浆液为水泥砂浆（用于较大空洞且注浆量超量时采用），其砂浆流动度应在 130～200mm。

④ 浆液内要加入稳定剂，以保证浆液的均一性；当采用膨润土时，掺量可采用固体物质用量的 3%。

⑤ 必要时要加入速凝剂，其用量应根据施工具体情况确定。

⑥ 浆液的存放时间不宜大于 4h。

⑦ 各类浆液要搅拌均匀，采用普通搅拌机时，搅拌时间不得小于 3min，使用高速搅拌机时，不得小于 30s。

（5）注浆量计量：注浆的计量要采用流量计或经事先标定的标有明显标记的容器进行计量。其计量误差不宜大于 3%。

（6）上部岩层发现严重漏水地段（正常钻进孔内不返水）时，须做单点压水试验，当单位吸水率大于 0.07L/min·m^2 时应采用水泥浆注浆。

（7）钻进中遇到 2# 煤顶板碳质页岩时应进行单点压水试验，试验段长度 3～4m，当吸水率大于 0.07L/min·m^2 时应进行注浆。

（8）采空区上部漏水严重的地段采用水固比为 1∶1 的水泥浆灌注，下部冒落带、采空区段注浆采用水固比为 0.75∶1、1∶1 的水泥粉煤灰浆液，对落钻地段采用 0.75∶1 的水泥粉煤灰浆液或水泥砂浆。

（9）全充填区Ⅲ序孔及成孔时一直返冲洗液的孔，宜采用水灰比为 1∶1 的水泥浆液或水固比为 1∶1 的水泥粉煤灰浆液进行注浆。

（10）在顶板冒落带及采空区内注浆时宜分段进行，注浆段长度不宜大于 5.0m。当大于 5.0m 时注浆管的下放深度至孔底的距离不应大于 1.0m。

（11）在半充填区非落钻注浆段采取限时（不大于 90min）、限压（不大于 1.0MPa）、限量（不大于 400L/m），间歇复灌的方法灌浆。

（12）注浆采用自上而下分段注浆的方法，注浆塞应塞在孔壁完整处或已灌段段底以上 1.0m 处，以防漏浆。

（13）在某一注浆段当某一比级的浆液注入量外围Ⅰ序孔已大于 3000L/m 以上，其他孔已大于 2000L/m 以上，或注浆时间已达 2h 而注入率和压力均无显著变化时，浆液应变浓一级。当注入量大，注浆难以结束时，应低压、浓浆、限量、间歇灌浆或在浆液中掺入速凝剂。

（14）待凝时间：采用一般浆液时为 36h，当掺入速凝剂时可视掺量的多少，现场决定。

（15）注浆压力：Ⅰ序孔为 1.0MPa；Ⅱ序孔为 1.5MPa；Ⅲ序孔为 2.0MPa。

（16）单孔注浆结束标准：在规定压力下，当有效注浆段注入率不大于 6L/min・m 时，持续 30min 灌浆可结束。

（17）最后一个注浆段成孔时应进入采空底板不小于 1.0m，并取得较完整的岩芯。

4.6 注浆质量检验

采用单点压水试验的方法进行质量检验，当单位吸水率不大于 0.07L/min・m^2 时，认为合格。检查孔的数量不宜少于注浆孔总数的 5％。

质量检验压水试验孔应在注浆结束 3d 后进行。

注浆质量压水试验检验的孔段合格率应在 80％以上，不合格孔段的吸水率值不得超过设计规定值的 2 倍，且不集中，注浆质量可认为合格。但出现下列情况之一时必须进行补注和补验：

①在采空及顶板页岩段出现明显的落钻和视落钻现象。

②检验孔在采空段和碳质页岩段正好打在原来所留的煤柱上，且压水试验结果大于 0.01L/min・m^2。

注浆加固体力学性质检测应在注浆结束 28d 后进行。

通过本项目的试验研究和项目的实施，解决了在浅埋老采空区上建设大型水泥生产线项目难题，查新结果表明在此之前还未有类似项目。通过总结我们认为在以下几个方面有所创新：

① 采用钻探、物探现场测试等综合勘察手段、技术、方法对浅埋老采空区的稳定性、可处理性进行了科学的分析与评价；

② 对由电厂排出的水排粉煤灰与水泥（32.5 级）组成的混合浆液物理性能和其结石体的力学特征进行了系统研究，发现了其中的规律，筛选出了适用于采空区处理的配比；

③ 对埋藏较深、其采空区间接顶板较好（中风化及微风化）的区域采取半填充注浆以形成顶托顶板的柱，而将顶板当作一个承载板看待，类似计算模式国内外未见报道，这为深埋采空区的处理提供了很好的借鉴；

④ 结合水工、注浆验收标准提出了采用压水试验结果评价采空区处理效果的工程检验指标，实践证明效果良好。

5. 工程实施与效果

注浆充填法处理采空区的施工自 2001 年 6 月开工，至 2001 年 9 月完工，注浆钻孔总进尺约两万延米，注浆总量（水泥加粉煤灰）一万余吨。在整个施工过程中，严格按照设计和注浆施工技术要求进行施工。施工中遇到了很多难题都在现场予以解决，如个别注浆孔空洞较大，注浆浆液超灌量很大，在采用水泥砂浆注浆后仍难以达到结束标准，难以达到结束标准，经现场研究决定采用灌注水泥浆间歇的办法解决了问题。个别区段在注浆过程中发生在距离该注浆孔 60 多米的钻孔中产生浆液窜孔的现象，采取了将发生窜孔的钻孔进行封孔，该注浆孔的注浆工作改为间歇 2～3h，并调整注浆压力，达到了预期的效果。由于采空区上覆岩层和冒落带岩石破碎，一部分钻孔的钻进非常困难，有的难以成孔，我们采取了全孔灌注水泥浆的施工工艺，其结果达到了很好的效果，即能够保证注浆施工的顺利进行，同时对采空区上覆破碎岩层进行了加固。总之，采空区注浆充填法施工，由于采空区的特殊性，使得与其他常规注浆工程相比较，难度更大，要求钻探技术更高。

注浆工作结束后在整个场地共布置检测孔 28 个（含试验区 2 个），对注浆效果进行检测，所用检测方法与试验区完全相同，结果表明：

（1）在钻孔成孔过程中，钻探液无明显漏液现象，在采空部位无落钻或“视落钻”现象；

（2）三点压水试验结果为 0.01～0.07L/min·m² 平均值为 0.03L/min·m²，满足设计要求；

（3）弹性波波速检层波速在采空区部位没有明显的低速区；

（4）在检测孔中共采取注浆材料结石体 7 组，强度及弹性模量均大于设计所采用数值结果见下表 5-1。

结石体主要物理力学性质一览表 **表 5-1**

<table>
<tr><th colspan="2">采样编号</th><th rowspan="3">岩样状态</th><th colspan="2">物理性质指标</th><th colspan="4">力学性质指标</th></tr>
<tr><th rowspan="2">试样编号</th><th rowspan="2">取样深度（m）</th><th colspan="2">天然重力密度（kN/m³）</th><th colspan="2">抗压强度（MPa）</th><th rowspan="2">平均弹性模量 10³（MPa）</th><th rowspan="2">泊松比</th></tr>
<tr><th>单值</th><th>平均值</th><th>单值</th><th>平均值</th></tr>
<tr><td rowspan="3">1</td><td rowspan="3">63.5～64.8</td><td rowspan="3">天然</td><td>21.0</td><td rowspan="3">20.8</td><td>23.8</td><td rowspan="3">25.0</td><td rowspan="3">13.3</td><td rowspan="3">0.16</td></tr>
<tr><td>20.6</td><td>26.2</td></tr>
<tr><td></td><td></td></tr>
<tr><td rowspan="3">2</td><td rowspan="3">61.0～63.0</td><td rowspan="3">天然</td><td>16.5</td><td rowspan="3">16.5</td><td>8.9</td><td rowspan="3">12.3</td><td rowspan="3">8.04</td><td rowspan="3">0.25</td></tr>
<tr><td>16.4</td><td>15.6</td></tr>
<tr><td></td><td></td></tr>
<tr><td rowspan="3">3</td><td rowspan="3">63.0～64.0</td><td rowspan="3">天然</td><td>20.6</td><td rowspan="3">21.0</td><td>48.5</td><td rowspan="3">48.0</td><td rowspan="3">22.10</td><td rowspan="3">0.18</td></tr>
<tr><td>21.3</td><td>47.4</td></tr>
<tr><td></td><td></td></tr>
<tr><td rowspan="3">4</td><td rowspan="3">67.8～68.0</td><td rowspan="3">天然</td><td>18.6</td><td rowspan="3">18.5</td><td>32.5</td><td rowspan="3">33.1</td><td rowspan="3">13.54</td><td rowspan="3">0.24</td></tr>
<tr><td>18.3</td><td>33.6</td></tr>
<tr><td></td><td></td></tr>
<tr><td rowspan="3">5</td><td rowspan="3">90.06～90.56</td><td rowspan="3">天然</td><td></td><td rowspan="3"></td><td></td><td rowspan="3"></td><td rowspan="3">8.81</td><td rowspan="3">0.14</td></tr>
<tr><td>18.6</td><td>39.5</td></tr>
<tr><td></td><td></td></tr>
<tr><td rowspan="3">6</td><td rowspan="3">43.5～43.8</td><td rowspan="3">天然</td><td></td><td rowspan="3"></td><td></td><td rowspan="3"></td><td rowspan="3">24.15</td><td rowspan="3">0.14</td></tr>
<tr><td>21.5</td><td>40.8</td></tr>
<tr><td></td><td></td></tr>
<tr><td rowspan="3">7</td><td rowspan="3">61.3～61.7</td><td rowspan="3">天然</td><td>18.5</td><td rowspan="3">17.5</td><td>22.6</td><td rowspan="3">22.2</td><td rowspan="3">8.81</td><td rowspan="3">0.21</td></tr>
<tr><td>16.4</td><td>21.8</td></tr>
<tr><td></td><td></td></tr>
</table>

从表中可以看出单轴抗压强度和弹性模量的差异较大，这主要是由浆液结石环境和结石成分的差异所致。但由于采空区埋深影响作用于采空区注浆结石体上的工程附加荷载与

结石体强度相比很小，故工程荷载施加后所产生的差异变形也很小，足以满足工程需要。

检测工作结束后，水泥生产线的土建与安装工程顺利实施，2003 年 1 月 6 日顺利建成投产。从建设过程和投产后一年的沉降观测结果看，各构筑物的最大沉降值为：熟料库 2.9mm，窑中窑尾 3.85mm，水泥库 3.66mm，满足工程需要，目前该生产线已顺利运行 2 年，运行一切正常。事实证明 2500t/d 水泥生产线场址浅埋老采空区处理圆满成功。

本项目开发应用的圆满成功为浅埋老采空区的勘察和处理积累了经验，尤其是资源型城市在煤炭资源枯竭后利用采空区发展非煤产业工业用地具有非常重要的意义。随着经济社会的发展，土地资源越来越宝贵，一些老的矿山随着矿床资源的开采已近枯竭，煤炭企业开始转型已成为一种趋势，老采空区地表作为工业用地已成为一种必然，采空区的综合研究及利用显得尤为重要和具有现实意义。

6. 获奖单位简介

中勘冶金勘察设计研究院有限责任公司，原名冶金工业部勘察研究总院，一九五四年创建于北京，一九七二年迁至河北保定，2005 年底整体改制完成。

中勘公司是我国较早组建的一支大型综合性勘察、科研和地基与基础工程设计、施工的专业化队伍。是全国工程勘察先进单位和全国勘察设计百强单位之一。现有职工 488 人，其中国家级勘察大师 2 人，省级勘察大师 1 人，教授级高级工程师 14 人，高级工程师 82 人，工程师 108 人，各行业国家级注册师 43 人，一级项目负责人 34 人（一级建造师），二级项目负责人 18 人（二级建造师）。

中勘公司具有如下资质：

① 住建部颁发的工程勘察综合类甲级资质证书；

② 住建部颁发的地基与基础工程专业承包壹级资质证书；

③ 国家测绘局颁发的测绘甲级资质证书；

④ 国土及资源部颁发的地质灾害治理工程勘查甲级单位证书；

⑤ 国土及资源部颁发的地质灾害治理工程设计甲级单位证书；

⑥ 国土及资源部颁发的地质灾害治理工程甲级施工单位证书；

⑦ 国土及资源部颁发的地质灾害治理工程评估单位证书；

⑧ 环境评价乙级资质证书；

⑨ 工程检测施工甲级证书。

⑩ 公司主办国内外公开发行刊物《勘察科学技术》（1979 年创刊）。

我公司具有雄厚的技术力量，建立了完整的质量保证体系，拥有国内一流的多种勘察专业设备。拥有一支理论水平高、技术力量雄厚、实践经验丰富、专业设备配套齐全的专业化队伍，在国际上曾与英、美、法、日、加拿大等国进行过广泛的学术交流与技术合作。50 多年来，我公司先后完成了全国十几个大中型钢铁企业的工程勘察与岩土施工；承担了数千项石油、化工、冶金、煤炭、交通、水利电力及港口等工业与民用建筑的勘察、设计、检测及岩土工程施工。

我公司具有完善的质量保证体系，在岩土工程勘察、设计、施工行业率先通过 ISO 9001：2008 系列标准认证，及职业健康安全管理体系 GB/T 28001—2011 标准认证和环境管理体系 GB/T 24001—2004 ISO-14001：2004 标准认证。技术作风严谨，工程质量可靠，先后获得国家优秀勘察奖 50 余项、获得省部级科技进步奖 12 项、获省部级优秀勘察工程奖 100 多项、有两项工程获得国家优质工程鲁班奖，我公司主编国家标准 4 部，参编国家标准 8 部。“质量第一，信誉至上”是我公司一贯的经营思想，“为用户着想，对工程负责”是我公司的服务宗旨，我公司愿以优异的工程质量、快速的施工效率、合理的收费价格，竭诚为所有建设单位服务。

7. 专利与独有技术

根据查新报告，国内在浅埋老采空区上建设大型水泥生产线项目，本项目是第一项。采用注浆充填法处理采空区，解决了采空区的稳定性问题。在勘察中采用钻探、物探和现场测试等综合手段、技术、方法对浅埋老采空区的稳定性和可处理性进行了科学的分析和评价。对由电厂排出的粉煤灰与水泥组成的混合浆液的物理性能和其力学特征进行了系统的试验和研究，发现了其中的规律，筛选出了适用采空区处理的配比。对埋藏较深，其采空区间接顶板较好（中风化及微风化）的区域采用半充填注浆形成顶托顶板的柱，而将顶板作为一个承载板看待类似计算国内外未见报道，为深埋采空区的处理提供了很好的借鉴。针对采空区特点，结合水工注浆验收标准提出了评价采空区处理效果的工程检验指标。

【项目特色提要】 采空区灾害治理随着我国用地紧张日益重要，本项目拟建场地所在的采空区埋深在 30～110m，前期资料缺失，采空区条件非常不利，大面积采空区顶板已发生冒落，塌落堆积体处于松散状态，上覆岩层开放性裂隙发育，局部岩石破碎，处理难度极大。该项目在勘察方面采用钻探、物探现场测试等综合勘察技术方法，对浅埋老采空区的稳定性、可处理性进行了科学的分析与评价，数据准确，为下阶段治理提供了可靠依据。在治理方面，创新性地对粉煤灰与水泥组成的注浆料性能进行了系统研究，筛选出了适用于采空区处理的配比，既出色完成了治理任务，又变废为宝，节省了大量注浆材料和费用。

通过针对性很强的治理方法和独特的设计及施工工艺，对埋藏较深、采空区顶板较好的区域采取半填充注浆以形成托柱，具有创新性，不仅解决了冒落问题，而且有效节省了治理成本，为深埋采空区的处理提供了很好的借鉴。

首钢迁钢 2160mm 热轧项目主厂房及附属设施岩土工程勘察、设计及施工工程

中勘冶金勘察设计研究院有限责任公司　　杨书涛
北京爱地地质勘察基础工程公司　　李　强

【项目摘要】

首钢迁钢 2160mm 热轧工程主厂房基坑支护采用本公司科研成果，已获得国家发明专利的《短土钉连续墙基坑支护方法》，达到了土方开挖与基坑支护的最佳平衡点，控制基坑变形效果好，减少施工难度，降低工程造价。

旋流沉淀池直径 31.7m，深 34.85m，采用钢筋格栅喷射混凝土方法支护，充分利用圆形结构的受力特点，最大限度的发挥钢筋混凝土的抗压强度，提高了基坑支护的安全度；节约了钢筋混凝土用量，降低了工程造价，较好的解决了该技术难题。

该项目是集岩土工程勘察、设计、施工及变形监测为一体的综合性项目，该工程由中勘冶金勘察设计研究院有限责任公司和北京爱地地质勘察基础工程公司共同完成，该工程于 2007 年 1 月竣工，该项目 2008 年获得住房和城乡建设部全国优秀工程勘察设计奖银奖。

1. 工程概况

首钢迁钢 2160mm 热轧工程位于河北省迁安市首钢迁钢公司南部。该项目是经国务院批准立项的项目，是首钢投资最大的单项工程，工程总投资 40 亿元，采用德国西马克公司设备、技术。该项目总工期只有 26 个月的时间，这在国内同类项目中，是工期最短的。该项目主轧设备安装在地下厂房内。主要由主轧生产线、加热炉、精粉区、钢卷运输线、旋流沉淀池等组成。

图 1-1　热轧主厂房全貌图

图 1-2　热轧主厂房基坑护坡图

主厂房深埋基础部分长约 600m，宽约 40～120m，框架、排架结构，柱下筏板基础。基础埋深 7.3～13.0m，局部达到 15.3m，护坡面积约 19000m^2，降水面积 65000m^2，规模巨大，被称为“中国冶金第一坑”。

旋流沉淀池直径 31.7m，深 34.85m，属于超大超深基坑；冲渣沟隧道长 78m，隧道底深 14.91～17.14m，断面尺寸 6.674m×4.430m，钢筋格栅喷射混凝土护坡面积 5345.6m^2；开挖土方 8365m^3；开挖岩石方 21598m^3；完成降水井 32 口，819 延长米；抗拔锚桩 411 根，2135.7 延长米。完成工程量较大。

图 1-3　旋流沉淀池格栅现场施工图

水处理区由集中过滤站、反洗水调节池、联合泵站、旋流井龙门吊基础、浓缩池、平流沉淀池、泵站、加热炉事故水塔、污泥脱水间及层流沉淀池等 8 个建筑物组成，基础埋深−2.1～7.4 m，基底压力≥250kPa。共完成 CFG 桩 5594 根，57756.3 延长米，混凝土 7254.6m^3；层流池钢筋混凝土抗拔桩 1412 根，灌注混凝土约 5853.2m^3。完成工程量较大。

该项目是集岩土工程勘察、设计及施工为一体的综合性项目，该工程由中勘冶金勘察设计研究院有限责任公司和北京爱地地质勘察基础工程公司于 2005 年 4 月 1 日至 2006 年 10 月 20 日共同完成，勘察工作细致，设计方案合理，施工质量控制严格，并进行了长期变形监测，各项指标均满足设计及规范要求。经甲方、监理全面验收，工程质量达到优良

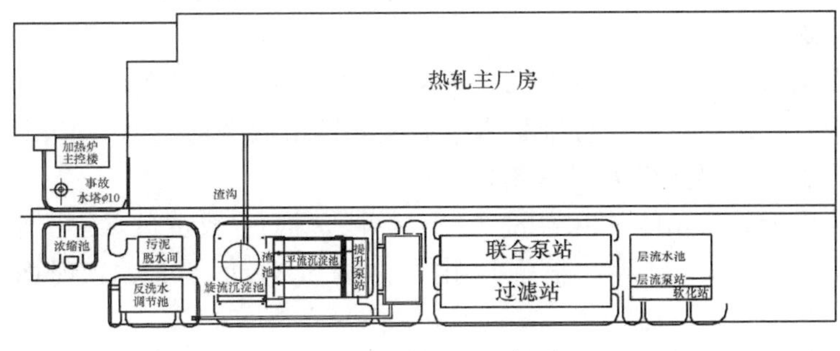

图 1-4　总平面示意图

标准。该工程主体于2007年1月完成竣工验收，投产几年来运行正常，取得了良好的经济及社会效益。

2. 场地岩土工程条件

2.1 地形地貌：

拟建场地位于河北省迁安市首钢矿业公司球团厂东南，松汀村以北。迁钢新建炼钢主厂房东侧与之相连，地面高程77.65m。地形由西向东微倾，地貌形态为西沙河阶地，现为降方、部分回填后的地表。

2.2 地层岩性：

拟建场地内表层为人工杂填土，其下依次为第四系全新统冲、洪积（Q_4^{al+pl}）粉质黏土、细砂、中砂；第四系全新统湖、沼相（Q_4^{l+h}）的粉质黏土；第四系上更新统残积（Q_3^{el}）碎石和太古界迁西群三屯营组黑云斜长角闪片麻岩（Ars）。现自上而下分层简述如下：

（1）人工填土①（Q_4^{ml}）：主要由建筑垃圾、黏性土及砂等组成，厚0.2～4.5m，黄褐色，稍湿，松散。

（2）中砂②（Q_4^{al+pl}）：黄褐色，石英-长石质，含云母，颗粒呈圆形，饱和、标准贯入试验实测锤击数N=8.0～35击，平均值N=18.2击，松散～中密，层厚0.30～6.70m，层底标高69.36～77.82m。

（3）粉质黏土③（Q_4^{al+pl}）：褐灰色，含有机质及腐殖物，局部有黏土夹层，天然孔隙比e=0.588～0.988平均值e=0.793，液性指数I_L=0.26～0.97，平均值I_L=P0.64压缩系数a_{1-2}=0.10～0.61MPa^{-1}，平均值a_{1-2}=0.32MPa^{-1}，湿、软塑-可塑，层厚.6～12.1m，层底标高60.56～75.11m。

（4）细砂④（Q_4^{al+pl}）：灰色，石英-长石质，夹粉土薄层，饱和、标准贯入试验实测锤击数N=23.8～>50击，平均值N=41.3击，中密-密实，层厚0.8～9.2m，层底标高53.86～68.99m。

（5）黏土⑤（Q_4^{l+h}）：褐灰色，含有机质及腐殖物，局部夹有粉质黏土及粉土薄层，天然孔隙比e=0.606～1.285，平均值e=0.963，液性指数I_L=0.26～0.97，平均值I_L=0.54，压缩系数a_{1-2}=0.09～0.47MPa^{-1}，平均值a_{1-2}=0.29MPa^{-1}，湿、软塑-可塑，层厚0.4～12.0m，层底标高47.96～67.62m。

（6）碎石⑥（Q_3^{el}）：主要由石英砂岩、石英岩碎块组成，呈亚角形，粒径30～80mm，充填棕红色黏土，标准贯入试验实测锤击数平均值N=48.8击，层厚0.30～9.40m，层底标高42.53～71.62m。

（7）全风化黑云斜长角闪片麻岩⑦（Ars）：浅黄褐色-灰黄色，主要矿物成分为斜长石、石英、角闪石、黑云母等，标准贯入试验实测锤击数平均值N=40.1击，呈全风化，用手可捏碎成砂土状。揭露最大层厚8.9m。

（8）强风化黑云斜长角闪片麻岩⑧（Ars）：浅黄褐色-灰黄色，主要矿物成分为斜长石、石英、角闪石、黑云母等，呈强风化，用镐可刨动，可见节理面。揭露最大层厚11.1m。

（9）中等风化黑云斜长角闪片麻岩⑨（Ars）：浅黄褐色-灰绿色，主要矿物成分为斜长石、石英、角闪石、云母等，呈中等风化，岩芯呈柱状，该层最大揭露厚度36.20m。

2.3　水文地质条件：

拟建场地地下水类型属于潜水，水位埋深0.30～5.3m，标高73.41～77.36m，地下水的补给主要是大气降水和周围建筑施工排水渗透补给。地下水在干湿交替的作用下对混凝土具微腐蚀性，对钢结构具有弱腐蚀性。

降低地下水位时，主要涉及第②层中砂和第③层粉质黏土的渗透系数可分别采用：第②层中砂：$K=3.0\times10^{-3}$ cm/s，第③层粉质黏土：$K=6.11\times10^{-6}$cm/s。

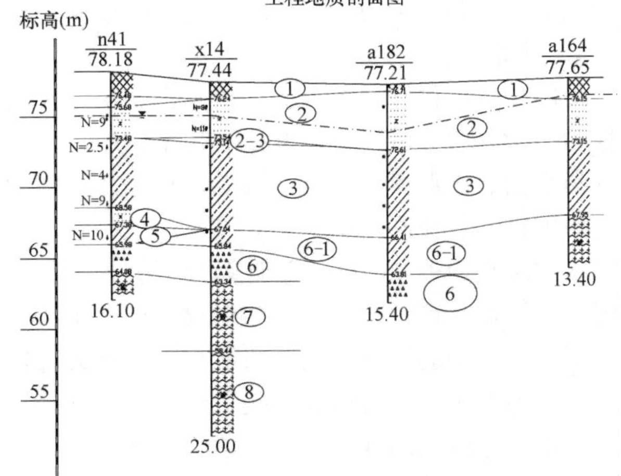

图2-1　地质剖面图

2.4　场地类别：

据中华人民共和国国家标准《建筑抗震设计规范》GB 50011—2001中的规定，拟建建筑场地类别为Ⅱ类，场地的抗震设防烈度为7度，设计地震分组为第一组，设计基本地震加速度值为0.15g；本场地的地基土不会产生地震液化。

3. 岩土工程设计

3.1　热轧项目主厂房基坑护坡设计

3.1.1　设计参数

本次边坡设计中，依据勘察报告给定的c、ϕ值，结合基坑护坡为临时性工程及基坑开挖的受力的点，据多年的类似工程经验对设计参数进行综合考虑，对基础底面以上土的抗剪强度值进行优化，结果见下表。

土的抗剪强度值　　**表3-1**

土层编号	土层名称	C(kPa)	ϕ(度)	γ(kN/m^3)	q_{sik}(kPa)
①	人工填土	10	15	20	30
②	中砂	0	38	20	80
③	粉质黏土	20	25	20	50
④	细砂	0	35	20	80
⑤	黏土	25	20	20	50
⑦	全风化片麻岩	0	40	25	120
⑧	强风化片麻岩	0	40	25	150

3.1.2　护坡方法选择

建筑基坑支护设计的原则是“技术先进、经济合理、安全可靠”，从而确保地下结构施工期间基坑边坡稳定、基坑周围建筑物、道路及地下设施安全。基坑支护设计与施工，尚应综合考虑工程地质与水文地质条件、基坑开挖深度、周边环境、基坑周边荷载等因素，因地制宜、合理设计、精心施工、严格监测。

本工程基坑深7.3～13.0m，基坑周边不存在高大建筑物，地面超载部分按常规

20kPa 考虑，基坑护坡安全等级为 1～2 级，深基坑部分下部已进入全、强风化片麻岩；但是本工程开挖深度内存在②、④细中砂层，基坑规模大，护坡周期长，工期紧，经过综合对比分析，确定采用 1∶0.40 坡比土钉墙支护形式。

3.1.3 计算模型

采用本公司科研成果，已获得国家发明专利的《短土钉连续墙基坑支护方法》，采用开挖和支护分层分段平行作业，利用土钉墙技术，布设列距、排距密布的短土钉及挂网喷射混凝土面墙，形成短土钉连续墙，根据工程需要设置长土钉、预应力锚杆、内支撑等，达到护坡目的。控制基坑变形效果好，减少施工过程开挖分步，综合经济效益显著。

本方法是一种全新的力学计算模型。它只是利用土钉墙技术，通过设置面墙、挂网喷射混凝土及短土钉，与土体共同形成一种短土钉连续墙复合体，它不是一种重力式结构，而作用类似于钢筋混凝土连续墙或排桩，它具有较强的抗剪与抗弯能力，能够抵抗较大的主动土压力作用，它与钢筋混凝土连续墙或排桩（悬臂桩除外）一样，须与锚杆或长土钉共同作用，才能控制基坑变形，达到护坡目的。因而它与常规的土钉墙护坡技术有着本质的区别，与常规的土钉墙护坡比较，短土钉长度大大减短，减少钢筋用量、土钉成孔长度及注浆量，经核算较常规土钉护坡方法可以节约 20%以上的费用。

3.1.4 短土钉连续墙及面墙

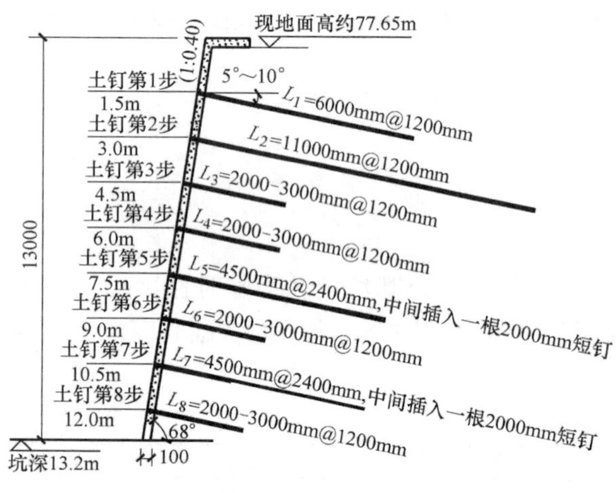

图 3-1 主厂房短土钉护坡剖面图

考虑到与降水井的关系，短土钉呈矩形布设，列距 1.2m，排距 1.5m，孔径 ϕ130，长 3～4m，下倾角 10°，土钉成孔后，插入 1Φ16HRB335 热轧螺纹钢筋，端部做 90°弯钩，长≥200mm，土钉钢筋两端各设一对中支架，常压灌注 P.O32.5MPa 普通硅酸盐纯水泥浆，水灰比 0.50，初凝后 4～8h 补浆 1～2 次，强度 20MPa。在土钉端部挂 ϕ6@200×200 钢筋网片，搭接长度 300mm，贴网片在土钉端部纵横向用 ϕ16 主筋与土钉钢筋焊接，其中一个方向与土钉端部弯钩焊接，另一个方向放在弯钩内侧点焊，挂好网片后，喷射 100mm 厚 C20 细石混凝土。

3.1.5 长土钉

为了使基坑护坡达到稳定，或进一步控制基坑变形，根据桩锚护坡抗倾覆理论进行了计算，采用理正软件进行了抗滑移稳定验算，根据基坑深度共分为 9 个剖面，在地面下 3.0m、6.0m、9.0m、12.0m 设四排长土钉或岩石钉，列间距 1.2m，每 2000mm 设一对中支架，注浆要求同短土钉。

3.1.6 排水措施

护坡设计中，为了排出坡体内局部滞水，面墙上每隔 2～3m 预留引水孔，插塑料管，塑料管直径 ϕ50～70mm，长 300～400mm。为了解决砂土与黏性土界面上的疏不干现象，每隔 3～4m 设置长排水孔，直径 ϕ100mm，长 4～5m，材料为塑料花管，外包透水土工布，将坡体内上层滞水导出坡外。在地面做 1.5m 宽的防渗混凝土板，强度 C20，厚 60～100mm。内加 1m 宽 ϕ6@200mm×200mm 钢筋网片，防止地表雨水下渗到边坡中，影响坡体稳定。

3.1.7 在基坑顶加地锚，间距 4～5m，用 1ϕ16 钢筋拉筋，长 6～8m，拉筋与面墙加强筋焊在一起。

3.2 旋流沉淀池护坡降水及抗拔锚桩设计

3.2.1 旋流沉淀池护坡方法选择

本工程旋流沉淀池直径 31.7m，深 34.85m，地面下 15m 以内为第四纪砂及黏性土层，以下为全-中等风化黑云斜长角闪片麻岩，地下水位埋深 1～2m。属于超大超深基坑工程，传统的沉井施工法由于基岩较多，施工时间长，费用高，难度大，可行性低；钢筋混凝土地下连续墙或钢筋混凝土桩＋内支撑，同样施工难度大、费用高、工期长，缺乏可行性，经过综合对比分析研究，确定采用钢筋格栅喷射混凝土方法支护，它的特点如下：

（1）充分利用了圆形结构的受力特点，最大限度的发挥钢筋混凝土的抗压强度，提高了基坑支护的安全度；节约了钢筋混凝土用量，降低了工程造价。

（2）充分利用了喷射混凝土施工灵活方便的特点，减少了对模板及大型机械的使用，加快了施工进度。

（3）由于钢筋格栅喷射混凝土施工，采用逐榀开挖，逐榀施工，因而可以根据变化的地层，增加土钉、预应力锚杆、超前锚管，最大限度的体现信息法施工优点。

（4）钢筋格栅喷射混凝土支护，可以作为结构外筒壁的一部分，共同承担永久性土水压力，进一步降低了工程造价。

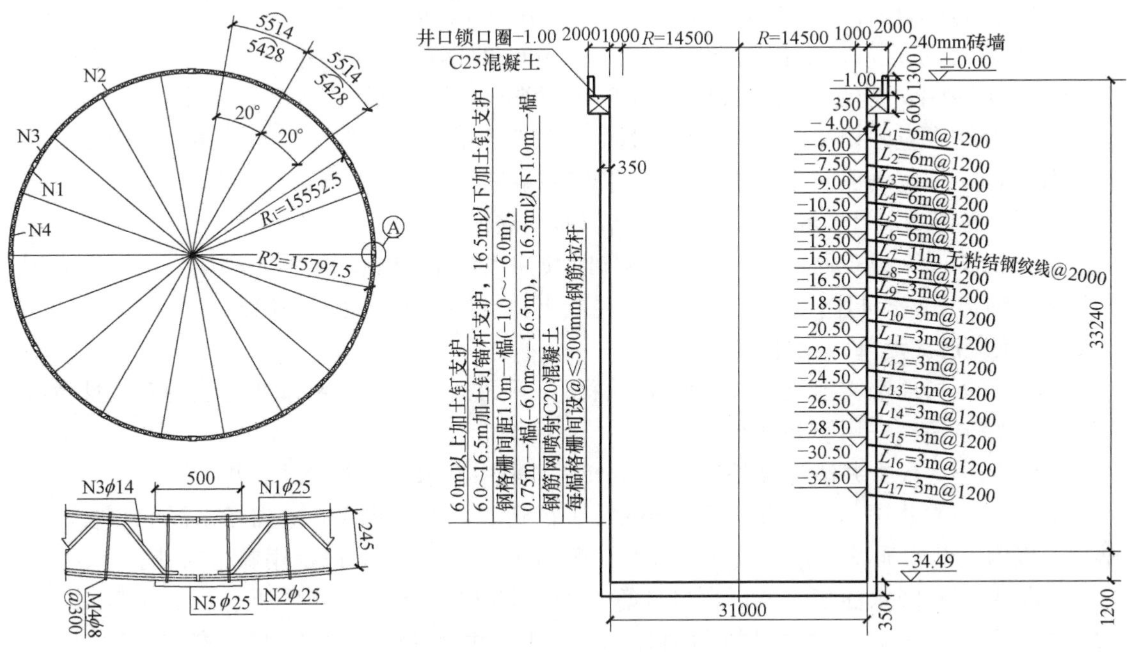

图 3-2 旋流沉淀池格栅设计示意图

3.2.2 旋流沉淀池钢筋格栅喷射混凝土支护计算

（1）计算中水压力的取值：砂土按水土分算考虑，黏性土和片麻岩按水土合算考虑，因为片麻岩的渗透系数为 $10^{-3}\sim10^{-5}$cm/s，很小，与黏性土相似。

（2）每榀格栅根据同一标高处岩土抗剪强度 c、ϕ 值的变化，按照圆形结构径向压力与轴向压力的关系，计算出每榀格栅的轴向压力和弯矩。

（3）根据片麻岩呈松散到碎裂状结构的特点，按照格栅内支撑护坡法，进行了整体抗滑移稳定验算。

（4）有限元分析计算：首先选用国际上著名的 ANSYS 有限元分析软件，根据结构受力状况，将结构简化为水平的圆形结构，周围受围岩约束，地层压力水平方向垂直作用与结构上。计算采用荷载结构法，用有限元分析程序 ANSYS 进行分析，将同一断面模型分成 180 个梁单元，计算出不同部位的轴力。

采用 Plaxis 二维有限元进一步进行了支护结构强度及变形计算，结果支护结构最大水平变形＜50mm，最大垂直变形＜30mm。满足规范要求。

3.2.3 旋流沉淀池钢筋格栅喷射混凝土支护设计

（1）旋流井采用钢筋格栅加土钉锚杆喷射混凝土结构作为初期支护，二衬为模筑钢筋混凝土结构；

（2）旋流井施工前应先施做现浇钢筋混凝土 C25 锁口圈梁，待混凝土终凝后方可进行下一道工序的开挖，锁口圈梁施工前，在其下施工双排水泥注浆孔，直径 150mm，间距 1.0m，长 3m，注水灰比 0.5 的纯水泥浆，主要固化②层细砂层；

（3）锚喷护壁的施做由上至下进行，－6.0m 以上循环进尺 1.0m，－6.0～－16.5m 循环进尺 0.75m，－16.5m 以下循环进尺 1.0～1.2m，开挖后尽快架设格栅，喷射 C20 细石混凝土，厚 350mm，形成封闭结构；

（4）钢筋格栅断面尺寸 270mm×270mm，配 4ϕ25 主筋，格栅内加 ϕ14“Z”字形钢筋，外加 ϕ8 箍筋；每榀格栅间设 ϕ22@≤500mm 的钢筋拉杆，并加设 ϕ6.5@150mm×150mm 单层网片，钢筋网搭接长度不小于一个网孔，钢筋拉杆锚入圈梁 35d；

（5）开挖中应密切注意土体的稳定性，如发现异常，应及时采取有效措施，必要时采取土体加固措施以确保施工安全；土钉端部与钢格栅焊接，土钉直径 130mm，岩石钉直径 50mm，锚杆直径 150mm，采用无粘结压缩性锚杆。

（6）渣沟等大口径通道，为了加强洞口附近护壁，应加钢筋混凝土圈梁，洞口内先用 25b 工字钢将每一榀封闭成圈；然后喷射混凝土，待外衬施工完后切出洞口。

3.2.4 旋流沉淀池降水设计

（1）根据场地水文地质条件、旋流井深度、尺寸等，分析各种降水方法的有效性及施工经验，综合考虑采用管井降水。

（2）采用等代大井法计算基坑总的涌水量，采用潜水完整井公式计算。

（3）降水井井深 36m，孔径 ϕ600mm，一径到底，下入 ϕ400mm 内径水泥滤水管，地表 2m 以内安装水泥壁管，外填 ϕ3mm 圆形砾料至井口下 2m，以上用黏土封井。

（4）基坑总降水面积 956m^2，经计算总涌水量 1657m^3/d，单井涌水量 129.50m^3/d，设计井间距 7～9m，布设在基坑顶面外 1.6m 处，共设计降水井 14 口，安装 QX6(3)－45～1.50 干式下泵型单相潜水电泵，具有自动保护装置，地表埋设集水总管。

（5）基坑底部设置明沟排水：基坑底部外筒壁之内，在岩石中凿开 0.5×0.5m 断面环形排水沟，在基坑中部开挖 1 个直径 1.5m 排水井，环形排水沟与中心排水井通过 8 条放射状排水沟连通。排水沟用碎石回填，作为暗沟，中心排水井内放一个潜水泵抽水，最后埋入底板下，作为封底之用。

3.2.5 旋流沉淀池抗拔锚桩设计

(1) 由于旋流沉淀池基础埋深较大（−34.79m），平面尺寸较大（直径 31.70m），场地地下水位较高（−2.79m），根据结构设计要求，我们进行了旋流沉淀池基础底板的抗浮锚桩设计。考虑了基础埋深、地下水位标高、自重及外筒壁与土的摩阻力，计算出单位面积抗浮力 60kPa；再根据《建筑桩基技术规范》，按整体稳定和局部稳定 2 种工况下取最不利情况计算了单根锚桩抗拔力特征值 170kN 和处理面积 2.0m^2。

(2) 共设计抗拔锚桩 411 根，2135.7m，锚桩直径 110mm，长 5m，配 1ϕ28 主筋，长 6m，主筋伸入底板 1m，间距 1.2m，孔底压注 P.O 32.5MPa 纯水泥浆，水灰比 0.45，强度 M30。

3.3 旋流沉淀池冲渣沟隧道支护设计

3.3.1 旋流沉淀池冲渣沟支护方法选择

(1) 冲渣沟宽 3.63m，高 4.5m，底板埋深 −14.55～16.79m，由于冲渣沟宽度小，而埋深大，上部有重要道路和管线通过，若采用明挖法施工，将影响上部道路及管线的正常运行；而冲渣沟本身位于强风化片麻岩中，上覆第四系土层，经反复比较，认为采用浅埋暗挖隧道法支护，是最佳方案。

(2) 浅埋暗挖隧道法支护，开挖土方量小，采用边开挖边支护的方法，较好地发挥了土体和强风化片麻岩自身强度。发挥了拱形结构支撑稳定和变形小的特点。

(3) 浅埋暗挖隧道法支护可以承担部分永久荷载，因而它可以分担主体结构部分岩土压力。

(4) 地上道路和管线不受影响，保证了生产的正常进行。

3.3.2 旋流沉淀池冲渣沟隧道支护设计计算

(1) 由于支护结构处在强风化片麻岩内，呈散体到碎裂状结构，按照桩+内支撑支护体系建立计算模型。

(2) 用本公司自编软件，进行了隧道和竖井格栅内力和支撑杆件内力计算，采用理正软件进行了整体抗滑移稳定性验算。

3.3.3 旋流沉淀池冲渣沟隧道支护设计

(1) 采用圆拱直墙式钢筋格栅喷射混凝土支护体系，宽 4.43m，高 6.67m，长 78.30m，厚 350mm，强度 C20，格栅间距 500mm，隧道每榀格栅临坑侧配 3ϕ25 主筋，临土侧配 2ϕ25 主筋，全断面做成 7 段，圆拱部分做成 2 段，底部锁角部分格栅连通。

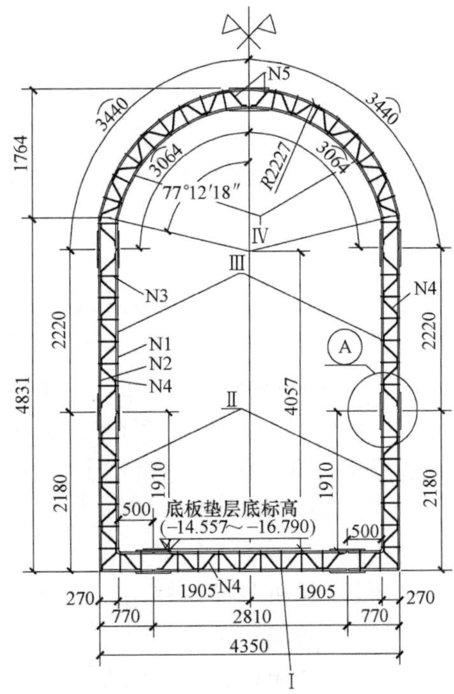

图 3-3 冲渣沟隧道设计断面图

(2) 竖井采用方形钢筋格栅喷射混凝土支护体系，边长 4.43m，深 16.84m，厚 350mm，强度 C20，格栅间距 500mm，每榀格栅内外通配 2 Φ 25 主筋，全断面做成 4 段，锁角部分格栅连通。顶部增加锁口圈梁，格栅其他做法同旋流井。

（3）设置超前小导管，在隧道拱顶部 150 度弧线范围均匀布置，间距 300mm，沿隧道轴向间距 1000mm，钻孔上倾角 7～10 度，直径 47mm，小导管长 3000mm，搭接长度 2000mm，有效长度 1000mm。预注改性水玻璃浆液加固土体，拱顶注浆加固厚度为 520mm。

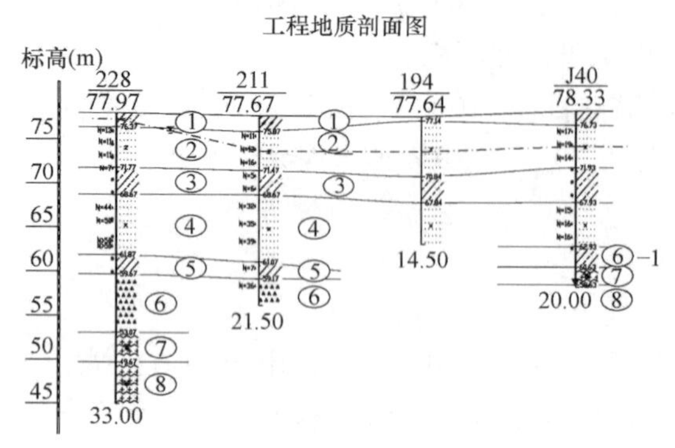

图 3-4　冲渣沟地质剖面图

（4）在侧壁垂直于隧道和竖井轴线布置系统锚杆，下倾角 5～10 度，纵横向间距 1000mm，长 3000mm，直径 50～130mm，下入 1ϕ25 钢筋，端部与格栅连接。

（5）在旋流井冲渣沟外围设置 18 眼降水管井，间距 10m，井径 600mm，井深 16.5～18.5m，离隧道外沿 4000mm 布置；隧道开挖后，还应根据需要设置明沟排水措施。

3.4　水处理区 CFG 桩复合地基设计

（1）拟建迁钢热轧项目水处理区由反洗水调节池及泵站、集中过滤站、联合泵站、旋流沉淀池龙门吊、浓缩池、平流沉淀池及泵站、加热炉事故水塔及污泥脱水间等 8 个建筑群组成，框架、排架结构，独立或块式、筏式基础，基础埋深－2.1～－7.7m，基底压力≥250kPa。

（2）地基主要持力层为第四系冲洪积粉质黏土、粉土及粉细砂、中砂层，第四系全新统湖沼相粉质黏土，第四系更新统残积碎石、粉质黏土层，太古界迁西群三屯营组黑云斜长角闪片麻岩，黏性土为软塑-可塑，砂土为稍密-中密，10m 以内土的地基承载力特征值为 120～150kPa，压缩模量 6～12MPa，地基承载力及变形不能满足上部结构荷载及变形要求。

（3）地基处理方法选择：根据拟建建筑物情况和场地地层情况，我公司对地基处理方法，进行了充分的研究。采用无论是预制桩，还是钢筋混凝土灌注桩，处理费用较高，施工周期长，对周围环境影响也大，不宜采用；而柔性桩处理地基提高复合地基承载力的能力有限，对变形控制较差，且要做大量的保护桩，施工费用高，工期长；最后确定采用长螺旋超流态 CFG 桩，它具有以下特点：

1）CFG 桩为半刚性桩，桩身强度较高，单桩承载力较大，因而提高复合地基承载力的幅度较大。

2）CFG 桩桩身模量较大，复合层的压缩模量大，因而容易控制地基的不均匀变形。

3）CFG 桩属于干法作业，施工速度快，质量好。

4）CFG 桩单桩处理面积大，单立方米造价较低，因而经济上最合理。

（4）复合地基承载力计算

由于本工程基岩埋深起伏较大（7～30m），场地内部分基岩面上，存在⑥层碎石层，长螺旋 CFG 桩很难穿过，有些地方存在稳定的中密～密实状态④层粉细砂，设计中根据地层变化，桩端持力层分别选④层粉细砂、⑥层碎石层或⑦层全风化片麻岩。而迁安地区片麻岩的最大特点，是随着风化程度的加深，强度呈明显的梯度降低，本地区片麻岩风化程度上部主要为全风化、强风化，即使是全风化，强度也存在差异。为了科学合理的确定CFG桩桩端极限承载力标准值，我们通过不同深度的岩基载荷实验，研究随着深度的变化，从全风化到强风化的岩石强度变化规律，从而确定了CFG桩桩端进入全风化岩2m深，极限端阻力标准值取4000kPa较合理。依据《建筑地基处理技术规范》JGJ 79—2002及本工程勘察报告，计算采用本公司所编电子表格，桩间土取0.85折减系数，桩的侧摩力按干作业法参数取值，进行了复合地基设计，确保了地基强度满足设计及规范要求。

（5）复合层压缩模量的确定及地基变形计算

本公司开展了刚性、半刚性桩复合地基变形问题的研究，获得了部优秀QC小组成果奖。根据该研究成果，面积比法复合层压缩模量计算，优于应力比法复合层压缩模量计算值，复合地基静载试验实测复合层压缩模量与面积比法复合层压缩模量计算值存在着很好的对应关系，即2/3值。

本设计根据本地区相同条件下压桩试验结果，取桩身压缩模量为1500～3000MPa，再取面积比法复合层压缩模量计算值的2/3，作为设计复合层压缩模量值，即Es≥60～100MPa。经计算地基最终沉降量小于50mm，与相邻柱基础沉降差小于0.002L。

（6）复合地基设计

1）采用长螺旋超流态CFG桩进行地基处理，桩径400mm，有效桩长5.0～16.0m，桩端进入⑥层碎石层≥0.5m，或进入④层粉细砂、⑦层全风化片麻岩≥2m。

单桩承载力特征值280～700kN/根，单桩处理面积1.4～3.9m^2，复合地基承载力特征值≥250kPa，复合层压缩模量≥60～100MPa。桩身强度C20，采用碎石、石屑（中砂）、粉煤灰、水泥（P.O 32.5MPa普硅水泥），碎石粒径20～40mm，坍落度180～220mm，强度通过试配确定。

采用长螺旋钻机成孔，用地泵通过长螺旋中心通道将超流态混凝土压入桩孔内，边灌注边提升钻具（正转），确保桩端无残留，桩身质量良好。桩头预留500mm的处理段，确保桩头质量。CFG桩均匀布置在基础底面下，由于桩间土无不良地质现象，所以基础以外不设保护桩。基础底面下铺设200mm厚级配碎石褥垫层，粒径≤30mm，夯填度≤0.90，褥垫层每边应大于基础底面宽度300mm以上。

2）对于相邻两个基础底面标高相差较大的，采用边桩或双排桩在CFG桩内反插钢筋笼，桩顶形成钢筋混凝土连梁或双排桩连梁，桩间挂网喷射混凝土，CFG桩兼顾护坡桩的性能，即达到了复合地基承载力满足设计要求，又保证了坡体稳定，起到了事半功倍的效果。

4. 技术难点与创新

4.1 主厂房及附属设施勘察

由于场地地层起伏大，地下水位高，详勘中根据土层特点，合理地选择钻探设备，特别是进入基岩后采用双管单动金刚石钻具，以保证岩芯的完整性，进而确定RQD及采取岩样进行试验。为准确地评价场地及地基土的物理力学性质，采用地微震试验、波速试验、旁压试验等原位测试等方法，特别是为较准确合理地评价砂类土和全风化基岩，采用了旁压试验方法。对所取的原状土样进行物理性质、常规压缩、快剪和三轴剪切、渗透等试验，对所取岩样进行了天然和饱和单轴抗压强度试验及密度、吸水率、总开孔隙率等项试验，查明了地基土的分布情况及物理力学性质，根据建（构）筑物基础埋深和荷载情况，分别提出了天然地基、CFG 桩复合地基、桩基等形式及护坡降水方法，较好的满足了工程需要。

4.2 热轧主厂房基坑护坡

基坑护坡采用本公司科研成果，已获得国家发明专利的《短土钉连续墙基坑支护方法》，采用开挖和支护分层分段平行作业，利用土钉墙技术，布设列距、排距密布的短土钉及挂网喷射混凝土面墙，形成短土钉连续墙，根据工程需要设置长土钉、预应力锚杆、内支撑等，达到护坡目的。控制基坑变形效果好，减少施工过程开挖分步，综合经济效益显著。

本方法是一种全新的力学计算模型。它只是利用土钉墙技术，通过设置面墙、挂网喷射混凝土及短土钉，与土体共同形成一种短土钉连续墙复合体，它不是一种重力式结构，而作用类似于钢筋混凝土连续墙或排桩，它具有较强的抗剪与抗弯能力，能够抵抗较大的主动土压力作用，它与钢筋混凝土连续墙或排桩（悬臂桩除外）一样，须与锚杆或长土钉共同作用，才能控制基坑变形，达到护坡目的。因而它与常规的土钉墙护坡技术有着本质的区别，较常规土钉护坡方法可以节约 20%以上的费用。

4.3 旋流沉淀池基坑护坡

旋流沉淀池直径 31.7m，深 34.85m，地面下 15m 以内为第四纪砂及黏性土层，以下为全～中等风化黑云斜长角闪片麻岩，地下水位埋深 1～2m。传统的沉井施工法、地下连续墙或桩＋内支撑方法，由于基岩较多，施工时间长，费用高，难度大，可行性低，经过综合对比分析研究，确定采用钢筋格栅喷射混凝土方法支护，充分利用圆形结构的受力特点，最大限度的发挥钢筋混凝土的抗压强度，提高了基坑支护的安全度；节约了钢筋混凝土用量，降低了工程造价。设计中按照圆形结构径向压力与轴向压力关系，计算出每榀格栅轴向压力和弯矩，选用国际上著名的 ANSYS 有限元分析软件，将同一断面模型分成 180 个梁单元，计算出不同部位的轴力，采用 Plaxis 二维有限元进行了支护结构强度及变形验算。较好的解决了该技术难题。

4.4 旋流沉淀池冲渣沟护坡

冲渣沟宽 3.63m，高 4.5m，底板埋深－14.55～16.79m，由于冲渣沟宽度小，而埋深大，上部有重要道路和管线通过，若采用明挖法施工，将影响上部道路及管线的正常运行；而冲渣沟本身位于强风化片麻岩中，上覆第四系土层，经反复比较，认为采用浅埋暗挖隧道法支护，既发挥了拱形结构支撑稳定和变形小的特点，又可以承担部分永久荷载，是最佳方案。

4.5 主厂房、旋流沉淀池及冲渣沟基坑降水

该场地水文地质条件复杂，地层岩性复杂，地下水补给来源复杂。从岩土工程勘察报告看，基坑西部上层为全风化至强风化片麻岩，下层为中风化至微风化片麻岩；中部上层为粉质黏土和粉土互层，下层为全风化至中风化片麻岩；东部为粉细砂层、粉质黏土、粉土及中细砂层互层。由于地层中存在粉质黏土隔水层，要在短时间内，疏干层间水难度很大。

现场试验中采用对井抽水试验法、区域群井抽水试验法等国内领先的施工、试验方法；在成井工艺上采用破壁器破壁、动水填砾法、水泵空压机联合洗井法等工艺方法；按现场试验所取得场地的水文地质参数，对原设计方案不断优化，保证了降水设计和施工质量的可靠性；为解决层间水对土方开挖的影响，在管井施工中，采用全孔填砾，越层渗漏及边坡密排泄水孔等方法，成功的解决了层间水问题。按时将水位降至设计要求，在迁安地区首次实现超大型基坑基底干作业条件。降水运行期间还将降水抽取的地下水回收约 15 万 m^3，作为生产用水。由此节约了资金，产生了良好的环境效益。

旋流沉淀池基坑底部设置明沟排水，基坑底部外筒壁之内，在岩石中凿开 0.5×0.5m 断面环形排水沟，在基坑中部开挖 1 个直径 1.5m 排水井，环形排水沟与中心排水井通过 8 条放射状排水沟连通。排水沟用碎石回填，作为暗沟，中心排水井内放一个潜水泵抽水，最后埋入底板下，作为封底之用，成功的解决了超深基坑基岩降水问题。

4.6 水处理区 CFG 桩及抗拔桩地基

拟建迁钢热轧项目水处理区集中过滤站等建筑物，基底压力大，而天然地基承载力低，设计中我们对预制桩、钢筋混凝土灌注桩及柔性桩、刚性半刚性桩等地基处理方法，进行了综合对比研究，开展了不同深度的岩基载荷实验；刚性、半刚性桩复合地基变形问题等课题研究，确定采用长螺旋超流态 CFG 桩，它提高复合地基承载力的幅度较大，复合层的压缩模量大，容易控制地基的不均匀变形，施工速度快，质量好，单方造价较低，因而经济上最合理。层流池抗浮桩及水处理区高低差基础护坡采用超流态 CFG 桩反插钢筋笼施工工艺，即达到了复合地基承载力满足设计要求，又保证了坡体稳定，起到了事半功倍的效果。

5. 工程实施与效果

5.1 工程施工难点说明

主厂房基坑护坡土钉采用人工洛阳铲成孔，成孔过程中注意控制倾角及孔径；对于落在全风化～强风化岩石中的土钉，采用螺旋锚杆钻机成孔，而对于部分软土或流砂，土钉成孔困难时，采用击入钢花管替代土钉；为了确保土钉杆体居中，支架高度需要大于 1/2 孔径；土钉采用纯水泥浆，浆液搅拌严格按配比进行，用注浆管从孔底注浆，边注边外拉浆管，直至浆液溢出孔口后停止注浆。注浆后 4h 内再补浆 1～2 次。面墙钢筋网片采用现场绑轧，面墙加强筋与土钉端部弯钩采用焊接连接，对于砂层部位易坍塌处，采用分 2 次喷射混凝土面层。对于局部面墙存在空鼓处，采用后压水泥浆加固。

旋流沉淀池及冲渣沟隧道基坑护坡，采用钢筋格栅喷射混凝土作为支撑主体，对于格栅本身，为了提高稳定性，内部采用“Z”字形钢筋，通过内外钢筋及混凝土的共同作用，弥补了喷射混凝土强度较低，结构稍松的不足；钢筋格栅在地面分段加工完成后进行试拼装，精度满足要求后，调入基坑内安装；采用土钉墙、钢筋混凝土格栅联合支护体系作用，最大限度的发挥土体强度，减少格栅的配筋和厚度，提高支护体系安全度；对于冲渣沟开口部位，格栅受力不平衡，采取增加一排预应力锚杆来弥补；冲渣沟隧道拱顶部 150 度弧线范围均匀设置超前小导管，在侧壁垂直于隧道和竖井轴线布置系统锚杆，在隧道格栅底部设置锁角锚杆，锚杆成孔土层或强风化岩石采用螺旋钻机钻进，中等～微风化岩石采用风钻及气动潜孔锤钻进，锚杆采用二次注浆工艺，注纯水泥浆及改性水玻璃浆液；在格栅外设置微型钢管桩，解决了垂直开挖砂土坍塌问题，提高了格栅安装质量，以利于排水，钢管桩采用冲击钻进成孔，钢套管护壁，成孔后下入钢管，注浆从孔底开始，孔口反出，确保注浆质量。土方开挖采用塔吊提升，强-中等风化岩采用破碎炮破碎，微风化岩石采用光面爆破技术。

降水井、观测孔施工采用冲击型水井钻机，水压法钻进成孔，然后下入过滤器、井壁管并围填砾料、洗孔、封填黏土成井。采用动水填砾法、水泵空压机联合洗井法等工艺，确保降水井质量。

水处理区 CFG 桩采用长螺旋钻机成孔，用地泵通过长螺旋中心通道将超流态混凝土压入桩孔内，边灌注边提升钻具（正转），确保桩端无残留，桩身质量良好。现场建立超流态混凝土强制搅拌站，采用电子计量器具，确保计量准确，开工前进行现场混凝土开盘鉴定，施工中严格按混凝土配合比通知单下料，每灌搅拌时间不少于 3min。抗拔桩及高低差护坡桩施工，采用超流态反插钢筋笼技术，混凝土灌注完成后，尽快下入钢筋笼，钢筋笼下端 500mm 加工成 60°收口状，钢筋笼中心放入一根 ϕ219 钢管，用振动沉管机振压钢管传至钢筋笼底部，确保钢筋笼沉入设计位置。为保证居中，钢筋笼外侧应加混凝土保护块。旋流沉淀池抗拔锚桩，由于基岩表面较破碎，采用金刚石钻头，回转钻进，孔底泵压纯水泥浆的方法实现成桩。

5.2 信息法施工技术的应用

由于本工程规模大、基坑开挖深度大，护坡周期长，与本工程同期建设的相邻建筑物较多，因此从一开始我公司就加强了信息法技术在本工程中的应用。对护坡工程首先根据开挖后地层岩性的变化，调整土钉、锚杆的长度，进行了基坑水平、垂直位移观测，对土钉、锚杆进行了基本试验、验收试验和应力监测，对钢筋格栅进行了应力监测，对 CFG 桩复合地基处理和周边建筑、道路进行了变形监测。在降水施工中，采用现场对井抽水试验法、区域群井抽水试验法进行了现场抽水试验，根据试验结果，进一步修正完善设计方案，对抽排地下水的含砂量进行了监测，对井内地下水动水位和排水量情况进行了监测。通过对监测反馈信息的分析，及时采取合理的处理措施，确保了工程质量，节约了投资。

5.3 施工投入设备说明

该工程子项目繁多，工艺复杂，工期要求紧，公司调配了优良的施工机具设备，并在现场成立设备维修保养组，以确保设备具有良好的连续生产作业的能力，其投入的主要设备见下表：

工程施工设备一览表 **表 5-1**

序号	设备名称	型号或规格	单位	数量	备注
1	钻机	DDP-100	台	10	主厂房等详勘
2	钻机	CZ-22	台	12	降水井施工
3	锚杆钻机	螺旋、潜孔锤、风钻、金刚石钻进	台	10	主厂房、旋流池、隧道锚杆及锚桩
4	钻机	KLB-630 型长螺旋/SH30 型	台	6/2	CFG 桩、抗拔桩施工/钢管桩
5	沉管机	75kW　　90kW	台	3	CFG 桩、抗拔桩反插钢筋笼施工
6	潜水泵	QX3-24-0.75	台	200	抽排水
7	发电机	120kW、200kW	台	3	备用电源

续表

序号	设备名称	型号或规格	单位	数量	备注
8	洛阳铲	直径 130mm	把	100	土钉护坡
9	电焊机	30kW	台	4	钢筋加工
10	弯曲机/切割机	40mm/GQ40	台	4	钢筋加工
11	混凝土喷射机/空压机	PZ-5A/17m^3	台	4	主厂房、旋流池、隧道护坡
12	注浆泵/搅浆筒	BMY6	台	4	主厂房、旋流池、隧道护坡
13	挖掘机	0.8m^3	台	2	旋流池土方开挖
14	塔吊/吊车	H3/36B/16T	台	1/2	旋流池土方提升/材料设备移位
15	破碎炮/运输车	太拖拉	辆	1/30	岩石破碎/土方运输

5.4 工程质量检测及监测

工程质量检测、监测一览表　　表 5-2

项目	混凝土强度检测	完整性检测	承载力检测	变形监测
护坡工程	混凝土试块 38 组，纯水泥浆试块 15 组，抗压强度满足要求		3 根预应力锚杆基本试验，3 根预应力锚杆验收试验，50 根预应力锚杆张拉锁定，土钉基本试验 6 根，验收试验 60 根，满足要求	2005 年 4 月 27 日～8 月 30 日共进行了 17 次水平位移观测，主厂房监测结果：范围值 10～20mm，平均值 15.9mm；旋流沉淀池监测结果：范围值 3545mm，平均值 40.3mm；冲渣沟监测结果：拱顶下沉范围值 5.7～7.2mm，平均值 6.7mm，拱脚收敛位移范围值 4.389～4.395m，平均值 4.393m；满足基坑变形要求
CFG 桩工程	90 组混凝土试块，做抗压强度试验，合格率 100%	抽检 726 根桩，结果Ⅰ、Ⅱ（个别为Ⅱ类）类桩 100%，桩身质量良好	40 组单桩复合地基静载荷试验，结果复合地基承载力特征值≥250kPa	2006 年 4 月 23 日～2007 年 11 月 27 日，沉降监测历时 19 个月 12 次，结果平均沉降量－4.89～＋0.35 mm，沉降差 0.89～4.75mm，倾斜值＜0.0002。满足规范要求
抗拔桩及抗拔锚桩	37 组混凝土试块，4 组纯水泥浆试块做抗压强度试验，合格率 100%	抗拔桩抽检 181 根桩，锚桩抽检 83 根，结果Ⅰ、Ⅱ类桩 100%	抗拔桩做 8 根单桩静载试验，抗拔承载力特征值 450kN，抗拔锚桩做 21 根试验，结果抗拔承载力特征值 170kN，满足要求	2006 年 7 月～2007 年 11 月，历时 16 个月，结果沉降量－2.95～＋0.66mm，沉降差 3.61mm，倾斜值＜0.0002。满足规范要求

5.5 工程经济效益及水平

本工程主厂房护坡采用我公司科研成果，已获得国家发明专利的《短土钉连续墙基坑支护方法》；旋流沉淀池及冲渣沟隧道支护采用钢筋格栅喷射混凝土方法，充分利用圆形结构的受力特点，最大限度的发挥钢筋混凝土的抗压强度，提高了基坑支护的安全度；节约了钢筋混凝土用量，降低了工程造价。

管井降水采用的多种施工工艺方法、试验及信息化动态反馈设计方案，技术上达到了国内领先水平。

地基处理采用长螺旋超流态 CFG 桩，并对基岩端阻力及复合层压缩模量进行了深入的研究；对层流池抗浮桩及水处理区高低差基础护坡采用CFG桩反插钢筋笼工艺，较好的解决了该技术问题，降低了工程造价。技术、质量和效益达到国内同类工程的领先水平。

本工程施工给我公司带来合同收益2196.68万元，给业主预算投资节约1250万元，同时本工程采用了多项新技术、新方法具有广泛的推广应用价值，潜在的经济、社会效益巨大。

6. 获奖单位简介

6.1 中勘冶金勘察设计研究院有限责任公司

中勘冶金勘察设计研究院有限责任公司，原名冶金工业部勘察研究总院，一九五四年创建于北京，一九七二年迁至河北保定，2005年底整体改制完成。

中勘公司是我国较早组建的一支大型综合性勘察、科研和地基与基础工程设计、施工的专业化队伍。是全国工程勘察先进单位和全国勘察设计百强单位之一。现有职工488人，其中国家级勘察大师2人，教授级高级工程师11人，高级工程师82人，工程师108人，各行业国家级注册师27人，一级项目负责人32人（含一级建造师），二级项目负责人18人（含二级建造师）。

中勘公司具有如下资质：

1 住建部颁发的工程勘察综合类甲级资质证书；

2 住建部颁发的地基与基础工程专业承包壹级资质证书；

3 国家测绘局颁发的测绘甲级资质证书；

4 国土及资源部颁发的地质灾害治理工程勘查甲级单位证书；

5 国土及资源部颁发的地质灾害治理工程设计甲级单位证书；

6 国土及资源部颁发的地质灾害治理工程甲级施工单位证书；

7 国土及资源部颁发的地质灾害治理工程评估单位证书；

8 环境评价乙级资质证书；

9 工程检测施工甲级证书；

10 公司在1979年创办有国内外公开发行刊物《勘察科学技术》。

我公司具有雄厚的技术力量，建立了完整的质量保证体系，拥有国内一流的多种勘察专业设备。拥有一支理论水平高、技术力量雄厚、实践经验丰富、专业设备配套齐全的专业化队伍，在国际上曾与英、美、法、日、加拿大等国进行过广泛的学术交流与技术合作。50多年来，我公司先后完成了全国十几个大中型钢铁企业的工程勘察与岩土施工；承担了数千项石油、化工、冶金、煤炭、交通、水利电力及港口等工业与民用建筑的勘察、设计、检测及岩土工程施工。

我公司具有完善的质量保证体系，在岩土工程勘察、设计、施工行业率先通过ISO 9001：2000系列标准认证，及职业健康安全管理体系GB/T 28001—2001标准认证和环境管理体系GB/T 24001—2004 ISO 9001：2000标准认证。技术作风严谨，工程质量可靠，先后获得国家或省部级科技进步奖、优秀勘察工程奖、施工工程鲁班奖等大奖近百余项。

“质量第一，信誉至上”是我公司一贯的经营思想，“为用户着想，对工程负责”是我公司的服务宗旨，我公司愿以优异的工程质量、快速的施工效率、合理的收费价格，竭诚为所有建设单位服务。

6.2 北京爱地地质勘察基础工程公司

北京爱地地质勘察基础工程公司成立于 1984 年 12 月，单位从业人员总数 116 人，单位性质全民所有制，企业主管部门首钢地质勘查院，单位资质等级工程勘察综类合甲级、地基与基础工程专业承包一级企业，测量甲级资质，单位具有国家注册岩土工程师 8 人，国家一级注册建造师 14 人，国家二级注册建造师 17 人，教授级高级工程师 8 人，高级工程师 14 人，中级职称技术人员 29 人，享受国务院特贴专家 1 人，全国冶金建设高级专家 4 人，多年来企业在岩土工程勘察、设计、施工及地质灾害治理领域，特别是大型钢铁企业建设中做出了积极贡献，年产值达 1 亿元以上。

本公司自成立以来共获得冶金行业部级优秀工程勘察设计及岩土施工奖 52 项，其中一等奖 19 项，二等奖 20 项，三等奖 13 项；获全国优秀工程勘察设计行业奖 3 项，其中一、二、三等奖各 1 项；获得国家优质工程银质奖 1 项；获得部市级优秀 QC 小组质量管理成果奖 6 项，其中一等奖 2 项，二等奖 4 项；参编行业及国家规范 3 项；获得首钢集团及部市级科学技术成果奖 10 项，其中一等奖 2 项，二等奖 4 项，三等奖 4 项。

短土钉连续墙基坑支护方法，2003 年获得国家发明专利；并在 100 多项工程中得到了成功应用；取得了良好的经济和社会效益；首钢京唐曹妃甸钢铁基地地下地理信息系统，2009 年获得大型钢铁基地地下地理信息系统 V1.0 计算机软件著作权，在首钢京唐公司建设和生产管理中发挥重要的作用，取得良好效益。

【项目特色提要】 本项目是岩土工程一体化的典型案例，从勘察、设计、施工及检测监测，项目涉及内容丰富，有隧道、基坑、地基处理、降水，充分体现出岩土工程综合技术优势。其中旋流沉淀池基坑开挖深度 34.85m，直径 31.7m，浅部土层厚度 15m，岩土工程设计采用分层开挖、分层土钉超前支护后，以钢筋格栅喷射混凝土形成环梁，充分利用圆形结构的受力特点，最大限度发挥了钢筋混凝土的抗压强度，避免了大量围护结构和支撑，节约了钢筋混凝土用量，降低了工程造价。该项目中的主厂房基坑面积巨大，开挖深度 7～13m，岩土工程治理选用土钉墙技术，通过设置面墙、挂网喷射混凝土及短土钉，与土体共同形成短土钉连续的墙复合体，与锚杆或长土钉共同作用，是一种新型、有效、造价低廉的支护方法。

广西信发铝电有限公司
靖西厂址岩土工程勘察与治理工程

河北建设勘察研究院有限公司　王英辉　贾向新

【项目摘要】

项目位于广西靖西县境内，为云贵高原向桂西南岩溶中低山过渡的斜坡地段，属典型岩溶地貌单元。项目采用工程地质测绘、综合物探技术、钻探井探、多种原位测试相结合的方法，准确地查明了厂区工程地质条件和水文地质条件、不良地质现象。通过对该地区红黏土的专项研究，研究了红黏土及其强夯后的力学与变形特征、水稳定性影响，以及强夯法加固红黏土的机理、工艺控制等。在岩土工程勘察和红黏土专项研究的基础上，提出了不同建（构）筑物合理的地基基础方案。项目采用的勘察手段、研究成果和分析方法，对该类地区岩土工程勘察与治理具有较好的参考意义。

该项目获 2008 年度全国优秀工程勘察设计银奖，河北省优秀工程勘察设计一等奖。

工程建成时间 2007 年 12 月。

1. 工程概况

工程名称：广西信发铝电有限公司靖西厂址岩土工程勘察与治理工程

工程起止时间：2007 年 1 月 20 日至 2007 年 3 月 17 日

1.1 工程简介

拟建广西信发铝电有限公司靖西厂址，位于广西壮族自治区靖西县境内，占地面积 2700 亩。建（构）筑物按功能分为 6×15.5MW 自备发电厂、年产 30 万吨电解铝厂、年产 240 万吨氧化铝粉厂、年产 60 万吨碳素厂以及煤气站等其他配套工程。

图 1-1　项目厂区一角

建（构）筑物结构类型包括框架结构、钢结构、筒体结构、排架结构，基础类型包括独立基础、条形基础、承台＋桩基础和桩筏基础，地基形式包括天然地基、人工地基等。电厂、电解铝主厂房以及氧化铝厂的种分等对地基沉降要求严格，对差异沉降敏感。

1.2 主要岩土工程问题

场地属岩溶地貌单元，第四系覆盖层为红黏土。需要针对红黏土地区岩溶的发育特点，以及建（构）筑物的基础和结构形式，提出技术可行、经济合理的地基处理方法。项目的主要岩土工程问题为：

（1）项目工程规模大，建（构）筑物结构形式多样、地基基础类型复杂，建筑物对沉降要求严格，需根据不同地段的岩土工程条件、地基基础形式和结构要求确定合理的地基基础方案建议。

（2）项目位于岩溶地貌单元，表层为红黏土，场地地质条件复杂。需采用科学、合理、经济的勘察手段与方法，查明厂区岩土工程条件，查明岩溶发育状况和完整基岩埋深情况。

（3）项目区第四系覆盖层为红黏土，红黏土的工程性质特殊，且具有区域特征，需通过勘察试验了解本地区红黏土的工程特性，为红黏土的利用和治理提供理论依据和指导。

（4）项目区最大起伏近 40m，场平时存在大量挖填方地段，地基极不均匀。应针对场区红黏土的工程特性，提出可行、经济的红黏土、回填红黏土治理方法。

（5）项目区内有多个重大建（构）筑物可能采用桩基础，而项目位于岩溶地貌单元，应对桩端岩溶发育情况提出科学、简易的判别方法指导基桩施工，保证桩端下一定范围内基岩完整。

1.3 主要工作量和方法

（1）岩土工程勘察

详勘阶段：先通过工程地质测绘和调查，初步查明勘察场区地形地貌、地质构造、地层岩性等。然后通过钻探、物探、原位测试、土工试验等手段，详细查明场区各类岩土工程问题，提供工程所需的各类岩土技术参数，根据具体工程地质条件和拟建（构）建筑物情况，提出合理的地基基础方案。为验证基桩设计参数，还进行了基桩静载荷试验。

施工勘察阶段：对采用桩基础的重大建（构）筑物，采用超前钻探、浅层地震反射波法，查明桩端 3 倍桩径范围内岩溶发育情况。采用浅层地震反射波法完成 6523 根人工挖孔桩桩底检测；采用超前钻探方法对 242 根冲击成孔灌注桩桩端岩溶发育情况进行了判别。

本次综合勘察完成的实际工作量详见 1-1 表。

工作量统计表 **表 1-1**

序号	工作内容			工作量
1	1∶2000 工程地质测绘调查			2.85km^2
2	对称四极电测深勘探			50 条测线(647 个测点)
3	面波勘探			24 条测线(213 测点,长 9664m)
4	地质雷达勘探			25 条测线(长 13275m)
5	自然电位勘探			32 个剖面(1832 点)
6	探井			3 个(约 48m^3)
7	测放勘探点			914 个
8	钻探	钻探总进尺/总孔数；		15629.7m/914 孔
9	取样及室内试验	原状土样	常规试验	768 件
			固结试验 400～800kPa	689 件
			剪切试验(UU、直剪)	434 件

续表

<table>
<tr><th>序号</th><th colspan="3">工作内容</th><th>工作量</th></tr>
<tr><td rowspan="7">9</td><td rowspan="4">取样及室内试验</td><td rowspan="2">原状土样</td><td>胀缩性试验</td><td>102 件</td></tr>
<tr><td>土的腐蚀性试验</td><td>3 件</td></tr>
<tr><td>岩样</td><td>饱和抗压强度</td><td>36 件</td></tr>
<tr><td>水样</td><td>简分析</td><td>4 组</td></tr>
<tr><td rowspan="3">原位测试</td><td colspan="2">标准贯入试验</td><td>906 次</td></tr>
<tr><td colspan="2">重型圆锥动力触探试验</td><td>12 次</td></tr>
<tr><td colspan="2">波速测试试验</td><td>25 孔</td></tr>
<tr><td>10</td><td colspan="3">拍摄照片/水位监测孔</td><td>616 张/16 个</td></tr>
</table>

（2）红黏土工程特性研究

通过室内土工试验和理论分析，研究红黏土、回填红黏土在静力及动力荷载作用下的力学和变形特性。研究强夯法加固红黏土地基机理、可行性和适用范围，扰动效应对红黏土工程特性的影响，并给出施工工艺和施工控制标准。

通过探坑共取得 50 件原状红黏土土样，进行单轴固结试验、三轴剪切试验、浸水固结试验、击实特性试验、无侧限抗压强度试验、三轴冲击荷载试验等。

（3）岩土工程治理与检测

利用强夯法处理红黏土及回填红黏土地基 $100875m^2$。施工完成后，采用平板载荷试验与标准贯入试验对处理效果进行了检验。完成平板载荷试验 15 个，标准贯入试验孔 23 个。施工人工挖孔灌注桩和冲击成孔灌注桩 6700 根，并检测桩端岩溶情况。

2. 场地岩土工程条件

2.1 地质构造及地形地貌

项目位于广西壮族自治区靖西县境内，该区为云贵高原向桂西南岩溶中低山过渡的斜坡地段，以高原山地地形地貌为主要特征，山高谷深，地形陡峭，属典型的岩溶地貌单元。

区域构造上，场区位于华南准地台右江褶断区南部越北隆起北缘褶断束内，渠洋断裂和武平断裂之间，经历印支、燕山运动，褶皱和断裂发育，构造线主要呈北西向。场区东南和东北侧发育有北东向和北西向断层。

项目区内峰顶高程一般为 850～980m，谷地、洼地高程一般为 785～825m，整体为西南高、东北低，地面最大起伏近 40m。原始地貌以荒地、松林、耕地为主。地表以第四系红黏土为主，偶见基岩露头。峰林基岩裸露，发育有植被，坡体陡峭，多见悬崖，山体斜坡及陡壁分布有溶洞及溶蚀裂隙。

2.2 地层结构及工程特性

勘察场区上覆地层为第四系原生红黏土，下伏基岩为石炭系石灰岩。根据现场钻探及室内土工试验资料，场地地层按岩性及物理力学性质自上而下分 5 层。

2.3 地下水

勘察时在第四系红黏土中未见孔隙水。地下水主要赋存于基岩溶蚀裂隙和溶洞中，多以垂直渗流和水平循环运动，水量随季节变化。岩溶水位高程 760.90～765.38m，处于基岩面下 5～10m 范围内，水位变幅为 1.8～2.4m。区域年均降水量近 1700mm，是地下水的主要补给来源，水位最大变幅为 4.0m。

地层简述表　　表 2-1

地层编号	地层名称	地层描述	地基承载力特征值 f_{ak}(kPa)	压缩性指标 Es(MPa)	标贯测试	含水比 a_w
(1)	红黏土	褐黄～棕红色，硬塑～坚硬，韧性及干强度高，表层多为耕土。偶见角砾及碎石，分布不均。中压缩性	220	6.8～18.8	8～14	0.56
(2)	红黏土	褐黄～褐红色，可塑，韧性及干强度高，偶见角砾及碎石，分布不均。中压缩性	150	4.7～10.2	4～11.5	0.66
(3)	红黏土	褐黄～褐红色，软塑，韧性及干强度高，分布不均局部缺失。高压缩性	140	3.5～5.2	2.0～7.0	0.85
(4)	碎石	杂色，粒径 2～6cm，含量 50%～60%，中密，黏土充填，仅局部分布	180	15.0	—	—
(5)	石灰岩	碳系白云质灰岩，白灰～灰色，微～中风化，节理裂隙较发育，岩芯较完整，坚硬岩	饱和单轴抗压强度 28.3～119MPa 平均值为 67.9MPa			—

3. 岩土工程问题及评价

3.1 红黏土工程特征

（1）上硬下软现象

勘察场区红黏土地表多呈坚硬、硬塑状态，向下逐渐变为可塑、软塑状态。硬塑、坚硬的红黏土从 0.8～26.0m 不等，一般占统计土层总厚度的 65%～75%左右；可塑红黏土一般占统计土层总厚度的 10%～25%不等；软塑红黏土一般占统计土层总厚度的 0～10%。

（2）胀缩性

勘察场区的红黏土为碳酸盐岩风化形成的残坡积红黏土，按成因类型分类属广西膨胀土的 B 类，其中以黄为基色的黏土为主（B2 亚类），夹以红为基色的红黏土（B1 亚类）。按红黏土的复浸水特征分类，场区红黏土类别有Ⅰ类、Ⅱ类。场区红黏土为弱膨胀趋势膨胀土，膨胀土胀缩性等级为中等，膨胀土地基胀缩等级为Ⅱ级，地基土胀缩变形量为 20～80mm。

（3）裂隙性

裂隙发育是红黏土的特性。勘察场区表层均覆盖 0.8～26.0m 薄厚不等的硬塑、坚硬的红黏土，该层土失水后含水率低于缩限，土中开始出现龟裂，近地表处呈竖向开口状，向深处渐弱，呈网状闭合微里裂隙。

（4）动力荷载作用下红黏土特性

通过研究红黏土在强夯动力荷载作用下的力学性质和变形机理，加固红黏土地基机理及扰动对红黏土特性的影响，发现本区域红黏土具有以下特性：①红黏土的初始含水率对地基密实度的影响非常大，强夯法加固红黏土应使其含水率保持合适的范围；②强夯加固后的地基有较强的抵抗变形能力，浸水对沉降影响不大；③在强夯作用下，夯击次数对加固深层土体的效果明显，而对浅层则不太明显。

3.2 基岩岩溶分布特征

据物探及钻探结果，在基岩面一定深度范围内岩芯较破碎，且石芽、溶沟、溶蚀裂隙、溶洞较为发育。溶洞的形态复杂多变，充填及半充填，规模大小不一，高度从 0.2～5.4m 不等。基岩顶部覆盖有 0.8～40.8m 厚度不等、隔水良好的红黏土，隔断了地表水的垂直下渗，未发现土洞及地表塌陷现象。根据物探和钻探解释成果，分区绘制了风化灰岩岩溶破碎区域划分图。

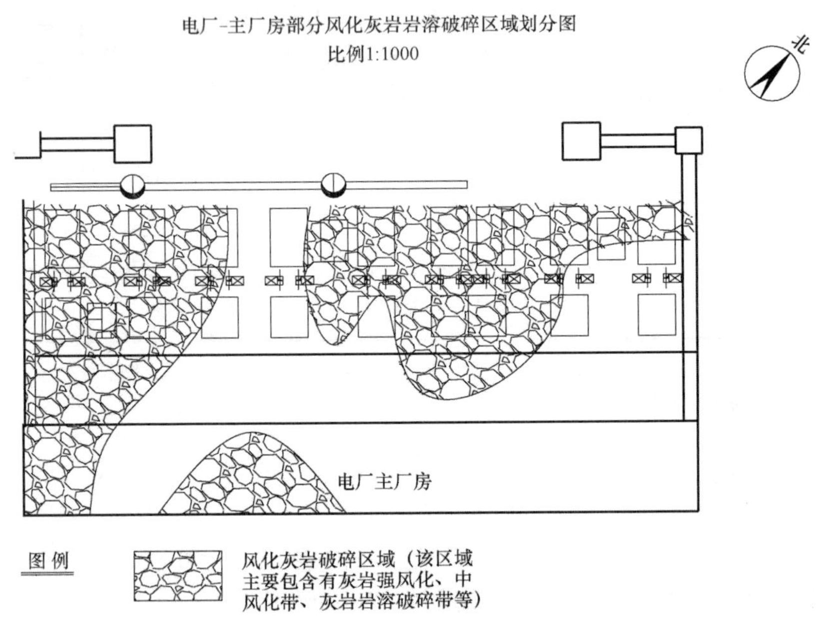

图 3-1 主厂房风化灰岩岩溶破碎区域划分图

场区岩溶作用控制因素较多，场地内岩溶发育具有不均一性和复杂性的特点。钻探遇见溶洞 53 个，遇见率为 5.8%。溶洞大多以褐色～黄褐色的软塑～可塑状黏土充填为主，偶含碎石、砾石。无充填或半充填溶洞有 9 个，占总溶洞数 17%。

3.3 场区基岩特性描述

经对物探、钻探资料分析，结合基岩风化程度、岩芯采取率及揭露特点，将石灰岩划分三个层，分述如下：

⑤层石灰岩：白灰～灰色，微～中风化，节理裂隙较发育，岩石一般较完整，岩芯多呈柱状，岩芯采取率 80%以上，属坚硬岩，岩体基本质量分级属Ⅱ级。分布稳定、连续，起伏较大，局部埋深较深。岩溶一般发育，溶洞遇见率占 3.7%。岩石饱和单轴抗压强度高。

⑤$_1$层石灰岩：白灰～灰色，中～强风化，节理裂隙发育，岩石破碎，且岩芯多呈块状，岩芯采取率20%～40%，岩体基本质量分级属Ⅳ级。石灰岩中局部有溶洞，一般以红黏土充填或半充填，局部含碎石及角砾石。⑤$_1$层石灰岩在勘察场区内普遍分布，不连续，空间厚度变化较大。该层石灰岩是岩溶发育的主要层位，溶洞遇见率占90.6%。桩基施工时该层是重点关注岩层，准确、有效地查明该层岩溶情况是工程进展的关键环节。

⑤$_2$层石灰岩：灰白色，强～全风化，一般呈粉末或颗粒状，岩芯采取率10%～20%，岩体基本质量分级属Ⅳ级。该层厚度不大，岩溶一般发育，溶洞遇见率占5.7%，考虑到该层石灰岩的风化程度及所处位置等特点，不宜选取该层作桩端持力层。

3.4 地基基础方案分析及建议

(1) 地基基础方案建议

根据勘察资料，结合建（构）筑物具体情况并参照同类工程实践经验，勘察场区各分区地基基础方案选取及应注意事项见表3-1。

勘察场区地基基础方案一览表 **表3-1**

<table>
<tr><th>所属分区</th><th>主要建(构)筑物</th><th>基底标高(m)</th><th>基底岩层</th><th>建议地基基础方案</th><th>注意事项</th></tr>
<tr><td rowspan="2">煤气站</td><td>煤气站车间</td><td>788.30</td><td rowspan="2">①层红黏土、①$_1$层素填土</td><td>人工挖孔桩或钻孔灌注混凝土嵌岩桩</td><td>需对每根桩桩底基岩情况进行检测</td></tr>
<tr><td>辅助建筑物</td><td>788.30</td><td>天然地基，局部地段需处理</td><td>局部采用强夯法或换填处理</td></tr>
<tr><td rowspan="7">电厂</td><td>主厂房</td><td>786.00</td><td>①层红黏土</td><td rowspan="3">人工挖孔桩或钻孔灌注混凝土嵌岩桩</td><td rowspan="3">需对每根桩桩底基岩情况进行检测</td></tr>
<tr><td rowspan="2">电除尘、脱硫系统</td><td>788.00</td><td rowspan="6">①层红黏土、①$_1$层素填土</td></tr>
<tr><td>788.00</td></tr>
<tr><td>烟囱</td><td>787.00</td><td rowspan="2">人工挖孔桩或钻孔灌注混凝土嵌岩桩</td><td rowspan="2">需对每根桩桩底基岩情况进行检测</td></tr>
<tr><td>凉水塔</td><td>789.70</td></tr>
<tr><td>辅助建筑物</td><td>790.00</td><td>天然地基，局部地段需处理</td><td>局部采用强夯法或换填处理</td></tr>
<tr><td rowspan="4">碳素厂</td><td>焙烧车间</td><td rowspan="2">809.00</td><td>①层红黏土、①$_1$层素填土</td><td rowspan="3">人工挖孔桩或钻孔灌注混凝土嵌岩桩</td><td>需对每根桩桩底基岩情况进行检测</td></tr>
<tr><td>煅烧车间</td><td rowspan="2">①$_1$层素填土</td><td rowspan="2">需对每根桩桩底基岩情况进行检测，需考虑负摩擦力作用</td></tr>
<tr><td>高楼部、成型部、混捏部</td><td>808.00</td></tr>
<tr><td>辅助建筑物</td><td>810.00</td><td>①层红黏土、①$_1$层素填土</td><td>天然地基或置换或强夯法处理</td><td>需计算压缩层厚度；考虑置换或强夯处理</td></tr>
<tr><td rowspan="4">电解铝</td><td>电解铝车间</td><td>794.70</td><td rowspan="2">①层红黏土、①$_1$层素填土</td><td>强夯或强夯置换法地基处理</td><td>需做好试夯工作</td></tr>
<tr><td>烟囱、圆粉仓</td><td>794.00</td><td>人工挖孔桩或钻孔灌注混凝土嵌岩桩</td><td>需对每根桩桩底基岩情况进行检测</td></tr>
<tr><td>阳极辅助车间及氧化粉存运车间</td><td rowspan="2">794.70</td><td>①层红黏土、①$_1$层素填土</td><td>强夯法地基处理</td><td>需做好试夯工作</td></tr>
<tr><td>辅助建筑物</td><td>①层红黏土</td><td>天然地基</td><td>需计算压缩层厚度</td></tr>
</table>

续表

所属分区	主要建(构)筑物	基底标高(m)	基底岩层	建议地基基础方案	注意事项
氧化铝	种子分解	796.40	①层红黏土、⑤$_2$层、⑤层灰岩	红黏土可采用桩基；灰岩上可采用天然地基	桩底基岩检测；基底岩溶检测
	种子分解、冷却塔	795.30	①层红黏土、②红黏土	人工挖孔桩或钻孔灌注混凝土嵌岩桩	需对每根桩桩底基岩情况进行检测
	赤泥沉降	794.70	①层红黏土、①$_1$层素填土	天然地基或强夯法地基处理	天然地基需计算压缩层厚度；强夯时应做好试夯工作
	焙烧炉	789.10	①层红黏土	人工挖孔桩或钻孔灌注混凝土嵌岩桩	需对每根桩桩底基岩情况进行检测
	氧化铝储仓	788.60			
	氢氧化铝储仓	789.60	①层红黏土	天然地基	需计算压缩层厚度
	高温溶出	796.70			
	种子过滤	796.20	①层红黏土	人工挖孔桩或钻孔灌注混凝土嵌岩桩	需对每根桩桩底基岩情况进行检测
	原料磨制	789.40	①层红黏土		
	高效沉降槽	795.20	⑤$_1$层灰岩、②层红黏土	天然地基	基底岩溶检测
	辅助建筑物	796.00～797.00	①层红黏土、⑤$_1$层石灰岩、①$_1$层素填土	天然地基或强夯法地基处理	当①层作天然地基时需计算压缩层厚度；当⑤$_1$层作天然地基时需对基底岩溶进行检测；回填较厚地段可采用强夯法地基处理

（2）桩端持力层的选取

当采用桩基础时，桩基础类型可选用人工挖孔灌注桩或钻孔灌注混凝土嵌岩桩，桩端持力层可根据上部荷重要求分别采用⑤$_1$层或⑤层石灰岩，并对每根桩的工程地质条件进行评价，特别是要查明桩端下3倍桩径范围内是否有溶洞、裂隙等不良地质作用。建议对每根桩进行钻孔施工勘察或采用浅层地震反射波法对桩端检测。

（3）估算单桩竖向极限承载力

勘察场区基岩面起伏较大，当采用桩基时，桩长宜根据具体地层确定，桩端持力层应参照建议选取，桩径宜为800mm和1000mm。根据《建筑桩基技术规范》JGJ 94—94，选取各分区代表性地段进行单桩竖向极限承载力估算，见表3-2。桩基单桩承载力特征值应由现场静载荷试验确定。

单桩极限承载力标准值估算 **表3-2**

所属分区	桩孔号	桩径(mm)	有效桩长(m)	桩端持力层	单桩极限承载力标准值(kN)
煤气站	005$^{\#}$	800	10.28	⑤$_1$层石灰岩	6000
	005$^{\#}$	1000	10.28		8100
	019$^{\#}$	800	8.85	⑤层石灰岩	6700
	019$^{\#}$	1000	8.85		9400

续表

所属分区	桩孔号	桩径(mm)	有效桩长(m)	桩端持力层	单桩极限承载力标准值(kN)
电厂	097#	800	10.88	⑤层石灰岩	8200
	097#	1000	10.88		11100
	167#	800	17.05	⑤$_1$层石灰岩	8800
	167#	1000	17.05		11700
碳素厂	211#	800	18.73	⑤层石灰岩	8700
	215#	800	10.56	⑤$_1$层石灰岩	8300
电解铝	302#	800	9.85	⑤$_1$层石灰岩	8600567
	447#	800	10.69	⑤层石灰岩	8200
氧化铝	629#	800	14.96	⑤层石灰岩	12100
	629#	1000	14.96		9700
	521#	800	13.58	⑤$_1$层石灰岩	8800
	521#	1000	13.58		11600

上表估算的单桩极限承载力标准值的前提是：

a. 必须保证桩端下 3 倍桩径范围内无溶洞、裂隙等不良地质作用，即先完成施工勘察；

b. 当桩端持力层为⑤$_1$层石灰岩时，入⑤$_1$层石灰岩 1.0～2.0m；

c. 当桩端持力层为⑤层石灰岩时，入⑤层石灰岩 0.5～1.0m。

3.5 地下水、土的腐蚀性

勘察时第四系红黏土中未见孔隙水。场区地下水主要赋存于基岩溶蚀裂隙和溶洞中，多以垂直渗流和水平循环运动，水量因季节变化而异。区域年平均降水量近 1700mm，是地下水的主要补给来源。为查明勘察场区岩溶水水位，勘察期间进行了 16 个水位监测孔施工，经监测，勘察场区内岩溶水位高程 760.90～765.38m，一般处于基岩面下 5～10m 范围内，水位变幅 1.8～2.4m。据区域资料，勘察场区丰水期（一般指 6～8 月份）水位最大变幅为 4.0m。

勘察场区地下水对混凝土结构无腐蚀性，对钢结构有弱腐蚀性，对钢筋混凝土结构中的钢筋无腐蚀性（按Ⅱ类环境、B 类地层评判）。

地基土对混凝土结构无腐蚀性，对钢筋混凝土结构中的钢筋具弱腐蚀性；场地土对钢结构具弱腐蚀性。

3.6 施工勘察

项目拟建建（构）筑物荷载较大，对地基承载力及变形要求较高。拟建煤气站车间采用冲击成孔灌注桩，电厂及氧化铝厂采用人工挖孔灌注桩。基桩持力层选用⑤$_1$层或⑤层石灰岩，为查明桩端持力层岩溶发育情况、溶洞、裂隙等问题，采用浅层地震波反射法和超前孔进行基桩桩端基岩检测。

浅层地震反射波法检测桩端岩溶，即在桩底布置多个探测点，对探测信号进行时域、频域综合分析，全面掌握桩底基岩完整性情况，本项技术应用于电厂及氧化铝厂人工挖孔灌注桩施工；超前孔勘察，即在每根桩位下进行小钻孔勘察，根据钻探情况预测桩端岩溶发育情况，提供建议桩长，应用于煤气站车间冲击成孔灌注桩施工。

3.7　强夯法地基处理设计

项目原场地沟壑较多，场平施工进行大面积挖填方施工，拟建建筑地基下存在挖填方不均匀地基。依据红黏土专项研究成果，采用强夯法处理红黏土及回填红黏土地基，处理总面积 100875m^2，处理区域包括电解铝车间及沉降槽等建筑物。

4. 工程总结与启示

4.1　岩土工程勘察

项目采用工程地质测绘与调查、钻探、物探、原位测试、土工试验、载荷试验等多种手段相结合的方法，在物探方法上，利用了包括对称四极电测深法、自然电位法、地质雷达法、面波法等先进的物探方法，有效查明了厂区工程地质条件和水文地质条件、不良地质现象等，并提出了合理的地基基础方案。勘察方法先进、数据准确、结论正确，对该类地区岩土工程勘察具有意义。

4.2　红黏土工程特性研究

通过对该地区红黏土的专题研究和现场试验，研究了红黏土及动力荷载作用后红黏土的力学与变形特性、水稳定性影响以及强夯法加固红黏土的机理、工艺控制等，研究成果具有重要的理论价值与工程实用价值，可为强夯法处理该地区红黏土地基提供指导。

（1）静力荷载作用下的特性

① 红黏土的最终压缩量的大小与其含水率、初始孔隙比以及其结构性有密切关系。

② 红黏土有较大的塑性，也有明显的纹理结构，强度特征既有脆性破坏的特征，又有很强的黏滞特性，表现为应力一应变关系的复杂性。

③ 红黏土的破坏面并非呈一个平面，而为一个曲面变化形态。

④ 红黏土饱水后，红黏土土样内部矿物成分的胶结作用减弱，结构有一定程度的破坏。

（2）动力冲击荷载作用下的特性

① 应力应变关系一般随着冲击次数的增加而升高，表现为强度增大。

② 随着围压的增大，通过增加冲击次数而提高土样抗剪强度的效果更为明显。

③ 随着冲击次数的增加，由于围压增大所引起的强度改善也愈为明显。

④ 当冲击力较小时，随着冲击次数的增加，轴向变形量有收敛的趋势；当冲击力较大时，随着冲击次数的增加，轴向变形量反而有进一步增大的趋势。

（3）强夯法加固后的工程特性

① 击实后的土样再加荷，土样的变形很快达到稳定，但重塑土样的变形量稍微大些。

② 压缩变形稳定后再浸水，土样的变形只有少量增加，说明强夯加固后红黏土地基有较强的水稳定性。

4.3　多种物探方法综合运用

（1）多种物探法在岩溶勘察中应用

通过钻探与物探成果的对比，总结得出瑞雷波（面波）勘探、对称四极电阻率测深法、自然电位法、地质雷达探测等物探方法的典型判释曲线，钻探与物探结果吻合良好。

① 自然电位法典型判释曲线

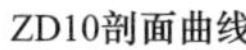

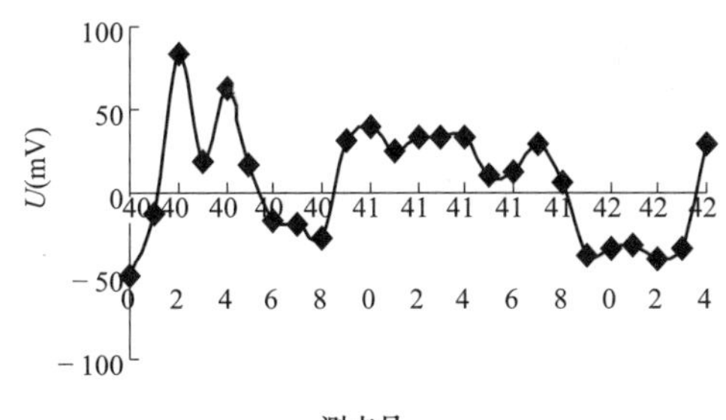

ZD1剖面曲线

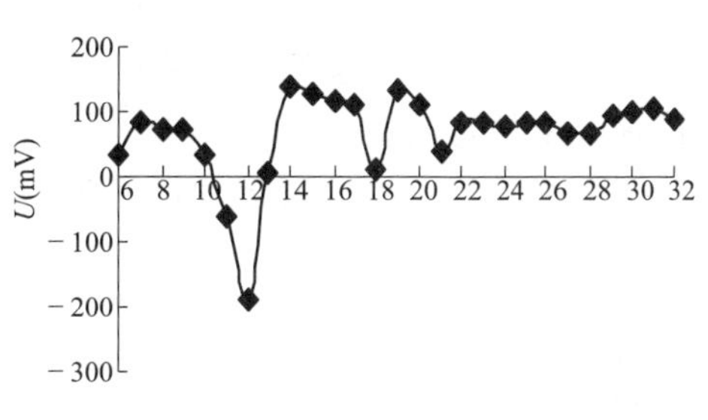

图 4-1　自然电位法典型判释曲线

② 对称四极电测深典型判译曲线

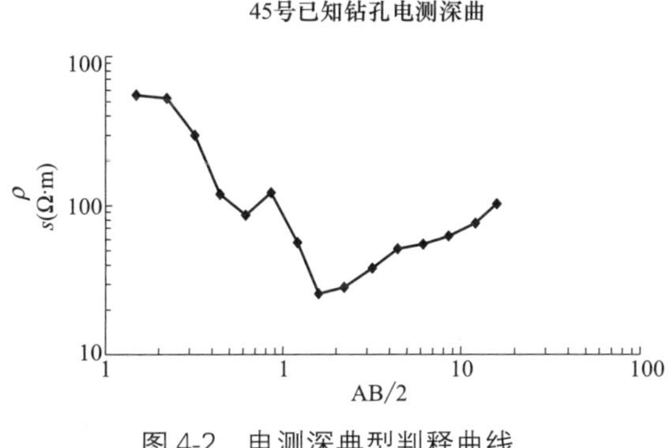

图 4-2　电测深典型判释曲线

图 4-3　电测深异常点钻探验证

③ 地质雷达典型剖面图

对比探地雷达理论剖面及钻孔验证结果，基岩完整区域的雷达波曲线主要表现为，同相轴连续性较好，图像上看不到明显的异常反映，雷达波波速变化稳定。

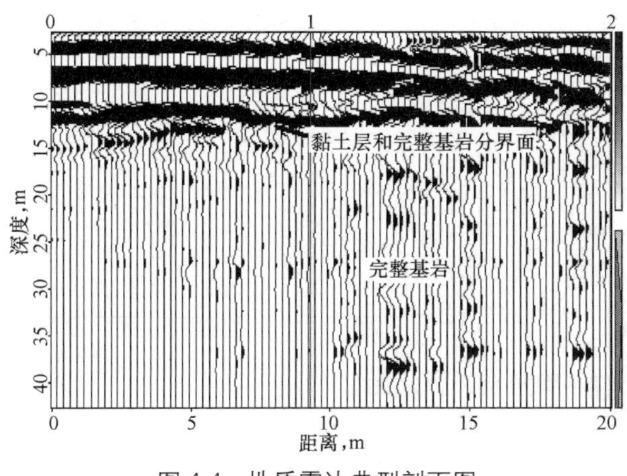

图 4-4　地质雷达典型剖面图

图 4-5　钻孔验证

④ 面波测试的典型剖面图

（2）物探手段探测桩端基岩

利用浅层地震反射波法，在桩端布置多个探测点，通过对探测信号进行时域、频域综合分析，了解桩底基岩的完整程度，在测试、分析方法上取得了突破。通过对测试成果总结，得出桩端有岩溶发育、基岩破碎、基岩完整不同情况下的典型反射波曲线，对类似工程具有重要的意义。

第Ⅰ种类型：桩底岩溶发育不明显、基岩较完整的反射波曲线类型。

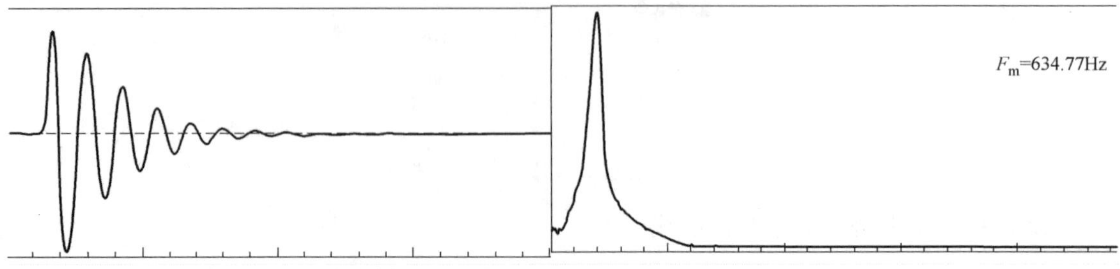

图 4-6　桩端灰岩完整时域曲线及频谱曲线

第Ⅱ种类型：桩底下部基岩有破碎和裂隙，破碎岩石和裂隙深度较浅。

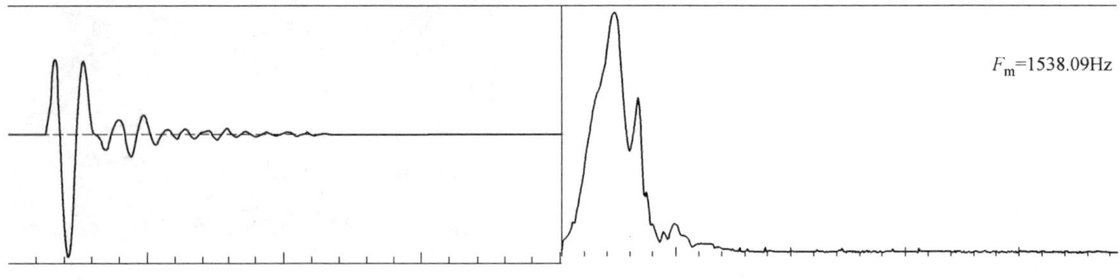

图 4-7　桩端灰岩破碎时域曲线及频谱曲线

第Ⅲ种类型：桩底下部基岩存在溶蚀区，溶蚀区伴随有溶洞、强风化破碎等地质体存在。

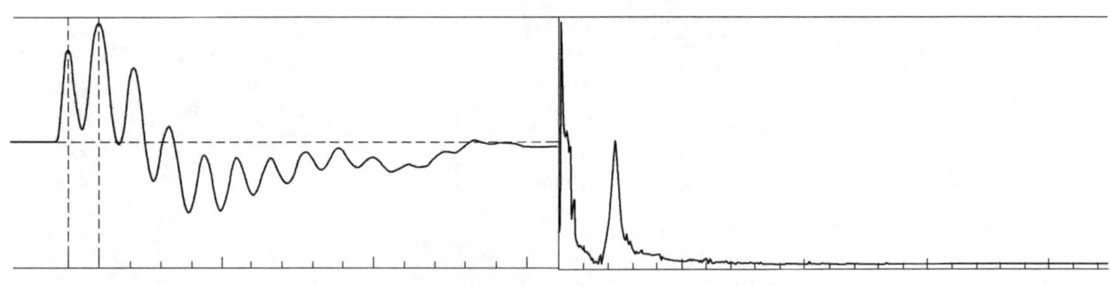

图 4-8　桩端岩溶发育时域曲线及频谱曲线

5. 工程实施与效果

（1）岩土工程勘察

通过工程地质测绘和调查，初步查明勘察场区地形地貌、地质构造、地层岩性等。通过物探、钻探、原位测试、土工试验等手段，详细查明场区各类岩土工程问题，提供工程所需的各类岩土技术参数，并根据具体工程地质条件和拟建（构）建筑物情况，提出合理的地基基础方案。

（2）红黏土工程特性研究

通过室内土工试验和理论分析，研究红黏土及回填红黏土在静力及强夯动力荷载作用下的力学和变形特性机理，研究强夯法加固红黏土地基机理以及扰动效应对红黏土工程特性的影响，研究强夯法加固红黏土地基的可行性和适用范围，并给出施工工艺和施工控制标准。

（3）岩土工程治理效果检验

利用强夯法处理红黏土及回填红黏土地基 100875m^2。施工完成后，采用平板载荷试验与标准贯入试验对处理效果进行了检验。通过检验结果对比表明，强夯处理红黏土及回填红黏土方法合适，效果显著，完全满足设计要求。

平板载荷检测结果 **表 5-1**

试点号	压板直径(mm)		载荷试验极限承载力值(kPa)	最大试验荷载(kPa)	相应沉降量(mm)	实测承载力特征值(kPa)
第一载荷点	800		600	600	7.51	300
第二载荷点	夯前	800	350	400	51.04	175
第三载荷点	夯前	800	130	195	49.99	65
	夯后	800	400	400	25.77	200
第四载荷点	800		600	600	12.80	300
第五载荷点	800		600	600	11.44	300

标准贯入试验检测结果 **表 5-2**

点位 深度(m)	1号点		2号点		3号点		4号点	5号点	备注
	夯前	夯后	夯前	夯后	夯前	夯后	夯后	夯后	
1.0～2.0	7	26	3	18	5	22	20	24	
2.0～3.0	10	22	2	23	2	20	18	24	
3.0～4.0	4	18	9	19	2	16	18	20	
4.0～5.0	7	20	7	20	3	18	20	22	
5.0～6.0	4	17	8	16	2	16	20	16	
6.0～7.0	10	20	7	18	3	14	13	18	
7.0～8.0	15	15	8	15	7	14	16	18	
8.0～9.0		17			8	14	12		

（4）沉降观测

为检验勘察及治理效果，对主要建（构）筑物进行了沉降观测，厂区共布置沉降观测点 850 个。每月观测 1 次。沉降观测从 2008 年 3 月开始。监测结果表明，目前各建（构）筑物沉降基本稳定，且沉降均匀。

① 电厂烟囱（1号）沉降过程

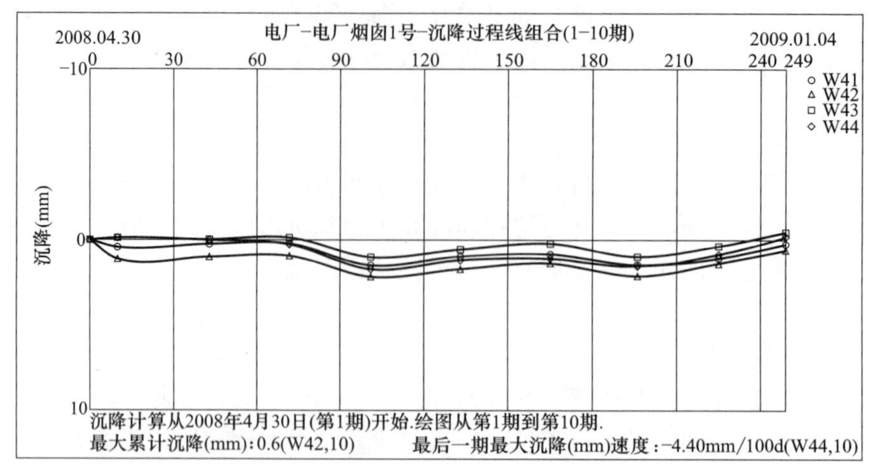

图 5-1　电厂烟囱（1 号）沉降曲线

② 电解铝一车间沉降过程

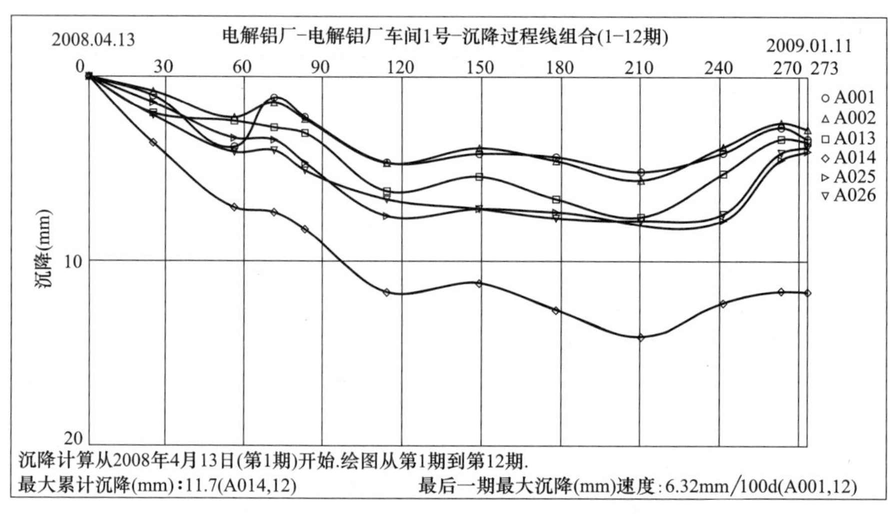

图 5-2　电解铝一车间沉降曲线

③ 分离沉降槽（1 号）沉降过程

④ 种子分解 A 列沉降过程

（5）项目运行证明，岩土工程勘察方法正确，勘察结论准确，所提出的治理方法科学、适用、经济，为业主节约了大量的投资，同时为工程早日投产提供了有力技术支持与保障。特别是将生产实践与科学研究紧密结合，研究成果不仅有力地指导了工程生产实际，同时使项目技术水平大大提高，受到业主与项目监理单位的高度评价。单就桩端岩溶探测技术的成功应用，就为业主直接节约投资达 3200 万元，这尚不包括节约工期、项目早日投产所产生的间接效益，项目具有显著的经济效益和社会效益。

（6）项目完成后，委托河北省科学技术信息研究院进行了成果查新，查新结论表明：采用工程地质测绘与调查、多种物探技术与钻探相结合查明岩溶发育情况，物探方法主要采用瑞雷波（面波）法、对称四极电阻率测深法、自然电位法、地质雷达探测法。利用浅层地震反射波法查明桩端3倍桩径范围内岩溶发育及分布情况，在桩底布置多个探测点，通过对探测信号进行时域、频域综合分析，全面掌握桩底基岩的完整性情况，指导基桩施工。红黏土在强夯动力荷载作用下的力学特性和变形机理，加固红黏土地基机理以及扰动对红黏土工程特性的影响。在国内文献中未见相同报道。

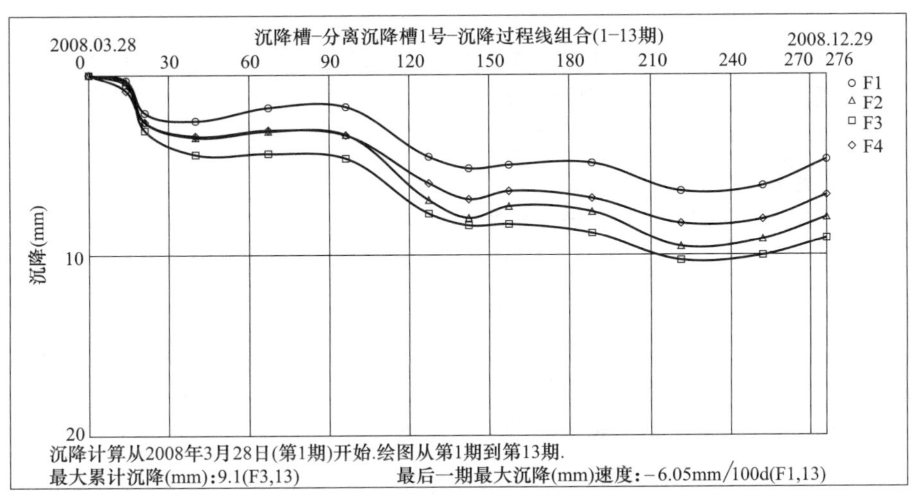

图5-3 分离沉降槽（1号）沉降曲线

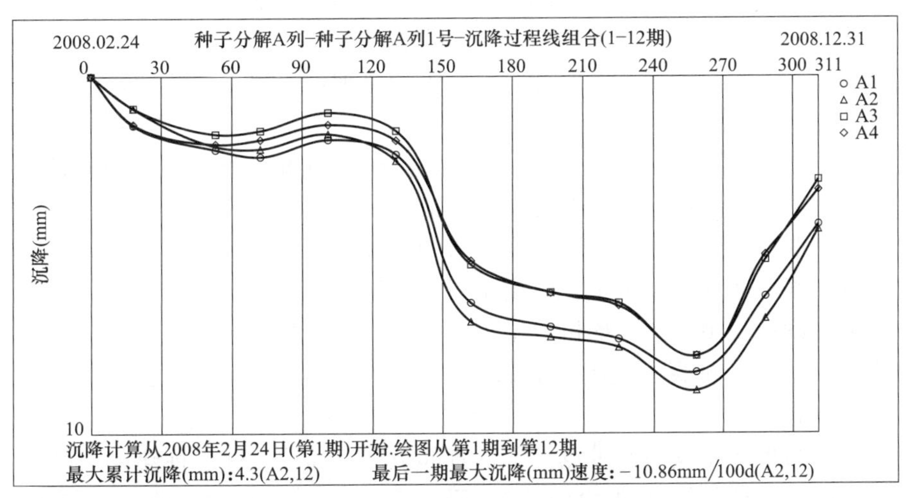

图5-4 种子分解A列沉降曲线

（7）项目实施过程中，在国家核心期刊《岩土工程学报》、《岩土力学》、《工程勘察》、《工程地质学报》及其他期刊发表学术论文6篇。

（8）工程获2008年度全国优秀工程勘察设计银奖、河北省优秀工程勘察一等奖。

6. 获奖单位简介

河北建设勘察研究院有限公司（原河北省建设勘察研究院）始建于1953年，是集勘察、测绘、设计、施工、咨询、科研以及机械制造为一体的综合性勘察企业。

公司持有市政公用工程施工总承包壹级、地基与基础工程专业承包壹级、桥梁工程专业承包一级、土石方工程专业承包一级资质；持有工程勘察综合类甲级、测绘资质甲级、建设项目水资源论证甲级、地质灾害危险性评估甲级、地质灾害治理工程勘查、设计、施工甲级资质证书；持有矿山工程施工总承包贰级（仅限井巷工程）、房地产开发企业三级、特种专业工程（建筑物纠偏和平移、结构补强）专业承包、预拌商品混凝土专业承包二级企业等资质。

公司现有员工628人，各类专业技术人员473人。其中国家勘察大师1人，河北省勘察大师2人；正高级职称20人，高级职称48人，中级职称121人，初级职称283人；具有国家注册执业资格的岩土工程师、建造师、造价师、安全师等191人。

承担的业务范围包括：

• 岩土工程勘察：各类岩土工程勘察、分析与评价。

• 水文地质勘察：水文地质勘察与凿井、建设项目水资源论证（浅层地下水、深层承压水、地热水、矿泉水）、水资源与环境评价。

• 工程测量：控制测量、地形测量以及市政工程、水利工程、建筑工程、精密工程、线路工程、地下管线探测、变形（沉降）观测、竣工测量、地理信息系统工程。

• 岩土工程设计与施工、地基与基础工程专业承包：各类地基处理工程、深基坑支护与基坑降水的设计与施工、桩基施工及超大直径钻孔灌注桩施工。

• 地质灾害工程：地质灾害工程治理勘查、设计、施工；地质灾害危险性评估。

• 工程检测：地基检测、桩基检测、室内环境检测、地下管线探测、岩溶勘测、隧道衬砌质量和路基状态检测、考古勘测以及地基隐患勘测。

• 工程监理：工业与民用建筑监理，路桥工程监理，市政工程监理，地质灾害工程治理监理。

• 矿山工程施工总承包（井巷工程）：直径2.5m以上的工程井的设计与施工。

• 市政公用工程总承包：可承担各类市政公用工程的施工。

• 预拌商品混凝土：可生产各种强度等级的混凝土和特种混凝土。

• 土石方工程专业承包：可承担各类土石方工程的施工。

• 钻探机械设计与制造：钻探机具制造、加工，钻探机械产品配套。

• 建筑材料试验：混凝土抗压性能试验、砂石料试验、钢筋性能试验、水泥性能试验、沥青性能试验等。

公司每年平均承接完成国家重点工程、省部级重点和地方标志性建设项目的岩土工程勘察、设计、施工、检测与监理200余项，年完成产值22.7亿元，业务范围覆盖全国29个省、市、自治区，以优质、高效、良好的服务赢得了社会信誉。先后被授予“全国城市勘测先进单位”、“全国工程勘察先进单位”、“全国建设技术创新工作先进单位”、“全国建设系统精神文明建设先进单位”、全国“安康杯”竞赛活动优胜企业，全国“重合同守信用”单位；“十五”全国建设科技进步先进集体和全国建筑业技术创新先进企业；河北省先进集体等荣誉称号。自2004年以来，连续九年被列入全国工程勘察设计行业百强企业名册。

7. 专利与独有技术

（1）多种手段综合运用于勘察

项目采用工程地质测绘与调查、钻探、物探、原位测试、土工试验、载荷试验等多种手段相结合的方法，物探方法上，利用包括对称四极电测深法、自然电位法、地质雷达法、面波法等先进的物探方法，有效查明了厂区工程地质和水文地质条件、不良地质现象等，并提出经济合理的地基基础方案。勘察方法先进、数据准确、结论正确，对该类地区岩土工程勘察具有意义。

(2) 项目采用强夯法对红黏土及回填红黏土地基进行处理，处理方法可行，处理效果显著。在正式强夯施工前，通过对该地区红黏土的专题研究和现场试验，研究了红黏土及其强夯后的力学与变形特性、水稳定性影响以及强夯法加固红黏土的机理、工艺控制等，研究成果具有重要的理论价值与工程实用价值，可为强夯法处理该地区红黏土地基提供指导。

(3) 利用浅层地震反射波法，在桩端布置多个探测点，通过对探测信号进行时域、频域综合分析，了解桩底基岩的完整程度，在测试、分析方法上取得了突破。通过对6523根桩的测试成果总结，得出了桩端有岩溶发育、基岩破碎、基岩完整不同情况下的典型反射波曲线，对类似工程具有重要的指导意义。

【项目特色提要】 本项目工程规模大，处于地质条件复杂的岩溶地区，工作内容包括岩土工程勘察、岩土工程设计与治理（施工）。勘察成果详实、准确，针对红黏土和岩溶区提出不同的地基处理方案，其中主厂房采用桩基（6523根桩人工挖孔桩，242根冲孔桩）。该工程的所有人工挖孔桩均通过浅层地震反射法进行过检验，冲孔桩通过超前钻进行检验。浅层地震反射法进行检验对类似工程有很好借鉴作用，是本工程的最大亮点，为业主节约投资3200万元。

经沉降观测，证实本工程绝大多数沉降观测点其沉降量未超过10mm，完全满足规范和设计要求，在这样岩溶复杂场地，取得即保证安全，又经济合理的成果是难能可贵的。其针对红黏土工程特性的研究也取得了成果，可供类似工程参考。

北苑居住区一区 105 号、106 号住宅楼及纯地下车库岩土工程勘察、复合地基、抗拔桩与复合地基相结合的基坑支护工程

北京市勘察设计研究院有限公司　栾晶晶　范铁强

【项目摘要】

本文介绍了北苑居住区 105 号、106 号住宅楼及纯地下车库工程的岩土工程勘察、高层住宅楼与车库交界处的基坑支护方案的设计、高层 CFG 桩地基处理及基坑支护工程的施工、车库抗拔桩的设计与施工等。该工程设计、施工条件复杂，住宅楼与相邻的纯地下车库部分连成整体，车库南侧和高层住宅北侧共用外墙，车库与住宅楼相邻部位标高最大 6.60m，且住宅楼施工至 15 层时，北侧车库基础底板施工才能完成。

1. 工程概况

1.1　建筑设计条件

北苑居住区一区 105 号、106 号住宅楼及纯地下车库工程位于北京朝阳区立水桥。拟建建筑物包括 2 住宅楼（均为两塔夹一板形式，分 A、B、C 三个楼座，）和北侧 1 地下 3 层车库，其中塔楼为地上 23～25 层，地下 2 层，板楼为地上 18～20 层地下 2 层。均采用剪力墙结构，筏板基础。两住宅楼建筑面积为 12 万 m^2，北侧纯地下车库建筑面积约为 3.4 万 m^2。105 号、106 号楼的±0.00 标高分别为 34.55m，纯地下车库的±0.00 标高为 34.55m，基础埋深为±0.00 标高下 13.81m。

1.2　场地周边环境条件

拟建项目场地地形有一定起伏，北侧和东侧为代征道路和小区内规划道路，西侧距离约 20.0m 为结构施工完成的 103 号住宅楼，南侧距离 25.0m 为一地下车库。

1.3　本方案主要内容

在本项目中，我院承接了 105 号、106 号楼及纯地下车库的岩土工程勘察、105 号、106 号高层住宅楼与车库交界处的基坑支护方案的设计、105 号楼 CFG 桩地基处理及基坑支护工程的施工、北车库抗拔桩的设计与施工。

本工程住宅楼与相邻的纯地下车库部分连成整体，车库南侧和 2 住宅楼北侧共用外墙，车库与住宅楼相邻部位基底标高相差约 4.60～6.60m。根据本项目的整体施工进程，住宅楼先施工，车库后施工，其中最为复杂的施工工况为：当北侧车库基础底板施工完成时，106 号住宅楼主体结构已施工至 15 层。住宅楼与地下车库位置关系及基底标高如图 1-1、图 1-2 所示。

要求满足的复合地基承载力特征值为 480kPa 和 380kPa，建筑物的总沉降量平均值可控制在 50mm 之内，北车库设防水位为 32.76m，采用抗拔桩进行抗浮处理，其浮力应满足底板范围内 50kPa 的设计要求。

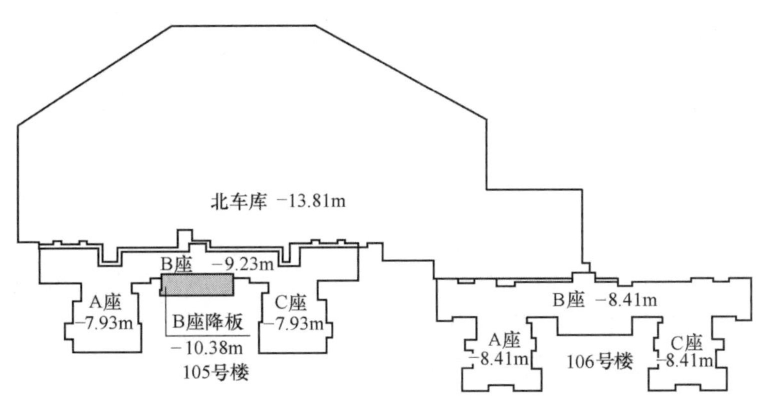

图 1-1 住宅楼与地下车库位置关系及基底标高图

1.4 施工工作安排

岩土工程勘察工作于2005年5月开始，至2005年9月29日完成。岩土工程设计施工于2007年4月开始，至2008年3月底105号、106号高层住宅楼与车库交界处的基坑支护方案的设计、105号楼CFG桩地基处理及基坑支护工程的施工、北车库抗拔桩的设计与施工等工作全部完成。施工现场情况如图1-3所示。

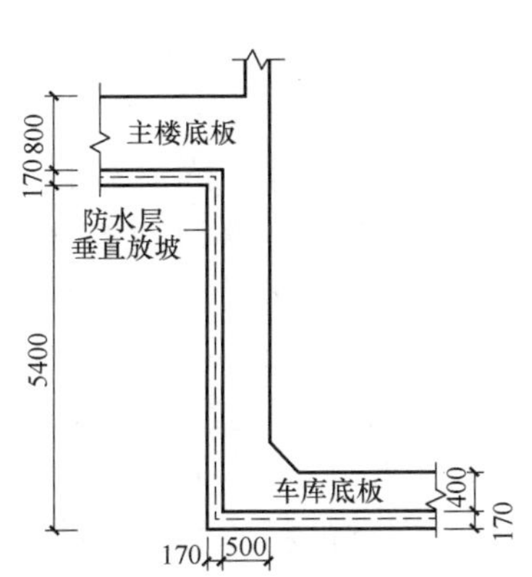

图 1-2 住宅楼与地下车库基础关系示意图

图 1-3 施工现场情况

2. 工程地质条件

2.1 区域地质构造

北京地区西、北及东北方向三面环山，山区之东、南及东南面为广阔的平原区（北京平原）。北京地区的主体构造是早第三纪前的断裂及断裂控制的断块构造，并控制形成了北京平原区第三纪末期的古地形。在此基础上，自第四纪以来由于受新构造运动的影响，山区不断抬升，平原强烈下降且接受了巨厚的第四纪河流沉积物。

拟建场区内及附近没有活动隐伏断裂通过，不存在影响拟建场地整体稳定性的不良地质作用。

2.2 地形地貌

场区位于清河故道范围，第四纪覆盖层厚度在 200m 与 300m 之间。场地地形有一定起伏，局部有坑。勘探孔孔口处地面标高为 33.76～37.15m。

2.3 地层结构

对勘探深度（60.50m）范围内的土层划分如下：

表层为厚约 1.00～6.20m 的人工堆积之房渣土、碎石填土①层，黏质粉土填土、砂质粉土填土①$_1$ 层，细砂填土、中砂填土①$_2$ 层；

标高 33.83～34.34m 以下为新近沉积的圆砾②层，细砂、中砂②$_1$ 层，粉质黏土、黏质粉土②$_2$ 层；

再下为第四纪沉积层，包括：标高 28.71～30.24m 以下的黏土、重粉质黏土③层，粉质黏土、黏质粉土③$_1$ 层，细砂、粉砂③$_2$ 层；标高 26.09～27.86m 以下的黏质粉土、粉质黏土④层，黏质粉土、砂质粉土④$_1$ 层，黏土、重粉质黏土④$_2$ 层；标高 19.99～23.21m 以下的卵石、圆砾⑤层，细砂、中砂⑤$_1$ 层，粉质黏土、重粉质黏土⑤$_2$ 层，黏质粉土、砂质粉土⑤$_3$ 层；标高 13.79～15.94m 以下的粉质黏土、黏质粉土⑥层，含有机质黏土、含有机质重粉质黏土⑥$_1$ 层，砂质粉土、黏质粉土⑥$_2$ 层，粉砂、细砂⑥$_3$ 层，砂质粉土、黏质粉土⑥$_4$ 层，黏土、重粉质黏土⑥$_5$ 层；标高 5.06～6.74m 以下的粉质黏土、重粉质黏土⑦层，黏质粉土、砂质粉土⑦$_1$ 层，细砂、粉砂⑦$_2$ 层，黏土⑦$_3$ 层；标高 0.26～2.71m 以下的粉质黏土、重粉质黏土⑧层，黏质粉土、砂质粉土⑧$_1$ 层，黏土、重粉质黏土⑧$_2$ 层；标高－4.01～－2.44m 以下的卵石、圆砾⑨层，细砂、中砂⑨$_1$ 层；标高－8.93～－5.94m 以下的黏土、重粉质黏土⑩层，黏质粉土、粉质黏土⑩$_1$ 层；标高－16.82m 以下的粉质黏土、重粉质黏土（11）层。典型地层剖面如图 2-1 所示。

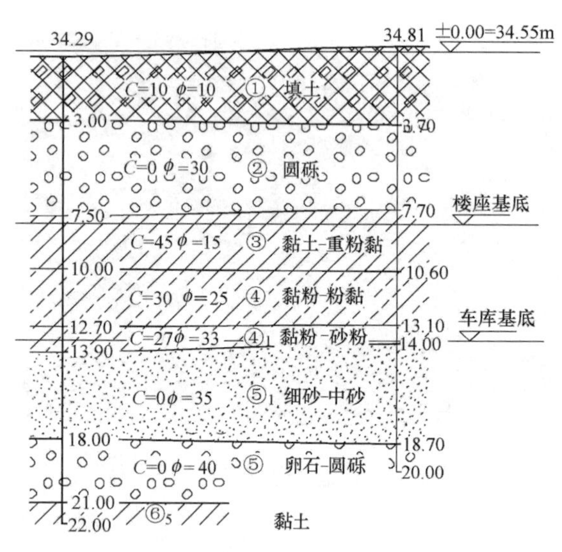

图 2-1 典型地层剖面图

2.4 原位测试

（1）标准贯入试验 167 次；

（2）重型动力触探 136 级；

（3）波速测试（测试孔 2 个，单孔法，测试深度为 60.00m 和 20.00m）。

2.5 地下水条件

勘察期间实测到 3 层地下水：潜水 6～9 月水位较高，其他月份相对较低，年变化幅度 1～2m；承压水 11 月～来年 3 月水位较高，其他月份相对较低，年变化幅度 6～7m。历年最高地下水位接近自然地面。勘察报告给出的抗浮设防水位为 31.00m。

地下水水位情况一览表　　表 2-1

序　号	地下水类型	地下水静止水位(承压水的测压水头)	
		埋深(m)	标高(m)
1	潜水	2.75～7.00	29.22～31.95
2	承压水	8.70～13.90	22.35～25.93
3	承压水	35.30～38.10	−3.15～−0.24

3. 岩土工程设计

3.1　工程重点和难点问题分析

3.1.1　岩土工程勘察工作难点

本工程主楼与其相邻的纯地下车库部分连成整体，基底荷载差异很大。通过对本工程设计条件的分析，认为本工程由于建筑结构方案的特殊性，岩土工程与地基基础工程问题复杂，主要有以下几个方面：

（1）如何解决同一大底板上的不同建筑部分差异沉降问题：

本工程基础荷载分布很不均匀，高层塔楼平均及核心筒部基底压力很高，内部荷载也有一定差异，使得本工程高低层荷载差异悬殊部位的差异沉降、高层建筑内部差异沉降及整体倾斜控制成为基础方案设计时的重要决策因素。

（2）超补偿裙楼和纯地下室对相邻高层建筑部分基础的侧限条件永久性削弱，从而对高层建筑地基承载力控制及整体稳定性影响问题。

（3）本工程基础砌置较深，场区历年地下水位较高且动态变化规律较复杂，同时纯地下车库部分的荷载较小，因此须考虑荷载较小部分的基础抗浮稳定性问题。

必须通过勘察和相关技术分析，提出采用可靠的地基基础和深基坑围护方案，保证地基基础稳定性、确保基础变形控制在规范要求的范围内。

3.1.2　岩土工程设计与施工需解决的主要难题

本工程主楼与其相邻的纯地下车库部分连成整体，但基础埋深不同且基底荷载差异很大。住宅楼与车库共用外墙，且住宅楼先施工，车库后施工，针对这种特殊的建筑结构方案及施工顺序，岩土工程设计与施工需解决的主要问题有：

（1）基础荷载分布不均匀

住宅楼为两塔夹一板形式，A、B、C 三座层数不同，且与相临地下车库连成整体，高层塔楼平均基底压力很高，核心筒部位更高，而地下车库因埋深较大，荷载较小，属于超补偿基础，抗浮问题突出，使得本工程高低层荷载差异悬殊部位的差异沉降、高层建筑内部差异沉降及整体倾斜控制成为基础方案设计时的重要决策因素。

（2）主楼和车库间护坡型式的选取

因共用基础墙的存在，导致常规护坡桩无从施做，同时根据业主要求及施工安排，待住宅楼北侧车库基础底板施工完成时，住宅楼主体结构已施工至 15 层，这就大大增加了交界处支护结构的附加荷载，对支护结构的设计和施工提出了更高的要求。

3.2　岩土工程总体设计思路

主楼采用 CFG 桩设计方案，针对不同的基底高程和承载力要求，采用不同的布桩型式，在主楼与车库共用墙体下也布设 CFG 桩，车库下设抗拔桩，目的为限制主楼的总沉降，减小高低层间的沉降差，在存在高差位置设计兼具护坡和地基承载作用的 CFG 桩，以同时满足地基和边坡的要求。施工时护坡桩与住宅楼 CFG 桩一起完成，护坡桩位于住宅楼基础底板投影以下。

3.3 岩土工程设计方案及主要设计参数

3.3.1 地基基础协调分析计算

由于本工程主楼与其相邻的纯地下车库部分连成整体，基底荷载差异很大。且基底以下土层分布不均，尤其是住宅楼与北车库共用墙位置处，北侧车库按设计要求采取抗浮措施，但其南侧外墙位于主楼基础之下，地基承载力要求较高，受力问题比较复杂，为确保本工程地基处理方案的安全、可靠，使方案设计具备更为充分的依据和进行细致的优化、复核，我院采用自身研发并在工程中大量使用和验证的 SFIA 技术（“高层建筑地基与基础协同分析技术”），对本工程“CFG 桩＋地基＋基础”体系，进行了共同作用条件下的沉降校核分析，并按照沉降限制值控制 CFG 桩地基处理深度，按地基处理承载力复核，全面优化复合地基的设计方案。

本次复合地基沉降计算，按照建筑轴网布置计算网格，在基础纵横梁交汇处设计算节点，共设计算节点 369 个。根据勘察报告，考虑地基不均匀性和经过 CFG 桩复合地基处理后对相关地层的影响，将基底以下的土层分为 30 层；各层土质参数除按我院勘察报告提供的参数指标外，还包括我院长期积累的大量非线性参数。计算住宅楼及北车库的沉降结果如表 3-1 所示。

住宅楼及北车库的计算沉降结果表　　表 3-1

建筑物部位	基底平均荷载(kPa)	平均沉降量(mm)	最大沉降量(mm)
住宅楼	410.5	3.19	4.62
纯地下车库	103.7	0.50	1.38

3.3.2 住宅楼 CFG 桩设计方案

CFG 桩设计首先着手于承载力要求，本住宅楼基底反力最大为 480kPa/380kPa，受车库深于主楼基础的限制，承载力不再进行深度修正，以基底反力值作为复合地基所要求的承载力特征值，桩顶设褥垫层，以协调刚性桩和地基土之间的桩土应力比。本工程住宅楼与车库共用墙体下也布设 CFG 桩，设计参数见表 3-2 和表 3-3。

住宅楼 CFG 桩设计参数表　　表 3-2

参数项目	住　宅　楼	
	A、C 楼	B 楼
±0.00(m)	34.55	
设计桩长(m)	17.5	17.5
桩顶标高(m)	26.47(−8.08)	25.17(−9.38)
桩径(mm)	410	410
单桩承载力标准值(kN)	760	760/720
面积置换率(%)	5.87	3.47
复合地基承载力标准值(桩间土承载力)(kPa)	480(160)	380(200)
桩体强度	C20	
褥垫层	15cm 厚、0.5～1cm 碎石	

住宅楼与车库相同墙基底 CFG 桩设计参数表　　表 3-3

参数项目	住宅楼与车库相同墙基底	
	A、C 楼	B 楼
±0.00(m)	34.55(同车库)	
设计桩长(m)	17.5(自主楼基底工作面)	17.5(自主楼基底工作面)
桩顶标高(m)	20.39(−13.96)	20.39(−13.96)
桩径(mm)	410	410
单桩承载力标准值(kN)	450	450
面积置换率(%)	5.87	3.47
复合地基承载力标准值(桩间土承载力)(kPa)	480(320)	380(320)
桩体强度	C20	

3.3.3　支护体系设计

支护结构采用桩锚结合，钢筋笼制作采用架力环筋成型法，架力筋设于主筋内侧，螺旋箍筋与主筋之间绑扎牢固，两桩一锚，锚杆锁定在连梁上。护坡体系设计参数见表 3-4。

护坡桩设计参数表　　表 3-4

桩类型	Ⅱ类桩(CFG+护坡桩)	Ⅰ类桩(护坡桩)
桩径(mm)	410	410
桩长(m)	17	9.00
桩顶标高(m)	26.22	26.22
桩主筋	6ϕ20,上部 9.00m 配筋	6ϕ20,通长配筋
桩间距	两种桩交叉布置,桩间距为 0.75m	
锚杆	两桩一锚,锚杆设置标高为 26.02m,锚杆长 12m	
桩顶连梁/混凝土等级	400mm×400mm/C25	

3.3.4　车库抗浮桩设计

北侧纯地下车库抗浮桩设计参数参见表 3-5。

车库抗浮桩设计参数表　　表 3-5

参数项目	地下车库
±0.00(m)	34.55
有效桩长(m)	8.29
桩顶标高(m)	20.74(−13.81)
桩径/桩距(m)	0.4/3.0
单桩抗拔承载力标准值(kN)	310.62
面积置换率(%)	5.87
设计要求处理后的抗浮力特征值(kPa)	50
主筋与基础底板的锚固长度(cm)	60
桩主筋	4ϕ18 通长钢筋,上部 4.50m 加配 4ϕ18 的带肋钢筋
桩体强度	C25

3.4 基坑监测设计

3.4.1 监测目的

（1）桩顶水平位移监测

本工程作为CFG桩使用的护坡桩在施工过程中侧向和竖向双向受力，其稳定性直接影响到建筑结构安全及基坑安全。在北侧车库从基坑开挖－8.41m（绝对标高25.94m）至106号楼地上15层施工期间，必须对106号楼与北侧车库之间的护坡桩的变形情况进行监测。

（2）住宅楼沉降监测

本工程住宅楼基础荷载分布很不均匀，高层塔楼平均及核心筒部基底压力很高，内部荷载也有一定差异，使得本工程高低层荷载差异悬殊部位的差异沉降、高层建筑内部差异沉降及整体倾斜控制成为基础方案设计时的重要决策因素，因此必须对住宅楼沉降进行监测。

3.4.2 监测点布置

（1）基准点布设

基准点是沉降观测的起始控制点，埋设的基本要求是稳定、安全、可靠和使用方便，并直接影响沉降观测精度。观测基准点在开始观测之前建立，布设于车辆行人少，通视条件好，便于保存的位置。本工程共建立了3个深埋标基准点，埋深－10m。分别为101号、102号、103号均埋设在距待测建筑物50m外的沉降影响变形区以外，点之间的距离约为30m。

（2）水平位移点和沉降点布设

① 水平位移点布设

根据现场条件及要求，本工程共布设3个水平位移监测点，点位间距不大于20m，采用两个测站进行位移监测。

② 沉降点布设

在建筑物的地上1层墙柱上每隔15～20m处埋设了13个沉降观测点，（参见图3-1：沉降观测点布置示意图）。所有沉降点标志均使用永久性暗标。暗标由标体、标盖和标志杆三部分组成。此暗标专供沉降观测使用，易于保护，不影响施工和建筑物的外观。每次沉降观测时，先取下标盖，将标志杆旋入标体内，观测完毕，再取下标志杆，旋好标盖。

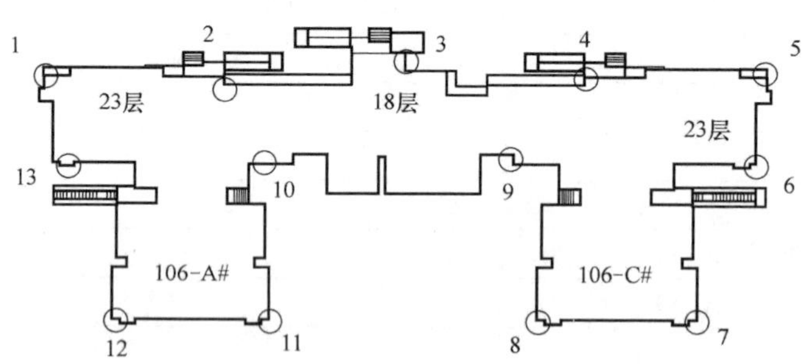

图3-1 住宅楼沉降观测点布置示意图

3.4.3 观测方法及精度要求

（1）本工程采用测小角法监测护坡桩顶部水平位移变化，共布置2个测站点，观测方向点6个（每测站点3个）。水平位移观测精度不低于国家二级测角精度，采用日产Topcon GPT-3002全站仪进行精密测量，现场测角不低于4个测回。

（2）观测路线为：101号、102号、103号三个基准点往返观测组成闭合环；由102号基准点与该建筑物的沉降观测点8号往返观测组成闭合环，再由8号点贯穿到各沉降点。沉降观测精度不低于国家二级沉降观测精度要求，瑞士Wild NA2加测微器精密水准仪配合2m铟钢水准尺进行沉降观测。

3.4.4 监测结论

（1）水平位移观测

2007年6月20日，106号楼挖槽基本到底时，对各监测点进行了首次监测，最后一次观测于2008年4月11日进行，此时106号楼施工至地上15层，共计对各观测点观测19次。

在监测期间监测点累积水平位移量最大值为12.45mm（2号观测点），最小值2.67mm（西部1号观测点），最大相对倾斜量为2.15‰。监测过程中未发现明显异常变形，其最大位移量及位移速率均在可控范围内，未出现因建筑主体施工导致的护坡桩水平位移量过大现象。

（2）沉降观测

住宅楼于2007年9月10日进行了首次观测。此后，在建筑物施工期间，在现场条件允许的情况下基本按照监测方案执行；至2008年7月16日完成该建筑物封顶阶段的观测工作，共计完成19次监测。

根据105号、106号楼沉降成果可以看出：

① 105号楼最大沉降量为14.80mm，最大差异沉降为6.85mm；106号楼最大沉降量为24.78mm，最大差异沉降为7.41mm。

② 建筑物沉降变形量分布图显：105号、106号楼变形分布均呈现由北部向南部逐渐增大的趋势，但其差异沉降不大，在建筑物允许变形范围内。

3.5 设计施工中技术难点与创新

3.5.1 岩土工程勘察的先进性

（1）技术路线及工作方法科学、先进

从合理解决岩土工程勘察问题的角度出发，提出一种综合运用土力学和水文地质学原理＋数值计算的定性研究与定量计算相结合的方法，科学的技术工作路线是高质量勘察成果的可靠保障。通过采用地基基础共同作用数值分析等技术手段和具体工程措施，成功解决了工程当中的复杂岩土工程问题。

（2）勘察工作针对性强，资料内容丰富，勘察测试手段多样、地层划分细致合理、地下水调查详细，为工程设计分析提供了有效的依据

① 勘察方案分析充分，勘察工作针对性强

勘察方案编制阶段，详细搜集场区周围已有地质资料，对地层条件、地基工程性质进行了分析。针对建筑设计条件，采用计算机专家系统对本工程可能采用的地基基础方案进行分析和预测，在勘察方案的制定和实施过程中，密切与设计单位沟通，研讨相关地基基础工程问题，分析可能采用不同地基基础方案对勘察的技术要求，并在此基础上，根据相关技术标准有针对性地对方案进行了动态优化。

② 勘察测试手段多样、资料齐全，为设计施工分析提供了有效的依据

a. 通过场地勘察工作，准确查明了本工程直接持力层及下卧层的空间分布情况、厚度变化规律、土层的物理力学性质等，揭示出场区不同层位地下水埋藏深度和赋存特征。

b. 通过钻探和剪切波速测试，合理确定场地建筑的场地类别。

c. 通过大量钻孔的地下水位量测准确揭示出场区地下水埋藏深度和赋存特征。

d. 根据地基土的排水条件、施工时的加荷速率以及地基土的固结程度等因素，进行了三轴剪切、高压固结及回弹再压缩等试验，为地基承载力、稳定性、变形分析提供了翔实的数据和资料。

3.5.2 住宅楼支护与地基处理工程

(1) 北车库比住宅楼深度深约 4.6～6.0m，护坡桩工作面标高与主楼 CFG 桩工作面标高相同，且车库的南侧基础底板位于住宅楼北侧基础底板之下，二者共用一墙，因此实际护坡桩位于主楼基础底板之下，考虑施工期间基坑支护和后期地基承载力的要求，方案设计时护坡桩分为两类，Ⅰ类桩仅提供护坡桩功能，按照护坡桩进行设计，桩长为 9.0m/7.7m，通长为配筋；Ⅱ类桩在施工期间起到护坡作用，后期提供复合地基承载力，设计桩长与 CFG 桩桩长相同，均为 17m，上部 9.0m/7.7m 配筋。桩位布置时Ⅱ类桩与主楼 CFG 桩相对应（住宅楼护坡桩与 CFG 桩桩位布置如图 3-2 所示）。为保证成桩质量，采用隔一打一的跳打法施工。

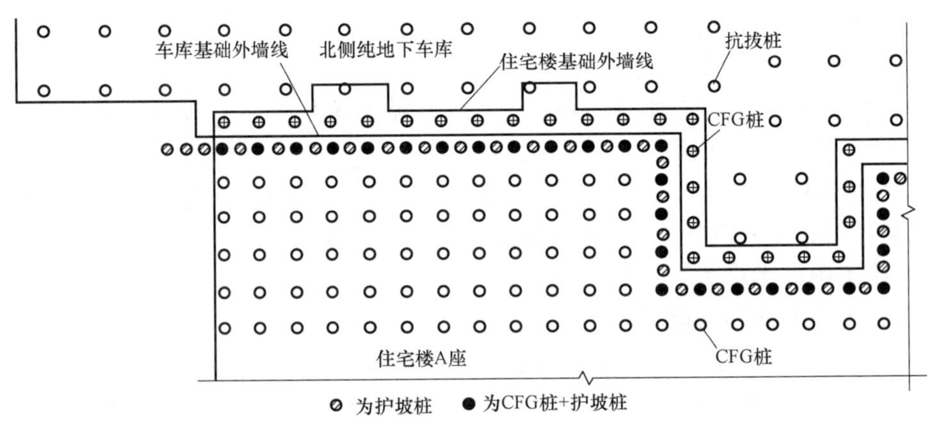

图 3-2　护坡桩与 CFG 桩桩位布置图

(2) 因主楼形成的边坡超载比较大，仅凭悬臂桩不能满足边坡稳定要求，故增加一排锚杆锚固于主楼地基土中，锚杆设计为两桩一锚，由于锚杆施工时住宅楼的 CFG 桩也已经施工完成，且Ⅱ类护坡桩的位置与 CFG 桩相对应，为了保证锚杆施工顺利完成且不与住宅楼的 CFG 桩相撞，为避免和南侧已施工完成的 CFG 桩相冲突，施工时将锚杆施工于Ⅰ类桩上，锁定在Ⅰ类桩顶连梁上。如图 3-3 所示。

(3) 通过局部加厚褥垫层及保护墙上铺设聚苯板防止局部地基过硬，减小了地基不均匀沉降护坡桩连梁位于高层底板下，为防止局部地基过强，将护坡桩顶褥垫层加厚为 400mm，同时在车库南侧保护墙上铺设 5cm 聚苯板。如图 3-4 所示。

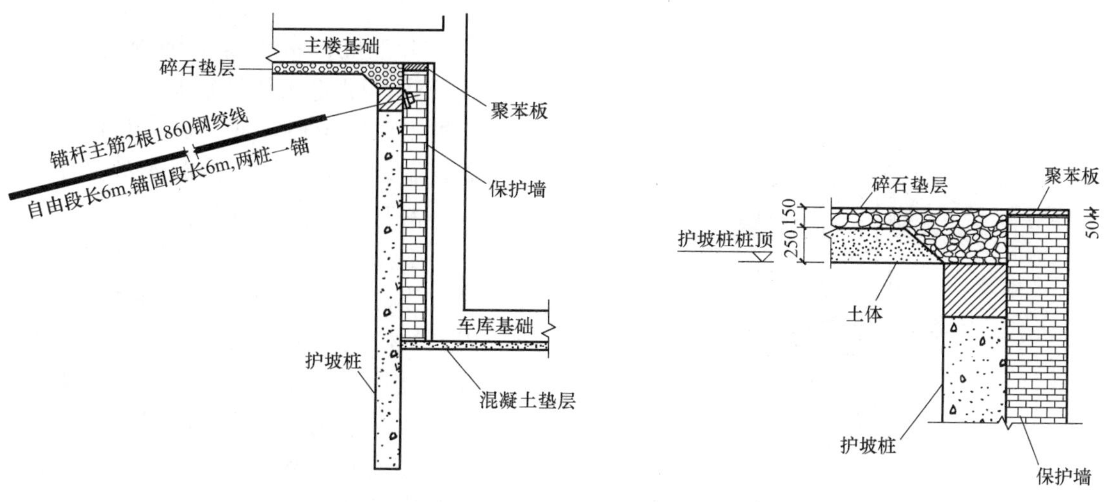

图 3-3　护坡桩剖面图　　　　图 3-4　护坡桩桩顶设计大样图

3.5.3　车库抗浮桩工程

（1）抗浮桩设计时不仅要考虑材料的抗拔力验算，还要进行抗裂性验算，而设计时既要满足设计的抗浮要求，又要尽量合理的节约成本，因此在进行抗裂性验算时，采用分段计算的方式，即分别进行桩顶和距离桩顶 3m 处的抗裂性验算，并分段进行配筋。其配筋图如图 3-5 所示。

（2）抗浮桩也是采用长螺旋成孔泵送混凝土施工工艺，使用振动法后插筋方式下入钢筋笼。但由于设防水位较高（为 32.76m），且设计要求最大裂缝小于 0.25mm，因此为了防止钢筋锈蚀，在抗浮桩上部 3m 需涂抹环氧涂层。

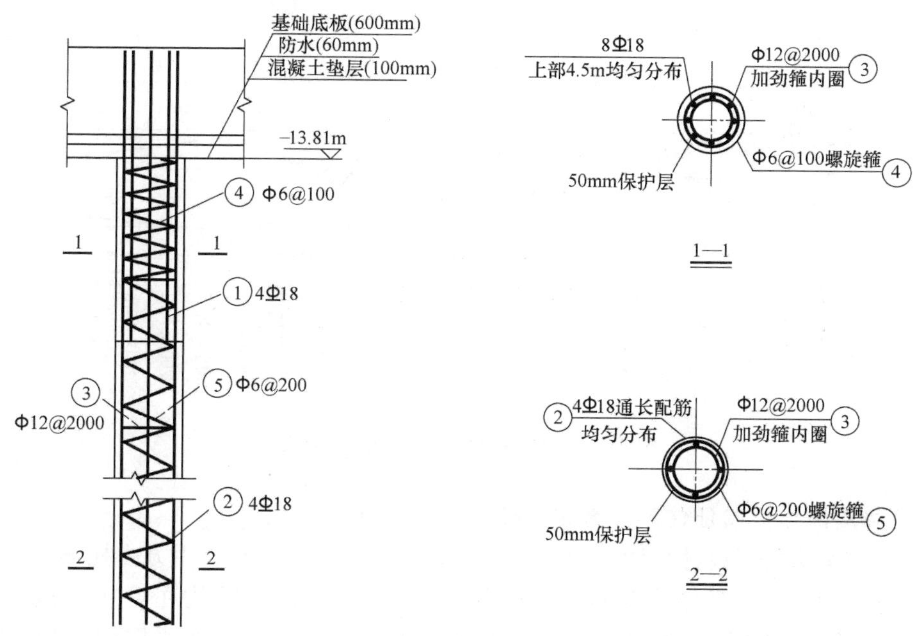

图 3-5　抗浮桩配筋图

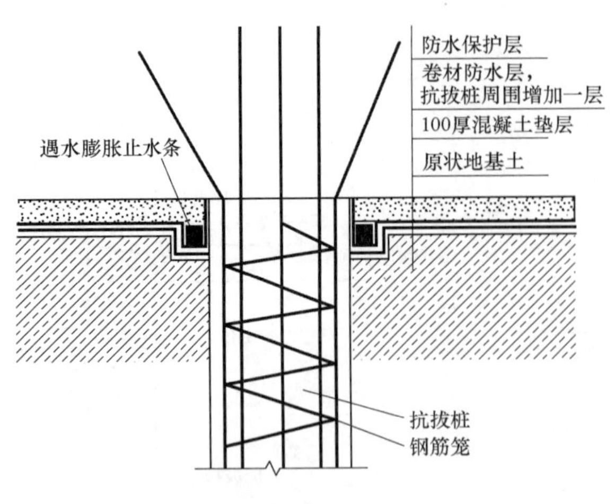

图 3-6　抗拔桩桩头防水处理

(3) 桩头防水处理

由于抗拔桩桩身范围内地下水埋藏较浅，因此在长螺旋后插筋抗拔桩成桩工作结束后，在基础底板施工前，需要做好抗拔桩桩头的防水处理工作，以确保基础底板的防水能力。

桩头防水处理是抗拔桩施工的关键工序之一，对整个工程的抗浮安全以及抗渗安全都至关重要，图 3-6 为一种行之有效的抗拔桩桩头处理措施，其中防水卷材和环状遇水膨胀密封条有良好的止水效果，实际的抗拔桩设计和施工阶段可以参考。

4. 工程实施与效果

4.1　后期工程监测对工程勘察及岩土设计方案的验证

4.1.1　住宅楼水平位移观测显示支护结构安全有效

由于住宅楼施工顺序特殊且支护结构的附加荷载很大，甲方委托第三方对住宅楼护坡桩水平位移进行精确观测，观测结果显示：自住宅楼挖槽基本到底至施工至地上 15 层时，监测点累积水平位移量最大值为 12.450mm（2 号观测点），最小值 2.670mm（1 号观测点），最大相对倾斜量为 2.15‰（护坡桩水平位移量与时间的关系曲线如图 4-1 所示），这充分说明了我方采用护坡桩与 CFG 桩相结合的基坑支护的设计方法是切实可行并且是非常有效的。

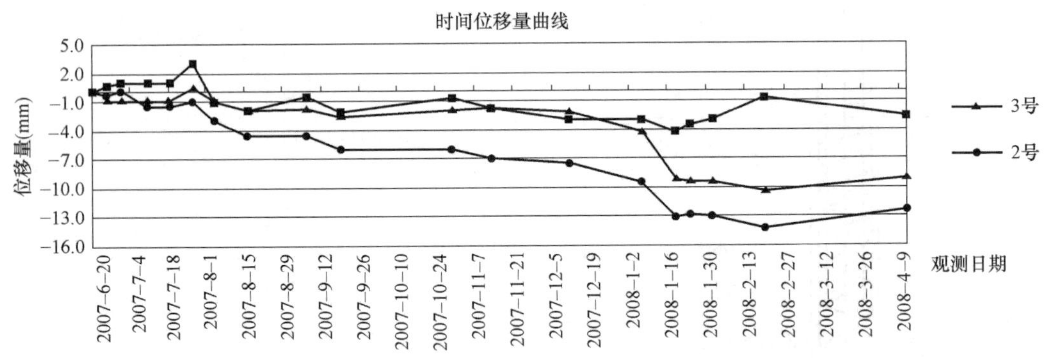

图 4-1　护坡桩时间-水平位移曲线图

4.1.2　沉降观测结果验证住宅楼最终沉降控制在 5.0cm 以内

施工中完全执行了设计意图，并且工序节点与设计进度相符，甲方委托第三方对建筑物沉降进行精确观测，观测结果显示，住宅楼各楼座的最终沉降均在 5.0cm 范围内，与我院 SFIA 沉降估算结果基本吻合，也表明我院地基处理方案及所采取的措施是非常正确的。

下图是住宅楼的沉降预估结果和沉降观测结果。通过在计算预估沉降值与实际沉降观测值结果等值线对比，通过对比可以看出建筑物最大沉降预估为 4cm，实际在 1.5cm 左右，实测楼座的沉降要小于计算估算的沉降。且沉降观测资料表明长期使用总沉降值也完全满足设计要求。CFG 桩地基处理方案全面达到设计要求。图 4-2 为我院 SFIA 软件对住宅楼最终沉降量的预估值，图 4-3 为甲方委托第三方对住宅楼进行的实测沉降等值线图。

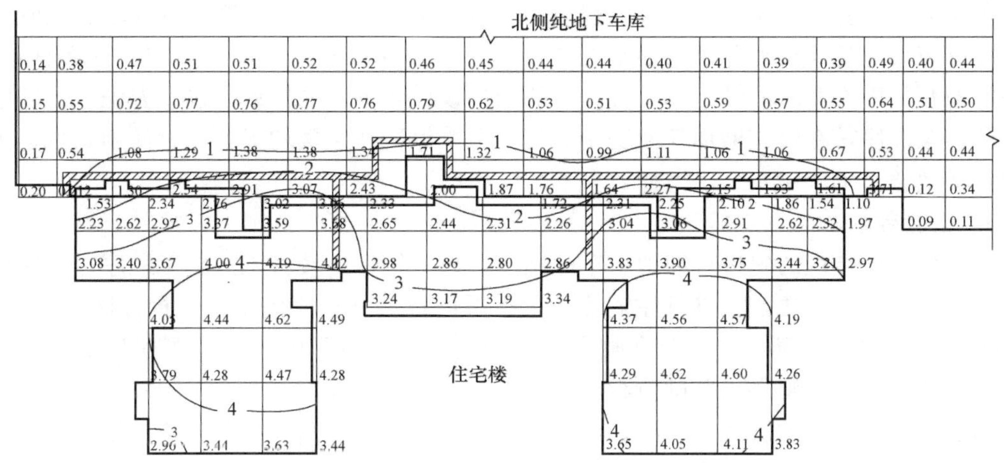

图 4-2　北苑居住区住宅楼最终沉降预估值（单位 cm）

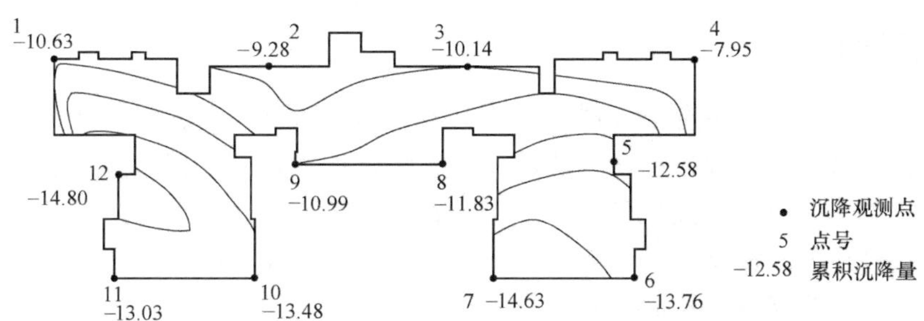

图 4-3　北苑居住区住宅楼实测沉降等值线图（单位 mm）

4.2　经济效益与社会效益

我公司采用创新性的岩土工程与基础工程分析评价的先进技术和方法，为本工程提供全过程技术服务，在确保工程安全的前提下，合理、先进地解决工程问题，确保了工程质量、经济效益和社会效益。

4.2.1　贯彻执行国家的技术经济政策，用高新技术和先进适用技术积极推进工程勘察技术水平和行业进步。

（1）本项目的工程勘察资料翔实准确、全面，内容丰富。对关键性岩土工程问题进行论述、分析和建议，合理、全面且切合工程设计、施工的实际情况，获得了建设单位、设计部门的好评。

（2）本工程的全过程岩土工程技术服务，从策划到实施、分析、最终成果，集中体现出，在土木工程领域，只有将岩土工程、地下水分析、岩土数值分析等多学科交叉、融合，并采用创新性的技术分析手段，才能更好地服务于工程建设全过程，确保工程建设质量和安全。

(3) 在本工程的岩土工程勘察和相关技术服务工作中，充分体现了“理论导向、实测定量、经验判断、监测验证”的工作原则和工作方法。

4.2.2 经济效益

北苑居住区住宅楼及北车库共用外墙的特殊结构设计及建设单位先施工住宅楼后施工地下车库的特殊施工顺序，对基础工程设计和岩土工程勘察提出了特定的要求。我院采用了护坡桩兼具地基承载力要求的地基处理及基坑支护的方法。这种科学的、行之有效的、经济的地基处理方案既能满足设计方特殊的结构设计要求，又保证了建设方先进行住宅楼施工的施工顺序，在没有增加任何费用的情况下，保证住宅楼的提前交付使用，取得了明显的经济效益。

4.2.3 社会效益

本工程打破传统的先进行纯地下车库施工，再进行住宅楼施工的施工顺序，采用护坡桩兼具地基处理的方法，先进行住宅楼施工，再进行地下车库施工。这种方法先进新颖，CFG 桩施工工艺经济环保，同时在整个工程的设计施工过程中应用了多项高水平的新技术方法和研究成果，解决了基础荷载差异很大、不均匀沉降等岩土工程问题，沉降观测资料表明特殊处理部位的沉降完全满足设计要求，该方法不仅给业主节省了建设资金，最重要的是缩短施工工期，真正将资源节约、环境友好的科学发展观落到实处，在今后类似建筑地基处理中有很好的借鉴意义。

5. 获奖单位简介

北京市勘察设计研究院有限公司为经北京市科学技术委员会、北京市财政局、北京市国家税务局和北京市地方税务局联合认定的国家高新技术企业。其前身为北京市勘察设计研究院，始建于 1955 年，为北京市属自收自支事业单位。2007 年 10 月，北勘公司在北京市委、市政府和市国资委的推动与指导下，以“维护人才、谋求发展”为目的，通过分立式体制改革，主业整转平移而成立。

北勘公司实力雄厚，具有国家工程勘察类综合甲级、工程咨询甲级、工程测绘甲级、地质灾害治理工程勘察甲级、地质灾害治理工程评估甲级、地质灾害治理工程设计甲级、地质灾害治理工程施工甲级、地基与基础工程专业承包壹级、建设工程安全性评价乙级、地质勘查乙级、建设项目水资源论证乙级、建设项目环境评价乙级等资质。

北勘公司专业齐全，主要从事岩土工程勘察、地基基础设计咨询、水文地质勘察评价、测绘与工程测量、工程检测监测、岩土工程设计施工、地质灾害防治、地能工程设计施工、污染场地评价治理、环境修复与可再生能源工程、地震安全评价等相关专业生产与科学研究工作。北勘公司技术先进，拥有各类技术人员 450 余名，具有高级专业技术职称以上人员 70 余名，形成了一支由中国工程勘察设计大师和一批享受政府特贴专家、青年学科带头人为代表的专业人才队伍。

在过去的近六十年中，北勘公司为历次首都城市总体规划提供了专业技术支撑，在工程应用、岩土环境、抗震防震和地下水等方面持续进行了大量专题研究，积极参加了城市交通突发地质灾害的应急抢险工作，主编、参编了十多部国家、行业和北京市地方技术标准，承担了北京市浅层地下水动态监测网维护等工作，累计为北京及外埠的 4 万多项工业与民用建筑、市政基础设施、公路和轨道交通工程、环境地质灾害防治工程提供了优质技术服务，为首都北京的总体规划和工程建设、设计、施工和推动行业科技进步做出了积极贡献。北勘公司获得国家与省部级科技进步奖、全国优秀工程勘察设计金银铜和省部级优秀工程勘察设计奖总计 400 多项次，在技术研究、科技发展和工程质量水平方面获得了国内业界和国际同行的高度评价：荣获中央精神文明建设委员会颁发的全国创建文明行业先进单位、首都精神文明单位标兵和首都有突出贡献先进集体等一批荣誉称号。

企业使命：为人类奠定安全、经济、高质量生活的坚实基础，规避工程建设与投资人的风险，促进工程建设与岩土环境的协调和可持续发展。

执业理念：为顾客规避风险，创造价值。

【项目特色提要】 本项目针对同一大底板下不同部位的基础荷载差异很大、不均匀沉降控制要求严格等岩土工程问题，通过精心勘察，提供了翔实准确、内容丰富的报告，对关键性的岩土工程问题进行了分析和论证；针对复合地基、基坑支护和抗浮桩进行了精心设计、精心施工，采用了护坡桩兼复合地基 CFG 桩相结合的方法，解决了住宅楼和车库不同标高及施工先浅后深造成的困难。沉降观测资料表明，特殊处理部位的沉降完全满足设计要求。该方法不仅节省了建设资金，更缩短了施工工期，效益显著，是岩土工程勘察、设计与施工一体化技术服务一个典型范例。

上海轨道交通 4 号线修复工程
基坑降水设计施工、岩土工程勘察及工程物探

上海岩土工程勘察设计研究院有限公司
上海长凯岩土工程有限公司
许丽萍　夏　群　张国强

【项目摘要】

2003 年，上海轨道交通 4 号线黄浦江西岸地下旁通道施工时发生承压水突涌事故，导致局部隧道损坏与地表大面积塌陷。经反复论证，损坏隧道拟采用原位修复方案，修复工程难度极大。

我公司承担了岩土工程勘察、综合物探和基坑降水工作，重点查明坍塌区的地层变化与地下障碍物的分布；准确探明隧道破损段的长度，为确定修复方案提供重要依据；完成深基坑减压降水，是保障施工期安全与环境安全的关键。本工程取得了多项技术创新成果。其中，我公司牵头完成的《承压水降水及土体变形环境控制》课题获上海市科技进步奖三等奖，《地下水三维渗流计算机（GWS. V1. 软件）》获计算机软件著作权，《基坑降水电源自动控制系统》、《基坑水位自动监控系统》获国家实用新型专利；合作完成的《扰动地层塌陷隧道原位修复综合技术》获 2008 年上海市科技进步二等奖。

该项目自 2005 年 10 月开工建设，于 2007 年 12 月顺利竣工，先后获 2009 年度上海市优秀工程勘察设计项目一等奖，2009 年度全国优秀工程勘察设计行业奖一等奖、2010 年全国优秀工程勘察银奖。

1. 工程概况

1.1　工程简介

上海轨道交通 4 号线修复工程位于南浦大桥上匝道以东，黄浦江以西，董家渡路以南，南侧与 22 层临江花园相邻，涉及里程范围为上行线 SK11＋832～SK12＋070，下行线 XK11＋828～XK12＋069。修复方案经一年多的反复论证，最终确定采用原位明挖修复。基坑采用深 65m、厚 1.2m 的地下连续墙围护，进行坑底干作业施工时需大幅降低承压水头达 35m。为减小对周围环境的影响，尤其是确保临江花园的安全，整个 200 多米的狭长基坑被分隔成东、西、中三个基坑（详见图 1-1），分步实施，先东基坑，再西基坑，后中基坑。

东基坑长约 174m，其三分之一位于黄浦江内，宽约 22.5m，开挖深度 40.90m，自上而下设 10 道内支撑；西基坑长约 64m，宽约 22.5m，开挖深度 38.00m，自上而下设九道内支撑；中基坑南侧紧邻临江花园，长约 27.5m，宽约 17m，开挖深度 37.50m，自上而

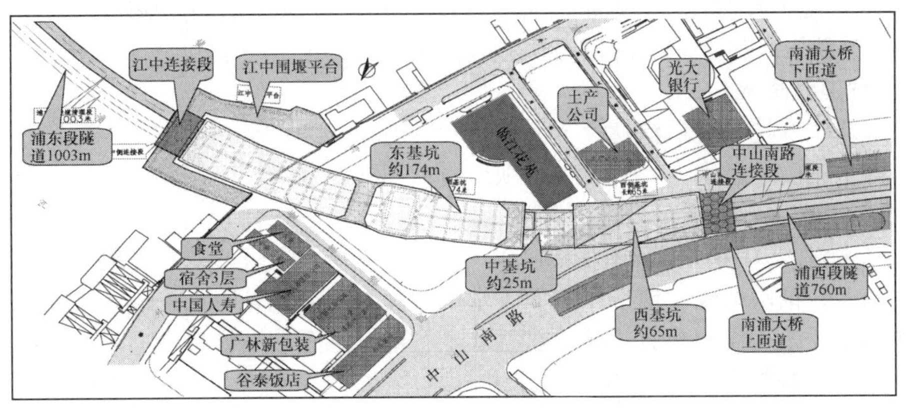

图 1-1　基坑位置平面图

下设九道内支撑。

受上海地铁建设有限公司委托，我公司在 2003 年 9 月至 2007 年 4 月期间，承担了该工程的岩土工程勘察、综合物探和基坑降水工作。

1.2　岩土工程勘察

我公司于 2004 年 3 月～5 月对隧道坍塌事故段进行了岩土工程勘察，采用多种勘探测试手段，查明场地地质条件，包括抢险时遗留的近千吨浆液、袋装黄沙以及塌陷区局部地层受扰动变化情况，为修复工程基坑的设计和施工提供准确可靠的依据。

图 1-2　工程施工现场

现场除采用钻探取土（含全断面取芯、水上钻探）、静力触探（含 Ps 值＋孔压）、标贯及室内试验外，还进行了旁压、十字板、现场抽水和注水试验，并对潜水、承压水、江水及其之间的水力联系进行了观测。勘探最大深度达 110m，共完成钻孔 27 个、静力触探孔 11 个，十字板试验孔 5 个、旁压试验孔 2 个、抽水和注水试验孔 5 个；室内除常规土工试验外，还进行了动三轴与共振柱试验、三轴（CU、UU）剪切试验、静止侧压力系数 K_0 试验、无侧限抗压强度试验、回弹试验、直剪慢剪、水质全分析等特殊试验。

1.3　综合物探

物探工作从 2004 年 3 月开始，至 2004 年 4 月底结束，采用电磁感应法、地质雷达、多道瞬态瑞雷面波、水中高密度地震映像、高密度电阻率、水深测量、钻探及测斜校准等多达八种以上手段，对地层和不同障碍物的物性差异进行综合研究、对比及相互佐证，探明了隧道两端延伸段的隧道顶标高，精确确定了隧道坍塌段长度，查明了场地和周边道路地下管线、障碍物、场区注浆实际影响范围、黄浦江水底地形及地层等。

物探共完成陆域探测线 22 条，总长 1138.3m，黄浦江水域探测线 14 条，总长度 1620.4m，辅助探测和验证钻孔 26 个，探测面积 42100m^2。

1.4 深基坑工程降水

本工程基坑开挖深度最深达 41m，需降低承压水水头 35m 以上。由于承压含水层无法隔断，降水难度本身很大，同时还必须严格控制地表沉降，确保周围环境安全，尤其是紧邻基坑的 22 层临江大厦的安全。

工程降水自 2004 年 3 月开始，到 2007 年 4 月完成。通过前期水文地质专项试验，如现场单井、群井抽水试验、地下水与地表水水力联系观测，查明水文地质特征，获得水文地质参数和土体结构模型参数；通过建立水土三维全耦合数学模型，进一步分析、论证和优化降水方案，最终采用 56 口坑内降水井（其中 10 口备用井），井深 61m，另外再布置 24 口坑外水位观测井、10 口分层沉降观测井和 14 口孔隙水压力观测井；改进降水井成井工艺，加强现场降水运行控制，借助自动化控制系统实现了按需降水，保障修复工程的顺利建设。

2. 工程地质与水文地质条件

2.1 工程地质条件

拟建场地属于滨海平原地貌，地形平坦，地面标高一般在 3.52～3.89m 之间，勘探深度 110m 深度范围内为第四纪松散沉积物，主要为饱和黏性土、粉性土和砂土，详见场地地层表（表 2-1）。

地层表　　表 2-1

地质年代	土层序号	土层名称	状态	层厚(m)	层底标高(m)
	①$_{1-1}$	杂填土	松散	1.00～13.50	2.58～−10.55
	①$_{1-2}$	素填土	松散	0.50～2.50	0.64～−4.53
	①$_2$	淤泥夹砂	松散	1.50～5.90	−2.46～−8.33
Q_4^3	②$_0$	黏质粉土(江滩土)	松散～稍密	2.50～17.30	−8.76～−20.44
Q_4^2	④	淤泥质黏土	流塑	1.10～4.30	−12.56～−18.73
Q_4^1	⑤	粉质黏土	软塑	5.30～9.60	−19.28～−29.55
Q_3^2	⑥	粉质黏土	可塑～硬塑	1.30～6.50	−23.25～−31.34
Q_3^2	⑦$_1$	砂质粉土	中密～密实	2.80～13.00	−31.27～−37.96
Q_3^2	⑦$_2$	粉细砂	密实	26.00～33.60	−62.88～−66.03
Q_3^1	⑨$_1$	粉细砂	密实	15.60～19.50	−80.25～−82.83
Q_3^1	⑨$_2$	含砾细砂	密实	未钻穿	未钻穿

经与场地原始地层比较，本次事故发生区域地层存在一些变化。浅部分布事故应急抢险填埋的碎石、黄沙、煤渣和注浆体等杂物；在隧道塌陷区上方，部分土层发生了明显的沉陷，如第②$_0$ 层江滩土层底局部深达 23.80m，第⑥层和第⑦$_1$ 层层顶埋深分别为 28.30～32.50m 和 32.10～34.70m。地基土物理力学性质参数见表 2-2。

2.2 水文地质条件

拟建场地地下水主要为潜水和承压水，其分布详见图 2-1。潜水赋存于填土及浅部黏

地基土物理力学性质参数统计表 表 2-2

土层编号	土层名称	含水量 ω(%)	重度 γ_0 (kN/m^3)	孔隙比 e_0	塑性指数 I_p	液性指数 I_L	直剪固快(峰值)		压缩系数 $\alpha_{0.1-0.2}$ (MPa^{-1})	压缩模量 $Es_{0.1-0.2}$ (MPa)	静止侧压力系数 K_0	十字板剪切强度 C_u(kPa)	标贯击数 N(击)	Ps 值 (MPa)
							内聚力 C(kPa)	内摩擦角 ϕ(°)						
①$_2$	淤泥夹砂	34.9	17.7	1.03	13.5	1.23							1.8	
②$_0$	黏质粉土（江滩土）	33.9 (33.5)	18.0	0.98 (0.96)	12.6	0.90	6 (10)	29.0 (26.0)	0.27	7.77 (7.76)	0.40		6.8 (4.8)	2.21 (1.17)
④	淤泥质黏土	46.7 (52.9)	16.9	1.35 (1.49)	18.1	1.32	14 (11)	11.5 (10.5)	0.89	2.72 (2.32)	0.58	51.8	1.8	0.68 (0.60)
⑤	粉质黏土	35.1 (38.8)	17.9	1.02 (1.11)	15.4	0.88	17 (15)	16.5 (16.0)	0.51	4.21 (3.83)	0.52	68.8	5.7	1.08 (0.94)
⑥	粉质黏土	23.3 (24.4)	19.5	0.69 (0.72)	15.0	0.31	48 (38)	17.0 (22.0)	0.24	7.11 (7.49)	0.44		14.7	3.19 (3.22)
⑦$_1$	砂质粉土	28.7 (29.6)	18.7	0.82 (0.85)			1 (7)	31.5 (32.0)	0.13	14.32 (13.08)	0.34		31.3 (30.1)	12.16 (11.16)
⑦$_2$	粉细砂	26.2 (25.7)	19.2	0.74 (0.76)			0 (3)	32.5 (35.0)	0.10	17.78 (15.59)	0.33		>50 (49.0)	20.92 (17.29)
⑨$_1$	粉细砂	25.3	19.3	0.71			0	33.0	0.10		0.33		>50	22.66
⑨$_2$	含砾细砂	25.1	19.0	0.74			0	31.0	0.11		0.31		>50	

注：括弧内的数据为事故前原场地详勘报告数值。

性土层中的孔隙；承压水赋存于第⑦层和第⑨层。由于所在区域Ⅰ、Ⅱ、Ⅲ承压含水层相互连通，承压含水层总厚度达 100 多米。潜水和承压水水位随季节、气候、潮汐等变化，潜水位埋深一般 0.5～1.0m，承压水水头埋深 6～11m，勘察期间实测水头埋深 9m。

拟建场地东侧黄浦江为上海地区重要地表水体，受天文潮和风暴潮控制。根据水文观测，黄浦江历史高潮位 5.72m，低潮位 0.24m，24 小时有 3m 多起落潮变幅；本场地由于防汛墙及其下桩基的隔水作用，潜水与黄浦江水并无明显的水力联系；江水与承压水之间亦无明显水力联系。

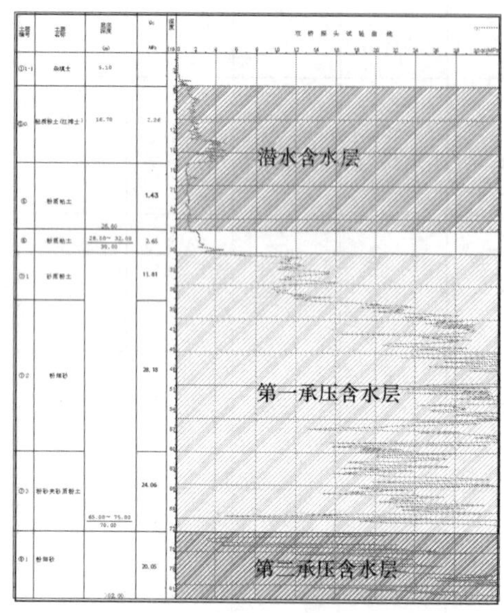

图 2-1　修复段各含水层分布图

3. 工作特色与创新

3.1　岩土工程勘察

（1）为重点解决地下连续墙施工和基坑工程降水难题，针对工程事故场地和修复工程基坑的特点，综合运用各类现场钻探、原位测试以及室内水土试验等勘察手段精心勘察，查明基坑影响范围内的地层分布，为围护设计提供各类参数，为修复工程提供地质依据。

（2）开展了不同于常规工程的现场勘探作业。在抢险注浆区域采用全取芯钻探，在黄浦江上进行水域钻探，在中山南路交通干道进行错峰夜间勘探；配合物探进行钻探验证，探摸隧道顶面深度，验证完好段实际情况；为杜绝基坑突涌风险，勘探孔终孔后按要求进行封孔等。

（3）详细查明填土、地下障碍物的分布情况。施工场区内有大量抢险阶段的聚氨酯、双液注浆等加固体，同时还存在隧道损坏后的管片和隧道内的轨道、冷冻机、水管和其他一些施工材料。因此浅部重点查明塌陷回填区杂填土分布情况，对抢险注浆区域采取全取芯钻探，详细揭示注浆后土性的细微变化；详细记录各勘探孔开孔和地下障碍物揭遇情况，进行孔位坐标和场地现状的精确测量等。

（4）详细查明受塌陷影响土层分布情况及力学性质，对照原勘察报告，重点揭示塌陷范围内深部地层是否变化，分析厚层填土、地下障碍物对地下连续墙施工、地基加固、基坑开挖等产生不利影响，提出针对性的预防措施。

经与原有勘察报告中的地层、地基土主要物理力学性指标、黄浦江水下地形等对比分析后得出以下重要结论：基坑外侧地层层位未有明显变化，仅第②$_0$层在局部有沉陷，层位有一定变化；坑内原隧道沉陷区域地层有明显的下沉，塌陷漏斗主要在隧道上方，涉及土层包括第②$_0$、⑤、⑥层；各地基土层物理力学性质指标变化小，第②$_0$层～⑤层的土性指标略好于原详勘成果（大量注浆的结果），沉陷区第⑥层土性指标变差（详见表 2-2）；坍塌事故发生后将近 1 年来，黄浦江水下地形未有明显变化。

（5）查明场地水文地质条件，为降水设计提供重要的基础资料。针对潜水、承压水、黄浦江以及三者间的水力联系进行了观测，确认了不存在明显的水力联系；通过现场抽水、注水试验，取得土层渗透系数和稳定水位等水文地质参数。

（6）勘察成果分析评价具有针对性，建议合理可行。取得了设计所需的各类地基土参数，为超深基坑地下连续墙围护设计、围护体咬合桩和黄浦江江中段施工围堰设计提供依据；对超深地下连续墙、咬合桩和黄浦江江中段基坑施工围堰设计施工中需注意的系列岩土工程问题进行深入分析评价，就地连墙成槽、咬合桩成孔泥浆配比、基坑和围堰稳定性和抗渗验算等提出建议。2004年6月，岩土工程勘察报告通过市建委科技委专家评审会并获好评。

3.2 综合物探

共采用了电磁感应法、地质雷达、多道瞬态瑞雷面波、水中高密度地震映像、高密度电阻率、水深测量、钻探及测斜校准等多达八种以上的物探方法，根据各种物探方法的有效性及适用性，探明各类地下管线和障碍物等不同目的物，重点验证隧道完好段实际情况，确定塌陷隧道修复段长度，为设计提供依据。

（1）采用电磁感应法探测和追踪地下各类电缆和金属管线。

（2）采用地质雷达探明地层下沉、地下障碍物分布和地下非金属管线。

（3）采用瑞雷面波法探明注浆影响范围。

（4）采用高密度电阻率法探明浅部地下障碍物分布。

（5）采用水中高密度地震映像法、GPS RTK（全球定位系统动态测量）与测深仪水深测量，探明黄浦江水下地形及地层分布。

（6）采用钻探验证，为物探解译提供可靠依据，通过钻孔和测斜校正精确测定隧道顶面埋深，验证隧道完好段实际情况。

3.3 工程降水

3.3.1 降水设计

本工程降水的目的层为上更新统第Ⅰ、第Ⅱ承压含水层和中更新统第Ⅲ承压含水层。基坑平面尺寸约为：236m×(19～23)m，呈半径350m的圆弧状分布。通过试算，本次计算以整个基坑的东、西、南、北最远边界点为起点，各向外扩展约400m，即实际计算平面尺寸为1060m×870m，四周均按定水头边界处理。地下水在疏降过程中，基坑外的地下水将通过基坑周围的围护连续墙绕流进入基坑，坑内地下水位大幅度下降，地下水流态为三维非稳定流，基坑内地下水的疏干降压井是唯一的源、汇项。

以上述模型采用有限元法进行求解，并采用PCG解法联立迭代求解代数方程组。取基坑中心海平面标高处为坐标原点，根据区域水文地质特性、基坑围护连续墙埋藏深度及抽水井滤水管设置位置，垂向上将整个第四纪松散沉积层从上到下分为10层。水平方向剖分由基坑中心向外逐渐变疏。有限元网格共剖分了16280个节点、13980个单元，三维网格剖分如图3-1所示，基坑及其周围局部放大网格如图3-2所示。模型中的有关参数根据现场抽水试验反演求参得出，各层初始水

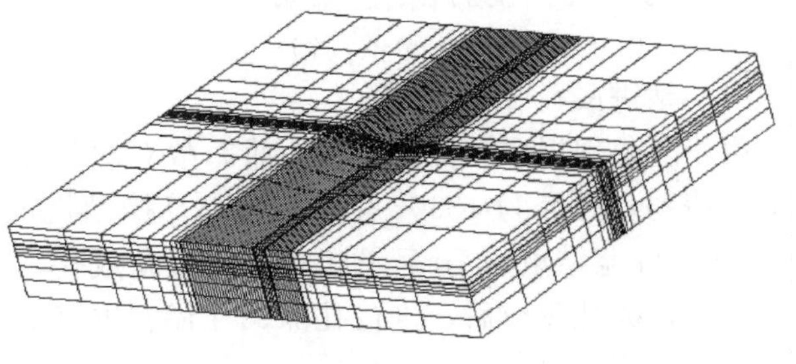

图3-1 网格立体剖分图

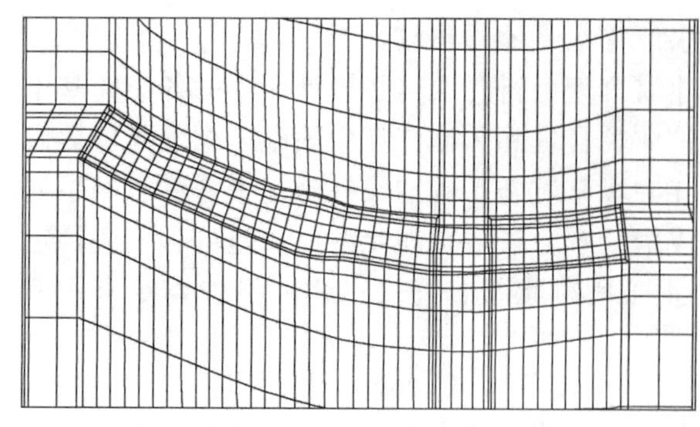

图 3-2　基坑及其周围局部放大网格图

位由实测给出。

3.3.2　计算结果及降水方案优化设计

根据上述参数，采用自主研究开发的计算机可视化软件对上海地铁四号线基坑降水进行模拟计算，在此基础上，对降水方案进行优化设计。经模型运行发现，共需 25 口井，其中东基坑内布置 13 口井，总抽水量为 2755m^3/d；中基坑内布置 3 口井，总抽水量为 900m^3/d；西基坑内布置 9 口井，总抽水量为 2700m^3/d。

3.3.3　降水井成井

降水井成井遵循钻进成孔、泥浆护壁、清孔、井管安装、填砾和止水、清孔、安装水泵等七个主要步骤进行。

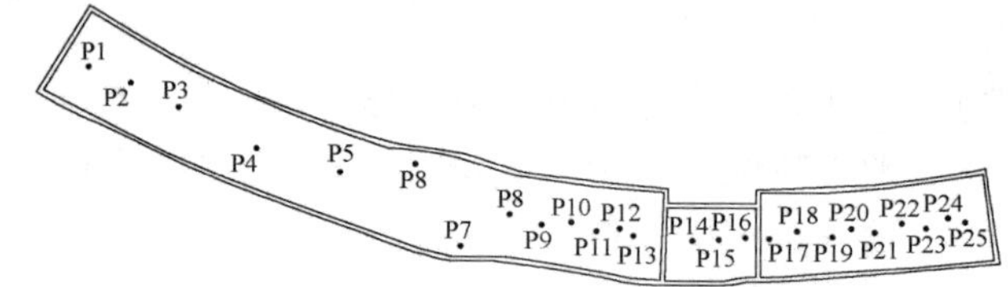

图 3-3　降水优化方案之井点分布图

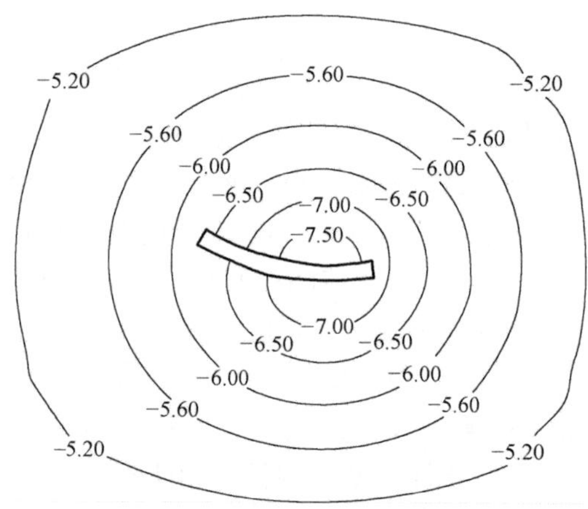

图 3-4　降水 30d 后水位等值线图

（z= −36.65m，单位：m）

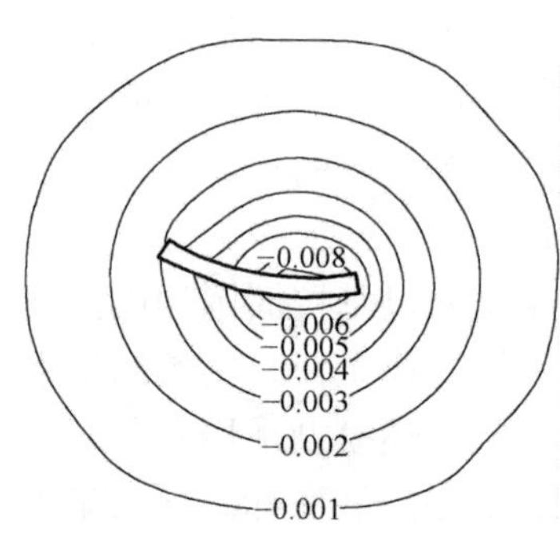

图 3-5　降水 30d 后地面沉降量等值线图（单位：m）

（1）钻进成孔

由于隧道坍塌段深井施工很困难，故对部分降水井采用清障旋挖钻机成孔，清除上部 40m 障碍物，孔径为 1300～2000mm。旋挖钻机成孔后，先回填黏土，黏土中水泥掺量 7%，每孔注浆结束后 7d 后钻机再进行重新成孔。为保证成孔的垂直度，采用严格的成孔控制工艺，成孔完成后，进行孔深、孔径、垂直度的检测。

（2）泥浆护壁

配置合适的人工造浆，上部 40m 钻进泥浆比重 1.10～1.20，含砂量小于 3%，黏度

20“－23”；下部40m至孔底钻进泥浆比重1.10～1.15，含砂量小于8%，黏度23“－25”；返回泥浆的含砂量不大于12%。人工造浆采用优质陶土粉并按试验配比加入部分CMC和碱粉。

（3）清孔

采用BW850泵循环，下管前采用同径钻具自上而下反复扫孔，在扫孔同时用新鲜稀泥浆逐步替换孔内泥浆，在过滤器部位反复扫孔，确保孔内上返泥浆不含泥块，且黏度小于18”，含砂量小于12%，比重1.12时。

（4）井管安装

根据修复工程需要和设计要求，井管采用ϕ273×8的标准钢管，过滤器采用引进德国工艺技术生产的ϕ273×6桥式过滤器，见图3-6。

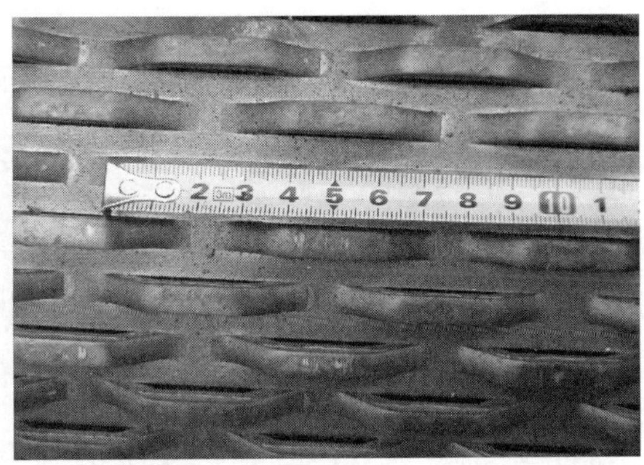

图3-6　井管和过滤器

（5）填砾、止水

井管内注入泥浆经过滤器通过井管与孔壁的环状间隙返出地面，当孔内上返泥浆比重逐步稀释达到1.05后，采用动水填砾法回填，当到达设计高度后，向井管与孔壁间投入直径5cm优质风干黏土球，厚度不小于10m，黏土球上部用黄泥填孔密实，见图3-7。

图3-7　级配砂和黏土球

（6）洗井

采用活塞和空压机洗井相结合的方式，直至井口喷出的水清砂尽，见图3-8。

（7）安装水泵

图 3-8　活塞和空压机洗井

洗井完成后进行井底沉渣的测定，当沉渣达到不超过 10cm 的要求后安装水泵，见图 3-9。

图 3-9　沉渣测定、水泵安装

3.3.4　基坑稳定性动态分析

根据开挖深度进行抗突涌系数的动态分析。当抗突涌系数大于 1.1 时，表示基坑处于安全稳定状态（绿色）；当抗突涌系数 f=1.1～0.8 时，基坑稳定性处于黄色预警状态；当抗突涌系数 f 小于 0.8 时，基坑稳定性处于红色预警状态。详见图 3-10。

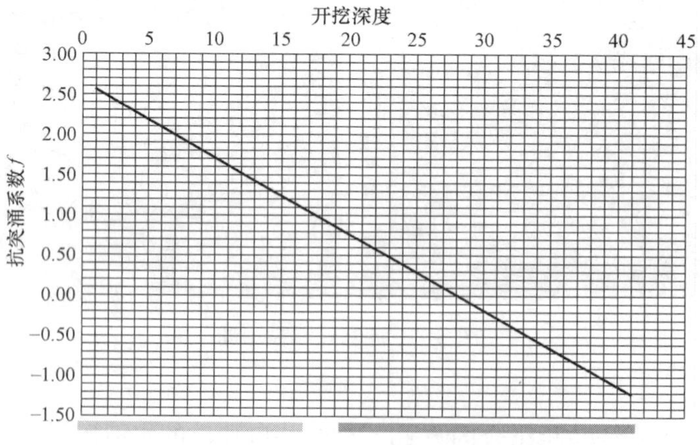

图 3-10　基坑工程抗突涌系数动态曲线图

3.3.5 降水运行

为避免降水系统因故断电停止运行造成基坑随时可能被淹没的重大安全事故，现场采用自动控制和自动监测、计算机可视化的技术对基坑降水进行实时跟踪监测，确保基坑开挖安全。基坑降水运行的控制系统由双电源自控系统、井内水位数据自动采集系统、计算机可视化三部分组成。自动控制系统的应用，使可能产生的风险在事前得到有效识别，大大提高了对降水风险的突发应急响应能力，对重大深基坑的施工安全起到了至关重要的保证作用。

图3-11 发电机组、中央控制柜、水泵控制箱

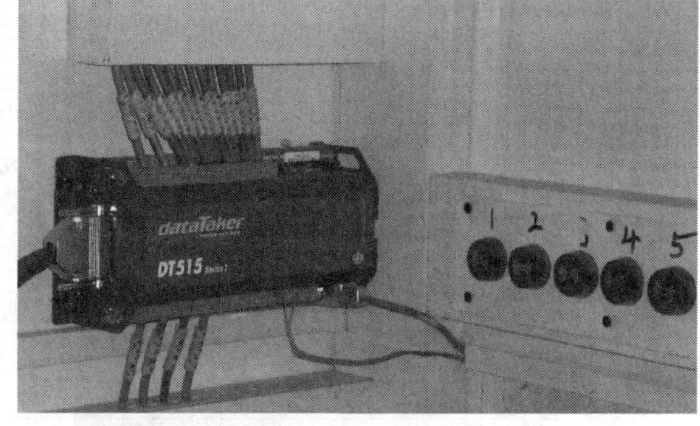

图3-12 压力传感器、数据采集仪

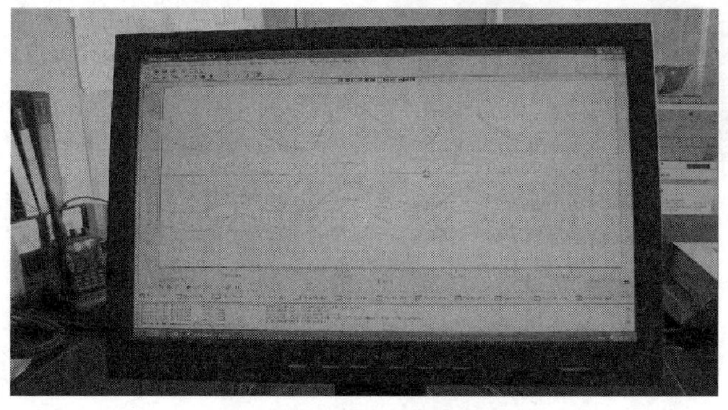

图3-13 监测数据计算机可视化

3.3.6 降水与环境保护

基坑开挖深度达41m，在缺失第⑧层硬土隔水层的地质条件下，大规模降低承压水头压力引起地下水渗流场变化可能对周围环境和基坑本身造成的具体影响无先例可循。本工程最高峰时，须同时开启20口减压井同时抽水，日抽水量达15000m^3。从降水试验开始，随着开挖深度逐渐加深，基础底板浇筑、整个地下工程的实施，减压井开启数量经历由少到多，又逐步减少直至最后全部关闭的过程，为此建立了一套包括量测承压水位、环境地表沉降等完整承压水变化和影响的监测系统进行数据采集和分析，得到大量诸如基坑降水引起的基坑外侧相邻地面沉降的时空分布规律。

采集的关于承压水降水过程中监测数据信息相当多，以下为环境地表沉降的时空分布数据变化规律。

3.3.7 承压井封井

根据降水井所处位置及不同的封井时段，采用3种方法进行封井。

（1）基坑内部分减压降水井和观测井

大底板施工前，开启基坑内的部分降压井，将基坑内承压水控制在地面以下42.0m左右，保证基坑大底板施工前先对部分降压井进行封井。

（2）大底板全部完成后剩余降压井

坑内的承压水减压井由于井深超过基坑底板深度，且在基坑底板施工中需一直保持承压水头低于基坑开挖面，因而在基坑底板施工后需对承压水减压井进行封井处理。

降压井封闭前会同设计单位验算基础及结构抗浮力，降水结束前将向设计、监理及业主递交封井报告和申请。

井管外侧：在基坑垫层之上底板厚度范围内，在井管上间隔一定距离焊接二层厚4～6mm、80cm×80cm的钢板，与底板混凝土浇筑在一起。

图3-14 井管与基坑底板

降水井内封井采用压密注浆工艺、步骤如下：

1）预搅拌1.00m^3左右的水泥浆，水灰比0.4～0.5。

2）井管内填入瓜子片，瓜子片的回填顶部在基坑底板以下5.00～6.00m左右。

3）井管内下入注浆管，注浆管的底端下入深度离瓜子片的回填高度以上0.50m左右。

4）正式注浆前井管口用钢筋作支撑，将注浆管固定，然后开始注浆，注浆时要求将水泥浆通过瓜子片的空隙渗入底部滤水管的周围将滤水管的缝隙堵死。

5）注浆压力0.4～0.6MPa，根据实际调整。注浆完毕，水泥浆达到初凝的时间后，抽出井管内的残留水，并及时观测井管内的水位深度或标高的变化情况。一般观测2～4h后，井管内的水位无明显的升高，说明注浆的效果较好。

6）当判定已达到注浆的效果后，管口周边混凝土面可凿除5cm深，可割去所有外露的井管。

7）向井管内灌入混凝土，混凝土的灌入高度略低于基坑底板混凝土面约30cm。混凝土灌注结束，及时观测井管内水位的变化情况。

8）待井管内混凝土的初凝能符合要求，并能确定封堵的实际效果满足要求后，井管内焊接10mm厚钢板，然后灌注混凝土。

9）井管内灌注完混凝土后，在管口要用铁板焊封，管口低于基底混凝土面以下2cm左右。

10）管口焊封后，进行基坑面混凝土浇捣，把井管封闭在混凝土内。

11）封井工作完毕。

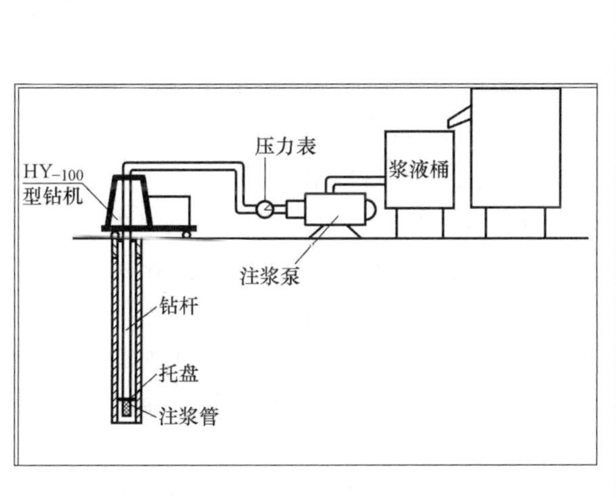

图3-15 高压注浆法封井示意图

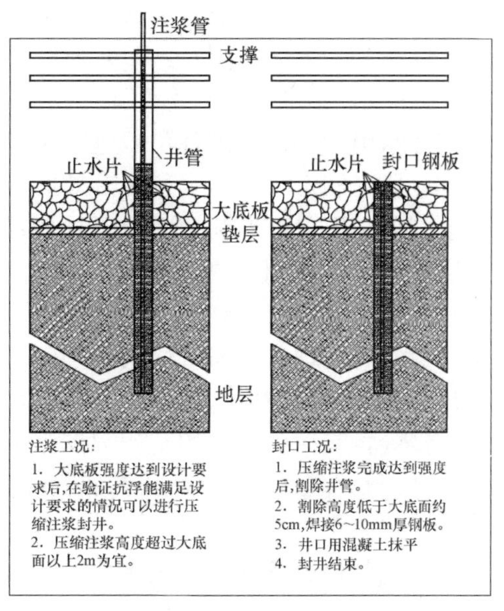

图3-16 封井工况图

（3）基坑外观测井

在井内回填黏土至井管口下2m处，再回填素混凝土，井管口用钢板焊接封牢，如图3-17所示。

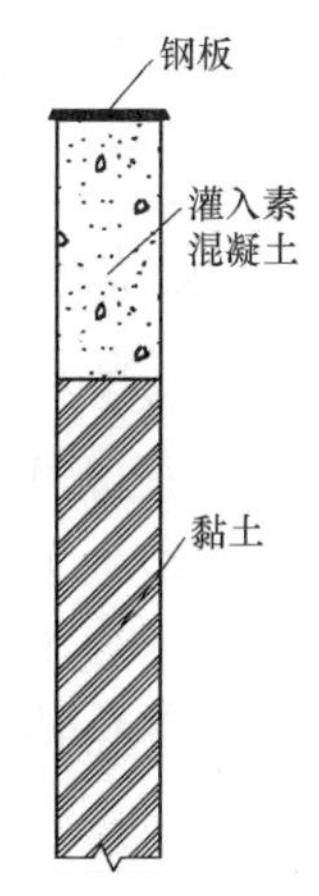

图3-17 坑外观测井封井示意图

4. 工程总结与启示

本工程是处于工程事故复杂场地的超深基坑工程，在岩土工程勘察、综合物探和基坑降水过程中，坚持创新探索，积极采用新技术和新方法，解决了诸多常规工程中不具有的技术难题，特别是大幅降低承压水水位取得了圆满成功，为修复工程发挥了关键作用。

本工程岩土工程勘察与常规勘察具有明显差异，勘探具有难度大、精度要求高的特点。重点查明了浅部抢险注浆体及地下障碍物分布范围、塌陷区范围、塌陷区内有关地层分布的变化及地层力学性质的前后变化，同时还查明了黄浦江地表水体、潜水和承压水水位变化和水力联系，为修复工程基坑围护和降水方案设计和施工提供了依据，为控制工程风险提出建议。

除了岩土工程勘察之外，物探通过多种方法和手段查明了工程场地浅部分布复杂的填土、地下障碍物，以及水下地形和塌陷隧道长度。由于注意发挥不同物探方法的适用性，并通过相互验证以及最为直接可靠的钻探验证，进一步提高了物探成果的可靠性。对比各种物探方法的适用性和有效性，再次认识到电磁感应法对地下金属管线探测十分有效，地质雷达法在 20m 范围内对地下障碍物的探查效果较佳，瑞雷面波法对探明 20m 范围内的注浆影响深度比较有效，高密度电阻率对探明浅层覆盖层厚度及障碍物效果较佳，而水中高密度地震映像适于探明水下地形及地层分布。

作为修复工程成败的关键，基坑降水通过现场工况条件的多学科综合研究和现场多次试验，解决了包括降水设计、成井施工、降水运行、承压水封井等方面的诸多技术难题，实现了以下几个方面的创新：(1) 研究开发了具有自主知识产权的地下水三维渗流计算软件（GWS. V1. 软件）（获专利）；(2) 开发创建了水、土耦合三维渗流地面沉降计算模型，使降水引起的地面沉降可以进行定量计算，为预测降水引起的地面沉降发挥了重大作用；(3) 研究制定了一整套行之有效的成井工艺和技术方法；(4) 研制开发了基坑降水电源自动控制系统（获专利），一旦供电系统停电，在无人管理的状态下，3～6 分钟时间内可使因停电而停止抽水的全部水泵延时启动，确保基坑开挖安全；(5) 研制开发了基坑水位自动监控系统（获专利），实现计算机可视化和实时监控；(6) 成功完成基坑底 41m 处降水井封井，实现井管与基坑底板之间的连接密封和井管内部的封堵。

该工程的顺利建成，为巨厚承压含水层区域条件下进行深基坑工程地下水控制积累了丰富的经验，获得了大量的工程数据，由各方合作完成的《扰动地层塌陷隧道原位修复综合技术》创新技术获 2008 年上海市科技进步二等奖。作为一个成功案例，本工程为深大基坑降水带来很多有益启示，如复杂地质环境条件下的深基坑地下水控制计算，应充分考虑可能影响的边界条件，采用多技术、多方法进行比较；借助计算机技术进行三维渗流数值模型计算可取得理想的结果；在巨厚砂层和复杂条件下进行降水井成井，工艺选择和工序质量十分重要，需要严格控制成井的各项钻探技术指标，如泥浆的比重、黏度、坍落度，钻孔的垂直度、扩径、缩径，洗井的有效方法等；在深基坑地下水控制中，为减少降水对周边环境的影响，必须坚持“按需降水”设计思想，通过完善的降水运行控制确保工程安全。

5. 工程效益与效果

经过各方共同努力，上海轨道交通 4 号线事故段隧道在原位得到了修复，并按时通车投入运行，经过 1 年多时间的运行，各项指标完全达到了设计要求，体现了岩土工程界处理复杂艰险地下工程的技术水平，取得了显著的经济、社会和环境效益。

本工程岩土工程勘察详细查明了复杂场地的地层分布，充分掌握了浅部填土特点、塌陷区地层变化特征、土层物理力学性质的变化规律、水文地质条件等，准确分析判断了塌陷及抢险对整个场地工程地质条件的影响程度，为工程提供了基坑围护设计所需的各类土性参数，针对修复设计方案、施工工艺中涉及的岩土工程问题进行了深入的分析，包括对复杂场地可能造成对设计施工的不利影响与防治措施等，为修复工程建设中规避岩土工程风险发挥了重要作用。

综合物探探明了修复工程场地内的地下管线、地下障碍物的分布情况，探明了注浆实际影响范围、黄浦江水底地形及地层，以及隧道的顶标高，并确定了隧道损坏段与完整段的精确分界点，为修复工作的设计与施工（最终确定修复段的合理长度）提供了重要的依据，避免了因地下情况不明而造成工程返工、资金浪费的情况。

本工程降水是关乎整个修复工程成败的关键。通过设计方案的优化、严格的成井质量控制、自动化的降水运行，使按需降水的原则得以充分贯彻，周围环境得到很好的保护，临江大厦安然无恙，最敏感点的沉降量在1cm左右，南浦大桥上匝道、中山南路等地面沉降在有效控制之中，完全满足了设计要求，大大减少了对环境治理的投入。

基坑降水工程原概算合同金额为2000万元，由于方案优化，工程降水费用节约了40%；总体修复工程由于降水效果很好，坑内、外加固的工作量大大减少，根据总包估算，节约修复工程施工造价2.8亿元。

6. 获奖单位简介

上海岩土工程勘察设计研究院有限公司（简称上勘院），创建于1958年，原名上海勘察院，2003年底实现整体改制后更名。上勘院是一家国内知名的综合性岩土工程咨询公司，拥有雄厚的技术力量、一流的专家队伍、精良的仪器设备和丰富的工程经验。通过联系紧密的知识网络和资质平台为客户提供高质量的专业技术服务，在业界具有很高知名度。

公司提供的服务涉及岩土工程设计、工程咨询、工程勘察、工程测量、工程监测、工程检测、工程物探、建筑设计、市政设计、工程监理、房屋质量检测、地震安全性评价、地质灾害评估等，并覆盖建设工程管理咨询、工程项目管理和运行管理等领域。公司通过国家计量认证和质量、环境、职业健康管理体系认证。

公司现有职工500多名，专业技术人员比例超过90%，公司拥有国家勘察大师4名，教授级高级工程师16名，高级工程师近百名，各类注册工程师70多名。

公司设有设计咨询公司、岩土技术公司、工程测绘公司、工程检测公司、工程监测公司、房屋检测公司、大师工作室、研究中心、信息中心等生产、研究部门，在外地设有天津、浙江、苏州、重庆等分公司，并投资设立了上海城凯建筑设计有限公司、上海三凯建设管理咨询有限公司、上海长凯岩土工程有限公司、上海顺凯信息技术有限公司、上海泉凯投资管理有限公司以及上海舰凯钻探有限公司。

经过50余年的辛勤磨砺，公司共计完成各类工程勘察、设计项目13000余项，其中160多项工程获得国家、建设部以及上海市嘉奖，其中获国家级金、银、铜奖18项；负责主编、参编了30余部技术规范、规程，先后荣获“全国五一劳动奖状”、“全国住房城乡建设系统先进集体”、“上海市文明单位”、“上海市质量标兵企业”、“上海市重大工程立功竞赛优秀公司”、“上海市创新型企业”、“上海市优秀高新企业”等荣誉。

为适应科学发展观和创建和谐社会的国家战略目标，公司提出了以“规避风险、节约资源、共创和谐”为核心的“绿色岩土”创意理念，努力实践“为基本建设和城市管理提供优质技术保证，为人类社会和利益相关方共同节约资源，为工程建设和投资人安全规避风险，为企业员工成就事业创造幸福生活”的社会承诺，为上海及全国的城市建设和运行管理做出积极的贡献。

上海长凯岩土工程有限公司是其下属子公司，获上海市高新技术企业认证，具有地基与基础工程专业承包壹级资质。公司主要从事公路、桥梁、港口、机场、高层建筑等基础±0.000以下的地基基础处理和工程降水，在深基坑围护、设计、施工、深基坑降水，水文地质、地基处理技术、岩土工程咨询等方面积累了丰富的经验，尤其在深基坑降水方面形成了一整套完备的技术标准体系和ISO 9001—2000质量管理体系，在地下水控制、深基坑降水方面在业界具有良好的声誉，多项成果获上海市科学技术进步奖。

7. 专利及独有技术

7.1 《基坑降水自动控制系统》（专利ZL200920077051.9）

在基坑开挖降水过程中，特别是在基坑开挖到承压含水层的情况下，一旦降水井因故断电停止运行，就会在很短的时间内，将基坑淹没而造成重大安全事故。为此，采用自动电源控制系统，确保在一路电源断开的情况下随时有电源可以供电，确保基坑开挖安全。

电源自动控制系统：主要通过中央智能控制器（控制柜）来实现，在市电供电停止的瞬间，信号自动发给备用电源（柴油发电机组），备用电源在收到信号的瞬间，根据事前设定的启动时间，立即自动启动并达到稳定电压向系统供电；当市电恢复供电时，信号给发电机组并迅速自动切换至市电供电，发电机组自动停止运行，这样在无人值班的状态下，能保证水泵的正常启动运行。

7.2 《基坑水位自动监控系统》（专利ZL200720068106.0）

水位数据自动采集系统：主要由水位传感器、频变信号线、数据自动采集仪三部分组成。水位传感器放置于基坑内、外的观测井中，通过信号线与数据自动采集仪连接，数据采集仪根据需要设定数据的采集时间，时间间隔可以设定以“秒”为单位，将采集的数据自动保存在数据文本中，并可通过计算机将采集的各个观测井的水位数据以平面曲线的形式在监视器中进行实时显示，随时掌握了解任一时刻每一观测井内的水位变化情况。

水位自动监测系统的应用，大大提高了监测的及时性和准确性，对重大深基坑的施工安全起到了重要的保证作用，大大提高了对地下水风险的控制能力，使可能产生的风险在事前得到有效识别和控制。

7.3 《一种基坑内降压井封井结构》（专利ZL201220316488.5）

封井是基坑降水工程中重要环节，目的是解决降水工程结束后期的坑内降水井封闭和工程局部防水问题，保证底板强度的连续性。在静水状态下首先对基坑内降压井实施压密注浆封堵与井管外焊接止水片与底板连接在一起。在基坑底板钢筋混凝土强度达到设计强度80%后，井管内填入瓜子片。然后通过注浆管进行压密注浆，要求将水泥浆通过瓜子片的空隙渗入底部滤水管的周围将滤水管的缝隙堵死。注浆管上拔2m，瓜子片的回填高度2m，再次注浆，重复操作注浆完毕。井管口处焊接10mm厚封口钢板。管口焊封后，用水泥砂浆填入孔洞抹平，封井工作完毕。

7.4 《地下水三维渗流计算（GWS. V1.0软件）》（软件著作权登记号2007SR03505）

在Microsoft Windows XP操作系统环境下，使用Microsoft VisualBasic6.0语言研制了可视化的计算机软件（GWS），可以直接在计算机上创建基坑降水的水文地质概念模型，并进行模型的识别、验证和预报，实现整个基坑降水过程中地下水三维渗流和地面沉降模拟控制计算的可视化，提升了地下水非稳定渗流三维有限元计算机程序和地下水渗流与土体变形全耦合三维有限元计算机程序的应用价值，操作性更强，表达效果更好。

7.5 《承压水降水及土体变形环境控制》

获上海市科技进步奖三等奖。该技术在分析、研究、总结上海市水文地质与工程地质特征的基础上，建立了关于多层松散含水层组地下水三维渗流有限元数值模型，以及基坑工程降水的三维渗流与土体变形全耦合地面沉降有限元数值模型，发展了数值模型求解及软件应用技术，在上海环球金融中心塔楼深基坑工程坑外减压降水和上海地铁 M4 线董家渡隧道修复工程坑内减压降水工程中得到应用，实现了有效的工程降水，成功地控制了基坑外地面沉降。

7.6 《扰动地层塌陷隧道原位修复综合技术》

该项技术由多家单位合作完成，获 2008 年上海市科技进步二等奖。

【项目特色提要】 本修复工程位于地上、地下建成环境十分复杂的中心城区，勘察工作没有先例可以借鉴，除采用常规勘察手段外，采用了电磁感应法、地质雷达、多道瞬态瑞雷波法、水中高密度地震映像、高密度电阻率等多种物探方法，有效探明了各类电缆和金属或非金属管线、地层变化、事故残留物、原抢险的注浆影响范围、浅部地下障碍物和塌陷隧道情况等，并采用 GPS、RTK 与测深仪等原位测试方法，探明了黄浦江水下地形及地层分布。通过钻孔和测斜校正精确测定了原隧道顶面埋深，验证了原隧道完好段的实际情况。在此基础上，为隧道修复设计、施工提供了全面、准确的信息和指导性意见。项目通过深入的专业分析，正确地判断黄浦江水与地下水潜水、承压水不存在明显的水力联系并为控制工程风险提出相关建议，为修复工程采用干法修复施工的基坑支护和降水方案设计、施工提供了关键依据。项目采用自主开发的地下水三维渗流分析软件和降水引起地面沉降分析模型等，整个降水工程坚持“按需降水”的原则，使周边环境得到了很好的保护（紧邻本工程边的临江大厦最敏感点的沉降量仅为 1cm 左右；南浦大桥、中山南路等地面沉降均在有效控制之中）。

本项目的工程勘察项目以“一切从实际出发”作为指导思想，严肃认真的工作态度，采用针对性的勘探、测试手段，查清了修复设计、施工最担心、最关键的问题，一些预测性的判断都得到了实测和监测数据的验证，经济、社会效益显著，是一个体现岩土工程技术综合服务价值的优秀范例。

工程测量

上海大众试车场工程精密控制网测量

上海市政工程设计研究总院（集团）有限公司　罗永权　赵佩铭

【项目摘要】

“上海大众试车场工程精密控制网测量”项目属土木建筑工程勘测中的精密控制网测量工程。项目实施过程中，针对德方对施工控制网的超高精度要求（平面 2mm），项目组在对布网方式进行全面比较和分析基础上，结合当时的仪器设备条件，通过控制网网形优化、控制点观测墩建造、测量误差分析和消除、基线稳定性的确认与选择等专项设计，采用测边网法完成平面控制网布设，最终实现了亚毫米级（平均 0.6mm，最弱 0.9mm）点位精度的重大突破。项目成果经鉴定达到国际先进水平，并先后获得 2006 年度建设部华夏建设科技进步奖三等奖、2004 年第九届优秀工程勘察国优银奖、2003 年度建设部部级城乡建设优秀勘察二等奖、2003 年度上海市优秀工程勘察一等奖等荣誉。

1. 工程概况

上海大众试车场由上海大众汽车有限公司投资兴建，位于上海市嘉定区安亭镇的汽车城，嘉安公路以南，宝安公路以北，墨玉北路以东，百安路以西，占地 1.44km^2（长 1.8km、宽 0.8km），呈西南—东北向的椭圆形，工程历时 5 年，总投资 12 亿元人民币，于 2003 年 2 月建成、2003 年 8 月通过验收正式启用。试车场内包括高速环道（设计时速 200 km/h）和环道内东半部的 EVP、EWP、动态实验区等各种不同类型的道试验设施，可以对轿车进行全面的专业测试。上海大众试车场是国内第一个国际一流水平的、针对轿车研发的专业试车场，由著名的德国 OBERMEYER 设计咨询公司和上海市政工程设计研究总院（集团）有限公司勘测设计，斯特拉堡（STRABGG）公司、中铁四局等单位进行施工，严格按照德国大众当时技术标准建设。建设中由于采用了诸多最新技术，最终成果平均点位中误差±0.6mm，在国内同类测量中属重大突破，其技术完全达到并有很多方面优于德国大众 Ehra、奥迪等试车场建设中的测量水平。另外，它是国内首次在软土基上建成的试车场，突破了软土基上无法建设高标号极速公路的历史性进步，采用了国际最先进的施工工艺和观测手段，保证高速环道长期稳定。尤其值得一提的是上海大众试车场的建成为上海建造 F1 赛车场提供了宝贵的施工经验，使之成为集各种特殊路面、施工手段、检测措施和完整配套设施于一身的道路建设宝典。

“上海大众试车场工程精密控制网测量”项目，属土木建筑工程勘测中的精密控制网测量工程。施工平面控制网点位精度要求高于±2mm。由上海市政工程设计研究总院（集团）有限公司勘察设计院承担实施，并根据工程进度，1997 年底先期建立 10 点，构成前期网（主网，测量/复测 3 次），作为前期施工的起算点；1999 年初增设 41 点，与有保留价值的一期网 3 点共 44 点构成施工网（加密网，已测量/复测 2 次），直接为高速环道等设施的精密施工服务。

在实施过程中我们得到了指挥部及设计人员的大力配合，最终以高精度的测量成果完成了项目，保障了试车场高要求施工的顺利进行。项目中关于“控制网与精密测距的误差分析与处理”等方面的研究及成功处理的措施，对同类工程有较高的参考价值。

2. 项目背景与作业条件

2.1 项目背景

由于轿车专业试车场对技术参数和安全性的要求极高，因此对施工控制网布设的精度要求就很高，导致测量的难度大。因此在项目的勘测设计、施工控制过程中，我们通过不断采用新技术，不断突破传统技术的模式，完成项目中高要求的测量工作。正是由于新技术、新工艺的广泛采用，解决了上海大众试车场建设中的诸多难题，也为国内软土地基道路建设中的相关难题找到了新的解决办法。

在大众试车场的测量中，由于设计时速＞200km/h 高速环道精密施工对控制点的特殊要求，施工用测量精密控制网需布设 40 余个点（点间距约 200m），平面点位精度要求高于 2mm，是一项相对精度要求极高的控制测量项目。根据《精密工程测量规范》GB/T 15314—94，本工程平面控制等级属于“三级精密工程水平控制网”（3mm，光电测距仪最高等级），在城市内复杂的工况条件下，必须进行专项的误差分析和消除方案设计，在测量作业过程中严格注意缩小各项限差值，以达到预定成果精度。

2.2 作业条件

本工程场地条件复杂，加之地处软土地基区域，点位稳定性差，对于测量控制点位的选取以及观测墩的埋设都提出了较高的要求，给测量工作带来一定的困难。

该项目施工组织工艺复杂，点位间高差大，施工过程中临时障碍物多，通视条件较差；现场全部施工，测量通行不便，测站搬站完全靠人工步行，给测量的通行、通视造成很大的困难。

由于整个项目分期施工，导致控制网需要分级布设，增加了测量工作量，并且还需要进行控制点稳定性的检测。分级布网获得的成果须进行整体平差并将误差进行重新分配，不利于各项误差的减弱和消除。

施工过程中，由于各施工工艺的交替及工种的融合，给周边外界环境带来了不可预知的因素，大面积的施工作业和过往频繁的施工车辆，更将影响到点位及基线的稳定性，给测量工作带来了诸多不利因素，影响测量工作的质量和效率。

3. 主要工作内容及成果

在承接上海大众试车场精密控制测量项目后，项目组以《精密工程测量规范》GB/T 15314—94 为技术标准，使用测距仪 DI2002、经纬仪 T2、干湿温度计、配套徕卡棱镜、气压计等仪器，以测边网的方式分期布设了施工平面控制网，最终布设了 44 个三级精密控制点。项目工作流程见图 3-1。

3.1 确定平面控制网布设方法

控制网布设前，为了提高作业效率，保证施工进度，测量项目组首先从成果精度、作业强度、时间效率、设备投资等方面对比测角网、边角网、导线网、测边网及 GPS 网五

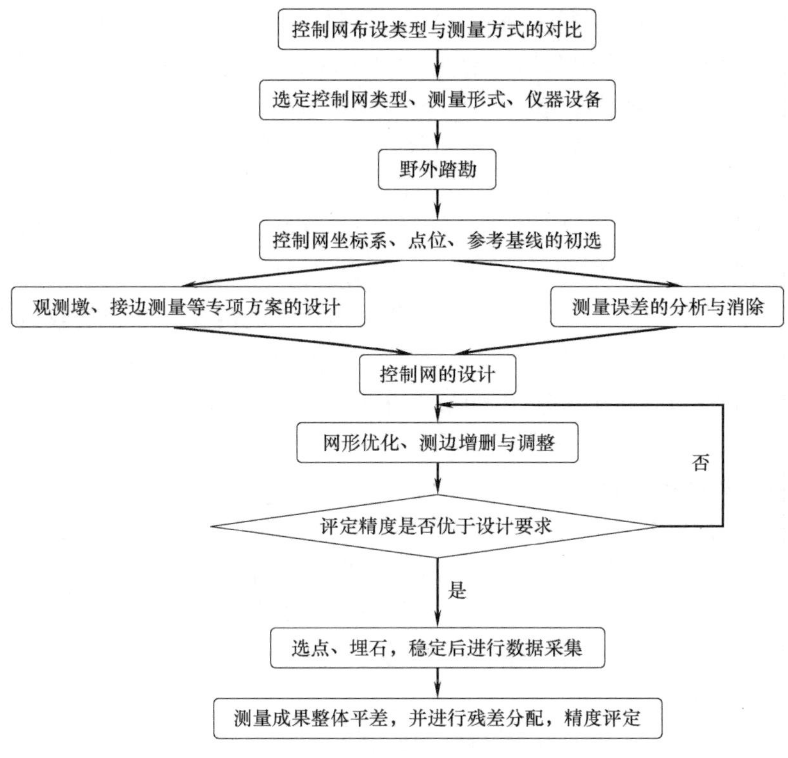

图 3-1　项目工作流程图

种方法，选出最具优势的测量方式。经过严密的研究和计算，本工程最终选择了利用高精度测距仪器，以测边网方式布设施工平面控制网，保证项目成果质量的同时，兼顾了经济性和高效性。布设完成的前期控制网如图 3-2 所示，由一条长边基准边和 25 条边组成的四个大地四边形、2 个中点多边形组成，有较高的图形强度。

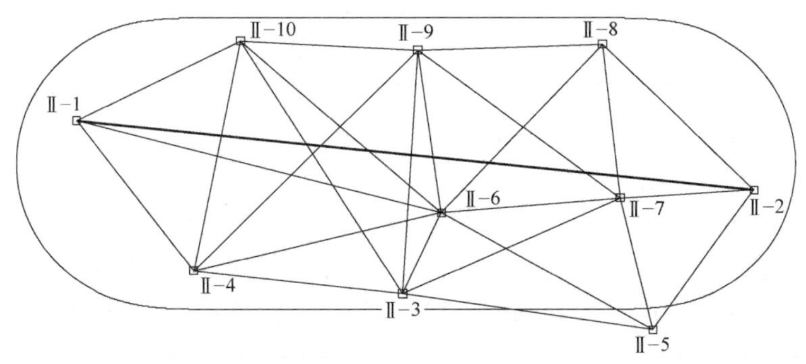

图 3-2　大众试车场前期控制网

3.1.1　各种布网方式的精度比选

（1）测角、测边相对中误差的精度比选。结果表明在同等测距精度下，增加测边或加测方向角对提高整体精度影响不大，并且测角精度要达到 1″需增加很大观测量。而提高测边精度可以很明显地降低相对中误差。

（2）GPS 测量精度的局限性研究。通过 GPS（5mm＋1ppm，四台套）静态定位试验，本工程进行了 GPS 控制网精度的对比测试，解算结果表明：两套成果中坐标最大差值达±5.6mm，平均点位误差 3.7 mm，GPS 测量平均点位精度 3.1mm，最弱点点位精度 5mm，无法满足局部地区相对精度为 0.5～2mm 的高精度工程控制网的布设要求。

3.1.2 劳动强度和人员要求比选

2mm 的控制网点位精度属于三级精密控制，角度测量采用 1″级仪器 12 测回，需由一级测量员操作。而三级精密控制网采用光电测距仪进行测量只需往返边各 4 测回，对测量员的照准要求低于测角时需精确照准目标中心的准确度；从时间上比较，测距仪能在几秒钟内显示距离测量成果，远低于角度测量 1 测回几分钟。从对测量员的技能要求、劳动强度、测量时间等因素比选，每个测站在纯测角和纯测距的情况下综合功效最小达到1∶20。

从人员投入上，边角网需 2 组共 10 余人、GPS 网需 4 组近 10 人，而测边网仅需 1 组、3～4 人。因此采用测边网的方式进行控制网测量是劳动强度最低、人员投入最少的首选方法。

3.1.3 设备投入的经济性比选

添置 1″级全站仪价格在 15 万元左右，0.5″级全站仪价格在 30 万以上，而更先进的测量机器人需要 40 余万元。高精度的双频 GPS 接收机单价十几～几十万元/套且需要至少 4 台套，总价 100 万元左右。而 1mm＋1ppm 级精密测距仪（如：WILD－DI2002）价格相对便宜，数量仅需 1 台，且各测量单位一般已配置，可节省大量的设备投入。

3.1.4 控制网测量时间效率对比

以大众试车场施工网 $n=44$ 个控制点的控制网测量为例，各种控制网测量方式所需的理论最少测量时间为：

各测量方式所需测量时间　　表 3-1

方案	观测量	测回数	测站数	每站测时	每站总时	总耗时
测角网	129	15	44	0.8	1.3	59
测边网	87×2	4	44	0.4	0.9	40
GPS 网	22	1	22	1.5	2.0	44

选择测边网测量更加具备效率优势。

3.2 控制网点位选择及网形的优化

在综合考虑业主方、设计方、测量规范等要求后，本项目控制点的选择兼顾了便捷性、稳定性、易于保存等优点；控制点点位比较稳定，基准边能够约束误差的传递，很好的控制了控制网的相对精度；控制网图形结构强，多余观测多，平差结果很好的满足了工程精度要求。

3.2.1 控制点点位选择

控制点点位的成功选择能直接为施工提供方便、有效的服务，并且是保证观测墩能长期有效使用、不受施工影响的关键措施。本工程控制点点位选择时遵循以下原则：

（1）根据设计及德方专家要求，控制点间距约 200m；

（2）点位需在施工范围外的间隙，并考虑避让施工便道；

（3）为环绕场地的高速环道服务的控制点应布设在环道内侧，既能避免控制点受场外人员破坏，又能方便施工单位使用，并且环道超高段的内侧设计标高较外侧超高顶低 2m，降低本区域的观测墩高度；

（4）有利于测边网构成一定的图形结构强度；

（5）大众方要求西区的高速环道内不宜布设控制点。

3.2.2 控制网坐标系统与基线选择

（1）本工程中，按一条长基线建立相对坐标系统，以利提高网内相对精度。为保证规划报批所需的上海城市坐标联测，在控制网的建立初期进行，获取基准边方位角和其中一点城市坐标，使本工程坐标系统成为上海城市坐标下的相对独立坐标系统。

（2）控制基线的选择具备以下特点：

① 总长约 1700m，与控制网点位最长范围接近，有利于约束误差传递，提高控制网的相对精度；

② 位于控制网长轴中部，将控制网范围分为面积基本对等的两部分，能约束量测误差传递的不对等性，有利于控制网测边选择的网形设计；

③ 基线点之一位于场内建筑物楼顶，有长期稳定性；位置高，与网内其他控制点通视情况好，有利于点位保护和方便使用；

④ 基线点另一点位于施工干扰相对较少区域，有利于点位稳定性。

3.2.3 测边网优化设计

根据控制点的选点位置并结合现场情况，利用专业控制网平差软件，全面评定网的精度，进行测边的增设、调整，有利于加强测边网的图形强度和增加检核的效果，满足了控制网要求的 2mm 点位精度。最终形成的测边网网形如图 3-3 所示。

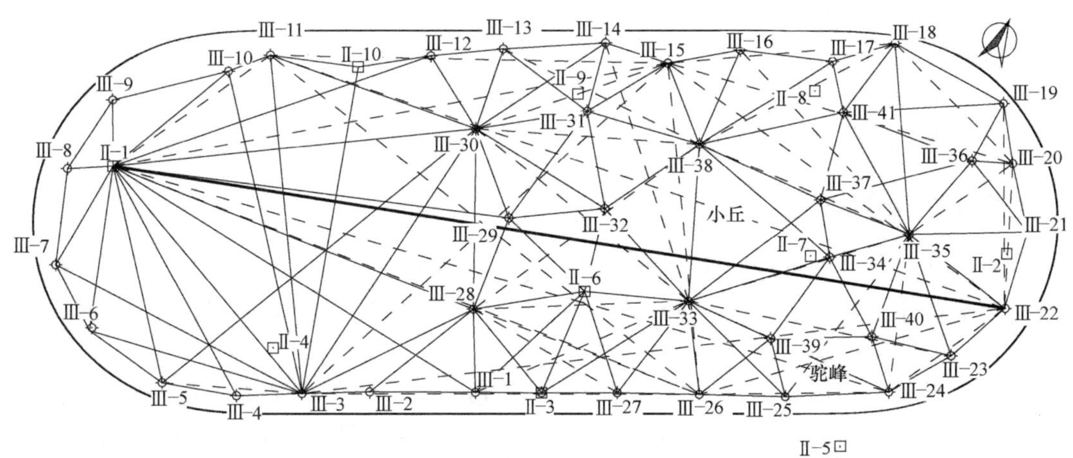

图 3-3 优化后的控制网网形

优化后，控制网测边共计 163 条，多余观测条件数为 76，多余条件率为 1：1.87，有效地提高了可靠性。

采用平差软件对优化设计后的测边网进行精度评定，结果为：

最大点位误差 1.95mm；平均点位误差：1.65mm；

边长比例误差最大值：1/82000；平均边长比例误差：1/367000。

3.3 误差消减措施

为了提高测量精度，对测边网及精密测距的误差源进行了全面的分析，精密计算各项误差，创新性地引入了湿温改正、置平改正、棱镜加常数、高程面改化等各项精密测距误差消减措施。操作过程中技术人员严格遵守操作规范，很好的消除或减弱了测量误差。采取的具体措施有：

(1) 建立强制归心观测墩，消除了对中误差；观测墩打桩消减了点位不稳定性；

(2) 测定棱镜差、测距仪加/乘常数误差等相关参数并进行高程面改化后，消减了气象改正、置平改正、周期误差改正、加常数乘常数改正、高程面改化等误差；

(3) 进行不同条件下的多次观测，减弱了照准误差、读数误差等各项人为误差和仪器设备不稳定等偶然性误差；

(4) 建立了足够数量的多余观测并进行平差处理，获取到了最可靠的结果；

(5) 在每次控制网复测中，同步进行基线稳定性检测，并根据点位变化进行坐标修正，确定控制网平差计算的准确起算数据，保证了起算数据的准确性和可靠性；

(6) 确保选用高精度并经计量部门检定的测距仪、经纬仪、温度计、气压计；

(7) 配套棱镜加常数的精密测定；

(8) 严格遵守外业测量操作规范；重视大气影响，进行气象参数的测定；各测边的往返测回安排在不同时段进行观测；测中注意自校，测站超限立即进行现场重测；往返测段超限的进行双向复测等；

(9) 严格按照方案设计网形测边，保证成果精度和历次成果的可比性。

3.4 平面控制点实测结果

本项目 44 个 3 级平面控制点的实际测定结果如下：

点位中误差最大值： 0.87mm；平均值： 0.55mm；最小值： 0.36mm。

点间中误差最大值： 0.84mm；

边长相对误差最大值：1/432，000；平均值：1/1，207，000；

对接边测量中误差：0.27mm。

4. 技术难点与创新

误差分析提出的各项影响精密测量和控制点稳定性的因素中，许多项是常规工程测量较少考虑的因素，需要进行专项的研究，任何一点疏忽都可能影响高精度控制网的顺利实施。

本工程项目组为此制定了控制点观测墩的建造方案，很好的消除了仪器的对中误差；推导了 DI2002 测距仪专用气象改正公式，考虑了湿温带来的影响，提高了测距精度；检测了棱镜差常数，更正了棱镜常数非理论值带来的测距误差；使用了接边测量的方法，解决了工程中由于视线障碍带来的测边数据缺失等问题，保证了施测方案的正常进行；定期检测了各控制点的稳定性并进行坐标修正，保证了精密施工的准确性。

4.1 控制点观测墩的建造方案

为保证控制点稳定可靠，创造良好的观测条件，结合规范要求和现场情况，项目组对观测墩高度、强制归心装置的采用方式、建造观测墩的施工方案等进行了深入的专项方案设计。

(1) 观测墩顶高程的确定

为减小近距离施工精密测量中垂直角引起的仪器竖轴误差，操作平台高度不仅考虑了现状地面高程，还考虑了相应位置的试车场地面设计高程，保证观测墩高度高于附近设施设计标高。

（2）强制归心装置的采用方式

强制归心面板采用不锈钢制品，中心加工有螺孔，表面经光亮度、平整度的抛光加工处理，下有焊接的支脚以供安装在观测墩的水泥柱顶。螺孔加工与面板抛光同轴进行，确保了螺孔与面板的绝对垂直度，以保证仪器安置后仪器底板与归心面板紧密吻合。

（3）控制点观测墩建成后经历 2 个土体地下挤压和沉降稳定期后，开始观测。

4.2 DI2002 测距仪的湿温气象改正

DI2002 测距仪厂商提供的大气改正系数不能对不同湿温进行具体修正，根据 Barrel 及 Sears 公式，进行了含湿温参数的大气改正公式推导。根据推导后公式验证表明，$P=1013.25$mb 时，在不同干、湿温度下，湿温因素对大气改正的影响随着干温的升高和干湿温差的加大而影响变大，可达到 1ppm 以上。

4.3 棱镜差的精密检测

棱镜差受“采用原配棱镜，棱镜无误差”的错误影响，检定工作往往被忽视。在精密测距工程中，为防止棱镜在使用中碰动引起的棱镜常数变化，需要经常性进行检测。本工程为此研究了一种简便可行、高精度的检测办法。

（1）检测原理

如图 4-1 所示，通过对短距离、同一直线上 A、B、C 三点的两两间距分别测量 S_1、S_2、S_{12}，由于每段测距中均含有同样的棱镜差 e，可以通过公式简单计算：

$$e=S_{12}-S_1-S_2 \tag{4-1}$$

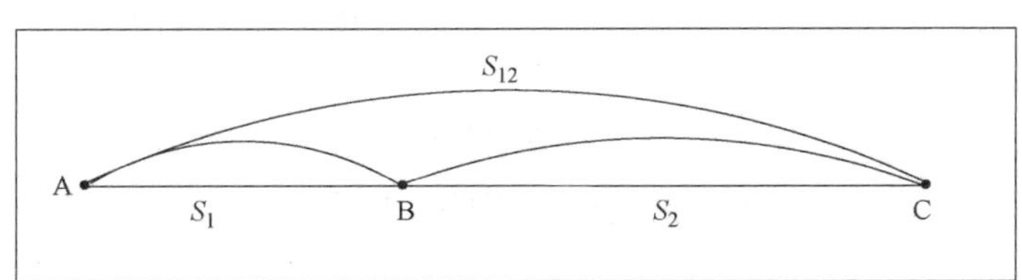

图 4-1 棱镜常数误差检测原理图

（2）关键技术措施

① 为消除仪器加常数影响，三点间距不宜过长，以间距 10～20m 为宜；

② 建立观测墩时，3 个归心点需严格位于同一直线上，否则需加测中间点的偏距进行斜边换算的改正计算；

③为避免较大竖直角引起的平距换算误差增大，三个测墩应位于同一高度；

④ 由于仪器高、棱镜高的不一致以及观测墩高差影响，距离测量值需进行平距改正计算；

⑤ 当多个棱镜同时进行检定时，需所有数据参与联合平差，计算出标准距离值后，再确定各棱镜差。

（3）检测结论

本方法求取的棱镜差实际上是仪器加常数与棱镜差的组合值，可减省测距仪加常数的精密测定工作量。检测结果显示：虽然是同一型号、原装进口的 WILD 配套棱镜，棱镜的加常数不是预想的 0 值。

4.4 接边测量

在测量中，施工临时设施的搭建和建筑材料堆放等因素是控制网设计时难以预料的，当施工障碍出现在测边上时，测边就无法直接测量。本工程施工精密网复测阶段，就发生了多达20%的测边无法直接测量的情况。放弃这些测边的观测，不但会影响控制网测量精度，更重要的是，无法与初测取得测量方案的一致性，削弱了通过两次成果比较分析控制点位移情况的可靠度。

为此，精密测量中采用了"接边测量"的方法解决测量中遇到的无法直接通视问题。

（1）接边测量原理

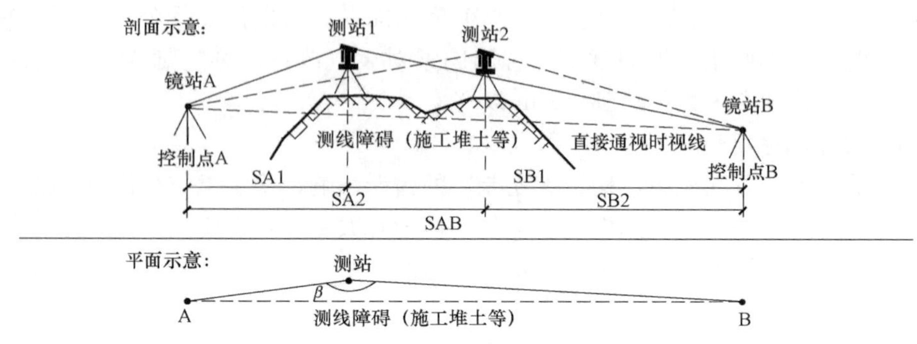

图 4-2 接边测量原理图

如图 4-2 所示，当测边 A-B 视线上遇到障碍时无法直接测量距离 S_{AB}时，可在测线当中架设测站，分别测量至 A、B 的距离，同时测量至两点的水平角 β，通过几何关系换算测边 A-B 平距。

（2）接边测量关键措施

① 为减小水平角观测对接边测量的误差影响，应尽量将测站架设在靠近 A-B 连线的位置，使三点连成一直线；

② 通过经纬仪正倒镜观测 A、B 两点，可方便地发现仪器位置的偏差以便调整；

③ 水平角 β 接近 180°时，水平角的测量误差对距离精度影响甚微，故水平角观测可按 2"精度要求进行；

④ 在进行 A、B 两点斜距测量时，需同时进行竖直角观测，以供平距计算使用；

⑤ 在内业计算时可通过 A、B 两方向的竖直角计算两点间高差，需与 A、B 两点的水准高差进行比较分析；

⑥ 当障碍物距离控制点过近导致竖直角过大（≥105°）或水平角（≤165°）时，测角误差对边长计算的影响会较大，此时不宜进行接边测量。

（3）接边测量的效果

在本控制网复测的实践中，对 31 组测边的接边精度进行了统计，单位权中误差为 0.27 mm，控制网的平均点位中误差达到了 0.6mm，最弱点中误差 0.9mm 的高精度。

4.5 控制网基线的稳定性检测

本工程施工控制网服务期长达 2 年多，为保证精密施工的准确性，需定期检测各控制点的稳定性并进行坐标修正。为保证各次控制网复测与首次测量的坐标系统一致性，需对构成控制网基线的起算点进行稳定性检测。

（1）检测时间

在施工加密控制网首次测量前（或布设初期），进行控制网基线稳定性检测可分析评价起算点长期稳定的可靠度，以便及时调整起算点的选用。

每次复测控制网中，需同步进行控制网基线稳定性检测，并根据点位变化情况进行坐标修正，确定控制网平差计算的准确起算数据。

（2）检测内容

纵向相对位移检测：通过对基线长度的精密距离测量检测构成基线的 2 只起算点的相对纵向位移。

横向位移外部检测：分别在位于控制网基线两头的与基线垂直方向各布设 2 只场外检测点（共 4 点），以高精密距离测量的方法确定横向位移量。

精度要求：测距精度高于 1mm、测角精度高于 1″。

（3）控制网基线稳定性检测结果

距离方式校核结果表明，基点变化可视为测量误差及检测点变化范围内。基点间相对关系稳定，相对检测点基本稳定。

角度方式校核结果表明，测角精度高、角度变化微小，但换算后的位移值远高出按距离检测方式测量的结果。

5. 工程效益与效果

5.1 本项目的直接工程效果

（1）本项目平面成果达到 0.6mm 精度，在同类工程精密控制网测量中属国内重大突破，精度等级达到亚毫米级精度，达到国际先进水平（表 5-1）。

（2）据上海大众试车场证实，德方试车场建设专家组反馈本项目取得的 0.6mm 精度完全达到并优于德国试车场建设中的测量水平。

（3）本项目成果采用的 1mm＋1ppm 测距仪布设测边网的测量方式，较同类工程精密测量通常采用的边角网、GPS 网等测量方式，具有设备投资少、作业强度低、工作效率高、作业周期短的综合优势，体现了明显的经济性和高效性。

本项目与同类工程精度对比表 **表 5-1**

工程名称	测量方式	精度等级	最大点位中误差 mm	平均点位中误差 mm
本项目	测边网	亚毫米级	0.87	0.55
三峡工程首级平面网	边角网	毫米级	2.1	
浦东机场航站楼控制网	GPS 网	亚厘米级	6.7	5.53
上海体育场施工控制网	GPS＋测边	毫米级	3.0	2.0
南京地铁一号线控制网	GPS 网	亚厘米级	5.4	
南浦大桥施工控制网	边角网	毫米级	4.76	2.5
卢浦大桥施工监测网	边角网	毫米级	1.5	
大亚湾核电站地面控制网	边角网	毫米级	2.0	
秦山核电站地面控制网	边角网	毫米级	4.0	

续表

工程名称	测量方式	精度等级	最大点位中误差 mm	平均点位中误差 mm
瑞士阿尔卑斯山铁路隧道控制网	GPS 网	亚厘米级	7.0	
欧洲原子研究中心质子加速器地表形变观测控制网	测边网	毫米级	1.5	

5.2 评审情况

上海市建委于 2005 年 5 月 26 日组织专家组对本工程进行评审鉴定。鉴定认为，本工程成果成功应用于大众试车场 5 年建设中，成果所取得的平面控制测量平均点位中误差±0.6mm 的超高精度，在国内同类测量中属重大突破，完全达到并优于德国试车场建设中的测量水平。本工程具有创新性，成果总体上达到国际先进水平，工作过程中降低了劳动强度、减少了设备资金投入、提高了工作效率，体现了明显的经济性。通过工程的应用实践检验及严格测试分析，验证了成果具有重要实用意义和推广价值。

5.3 经济和社会效益

大众汽车德国总部对上海大众试车场建设验收的各项指标要求极高，若不能达到预定的施工精度要求将不允许进行下一阶段的施工。上海大众试车场建成后，本工程各项测试数据与德国大众试车场测试数据通用并互相认可，本工程成果及精度得到了大众汽车德国总部、上海大众汽车有限公司等社会各界的广泛赞同。上海大众汽车有限公司认为，该项目成果提供的高精度测量控制网，保障了试车场各阶段施工精度达到德方验收标准，为试车场建设的顺利进行作出了巨大的贡献，避免了因测量精度不够而造成的试车场施工停工，产生了巨大的间接经济效益。

5.4 行业推动作用

本工程在详细的测量方案设计中确立的“精密测边网”的测量方案，削弱了各项误差，成果精度达到了预期要求，保障了上海大众试车场精密施工的顺利进行，填补了国内软土地基上建设极速公路的空白。同时，通过实践检验与测试分析，本工程成果具备较高的经济性、高效性、实用性，成果质量达到了“亚毫米级”超高精度，体现了技术水平的先进性，对同类工程有较高的参考价值。

本项目创新性的研究成果及成功处理实践，为特殊工程高精度工程控制网的建立，提供了一项经济、可行的选择方案，能为有精密施工要求的相关重大工程提供测量保障。随着经济的发展，在基础设施建设领域的重大工程越来越多，其中类似特大型桥梁、磁浮列车、高速轮轨、试/赛车场高速环道、大跨径建筑、核电工程等特殊工程对施工测量提出了很严格的高要求，本项目亚毫米级成果的成功经验，为类似高精度测量项目的顺利实施提供相关经验，成果具有重要的实用意义和推广价值。

6. 获奖单位简介

上海市政工程设计研究总院（集团）有限公司（简称上海市政总院）成立于 1954 年，从事规划、工程设计和咨询、工程建设总承包及项目管理全过程服务。现拥有给水、排水、道路、桥梁、水利、轨道交通、磁浮、地下空间开发、规划、建筑、环境工程、城市景观、热力、燃气、岩土、测量、检测、施工管理和工程总承包等专业，覆盖基础设施建设行业各领域，综合实力位居国内同行前列。2008 年获得首批国家工程设计综合资质甲级证书，2010 年完成公司制和集团化改革。上海市政总院现有员工 2000 余人，拥有 1 位中国工程院院士、5 位全国工程勘察设计大师，以及千百万工程国家级人选、中青年有突出贡献专家、上海市引进海外高层次人才特聘专家等，近 40 位享受国务院特殊津贴专家、70 多位教授级高级工程师；建有院士工作室、大师工作室和博士后工作站。勘察设计院是我国最早从事市政工程测量、勘察工作的单位之一，拥有教授级高级工程师、高级工程师、注册岩土工程师、注册测绘工程师等一大批高中级专业技术骨干，并配备一批高精度测量仪器和先进的勘探测试仪器。勘察设计院业务范围涉及工程测量、控制、地形、城镇规划定线与拨地、市政工程、线路管道、变形观测与形变、精密工程、桥梁测量、竣工测量；岩土工程勘察、设计、监理、咨询、治理、地质灾害评估、地基加固处理；岩土工程检测、监测；工程物探和室内岩土试验等专业工作。其测量、检测、测试、分析手段和工艺设备达到同行业先进水平。并通过了 GB/T 9001—2008 质量管理体系认证、环境管理体系认证、职业健康安全管理体系认证和计量认证。历年来，勘察设计院在市政道路、桥梁、给排水、轨道交通、隧（道）洞、码头驳岸、水利、电力、工业与民用建筑等勘察、测量工作中积累了丰富的实践经验，屡获国家、住建部和上海市优秀勘察奖。勘察设计院本着“讲质量、精技术、物有所值，重信誉、树形象、业主满意”的经营理念热忱为广大客户提供优质服务。

7. 专利与独有技术

用测边网方法布设控制网，在设备投资、成果精度、可操作性、劳动强度、时间效率等方面具备优势。项目的主要技术特色及创新为：(1) 引入了湿温改正、置平改正、棱镜加常数、高程面改化、周期误差改正等误差改正；(2) 设计了观测墩建造专项方案，消除了仪器对中误差；(3) 设计了棱镜常数差测定专项方案，消除了棱镜在使用中由于碰撞等原因造成的与棱镜常数理论值的差异带来的误差；(4) 使用了接边测量专项方案，解决了测量中其他因素导致的视线阻碍问题，保证了外业数据的数据量和可靠度；(5) 设计了控制网基线稳定性检测专项方案，保证控制网各次测量的坐标系一致性和起算数据的准确性。

【项目特色提要】 上海大众试车场工程精密控制网测量为一项精密工程控制测量项目。为满足高精度要求，本项目根据当时的仪器设备和现场作业条件，在对不同布网方式比较分析的基础上，采用了精密测距仪测边法进行独立平面控制网的布设和测量，具有先进性、可靠性和经济性。项目实施中，采取控制网优化、控制点观测墩建造、基线稳定性检测、接边测量、投影高程面改化和仪器测量误差消减等一系列提高精度的措施，最终控制网点的平面位置精度达到 1mm 级以内，最弱边边长相对精度达到 1/432000。本项目技术设计合理，作业实施规范，误差分析处理严谨，成果质量高，有力地支撑了试车场工程的建设，可为精密工程测量研究及实践提供很好的借鉴。

上海市卢浦大桥主桥监控与施工测量

上海岩土工程勘察设计研究院有限公司
张晓沪　郭春生

【项目摘要】

卢浦大桥于2000年10月开工建设，2003年6月建成通车。主桥长750m、宽28.75m，采用一跨过江，主跨跨径550m、高100m，居世界同类桥梁之首，被誉为“世界第一钢拱桥”。

卢浦大桥巨型钢拱全部现场焊接，无论在特殊施工工艺工序配合、消除大气折光k值测定与改正方面，还是在拱肋预拼装、合龙段48h跟踪测量、调索测量等方面均有创新和突破，是精密工程测量在超大跨径空间三维曲线全焊钢拱桥施工监控中应用的典范。

卢浦大桥主桥监控与施工测量项目获上海市勘察设计行业协会颁发的2003年上海市优秀工程勘察设计项目一等奖、中国勘察设计协会颁发的2006年度全国优秀工程勘察设计行业奖一等奖、2006年全国优秀工程勘察银奖。

1. 工程概况

1.1　工程简介

卢浦大桥是继南浦、杨浦、徐浦大桥之后在上海闹市区跨越黄浦江的又一座大型桥梁，也是世界跨度最长的钢结构拱桥，大桥地处的黄浦江江面宽约480m。

卢浦大桥主桥为一超大跨径的中承式系杆拱桥，其桥宽30m、拱高100m，箱型钢拱主跨达550m（矢跨比1∶5.5），两边跨各为100m。主桥施工采用三种方法混合组成的新的系杆拱桥施工方法，尚无先例可循；空间三维曲线全焊钢结构，安装精度要求高，施工技术复杂，测量项目的设置及其与施工工艺、工序的配合是本项目难点之一。

主桥立面、平面图及大桥钢拱合龙前后照片分别如图1-1、图1-2所示。

为确保主桥各构件安装精确就位，本桥施工监控是一个监测、施工安装、监测、识别、修正、施工安装、监测的反复循环过程，贯穿于施工安装的全过程。钢结构拱桥的安装与监测受气温、风速、风向等诸多环境因素的影响，要求监测与安装的时间选择在每天环境温度最为稳定的时段（晚上10点至次日凌晨4点）进行，因而准确、适时、快速、高效的测量手段或方法显得尤为重要（图1-3）。

主桥于2000年10月开工兴建，2002年10月胜利合龙，2003年4月桥面铺设完毕，2003年6月建成通车，历时3年。

1.2　测量精度指标

针对主桥监测项目，设计方提出如下精度指标要求：

1）拱座：平面位置精度≤5mm，高程精度≤5mm；

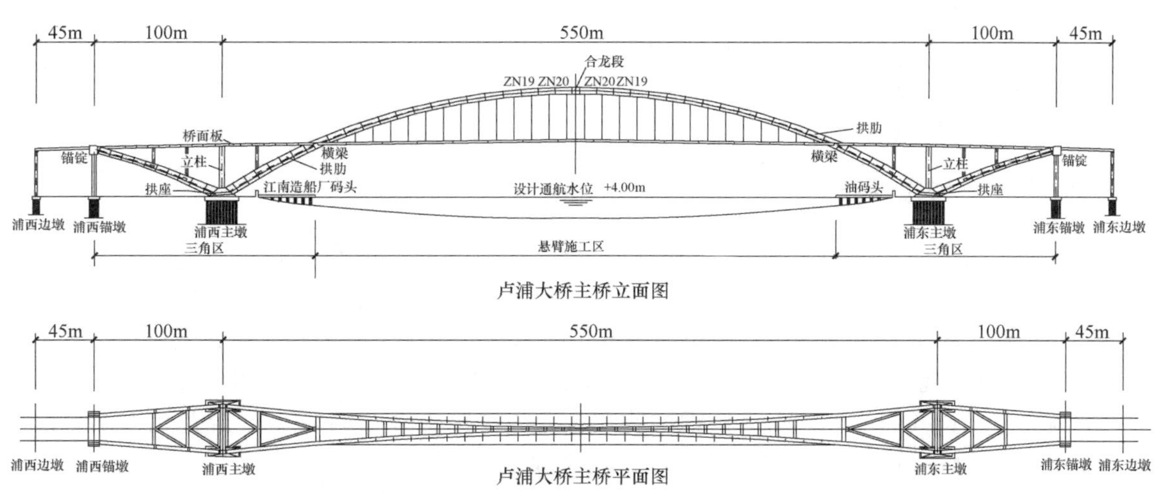

图 1-1　卢浦大桥立面图、平面图

图 1-2　卢浦大桥钢拱合成前后对照图

图 1-3　卢浦大桥精密工程测量现场图

2）拱肋、立柱顶、加劲梁：平面位置精度≤10mm，高程精度≤10mm；

3）监测环境条件：结构相同高程处纵桥向温差 $\Delta T \leqslant 2℃$，横桥向温差 $\Delta T \leqslant 1℃$。

1.3　精密工程测量工作内容

1）控制测量及全过程维护；

2）施工全过程的监控测量、大气折光系数测量；

3）合龙前的跟踪测量、预拼装测量；

4）主桥竣工测量；

5）后期变形测量。

2. 项目背景与作业条件

卢浦大桥拱肋主跨为 550m，拱肋最高点要达到 100m，是当时世界上跨度最大的拱桥，比次之的美国西弗吉尼亚钢结构拱桥长 32m。全桥用钢量达 3.5 万 t，且为全焊接钢结构。卢浦大桥的建造体现了当代世界最高造桥水平，整个大桥工程科技含量极高。

1）测量与施工监控难度大，因为钢拱受热胀冷缩影响，气温每上升或下降 1℃，钢拱肋就会伸长或缩短 1cm；而主桥钢拱肋在合龙温度定为 20℃环境下，合龙允许误差仅为 5mm，对测量精度和施工监控水平提出了挑战。

2）施工过程中集斜拉桥、钢拱桥、悬索桥三种不同类型桥梁的施工工艺于一身。作为世界上跨度最大的拱桥，建设时在黄浦江两岸建起了两座 128m 高的全钢临时索塔，通过系在索塔上的斜拉架，采用斜拉桥建造工艺拉住拱肋，从而形成了拱肋。等到钢拱合龙，由于拱桥本身的重力，跨径 550m 的卢浦大桥将产生约 2 万 t 的水平推力，为平衡这股力，大桥安装 16 根巨型水平拉索，使得水平索将大桥两端紧紧地“捆绑”一起。精密监控测量工作与各工序有机结合，成为施工的眼睛。

3）第一次设计独特软件和实时监控，随时掌握大桥状况。建造卢浦大桥在施工过程中需要进行多次不同造桥工艺的转换，而且大桥的跨径超长，其结构受力变化大，需要在建造过程中时时进行实时观测、施工控制和调整措施。没有现成的软件，为此开发了目前世界上首个针对如此大型全焊接式钢拱拱桥的设计计算机软件，通过它验证大桥的结构设计、整体是否稳定，亦可计算各种类型桥梁内力。

4）第一次采用全焊接，主桥 3.5 万 t 钢结构全部现场焊接，构筑完美的流线造型。以全焊接连接代替螺栓连接，增强了美观，更增加了测量与施工的难度。

正因为卢浦大桥有以上诸多第一，施工过程中测量监控作为其基础性环节，存在较高的难度和挑战。测量及施工难度极大、测量精度要求极高、工期紧，使本项目成为精密工程测量在超大跨径空间三维曲线全焊钢拱桥施工监控中应用的典范。项目施工过程中的测量不仅仅是一种空间定位，而是“监测—施工安装—监测—识别—修正—施工安装—监测”的反复循环的过程，是测量与施工的血肉结合。

3. 主要工作内容及成果

3.1 控制网测量与复测

3.1.1 平面控制网测量

1）平面控制网精度指标

控制点在不受施工影响的情况下距离施工区越近越好，结合已有建筑分布，布设的主桥平面控制网网形如图 3-1 所示，标型均采用强制对中仪器台。

对照主桥监控精度要求，观测点平面测量精度要求不大于 5mm，考虑到一定的精度储备，控制网设计时最弱点坐标中误差 1.5mm。该平面控制网共有控制点 9 个，组成 23

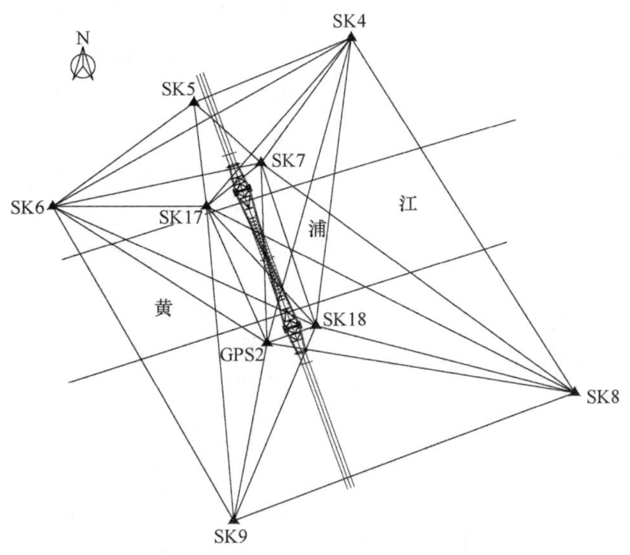

图 3-1　卢浦大桥主桥区平面控制网

个三角形、9 个四边形，按边角全测网、测边网、边角混合网进行多方案估算，最后确定以边角混合网按二等三角进行观测。

2）平面控制网观测

网中 SK7、GPS2 两点为浦东、浦西桥址区的已有城市三等三角点，经检测，实测边长 685.7568m，与坐标反算边长 685.7588m 差 2mm，相对精度为 1/34.3 万，满足二等三角网 1/30 万的要求，取用该两点作为平面控制网的起算点。

平面控制网观测采用 Leica TC2003 全站仪（0.5″，1mm＋1ppm）。外业测角进行全圆法 9 测回观测，共观测 4 站（SK7、SK17、GPS2、SK18）；测边 30 条，对向 6 测回测距。

平差计算以 SK7 坐标和 SK7～GPS2 的方位为起算数据，使用清华三维 NASW 平差软件按边角网进行平差，平差后精度统计见表 3-1。

平面控制网平差后主要精度指标　　表 3-1

方向中误差	测距固定误差	测距比例误差	最弱边边长相对中误差
0.53″	0.74mm	19ppm	1/29 万

点位精度统计如表 3-2 所示。

主桥区控制网平差后点位精度　　表 3-2

点名	SK7	SK17	GPS2	SK18
点位中误差	起算点	0.8mm	0.7mm	1.1mm

由表 3-1、表 3-2 可知，主桥区控制点点位精度均满足小于 1.5mm 的要求，达到国家标准《精密工程测量规范》GB/T 15314—94 中二级水平控制网精度；最长边 SK7～GPS2 的相邻点相对点位中误差为±7mm，相对中误差为 1/98 万。

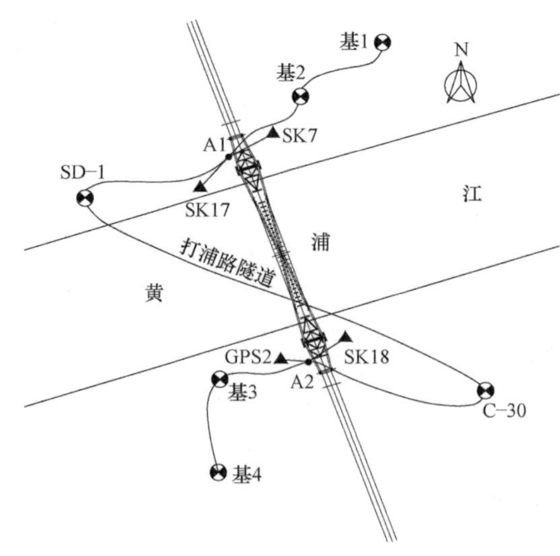

图 3-2　卢浦大桥主桥区高程控制网联测图

3.1.2　高程控制测量

高程控制网布设如图 3-2 所示。其中，基 1、基 2、基 3、基 4 为本工程新建深埋水准点（桩深 52m），SD-1、C-30 两点为邻近已有二等深埋水准点。水准线路起讫 SD-1、C-30 两点穿过打浦路隧道，把浦东、浦西联测组成两岸统一的高程系统。

外业观测按二等水准技术要求执行，水准线路全长 7.6km，水准线路实施往返观测，过江水准段（C-30～SD-1）在凌晨 0 点至 3 点经打浦路隧道内联测。

内业计算以已有二等深埋水准点为高程起算点，使用清华三维 NASW 平差软件，按水准线路段长为权进行严密平差，平差精度统计如表 3-3。

高程控制网平差后的主要精度指标　　表 3-3

每千米高差中误差	最远点高程中误差	相邻点间最大高差中误差
1.22mm	1.90	1.42mm

为使 SK7、SK17、GPS2、SK18 直接用于拱肋安装测量，对其进行了高程引测。引测采用精密三角高程法，由二等水准线路工作副点 A1 和 A2 与控制点间进行对向测量。

精密三角高程测量以优于三等水准精度要求实施作业。使用 Leica TC2003 电子全站仪（0.5″，1mm+1ppm·D）及配套 Leica 棱镜觇牌，仪高及占牌高均两次丈量取中数；垂直角中丝法 6 测回测角，垂直角测回差及指标差控制在 6″内。

3.1.3　控制网复测

本工程位于闹市区，建设周期长，周围环境复杂。软土地区控制点稳定性影响因素诸多，控制测量及控制网点稳定性检测是本项目难点之一。主桥控制网点大多设在施工区附近的建筑物上，而建筑物在施工期近一年内的微量变位，都将直接影响控制点的变化。对应于最弱点点位中误差须小于±1.5mm 的要求，控制网自检和复位就显得尤为重要。

复测按原测精度独立进行。同一控制点相邻两次复测较差判定标准：平面点位允许相差为 $2\times\sqrt{2}m_0=4.2$mm（取 $m_0=1.5$mm）；高程允许相差为 $2\times\sqrt{2}m_h=5.6$mm（取 $m_h=2$mm）。在主桥施工期间，我院在 2001 年 7、8 月进行主桥控制网的测量工作；2001 年 11 月、2002 年 2 月、2002 年 6 月进行主桥控制网的复量工作，复测采取了固定观测人员、固定观测仪器，精心施测。复测成果表明，主桥区的四个控制点点位是相对稳定的，保证了成果使用的延续性和可靠性。

3.2　拱肋成拱过程的施工监控测量

按主桥施工顺序，施工监控主要分四个施工阶段进行，即三角区施工阶段、悬臂施工阶段、拱肋合龙施工阶段、拱肋合龙后调索阶段。施工监控测量的同时，注重环境监测和专项大气折光系数测量。

3.2.1 环境监测与折光系数 k 的测量

1）环境监测

主桥各构件为钢结构材质，其受风速、风向、温度等环境的变化而变化，为了尽量减小由于自然环境因素而使钢结构产生形变，监控测量应在结构温度稳定的条件下进行。结构温度的稳定条件为：结构相同高程处纵桥向温差 $\Delta T \leqslant 2$℃，横桥向温差 $\Delta T \leqslant 1$℃。因此主桥钢结构安装均预先测定待测构件的温度，待其满足以上条件时才进行测量。

监测与安装工作选择在晚上 22 点至凌晨 4 点之间进行。施测的同时，各测点结构的表面温度及现场风速、风向等均进行记录，并提交给现场设计方，以便于设计人员综合分析、归算与调整。

2）折光系数 k 的测量

主桥地处黄浦江上，钢拱高程需采用三角高程观测。大气折光对观测视线影响很大，是本项目的难点之一。因此，我们设置了定期的折光系数 k 值的测量，在不同控制点上对向、同步测定了 66 组 k 值，总结了 k 值因监测外界环境（温度、气压、日照、高度、湿度等）不同，而产生一定规律性变化。主桥施工监测时，根据具体情况，在全站仪中输入与周边环境相适应的 k 值，以便最佳地修正大气折射对测量成果的影响，保证测量数据的准确性和可靠性，满足主桥精度指标要求。

3.2.2 三角区施工阶段的监控测量

在三角区施工期间，监测的主要内容有拱座、端板、锚墩墩顶、节段拱肋、立柱顶、加劲梁、钢箱梁等，其均在江岸上进行。以上构件施工吊装前，事先按构件设计轴线及构件设计特征点尺寸数据设置测点，每一构件设置监测点不少于 3 点，测点一般用 Leica 纸片棱镜粘贴在构件表面，并按设计图纸计算出待监测点的理论三维坐标。

构件吊装过程中，全站仪设站于离吊装构件最近的控制点上，采用极坐标法由 Leica TCA2003 或 Leica TCA1800 电子全站仪实施动态跟踪测量，直至构件精确就位。

3.2.3 悬臂施工阶段的监控测量

悬臂施工阶段监测的主要内容为各节段拱肋安装，其是卢浦主桥钢结构安装最艰巨的一环。一方面，此时拱肋安装均在江面上进行，施工难度大；另一方面，随着拱肋悬臂的伸长，气温和风力对其的影响渐渐增大，相应测量误差同步增大。

为此，在悬臂施工前，施工方按设计要求先在浦东、浦西两主墩位置各建了一个塔座，塔座高约 125m，塔座用缆索张拉拱肋，以减小拱肋悬臂受风力的摆动，同时可以通过调节拉索的张拉力来调整拱肋悬臂的姿态位置。

1）预拼装测量与吊装测量

为确保施工进度，悬臂施工阶段的拱肋安装采用：①上、下游拱肋在地面预拼装焊接；②同步吊装就位的方法进行，在两外侧的上角设置固定测量点，如图 3-3 所示。

上、下游拱肋地面预拼装与焊接工作由上海江南造船厂完成，我方会同施工、监理在厂内对上、下游拱肋地面预拼装进行精密测量，并在二合为一的拱肋上设置监测点棱镜。地面预拼装测量采用独立坐标系，精确测量监测点棱镜中心与拱肋特征点的三维坐标，进而由设计图纸和监测点棱镜中心与拱肋特征点的三维坐标关系，换算监测点棱镜中心的理论大桥施工坐标（参见图 3-3），是本项目难点之一。

拱肋吊装过程中，在上、下游离吊装最近的控制点上各设置一台 Leica TCA2003 电

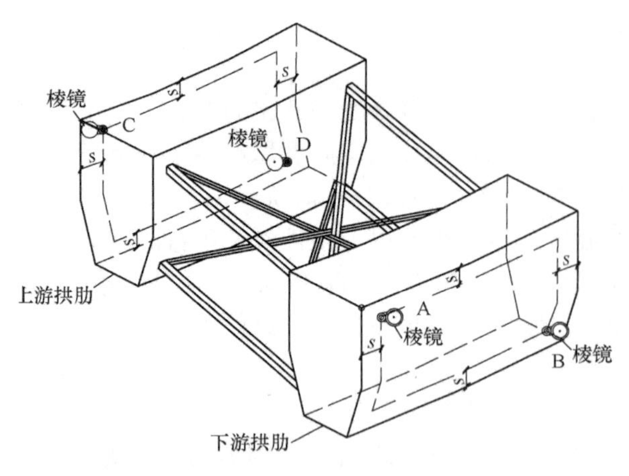

图 3-3　拱肋安装观测点布置图

子全站仪。它通过内置的自动目标识别装置 ATR，发射出的激光束经棱镜或膜片反射后由 CCD 相机接收，实现自动寻找和自动精确照准目标，自动测定测站点至目标点的距离、水平方向和天顶距，自动计算出目标点的三维坐标并记录在内置模块或计算机内。可在短时间内对多个目标点作持续和重复观测。该仪器每次观测记录一个目标点仅需约 7 秒钟。由于它不需要人工照准、读数、计算，有利于消除人差的影响，减少了记录计算出错的概率，又解决了以往在夜间人工观测需要照明的问题。使得这种方法可以在夜间对位于江面上的各节段拱肋安装时的动态目标进行实时连续自动跟踪监测。施工监测始终贯穿于施工安装的全过程，其为：监测→施工安装→监测→识别→修正→施工安装→监测的反复循环过程，直至上、下游拱肋均精确就位。

2）拱肋焊后测量与拉索张拉后测量

为了解拱肋焊后及拉索张拉后拱肋真实姿态，按设计要求，在下一节拱肋吊装前均进行焊后及拉索张拉后拱肋的再次测量，测量方法同上。

索塔上钢索对各拱肋起到一个调节和固定的作用，钢索张拉后，拱肋的空间姿态发生了变化，为此，必需通过再次测量，把测量数据成果及时反馈给设计和施工方，为下一节拱肋的预拼装和吊装提供理论依据，浦东、浦西段，上、下游及合龙段共 81 节。

3.2.4　拱肋合龙段四维空间动态跟踪测量

在主桥拱肋悬臂从两岸向江中安装进入 ZN20、ZS20 后，拱肋进入了最后的合龙段测量阶段。ZN20、ZS20 段拱肋焊接并精确测量后，可以得到浦东拱肋 ZS20 与浦西拱肋 ZN20 之间相对应点间的距离和对角线长度，这些都是最后合龙段拱肋制作的依据。

由于合龙段拱肋采用螺栓连接，所以拱肋的制作和预拼装精度必须控制在螺栓连接的误差内，所有的施工制作误差及温度等外界因素造成的影响均须在此次预拼装中消除，因此有必要对 ZN20、ZS20 拱肋进行 48h 的四维空间动态跟踪测量，从而确定合龙段空间实体的实际尺寸和最佳时段，是本项目难点之一。

跟踪测量实施过程中，我院分别于 Z19、Z20 跨安装完毕后进行了两次 48h 的跟踪测量，在浦东、浦西控制点上各设置 2 台（共 4 台）高精度 Leica TCA2003 自动全站仪，对上下游拱肋上的共计 18 个变形监测点进行全自动数据采集，全站仪设置数据采集频率为每 10min 自动跟踪测量各测点一次，48h 共计采集 57672 个观测数据，两次共采集 10 万个以上观测数据。在观测台每台仪器均配备一台电脑，通过电缆与全站仪进行实时数据通信，并由编制数据处理软件在计算机屏幕上实时动态显示各监测点的瞬时曲线，各变形监测点分别每隔半小时记录风速、风向、温度、气压参数，对测量数据进行改正，以达到对拱肋的空间运动轨迹进行全方位的监测。这在国内属首创尚无先例。

48h 跟踪测量的基本环境工况为：中午 12 时～下午 14：30 气温最高为 34℃，此时的钢拱肋表面温度达 58℃；凌晨 3 时～5 时气温最底为 26℃，凌晨 5 时钢拱肋表面温度最底为 28℃；48h 内风力为 3～4 级，风向为东南。连续 48h 跟踪测量可以得到以下结论：

1）在风力不大的情况下，温度对拱肋的形态影响最大。温度升高，拱肋伸长；温度降低，拱肋缩短，因温差而产生 X 值最大相差约 6cm（纵桥向为 X 轴）。

2）下午 12～14 时左右，太阳西晒最强烈，使未固定一端 Z20 向东移动距离最大，Y 值差异量达 7cm（横桥向为 Y 轴）。

3）温度升高，拱肋未固定一端 Z20 高程降低；温度降低，其高程升高。拱肋高程因温度的变化，最大相差 10cm 左右。

东西两条悬臂上对应点的空间相对位置关系直接关系到合龙段的实际尺寸，图 3-4～图 3-6 分别为对应点有 X、Y、Z 三维的坐标较差历时变化曲线。

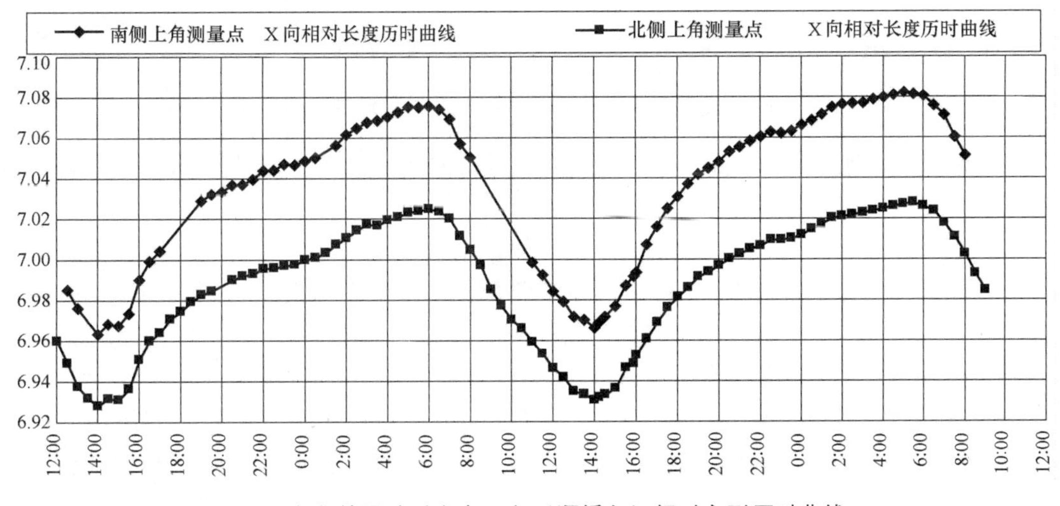

图 3-4　合龙前悬臂对应点 X 向（顺桥向）相对变形历时曲线

1）图 3-4 说明在清晨 6 点左右悬臂间距离最远，在午后 14 点左右最近，变化量为 12cm 左右。

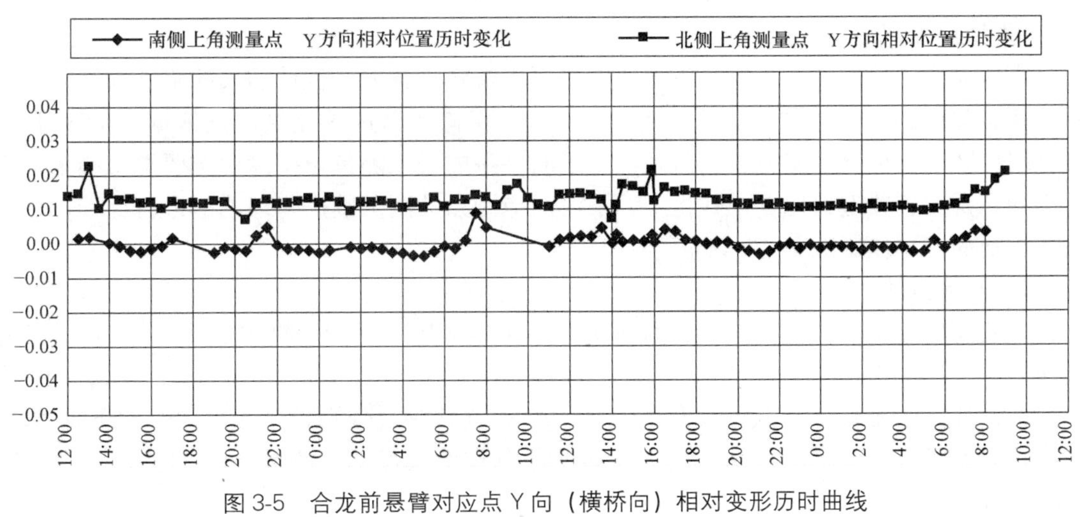

图 3-5　合龙前悬臂对应点 Y 向（横桥向）相对变形历时曲线

2）图 3-5 说明 Y 向无明显的相对位移。

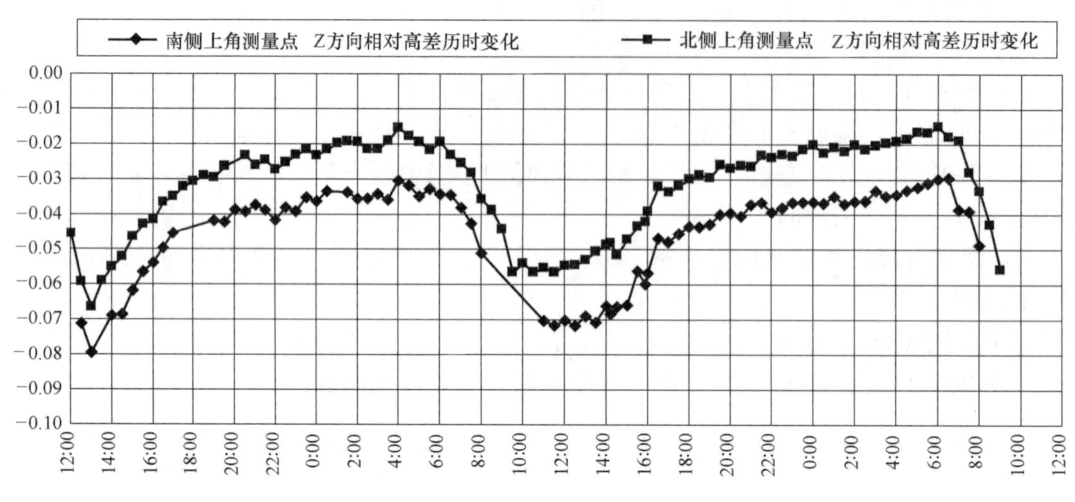

图 3-6 合龙前悬臂对应点 Z 向（竖向）相对变形历时曲线

3）图 3-6 说明早上 6 点至晚上 20 点间相对高差变化大，20 点至次日 6 点前相对高差较稳定。

根据 ZS20、ZN20 拱肋上监测点变化规律，结合上海中心气象台的气象预报，从而确定预拼装和合龙的最佳时间。在以上测量实测数据的基础上经设计、制造加工、施工各方共同努力下，2002 年 10 月 1 日凌晨，卢浦主桥超大跨径钢拱一次吊装胜利合龙。

3.2.5 拱肋合龙后的调索测量

在主桥合龙前，125m 高的索塔上钢索对各拱肋起到一个调节和固定的作用；主桥合龙后，微调钢索，通过细微调整江跨上各拱肋的形态，使钢拱肋整体达到与设计理论值最佳的吻合效果，因此调索在主桥建设中具有非常重要的作用；而调索中各拱肋的精确测量数据又为再次调索提供了必不可少的重要依据，调索测量过程是一个比较→调索→测量→比较→调索→复测的过程，直至各构件位置达到或接近设计要求。

调索过程中的测量采用跟踪测量法，技术要求同前。

3.3 主桥竣工测量

卢浦大桥主桥竣工通车前，为了综合检测主桥建设各方按设计图尺寸施工的结果，察看主桥各关键部位的空中形态，也为今后检查、保修和营运等提供数据依据，2003 年 06 月 06 日 22 时我单位会同施工、监理组织了对主桥的竣工测量。按设计方要求，测定了主桥拱肋、桥面各关键部位点，并将上、下游对应测点的测量数据与理论值进行比较，为大桥通车前的调试作好准备。

3.3.1 测量方法

观测使用 Leica TCA2003 全站仪（0.5″，1mm＋1ppm・D）两台套及配套 Leica 棱镜觇牌。

按设计方案要求，使用两台 Leica TCA2003 全站仪，分别设站于 GPS2、SK18 两控制点，以 SK7 为定向点，上下游同时测定主桥各拱肋关键部位测点（16 分点、共 32 点）三维坐标。

3.3.2 成果分析

根据交通部行业标准《公路桥涵施工技术规范》JTJ 041—2000 的规定，钢管拱肋制作与安装质量检测标准轴线横向偏移为 $L/6000$、对称点高差为 $L/3000$（其中 L 为跨径）。实测轴线横向（Y 值）偏位最大为 48mm（允许为 91mm），对称点高差（Z 值）最大为 34mm，远远小于规定的允许偏差（其差值主要系施工安装和环境影响所致）。

4. 技术难点与创新

卢浦大桥建造过程中创造性克服了以下技术难点：1）卢浦大桥主桥为一超大跨径的中承式系杆拱桥，其桥宽 30m、拱高 100m，箱型钢拱主跨达 550m（矢跨比 1∶5.5），两边跨各为 100m。主桥施工采用三种方法混合组成的新的系杆拱桥施工方法，其尚无先例可循；且为空间三维曲线全焊钢结构，安装精度要求高，施工技术复杂，测量项目的设置及其与施工工艺、工序的配合，有效地、全过程进行“监测→施工安装→监测→识别→修正→施工安装→监测”的反复循环过程；2）主桥地处黄浦江上，钢拱高程需采用三角高程观测。大气折光对观测视线影响很大，如何结合实际环境和生产安排进行垂直折光系数 k 值的实测，总结出地域性的 k 值随环境（温度、气压、日照、高度、湿度等）的规律性，并有效地修正大气折射对测量成果的影响，保证测量数据的准确性和可靠性，满足主桥精度指标要求；3）有效克服建设周期长、周围环境复杂、软土地区控制点稳定性影响因素诸多，保证控制测量成果的全过程有效性，满足最弱点点位中误差须小于±1.5mm 的高精度要求；4）有效进行全桥 80 条段拱肋的上、下游两节的地面合并与预拼装测量，并在二合为一的拱肋上标定观测点棱镜，进行地面预拼装测量独立坐标系与大地坐标系的换算；5）由于合龙段拱肋采用螺栓连接，所以拱肋的制作和预拼装精度必须控制在螺栓连接的误差内，所有的施工制作误差及温度等外界因素造成的影响均须在此次预拼装中消除。根据现场 ZN20、ZS20 拱肋 48h 的四维空间动态跟踪测量，确定合龙段空间实体的实际尺寸和最佳时段。

5. 工程效益与效果

卢浦大桥的顺利通车说明了本工程所设计的测量方案是先进、合理、可行的，测量仪器设备先进，施测精度高。卢浦大桥是世界上单跨最长的钢结构拱桥，因此它的建成在桥梁建设行业上写下了光辉的一页。我院在承担主桥监控及施工测量过程中，采用先进仪器设备、委派高素质技术人员，布设并维护了全过程的高精度施工控制网、实施了有效的施工测量与监控、并进行了 k 值测量实验及合龙前的长时间跟踪测量（确定合龙段尺寸），克服了环境影响和测量难题，为全桥按设计要求拼装并一次性胜利合龙提供了高质量服务，为大桥的建设作出了突出贡献。卢浦大桥的测量手段、测量数据为精密工程测量积累了宝贵财富。

6. 获奖单位简介

上海岩土工程勘察设计研究院有限公司（简称上勘院），创建于 1958 年，原名上海勘察院，2003 年底实现整体改制后更名。上勘院是一家国内知名的综合性岩土工程咨询公司，拥有雄厚的技术力量、一流的专家队伍、精良的仪器设备和丰富的工程经验。通过联系紧密的知识网络和资质平台为客户提供高质量的专业技术服务，在业界具有很高知名度。公司提供的服务涉及岩土工程设计、工程咨询、工程勘察、工程测量、工程监测、工程检测、工程物探、建筑设计、市政设计、工程监理、房屋质量检测、地震安全性评价、地质灾害评估等，并覆盖建设工程管理咨询、工程项目管理和运行管理等领域。公司通过国家计量认证和质量、环境、职业健康管理体系认证。公司现有职工500多名，专业技术人员比例超过90%，公司拥有国家勘察大师4名，教授级高级工程师16名，高级工程师近百名，各类注册工程师70多名。公司设有设计咨询公司、岩土技术公司、工程测绘公司、工程检测公司、工程监测公司、房屋检测公司、大师工作室、研究中心、信息中心等生产、研究部门，在外地设有天津、浙江、苏州、重庆等分公司，并投资设立了上海城凯建筑设计有限公司、上海三凯建设管理咨询有限公司、上海长凯岩土工程有限公司、上海顺凯信息技术有限公司、上海泉凯投资管理有限公司以及上海舰凯钻探有限公司。经过50余年的辛勤磨砺，公司共计完成各类工程勘察、设计项目13000余项，其中160多项工程获得国家、建设部以及上海市嘉奖，其中获国家级金、银、铜奖18项；负责主编、参编了30余部技术规范、规程，先后荣获“全国五一劳动奖状”、“全国住房城乡建设系统先进集体”、“上海市文明单位”、“上海市质量标兵企业”、“上海市重大工程立功竞赛优秀公司”、“上海市创新型企业”、“上海市优秀高新企业”等荣誉。为适应科学发展观和创建和谐社会的国家战略目标，公司提出了以“规避风险、节约资源、共创和谐”为核心的“绿色岩土”创意理念，努力实践“为基本建设和城市管理提供优质技术保证，为人类社会和利益相关方共同节约资源，为工程建设和投资人安全规避风险，为企业员工成就事业创造幸福生活”的社会承诺，为上海及全国的城市建设和运行管理做出积极的贡献。上海长凯岩土工程有限公司是其下属子公司，获上海市高新技术企业认证，具有地基与基础工程专业承包壹级资质。公司主要从事公路、桥梁、港口、机场、高层建筑等基础±0.000以下的地基基础处理和工程降水，在深基坑围护、设计、施工、深基坑降水，水文地质、地基处理技术、岩土工程咨询等方面积累了丰富的经验，尤其在深基坑降水方面形成了一整套完备的技术标准体系和ISO 9001—2000质量管理体系，在地下水控制、深基坑降水方面在业界具有良好的声誉，多项成果获上海市科学技术进步奖。

【项目特色提要】 上海卢浦大桥建造时为当时世界上单跨最长的钢结构拱桥，其巨型钢拱全部现场焊接，施工工艺十分复杂。作为该桥建造的重要基础性工作，施工过程的测量监控难度大，精度要求高，作业工期紧，可借鉴经验少。本项目采用先进适用的技术手段，圆满地完成了控制测量及全过程维护、施工全过程监控测量、大气折光系数测量、合龙段跟踪测量、预拼装测量、主桥竣工测量和后期变形测量等一系列工作，建立了“监测—施工安装—监测—识别—修正—施工安装—监测”反复循环的测量监控工艺流程，为大桥的顺利建成及通车运营提供了全面支撑和保障。本项目是精密工程测量技术应用于超大跨径空间三维曲线全焊钢拱桥施工监控的成功范例。

上海轨道交通 6 号线全过程精密工程测量

上海岩土工程勘察设计研究院有限公司

张晓沪　郭春生

【项目摘要】

上海轨道交通 6 号线全长 33.52km，设 28 座车站，于 2007 年年底试运营。

6 号线精密工程测量主要技术创新为：1）采用全站仪精密导线法、垂直导高法完成各区间联系测量；2）研究区间隧道贯通前的调线调坡测量方法，节约了工期；3）开发单圆、双圆盾构隧道收敛测量的智能全站仪机载程序和数据后处理软件，并成功申请专利——一种圆形隧道多弧段断面拟合的方法；4）采用精密三角高程法完成赵家沟大桥施工监控测量；5）采用静力水准系统进行轨行区沉降监测并实现成果的有权限 Web 分发。

本项目荣获上海市勘察设计行业协会颁发的 2009 年上海市优秀工程勘察设计项目一等奖、获中国勘察设计协会颁发的 2009 年度全国优秀工程勘察设计行业奖一等奖、2010 年全国优秀工程勘察奖工程银奖。

1. 工程概况

1.1　工程简介

上海轨道交通 6 号线工程全线位于浦东新区，北起高桥镇港城路站，南至东方体育中心站，是上海市轨道交通网络的重要组成部分。全线共设 28 个车站、27 个区间，其中高架车站 9 个、地下车站 19 个。全线总长 33.52km，高架区间 12.182km，地下区间 21.15km（其中博兴路站至世纪大道站 7 个区间为双圆盾构区间、高清路站至长清路站为明挖矩形区间、其他为单圆盾构区间），敞开区间 0.185km，线路走向见图 1-1。

本工程线路长，工期要求紧，各工种施工交叉进行。在业主单位上海轨道交通六号线发展有限公司 2004 年初举行的公开招标活动中，我司中标承担全线精密工程测量项目。全线的精密工程测量工作自 2004 年 3 月项目开工开始，到 2007 年年底完成试运营止，历时近四年。

1.2　测量工作内容

精密工程测量涵盖了轨道交通 6 号线土建施工、轨道铺设和调试及试运营全过程：

1）土建施工阶段：全线控制测量检测、赵家沟大桥（轨道交通与城市道路合建的工程节点）施工监测、高架桥梁徐变测量；

2）轨道铺设阶段：中线调整测量、结构断面测量、铺轨基标测量；

3）调试和试运营阶段：沉降测量、圆隧道管径收敛测量。

调坡测量现场场景如图 1-2，竣工后的赵家沟大桥如图 1-3。

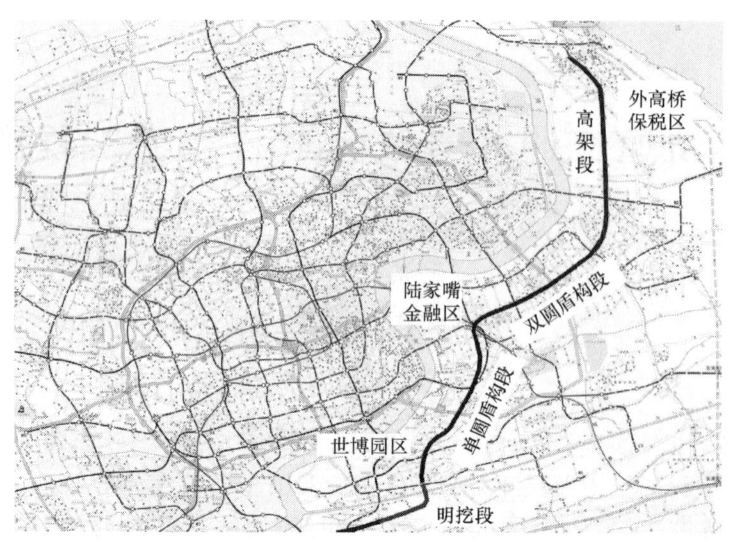

图 1-1　上海轨道交通 6 号线线路走向图

图 1-2　调坡测量

图 1-3　轨道交通与城市道路合建的赵家沟大桥

2. 项目背景与作业条件

轨道交通 6 号线是建设在上海市浦东新区繁华闹市区的一项规模大、投资高、周期长、安全要求很高的系统性工程，建设难度大。轨道交通工程结构空间位置受到地质条件、周边已有建构筑物的影响、周边地块开发活动等诸多条件的限制，设计均采用三维坐标解析法，轨道交通结构按设计要求精确就位对施工提出了较高要求。

轨道交通测量工作受各种条件制约，控制点稳定性差，对测量精度影响因素多。轨道交通精密工程测量不同于一般工程施工测量，有以下几个主要特点：

1）轨道交通线路穿梭于繁华市区，北连外高桥保税区、经金桥出口加工区、陆家嘴金融贸易区、六里现代居住区、世博园区等城市功能区，其设计全用三维坐标解析法，并根据设计资料以三维坐标放点。施工控制测量和放样检测工作是保证工程按设计准确就位的关键环节，精密工程测量是保证施工安全和工程顺利实施的重要手段。

2）地铁受工期、施工能力及施工场地的制约而被划分为二十几个标段，逐段实施，施工时存在节点多、线路长、施工面广的特点。同时，6号线北段为十余公里的高架段，中部有近7km的双圆盾构隧道段、十几公里的单圆盾构隧道段，南端有明挖区间段和单园盾构隧道段，道路结构形式各异。另一方面，轨道交通建设集结铁路、市政等建筑行业的大量施工参与，各单位施工经验、习惯及技术优势各不相同。第三方测量从专业角度对全线进行集中管理，有利于标段间的衔接和削除施工误差对全线的影响，避免测量系统而产生错误。

3）轨道交通工程有严格的限界规定，尤其在弯道地段，必须保证结构精确就位，施工测量精度要求高。地铁隧道内轨道结构采用维修量较小的整体道床，铺设轨道须一次到位，几乎无调整的余地，净空断面测量和铺轨基标测量是优质铺轨的基础。轨道交通对后期的变形测量（如沉降测量等）也有较高的要求；诸多方面都对精密工程测量提出了较高要求。

4）地铁建设沿线也是房产、公建项目开发的热土，相邻地下工程呈现深、大、近、难、险的特点，深大基坑降压降水方量大、周期长，加剧了沿线不均匀地表沉降。轨道交通建设的控制点常常受到地铁本身施工及邻近开发建设项目的影响，全过程有效维护控制测量的正确性是非常重要的一项工作。

城市轨道交通精密工程测量的工作开展，常常受到各种条件制约，工作环境差，影响测量精度的因素多，只有通过合理的方案、先进的方法、精密的设备、严密的过程和严格的管理来保证精度。

3. 主要工作内容及成果

3.1 施工测量检测

3.1.1 施工测量检测概况

施工控制检测包括地面控制检测、高架段墩位中心检测、盾构段控制测量检测等内容。平面测量控制采用Leica TCA2003全站仪，高程控制检测采用DNA03电子水准仪、NA2+GPM3精密水准仪。

3.1.2 地面控制检测

建设全过程维护地面控制网的有效性，并确保控制网精度满足表3-1的要求：

首级平面控制点检测限差表 **表3-1**

相邻点夹角检测限差	相邻点边长检测	相邻高程控制点检测
边长大于1km为±5″， 小于1km为±8″	相对精度优于1/90000	检测高差不符值<$\sqrt{L}$mm （L为线路长，单位为km）

3.1.3 高架段墩位中心检测、墩顶中心检测

高架段检测包括6号线北端约12km、400余墩位。每个桥墩检测包括桩基施工前的桩位中心检测、立柱施工前的承台中心检测、桥面施工前的墩柱中心坐标、高程检测。全线墩位中心偏差控制要求：横向偏差≤10mm、桥墩间距偏差≤10mm、墩顶高程偏差≤10mm。

3.1.4 盾构段控制测量检测

技术要求：暗挖隧道横向贯通中误差≤±50mm，高程贯通中误差≤±25mm。

1）联系测量检测

根据现场情况选用合适的联系测量方法：分别采用投点仪垂直投点传递法、导线定向测量、联系三角形法、加测陀螺方位等多种方法；车站站台层贯通后均及时联测两端头井独立向下传递的导线点形成“两井定向”，提高隧道基线边精度。

联系测量每个区间独立进行不少于3次（在施工至100m、300m、贯通前100～200m时进行）；长度大于1km区间按直线段每200m、曲线段每150m进行一次检测。部分施工单位对竖井联系测量的方法和经验不足，项目人员针对性加强了现场指导和检测。

2）隧道内施工控制点检测

采用TCA2003全站仪观测，水平角测量采用左、右角各二测回，距离测量往返观测各二测回。当盾构长度大于1200m时，提高导线水平角观测等级。水平角和距离测量的技术要求见表3-2、表3-3。

隧道内导线测量水平角观测技术要求 **表3-2**

测回数		一测回读数次数	一测回读数间互差	单程测回间互差	同一水平面上往返或光段间互差
往	返				
2	2	3	3mm	3mm	7mm

隧道内导线测量距离测量技术要求 **表3-3**

仪器	测角中误差	测回数	两次照准读数差	一测回2C互差	同一方向值各测回互差	圆周角差
TCA2003	±2.5″	4	3″	9″	6″	6″

复测值与施工单位测量值较差应满足水平角＜±7″、边长＜±7mm、坐标（X、Y）＜±10mm。历次复测形成隧道内施工控制点检测成果报告。

3）隧道内高程控制检测

高程控制检测按二等水准要求施测。每区间至少检测三次，历次高程值较差小于5mm时，取逐次均值。

4）隧道内轴线点检测

隧道内每10环检测一点。

如图3-1，平面检测采用特制测量尺（约4.8～5m、附有气泡、棱镜），采用极坐标法检测。标高检测采用水准测量的方法，由隧道内高程控制点直接测定衬砌环顶、底部的高程求中数得出其隧道中心高程。

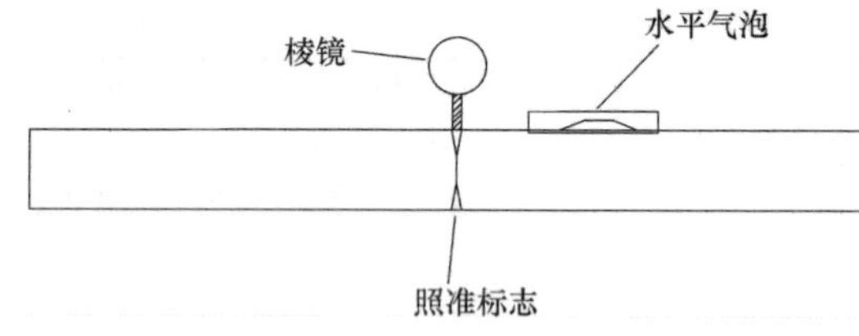

图3-1 轴线检测尺示意图

5）端头井洞门中心检测

洞门钢圈门的检测（三维坐标测定），通过联系测量（方法如前述），在传递至井下的控制点上采用极坐标法测定洞门左、右两侧钢圈门的三维坐标及顶、底高程，取其中数作为洞门中心坐标值。

3.2 高架段徐变测量

徐变测量需针对不同梁型、结合施工工艺、工序（主要为吊装、张拉工序）开展，为评价高架段张拉效果、确定铺轨时机提供基础资料。

连续梁全测、简支梁抽查比例不小于 50%。连续梁测点呈跨中对称、5m 间距设置；简支梁在梁端及 1/4 跨、跨中、3/4 跨设置五个观测点。基本跨距每跨梁桥面上、下行线沿线路方向各埋设 5 个徐变观测点共 10 个观测点，具体见图 3-2。

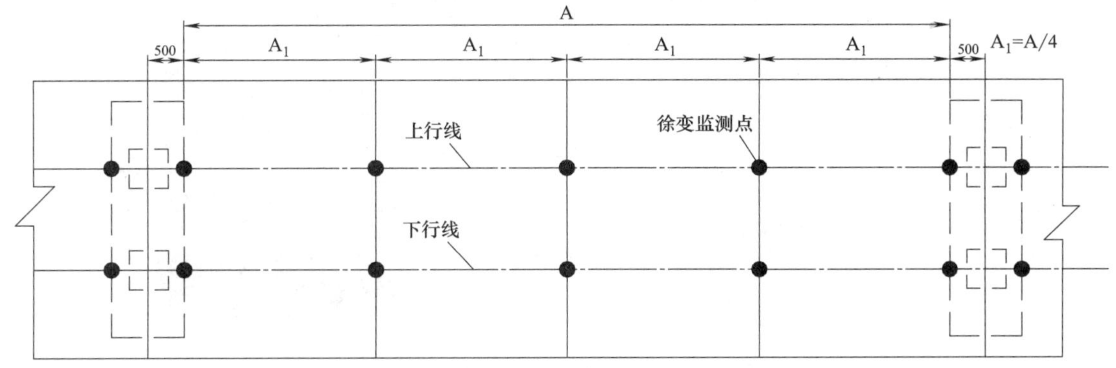

图 3-2　徐变观测点布置示意图

本工程共进行了 200 余跨梁的徐变测量，根据测量资料：

1）简支梁最终徐变量在－8.0～＋3.1mm 之间，比较离散，跨中徐变量至 20d 左右已接近最终的累计徐变量；

2）连续梁一般以三跨为一个单位，张拉后明显呈隆起状，且中间一跨隆起量最大，隆起量一般在＋7～＋28mm 左右，个别的达到＋40.8mm（五洲大道至东靖路区间 21～23 梁）、＋79.2mm（外高桥保税区至洲海路区间 18～20 梁），中间一跨隆起量为两边跨隆起量的 2～3 倍左右；从时间上看，连续梁张拉后隆起明显，其后有 4mm 左右的后续隆起量，至 30d 左右达到最大值，之后徐变量很小。

3.3　赵家沟大桥施工监测

赵家沟大桥为轨道交通与城市道路合建桥，主桥为单孔 88m 下承式钢筋混凝土简支四榀系杆拱桥，两边拱内倾，两中拱外倾形成双提篮。主桥拱肋为矩形断面，高 230cm，宽 130cm，拱肋弧长 96.68m，拱顶高程为 29.78m，为当时上海市跨径最大的双提篮钢筋混凝土系杆拱桥。

主桥拱肋采用整体支架现浇成拱的施工方案。为监控拱肋的空间结构与设计结构的符合性，采用等载预压、实测支架沉降与位移方案：即在设置混凝土模板前，对全拱圈支架进行等载预压，一方面消除支架的永久变形，同时获得钢管支架的残余变形值，确定合理的模板抛高值；同时观测主桥桥墩支座位置的水平位移，确保拱肋最后成拱曲线与设计曲线相吻合。

监测过程中，我司采用 TCA2003 型全站仪及机载 Monitor 软件，在加载前、60%加载完成后、全部荷载加载完毕后、全部荷载加载后 24h、全部重量去除后、预压完成后 24h，等共 6 个阶段对支架进行了实时监测；成拱混凝土浇筑过程中，实测各阶段支架变形并与预压阶段实测值进行比较，有效控制了混凝土拱肋的成拱质量；拆模后经用全站仪检测，拱肋高度偏差小于 2cm，空间位置偏差小于 2cm。

3.3.1　监测点布置图

3.3.2　监测成果统计

1）贝蕾架预压阶段

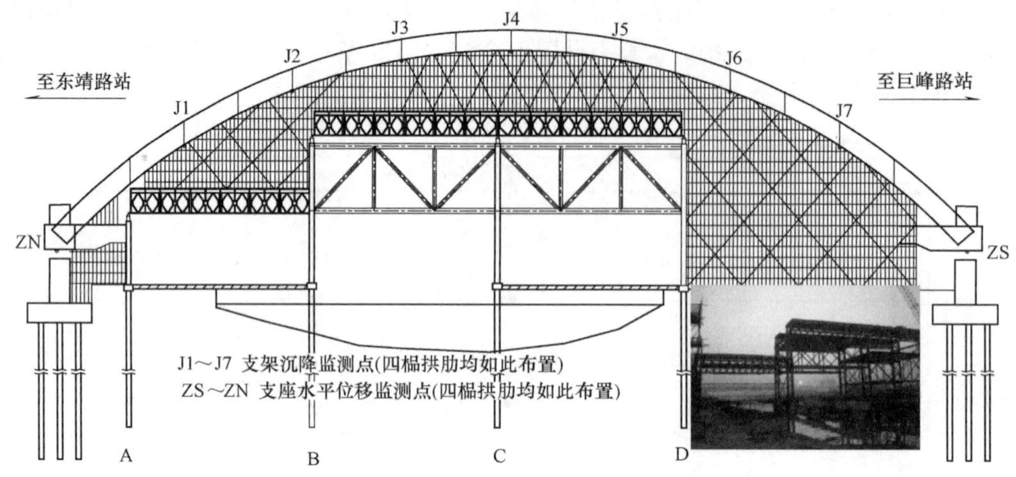

图 3-3 赵家沟桥监控测点布置示意图

随着荷载的增加，各监测点的沉降量也随着增加，至加载 100％后沉降量基本沉降到位（约－40mm）；加载后 24 和 48h 内沉降量增加不多（基本在－2～－4mm 之间）；随着荷载的卸除，回弹量明显（约＋33mm），最终的残余沉降量约－10mm。

2）拱肋浇筑阶段

垂直方向变形量较大，最大值达－30mm，与预压结果基本一致；桥墩支座的变形量较小（约 2mm）。

3）拱肋张拉阶段

张拉对拱肋的影响较小，变形量基本小于 2mm。3 号、4 号拱肋张拉时北侧支座 X 方向变形较大，分别为－8mm 和－7mm。

3.4 全线调线调坡测量

调坡调线测量包括中线调整测量、纵横断面测量、铺轨基标测量，调坡调线测量的精度直接关系到列车的运营质量与乘车的舒适度。

全线共完成 1000 余个铺轨基标测量、6000 余个断面测量；利用 VBA 软件、Lisp 软件编制线路中线处理与偏差计算程序，处理大量全站仪采集的三维坐标点，疏通自动化后处理流程。

3.5 全线沉降与圆隧道管径收敛测量

通过定期对圆隧道沉降及拼装环断面的观测，了解区间隧道沉降发展情况、隧道断面与设计断面圆度较差及后期相对前期的变形情况，评价隧道运营安全，为确保运营净空、研究隧道形变规律提供基础数据。

共设置沉降点 17409 个，通过定期观测，及时发现了高架与地下区间过渡段、世纪大道至浦电路站区间上下行线旁通道位置、浦电路站至蓝村路站区间上下行线旁通道位置、以及全线六处浮置板敷设地段等处的异常差异沉降情况，及时提请运营单位注意。

本工程共完成 3040 个管径收敛断面测量，其中双圆 1138 个、单圆 1902 个，完成 2 次全面观测。

3.5.1 收敛测量创新成果

结合本工程的开展，在圆形盾构隧道收敛测量方面取得了以下创新成果：

1）开发了适用于单圆、双圆盾构隧道的变形收敛测量数据处理模型，并实测验证了模型实用性；

2）编制适用于单圆、双圆盾构隧道、操作方便的自动化数据采集机载程序，可按要求进行监测断面的等距离或等角度观测，采集仪器及现场示意如图3-4所示；

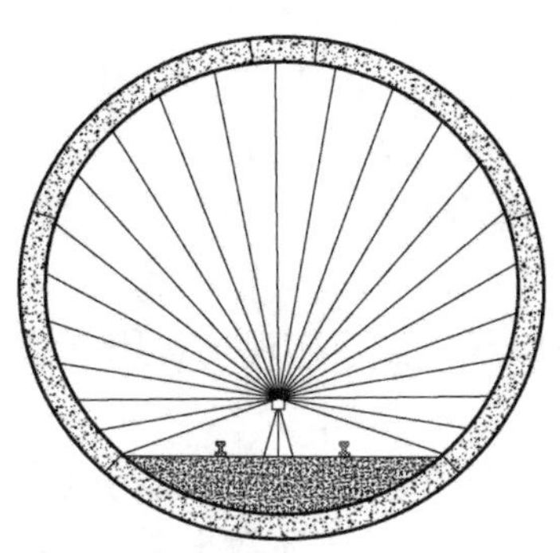

图3-4　数据采集仪器及采集方法示意图

3）编制了便捷、直观的数据处理后处理程序，输出成果全面反映拼装环的变形状况，软件界面如图3-5；

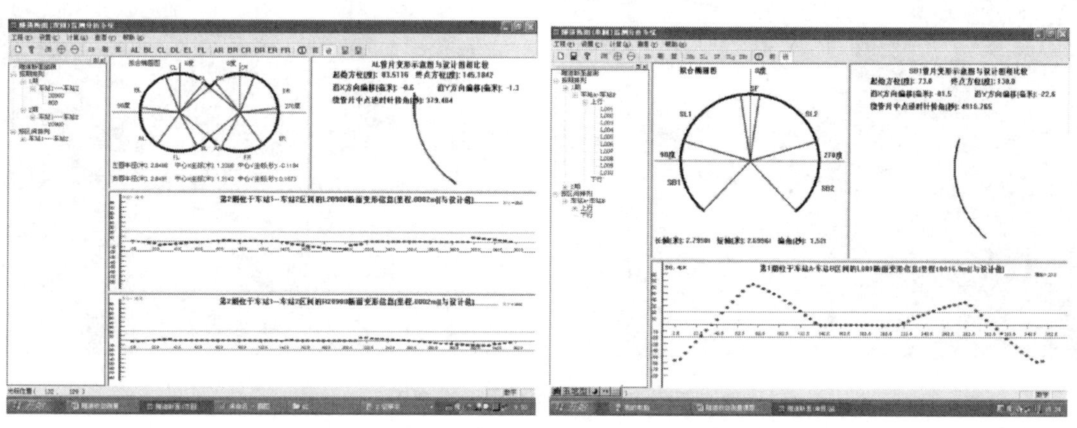

图3-5　软件处理单圆、双圆数据的显示界面

4）通过收敛变形测量课题的研究，总结出一套方法可靠、输出成果满足精度要求的变形测量方法和技术。

3.5.2　收敛测量成果统计

单圆隧道收敛环变形：1）与设计标准圆比较，单圆隧道断面最大拉张值一般出现在285度（75度）位置的拼装缝左右，最大压缩值出现在隧道顶；2）对整个单圆区间而言，管径收敛变形较大的位置一般位于隧道进出洞口和中间旁通道两侧；3）全线管径收敛变形最大的区间为龙阳路-浦三路区间/浦三路-滨州路区间下行线。

双圆隧道收敛环变形：1）双圆隧道总体管径收敛变形情况略小于单圆隧道；2）双圆隧道断面与设计断面比较：上行（下行）最大拉张值一般出现在－87度（87度）位置，最大压缩值一般出现在-22.5度（下行22.5度）位置。

3.6 监护监测——静力水准仪系统无线数据采集

邻近轨道交通的工程建设活动容易对轨道交通结构安全带来影响，施工活动实施过程中，必须对地铁结构设施进行保护性监测，并及时将数据反馈到轨道交通管理部门。根据轨道交通的运营特点，常规人工测量方法无法实现24h采集监测数据。为此我司开发了静力水准仪24h无线数据采集系统。

静力水准仪依据连通管的原理，用传感器测量每个测点容器内液面的相对变化，再通过计算求得各点相对于基点的相对沉降（隆起）量，与基准点相比较即可得测点的绝对沉降（隆起）量。静力水准仪系统具有精度高（0.1mm）、数据可无线自动化采集等优点。包括三部分：

1）数据采集器：安装在现场，用电缆联结各静力水准传感器，负责定时或按实时指令自动读数；

2）通讯：数据采集器可采用输出电缆、GPRS移动通讯与监测服务器通讯；

3）监测服务器：① 指挥数据采集器的工作，按采集间隔不断自动刷新；② 接收并存储采集器送回的数据；③ 整理和计算，形成监测结果，打印输出，按权限进行Web共享与分发。

静力水准仪数据采集系统现场如图3-6所示。

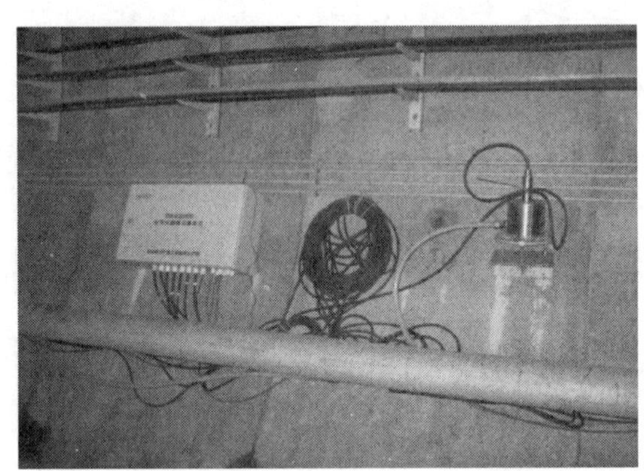

图3-6 静力水准现场布置图

4. 技术难点与创新

轨道交通6号线精密工程测量，为解决现场工程难点，形成以下技术创新：

（1）为满足单圆、双圆盾构隧道收敛变形测量的需要，数据采集和处理方面取得了以下技术创新：

1）深入分析单圆、双圆盾构隧道结构的剖面特性，数学模型方面，以多片连续弧段为原型，如图4-1，开发了适用于单圆、双圆隧道收敛变形测量数据处理模型，较以前的椭圆模型更贴合现实；

2）基于Leica全站仪1200系列的技术平台，编制适用于单圆、双圆盾构隧道、操作方便的自动化数据采集机载程序，程序可按要求进行监测断面的等距离或等角度观测；

3）结合圆隧道的剖面变形特性，创建性建立以底块管片圆心为圆心，以天底为零度，基于面向大里程的顺时针角度系统，以展开形式展示全断面变形的数据展示方式，如图4-2；

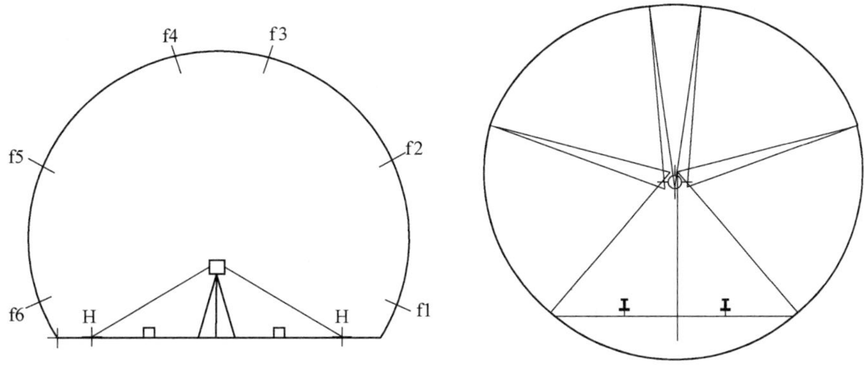

图 4-1　多弧段盾构隧道断面拟合原理图

f1～f6：通缝拼装的盾构法隧道管片接缝序号

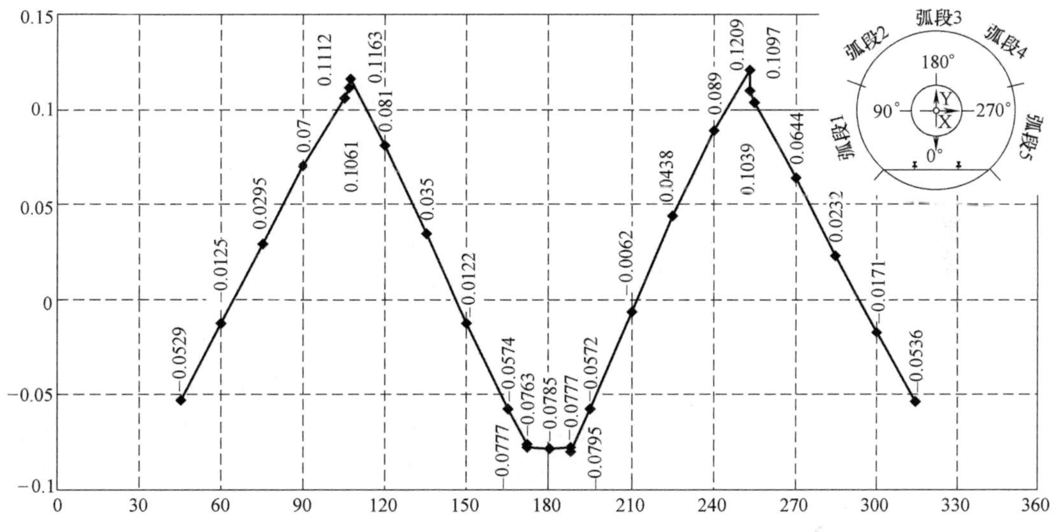

图 4-2　隧道断面变形成果展开图

4）拓展了全断面扫描测量技术成果内容，创新性计算出环向相邻管片的错台量和相对旋转角，拓展了变形测量的成果内容，隧道断面上相邻管片错台、相对旋转量表达如图 4-3 所示；

5）基于 Microsoft visual studio 技术，编制了便捷、直观的数据处理后处理程序，集外业数据统计、粗差剔除、数据处理、数据存储、成果输出为一体，采用图形显示和数据文件等形式可全面展示拼装环的直径变形、相邻环相对旋转变形等状况；

6）通过收敛变形测量课题的研究，总结出一套方法可靠、输出成果满足精度要求的变形测量方法和技术，并成果申请《一种圆形隧道多弧段断面拟合的方法》（专利号：201310049366）专利技术一项。

（2）基于当时技术水平，采用静力水准自动化监测技术，实现轨道交通轨行区沉降的自动化监测，通过无线数据采集系统，监测数据 24h 实时无线传输至监测服务器。后台自动对观测数据进行判断、计算、保存，自动生成监护监测成果报表；管理信息同步实现数

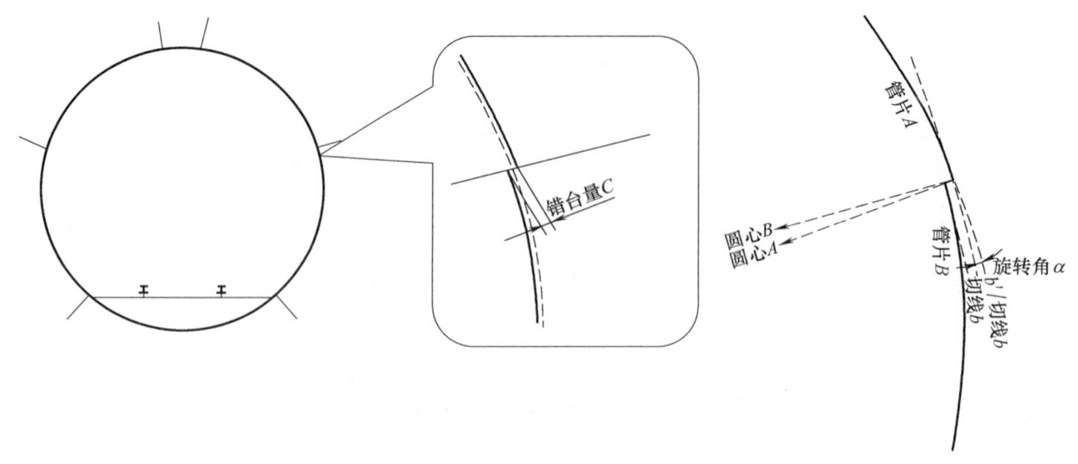

图 4-3　隧道断面上相邻管理的错台与相对旋转

据按权限进行基于网络平台的 Web 共享与分发。确保地铁运营的安全，实现全天候健康监测。

（3）克服建设周期长、周围环境复杂、软土地区控制点稳定性差等影响因素，全过程保证了平面控制点、高程控制点的有效性。

（4）由于工程施工进度的需要，深入分析铺轨的精度保证和施工工艺，研究区间隧道尚未贯通的情况下进行调线调坡测量与数据处理的新方法，合理预留前、后期铺轨衔接段的长度、保证工期的情况下利于先、后施工区段的衔接。

（5）测量工作与设计、施工有序结合，完成赵家沟大桥的等载预压、实测支架沉降与位移量的采集，有效消除支架的永久变形，并获得钢管支架的残余变形值、确定合理的模板抛高值；观测时采用精密三角高程测量法替代二等几何水准测量，确保拱肋最后成拱曲线与设计曲线相吻合。

5. 工程效益与效果

本工程提供的优质测量服务，为轨道交通 6 号线全线精确结构贯通、轨道高效平顺铺设、运营期监测工作的有效开展提供了基础数据，测量成果于 2007 年移交轨道交通六号线项目有限公司、上海地铁运营公司，成果质量优良。通过全过程参与地铁建设，为后续地铁工程测量积累了丰富的经验和技术。

（1）经济效益

通过有效的控制网维护，全程为工程建设提供了有效的测量基准，为设计单位提供了有效的测量配合，为项目建设单位提供了全过程有效的测量管理；项目的完成为项目实施单位完成 了近 1300 万的测量合同产值，拓展了轨道交通服务市场；通过全过程为各标段的复测、测量技术咨询服务，有效保证了全线所有区间的精确贯通，保证了工期和质量，为施工单位提供了精准的测量服务，杜绝了测量事故的发生，保证了工期。

（2）社会效益

轨道交通 6 号线平行黄浦江在浦东新区繁华地段绵延 30 余公里，工程通车为缓解地面交能压力、方便市民出行、为城市可持续发展提供重要支撑。

（3）促进收敛测量技术发展

研究和完美了单圆、双圆盾构隧道收敛测量技术，基于智能型全站仪自动测量技术，开发了机载自动数据采集程序和数据后处理程序，拓展了隧道变形测量的方法和展现形式。

6. 获奖单位简介

上海岩土工程勘察设计研究院有限公司（简称上勘院），创建于1958年，原名上海勘察院，2003年底实现整体改制后更名。上勘院是一家国内知名的综合性岩土工程咨询公司，拥有雄厚的技术力量、一流的专家队伍、精良的仪器设备和丰富的工程经验。通过联系紧密的知识网络和资质平台为客户提供高质量的专业技术服务，在业界具有很高知名度。

公司提供的服务涉及岩土工程设计、工程咨询、工程勘察、工程测量、工程监测、工程检测、工程物探、建筑设计、市政设计、工程监理、房屋质量检测、地震安全性评价、地质灾害评估等，并覆盖建设工程管理咨询、工程项目管理和运行管理等领域。公司通过国家计量认证和质量、环境、职业健康管理体系认证。

公司现有职工500多名，专业技术人员比例超过90%，公司拥有国家勘察大师4名，教授级高级工程师16名，高级工程师近百名，各类注册工程师70多名。

公司设有设计咨询公司、岩土技术公司、工程测绘公司、工程检测公司、工程监测公司、房屋检测公司、大师工作室、研究中心、信息中心等生产、研究部门，在外地设有天津、浙江、苏州、重庆等分公司，并投资设立了上海城凯建筑设计有限公司、上海三凯建设管理咨询有限公司、上海长凯岩土工程有限公司、上海顺凯信息技术有限公司、上海泉凯投资管理有限公司以及上海舰凯钻探有限公司。

经过50余年的辛勤磨砺，公司共计完成各类工程勘察、设计项目13000余项，其中160多项工程获得国家、建设部以及上海市嘉奖，其中获国家级金、银、铜奖18项；负责主编、参编了30余部技术规范、规程，先后荣获“全国五一劳动奖状”、“全国住房城乡建设系统先进集体”、“上海市文明单位”、“上海市质量标兵企业”、“上海市重大工程立功竞赛优秀公司”、“上海市创新型企业”、“上海市优秀高新企业”等荣誉。

为适应科学发展观和创建和谐社会的国家战略目标，公司提出了以“规避风险、节约资源、共创和谐”为核心的“绿色岩土”创意理念，努力实践“为基本建设和城市管理提供优质技术保证，为人类社会和利益相关方共同节约资源，为工程建设和投资人安全规避风险，为企业员工成就事业创造幸福生活”的社会承诺，为上海及全国的城市建设和运行管理做出积极的贡献。

上海长凯岩土工程有限公司是其下属子公司，获上海市高新技术企业认证，具有地基与基础工程专业承包壹级资质。公司主要从事公路、桥梁、港口、机械、高层建筑等基础±0.000以下的地基基础处理和工程降水，在深基坑围护、设计、施工、深基坑降水，水文地质、地基处理技术、岩土工程咨询等方面积累了丰富的经验，尤其在深基坑降水方面形成了一整套完备的技术标准体系和ISO 9001—2000质量管理体系，在地下水控制、深基坑降水方面在业界具有良好的声誉，多项成果获上海市科学技术进步奖。

【项目特色提要】　针对上海轨道交通6号线测量作业制约条件多、控制点稳定性差、精度影响因素多等特点，本项目创新作业工艺，采用多种先进适用的技术方法，完成了工程土建施工、轨道铺设和调试及试运营全过程的精密工程测量工作。工作内容包括全线控制测量检测、轨道交通与城市道路合建工程节点赵家沟大桥施工监测、高架桥梁徐变测量、中线调整测量、结构断面测量、铺轨基标测量、沉降测量以及圆隧道管径收敛测量等。本项目的工程测量成果为6号线全线精确结构贯通、轨道高效平顺铺设、运营期监测提供了高质量的基础数据，有力地保障了工程施工安全和顺利实施。项目在静力水准自动化监测、全站仪收敛变形测量等技术应用上有创新，可作为精密工程测量技术发展及应用的一个范例。

京津城际高速铁路精密工程控制测量

铁道第三勘察设计院集团有限公司　王长进　张志刚

【项目摘要】

京津城际高速铁路精密工程控制测量项目为高速铁路建设提供了平面和高程相对精度分别优于 1.0mm、0.5mm 的控制网成果，保证时速 350km 轨道的三维空间精密定位，测量技术和成果达到国际先进水平。获得住房和城乡建设部 2008 年度全国优秀工程勘察设计奖金奖。

项目首次提出并实施 GPS 框架网、基岩水准点和深埋水准点的精密测量方案，采用 WGS84 椭球参数建立高速铁路施工坐标系，解决了高速铁路高精度平面和高程基准的建立问题；率先研发了高速铁路轨道控制网 CPⅢ测量系统（TSDI _ HRSADJ），解决了 CPⅢ网的大数据量采集和平差计算问题，并实现了测量系统一体化——测量与数据质量控制自动化、平差处理自动化和数据分析智能化。项目取得软件著作权一项，实用新型专利两项。

1. 工程概况

1.1 项目简介

京津城际铁路是我国设计建造的第一条时速 350km 的高速铁路，连接北京市和天津市，线路全长 120km，首次采用Ⅱ型板式无砟轨道建造技术，2005 年 7 月开工，2008 年 8 月 1 日正式通车运营，运营持续速度 350km/h。工程全貌如图 1-1。

图 1-1　京津城际铁路线路平面示意图

京津城际铁路设计建造由德国博格公司作为咨询机构，对施工控制测量精度指标提出要求并负责成果审核。当时国内没有高速铁路无砟轨道精密工程测量标准体系，国内甚少有人熟悉和掌握德铁测量技术规范，而且国内工程没有采用过自由测站边角交会的测量方式方法，没有现成的平差计算方法和软件，承担该项目的精密工程控制测量任务的难度和风险极大。

在测量精度指标要求苛刻且国内没有规范遵循的情况下，项目完成了大量研究、试验和软件开发工作，提交了各等级高精度平面和高程控制网成果以及无砟轨道板铺设施工和轨道精调测量成果等，满足了工程建设需要。

1.2 项目实施内容和工作量

平面控制测量，分级布设了框架网、加密 GPS 网、精密导线网和轨道控制网；高程控制测量，分级布设了基岩、深埋和精密水准点。测量数据观测工作量巨大，布设了5000余个各类精密控制点。

1.3 项目技术要求

技术咨询合作方德国博格公司要求的测量精度指标如表 1-1：

技术咨询合作方德国博格公司要求的测量精度指标 **表 1-1**

控制网级别	精度要求
基础网	每 1000m，水平位置 10mm，高程 2mm
线路导线网	约每 250m，水平位置 5mm，高程 1mm
轨道控制网	每 60m 有两个点，水平位置 1mm，高程 0.5mm
轨道基准网	每块板接缝处有一个点，水平位置 0.2mm，高程 0.1mm

为了满足技术咨询方提出的测量精度指标，本工程项目按照分级布网逐级控制的原则设计的各等级平面和高程控制网如下：

1.3.1 各级平面控制网的主要技术要求如表 1-2：

平面控制网的主要技术要求 **表 1-2**

控制网	测量方法	测量等级	点间距	相邻点的相对中误差(mm)	备注
框架网	GPS	—	50km	20	
加密 GPS 网	GPS	二等	≤2km 一对点	10	点间距≥800m
精密导线网	导线	三等	150～200m	5	附合导线网
轨道控制网	自由测站边角交会	—	50～70m 一对点	1	

1.3.2 两级 GPS 网测量的精度指标如表 1-3：

GPS 网测量的精度指标 **表 1-3**

控制网	基线边方向中误差	最弱边相对中误差
框架网	—	1/2 000 000
加密 GPS 网	≤1.3″	1/180000

1.3.3 精密导线网测量的主要技术要求如表 1-4:

精密导线网测量的主要技术要求　　表 1-4

控制网	附合长度（km）	边长（m）	测距相对中误差	测角中误差（″）	相邻点的相对中误差(mm)	导线全长相对闭合差限差	方位角闭合差限差（″）
精密导线网	≤2	150～200m	≤1/100000	1.41	5	1/59000	$\pm 2.82\sqrt{n}$

1.3.4 轨道控制网平面网的主要技术要求如表 1-5:

轨道控制网平面网的主要技术要求　　表 1-5

控制网名称	测量方法	方向观测中误差	距离观测中误差	相邻点的相对中误差
轨道控制网	自由测站边角交会	1.8″	1.0mm	1.0mm

1.3.5 各级高程控制网的主要技术要求如表 1-6:

高程控制网的主要技术要求　　表 1-6

水准测量等级	每千米高差偶然中误差 M_{Δ}(mm)	每千米高差全中误差 M_{W}(mm)	附合路线长	相邻点的相对中误差
线路水准基点网	≤1	≤2	≤400km	≤2mm
轨道控制网	≤2	≤4	≤3km	≤0.5mm

2. 项目背景和作业条件

2.1 工程的技术和政策背景

京津城际铁路是国家《中长期铁路网规划》中建成的第一条时速 350km 高速铁路，是京沪高速铁路的试验线，对其他高速铁路建设起到重要的指导作用。

通过秦皇岛至沈阳客运专线建设和既有线提速，我国建立了时速 250km 铁路技术标准体系，时速 350km 高速铁路建设仍是空白，国外也没有时速 350km 的商业运营先例，要建设具有自主知识产权的时速 350km 高速铁路，面临巨大挑战，需要攻克多项技术难题。

京津城际高速铁路设计建造由德国博格公司作为咨询机构，对施工控制测量精度指标提出要求并负责成果审核，无砟轨道板铺设施工和轨道精调测量工作量巨大且工期非常紧张，测量精度指标要求苛刻。由于国内没有高速铁路无砟轨道精密工程测量标准体系，而且国内甚少有人熟悉和掌握德铁测量技术规范，再加上当时国内工程还没有采用过自由测站边角交会的测量方式方法，没有现成的平差计算方法和软件，承担该项目的精密工程控制测量任务的难度和风险极大。

2.2 项目实施过程

2006 年 4 月我公司提出的“京津城际精密工程控制测量方案设想”得到德国博格公司的高度评价和京津城际公司的认可。受京津城际公司委托，我公司开始研究制定本项目精密工程控制测量技术方案并报铁道部鉴定中心组织专家评审，2006 年 9 月方案获得批准后组织实施。由于土建工程已采用先期定测低级测量控制网开工 10 个月，我公司在精密工程控制测量网实施前，紧急实施了“应急网”测量，保障了后续线下土建工程与线上轨道工程的一致性。

在控制网测设过程中，项目团队攻克了多个理论和技术难关，取得多项技术创新成果和专利，测量成果顺利通过博格公司审核并用于施工，并得到施工验证，精密测量成果质量完全满足Ⅱ型板式无砟轨道铺设和轨道精调要求，为其他高速铁路建设的测量工作起到了示范和借鉴作用。

2.3 项目实施的复杂性和特殊性

(1) 京津城际铁路是我国设计建造的第一条设计时速 350km 的高速铁路，列车运行速度和旅客舒适度要求轨道必须有高精度的几何线形状态，高精度的测量成果是满足列车高速、平稳运行的决定性基础条件之一。Ⅱ型板式无砟轨道建造需要每块板接缝处有一个点，要求水平位置 0.2mm，高程 0.1mm，精度要求之高，对于环境条件变化莫测的野外测量来讲是非常困难的。

(2) 京津城际铁路工程经过京津不均匀区域地面沉降区，高程基准的稳定性要求高。需要对基准点布设原则进行分析，结合工程实地状况，确定高程测量基准点的密度和形式。

(3) 测量数据观测工作量巨大，需要布设 5000 余个各类精密控制点。要求数据处理和平差成果准确、可靠。

(4) 工期紧迫，部分精密工程控制测量工作与土建施工作业交叉，工程施工进度刻不容缓。

3. 主要工作内容和成果

3.1 项目具体工作内容

分级布设了无砟轨道精密控制网。对于平面控制测量，分级布设了基准网、加密 GPS 网、精密导线网、轨道控制网。对于高程控制测量，分级布设了基岩点、深埋水准点、精密水准点。

全线共建设 5 个 GPS 基准点，全部为强制归心标型式，控制网平均边长 50km。

加密 GPS 网不大于 2km 布设一对通视点，桩点为现场浇注混凝土标石，规格为上部 30cm×30cm，下部 40cm×40cm，深度大于 1.5m，底部垂直打入直径 7cm 的钢管 3 根，保证标石的长久稳定。全线布设加密 GPS 点 144 个（72 对）。

精密导线点平均 150～250m 设置一个，标石规格同加密 GPS 点，下部不设置钢管。全线布设 480 点。

布设 2 座基岩点（北京南一座，标底深度 127m；天津一座，标底深度 812m），28 座深埋水准点（累计深度 1600 余米）。

布设轨道控制网点 3700 个。

3.2 项目工作方法

(1) 按照项目咨询机构提出的满足Ⅱ型纵连板式轨道施工的控制测量要求的内容和需要达到的精度指标，我公司测量技术人员仔细研究，与咨询机构的测量专家进行积极沟通、交流。

成立了技术方案研发小组，参研人员查阅了大量参考文献，翻译德铁 DS833 标准和德铁 RIL883 规程，针对中国测绘基础资料和项目建设特点，编写制定了技术实施方案，在广泛征询各方意见后形成了初步设计文件，通过了铁道部鉴定中心组织的评审。

（2）我公司从总体控制出发，就平面控制点的选点原则和控制网网形的优化，做了详细的分析。根据分级布网，逐级控制的原则，确定合理的分级标准，使之既考虑到整个控制网的精度及观测条件，又能充分有利于施工测量的应用。

鉴于每个施工阶段的精度不等同性及分级布网的原则，对于控制网测量，根据其要求的精度确定适当的测量方案。

（3）配备了高精度、高工效的测量仪器，研制了满足特殊需要的配套设备。配备具有伺服马达装置的 Leica TCA2003 全站仪 8 台，Leica TCRA1201 全站仪 4 台。购置高精度的 Leica 标准棱镜 150 套。

配备 Trimble DINI12 电子水准仪 4 台，Leica DNA03 电子水准仪 2 台，配备适于梁上作业的 1.5m 铟瓦条码尺 8 根。配备三角高程测量用定长棱镜架 4 套。

在总参某标准基线场，对配置的标准棱镜进行比长检定。在本单位院内建立了棱镜检长标志墩，所有用于作业的棱镜在使用之前均进行了比长检定。

（4）研究了轨道控制网测量方法。按照该网形的特点，在两处进行了多种测量方式的试验。测量方法要求在技术和经济两方面同时达到最优，经过多次优化，确定了每个自由测站观测 12 个方向，每个方向观测 3 测回，每个 CPⅢ点必须在 3 个自由站观测的方案。同时，研究确定了轨道控制网与地面精密控制网的联测方法和要求。

（5）研制了轨道控制网测量内外业一体化系统。在 2007 年 1 月完成软件的初稿，采用理论正确，平差模型严密，软件编制基本满足要求；4 月，进行了软件修改，可以完成试验段采集数据的平差计算，成果精度满足要求；6 月，对计算方法进一步完善，采用稀疏矩阵运算，计算速度大大提高，成果和精度评定的指标、图表更切合实际。软件系统在通过铁道部科技司组织的鉴定后全面应用。如图 3-1，铁三院研制的高速铁路精密工程测量平差软件 TSDI-HRSADJ。

图 3-1　TSDI-HRSADJ 精密工程测量平差软件

（6）高效的项目组织与管理。

2007 年 7 月中旬至 8 月底，京津城际铁路铺板和精调工作全面展开，轨道控制网测量成果的质量和进度关乎整个工程的成败，测量工作面临严峻的考验。期间，京津城际公司的主管领导和我公司主管领导常驻现场，靠前指挥，第一时间协调、理顺工作接口。我们就项目的组织管理工作进行了总结：

1）客运专线配合施工测量的特点是：工期紧、精度要求高、施工干扰大、外部压力大、安全隐患多。

2）各级领导从思想上高度重视，多次召开专题会议研讨 CPⅢ网测量的人力资源、设备资源调配方案，并成立 CPⅢ网测量领导小组和项目管理组。

3）严格执行现场踏勘制度，做好与建设单位、施工方、作业员工的工作沟通，做到信息准确、畅通。

4）全面做好技术培训、安全培训，严格安全生产工作。

5）采用合适的测量仪器和测量技术方案。

6）搞好和谐团队建设，无私奉献、团结协作是项目成败的关键。

3.3 项目实现的技术标准

项目制定的各项技术指标及技术方案经过工程验证，满足工程需要，研究的各项成果达到同期国际先进水平。

（1）综合分析京津城际铁路线下工程施工前期采用的控制网精度情况，结合Ⅱ型板式无砟轨道铺设对测量的精度要求，对该控制网资料进行综合评价，并对工程后果进行评估分析。

（2）建立“应急控制网”先期满足线下工程施工需要。

由于高精度施工控制网建网工作需要一定的时间，但现场的施工进度迅速，即将开始施工桥梁墩顶帽石、支承垫石，七月中下旬即开始架梁，无法及时提供高精度控制测量成果；另外，从现场了解到目前京津城际铁路沿线各施工单位施工控制测量工作方法和要求很不统一，各施工段落控制桩点精度不均衡，依此来控制线下工程施工难以保证铺设Ⅱ型板式无砟轨道所要求的精度，因此，我公司根据实际情况，提出以下应急方案：即以定测阶段沿线布设的 GPS 点和二等水准点为基准，利用既有控制点或根据施工需要加设部分控制点，通过提高观测精度进行全线复测，来提高控制点坐标和高程的精度，以此调整和指导线下工程的施工，特别是满足架梁施工需要，从而满足铺设Ⅱ型板式无砟轨道所要求的精度。该应急方案充分利用了既有控制测量成果，工程费用低，实施周期短，并能够实现前期施工控制网向高精度控制网的平稳过渡，在当时情况下是十分必要和现实可行的。

（3）建立精密工程控制网，满足Ⅱ型板式无砟轨道铺设要求。

建立的精密工程控制网充分考虑“应急控制网”，实现两网协调一致。确保了线下工程应用的“应急控制网”与无砟轨道铺设所采用的精密工程控制网合理衔接，使得京津城际铁路施工的各阶段顺利对接，没有造成废弃工程，为京津城际顺利铺通奠定了坚实的基础。本项目测量成果的技术指标完全满足无砟轨道高速铁路建设的要求，满足项目咨询机构德国博格公司的要求。

（4）精密工程控制网为联调联试、运营检测维修提供基准服务。

建立的精密工程控制网不仅仅是为无砟轨道铺设服务，它还为无砟轨道铺设完成后的联调联试提供基础服务，为运营后的检测维修提供控制基准。现在京津城际每月均进行重点地段的区域沉降观测工作，运营后线路的形变情况如何、平顺性如何，其参考依据均为已建立的精密工程控制网。

(5) 项目完成的部分技术标准和成果达到当时世界领先水平。

1) 部分技术指标在未增加经济投入的条件下，要高于德国公司的标准，如精密导线测量的测角中误差为±1.32″，小于方案设计的±1.41″；轨道控制网高程满足二等水准测量精度指标，高于德国公司要求的精密水准测量指标。

2) 经济指标方面，德国博格公司要求精密导线网布设为线路两侧的双导线网，而我们布设为平均边长200m的单导线，节省了近一半的导线点埋设和测量工作量；在施测精密导线时，德国标准规定不大于1km闭合于上一级控制点，而我们按每2km与加密GPS网点联测闭合一次，节省了一半的联测工作量。经过论证和工程实践，控制成果精度完全满足施工需要。

3) 测量标志较德国公司建议的更稳定，高精度更容易保证，而且造价低廉，使用简便、高效。

4) 机载测量软件符合中国测量的规程、规范，操作简单、高效；研制的测量平差软件吸取了国内外主流软件的优点，并在计算模型和算法上有独特创新。研制的“客运专线轨道控制网（CPⅢ）测量系统”通过了铁道部科技司组织的专家鉴定，认为“此系统总体上达到了国际先进水平，可在铁路建设和运营维护中推广应用”。

4. 技术难点与创新

4.1 项目实施中的主要技术问题及解决方案

(1) 技术标准匮乏。国内没有相应的测量规程、规范可以参照，而国外的标准又不能满足中国的资料成果特点。需要研究制定满足要求的技术设计方案。

(2) 测量标志功用不同，类别多，对精度、稳定性要求高，需要重新研制和建造。控制点的建造与埋设工作量巨大，实施技术难度较高。

(3) 对测量仪器设备要求高。如何快速、高效、准确地观测，获得高质量的测量原始数据信息，是测量成果正确的重要基础。

(4) 对测量平差软件要求高。如何科学、稳定、运算高速进行测量数据平差处理是准确取得控制点测量成果的关键。

(5) 京津城际铁路先期开工时采用的控制网精度较低，且线下工程已经实施。先期建立“应急网”，在“应急网”基础之上又建立了高精度精密工程控制网，各网间必须衔接良好，如何确保高精度精密工程控制网与前期控制网的各阶段成果顺利衔接，技术难度大，资料处理复杂，同时是避免废弃工程的关键所在。

(6) 京津城际铁路线路结构约85%为桥梁形式，大部分梁面和地面高程点间有10m及以上的高差，如何快速、高精度地将地面点的高程传递到梁面上是高程控制测量的一大难题。

(7) 在工期要求十分紧张的情况下，如何做好严密、有序的项目生产组织，如何充分发挥团结、和谐和奉献的团队精神等都是保证项目顺利完成的关键。

针对项目实施面临的诸多技术和管理难题，项目团队提出并实施了以下解决方案：

（1）建立满足Ⅱ型板式无砟轨道施工精度需要的施工坐标系，分级布设控制网。为了减小投影变形的影响，采用 WGS84 椭球参数建立了一整套适合京津城际铁路的无砟轨道施工坐标系，投影变形优于 1/10 万。各级控制网分级布设，平面网包括 GPS 基准网、加密 GPS 网、精密导线网、轨道控制网；水准网包括基岩水准点、深埋水准点、加密水准点。京津城际铁路施工坐标系及各级控制网的建立，满足了Ⅱ型板式无砟轨道施工所需精度，达到了国内领先水平。

（2）创新轨道控制网平面及高程控制测量观测方法。按照铺设无砟轨道的轨道控制网的技术要求，实验研制了轨道控制网点标志并获得国家专利；在京津城际铁路无砟轨道控制网观测中通过摸索实践，提出了简便易行的观测方案。平面测量以加密 GPS 网、精密导线网为基础，通过自由测站边角交会测量方式取得轨道控制网点的平面成果；高程测量以“不量仪器高和棱镜高的三角高程测量的方法”代替二等水准测量，解决轨道控制网点与线下水准基点的高程传递问题。京津城际铁路轨道控制网测量的顺利实施及按精度要求建成，保证了京津城际建设的工期及精度要求，处于国内领先水平。

（3）研发适合无砟轨道测量的数据处理软件。根据无砟轨道施工的高精度要求，此次无砟轨道测量均采用了最新型的、标称等级最高的、带伺服驱动功能的全站仪进行外业观测。开发了全站仪机载多测回测角自动观测程序软件，不仅能完成测站自动观测，还能够在全站仪上实现实时测站平差，现场评定观测成果的质量。

为了对观测后得到的数据进行分析和平差处理，开发了全新的测量平差软件——TSDI _ HRSADJ 精密工程测量平差软件。该软件可全面处理测边网，测角网，边角混合网数据。首先采用拟稳平差选择兼容的起算点，再应用间接平差模型进行平差；平差过程中，用 Baarda 粗差探测的方法逐个剔除粗差，再用 Helmert 方差分量估计方法合理地确定边、角的权比。数据处理方法先进，平差后的精度指标更客观、可靠。

该软件系统在京津城际铁路无砟轨道测量中的全面使用，极大的提高了工作效率，并保证了观测数据的准确性以及数据平差结果的可靠性。软件系统通过了铁道部科技司的评审，为国内首创的用于无砟轨道测量的专业数据处理软件。

（4）针对京津城际铁路建设过程中各阶段控制网布设形式、精度的差异，在高精度施工控制网建立前建立了“应急控制网”，在先期满足线下工程需要的前提下，实现了前期控制网向高精度施工控制网的顺利过渡，同时满足不间断施工的要求。为便于京津城际铁路运营阶段形变观测的要求，避免行车干扰无法对高程形变进行观测，提出并建立了“高程代用网”，将线上的轨道控制网点高程成果引测到桥梁下部，为后续养护维修提供控制基准。

4.2 项目主要技术特色与创新

（1）首次提出并实施了采用 WGS84 椭球参数建立高速铁路施工坐标系，首次提出并实施了基岩水准点和深埋水准点方案建立高速铁路稳定的高程基准。

（2）首次研究并提出了无砟轨道精密工程测量控制网分级布网的技术指标。

（3）研制的轨道控制网棱镜支架和强制归心装置，获得了国家知识产权局批准的实用新型专利。

（4）提出了各级控制网的施测技术要求，实施了各级控制网的布设和测量计算，满足Ⅱ型板式无砟轨道施工测量需要。

（5）研发了具有自主知识产权的具有国际先进水平的高速铁路轨道控制网（CPⅢ）测量系统（TSDI _ HRSADJ），并取得著作权登记。

5. 工程效益与效果

5.1 项目验收及评审

2006 年 4 月我公司提出的“京津城际精密工程控制测量方案设想”得到德国博格公司的高度评价和京津城际公司的认可。受京津城际公司委托，我公司开始研究制定本项目精密工程控制测量技术方案并报铁道部鉴定中心组织专家评审，批准后组织实施。项目各阶段测量成果均通过德国博格公司的专业审核。如图 5-1，博格公司对我公司提交精密测量成果的评估审核报告。

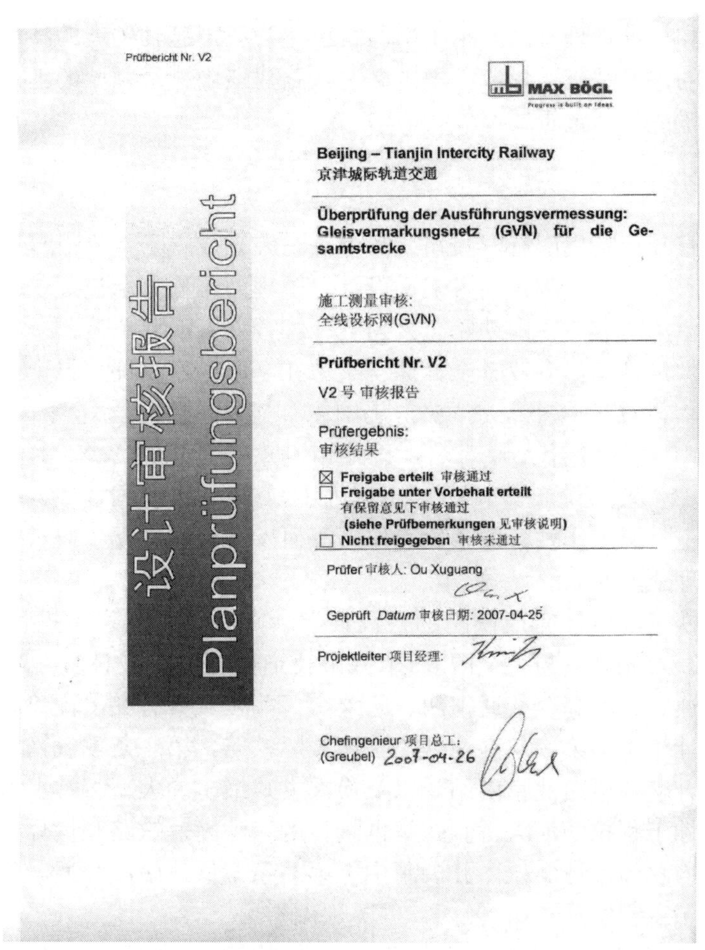

Prüfbericht Nr. V2

MAX BÖGL

Progress is built on ideas.

设计审核报告

Planprüfungsbericht

Beijing – Tianjin Intercity Railway

京津城际轨道交通

Überprüfung der Ausführungsvermessung: Gleisvermarkungsnetz (GVN) für die Gesamtstrecke

施工测量审核:

全线设标网(GVN)

Prüfbericht Nr. V2

V2 号 审核报告

Prüfergebnis:

审核结果

☒ **Freigabe erteilt** 审核通过

☐ **Freigabe unter Vorbehalt erteilt** 有保留意见下审核通过 **(siehe Prüfbemerkungen** 见审核说明**)**

☐ **Nicht freigegeben** 审核未通过

Prüfer 审核人: Ou Xuguang

Geprüft *Datum* 审核日期: 2007-04-25

Projektleiter 项目经理:

Chefingenieur 项目总工:

(Greubel) 2007-04-26

图 5-1　京津城际轨道交通精密测量成果博格公司的评估审核报告

5.2 项目的经济和社会效益

项目研究成果和工程实践成果的成功应用，给使用单位带来了可观的经济效益，开创了数亿元的高速铁路精密测量市场。

京津城际高速铁路精密工程测量技术的各项研究成果在京津城际铁路建设中得到成功

应用的基础上，在京沪高速铁路、津秦客运专线等高铁建设中不断完善和提高，形成了具有完全自主知识产权的中国高速铁路精密工程测量技术体系，整体技术水平和装备达到国际先进水平。有关成果已被纳入《高速铁路工程测量规范》等规范中。

5.3 项目对推动工程测量及相关行业技术与业务发展的作用

项目研究成果解决了高速铁路精密工程测量技术体系构建、各级控制网技术指标和施测技术方法、测量数据自动采集和平差计算、精密测量软硬件装备等一系列技术难题。项目成果满足了高速铁路土建工程和无砟轨道系统的施工建造，满足了高速铁路轨道三维空间线形的精密定位和维持，保证了高速铁路轨道高平顺性的建设需要。

目标时速甚高的高速客运专线铁路即使采用无砟轨道外的其他技术铺轨，也同样需要高质量、高精度的精密工程控制测量，本项目成果对其测量技术和方法也有重要的参考价值。

在项目管理和技术管理方面开拓了中国特色，为我国蓬勃发展的高速铁路建设的测量工作奠定了坚实的技术基础，形成了中国高速铁路建造中测量领域的理论、技术和方法的标准，积累了大量成功和宝贵的经验。

6. 获奖单位简介

铁道第三勘察设计院集团有限公司（简称铁三院）成立于1953年，是以铁路、公路、城市轨道交通等工程勘察、测绘、咨询、设计、监理、工程总承包等业务为主的大型综合甲级勘察设计企业集团，是中国铁路总公司唯一综合勘察设计单位。

铁三院技术力量雄厚，专业齐全，综合实力在全国勘察设计百强中位居前列，拥有住建部颁发的“工程设计综合甲级资质”，是国家认定的高新技术企业。铁三院现有员工4300人，其中国家勘察设计大师5名，天津市勘察设计大师2名，省部级以上专家95名，教授级高工127人，高工1140人，工程师1400人，设有国家地方联合共建轨道交通工程实验室、院士专家工作站、博士后工作站等研发平台，建立了质量管理、职业健康安全管理和环境管理三大体系。

六十年来，铁三院累计完成铁路勘察设计74000km，正式通车里程超过全国铁路运营里程的三分之一，先后参与了全国34个城市轨道交通项目设计。在高速铁路、重载铁路、城市轨道交通、大型综合交通枢纽、磁浮交通等领域具有突出优势，部分技术达到国际先进水平。设计了中国第一条高速铁路京津城际铁路，第一条重载铁路大秦铁路，第一座大型现代化综合交通枢纽北京南站，以及换乘方式最多的大型客站上海虹桥枢纽，设计了青藏铁路标志性工程拉萨河大桥。在举世瞩目的京沪高速铁路和世界首条高寒高铁—哈大客专工程中担当总体设计单位，开展了中国第一条中低速磁浮交通工程设计，首次将磁浮交通技术运用于工程实践。

铁三院荣获国家和省部级科技进步奖135项，国家和省部级优质工程、优秀勘察设计、咨询奖351项，拥有专利117项。是全国服务业500强，中国ENR工程设计企业排名第9位。

航遥测绘分院是铁道第三勘察设计院集团有限公司所属的二级单位，是一个集摄影测量与遥感技术、空间信息技术、精密工程测量技术、勘测设计一体化技术、铁路勘测设计工程数据库技术为一体的大型综合甲级测绘单位。拥有测绘甲级和CMA检测资质。

在职职工 385 人，以国家级勘察设计大师王长进为领军，以教授级高工、高级工程师为代表的各类专业技术人员 180 多人，测量技师、高级技师 15 人。有 30 人取得注册测绘工程师资格。

配备有国际先进水平的航测遥感、工程测量与成图设备及专业软件。拥有先进的数码航摄仪 DMCⅡ230、三维机载激光雷达扫描仪 ALS60、地面三维激光扫描仪 HDS6100 和 RIEGL VZ 1000 各 1 台，VEXCEL AUTO SCAN5000 影像扫描仪 2 台，各类数字摄影测量工作站 26 台，图形、影像编辑工作站 16 台；拥有高精度 5mm＋1ppm×d 精度以上 GPS 接收机 120 台、S05 级以上精度电子水准仪 50 台，0.5″级全站仪 15 台，1″级全站仪 50 台，轨道板精调、轨检小车、测深仪、断面仪等各类专业测量设备 130 余台套。

拥有 ERDAS、ARCGIS、SKYLINE 等各类航测遥感、地理信息业务软件，自主研发了 TGPPSW32、GEOID、TSDI _ HRSADJ、轨道精调等工程测量软件。

航遥测绘分院完成的多条高铁、客专和地铁工程的测量项目获得奖励，获得国家优秀勘察设计金质奖 1 项，获得省部级优秀测绘工程奖一等奖 30 余项。科研创新成果荣获省部级科技进步奖二等奖 1 项、三等奖 8 项，拥有专利 10 项，软件著作权 7 项。

7. 专利与独有技术

7.1　在分析研究德国 GVP 点测量标志式样的基础上，经过精心研究，研制出了铁三院自己的轨道控制网点测量强制对中装置和专业棱镜支架，分别申请获得了国家专利，专利号：ZL200620026561.X，ZL200620151493.X。

7.2　创造了两项企业创新纪录

自主研发的客运专线轨道控制网测量一体化系统，为国内首创。自主研发的无砟轨道精密工程测量方法和数据处理平差软件，为国内首创。

研发的高速铁路精密工程测量内外业一体化系统取得著作权登记，软著登字第 094122 号。

【项目特色提要】　本项目完成了我国设计建造的第一条时速 350km 的高速铁路——京津城际铁路的精密工程控制测量工作。项目在测量精度指标要求高且国内没有规范遵循的情况下，通过研究试验，提出并实施了框架网、基岩水准点和深埋水准点精密测量方案以及高速铁路高精度平面和高程基准建立方法；依据所提出的无砟轨道精密工程测量控制网分级布网技术指标，布设了 5000 余个各等级精密控制点，获得了平面和高程相对精度分别优于 1.0mm、0.5mm 的控制网成果以及无砟轨道板铺设施工和轨道精调测量等成果，为京津城际铁路建设提供了强有力的保障。该项目有关成果已被《高速铁路工程测量规范》采纳对我国高铁工程测量的技术发展起到了重要的引领和推动作用，是精密工程测量技术应用的典范。